《祁阳年鉴》编纂委员会

《祁阳年鉴》编辑部

《祁阳年鉴》编辑说明

一、《祁阳年鉴》2016年卷是中共祁阳县委、县人民政府主办的反映祁阳县情的综合性、权威性年刊。本卷以十八大和十八届四中全会精神为指导，全面记载2015年度全县各部门、各行业等方面的主要工作、重大事件，收录了若干文献和资料，反映祁阳经济建设和社会发展以及改革开放的新成就、新经验。所载的资料客观、翔实，是社会各界了解祁阳的百科式全书。

二、本卷采用分类编辑法，设部类、分类、子类三个层次。部类设置的原则是以事分类。用字体、字号设计区别不同层次；条目中的一级标题用黑体加【】号表示。

三、本卷资料由各单位撰稿人提供，并由供稿单位负责人审核，年鉴编辑部编辑人员加工整理再反馈原单位核对，最后由年鉴编委会定稿。统计资料由统计部门提供，气象水文资料由气象局和水文局提供。有些数据由于统计口径不同等原因，与统计部门公布的数据不尽一致，请读者在查阅和引用时注意。

四、本卷所录省、市驻祁单位和市县管理干部名单以2015年12月31日在职者为准，原则上只列行政职务，无行政职务，则列党内职务。

五、《祁阳年鉴》的编辑工作，得到了各级党委、政府和社会各界的大力支持，以及统计部门和有关单位大办协作。在此表示衷心感谢。由于编者水平有限，疏漏之处，恳请读者批评指正。

祁阳县行政区划图

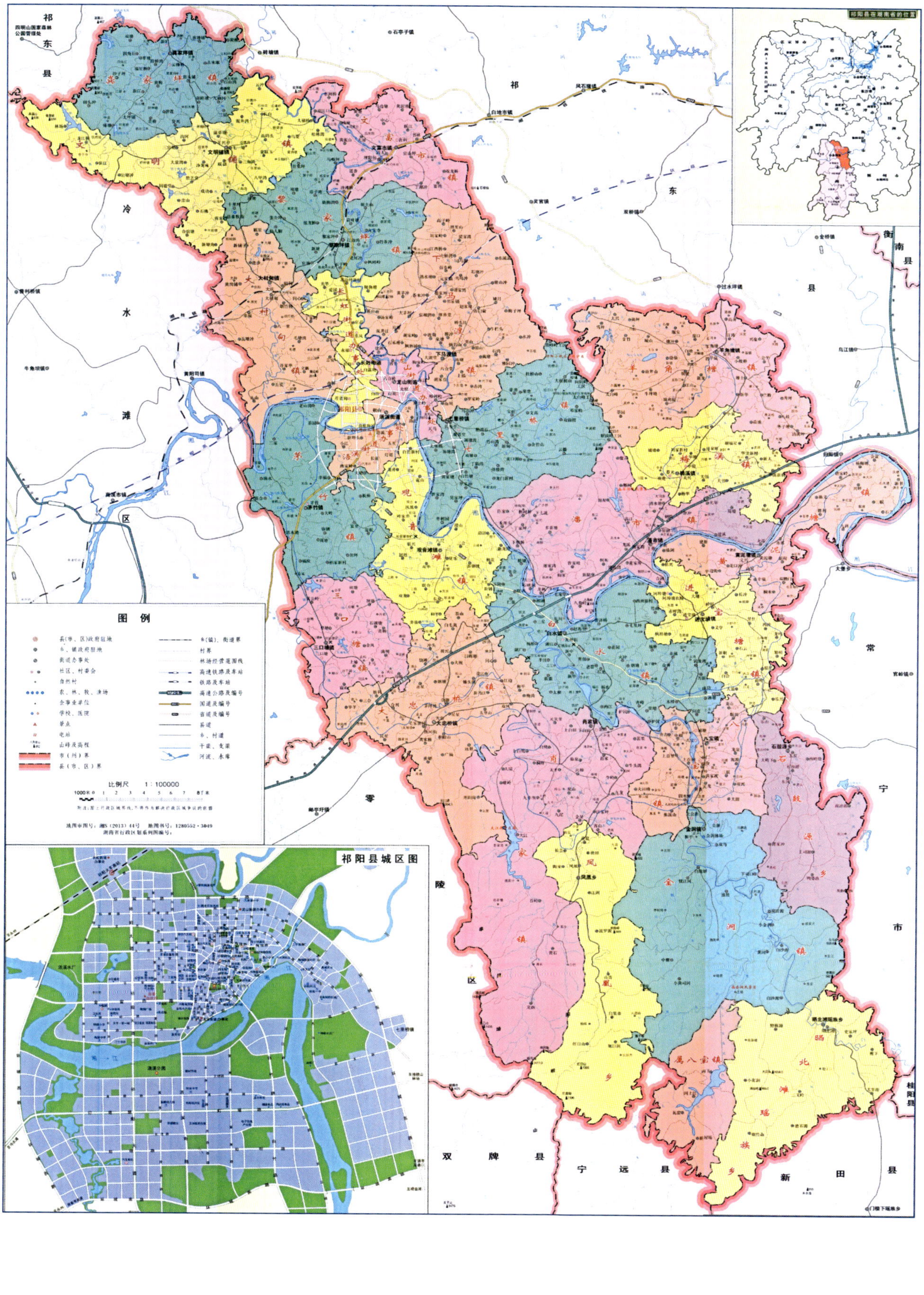
祁阳县在湖南省的位置
图例
县(市、区)政府驻地
乡、镇政府驻地
街道办事处
社区、村委会
自然村
农、林、牧、渔场
企事业单位
学校、医院
景点
电站
山峰及高程
市(州)界
县(市、区)界
乡(镇)、街道界
村界
林场经营范围线
高速铁路及车站
铁路及车站
高速公路及编号
国道及编号
省道及编号
县道
乡、村道
干渠、支渠
河流、水库
比例尺 1：100000
附注：图上行政区域界线，不得作为解决行政区域争议的依据
地图审图号：湘S（2013）44号 地图书号：1280552・3049
湖南省行政区划系列图编号：
祁阳县城区图
祁东县
冷水滩区
零陵区
双牌县
宁远县
新田县
常宁市
衡南县
桂阳县

①6月24日，省委副书记孙金龙（前右二）、副省长戴道晋（右三）视察万亩优质稻生态示范基地

②8月26日，副省长蔡振红（左一）带领省民政厅相关领导到祁阳县黎家坪镇敬老院以及县城永和养老中心进行养老服务工作调研。

③11月26日，省政协副主席、民盟湖南省委主委杨维刚（右三）率省政协调研组到祁阳县调研县级公立医院改革等工作

④7月2日下午，湖南省交通运输厅厅长刘明欣（左二）、省公路管理局局长张汉华到祁阳指导工作

①	②
③	
④	⑤

①12月10日，国家民政部区划地名司司长柳拯到祁阳调研第二次全国地名普查及撤县设市准备工作

②3月17日，省农委主任刘宗林（前中）深入中国农业科学院祁阳红壤实验站进行实地调研

③10月11日，省水利厅厅长詹晓安（左二）率省政府督察组深入祁阳，就落实省政府稳增长重大政策措施落实情况进行实地调研和督查

④1月13日，市委书记陈文浩（左三）到祁阳调研指导乡镇“五小工程”建设和“四冬”农业生产工作

⑤6月3日，市人大常委会主任高建华（右二）率检查组到祁阳县调研《水污染防治法》贯彻实施情况

1月16日，祁阳县纪念陶铸同志诞辰107周年暨浯溪碑林风景名胜区对祁阳市民免费开放仪式在浯溪公园举行

1月20日，祁阳与湖南粮食集团成功签订战略合作框架协议

7月21~23日，祁阳县党政代表团赴桂林、郴州考察，图为县委书记魏湘江、县长周新辉考察特色旅游名村——桂林市秀峰区鲁家村

3月27日，县委副书记、县长周新辉深入县经济开发区调研“135”工程建设情况

5月13日，永州市重点项目暨“135”工程建设推进流动现场会在祁阳召开

①6月26日，祁阳县农村建设投资开发有限公司在观音滩镇举行土地承包经营权流转签约仪式，签约面积11000亩，计划以观音滩镇品嘉景观园林花卉苗木基地、红心火龙果和嘉隆特色水果基地为核心，辐射带动S320沿线现代农业产业带发展，建成生态农业园区

②7月3日，祁阳开展水生生物增殖放流活动，投放各类鱼苗200万尾

③6月24日，湖南省农村土地承包经营权确权登记颁证试点工作会议在祁阳县召开

④6月8日，祁阳海螺水泥项目二期工程日产4500吨干法水泥熟料生产线竣工投产，图为点火仪式现场

①7月上旬，祁阳县再次入围全省新一轮产油大县，图为县委副书记、县长周新辉在评审会上作陈述演讲

②7月10日，祁阳县举行了第十二届银企合作洽谈会，洽谈会现场签约52个项目，签约金额达19.67亿元

③7月中旬，湖南省农业委水稻专家组测产验收，祁阳县双季早稻万亩高产创建示范片平均亩产532.95公斤，喜获丰收

④2015年，祁阳县建设高标准农田2万亩，图为茅竹镇肖家村土地治理项目

⑤2月9日，祁阳湘江二桥及绕城公路南段建成正式通车

8月25日，祁阳县葆春慈善基金会成立

9月10日，阿里巴巴农村淘宝网湖南区域经理李永强，杭州甲骨文科技有限公司项目总监、永州项目对接小组副组长郑先星，杭州杰夫电商集团艾东等电商平台企业考察团一行考察县级服务中心及仓储中心拟选址

9月11日，祁阳红星美凯龙家居生活广场项目签约仪式

11月23日下午至11月24日上午，湘南三市瑶胞齐聚内下乡共庆盘王节，图为盘王节活动现场

12月17日，祁阳县科力尔电机与武钢股份达成战略合作，图为签约现场

12月30日，根据《湖南省民政厅关于同意祁阳县乡镇区划调整方案的批复》文件精神，祁阳县部分乡镇进行区划调整，撤大江乡，将大江乡的九渡、瓦屋2个村并入大忠桥镇，其余10个村并入肖家镇，内下乡与八宝镇合并为八宝镇，挂榜山乡与七里桥镇合并为七里桥镇。白果市乡与凤凰乡合并为凤凰乡，上司源乡与石鼓源乡合并为石鼓源乡，万宝乡、小金洞乡与金洞镇合并为金洞镇。图为部分新组建的乡镇举行揭牌仪式。

①县委副书记宋振平为新组建的七里桥镇揭牌

②县委常委、政法委书记唐恒杰为新组建的大忠桥镇揭牌

③县委常委、县委办主任邓晓阳为新组建的八宝镇揭牌

④县委常委、副县长彭丹为新组建的肖家镇揭牌

中共祁阳县委员会

书记　周新辉

副书记、县长　金　彪

副书记　黄赞校

常委、常务副县长　唐晓波

常委、组织部部长　郑国荣

常委、纪委书记　廖道南

常委、宣传部部长　陈　莉

常委、武装部部长　龚红辉

常委、政法委书记　刘建能

常委、县委办主任　张少宣

常委、统战部部长　唐明生

祁阳县人大常务委员会

主任　邓晓阳

副主任　刘晓春

副主任　谢铁山

副主任　桂富生

副主任　刘双顺

副主任　唐　江

祁阳县人民政府

县委副书记、县长　金　彪

县委常委
常务副县长　唐晓波

副县长　陈环玉

副县长　柏曼红

副县长
公安局局长　陈志标

副县长　周树和

副县长　周贞霖

副县长　彭国锋

副县长　刘　军

政协祁阳县委员会

主席　郑增敞

副主席　陈振文

副主席　于建春

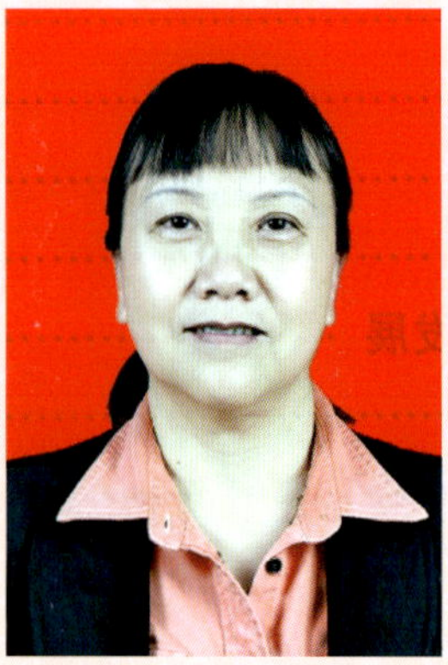

副主席　文英雄

副　主　席
文体广新局局长　黄爱蓉

副　主　席
工商联主席　桂　湘

目　录

特　载

大　事　记

祁　阳　概　况

中共祁阳县委员会

祁阳县人大常务委员会

祁阳县人民政府

政协祁阳县委员会

人民团体

武　装

法　　治

综合经济与管理

农 业 经 济

工　业

商业·贸易

国土环保·城建城管

交通·通信

财税·金融

科技·教育

文化·卫生·体育

社会管理与服务

镇乡办场概况

金洞管理区

人　物

主要统计资料

文件选编

特　载

在县委十一届五次全体（扩大）会议上的讲话

县委书记　魏湘江

（2015年1月16日）

同志们：

这次全会的主要任务是，深入学习党的十八大和十八届三中、四中全会精神，贯彻落实中央经济工作会议、省委十届十一次全会、市委四届六次全会及省委、市委经济工作会议精神，回顾总结去年工作，安排部署今年工作，动员全县上下进一步凝心聚力、真抓实干，奋力开创祁阳科学发展新局面。下面，受县委常委会委托，我向全会报告工作。

一、2014年度县委常委会工作情况

2014年，县委常委会认真贯彻落实中央和省委、市委重大决策部署，团结带领全县人民积极应对经济下行压力和其他多方面挑战，着力调结构促转型、抓改革促创新、惠民生促和谐、转作风促执行，全县经济社会保持持续快速健康发展的良好势头。

——以党的群众路线教育实践活动取得重大成果为标志，党的建设开创新局面。始终把学习习总书记系列重要讲话精神作为重要政治任务，县委常委会、县委中心组带头先学一步、深学一层，全面提升学习贯彻的思想自觉和行动自觉。坚持把学习贯彻习总书记系列重要讲话精神与贯彻落实中央、省市各项决策部署结合起来，真正让讲话精神落地见效。扎实开展群众路线教育实践活动，覆盖基层党组织1892个、党员39579名。对“四风”突出问题等6个方面55项任务扎实整改，建章立制49项，着力解决损害群众切身利益、联系服务群众“最后一公里”“最后一步路”等问题，强力推进“正风肃纪”、电视问政、县直机关“满意不满意”股室民主测评等活动，“四风”问题得到明显遏制，干部作风得到明显转变。县委常委带头“打开一扇门、破解一道题、办好一个点”，以上率下改作风的做法，得到省委领导高度关注和批示，并被省委办公厅内刊《工作情况交流》面向全省推介。全面加强领导班子和干部队伍建设，制订出台县管领导班子和领导干部分类定级管理等制度，科学选好干部，配强班子，扎实抓好党员干部教育培训，圆满完成村支“两委”换届选举和基层党支部分类定级。在市、县委书记抓基层党建省、市调查核实和述职测评中，祁阳县委综合排名全市第一。切实落实党风廉政建设责任制党委主体责任和纪委监督

责任，深入推进党风廉政建设和反腐败工作，支持纪检监察机关转职能、转方式、转作风，以“零容忍”态度惩治腐败。全县纪检监察机关共立案80件，党纪政纪处分88人，移送司法机关3人。坚持总揽全局、协调各方，大力支持人大及其常委会依法行使职权，支持政协依照章程履行职能。进一步加强统战工作，深入实施“同心工程”，重视发挥工会、共青团、妇联、工商联、文联、残联等群众团体的作用，统筹加强民族宗教、对台、侨务等工作，提升全民国防教育和国防后备役建设水平，广泛凝聚改革发展力量。

——以三项经济指标跨越200亿为标志，综合实力迈上新台阶。全县地方生产总值、固定资产投资、金融机构各项存款余额均成功跨越200亿关口，分别达到212亿元、243亿元、224亿元（预计数，下同）。完成财政总收入11亿元，首次突破10亿大关，总量居全市第一，其中税收收入占75%。城乡居民收入分别达到22708元、10088元。工业经济稳中向好。完成规模工业总产值159亿元，增长16.6%；完成规模工业增加值47亿元，增长11.2%，增速高于全国、全省平均水平。新增规模工业企业12家，产值过亿元企业达47家。6家公司被列为省重点上市后备企业，数量接近全市1/2。经开区基础设施建设和项目引进扎实有效，完成基础设施建设投入2.5个亿，实现规模工业总产值110亿元，率先在全市各县区工业园中过100亿。现代农业发展提速。粮食生产实现“十一连增”，被评为全国粮食生产先进县。农业产业化进程加快，金浩、银光、湘妹3家企业被列入省人民政府“百企千社万户”现代农业发展工程“百企”名单，新增自然韵黑茶公司等省市龙头企业4家，“湘妹”商标被评为中国驰名商标，银光粮油与湘粮集团成功对接，唐家山油茶基地跻身全省油茶高产示范园行列。农田水利建设再掀热潮，农业综合开发步伐加快，国家现代农业示范园项目已确定落户祁阳，农机装备及作业水平进一步提升，农机工作、重大动物疫病防控工作分别被评为全国、全省先进。第三产业日益繁荣。现代商贸物流业有新发展。旅游业快速升温，启动浯溪风景名胜区规划编制工作，开展“祁阳十大美景”评选活动，全年接待游客381万人次，竹山雅苑被评为全省五星级乡村旅游示范点，龙溪村被列为全国传统村落文化保护利用示范村。金融业稳健发展，祁阳农商行挂牌营业，成为全市首个“一县两行”县。城乡市场繁荣活跃，社会消费品零售总额50亿元，增长14.2%。

——以一批重大项目成功落户为标志，发展后劲得到新增强。承接产业成绩喜人。湖南康都膳食生产线、东方日升太阳能光伏发电、广垦集团15万亩高产油茶基地等投资过10亿元的重大项目成功落户，广垦晨禧、深圳新浪、红星美凯龙等一批大企业有望牵手祁阳。全县新批外资项目4个，承接产业转移项目55个，实际到位外资1.2亿美元，增长19%；完成内联引资60亿元。对外贸易增长迅速。全年新增外贸进出口企业4家，外贸进出口总额逾2亿美元，总量稳居全市第一，增长73%，被评为全省发展开放型经济先进县。跑项争资成果丰硕。全年共向上级有关部门申报各类项目300多个，到位资金9亿余元，增长8%。项目建设进程加快。纳入市“十百千”工程考核任务的85个重点项目，完成投资58亿元，占市考核任务的121.3%。产业项目建设来势看好，海螺水泥二期、凯盛鞋业二期、千山医疗器械、湘江稀土二期、科力尔电机等五大工业标志性项目加快建设，凯迪生物质发电、东骏纺织扩能改造、华庆泡棉等项目即将建成投产，鑫利生物、鸿达园食品、泰格莱电子、华旺实业、江涵电子等一批签约多年未开工的项目全部动工。基础设施项目建设提速，完成投资近20个亿。民生项目进展顺利，县中医院新住院大楼投用，县人民医院综合大楼主体工程如期推进。要素保障攻坚有力。强力破解用地、融资、用工难题，新征地

7133亩、批地2640亩。做大担保公司、做实融资平台，争取政府性融资近17亿元，为园区新招工5800余人。特别是破解征地拆迁安置难题取得积极进展。改革工作稳步推进。农村产权制度改革取得宝贵经验，土地承包经营权确权登记颁证工作基本完成。行政体制改革取得重大突破，积极推进“三证合一”改革，除试点单位外，发放永州市第一本“三证合一”营业执照；成立县公共资源交易中心。社会治理机制改革有序实施，县城社区网格化管理取得阶段性成效。积极争取上级改革试点政策，被列为全省新型城镇化试点县、全省“飞地经济”试点县，被推荐为第3批国家“智慧城市”试点候选单位。

——以全面启动创国卫为标志，城乡统筹发展迈出新步伐。坚持城乡统筹发展，在城乡规划、建设和管理上同步发力，城乡面貌大为改观，继续保持省级文明县城和省级卫生县城荣誉称号，黎家坪镇、白水镇被国家住房和城乡建设部等七部门列为全国重点镇。创国卫工作全面启动。着眼从根本上解决县城脏乱差的问题，自加压力、高点定位，提出用三至五年创建成为国家卫生县城，全面启动创国卫各项工作，城乡环境卫生明显好转。城乡规划日益完善。县城总规修改获省批复，专项规划编制工作有序实施。规划管控力度加大，违法占地、违法建设行为得到有效控制。城乡建设全面发力。祁冷一级公路建成通车，祁阳大道、木金公路、县城十一条道路提质改造、新埠头水厂、管道燃气工程、黎家坪污水处理厂等项目建设加快。民生路实现“白改黑”，样板街已显雏形；三水厂扩能提质工程春节前完工，日供水能力将从3万吨提高到10万吨，县城缺水老大难问题将得到根本性解决；新建的垃圾处理场完成省市验收；白水镇、观音滩镇小城镇改造提质工程进展顺利。浯溪水利风景区开发、环城东路、环城北路等重大城建项目前期工作有力推进。美丽乡村和新农村示范村建设深入开展，农村基础设施持续改善，新改建通乡通村公路204.5公里，行政村通畅率达到98%，国有农林场危旧房改造完工。小江村获评湖南省新农村建设示范村，我县有望被评为湖南省新农村建设先进县。生态文明建设加快，完成各类造林3.9万亩，全县森林覆盖率达到47.9%。竹山村被评为全国生态文明示范村。大力推进湘江流域保护和治理工程，湘江干流两岸养殖污染防治、河道采砂整治等工作成效明显。城乡管理逐步规范。大力开展城乡环境综合整治和城市客运秩序、土地市场等专项整治行动，村容镇貌、城区客运秩序有效改善，近10年来“黑车”横行的猖獗势头得到有力遏制，土地市场步入规范。

——以社会治理取得重大突破为标志，民生改善取得新成效。省定26项民生实事指标任务全部提前完成，县委、县政府确定的10件惠民实事较好完成，全年民生财政支出占公共财政支出比重达77%。社会治理取得重大突破。强势开展社会治安专项整治行动，重拳出击打黑除恶，打击“黄赌毒”，依法刑拘1052人、提起公诉765人、判决660人，成功摧毁以郭怀安为首、横行祁阳二十多年的重大黑社会性质组织，打黑除恶专项工作排全市第一。着力解决信访突出问题，进京非访总量退出全市前6位。严抓重管安全生产，连续四年被评为全省安全生产先进县，并被省政府首批命名为全省安全生产示范县，是全省3个获此殊荣的县区之一。抓好公路“三乱”、食品药品等专项整治，治理公路超载超限、车辆改装工作经验在全市推广，保质保量让老百姓吃上了放心米粉，得到了群众拥护。社会保障有效加强。全县城镇新增就业7732人，新增农村劳动力转移就业9960人，失业率控制在4%以内。各项社会保险实现扩面征缴，获评全省新农保工作示范县。大力推行新农合支付方式改革，实际报账比例从改革前的58%提高到65%。继续推行“五位一体”医疗救助体系，大力发展社会慈善事业和福利事业，城乡低保、农村五保、社会救助水平稳步提高。新建保障性住房828套，分配廉租房1734套，城镇中低收入家庭住房难问题得到缓解。社会事业全面发展。教育强县建设步伐加大，各类教育均衡发展，完成17所合格学校建设，高考成绩继续领跑全市，2人被清华大学录取，1人被北京大学录取，职教规模不断扩大，职教品牌逐步形成，成功创建全国首批农村职业教育和成人教育示范县。科技创新和科普示范全面加强，科技对经济增长贡献率达53.5%，成功申报湖南省可持续发展实验区。文化服务体系不断完善，祁剧院、电影院完成升级改造并投用，浯溪公园向县内免费开放，“欢乐潇湘”群众文艺汇演精彩纷呈，文化市场管理日益规范，群众体育和竞技体育协调发展。卫生事业取得长足进步，县级公立医院改革有序推进，公共卫生和基本医疗服务体系进一步完善；人口计生工作扎实推进，继续保持全国人口和计划生育优质服务先进单位、全省人口和计划生育先进县荣誉称号。第三次全国经济普查工作被评为全省先进。广播电视、机关事务、保密、编制、史志、档案、老干、科协、关心下一代等其他各项事业协调推进。

在总结成绩的同时，我们也清醒地看到，全县经济社会发展还存在不少困难和问题，主要是：经济总量不大，发展速度不快、质量不高，经济下行压力大；开放不够，投资不足，大企业、大项目不多，转型发展动力不足；地方财力有限，民生欠账较多，维护社会稳定任务繁重；少数部门服务不优、创新不够、执行力不强，还存在一些“庸懒散软”现象。对此，必须高度重视，认真研究，制订措施，切实加以解决。

二、2014年度干部选拔任用工作情况

2014年，县委常委会深入贯彻落实全国和省市组织工作会议精神，大力深化干部人事制度改革，切实提高选人用人水平，激发了干部队伍新活力。一年来，县委常委会共研究干部3批次，调整干部53人，其中提拔重用13人。

（一）强化干部实绩考核树导向。建立健全实绩考核评价体系，对全县125个正科级单位的领导班子及干部进行年度分类定级考核，注重考核结果运用。在去年的干部调整中，将2名实绩突出、群众公认、考核优秀的镇人大主席重用为乡镇长，3名镇长、1名镇政协工委主任调整交流到县直单位任职，营造了以考核定奖惩、凭实绩用干部的氛围。

（二）加强干部调整交流激活力。认真贯彻落实新修订的《党政领导干部选拔任用工作条例》精神，坚持任人唯贤的原则，注重选拔德才兼备、执行力强、实绩突出、群众公认度高的干部担任重要领导职务，推动干部交流，配优配强班子。根据工作需要，对内下、观音滩、大忠桥、肖家村、黎家坪、文明铺、龚家坪等乡镇的党政正职和国土资源局、水利局、信访局、残联的主要领导进行了调整交流，对城管执法局的领导班子进行了调整充实。通过调整交流，领导班子年龄结构、知识结构更加合理，增强了功能、激发了活力。

（三）治理“三超两乱”促规范。深入推进“三超两乱”专项治理，全县共消化超职数配备科级干部112名，党政群机关和参公单位违规分设的党政正职全部按要求消化到位；全面禁止“划线改非”等违规行为；纠正“吃空饷”48人，追回违规资金100余万元；清理在社会组织兼职的处级干部9名、县管干部44名，清理在企业兼职县管干部3人；清理违规长期借调人员56名、长期调动工作不转工资关系人员9名。结合开展党的群众路线教育实践活动，制订出台《关于全面贯彻好干部标准强化正确用人导向的决定》等文件，有力地推进了干部人事工作的科学化、规范化、制度化。

（四）严格监督管理正风纪。认真落实干部监督联席会议、个人重大事项报告和谈话、诫勉等制度，加强对领导干部的经常性监督管理，督促领导干部干净做事、廉洁从政。狠抓经济

责任审计，以实行任中审计、离任审计为重点，健全完善领导干部经济责任审计制度，对领导干部任期内各项经济指标完成情况、执行财经纪律情况等进行审计。去年，共对14个单位的领导干部进行任中审计，对15名领导干部进行离任审计，做到了应审尽审。狠抓干部作风建设，加大对不称职、不胜任现职领导干部调整力度，全年共有1名正科级、7名副科级领导干部因作风不实被免职。狠刹乡镇干部“走读风”，共查处“走读”干部25人次。

三、深入学习贯彻党的十八届四中全会、省委十届十一次全会和市委四届六次全会精神，全力推进法治祁阳建设

法治是繁荣稳定的基石、执政兴国的支撑。十八届四中全会对依法治国作出了《决定》，省委十届十一次全会为贯彻落实中央《决定》制订了《实施方案》，市委落实中央《决定》和省委《实施方案》的具体意见即将出台。全县各级各部门一定要把思想和行动统一到中央和省委、市委的决策部署上来，在新的起点上全面推进依法治县，加快建设法治祁阳。

（一）加强党的领导，强化法治保障。严明党纪党规。切实提高党纪党规执行力，及时准确运用党纪党规把管党治党责任落到实处，严肃处理各种违反党纪党规的行为。严格依法执政。增强宪法意识，弘扬宪法精神，遵纪守法，依法办事。完善党委“三重一大”等决策机制，提高科学、民主、依法决策水平。推进依法治县。进一步调整充实各级党委依法治县领导小组力量，完善相关的制度和工作机制。出台落实中央、省委、市委推进法治建设的具体意见，制订详细的法治祁阳建设规划。健全和落实党委中心组学法、领导干部法制讲座、基层党务公开等制度，将依法履职情况作为执行力考核和干部任用的重要依据。

（二）推进依法行政，建设法治政府。完善行政决策机制。严格执行公众参与、专家论证、风险评估、合法性审查、集体讨论决定等行政决策法定程序，突出加强涉及经济社会发展和人民群众切身利益的重大政策出台、重大项目落地等重大行政决策事项的听证和风险评估工作，防止以文件签批等形式做出重大行政决策。深化行政管理体制改革。完善和推行权力清单、负面清单、责任清单、监管清单“四单”管理制度。继续推进简政放权，深化行政审批制度改革，进一步控制、调整、减少、下放行政审批项目。全面推进电子政务、公共服务、社会治理三位一体数字化网络平台建设。着力提升行政效能。全面推进执行力建设，促进行政效能大幅提升。

（三）促进司法公正，筑牢法治防线。落实改革任务。按照中央、省、市的要求，及时有序完善司法人员分类管理制度。健全司法责任制，完善对非法干预司法活动进行备案登记、查处的责任追究制度。积极推进社区矫正、公证、司法鉴定工作等改革，完善公正司法的技术保障。规范司法行为。全面推行量刑规范化和案例指导制度，进一步规范自由裁量权的行使。严格规范减刑、假释、保外就医程序。建立健全执行联动机制，扎实开展涉民生案件专项执行活动。推进人民陪审员、人民监督员制度，健全司法权力分工负责、互相配合、互相制约机制，加强和规范对司法活动的法律监督和社会监督。健全维权制度。健全错案防止、纠正、责任追究机制，严禁刑讯逼供、体罚虐待。认真开展“坚决纠正涉法涉诉中损害群众利益行为”的专项整治，坚决纠正和防止“冤假错案”，坚决查处相关责任人。重点查处“人情案”“关系案”“金钱案”，打好反对司法不公、惩治腐败的攻坚战，维护社会公平正义。完善社区矫正制度，健全和落实司法救助和法律援助制度、律师执业权利保障机制和违法违规执业惩戒机制。

（四）强化法治信仰，构建法治社会。营造

法治氛围。认真实施《湖南省法制宣传教育条例》，深入推进“六五”普法，强化法制教育，推动全民学法守法用法。加大法制宣传力度，加强法治文化建设，开展群众性法治文化活动。优化法治环境。有针对性地开展各种专项整治行动。继续加大对多发性侵财犯罪、严重暴力犯罪的打击力度。因地制宜开展打黑除恶、打击食品药品犯罪、环境污染犯罪、农村社会治安整治等专项行动，始终保持对违法犯罪分子的严打高压态势。夯实法治基础。创新社会治理方式，全面推进“信息化支撑、网格化管理、全程化服务”。完成社区换届和社区党组织改革设置，人员全部配备到位，加大财政对社区建设的投入。

（五）提升整体素质，打造法治队伍。大力提高法治队伍思想政治素质、业务工作能力、职业道德水准，着力建设一支忠于党、忠于国家、忠于人民、忠于法律的法治队伍。坚持人往基层走、钱往基层投、政策往基层倾斜的原则，进一步夯实法治祁阳基层基础。加强科技强警力度，不断提升政法机关物质装备水平。完善律师、公证、基层法律服务、司法鉴定、法律援助、仲裁等法律服务体系，积极引导基层法律服务工作者多方面为解决民生问题提供法律服务。

四、主动适应经济发展新常态，凝心聚力、真抓实干，奋力开创全县经济社会发展新局面

2015年是全面完成“十二五”规划的收官之年，是全面深化改革的关键之年，也是全面推进依法治国的开局之年，做好今年的工作，意义十分重大。尽管当前宏观经济形势复杂多变，经济面临较大下行压力，区域竞争日趋激烈，要素制约不断趋紧，但总体上看，发展机遇大于挑战：中央作出经济发展进入新常态的重大战略判断，有利于我们保持发展定力，把更多精力集中到结构调整、转型升级、创新驱动等工作上来；国家今年将继续实施积极的财政政策和稳健的货币政策，加大对“三农”、重大基础设施、社会事业等重点领域的投资力度，给我们争取项目、扩大投资提供了广阔空间；继湘桂高铁开通后，祁冷一级公路建成通车，我县区位优势愈加明显，为我们扩大招商引资、承接产业转移创造了更好条件。特别是全县干部群众干事创业的激情更加高涨，有利于凝心聚力，更好地把各项事业推向前进。我们一定要负重奋进、扎实苦干，抓住机遇、乘势而上，奋力开创全县经济社会又好又快发展新局面。

今年全县经济社会发展的总体要求是：以党的十八大、十八届三中、四中全会和中央、省委、市委经济工作会议精神为指引，坚持稳中求进工作总基调，主动适应经济发展新常态，以全面建成小康社会为总揽，着力促进“三量齐升”，大力推进“四化两型”，深入贯彻落实市委“四个三”工作部署，狠抓改革攻坚，突出创新创业，着力转型升级，加强民生保障，统筹推进经济、政治、社会、文化、生态文明以及党的建设，圆满完成“十二五”奋斗目标，为“十三五”规划实施奠定良好基础。

今年全县经济社会发展的主要预期目标是：地方生产总值增长9.5%，财政总收入增长12%，固定资产投资增长20%，规模工业增加值增长12%，社会消费品零售总额增长13%，城镇登记失业率控制在4%以内，全面小康程度提升10个百分点，城乡居民收入增长与经济发展同步，约束性指标达到要求。

空谈误国，实干兴邦。实现上述目标，关键在干。新的一年里，全县上下一定要立说立行，敢想敢干，能干会干，真抓实干，脚踏实地地把各项工作推向前进，干出祁阳科学发展的新气象、新作为、新局面。

（一）理清思路干。思路决定出路。改革开放以来，历届县委积极探索切合祁阳实际的发展思路，推动了全县经济社会持续健康发展。

但发展实践无止境，解放思想无穷期。近年来，我县发展面临的宏观形势正在发生着不同以往的新变化：宏观经济进入中高速增长的新常态；改革进入全面深化的新时期；祁阳全面进入高铁时代、我县与中心城区融合发展趋势日益明显，特别是高铁时代的全面到来，必将深刻改变区域产业布局和竞争格局，对沿线地方经济社会发展产生重大而深远的影响。为此，在省委经济工作会议上，省委书记徐守盛同志明确要求，“要顺应高铁时代的全面到来，完善提升沿线城镇、区域的发展定位、战略思路和产业布局，将沿线地区打造成我省经济新的增长带。”面对上述新形势、新要求，我们必须解放思想，克服思维惯性和路径依赖，与时俱进谋划发展新思路、新举措，使我们的发展思路更加符合时代性、把握规律性、富于创造性。

基于以上分析和把握，县委在充分调研、广泛论证的基础上，决定将“三个导向、三轮驱动、三城建设”作为今年和今后一段时期祁阳发展的总体战略。“三个导向”，就是要把握正确方向，注重统筹协调，全力做好改革发展稳定各项工作。坚持以项目导向抓发展，牢牢牵住项目建设这个“牛鼻子”，把抓重大项目作为项目建设的核心和关键，以大项目、好项目推动祁阳发展行稳致远；坚持以问题导向抓改革，强化“问题导向”，列出“问题清单”，有的放矢、精准发力，正确、准确、有序、协调推进各项改革，让改革红利充分释放；坚持以民生导向抓稳定，抓住保障和改善民生这个社会建设的重点，遵循“守住底线、突出重点、完善制度、引导舆论”的思路，千方百计惠民生、增民享、保民安，促进社会和谐稳定。“三轮驱动”，就是要主动适应经济发展新常态，把转方式、调结构放在更加突出的位置，立足祁阳工业基础较好，粮油茶等农业特色产业优势明显，交通便捷等现实条件，着力发展“新型工业、特色农业、现代商贸”，促进三次产业协调发展，加快推进新型工业化、农业现代化和新型城镇化进程。特别是要抓住和用好进入高铁时代及融入中心城区半小时生活圈带来的重大机遇，更加注重发展以现代商贸业为重点的现代服务业，提高服务业在经济发展中的比重和水平，以服务业的大发展、大繁荣，推动城镇化发展，全力将祁阳打造成潇湘城市群的重要支撑。“三城建设”，就是要以更加鲜明的特色对接高铁时代，在区域发展的大格局中找准祁阳的发展定位，充分发挥比较优势，树牢“全域统筹、特色发展”理念，把整个县域作为一个城市来打造，加快撤县改市步伐，将祁阳建设成为“人文厚重的文化名城、产业发达的工业新城、民生优先的幸福之城”，全力打造品质活力新祁阳，不断增强祁阳的对外影响力、资源集聚力和发展竞争力，最大限度放大高铁时代的“同城效应”，减少“过道效应”。

“333”战略构想是在继承和完善历届县委发展战略基础上提出来的，是对历史机遇的准确把握和对时代挑战的科学应对，体现了战略导向、战略重心和战略定位的有机统一，是提升县域竞争力的整体发展战略。其中，“三个导向”指出了抓发展、促改革、保稳定必须遵循的大方向，是今后一段时期必须坚持的战略导向。“三轮驱动”突出适应经济发展新常态、推动产业转型升级这一重点，指明了全县经济社会发展的主战场、主抓手，是今后一段时期必须抓住的战略重心。“三城建设”明确了祁阳应对高铁时代、与周边县区错位竞争的策略，是今后一段时期必须把握的战略定位。

今年也是“十三五”规划的编制之年。在做好全年各项工作的同时，要科学谋划“十三五”发展蓝图，开展专题调研活动，切实摸清实际情况、找准存在问题、理好发展思路，主动与国家和省市“十三五”规划搞好衔接，争取将更多项目纳入国家、省市规划盘子，努力编制一个具有前瞻性、科学性的“十三五”规划纲要。

（二）把握重点干。“三轮驱动”稳增长。

突出发展新型工业。坚持新型工业化第一推动力不动摇，力促工业经济总量扩张、质量提升。坚持产业兴工。全面落实《祁阳县加速推进新型工业化实施办法》，加速推进农副产品加工、先进装备制造、电子信息、矿产品深加工、轻纺制鞋、新能源新材料等6大主导产业发展。坚持企业兴工。大力实施骨干企业提升、中小企业成长、小微企业培育“三大工程”，打造一批支撑发展的大企业、大集团，培育更多的中小企业。坚持科技创新驱动，鼓励支持骨干企业开展技术研发和产品创新，推动优势产业、骨干企业与大专院校、科研院所共建产学研创新平台。力争年内新增入统规模工业企业10户，3年内将祁阳海螺水泥、科力尔电机、湘江稀土、千山医疗器械、凯盛鞋业等5家企业培育成年主营收入过10亿元、纳税过1亿元的标志性企业。坚持园区兴工。大力实施“135”工程，在经开区规划建设一个创新创业园区，围绕“345”的工作目标，即2015~2016年两年内新扩园面积3平方公里、新建40万平方米标准厂房、引进50家以上创新创业企业，全力加快经开区创建国家级新型工业化示范基地步伐。加大经开区新区水电路讯等基础设施建设力度，重点启动和加快新埠头水厂、污水处理厂及长流路、真卿路等主干道路建设，年内力争完成建设投入2.5亿元，新增储备土地2000亩，新增建成区面积2平方公里，新建标准厂房20万平方米。按照“工业新城，城市新区”的要求，着力引进和建设医院、学校、市场、保障性住房、城市综合体等配套项目，增强园区综合承载能力。

大力发展特色农业。以产业化经营推动特色农业发展。提升农业产业化水平，用好农副产品加工产业重点县建设机遇，进一步完善“公司+合作社+基地+农户”等经营机制，支持金浩茶油、银光粮油、湘妹食品等一批龙头企业做大做强，全力抓好广垦集团15万亩油茶基地等一批农产品基地建设，鼓励、引导县内农产品加工企业挂大靠强、借力发展。力争新增国家级龙头企业1家、省级2到3家。大力发展以名贵中药材种植为主的特色经济，争创全省林下经济示范点。加快推进以病险水库除险加固、土地综合整治、高标准农田建设等为重点的农田水利基本建设，增强农业综合生产能力，着力稳定粮食生产。以土地流转推动特色农业发展。用好土地承包经营权确权登记颁证成果，引导和规范土地经营权向新型农业经营主体有序流转，促进农村土地规模化、集约化经营。以平台创新推动特色农业发展。启动国家现代农业示范园建设，以示范园为平台引领现代农业发展；创新农业投融资机制，组建县农业建设投资开发公司，集中农口资金，引导信贷资金和社会资源投入现代农业建设，重点投向现代农业示范园以及重大农业项目。

加快发展现代商贸。高铁的集聚效应以及祁阳主城区与永州中心城区的“同城效应”，将为我县现代商贸服务业提供一个崭新的发展机遇；同时，我县中心城区常住人口已达26万人，而发达地区城市化经验表明，城市人口到25万左右的时候，现代商贸业将趋向繁荣。因此，一定要把发展以现代商贸业为重点的现代服务业作为提速县域发展的战略基点，加快培育新的增长动力。提升传统商贸业，抓好王府坪市场综合改造、兴龙国际商贸城等项目，着力引进沃尔玛、家润多等大型连锁超市，对接知名企业发展城市综合体，集聚国内中高端品牌，打造县城新商圈；加快发展电子商务、连锁专卖、健康养老、文化创意、教育培训等新型业态，推进产业转型升级和产业链延伸。培育发展现代物流业，大力引进和培育现代物流龙头企业，切实抓好广垦辰禧农产品物流园项目的跟踪落实，力促年内开工建设。通过建设现代化的农产品物流集散基地，激活农产品流通，带动农业产业升级。发展旅游休闲业，充分利用祁阳山清水秀、人文厚重等优势，推进旅游与商贸、文化、生态融合发展，加快浯溪公园扩园等项目建设，推动李家大院、石洞源、挂榜山中国小鲵栖息地等旅游资源开发，创办一批五星级农家乐和休闲农业山庄，全力将祁阳打造成永州中心城区的旅游休闲后花园、省内外有较高知名度的文化生态型旅游目的地。提升金融业发展水平，积极引进银行类、保险类、资本类企业入驻祁阳，扶持发展祁阳农商行、村镇银行，稳妥发展小额贷款公司、融资担保公司，完善现代金融组织体系，鼓励金融机构开发符合区域金融需求特点的产品和服务。

狠抓项目扩投入。坚持以项目为导向，千方百计引项目，全力以赴建项目，掀起项目工作新高潮。精准发力引项目。综合运用领导招商、以商招商、协会招商、老乡招商、小分队招商等有效方式，紧盯国内500强、央企、行业龙头企业等重点企业，建立重点客商跟踪制度，着力引进一批大项目、好项目。力争引进投资3000万元以上的各类项目50个以上，其中过亿元的工业项目、商贸物流业等第三产业项目各10个以上。在经开区规划用地1000亩，积极引进工业地产和“飞地经济”项目，实现招商建园、以商招商。大干快上建项目。深入开展项目建设年活动，年内计划实施重点项目60个，完成投资50亿元以上。加快推进千山医疗器械二期、海螺水泥二期、凯盛鞋业二期、湘江稀土二期、科力尔电机、东骏纺织二期、湖南康都膳食、东方日升太阳能光伏发电等重大产业项目，黎马公路、木金公路等重大基础设施项目，县人民医院综合大楼、污水处理厂、海创生活垃圾处理等重大民生项目建设。积极配合市里做好衡永高速和祁阳港区千吨级码头工程项目前期工作。积极跑项争资，力争申报项目300个以上，争取无偿资金12亿元以上。创优环境聚项目。进一步加强政务中心建设，严格执行省市优化经济发展环境的政策规定，严厉打击强买强卖强行阻工等违法行为，坚决查处影响机关效能和损害发展环境的案件，努力营造亲商安商富商的浓厚氛围。

着力创卫强城镇。以创建国家卫生县城为抓手，大力提升县城规划建设管理水平，加快新型城镇化步伐。大手笔拉开县城框架。按照“到2020年中心城区常住人口达到30~50万”的城市发展目标，在《祁阳县城总体规划（2001~2020）（2012年修改）》的总框架下，抓紧修订完善各专项规划，形成定位准确、布局合理、开发有序的格局；结合“一轴五星”的城市空间布局，着力抓好祁阳大道与浯溪风情小镇、原种场、陶铸广场、杨梅湖、高铁站等片区规划开发。大力推进G322绕城公路、环城东路和环城北路等骨干道路建设，构筑交通大循环，拉大城市框架；G322绕城公路年内建成通车。大力度推行旧城改造。全面实施县城改造提质三年行动计划，突出抓好旧城区主干道改造提质、华润燃气管道建设、棚户区改造等一批旧城改造项目，力争让老城区旧貌换新颜。大整治强化城市管理。坚持建管并举，以“创国卫”专项整治为抓手，对于乱搭乱建、乱贴乱画、乱摆摊点等城市乱象，出重拳、下猛药彻底整治；加强市民素质教育和日常监管考核，巩固创建成果不反弹。统筹推进国家卫生县城和全国绿化模范县创建工作，坚持“两创”同步，大力实施城市森林工程，建设生态宜居县城。在做大做强做美县城的同时，扎实搞好小城镇建设和新农村建设，通过城、镇、村联动，推进城镇化健康发展。

改善民生促和谐。突出民生导向，着力保障和改善民生，坚决完成省市为民办实事任务，切实促进社会和谐稳定，不断加快小康社会建设进程，力争进入全省全面小康先进县。努力为人民群众提供更高水平的社会保障。实施更加积极的就业政策，深入推进省级创业型城市建设，实现更高质量的就业。加强社会保险扩面征缴，积极推进社会保障全覆盖。完善社会救助体系，逐步提高城乡低保、农村“五保”的补助标准。继续加强保障性住房建设。切实加大扶贫开发和移民后扶力度。努力为人民群众提供更优质的公共服务。办好人民满意的教育，加快普及学前教育，高位均衡义务教育，优质发展普高教育，全面提升职业教育，扶持发展民办教育。深入实施文化惠民工程。大力发展体育事业。加强公共卫生服务和疾病防控体系建设，深入推进县级公立医院综合改革和新农合“100+800（600）”支付方式改革，进一步提高基本医疗保障水平。坚持计划生育基本国策，严格执行人口与计划生育政策。树牢绿色发展理念，深入推进节能减排，实施环境综合治理，加大生态建设力度，积极创建全国绿化模范县，实施三年绿化攻坚行动，让祁阳山更青，水更秀，天更蓝。努力为人民群众营造更和谐的社会环境。坚持依法治县，推进严格执法、公正司法、全民守法，支持人大、政协依法充分履行职能。强化社会治理，完善人民调解、行政调解、司法调解联动机制，加强社会稳定风险评估；全面推行依法逐级走访，规范信访秩序，及时就地解决群众合理诉求；加强社会治安综合治理，对涉黑涉恶、“两抢一盗”等违法犯罪行为持续保持高压严打态势，完善治安防控体系，增强群众安全感，打好综治民调翻身仗；严格落实“党政同责、一岗双责、齐抓共管”安全生产责任制，坚决防范和遏制较大以上事故发生；加强食品药品和农产品质量安全监管，保障“舌尖”上的安全。健全应急管理体系，提高突发事件的预防、处置能力。深入开展“双拥”共建，巩固和发展军政军民团结。

（三）突出创新干。坚定不移地解放思想，大力推进改革创新，充分激发祁阳发展的动力与活力。以创新推动改革攻坚。认真贯彻落实中央和省、市安排部署的各项改革任务，各项改革都要明确责任书、路线图、时间表。突出抓好市委确定的重大改革任务：以简政放权为重点，不断深化行政体制改革。加快政府机构改革和事业单位改革步伐。优化政务服务中心和政府服务网络两个窗口，推动审批流程再造。深化商事登记制度改革，全面推进“先照后证”和“三证合一”工作。以加快土地流转为重点，不断深化农村产权制度改革。加快完成农村土地确权登记颁证工作，全面完成县乡两级农用土地利用规划编制，规范农村土地流转平台，全面推行农村土地承包经营权抵押贷款，突出抓好新型主体培育和农业招商引资。以强化社区服务为重点，不断深化社会治理机制改革。以党建为引领，以网格化管理为手段，强化职能调整，增强社区服务和管理能力，夯实社会治理基础。加快社区标准化建设，全面组建以党工委为核心的“一委一会三站一办”社区工作机构。以拓宽融资渠道为重点，不断深化财税金融和投融资体制改革。与此同时，争当改革先行军，争取和实施好国家智慧城市试点、全省新型城镇化试点等改革试点政策，力争撤县改市工作取得实质性突破，最大限度收获改革红利。以创新破解发展难题。着力破解园区管理体制不顺难题，推动县直有关部门向经开区下放行政管理事项和权限，积极探索对经开区采取“2号公章”的管理模式，进一步理顺经开区与所在乡镇、街道的关系，研究启动“园政合一”的管理体制，提升园区开发建设合力。着力破解用地难题，积极争取用地指标，开展批而未供土地、闲置土地和低效利用土地专项清理行动，加强土地批后监管，推进节约集约用地；加大土地储备力度，依法推进征地拆迁工作，创新拆迁安置模式，逐步推行货币安置、小区集中安置等方式。着力破解用工难题，促进职业培训与园区企业用工需求无缝对接，积极争取和落实劳动保障优惠政策，引导企业改善用工环境，采取节日招工、中介组织招工、“以工带工”等多种形式联动招工，建立农村劳动力资源信息库，促进招工稳工，力争为企业新招工1万人以上。着力破解融资难题，加快推进城建投、经建投等融资平台转型发展，做大中小企业担保公司，扩大融资规模；积极开展政银企对接活动，进一步完善金融机构支持县域经济发展奖励办法；引导社会资本通过PPP（公私合营）等方式参与基础设施类重点项目建设；切实抓好企业上市培育。以创新激发创业热情。完善扶持创业的优惠政策，激发全民创业热情。深入挖掘祁阳籍在外成功人士潜力，在经开区规划和建设1000亩的小微企业创业孵化园，引导、鼓励、扶持回乡创业。树立移动互联网背景下的创新创业思维，将网络创业作为全民创业的重要主题，加大扶持力度，以网络创业激发全民创业活力。大力弘扬创业精神，对创新企业、纳税大户、创业明星给予重奖，营造全民创业良好氛围。

（四）党建引领干。坚决落实从严治党责任，全面提升管党治党水平，以一流的党建引领祁阳更好更快发展。管好一把手。重在落实党要管党的主体责任。各级党委（党组）书记要守好“主阵地”、种好“责任田”，坚持党建工作与中心工作一起谋划、一起部署、一起考核，做到重要工作亲自部署、重大问题亲自研究、重点环节亲自协调，真正把从严治党第一责任人的职责扛在肩上。全面推行“联述联评联考”制度，对各级党组织书记的党建工作述职评议作出安排部署。加大党建考核权重和问责力度，对各级党组织书记的考核，首先看抓党建的成效。带好一班人。重在强化执行落实。完善领导干部实绩卡制度，强化实绩考核促执行。完善责任公开承诺、干部分类定级管理等机制，持续开展机关效能测评、电视问政，强化岗位责任监督管理促执行。进一步加大干部交流力度，把任职期满交流与结构性交流、培养性交流与竞争性交流、提拔性交流与平职交流结合起来，统筹实施，对长期处在关键岗位的中层干部原则上进行交流。进一步强化竞争性选拔干部，促使优秀人才脱颖而出。进一步加强作风建设，着力抓整改，认真组织教育实践活动“回头看”，对照整改清单一抓到底；着力抓正风肃纪，对新出现的“四风”隐形、变异问题，重拳出击、露头就打；着力抓专项整治，紧紧扭住既定的55项专项整治任务和省委部署的重点领域专项整治，持续细化措施、抓好落实。拍好“惊堂木”。就是要大力反腐倡廉。坚决落实党风廉政建设责任制党委主体责任和纪委的监督责任，拿出“一案三查”的办法。持续保持反腐败高压态势，查办一批有影响力的大案要案，增强对违法乱纪党员的震慑力。加强党风廉政建设考核，实施“一考、四评、五结合”的办法，“一考”即组织考核；“四评”即自我评价、民主测评、牵头部门评价和领导评价；“五结合”即党风廉政建设责任制考评与民主测评相结合、与述职述廉相结合、与干部年度考核相结合、与惩防体系建设相结合、与干部奖励惩处相结合，确保“两种责任”履职清晰、追责有序。扎好“千层底”。就是要夯实基层基础。严把准入关口，加强教育管理，健全退出机制，提高党员队伍整体素质。着力加强基层党组织带头人队伍建设，向软弱、涣散的村党组织、非公企业党组织、社会组织党组织派出基层党建指导员。从今年起，县财政将连续3年、每年拿出500万元，支持村级组织活动中心建设。善待乡镇基层干部，抓好乡镇机关“五小设施”建设，提高伙食补助标准，改善干部工作生活条件，稳定基层干部队伍。推进党建信息化，打造微党建工作平台。大力推行基层党建网格化管理，充分发挥党组织战斗堡垒作用和共产党员先锋模范作用。聚好正能量。就是要强化舆论引导，充分发挥宣传思想工作提神鼓劲作用，调动一切积极因素，激发广大干部群众干事创业的热情和动力，为经济社会发展提供强大的舆论支持、思想保证和精神动力。

同志们，推进祁阳这样一个百万人口大县的发展是个光荣而又艰巨的事业，既要仰望星空，又要脚踏实地；既要拧紧定力的发条，又要经受能力的考验；既要有必胜信心，又要有忧患意识。县委常委会一定要认真把握新常态带来的新要求、新机遇、新挑战，树牢改革思维、问题思维、底线思维，主动应对、深度谋划，在适应新常态中锤炼新作风，展示新作为，为开创祁阳科学发展新局面作出新的更大贡献！

政府工作报告

——2015年3月2日在祁阳县第十六届人民代表大会第三次会议上

县长 周新辉

各位代表：

现在，我代表县人民政府，向大会作工作报告，请予审议，并请各位政协委员和其他列席人员提出意见。

一、努力攻坚克难，2014年工作取得新成效

过去一年，我们在市委、市政府的正确领导下，按照县委的决策部署，全力稳增长、促改革、调结构、惠民生，努力克服经济下行压力加大等不利因素影响，较好地完成了县十六届人大二次会议确定的目标任务。

（一）突出产业发展，综合实力稳步提升。推进“产业强县”战略，加快“四化两型”进程，产业经济较快发展。重要指标实现历史性突破。全县地方生产总值、固定资产投资、金融机构存款余额均突破200亿大关，分别达到217.4亿元、232.2亿元、224亿元，分别增长9.6%、20.4%、14.2%。全面小康实现程度达到75%。完成财政总收入11亿元，增长12.1%，其中地方收入增量税收占比提高2.4个百分点；税收过5000万元企业由1家增到3家，其中海螺水泥6774万元。工业经济提质发展。全县规模工业企业完成总产值159亿元、增加值47.1亿元，分别增长16.6%、12.2%，其中年产值过亿元51家，税收过1000万元7家；有6家公司被列为省重点上市后备企业，占全市1/2。工业项目建设来势看好，海螺水泥、凯盛鞋业、千山医疗器械、湘江稀土、科力尔电机等五大工业标志性项目二期工程加快建设，凯迪生物质发电、康都制药、东骏纺织二期、华庆泡绵等项目即将投产。鑫利生物、泰莱电子、华旺实业、江涵电子等多年未开工的项目全面开工。祁阳经开区新增基础设施投入2.5亿元，完成规模工业总产值110亿元，成为全市唯一过百亿县区工业园，被列为全省“飞地经济”试点。农业经济稳步发展。落实粮食播种面积162万亩，粮食总产稳中有增。国家农业综合开发现代农业示范园落户祁阳，632个村一事一议财政奖补、13座重点小二型水库除险加固、七里桥镇小农水、黄泥塘镇农业综合开发、八宝镇土地整理、县城堤防工程原种场段项目完成，集中供水工程、内下二级电站增效扩容改造、白水河治理、潘市镇农业综合开发有序推进，解决4.27万人不安全饮水问题；广东农垦集团15万亩油茶基地、农产品物流园项目启动。银光粮油与湘粮集团成功合作。“湘妹”商标被评为中国驰名商标，自然韵黑茶公司被认定为省级龙头企业。我县被评为全国粮食生产先进县、生猪调出大县和全省养殖业、水稻集中育秧先进县，以及全省生态公益林保护、农村土地纠纷仲裁、农村能源建设先进单位。第三产业加快发展。完成社会消费品零售总额49.1亿元，增长12.3%。旅游业发展较快，龙溪村被列为全国传统村落文化保护利用示范村，竹山雅苑被评为全省五星级乡村旅游示范点。金融业快速发展，县信用联社改制为祁阳农商银行。我县成为全市第一个“一县两行”县。

（二）狠抓城乡建设，承载能力明显提高。以县城创国卫为总抓手，加快城乡建设，城乡

承载能力提高，保持“省级文明卫生县城”荣誉称号。城镇品位不断提升。全县城镇化率达42%，县城“一江两岸、一轴五星”发展格局初步形成。规划体系不断完善，县城总规修改获省住建厅批复，“四大片区”控规实施，祁阳经开区、浯溪风景名胜区建设规划完成设计招标，旅游、消防等专项规划初步完成。3个镇总规完成修编。祁阳被列为国家“智慧城市”试点县、全省新型城镇化示范县，被省政府定为重点支持撤县设市的县，为加快祁阳新型城镇化建设赢得了先机。县城建设成效明显。祁阳经开区、火车站等片区开发稳步推进，浯溪生态新城、杨梅湖片区、原种场安置小区、县城货运停车场、西区综合市场建设完成规划设计；民生路、平安路、新兴路、盘龙路、滨湖路提质改造有序推进，建设“五大管网”65千米，其中民生路完成路面、人行道和管网改造，平安路、新兴路、盘龙路完成人行道铺装；祁阳火车站广场完成绿化、美化、亮化和配套设施工程，成为县城建设的新亮点；新埠头水厂、污水处理、保障房、王府坪市场改造等工程加快建设，华润燃气主管网完成铺设，浯溪水利风景区开发、环城东路、环城北路等项目前期工作进展顺利。主次街道和小区清扫保洁、道路清洗、渣土管理明显加强；违章搭棚拆除1238个，小区集中整治有序开展，县城逐步变得敞亮、整洁、有序。小城镇建设扎实推进。黎家坪、白水镇被列为全国小城镇建设重点镇，白水、观音滩镇“六个一”改造提质工程有序推进。农村环境污染治理全面推进，八宝、七里桥镇垃圾清运模式运作良好，城乡面貌焕然一新。完善了农村宅基地审批管理，将县城规划控制区外村民建房用地的审核、审批、监管、查处等权限委托镇乡办场，规范农村建房管理实现破题。九洲、八尺等25个小康示范村面貌改观。我县被评为全省新农村建设先进县。生态文明建设加快。完成造林3.86万亩，森林覆盖率47.9%。湘江保护和污染防治第一个“三年行动计划”全面实施，湘江干流沿岸500米范围内50头以上生猪养殖场完成搬迁；河道采砂整治成效明显。基础设施进一步改善。祁阳出县通道建设步伐加快，祁冷快速干线建成通车，到市中心城区缩短为半小时车程，322国道绕城线完成南、北段主体工程，S320线改造竣工，木金公路路基初步完成，上大、黎马公路和千吨级码头建设前期工作加紧进行，衡永高速公路列入省建设规划；完成通畅公路205公里，改造危桥6座，行政村通畅率98%。民生设施日益完善。中医院新住院大楼投用，人武部指挥中心、公安局业务用房、陶铸体育馆、档案馆即将竣工，人民医院综合大楼主体工程正在建设。

（三）推进改革开放，发展活力不断增强。行政管理体制改革顺利实施。推行“四单”管理，减少行政许可项目8项，废止规范性文件66件；工商登记改革启动，在全市除试点单位外率先发出第一张“三证合一”营业执照，新注册企业465户，增长86%。用地、融资、用工“三大难题”实现根本性突破，新征地7133亩、批地2640亩；破解政府性融资瓶颈取得突破性进展，盘活资产25.57亿元，签约意向性融资22.9亿元，到位7.6亿元；金融机构贷款余额87亿元，比年初增长14%；园区新招工5800余人。县公共资源交易中心挂牌。农村综合改革深入推进，土地确权颁证工作基本完成，土地流转服务平台完善，新增土地流转面积24.6万亩、增长83.7%；新培育农村专业合作社127个，其中国家级1个、省级4个。开放型经济发展步伐加快，全年向上争取项目300个、资金28.8亿元，增长16.5%；新批利用外资项目5个，承接产业转移项目69个，到位外资1.3亿美元、增长29%，内联引资64亿元、增长16%。外贸大幅增长，进出口总额突破2亿美元、增长116%。我县被评为全省发展开放型经济先进县。创新型祁阳建设加快推进。获省政府专利奖1项，科技对经济发展的贡献率达53.5%，保持全国科技进步先进县、科普示范县和全省科技成果转化示范县荣誉，被列为全省可持续发展实验区。人才引进工作有新进展，公开招考公务员19人、事业单位人员286人。

（四）加强民生保障，人民生活日益改善。实现城镇居民可支配收入21768元，农村居民可支配收入9904元，分别增长7.7%、11%。财政总支出35.2亿元，增长15%；民生支出占财政总支出的比重达84%。在全面完成省市确定的为民办实事基础上，较好地完成县委、县政府确定的城区供水、就业保障、保障性住房建设、城区学校大班额、城区道路提质改造、城乡农贸市场改造、“五小”水利建设、电网改造、食品安全、城乡环境卫生治理等“十件实事”年度任务，解决了一批群众期盼多年、久而未决的难题，实现了向全县人民的庄严承诺。为民办实事工作被评为全省先进。县财政投入1.2亿元，在收购浯溪水厂后，用不到5个月的时间，将日供水能力由3万吨提高到10万吨；开工建设新埠头水厂一期工程，县城缺水老大难问题得到了根本性解决。开展了以湿米粉和食用油为重点的食品安全专项整治、城乡环境卫生治理和公路“三乱”、“超限超载”治理，受到群众广泛好评。社会就业工作得到加强。新增城镇就业7212人，转移农村劳动力9000余人。国有农林场危旧房改造完工，农村危房改造1500户，新建保障性住房828套，分配公租房1734套，发放租赁补贴1787户、140万元，困难群众居住条件得到改观。新增城区学位3000余个，城区学校大班额问题得到缓解。启动王府坪农贸市场改造升级，完成三口塘农贸市场改造任务，取缔马路市场17处；县城机械化屠宰场建成投用。“五小”水利建设加快推进，完成山塘清淤扩容1500口，整修渠道216公里，新改建小泵站100座；电力建设得到加强，完成了33个县城台区、44个行政村的农网改造升级和县城西区、梅溪110kv变电站前期工作。保障体系日趋完善。社会保险实现扩面征缴，被评为全省新农保工作示范县。推进新农合住院支付方式改革，实行“100+800（600）”付费模式，新农合参合率98.87%，实际报账率由58%提高到65%。提高城乡低保、农村五保、医疗救助等社会救助标准，实行65岁以上老人免费乘坐公交车，65岁以上失能、半失能老年人基本养老服务补贴发放率达到50%，老年人和困难群体优待水平提升。扶贫开发有序推进，减少贫困人口1.1万人，被评为全省先进。湘祁水电站移民安置通过省级竣工验收，移民开发扎实有效。住房公积金财政缴存比例由8%提高到10%。第九次村委会换届选举完成。乡村运转经费保障水平提高，其中乡镇机关人平增加1000元，村均增加5000元、居委会增加1万元、村改社区增加2万元。社会事业全面进步。教育强县建设加快推进，完成17所合格学校和65所普惠性幼儿园建设，高考成绩居全市第一，3人被清华、北大录取；县职业中专对口升学率连续四年全省第一，祁阳县荣膺“全国农村职业教育和成人教育示范县”、“全国职业教育先进单位”称号。医药卫生改革成效明显，医疗服务综合能力进一步提升。公共文化服务网络不断健全，潘市、黎家坪镇文化站被评为全国一级站。竞技体育获省十二运会金牌5枚，群众体育丰富多彩。农村无线数字电视用户新发展2500户、安全平移2万户，有线电视用户新发展2000户，广电新闻宣传工作被评为全省先进。农民负担监管工作得到加强。人口计生工作上新台阶，保持“全国人口和计划生育优质服务先进单位”、“全省人口和计划生育先进县”称号。全国第三次经济普查和档案工作获全省先进。支持工青妇和工商联等人民团体履行职能，发展合力增强。审计、统计、盐业、石油、物资、供销、邮政、通信、二轻、气象、水文等工作协调推进；民族宗教、民兵预备役、消防、人防、残联、红十字会、老干部、关心下一代、机关事务等事业健康发展。

（五）强化社会治理，和谐祁阳开创新局。扎实开展社会治安、县城公共客运、土地市场秩序“三大整治”，从乱到治的社会治理新体系初步建立。以空前的力度开展“打黑除恶”和打击“黄赌毒”专项行动，严厉打击各类违法犯罪活动，刑拘犯罪嫌疑人1052人，以郭某某为首、横行祁阳多年的重大黑社会性质组织被彻底摧毁，“打黑除恶”、禁毒、禁赌工作均排全市第一，社会面盗抢发案率下降，部分行业垄断行为得到有效遏制，社会治安秩序大为改观，重塑了群众对党委、政府“打黑除恶”的信心。强力推进县城公共客运整治，收缴非法营运车辆200台，查获违法车辆241台，近10年“黑车”横行的势头得到根本遏制；投放的士100台、公交车40台，有效缓解了客运压力。坚持动真碰硬，查处违法用地96宗，拆除违规建筑26处；推行货币安置、小区集中安置等方式，实现征地拆迁安置成功转型。安全生产形势持续好转，关闭退出落后小煤矿13家，祁阳县连续四年被评为全省安全生产先进县，被省政府命名为全省首批安全生产示范县，安全生产监管监察工作被评为全国先进。长虹街道、七里桥镇被评为全省安全生产示范乡镇（街道）。推行轻刑快办、公开听证化解模式，信访形势总体向好，进京非正常上访总量退出全市前3位。

（六）提升执行能力，政府建设得到加强。以党的群众路线教育实践活动为契机，认真贯彻落实中央和省、市作风建设规定，大力改进学风文风会风，全面清理超标办公用房和公务用车，大力压缩“三公”经费支出，切实解决“四风”突出问题，查处涉农、涉法涉诉、安全生产、食品药品等方面典型案例396个、572人；清理多占办公用房面积6193平方米；压缩“三公经费”747万元，降低23%，政府行政效能不断提高。扎实开展“正风肃纪”、电视问政、县直机关满意度民主测评等活动，敢于直面困难，勇于攻坚突破，切实解决了一批群众反映强烈的突出问题，高效推进了一批事关全局的改革事项和重大项目，政府公信力和干部队伍执行力得到提升。沿江路改扩建遗留问题、浯溪水厂收购、泓溧水泥收购以及浯溪电站坝桥断头路等多年未解决的顽症迎刃而解，社会反响良好。坚持依法科学决策，完善政府工作规则，规范行政决策程序，政府工作科学化、规范化、民主化水平不断提高。加强“六五”普法教育，全民法律素质提升，“法治祁阳”进程有序推进。严格执行县人大及其常委会的决议决定，自觉接受法律监督和工作监督；全力支持县政协履行政治协商和民主监督职能，全年办理人大代表建议327件、县政协委员提案233件，办复率100%。扎实推进惩防体系建设，查处违纪案件81件，处分90人。

各位代表，祁阳的发展已步入新阶段。过去一年所取得的成绩，是县委统揽全局、正确领导的结果，是县人大、县政协加强监督、全力支持的结果，是全县人民万众一心、奋力拼搏的结果。在此，我代表县人民政府，向辛勤工作在各条战线、各个岗位上的全县人民，向各位人大代表和政协委员，向驻祁武警、消防官兵和公安政法干警，以及所有关心、支持祁阳发展的同志们、朋友们，表示崇高的敬意和衷心的感谢！

在总结成绩的同时，我们也清醒看到，经济社会发展面临的困难和问题仍十分突出。发展基础不牢、经济总量不大、产业层次不高仍是基本县情；产业发展不快、骨干财源不多、内生动力不足、发展环境不优仍是突出短板；土地保障难、资金筹措难、社会治理难、防范金融风险难仍是最大瓶颈；解决“四风”问题、创新体制机制、提高行政效能仍是艰巨任务。对此，我们将采取有效措施，认真加以解决。

二、正确研判形势，主动适应经济发展新常态

2015年是全面深化改革的关键之年，也是“十二五”收官和“十三五”规划的谋划之年。当前，祁阳处于迎难而进的攻坚期、抢抓机遇

的关键期、稳定向好的发展期。政府部门要把思想和行动统一到中央关于新常态的重大战略判断上来，做到观念更新、方法对路、工作得力，努力实现新常态下的新发展。

（一）认识新变化，抢抓新机遇。具体来看：增长潜力更大。国家出台了一系列政策措施，积极鼓励引导社会投资，加强棚户区改造、中西部铁路、重大水利工程等重点领域建设。这将给我县稳增长、调结构带来巨大的项目空间。改革红利更多。随着全面深化改革的持续推进和既定改革方针政策的逐步落实，市场主体的决定性作用将进一步释放，微观主体活力、全民创新创业活力将进一步激发，有利于加快实现动力转换。发展空间更广。新常态下腾出粗放式经济增长模式所占有的产能空间、资源空间、生态空间，有利于我们拓展新能源产业、文化旅游产业、现代服务业等资源节约型和环境友好型产业。

（二）分析新形势，应对新挑战。主要表现在：经济下行。新常态下，我县经济增长的不确定、不稳定因素持续增多，信贷资金向实体经济传导不畅，要素成本上升，企业生产经营困难增多，稳增长任务十分艰巨。风险增加。伴随着增速下行和结构调整，经济运行出现明显的边际变化，如民间借贷风险、产能过剩等，一旦措施不当，调控不力，极有可能演化为相互交织的系统性风险。财政趋紧。国务院出台的系列调控性文件，对维持财政平稳运行提出新要求。我县过去重要财源如传统产业、高能耗产业和过剩产能相继退出，税源建设将面临较长阵痛期。转型困难。我县产业基础尚不牢实、科技含量不高，增长动力欠缺，基础条件比较薄弱，创新发展能力不强，难以迅速适应转型升级的新要求。

（三）适应新常态，树立新思维。牢固树立主动超前思维。超前谋事，未雨绸缪，加强预测和研究，增强工作的预见性和方向性，保持时间超前性。牢固树立高铁思维。充分认识高铁带来的区域经济加速融合的机遇，积极利用高铁带来的信息流、人才流、物流和新业态，培育新的经济增长点。牢固树立移动互联网思维。借助移动互联网在创新驱动发展中的先导性、决定性作用，在商业运营、物流、金融业等方面早谋划、早行动，力求在互联网经济占有一席之地。牢固树立人力至上思维。强化人才使用、引进和培养，加快创新创业平台建设，保障各类人才在祁阳有用武之地、有作为空间。牢固树立法治思维。坚持以法治为引领和保障，把法治精神、法治意识和法治方式渗透到依法治县的全过程，渗透到依法行政和经济工作的各领域，渗透到大众创新、万众创业的各方面。

（四）明确新要求，强化新举措。善于冷静研判。切实把握宏观经济走势，承接祁阳发展来势，增创新的发展优势；深入研究政策，把握中央和省里政策的指向、内涵、路径、着力点，努力向政策要项目、要红利、要保障。坚决守住底线。既要守住稳增长的底线，确保一定的速度和效益，打好经济发展的“组合拳”；又要守住控风险的底线，加强预防和调控金融、民间融资、政府债务、房地产等方面的风险。坚持问题导向。坚持用辩证唯物主义和历史唯物主义方法，认真分析，具体研究，抓住矛盾，找准症结，有的放矢。务求精准高效。一切工作务必实打实，立足大局，把握细节，做到更具体、更细致、更管用、更具品质。

新的一年，机遇与挑战同在，希望与困难并存。只要我们进一步提振信心，奋发有为，就一定能够顺应新常态、引领新常态。

2015 年政府工作的总体要求是：以党的十八大、十八届三中、四中全会和中央、省、市经济工作会议精神为指引，坚持稳中求进工作总基调，主动适应经济发展新常态，贯彻落实县委“三个三”工作部署，以全面建成小康社会为总揽，狠抓改革攻坚，突出创新创业，着力转型升级，加强民生保障，切实提高经济发展质量和效益，推动经济平稳健康发展和社会和谐稳定。主要预期目标是：地方生产总值增长9.5%，财政总收入增长12%，固定资产投资增长20%，规模工业增加值增长12%，社会消费品零售总额增长13%，城镇登记失业率控制在4%以内，全面小康实现程度提升8个百分点，城乡居民收入增长与经济发展同步，约束性指标达到省市要求。实现上述目标，必须着力在深化深入、提高提升、落地落实上下功夫，在重点工作、发展难题、关键举措上求突破，努力提升全县经济发展整体水平。

三、坚持务实创新，推动经济社会又好又快发展

今年，政府及其部门要重点做好以下六个方面的工作：

（一）加快重点项目建设，切实增强发展后劲

项目是发展之基、产业之母、财税之源。从一定意义上讲，抓项目就是抓经济、抓发展。必须强化项目统揽意识，以项目促发展、增后劲。

强化项目前期工作。深入研究新常态下国家政策取向和投资重点，做好项目开发、包装、申报工作，常年储备项目200个以上，力争10~15个重大项目进入省“十三五”重点项目实施计划。2015年向上争取项目300个以上，到位无偿资金15亿元以上。着力抓好衡永高速公路、祁阳千吨级码头、湘江稀土产业园、湘江治理、挂榜山风力发电等重大项目前期工作。

强化重点项目实施。全年实施重点项目60个、完成投资50亿元以上。产业项目方面，力促广东农垦集团农产品物流园、湘粮集团粮油产业园、东方日升100兆瓦光伏发电、康都膳食、红星美凯龙家居商业城、小微企业创新创业园、富福服装等项目开工建设；海螺水泥、凯盛鞋业、千山医疗器械、科力尔电机、湘江稀土、东骏纺织、华庆泡绵等二期工程和电子信息产业园、鑫利生物、凯迪生物质发电、泰莱电子、合丰拉链、江涵电子、华旺实业等项目建成投产；争取稀土资源综合利用产业园、海螺新型环保建材产业园落地。基础设施方面，322国道绕城线、木金公路建成通车，启动黎马、祁冷快速干线城区段、上大公路建设，完成S320线白水至木梓圩段提质改造；祁阳火车站广场配套工程竣工投用；实现100%的行政村通水泥路。启动县城西区和梅溪110kv变电站建设，抓好农网升级改造。农业方面，实施病险水库除险加固“百库工程”、内下二级电站增效扩容改造、应急水源、一事一议奖补和四大灌区渠系配套项目，抓好土地开发整理、新增粮食产能、农业综合开发、小农水项目建设，完成5.4万亩高标准农田建设。民生项目方面，力促人民医院综合大楼主体完工，人武部指挥中心、公安局业务用房、陶铸体育馆、县档案馆建成投用。

强化要素保障。创新融资模式，拓展融资渠道，金融机构新增贷款16亿元以上；重点项目建设融资16亿元以上。完善征地拆迁安置模式，实行项目用地捆绑报批，探索集体建设用地流转方式，确保项目建设供地3000亩以上，动态储备土地1万亩左右。完善项目建设全程跟踪服务，建立规划、评审、办证、拆迁、补偿、安置工作全程协调服务机制。减少审批事项，简化办事程序；从严打击“三强”、“两违”行为，进一步优化项目建设环境。

（二）实施产业强县战略，不断提升综合实力

大力推进新型工业化。坚持大抓工业、抓大工业，全年实现规模工业总产值180亿元、增加值52亿元。发展集约集聚产业。整合提升农副产品加工、矿产品精深加工、机电制造等优势产业，改造提升稀土、冶炼、建材、烟花爆竹等传统行业，力推银光粮油与湘粮集团深度合作。培育发展战略性新兴产业，重点发展先进装备制造、电子信息、生物医药、新能源新材料等产业，拉长产业链条，壮大产业规模。培育高端高效企业。实施骨干企业提升、中小企业成长、小微企业培育“三大工程”，积极推进创新

驱动发展，推进产学研深度融合，加快培育一批骨干企业，其中年产值过亿元企业55家、过5亿元10家，新增规模企业10家；力争3年内将海螺水泥、凯盛鞋业、科力尔电机、千山医疗器械、湘江稀土5个企业培育成年产值过10亿元、年税收过亿元的标志性企业。打造创新创业园区。以实施“135”工程为契机，推动祁阳经开区创新发展，争创国家新型工业化示范基地。建设1个创新创业园，力争两年内新扩园面积3平方公里，新建标准厂房40万平方米以上，引进50家以上创新创业企业，其中投资过亿元项目达到20个，园区用工规模达到2万人。启动建设小微企业创新创业园，规划用地1000亩，发展工业地产，整体承接战略投资者建设“飞地”工业园。加快园区路网、安置小区、污水处理、燃气管道和学校、医院、市场等配套设施建设，力争全年园区基础设施投入2.5亿元，加快“工业新城、城市新区”的形成。

大力发展特色农业。以特色县域经济重点县建设为契机，加快推进农业现代化。培育大产业。围绕优质稻、油茶、茶叶、果蔬、畜禽、花卉苗木等产业，培育发展农业产业化龙头企业，力争新增国家级龙头企业1家、省级2家以上，年销售收入过5000万元企业5家以上。推进粮食高产创建，大力制止耕地抛荒，力争粮食播种面积162万亩以上，粮食总产65万吨以上，巩固全国粮食生产先进县地位。发展规模养殖，全年饲养生猪220万头、出栏生猪125万头以上，继续保持全国生猪调出大县地位。建设大基地。实施广东农垦集团15万亩高产油茶、湘粮集团30万亩优质稻和10万亩高产油茶、自然韵万亩有机黑茶、云南天昌生态科技万亩名贵中药材、温氏集团40万头生猪等基地建设，发展25万亩油菜、7万亩外销蔬菜基地，培育火龙果等特色种植基地。开发林下经济。优化大布局。推进国家农业综合开发现代农业示范园建设，构建“一核、二带、五区”产业布局。“一核”，即依托祁阳经开区，建设农副产品加工核心区；“二带”，即打造沿湘江和祁冷快速干线生态休闲观光旅游农业产业带、沿S320线20公里生态休闲观光体验农业产业带；“五区”，即依托产业优势，集中发展粮油果蔬、畜禽水产、苗木花卉、特色种植、休闲观光等特色农业示范区。推进大服务。推进农业生产全程社会化服务，加强农产品质量监管，大力扶持有机特色农业，提升重大动物疫病防控水平，争创全省农产品质量安全示范县。积极培育新型农业经营主体，年内新发展农民专业合作社100个以上，其中省级示范社1家以上。完成农村土地确权颁证和农地规划编制，有序推进土地流转，争创全国土地流转平台建设试点县。加强农产品名牌创建，新增省级以上名牌产品1个、“三品”认证10个以上。

大力发展现代服务业。积极发展现代物流业。以祁阳经开区为核心，筹建原料进出、精深加工、展示推广、产品交易、仓储配送等功能于一体的生产性物流园区；以祁阳火车站为节点，祁冷快速干线、祁阳大道为轴线，筹建集商流、物流、信息流、资金流于一体的电子商务物流园区；以县城西区为中心，瞄准红星美凯龙、沃尔玛、碧桂园等战略投资者，筹建大型超市、综合市场、商贸批发于一体的城市综合体。年内力争德鑫物流园、祁达钢材物流园、广东农垦集团农产品物流园和湘粮集团粮油产业园、兴龙国际购物中心开工建设。加快发展文化旅游业。推进100公里湘江综合旅游开发，完成浯溪省级风景名胜区规划编制和报批工作，启动陶铸故里和龙山公园创AAA、浯溪碑林风景名胜区创AAAAA景区工作，陶铸纪念馆和陶铸故居争创全国爱国主义教育基地，构建“百里湘江、山水画廊、和美祁阳”；实施浯溪公园扩园、浯溪风情小镇、浯溪水利风景区开发、长隆水上乐园建设，打造“一江两湖”特色景区，推动文化旅游融合发展。稳步发展现代金融业。加强金融产品创新，促进政银企深入合作，全力支持农商银行、村镇银行做大做强，引进华融湘江银行设立祁阳支行；强化金融生态建设，清理整顿投资公司，严厉打击逃废债行为，有效防范金融和债务风险，促进金融保险健康发展，争创全省金融支持现代农业示范县。鼓励发展新兴服务业。大力发展移动互联网、电子商务、文化创意、健康养老、中介服务等新型业态，培育住房、汽车、家居等消费热点。促进房地产业健康发展。

（三）全力推进新型城镇化，精心打造品质活力祁阳

加快建设新型城镇化示范县，争创国家卫生城市、国家智慧城市，打造品质活力祁阳。

建设新型城镇化示范县。按照“一江两岸、一轴五星”构架，加快实施“南拓、北扩、东靓、西优”战略，力争城镇化率提高1.5个百分点以上，打造全省新型城镇化示范县；加快推进撤县设市步伐，力争2015年取得实质性突破。坚持规划引领。坚持先策划后规划再计划，推进建设、用地、环保规划等“多规合一”，抓好土地利用总体规划修改；完成县城总规修改报批和控规评审报批，做好县城南区、西区、火车站片区、老城区控规编制；加强专项规划、镇村规划编制。突出县城建设。实施城区改造提质三年行动计划，完善设施配套，提升承载能力。县城重点抓好“三大工程”：县城路网工程，启动环城北路、环城东路（S231线）建设，加快完成环城南路、环城西路（G356线）规划，启动灯塔路大桥建设前期工作，祁阳大道建成通车，拉通人民西路、盘龙西路至祁阳大道，复兴路至盘龙路等断头路，形成对内大循环、对外大畅通的快速交通路网；片区开发工程，加快浯溪水利风景名胜区、浯溪风情小镇规划，启动原种场、浯溪生态新城、杨梅湖片区开发；站场建设工程，推进唐家岭汽车站、货运停车场、公交站场、王府坪市场建设。加强镇村建设。抓好2个全国重点镇建设，打造5个品质活力示范乡镇，培育一批工业强镇、商贸重镇和旅游名镇，打造小城镇建设样板街。启动“点亮祁阳”行动，对乡镇主要街道和小康示范村逐步安装路灯；拓宽乡村道路，提高群众出行舒适度。推进全面小康示范村建设，加强农村环境综合整治，建设秀美村庄，争创全省美丽乡村示范县。抓好村庄规划，规范农民建房，探索“小组生”新农村建设试点，办好25个村民集中建房示范点，打造2个省级美丽乡村；推进第三轮新农村示范村建设，将九洲村建设成为全省示范村。加强柏家、滴水、竹山等传统村落保护，让农耕文明的精华代代相传。

建设国家卫生城市。坚持建管并举，推动城市交通、市容市貌、卫生保洁管理常态化，市政管护、环卫作业市场化，建成城乡生活垃圾收集、清运、无害化处理系统。县城实行上门收集与定点收集相结合，全县垃圾无害化处理率90%以上。加大洗街、洒水频率，确保主次街道干净整洁。抓好一批市政工程、背街小巷和居民小区（城中村）改造，抓好城市亮化、绿化工程；强力开展市容、城市空间立面、“五小”行业、牛皮癣、城中村养殖场和交通、建筑管理秩序、房地产开发小区等专项整治和白蚁防治行动，集中整治、管理好出店经营、占道经营，引摊入市入店；狠抓控违拆违、土地市场清理和环境卫生专项整治，强化渣土管理。力争通过几年努力，把祁阳建设成为“环境优美、秩序优良、服务优质、市民文明、社会和谐”的国家卫生城市。

建设国家智慧城市。做好智慧祁阳顶层设计，借助大数据、云计算平台，建设智慧祁阳信息中心平台，推进电子政务、公共服务、社会治理三位一体数字化网络平台建设，推进基站大建设、宽带大提速、4G全覆盖。整合教育信息化、公安视频信息处理与运用、网格化管理信息平台建设资金，建设智慧产业和基础设施，打造基础平台、城乡一体化电商平台、智慧交通、智慧城管、智慧教育、智慧社区、智慧医疗等示范工程。实施两化深度融合“111”工程和省政府促进信息消费十大工程，推进城市、园

区、农地管理信息化，规划建设智慧产业园，完成2个市级两化融合重点项目以及15家数字企业创建任务。

（四）全面深化改革开放，充分释放发展活力

深化改革创新、扩大对外开放是适应新常态、实现新发展的内在要求，必须持之以恒，合力攻坚。

全面深化改革。推进政府机构改革和事业单位分类改革，完成机构整合和职能调整；抓好机关事业单位工资和养老保险制度改革。深入推进政务公开工作，推行“一窗式”审批；完善“四单管理”，推进简政放权，提升行政效能。加强财政预算体制改革，实行部门预算、“三公经费”全公开，改革乡镇财政管理模式，建立财税和土地出让金收入监管长效机制。深化工商登记制度改革，落实“宽进严管”措施，促进大众创业。加快户籍制度改革，推进农民市民化。

创新体制机制。推动投融资体制创新。进一步做实做强城建投、经建投等投融资平台，积极探索PPP等新型融资模式，在公共服务领域大力推行政府购买服务；积极化解政府债务；组建农建投、住保投，探索农地融资和保障房、棚户区改造融资新模式。推动科技创新。加快技术创新中心、技术研发中心等创新平台建设，增强企业自主创新能力，实施省级科技计划项目12个，申报专利200个，新增高新技术企业1个，保持全国科技进步先进县，力争国家“科技惠民”重大专项申报成功。加强创新型人才培养和选拔，大力引进专业技术人才，开发培训乡土人才。

不断扩大开放。依托商会协会，突出承接对接，推进小分队招商、产业链招商，积极引进一批央企省企、上市公司等战略投资者，引进投资3000万元以上的项目50个以上，到位外资1.5亿美元、内联引资70亿元，保持全省发展开放型经济先进县。扩大对外贸易，新增有出口实绩的企业2家，完成外贸进出口总额2.2亿美元以上。

（五）切实加强民生保障，不断提升“幸福指数”

切实保障和改善民生，让群众生活得更加幸福、更有尊严。

完善社会保障体系。大力开展就业优先工作，实施“一户一名新型职业农民”培养工程，做好就业培训和企业招工服务工作，成功创建省级创业型城市。全面推行城乡大病保险制度，加强社保基金征缴，实现五大保险参保90万人次、征缴额5亿元，各类社保待遇按时足额发放到位。扩大社会救助范围，全面整治城乡低保，保障特殊困难群众基本生活。推进社会养老服务，加强乡镇敬老院、农村幸福院建设与管理，新增养老床位200张；探索医养结合新模式。

坚持为民办实事。在完成省市为民办实事任务的基础上，着力抓好十件民生实事：①推进就业优先工程。培训1.5万人以上；实现城镇新增就业6600人、失业人员再就业3000人、就业困难人员再就业1100人、新增农村劳动力转移就业9500人。②推进新农合住院支付方式改革。患者住院实际补偿率为县级公立医院提高到70%以上、乡镇卫生院保持85%以上。③推进教育强县建设。新、改扩建中心幼儿园5所，建设合格学校16所，改造农村薄弱学校20所，完成65所学校信息化建设。④推进旧城改造和道路提质工程。完成道路提质改造年度任务和民生南路立面改造，打造富有时代气息和祁阳文化特色的样板街。⑤推进农贸市场改造工程。开工建设王府坪市场改扩建工程，完成2处农贸市场改造任务，取缔马路市场。⑥推进“两供两治”工程。完成新埠头水厂一期及华润燃气管网、站点建设；加大建制镇自来水提质扩容力度，加强饮用水源保护，确保水质达标；改造城区雨污管网，启动黎家坪、城南污水处理厂建设；完成海螺水泥垃圾协同处理项目建设和道塘垃圾堆放场治理，加大垃圾无害化处理力

度。⑦推进“两房两棚”工程。新建公租房2685套、农村危房改造2000户、城市棚户区改造1600户。⑧推进“放心食品”工程。巩固食品安全整治成果，确保食品药品安全监管全覆盖。⑨推进社区网格化体系建设。推动网格建设标准化、网格管理一体化、网格服务精细化，逐步实现“人在网中走，事在格中办”。⑩推进农田水利设施建设。完成市定“五小”水利工程建设任务；解决5.91万人不安全饮水问题。

加强生态建设。积极创建全国绿化模范县和省级园林城市，实施“三年绿化攻坚”行动，大力开展城市森林工程、通道森林工程、水系森林工程、山地造林绿化工程、绿色乡镇和秀美村庄工程建设，重点抓好湘江、祁水“两大水系”，浯溪、龙山、望浯“三大公园”，县城西区、祁阳经开区、浯溪风情小镇、祁阳火车站“四大片区”，祁阳大道、浯溪路、盘龙路、金盆路、灯塔路“五条道路”的绿化，构建“城在绿中、水在城中、人在景中”的秀美画卷。推进湘江污染防治“三年行动计划”，抓好湘江、祁水、白水河流域综合整治和重金属污染专项治理，启动湘江支流采砂整治。坚守耕地红线，确保耕地占补平衡。发展生态型循环经济，严格执行节能节地节水和环境、技术、安全等市场准入标准，坚决淘汰落后产能。抓好水资源保护，加强水库污染治理，巩固畜禽养殖污染治理成果。通过综合整治，让全县人民吸上新鲜的空气、喝上干净的水、吃上安全的食品。年内创建省级生态镇1个以上，市级生态村5个以上，积极申报国家重点生态功能区。

（六）统筹发展社会事业，保持社会和谐稳定

优先发展教育事业。深入推进教育强县建设，促进教育优先发展。加强基础设施建设，改善教育办学条件；优先发展普高、职业教育，力争全县高考一、二批本科上线2000人以上，保持全市第一，其中一批本科突破500人；县职业中专成功创建国家示范校，启动省卓越中职学校创建；支持发展民办教育；重视发展老年教育；稳步发展学前教育和特殊教育。

推动文化大发展、大繁荣。深入开展文明创建活动，保持省级文明县城荣誉。完善城乡公共文化设施，规划建设祁阳文化演艺中心、体育中心和工人文化馆，加强文艺创作，开展丰富多彩的文化生活。积极发展文化产业，强化文化市场和网吧管理。加强文物古迹保护和利用，做好祁剧、祁阳小调等文化遗产挖掘整理和保护传承工作，扩大祁阳文化影响力。推进双向网改，完成50%的乡镇有线电视数字化平移改造，安全平移无线数字电视2万户，逐步实现广播“村村响”、电视“户户通”。

积极发展医药卫生等社会事业。深化医药卫生体制改革和县级公立医院综合改革，加强医疗服务能力建设。抓好县卫生监督、急救指挥中心、祁阳经开区医院和乡镇卫生院建设，启动县妇幼保健院搬迁，完善医疗机构基础设施。强化体育设施，推进全民健身。加强人口和计划生育基层基础工作，推进整治“两非”行动，力保“国优”和省一类县称号。加强农民负担监管工作。抓好村民自治，完善农村“三资”管理。提高镇村运转保障水平，在去年大幅提升的基础上，乡镇机关人平增加1.02万元，村均增加1.5万元；加强乡镇机关“五小”设施建设和村级活动中心建设，改善镇村办公、生活条件。全面完成全国第三次经济普查，抓好全国1%人口抽样调查和第二次全国地名普查工作。统筹推进国防建设和民兵预备役工作。突出库区基础设施建设和移民产业开发，抓好精准扶贫，保护妇女、儿童、老年人和残疾人合法权益，改善困难群众生产生活条件。支持工青妇和工商联等人民团体履行职能。抓好物价、供销、物资、烟草、石油、邮政、民族宗教、外事侨务、档案、史志、保密、人防、气象、水文、老干部、关心下一代等工作，确保各项事业协调发展。

维护社会和谐稳定。启动“天网”工程，

完善城区电子监控系统，推动警力下沉、主动警务和智慧公安建设，提升社会整体防控能力和水平。强力推进“打黑除恶”专项行动，严厉打击“两抢一盗”、黄赌毒、非法集资等违法犯罪行为，做到命案必破、盗抢必打、有黑必除、有恶必铲、有黄必扫、有赌必禁、有毒必肃，还祁阳人民一个朗朗乾坤。深入开展“六五”普法，推进依法治县。推进领导干部下访包案、积案化解等工作，确保赴省进京非正常上访量持续下降，争创全市先进；综治民调在全省排名前移 30 位以上。深入开展“四大三基”三年行动计划，巩固全省安全生产示范县地位。完善突发事件应急管理和防灾减灾体系，提升突发事件处理能力。加强食品药品监管和工商、质量技术监督，积极开展“打黑除非”行动，严厉打击制售假冒伪劣行为，大力整顿和规范市场秩序。创新虚拟社会管理，依法规范网络行为。

四、坚持依法治县，切实加强政府自身建设

在全面推进依法治国的新形势下，政府及部门要自觉坚持在宪法和法律范围内活动，提高运用法治思维和法治方式谋划发展、解决问题、推动工作的能力，促进治理体系和治理能力的现代化。

（一）建设服务型政府。巩固扩大党的群众路线教育实践活动成果，按照政府“所有部门都是服务部门、所有岗位都是服务岗位、所有工作人员都是服务人员”的工作要求，自觉践行“三严三实”，持续开展电视问政、股室队所“满意度”测评等活动，加强政务服务、社区服务、电子政务等平台建设，不断提高办事效率、服务水平和群众满意度。铁腕整治“不作为、慢作为、乱作为”和“红顶中介”，消除行政审批“灰色地带”，斩断依附审批繁衍的利益链条，切实提升政府公信力和干部队伍执行力。

（二）建设学习型政府。坚持把学习作为改革创新的不竭动力，推进政府系统学习制度化、规范化、常态化。政府工作人员要牢固树立终身学习的理念，不断提高自身的政治素质、理论素养和政策水平；要带着问题学，围着问题干，做到学以致用、用以促学、学用相长，切实把学习的成果转化为谋划发展的思路、推进工作的举措、解决问题的办法、科学发展的成效。

（三）建设创新型政府。大力弘扬勇于担责、敢于破难的精神，坚决打破只求保险不担风险、只循陈规不探新路的保守思想。政府工作人员要敢于担当、敢于负责、敢抓敢管，善于全局谋划、科学规划和精细策划，真正把功夫用在注重实效、狠抓落实上，用在突出重点、突破难点上，用在推进发展、造福百姓上。切实增强目标和责任意识，完善政府绩效管理体系，健全重点工作推进机制，充分激发全县干群加快发展的能动性和创造力。

（四）建设法治型政府。严格按照法定权限和程序行使权力、履行职责，完善重大行政决策听证、专家咨询论证、合法性审查、风险评估等制度，推进政府工作法治化。自觉接受人大、政协监督，认真办理人大代表建议和政协委员提案，提升政府决策科学化水平。深入落实中央“八项规定”和省、市相关规定，着力纠正部门和行业不正之风；坚持零容忍的态度、猛药去疴的决心、刮骨疗毒的勇气、严厉惩处的尺度，将反腐进行到底，让权力阳光运行，切实做到干部清正、政府清廉、政治清明。

各位代表，祁阳的发展已经揭开新的一页。新常态蕴含新机遇，新形势催人奋进。让我们在县委的坚强领导下，在县人大、县政协的监督支持下，求真务实，锐意进取，扎实苦干，主动作为，为全面完成“十二五”规划，早日建成全面小康社会而努力奋斗！

附名词注释：

1. “一江两岸、一轴五星”：一江两岸，即湘江祁阳县城段南北两岸。一轴五星，即以祁

阳大道为发展主轴，高标准抓好道路附属设施建设和路旁环境综合整治，将其建成展示祁阳良好形象的门户型城市景观大道；加快浯溪风情小镇、原种场、陶铸广场、杨梅湖、祁阳火车站等五大片区开发建设。

2. 湘江污染防治“三年行动计划”：指全省从2013年开始实施湘江治理“三个三年行动计划”。第一个“三年行动计划”以“堵源头”为主要任务，重点是堵住工业废水、生活污水和大型畜禽养殖企业的污水排放。

3. “四单”管理：指权力清单、负面清单、监管清单和责任清单。

4. “三证合一”：指工商营业执照、税务登记证和组织机构代码证三证合一。

5. “五大管网”：指自来水、弱电、污水、燃气、雨水等管网建设。

6. “五小水利“工程：指小水窖、小水池、小泵站、小塘坝、小水渠的总称。

7. “PPP”模式：指公共私营合作制。

8. “一县两行”：指市《政府工作报告》确定的一个县区设立一家农商银行、一家村镇银行。

9. “100+800（600）”付费模式：参合一般患者在乡镇卫生院住院6天内限额付费100元，在县人民医院、县中医院住院8天内限额付费800元，在县妇幼保健院住院8天内限额付费600元；中医药诊疗费用的补偿在原报账比例的基础上再提高12%。

10. “四风”：指形式主义、官僚主义、享乐主义和奢靡之风。

11. 经济发展新常态：主要表现为增长速度换挡、发展方式转变、经济结构调整、发展动力转换等四个主要特征。

12. “一带一路”：指新丝绸之路经济带和21世纪海上丝绸之路。

13. “三个三”战略：县委十一届五次全会提出“三个三”战略，即始终坚持“以项目导向抓发展、以问题导向抓改革、以民生导向抓稳定”的战略导向，紧紧抓住新型工业、特色农业、现代商贸“三轮驱动”的战略重心，牢牢把握建设“人文厚重的文化名城、产业发达的工业新城、民生优先的幸福之城”的战略定位，奋力开创新常态、新区位下祁阳科学发展新局面。

14. “百库工程”：指2015年底前需要完成我县已纳入国家规划内但目前未完成的101座小二型水库除险加固建设任务。

15. “三强”、“两违”：“三强”指强行阻工、强揽工程、强装强卸等非法阻挠项目建设的行为；“两违”指违法占地、违法建房。

16. “135”工程：2014年11月省政府常务会决定，集中两年时间在全省重点扶持100个创新创业园区、建设3000万平方米以上的标准厂房、引进5000家以上创新创业企业。

17. “两供两治”“两房两棚”：“两供”指供水、供气；“两治”指污水治理、垃圾治理；“两房”指公租房、农村危房；“两棚”指城市棚户区、工矿棚户区。

18. “小组生”：指小规模集中布局、组团式院落设计、生态化环境保护。

19. 两化融合“111”工程：指全省大力推进信息化与工业化深度融合、促进工业经济转型升级的重要举措，2013—2015年在重点区域和行业打造100个两化深度融合示范企业、实施1000个两化深度融合重点项目、创建10000家数字企业。

20. 促进信息消费十大工程：指全省实施的宽带网络优化升级、三网融合深化拓展、下一代互联网和物联网推广、信息技术和产品创新、信息服务培育壮大、信息内容消费促进、“两化”深度融合推进、“信息便民惠民”示范、公共信息资源共享与公共服务提升、智慧城市建设试点示范十大工程。

21. “四大三基”三年行动计划：指全省从2014年开始开展的安全生产大宣传、大培训、大检查、大整治，基本建设、基础工作、基层创建三年行动计划。

22. “打黑除非”行动：指严厉打击食品生产加工黑窝点、黑作坊，着力消除食品非法生产、非法添加的行动。

23. 红顶中介：指依附于政府部门，从事司法鉴定、评估检测、资产评估、可行性研究、施工文件审查等中介业务的中介机构或行业协会机构。

祁阳县人民代表大会常务委员会工作报告

——2015年3月3日在祁阳县第十六届人民代表大会第三次会议上

县人大常委会主任　黄春华

各位代表：

我受祁阳县第十六届人民代表大会常务委员会的委托，向大会报告工作，请予审查。

一、县十六届人大二次会议以来的主要工作

县十六届人大二次会议以来，在县委的正确领导下，县人大常委会认真贯彻党的十八大、十八届三中、四中全会和习近平总书记系列重要讲话精神，坚持党的领导、人民当家作主、依法治国有机统一，坚持服务大局、践行群众路线、推进民主法治、严格依法履职，为建设活力品质新祁阳做出了积极贡献。

（一）立足县情，服务经济社会发展

常委会牢固树立中心意识和大局观念，自觉融入全县发展大局，依法行使各项职能。

1. 拓思路、抓关键，助推经济转型升级。听取和审议2014年上半年经济社会发展计划执行情况的报告，支持政府积极应对经济下行压力加大、部分行业低迷的严峻挑战，努力实现经济平稳健康运行。听取新型工业化推进情况的报告，充分肯定政府以项目为核心、以园区为平台，做大产业、做强企业、调优结构、降低能耗的做法和成效。检查《中华人民共和国中小企业促进法》和《湖南省实施〈中小企业促进法〉办法》贯彻实施情况，督促政府进一步落实扶持政策，优化发展环境，发挥中小企业的县域经济主力军和劳动就业主渠道作用。听取农村土地确权颁证和土地流转工作情况的报告，检查《农业机械化促进法》贯彻实施情况，支持政府在维护农民合法权益的同时，加快推进农业现代化进程。大力支持项目建设，同意政府融资14.6亿元用于经开区良性滚动发展和县城基础设施建设。着眼缓解建设资金压力，围绕“做大做强投融资平台、加快推进城镇化建设”主题深入调研，提出构建“政府主导、产业化发展、市场化运作、企业化经营、法制化管理”的新型城市建设融资体制，最大程度吸纳建设资本的调研意见呈送县委作决策参考。

2. 促管理、强绩效，加强财政审查监督。抓好“三审查两重点一调研”，依法加强和改进预决算审查监督，支持政府管好“钱袋子”。一是严格三项审查：审查批准2013年度财政决算，要求强化预算绩效管理，牢固树立“过紧日子”思想，尊重审计成果，审计报告中提出的问题绝大多数得到整改；审查2014年上半年财政预算执行情况，监督和支持政府进一步狠抓收入，严管支出，切实防范债务风险；审查批准2014年财政预算调整方案，有力维护了预算审查的严肃性。二是突出两个重点：大力推动乡镇办场财政管理模式改革，提升基层政府公共服务保障水平，2015年乡镇办场运转经费预算拟新增支出1376万元，人均运转经费由去年的9807元提高到2万元，人均增加1万元；跟踪监督预算资金使用，持续监督2013年城乡环境综合治理和校车补贴专项资金并听取专题报告，全程监督2014年特色县域经济重点县建设和合格学校建设项目资金，确保专款专用，提高资金使用效率。三是开展一项调研。围绕“做实财税收入，提高财政质量”主题，常委会成立专门

调查组，会同财政、国税、地税等相关部门对全县近三年财税收入数量、结构、源流等作了认真比较分析，有针对性地提出了抓发展强财源，抓征管强责任，抓质量强筋骨等合理化建议，均得到了及时采纳。2014 年财政收入汇总时，消化了上年预收税款 9900 万元，将 2015 年的收入预期增幅拟定为 12%，同比下调 3 个百分点。同时，大力调优财政收入结构，提高税收收入在财政总收入中的比重，将地方财政收入增量中的税收占比调整至 70%，同比上升了 7 个百分点的预期。

3. 优环境、树形象，促进城乡协调发展。突出城乡同治主题，听取政府专题报告，推动常委会《关于加强城乡环境综合治理的决定》的贯彻落实。听取新农村建设情况的报告，促进农民增收和农村人居环境的改善。听取和审议全县城乡规划执行情况的报告，要求管理到位、执法到位，维护规划权威，提高城乡建设品位。认真审议关于《祁阳县城市总体规划（2001—2020 年）2012 年修改》的议案，督促政府在 2015 年内基本实现规划全覆盖，真正发挥规划的引领作用。围绕“两城同创”主题，带头贯彻县委意图，响应群众呼声，重点督办县十六届人大二次会议确定的《关于加快创建全国文明县城国家卫生县城的议案》，支持政府出台“十禁止”及相关规定，批准县城城区道路提质改造工程投资预算和实施方案，推进改善县城基础设施，提升城市文明程度，争取用三到五年时间实现创国卫目标。

4. 严把关、强监督，做好人事任免工作。坚持党管干部的原则，充分发扬民主，依法开展人事任免工作。一是规范任免程序。严格把关任前调查、法律考试、法官检察官任前公示、颁发任命书等人事任免程序。全年依法任免副县长 2 人次，县人大常委会工作人员 3 人次，县人民政府工作人员 5 人次，县人民法院法官 22 人次，县人民检察院检察员 1 人次，任命县人民法院人民陪审员 74 人次，保证了组织人事安排意图的顺利实现。二是强化任后监督。对常委会任命的 29 名政府组成部门主要负责人和“两院”负责人执行人大及其常委会决议、决定，办理代表建议意见，勤政廉政等方面情况进行履职调查和测评，并将测评情况通报县委组织部门，有力推进了国家机关及公务员队伍建设。

（二）以人为本，推动解决民生问题

常委会牢固树立人民利益高于一切的理念，下决心推动解决人民群众最关心最直接最现实的利益问题。

1. 关注“水”的安全。针对水污染日益严重的现状，常委会以改善环境质量，保护群众健康为目标，重点检查了《水污染防治法》贯彻实施情况，督促政府抓好湘江流域保护与治理一号工程，大力推进防治体系建设。为确保县城饮用水源安全，同步开展了以“水污染治理”为主题的“环保世纪行”活动，协调解决了一批影响自来水厂取水口水质的突出问题。据监测，目前湘江祁阳段水质达到国家规定的三类标准，县城饮用水质达到国家规定的二类标准。

2. 确保“吃”的放心。县十六届人大二次会议将规范管理早餐米粉行业确定为大会议案，反映了全县人民的共同心声。县委、县政府高度重视，成立了以一名副县长为组长的领导小组进行专项整治，并纳入全县为民办实事工作目标考核范畴，还组织专门班子进行跟踪督查。据查，我县早餐米粉的质量和份量都得到了很大改善。为督促形成早餐米粉治理的长效机制，常委会于去年 12 月成立专题调查组，针对早餐米粉的生产许可、日常监管、销售流通、餐饮卫生及消费环节进行深入调查，在此基础上就“早餐米粉”议题开展了一次专题询问，会议邀请部分人大代表和群众代表参加。会上，常委会组成人员和列席代表直奔主题，有根有据，问出了深度问到了关键，政府及相关部门直面问题，认真作答，答出了责任答出了承诺。常委会还围绕“突出畜禽水产品质量安全，确保广大人民群众舌尖上的安全”主题，扎实开展了“农产品质量安全行”活动。

3. 助力“医”的提质。中医药在防病、治病方面有着鲜明特色和自身优势，深得广大人民群众的信任，有着良好的群众基础。为推进中医药事业发展，常委会依法开展《中医药条例》执法检查，督促政府加大贯彻《条例》力度，进一步落实中医药发展保障措施，2014 年县中医院新楼如期交付使用，2015 年新农合将中医药诊疗费用补偿标准提高 12%，针灸、治疗性推拿等中医非药物诊疗技术纳入报账范围。为方便农村老百姓就近就医，真正实现“小病不出村”目标，常委会扎实开展“农民健康行”活动，督促政府投入 320 万元加快全县村卫生室建设，进一步提高了农村卫生服务能力和水平。

4. 保障“住”的安稳。保障性住房建设是改善民生、促进和谐的民心工程、德政工程。为切实保障符合条件的困难群众有房住、住得好、住得有尊严。去年 4 月，常委会听取了全县廉租房公租房建设管理情况的报告。11 月，又组织部分常委会委员和人大代表专题视察保障性住房建设。为全面了解建设情况，切实掌握第一手资料，视察组召开多场次座谈会充分听取了各方意见，实地走访察看了真卿、彭井塘、嘉园等 11 个小区，据此形成了高质量的视察报告。针对保障性住房建设存在的困难和问题，常委会主任会议进行了认真研究，有针对性地提出建设总量要适度、规划布局要合理、配套设施要完善、土地保障要有力、融资格局要多元、交付使用要及时、后期管理要规范等七条意见向政府进行了反馈，向县委作了汇报。

5. 改善“学”的环境。教育是民生之基。近年来，我县大力实施“教育强县”战略，教育事业取得长足进步，同时也还存在不少困难和问题。针对职业教育发展中存在的职教统筹不畅、基础设施薄弱、师资力量不足等瓶颈问题，常委会组织部分常委会委员、人大代表及政府相关部门深入调研，并赴慈利县学习取经，形成专题报告，督促政府进一步转变职教观念、加大职教资金投入、理顺职教中心职能、加强师资队伍建设，切实增强职教对接产业和服务县域经济社会发展能力。县委、政府对此高度重视，去年 12 月，政府提请常委会批准贴息贷款 4000 万元支持职业中专创建国家中职改革发展示范校。同时提请常委会批准贴息贷款 2980 万元用于祁阳一中学生宿舍、食堂和实验室等基础设施建设，进一步保障和促进了职普高的协调发展。为帮助部分少数民族家庭困难学生，常委会还结合“民族团结进步行”，扎实开展了一系列助学活动。

（三）弘扬法治，加速依法治县进程

常委会扎实开展工作审议、司法监督和信访维稳工作，促进“一府两院”进一步优化法治环境，切实维护公平正义。

1. 促进依法行政。依法开展对县劳动社保局、国土局、交通局、文广新局和畜牧水产局等五局工作审议，围绕“依法行政、改进作风、热情服务”监督重点，坚持对成绩不抹煞，对问题不遮掩，对困难不回避的监督原则，既充分肯定被审议单位的工作成绩，又客观指出工作中存在的问题，并提出合理化的建议。各被审议单位高度重视，逐条整改，有力解决了一批群众关注、反映强烈的问题。县劳动社保局切实加大劳动就业培训和社保扩面征缴力度，重点关注拖欠民工工资问题，多措并举，有效破解了经开区企业用工难题。县国土局大力整治非法买卖、租赁集体土地，非法占用耕地，违法用地，滥采乱挖，稻田改鱼塘行为，一批违法案件得到了及时查处。县交通局重拳整治城市和道路客运市场秩序，集中销毁非法营运摩托车 200 辆，查扣县城违法违规车辆 149 台，查处道路非法客运车辆 77 台。县文广新局大力开展文化下乡和广场文化活动，进一步强化文化市场监管，收缴和销毁盗版音像制品 3800 片，整顿网吧 25 家。县畜牧水产局率先成立全省第一家生鲜肉销售协会，引入第三方监督，无害化处理生猪屠宰边角残料30.56吨，退出或搬迁湘江两岸500米内规模养猪场76个，社会反响较好。

2. 加强司法监督。围绕公平与效率主题，听取和审议县人民法院执行工作情况的报告，督促法院大力加强执行信息平台建设，逐步建立完善执行联动威慑机制和失信惩戒制度，形成案件执行工作合力，进一步加大执行力度，提高执行到位率，全力保障胜诉当事人合法权益的实现，切实增强司法权威和公信力。坚持和完善备案审查制度，对30件县人民政府出台的规范性文件和乡镇人大作出的决议、决定依法进行审查，维护了法制统一。在县法院和检察院的主动邀请下，常委会还组织市、县人大代表160余人次旁听了县法院的临庭听审活动，参加了“两院”的司法开放日活动。

3. 做好信访工作。带着感情和责任做好人大信访工作，热情接待群众来访，及时办理群众来信，积极做好思想疏导和矛盾化解工作。对反映比较集中的民生问题，加大调查研究和督办力度。一年来，共受理来信来访200件次、500人次，协调处理集体访12批次，督促“一府两院”及相关部门较好地解决了一批群众反映的实际困难和问题。如县城商业城和邵家岭片区谢某、邵某等反映常年供水不足，生活用水得不到保障，常委会对此高度重视，督促政府融资4000万元进行水厂扩能和自来水管网改造，于去年8月份解决了该片区用水难问题。

（四）突出主体，支持保障代表履职

常委会致力于搭建好联系群众、建议办理、知情知政三个平台，支持和保障代表依法履行职责。

1. 建好代表联系群众平台。根据省、市人大要求，经县委同意，去年在县人大机关设立代表联系群众工作站，在各乡镇（街道）及金洞管理区设立24个代表联系群众工作室，将市、县两级人大代表和乡镇人大代表小组长全部编排到相应工作站（室），每月定期接待来访群众，听取基层声音、收集社情民意，并及时向“一府两院”及有关部门反馈，为代表闭会期间依法履职提供了重要平台，为“一府两院”和基层群众之间架起了沟通桥梁。深入开展“双联”活动，切实增强“双联”实效。一年来，县人大常委会组成人员和“一府两院”负责人通过各种形式走访联系市、县人大代表136人次，代表联系选民2万人次，收集意见建议1700多条。

2. 建好议案建议办理平台。将督办代表议案建议作为服务代表履职、发挥代表作用的重要抓手，修订完善《祁阳县人民代表大会代表议案处理办法》和《祁阳县人民代表大会代表建议、批评和意见处理办法》，强化对议案建议的跟踪督办和代表“面对面”办理，5件重点办理的建议件已提交常委会进行测评，均达到了满意标准，关于规范管理早餐米粉行业的议案办理情况，将提交本次代表大会进行测评。县十六届人大二次会议确定的327件议案、建议，已经办结或正在办理的为298件，占议案、建议总数的91%。受条件限制，暂时无法办理的为29件，占议案、建议总数的9%。从抽查代表的反馈意见来看，代表满意或基本满意的达95%。

3. 建好代表知情知政平台。坚持为代表订阅人大刊物，寄送常委会公报等文件资料，邀请代表列席常委会会议、参加工作审议、执法检查、调研视察等活动，拓宽代表知情知政渠道。全年邀请代表列席常委会会议30余人次，组织代表参加各类测评会200余人次，列席和旁听“一府两院”相关会议100余人次。去年12月，组织在祁省、市人大代表和部分县人大代表80余人开展了为期3天的集中视察活动，为各级代表出席人民代表大会做好了会前准备。

（五）提能增效，不断加强自身建设

常委会坚持以三项活动为载体，进一步转作风、优服务、树形象，不断加强自身建设。

1. 扎实开展党的群众路线教育实践活动。按照中央、省、市、县委要求，常委会认真组织开展了党的群众路线教育实践活动。期间，常委会始终坚持高标准、严要求，聚焦“四风”，深入查摆问题，认真对照检查，以整风精神开展批评和自我批评，收到了“排毒治病、加油鼓劲”的效果。坚持把解决问题贯穿教育实践活动的各个环节和全过程，结合人大工作实际，有效纠正“四风”突出问题，做到立行立改、建章立制、善做善成，以实际行动取信于代表和群众。认真贯彻落实中央“八项规定”和省、市、县委有关规定，严明党的政治纪律，遵守廉洁自律各项规定，树立了常委会为民务实清廉形象。

2. 扎实开展庆祝人民代表大会成立60周年系列活动。为隆重庆祝全国人民代表大会成立60周年，宣传我县人大工作的光辉历程、显著成就和实践经验，进一步坚定制度自信，推动人大制度与时俱进，常委会开展了以“六个一”为主要内容的一系列庆祝纪念活动：即召开一次庆祝大会、举办一次专题讲座、举办一次座谈会、组织一次摄影书画比赛、开展一次电视专题宣传、举办一次机关气排球邀请赛。这些活动的开展收到了很好的效果，得到了省、市、县领导的高度评价，在县内外引起了良好的反响。庆祝纪念活动掠影和部分优秀摄影书画作品已汇编成册，并于本次会议期间分发到各位代表手中。

3. 扎实开展市级文明单位创建活动。围绕市级文明单位创建工作，以“服务优质、作风优良、环境优美”为目标，坚持开展“一月一学习两月一活动”，提高机关干部履职能力，营造团结干事氛围。严格上班签到制度、设立干部职工去向牌，强化岗位目标管理责任制考核，进一步严肃工作纪律。着力加强与“一府两院”的联系与沟通，加强对乡镇、街道人大工作的指导，主动为代表服务、为群众服务，切实改进工作作风，提升工作水平。践行社会主义核心价值观，开设道德讲堂、开展学雷锋志愿者活动，响应县委创国卫号召，绿化、美化、亮化机关环境，抓好联系帮扶片区创卫工作，顺利通过市级文明单位评审，进一步树立了机关文明形象。

此外，根据县委分工，常委会相关领导主抓或参与的创国卫、海螺水泥、祁冷公路、祁阳大道、湘粮银光、江涵电子、泰莱电子、黎马公路、木金公路、县城道路提质改造等重点工程进展顺利，其中祁阳海螺水泥二期工程建设项目和祁冷一级公路建设项目经年终考核，分别获得县重点工程项目建设一、二等奖，得到了县委的充分肯定，受到了群众的好评。

各位代表，过去一年常委会取得的成绩，是在县委的正确领导下，全体县人大代表、常委会组成人员、人大工作者辛勤工作的结果，是“一府两院”协同配合，乡镇、街道人大和社会各界大力支持的结果。在此，我代表县人大常委会向大家表示崇高的敬意和衷心的感谢！

在总结成绩的同时，我们也深深感到，常委会的工作离宪法和法律的要求，离人民群众的期望，还有一定差距。主要表现在：监督的力度和实效性不够明显，代表建议办理质量有待进一步提高，“双联”工作还做得不够扎实，与基层人大的联系还需进一步加强。这些问题，都需要在今后的工作实践中逐步加以解决。

二、县十六届人大三次会议至四次会议期间的主要任务

今年是全面深化改革的重要之年，是十二五规划的收官之年，常委会工作的指导思想是：深入贯彻落实党的十八大、十八届三中、四中全会和习近平总书记系列重要讲话精神，在中共祁阳县委的正确领导下，围绕科学发展主题，贯穿民主法治主线，忠实履行各项法定职权，全力服务经济社会发展，为全面建成小康祁阳作出新的更大的贡献。根据这一指导思想，主要做好以下几方面工作：

（一）以支持发展的理念依法行使职权。深入贯彻县委“333”总体战略，围绕“以项目导

向抓发展、以问题导向抓改革、以民生导向抓稳定”的战略导向，实施新型工业、特色农业、现代商贸“三轮驱动”的战略重心，建设“人文厚重的文化名城、产业发达的工业新城、民生优先的幸福之城”的战略定位和祁阳撤县设市、“十三五”规划等根本性、全局性、长远性重大问题，积极开展调研视察，及时作出决议、决定，使党的主张经过法定程序成为全县人民的共同意志和统一行动。坚持党管干部和依法任免的有机统一，进一步规范国家机关工作人员任免程序，确保党委意图和人民意愿高度一致。加强对国民经济和社会发展计划的监督，加强对政府全口径预算决算、预算项目资金管理和使用、政府性债务的审查监督以及审计后问题整改情况的监督，着力促进提高经济运行质量，提高财政资金使用效益。突出创国卫主题，发分发挥人大优势，积极开展“四专”活动。即：开展对县公安局、住建局、卫生局、城管执法局等单位的专项工作审议，开展治理县城“脏、乱、差”等问题的专题调研，开展创国卫专题询问，开展人大代表专题视察。通过上述活动，着力推进创国卫工作，破解创国卫难题，巩固创国卫阶段性成果，促进全县经济建设、城市建设、卫生建设和城市管理协调发展。认真听取和审议全县城乡环境综合治理、环境保护、农业开发、县法院人民陪审员工作情况汇报，深入开展全县食品安全监管、农村安全饮水工程建设与管理工作调研，开展《中华人民共和国禁毒法》、《中华人民共和国政府采购法》、《中华人民共和国传染病防治法》、《湖南省湿地保护条例》执法检查，努力做好人大信访工作，做好规范性文件备案审查工作，扎实开展祁阳环保世纪行、农产品质量安全行、农民健康行和民族团结进步行“四行”活动。在此基础上，创新开展司法公正祁阳行活动，着力促进建设法治政府和服务型政府，促进“两院”公正司法，扎实推进依法治县进程。

（二）以务实有效的举措抓好代表工作。尊重代表主体地位，深入开展“双联”活动，发挥代表联系群众工作室平台作用，落实人大代表接待日制度，进一步加强县人大常委会组成人员、“一府两院”负责人与人大代表的联系，密切人大代表与人民群众的联系。加强代表履职培训，及时通报常委会和“一府两院”工作情况，组织代表参加常委会和“一府两院”有关会议和活动，保障代表的知情权和意见表达权。加大对代表合法权益的保护力度，加大代表议案和建议、批评、意见的督办力度，多方式、多层次为代表履职提供服务，支持和保障代表依法履行职责和行使权力。探索代表服务选民、接受选民监督的有效途径，扎实开展代表回原选区向选民述职活动，进一步激发代表履职热情。

（三）以积极作为的姿态加强自身建设。把加强自身建设与服务大局统筹起来谋划，把提高履职效能与促进工作落实联系起来实施，着力构建高效、规范、有序的工作机制和议事机制。深入开展“三严三实”专题教育，不断巩固党的群众路线教育实践活动成果。加强常委会及其机关思想、组织、作风、反腐倡廉和制度建设，强化培训，提升素质，使人大常委会组成人员和机关工作人员政治上更加清醒坚定，思想上更加开拓进取，工作上更加勤奋敬业。加强对乡镇、街道人大工作的联系和指导，及时总结、推广先进工作经验，整体提升全县人大工作水平。

各位代表，新形势、新任务对人大工作提出了更高要求。让我们在中共祁阳县委的坚强领导下，同心同德、锐意进取、扎实工作，为推进民主法制建设，谱写伟大中国梦的祁阳崭新篇章而努力奋斗！

中国人民政治协商会议祁阳县委员会常务委员会工作报告

——在政协祁阳县第九届委员会第三次会议上

县政协主席　郑　弋

（2015 年 3 月 1 日）

各位委员、同志们：

现在，我代表政协祁阳县第九届委员会常务委员会，向大会作工作报告，请予审议，并请列席会议的同志提出意见。

2014 年主要工作回顾

2014 年，县政协在中共祁阳县委的领导下，以党的群众路线教育实践活动为契机，以贯彻落实党的十八大和十八届三中、四中全会精神为动力，围绕中心、认真履职，凝心聚力、服务大局，为民协政、扎实工作，较好地完成了县政协九届二次会议确定的各项工作和县委交办的各项任务，为我县加快转型发展和推进全面小康社会建设做出了积极贡献。

一、服务大局全局，助献改革发展之力

（一）紧跟重大部署协商议政。九届二次全会期间，委员们围绕“今天想什么，明天干什么”，与县委、县政府领导同堂议政，共商大事，对“一府两院”报告和计划、财政报告以及全县经济社会发展思路和目标进行了协商。陈许生、易东林等委员还就优化经济发展环境、加强农村饮用水源保护等四个专题，采用 PPT 图文并茂的形式，创新性进行了大会发言。书记、县长逐一批示给相关部门及时办理、跟进落实，激发了委员们的履职热情。探索建立了“三事协商制”，围绕“县委安排的事、年初计划的事、临时交办的事”，先后召开了 4 次常委会、5 次主席会、8 次对口协商会，分别就财政预算、农副产品加工集约化发展、县城道路提质改造、反渎等工作开展协商，所提的协商建议，大多被纳入党政决策程序并得到充分利用和落实。如对县城道路提质改造工作的协商，我们提出的“完善和优化施工方案、动员各方力量参与、完善监管督办方法”等建议，就结合了创国卫工作实际，有很强的针对性和操作性，发挥了议政、咨政、协政的积极作用。

（二）紧贴重要课题调研视察。主动策应领会县委思路，注重选择综合性、前瞻性课题，为聚力经济发展履职建言。3 月份，围绕提升城市管理水平，我们以“加强城乡客运秩序整治”为题，组织委员开展调研，提出了“发展合法运力、加大打非力度、建立规范机制”等中肯建议，为县委、县政府强力开展城乡客运秩序整治提供了重要决策参考。6 月份，围绕“三大难题”之一的“融资难”问题，组织开展了“关于做强城建投”的调研，撰写的报告切合了“加紧谋划转型、加速资源归集、加快资金融通、加强规范运作”等思想，在省、市优秀调研报告评比中分获二等奖、一等奖。年内除由县政协办公室牵头进行的大调研外，各专委会还围绕拆迁安置方式改革、发展育秧工厂等主题，采用县内调查与县外考察相结合的形式调研，为本次全会发言和撰

写提案打下了良好基础。积极推动调研触角向基层延伸，政府、财税金融、医卫、农林等联络组和茅竹、潘市等镇政协工委，围绕县改市、“一事一议”、公立医院改革、粮食加工、土地流转、信访维稳等，组织开展了高质量的调研活动。特别是政府联络组开展的“县改市”调研，顺应了群众期盼，针对性、实效性很强。同时，我们还注重以视察推动工作，一年来组织部分县政协常委、驻祁省市政协委员，围绕重点提案、重点工作、重点项目开展情况，有计划地视察了浯溪文物管理处、土地流转中心、燃气配套项目建设、千山药械、陶铸体育中心等现场，委员们与相关部门共解难点、同话良策，提出建设性意见30余条，有效拓展了履职思路，开阔了工作视野，推动了相关工作。

（三）紧扣重点工作担当作为。一年来，县政协班子成员服从县委分工，在种好政协“责任田”的同时，积极投身经济社会发展一线。对牵头主抓或联系的火车站配套工程、农商行筹建、新埠头水厂、千山药械等10个重点工程项目，以及分工负责的创国卫等重点工作，坚持“5+2”“白加黑”，不推诿、不畏难，确保了按时保质、有序推进。其中，祁阳火车站“一场两路”配套工程中的站前路建设基本完成、广场建设竣工已交付使用；农商行挂牌开业；新埠头水厂工程完成招投标，现已开工建设。千山药械一期、县城货运车辆停车场、湘祁电站、垃圾无害化处理、污水处理厂等工程项目，也实现了序时进度。多渠道招商引资，优化企业服务，发动委员参与，成功引进天江生物科技有限公司，种植名贵药材，发展林下经济。同时，协调各方关系，认真抓好了信访维稳工作，并帮助联系的长虹办、进宝塘镇、大江林场等镇办场发展经济、改善民生，受到好评。

二、关注热点难点，践行服务民生之职

（一）坚守民主监督的使命。主动把民主监督列入政协履职重点，积极为经济社会发展做好减少阻力、增加助力、形成合力的工作。一年来，我们把涉及重大民生的问题纳入政协工作议题，把执行力建设情况列为政协监督重点，组织政协委员参与了机关效能建设、优化经济发展环境、群众安全感满意度测评。参与了事业单位招聘、治理车辆超限超载、信访听证、“正风肃纪”、电视问政等活动，开展了县直机关“满意不满意”股室民主测评。从5月份开始，担任特邀监督员的30名县政协委员，围绕劳动用工、农机购置补贴、医德医风、打黑除恶等，开展了多次特约监督专题活动。委员们坦诚建言，以希望之情提出建议，以支持之意开展监督，有力支持了部门日常工作，提升了部门工作效能。与此同时，我们还积极发挥提案监督作用，坚持把重大调研专题、视察建言以及“优化经济环境要以项目为中心”“保护农村饮用水源刻不容缓”等大会发言议题，及时作为重点提案、建议案，通过民主监督履职，推动了办理工作落实。

（二）担当反映民意的责任。我们充分发挥提案在纾忧解困中的“主渠道”作用，社情民意在反映民意中的“直通车”作用，积极拓宽民意诉求渠道，协助党政解决民生问题。九届二次会议以来，共立提案239件，其中直接涉及民生的提案158件，占全部提案的66.1%，内容包括教育、医疗卫生、社会保障、文化娱乐生活、食品药品安全等。通过立案优先、督办倾斜、召开“面复会”、无预告视察、民主测评等措施，实现民生类提案当年全部办结。特别是“免费开放浯溪碑林景区”的重点提案，受到党政领导高度重视。县委书记魏湘江亲自主持召开现场办公会，重视程度之高、解决决心之大、办理速度之快前所未有。“邵家岭片区供水难亟待解决”、“大力整治食品安全”等民生提案，在县长周新辉等领导的重视下，取得了很好的办理效果。一年来，我们共编发《社情民意专报》5期，先后就“修建322国道牛坡陡路段下

水道”“建议将322国道路灯延伸至东风社区”等民生问题向县委、县政府反映，实现了条条有答复、有办理，推动了相关问题的妥善解决。全年报送社情民意信息20篇，被省、市政协采用9篇，其中“县城公交车应全部实行‘公汽公营’”被《湘声报》采纳转发，并被评为市优秀社情民意，实现了数量和质量的双丰收。

（三）参与为民解难的实践。突出开展以“教育资助”为重点的“四助”行动，引导和鼓励政协委员承担社会责任，参与捐资助学、扶危济困等公益事业。去年，引导科力尔电机有限公司董事长聂葆生出资200万元，成立祁阳葆春慈善基金会，用于助教助学等慈善事业。在8月份开展的“手拉手”捐资助学活动中，陈端华、蒋宜森、唐湘旗、欧阳国平、敖永林、陈昌英等企业家、政协委员和祁乡商会及其他社会组织，共筹资100余万元，扶助了150余名大中小学校贫困生，在社会上引起了良好反响。工商联联络组委员与35名贫困学生结对帮扶，并参与永州市“心得乐”助学活动，为寒门学子送去助学金30.8万元。李彤、刘祥春委员组织的“雷锋号志愿者协会”成为了颇具影响力的爱心品牌。蒋云芳、唐国武、李武卫、王小平、邓柏新、于冬春等委员乐善好施，赢得了社会各界好评和广泛赞誉。此外，唐波、蒋冲、唐春林、胡志龙等委员热心公益，主动资助修路、架桥、水利和学校建设等，累计捐款达500余万元。委员们以实际行动体现了社会担当，展示了委员风采。

三、围绕主题主线，凝聚共同奋斗之心

（一）团结各方共抒协作情。注重加强与工商联、人民团体、各协会组织的团结合作，重视与社会各界人士的联系交流，主动邀请他们列席县政协会议，参与调研、视察、座谈等活动，认真听取、反映并积极推动落实他们的意见建议。注重加强与省市政协组织的工作联系，配合省、市政协完成了“湘江流域生态补偿机制”“潇湘城市群建设”“历史文化名村保护”“永州名人故居的保护传承”等课题调研。注重加强与政协各参加单位的工作联动，各专委会主动与政府部门和有关单位进行工作沟通、信息交流和业务衔接，定期请他们提供情况和资料。一年来，在财政、农办、住建、农经、旅游、经信、电力等部门的支持配合下，共开展了10批次调研、视察活动，有效拓展了委员的知情渠道，确保了政协工作顺畅推进。

（二）加强交流合叙一家亲。秉承“天下政协是一家”的原则，加强同省、市政协及兄弟县区政协的联系与交流，先后接待了四川、广西、湘潭、邵阳等省内外政协考察学习团组20余批次。8批次组织本县政协委员赴浏阳、平江、赫山、武冈等地，就创国卫、建设物流园、发展学前教育等进行考察学习，全面拓展了履职思路，开阔了工作视野，也促进了交流合作，扩大了祁阳在外的影响。积极组队，参加了全市第22届老主席文体活动邀请赛。切实加强对政协工委、联络组的工作指导。县政协班子成员定期深入委组视察调研，推动政协系统相互交流、共同提高。坚持主席走访委员制度，深入街道、企业、单位和学校，走访政协委员及各界人士，加强情况通报和信息交流，认真听取他们对全县工作和政协工作的意见建议，并积极帮助他们协调解决实际困难和问题，有效维护了和谐稳定的政治局面。

（三）借助文宣同展祁阳美。由文史委牵头，抽调人员组建专业队伍，经过精心筹划，高规格举办了祁阳美景摄影大赛作品展。在此基础上，挑选精品力作，编辑出版了祁阳文史第29辑——《祁阳美景》。该书较全面、鲜活、特色地展现了祁阳风光之美、发展之美、人文之美，具有较高的收藏价值。配合省、市政协，收集了部分“湖南省农业文化遗产”资料和祁阳籍“二十世纪永州名人”资料，参与了全市政协系统“情系潇湘　履职为民”摄影大赛并获

奖。坚持文史和宣传并重，按照“外扩影响，内树形象”的思想，进一步强化宣传激励措施，一批具有创新性和实效性的工作和活动不仅在社会上、在群众中赢得了较好的口碑，还在新闻媒体上进行了及时报道。全年共在《人民政协报》《湘声报》《文史博览》等媒体上稿30多篇，其中《祁阳县政协委员“摆摊”收民意》被评为市优秀新闻稿件，扩大了祁阳政协影响力，营造了良好的履职氛围。

四、突出创新创优，提升履职尽责之能

（一）群众路线教育深入开展。深入开展以“为民务实清廉”为主题的党的群众路线教育实践活动，聚焦形式主义、官僚主义、享乐主义和奢靡之风，广泛听取各方意见和建议，认真对照检查，深入查摆问题，切实制订整改措施，开列重点问题清单，制订责任书、时间表，各司其职，逐项整改。进一步密切联系群众，开展委员进农村、进社区“我为百姓捎句话”以及“倾听民声日”活动，主动为群众办好事、解难事，赢得了党政肯定、各界支持、群众欢迎，实现了政协工作接地气、委员履职添底气。同时，精简文件简报，改进调研视察方式，严格公务用车和公务接待管理，清理规范了办公用房，建立了遏制“四风”问题的长效机制，大大压缩了“三公”经费支出，及时解决了一批群众反映强烈的突出问题，有效提升了人民政协履职为民的新境界。

（二）委员主体作用充分发挥。各镇乡办政协工委在当地党委的领导下，积极加强与当地人大、政府的联系和协作，政协委员也参加或列席了各相关会议和重大活动、决策，在人财物等各方面为工委运转和委员履职创造了良好条件。绝大多数工委和联络组以“我为祁阳做贡献，我为政协添光彩”活动为载体，建立健全了委员履职考核档案。通过开展委员履职考评和优秀委员评选活动，有效激发了委员的责任意识和参政热情。一年来，广大政协委员勇于实践有行动，体现成果有业绩，政协履职与本职工作互促互进、有力有为。彭国锋、张松柏、申庆宇、谢建中、蒋建明、刘志杰、刘皓、伍春明等委员，在跑项争资、改革创新、服务民生和支持政协工作开展等方面尽心竭力，带头作为。雷春凤、曾建华、王国友等委员，在发展特种养殖、农业基地建设、矛盾纠纷调解中，充分发挥了示范带动作用。邹全胜、徐双胜、陈友红、刘亮、何件香、陈检柏、毛奇德、杨富春等委员，富而思进，在大力发展民营经济、解决劳动力就业等方面又有新建树。此外，伍小艳、聂芳、陈萍、杨友芳等56名委员，也在各自岗位上建功立业，成为了先进个人或行业标兵，为政协赢得了良好声誉。

（三）机关服务能力有效提升。通过理论中心组、机关学习会等形式，组织干部职工学习人民政协理论，学习重要会议精神，以武装头脑、指导实践、推动工作。切实加强人民政协理论与实践研究。去年以“基层政协的界别性”为主题，积极参加理论研讨活动，在省政协理论研讨会上，祁阳政协作为县级政协唯一代表作了典型发言。《协商民主框架下基层政协界别建设的路径探索》一文在省、市政协理论征文评比中，分获二等奖、一等奖。制订和完善了20多项规章制度并狠抓落实，为县政协履行职能、开展工作提供了规范和依据，促进了政协机关建设再上新台阶。同时，根据县委统一部署，积极参与创国卫、街面值勤等工作，组织开展了汽排球、乒乓球比赛等活动，既锻炼了身体，又活跃了气氛，机关活力得到增强，工作积极性空前高涨。

各位委员、同志们，过去的一年，县委高度重视、正确领导政协工作，县人大、县政府及社会各方面大力支持政协工作，县直各部门、各镇乡办场全力配合政协工作，为政协履职创造了良好条件，提供了不竭动力。在此，我代表县政协常委会，向所有关心、支持政协工作的领

导和社会各界人士，表示衷心的感谢并致以崇高的敬意！

在肯定成绩的同时，我们也清醒地认识到，与党和人民的要求相比，与人民政协肩负的使命相比，与广大政协委员的期望相比，我们在协商民主形式的进一步探索、委员主体作用的进一步发挥、政协工作水平的进一步提升等方面还存在不足和差距。对此，我们将在今后的工作中，不断深入研究，切实加以改进。

2015 年主要工作任务

2015 年是全面推进依法治国的开局之年，是全面深化改革的关键之年，也是“十二五”规划交卷、“十三五”规划谋划之年。县政协及其常委会今年工作的总体要求是：高举中国特色社会主义伟大旗帜，深入学习贯彻党的十八大、十八届三中四中全会、习总书记系列讲话和县委十一届五次全会精神，紧紧围绕县委“333”战略构想，着眼新常态、新任务、新要求，认真履行政协职能，充分发挥政协协商民主重要渠道作用，切实加强自身建设，共同致力于全面深化改革目标的实现，为实现祁阳经济社会持续发展和社会和谐稳定做出新贡献。

一、强化思想武装，提升履职源动力。审视新形势下政协工作的新特点，进一步强化自信、自觉、自为意识，不断提升思想力和行动力。强化理论武装。通过组织委员到全国政协培训基地集训、邀请专家举办专题讲座、围绕主题开展理论研讨等方式，认真研读中共中央关于全面深化改革、依法治国和发展社会主义协商民主的一系列文件精神。全面掌握中国特色社会主义理论体系、人民政协和统战理论知识，切实把思想和行动统一到中央和省委、市委、县委的决策部署上来，凝聚到实现祁阳发展的目标上来，争做改革发展的积极助力者、守法护法的自觉践行者、协商民主建设的主动参与者。增强自信自觉。树立自信的角色认知，开展“当好政协人、说好政协话、做好政协事”宣讲活动，坚定对祁阳的发展自信、跨越自信和小康自信；增强自觉的角色意识，继续将“我为祁阳做贡献，我为政协添光彩”主题活动引向深入；坚持自为的角色实践，开展“我为‘十三五’提建议”和“我为创卫献一计”活动，推动县委、县政府工作要点的落实，推动县政协工作部署的开展，推动经济社会奋斗目标的实现。激发主体能量。创新委员履职平台，建立主席联系常委、常委联系委员、委员联系界别群众的“三联”制度，以及主席会议成员联系企业、学校制度，推动政协组织、政协委员之间的互动交流、联络联谊。开展“委员约谈”、“委员走访”活动，关心委员的成长和进步。推进以政协工委和联络组连片的形式集中开展委员活动，为委员提供更宽广的履职平台。

二、推进协商民主，唱响政协好声音。发挥好协商民主重要渠道作用，献出咨政好建议，唱响政协好声音。优化政治协商格局。筑牢专题协商、对口协商、界别协商、提案办理协商四个平台，做好制度建设、协商内容、协商方式三篇文章。参照全国和省、市政协做法，探索“双月协商”和提案协商实施办法，拓展协商内容、丰富协商形式、增加协商密度，建立健全协商议题提出、活动组织、成果采纳落实和反馈机制。加大民主监督力度。开展“让政协走进群众”“让群众走进政协”“让领导联系委员”和“让委员接触领导”四项活动，弄清楚群众要什么、政协干什么、委员提什么、领导想什么等问题。突出专题视察、委员测评、特约监督三个重点，逐步开展网络问政、远程问政，加强民主监督与纪检、法律、行政和舆论监督的有机结合，对经济环境、党风政风、民生民利方面的热点问题进行重点跟踪、深度解剖、监督整改。通过提意见或者批评，不断拓展深化对县委重大战略部署、重大事项决策、重大项目实施、“一府两院”工作报告落实、委员提案办理、大会发言、调研成果转化运用的跟踪问效和贯彻落实。提升参政议政质效。建立组织领导、沟通协调、权益保障、知情反馈四项机制，注重调查研究、科学论证、采纳落实三个环节，开展参政议政活动，尽量讲党委政府因精力所限“没想到”、因渠道局限“没听到”、因客观原因“没做到”的话，提高建言献策的精准性。着力开辟政协调研新领域，将“园政合一管理体制改革”、“创国卫”作为年度重点课题，组织委员集中调研协商。加强政协理论研究，力争在宣传、社情民意信息反映上出精品、扩影响。认真做好文史资料的挖掘、抢救、征编工作，着手编撰《祁阳美声》，充分发挥文史工作存史资政、团结育人、以文会友、以史传情的社会功能。

三、围绕“333”战略，凝聚社会正能量。审时度势，发挥优势，围绕县委提出的“三个导向、三轮驱动、三城建设”的战略构想，加强谋划，主动作为，最大程度积聚社会正能量，消除负因子。在凝心聚力上下功夫。围绕全面深化改革，加强与工商联、人民团体和政协各参加单位的沟通联系，积极搭建平台，创造有利条件，汇聚发展力量。加强与省市政协的联系，积极争取对我县政协工作的指导。进一步加强与兄弟县区政协的联系与交流，突出承办好永州市政协委员异地走访活动。切实发挥界别的特点和优势，时刻关注各种影响社会稳定的不利因素，引导社会各界和广大群众依法、有序、理性地表达自己的意愿，有效维护全县安定团结、和谐稳定的发展局面。在服务发展里显作为。全力做好“333”战略构想的宣讲、协调、服务、推进工作，动员和引导广大委员尽职出力。积极投身一线，认真抓好县政协领导所联系的项目建设、招商引资、信访维稳、联系点及阶段性重点工作，以实实在在的成效让党政放心、让群众满意。充分发挥政协优势，鼓励和引导政协委员在支持地方发展、参与公益事业、服务招商引资中实现新作为、做出新贡献、树立新形象。在民生改善中倾真情。坚持把关注民生热点问题作为履职重点，选择保障性住房后期建设管理、特困群体大病医疗救助、农村居民文化生活等方面，认真开展调研或视察，多建利民之言，多谋利民之策。加大社情民意信息的采集、报送、督办、反馈力度，进一步发挥政协社情民意在汇集舆情中的重要作用。适时听取县政府关于重点民生工程实施情况的通报，及时回应群众关切，促进民生问题解决。继续深入抓好“四助”活动，倾力为困难群体解难事、做好事、办实事，努力使改革发展的成果惠及更多的市民百姓，不断提高广大群众生活的幸福感和满意度。

四、强化自身建设，树立整体新形象。严格贯彻落实习近平总书记关于从严治党的各项要求，不断强化政协自身建设，推动政协工作再上新台阶。强化作风的先导作用。全面巩固党的群众路线教育实践活动成果，积极开展“三严三实”专题教育活动，集中对政协机关的作风来一次大检修，在政协机关大兴学习调研之风、求真务实之风、团结协作之风，努力把政协机关建设成为委员满意、社会认同、组织认可的文明机关，为政协履职水平不断提升提供有力保障。强化队伍的主体作用。探索专委会联系界别、与党政部门对口协商的有效方式，重视和支持专委会围绕全县工作大局和县政协常委会的中心任务开展工作。完善政协工委、联络组管理考核办法，制订年度工作计划，有序组织委员开展活动、履行职能。继续从委员提案、参政议政成效及委员对社会的贡献等方面，综合考核表彰一批优秀政协委员，激发委员履职热情。强化机关的中枢作用。开展“能力建设年”活动，在机关人员中加强角色培养和岗位练兵，不断提高政协办文、办事、办会的质量，提升政治把握能力、调查研究能力、联系群众能力、合作共事能力，促进政协“书香型、服务型、效能型、和谐型”机关建设。加强党风廉政建设和干部队伍建设，努力培养一支信念坚定、为民服务、勤政务实、敢于担当、清正廉洁的高素质政协干部队伍。及时宣传政协履行职能和政协委员议政建言的新进展、新经验、新成果，充分提高和调动公众参与政协工作的意识和热情。

各位委员，同志们，全面深化改革的路线图已经绘就，新目标赋予新任务。让我们更加紧密地团结在以习近平同志为总书记的党中央周围，在中共祁阳县委的坚强领导下，与时俱进，改革创新，务实工作，为全面建成小康社会、开创祁阳科学发展新局面做出新的更大的贡献！

大 事 记

1月

1月13日，永州市委书记陈文浩到祁阳县大村甸、文富市、黎家坪、梅溪、潘市、羊角塘等镇调研指导乡镇“五小工程”（小食堂、小澡堂、小厕所、小图书室、小文体室）建设和冬季农业生产工作。县委书记魏湘江、县委副书记、县长周新辉、县委常委、县委办主任邓晓阳陪同调研。

1月13日，总投资6.5亿元的祁（阳）冷（水滩）一级公路全线建成通车。祁冷公路是永州市十大重点工程建设项目之一，公路全长23.68公里，路基宽24.5米，路面宽21米，为沥青路面双向四车道，设计时速80公里，途经祁阳、冷水滩两个县区，其中祁阳段9.8公里。它的建成通车，将祁阳、冷水滩的直线距离缩短近一半，车程由过去的50多分钟缩减到20分钟左右。

1月16日上午，祁阳县纪念陶铸同志诞辰107周年暨浯溪碑林风景名胜区对祁阳县居民免费开放仪式在浯溪公园举行。县委书记魏湘江出席仪式并作重要讲话，号召全县广大干部群众要弘扬先烈精神，保持革命本色，以饱满的热情、踏实的作风，为实现祁阳的科学跨越发展做出更大贡献。县委副书记、县长周新辉主持仪式，县委副书记宋振平宣读《浯溪碑林风景名胜区对祁阳市民免费开放通告》，凡祁阳籍居民，只要持居民身份证就可免费游览浯溪公园。

1月16日，国家宗教事务局政法司副司长刘金光等人先后到祁阳县青云寺、天主教堂等宗教圣地及部分信众的家中，开展调研走访，深入了解祁阳县宗教团体和宗教场所管理建设情况，并详细询问了寺院基础设施建设、经济收入、学习培训、教职人员纳入社会保障等相关情况。刘金光充分肯定了祁阳县的宗教工作，希望祁阳县宗教工作部门和宗教界要充分发挥宗教团体的桥梁纽带作用真正把各方面的积极性和正能量调动好、发挥好，更好地服务当地经济社会发展大局。

1月18~19日，县委书记魏湘江率团参加广东省湖南商会年会暨2015年永州（广州）招商推介会。全市16个项目签约，其中祁阳县湖南一级农产品物流园、水上游乐园、光伏发电等3个项目在会上成功签约。

1月20日，祁阳县与湖南粮食集团成功签订战略合作框架协议。湖南粮食集团将充分利用祁阳县的区位优势和资源优势，拟投资15亿元，在祁阳经开区建设湘粮粮油产业园，积极推进优质粮油生产、收储、加工、销售等项目建设，把祁阳打造成为湖南粮食集团在湘南、湘西南地区的总部基地、粮油收储加工基地、茶油及优质大米高端品牌基地、土地流转及粮油订单基地，发展混合所有制经济的示范基地，产品向华南、西南地区销售的桥头堡。

1月27~28日，县委书记魏湘江主持召开县委工作务虚会，会议认真研究分析当前经济社会发展形势，交流工作体会，总结典型经验，集思广益、为接下来的工作打基础，做铺垫，谋划2015年工作思路，推动祁阳经济社会持续健康发展。为期两天的会上，与会的县领导、各乡镇党委书记以及部分单位负责人结合各自工作实际，围绕全县发展大局，谈感想、谈思路，在总结2014年工作的同时，为理清2015年发展思路、明确发展目标、确定发展措施提出了很多建设性的意见和建议。县委书记魏湘江，县委副书记、县长周新辉分别在会上作重要讲话。

1月，祁阳县在2014年度社会主义新农村建设项目工作中成绩突出，被评为全省社会主义新农村建设工作先进县，成为全省20个先进县市区之一。2014年，祁阳县委、县政府把社会主义新农村建设工作作为全县农业农村工作重占之一，投入1.9亿元新农村建设资金，重点加大农村基础设施、农村环境整治、村庄绿化美化亮化、农业产业开发等新农村项目建设。新农村示范村完成村组道路硬化26.5公里，村内主干道拓宽硬化42公里，入户路硬化29公里；完成房屋改造750套，拆除空心房12228平方米，外墙装修42.17万平方米；新装路灯近500盏。新（改）建村活动中心5个，兴建群众文体设施53处；完成渠道三面防渗27940米，整修新挖山塘130口，整修水库7座，修缮电排11处。

2月

2月9日，浯溪水厂扩建和提质改造工程圆满竣工并正式通水，日供水能力由3万吨提高到10万吨，解决了县城20多万居民近20年供水难题。该工程于2014年9月开工建设，总投资7000万元。

2月9日，祁阳湘江二桥及绕城公路南段建成正式通车，极大地缓解了县城出城压力。浯溪水电站大坝作为祁阳湘江二桥，按照国道绕城公路坝顶桥的设计要求于2012年年底建成，桥面宽12米，双向二车道。绕城公路南段（鑫利大酒店至八一加油站）作为县城主干道、干线公路大通道，按照高等级、高标准打造建设，路面宽24.5米，双向六车道，2014年开工建设，总投资为3000万元。

2月15日，湖南省祁阳县葆春慈善基金会在县政协成立并召开第一届理事会、监事会会议，会议通过了《基金会章程》，选举了第一届理事、监事和理事长、副理事长、秘书长，并研究了理事会、监事会2015年及以后的工作计划。该基金会是在县政协的积极引导下成立的，科力尔公司董事长聂葆生、副董事长兼总经理聂鹏举私人共同出资200万元作为基金会的初始本金，以后逐步扩大本额。该基金会的宗旨是每年对部分优秀学生、优秀教师、贫困学生、贫困家庭以及农村基础设施建设进行奖励和资助。

祁阳县安监局被评为全国“安全生产监管监察先进单位”，成为全省8个、全市唯一获此殊荣的单位之一。近年来，祁阳县安监局针对新形势下安全生产工作中出现的新情况、新问题，积极适应新常态，安全生产重点工作在创新中发展，难点工作在攻坚中突破。安全生产示范创建和县乡安监能力建设率先探索，走在全省的前列。

3月

3月1日，祁阳县政协九届三次会议隆重召开。

3月2日，祁阳县第六届人民代表大会第三次会议隆重召开。

3月16日上午，永州市人大常委会主任高建华率相关部门到祁阳县专题调研外出务工人员返乡创新创业工作，并主持召开祁阳返乡人员创新创业经验交流座谈会，与祁阳县党政负责人及返乡创业代表就如何促进返乡创新创业、支持家乡建设等进行座谈。县领导魏湘江、周新辉、黄春华等参加座谈。

3月17日，湖南省农委主任刘宗林深入中国农业科学院祁阳红壤实验站进行实地调研，他指出，要继续加大对祁阳红壤实验站这支科研“中央军”的支持力度，充分依托祁阳红壤实验站的科研优势，把科技成果更多更快地应用到农业生产中去。

3月18号，省政协副主席张大方一行深入祁阳县部分企业，就经济新常态下“加快培育新兴产业、构筑多点支撑格局、打造湖南发展升级版”课题展开调研。对祁阳县在加快新兴产业发展的经验和做法给予了高度评价，希望祁阳县今后能进一步明确发展重点，创新工作方法，多争取政策、用好政策，同时进一步增强环保意识，促进经济又好又快发展。要结合自身实际，构筑多点支撑格局，推进产业转型升级，加快培育新兴产业，改善经济发展环境，狠抓出台政策的落实，为永州新兴产业的有序发展提供有力保障。

3月18~19日，湖南省水稻育插秧机械化技术培训会在祁阳县召开，来自永州市、衡阳市、郴州市的农机技术人员、农机合作社负责人、种粮大户和农机大户等300余人参加培训。内容分为授课教学和现场观摩两大部分。培训活动中，培训人员深入祁阳县白水镇鑫丰农业科技有限公司育秧工厂、大忠桥鑫穗农机专业合作社、三口塘镇安邦永农农机合作社烘干中心观看学习早稻温室大棚育秧、播种流水线作业和谷物烘干全程机械化服务。会上，湖南省农机局局长王罗方对做好2015年农机春耕备耕和推进水稻生产全程机械化工作进行了部署。

4月

4月14日，在召开的湖南省精神文明建设工作表彰大会上，祁阳县被授予湖南省文明县城荣誉称号。这是祁阳县继2008年成功创建省文明县城之后又一次获此殊荣。近年来，祁阳县委、县政府高度重视精神文明创建活动，坚持贴近实际，贴近群众，以培育和践行社会主义核心价值观为主线，广泛开展优美环境、优良秩序、优质服务“三优”创建活动，极大地改善了城乡环境面貌和群众精神面貌，公民文明素质和社会文明程度不断提升，文化民生不断改善，市民幸福感程度不断提高，精神文明呈现出良好的发展态势。

4月16日，祁阳县首家机械化牲畜定点屠宰场投入营运，结束了祁阳手工屠宰牲猪的历史。该屠宰场由浯溪肉类食品有限公司投资兴建，是祁阳县重点建设项目之一，于2014年年底完工。按照年屠宰量10万头的三星级屠宰场标准建设，总投资3800万元。

4月30日，永州市首家农村基础设施建设投资开发有限公司—祁阳县农村建设投资开发有限公司正式挂牌成立。标志着祁阳县在打造农村建设投融资平台取得了实质性突破，也开创了永州市建立农村基础设施建设投融资体系的先河。魏湘江、周新辉、宋振平、黄赞校、邓晓阳、蔡富强、陈振文、龚伟等县领导以及县农口系统和金融机构相关负责人出席了工作座谈会及公司挂牌仪式。

4月，住建部、科技部关于公布国家智慧城市2014年度试点名单，祁阳县被确定为2014年国家智慧城市试点县。智慧城市是利用先进的信息技术（以物联网、云计算、移动互联网为代表）来提高城市规划、建设、管理、服务的智能化水平，使城市运转更高效、更低碳，是城市化与信息化融合发展的新模式、是“数字城市”的跃升，也是全球未来城市发展的趋势。

4月，祁阳北大农牧有限公司“北大红”商标荣获省级著名商标。这是该公司继“禽用配合饲料”去年成为湖南省名牌产品之后，再次荣获省级品牌殊荣。至此，祁阳县农业品牌共有中国驰名商标4个、中国名牌产品2个、省著名商标11个、省名牌产品5个之多，成为在全省拥有省级以上农业品牌最多的县区。

5月

5月11日，祁阳县召开2015年劳模代表座谈会。至2015年，全县共有市级以上劳动模范95人，其中全国劳模4

人、省部级劳模35人、市厅级劳模56人。2015年内下电站管理局水库管理所所长王国强被评为全国先进工作者，蒋有名、蒋新平、谭宝联3人获得省劳动模范称号，刘燕、唐建国等8人获得市劳动模范称号。县委书记魏湘江出席并讲话，县领导周新辉、黄赞校、蔡富强、尹显乾出席会议。

5月13日，市委副书记、市长向曙光带领永州市重点项目暨“135”工程建设推进工作会与会人员到祁阳县进行现场观摩交流。与会人员先后实地深入祁阳经济开发区电子信息产业园、华旺实业、小微企业创新创业园等项目进行现场观摩指导。

5月18日，北京中金控股集团到祁阳进行项目洽谈，就三圣湖旅游开发、碳树种植、炼钢技术产业化、环保制浆技术产业化等项目达成了初步意向。县委书记魏湘江，县委副书记、县长周新辉，副县长唐安宝，县政协副主席文英雄，县经开区管委会主任桂富生、北京中金诚信投资控股集团董事局主席、总裁唐金龙等出席会议。

5月27日，县委书记魏湘江，县委副书记、县长周新辉带领有关部门部门负责人，深入祁阳海螺水泥、唐家岭汽车站，对企业在建重点项目进行调研，现场办公解决建设中遇到的各种困难和问题。在调研中，魏湘江指出，海螺水泥厂是祁阳工业企业的重中之重，服务好海螺一直是县委政府的重要任务，即将建设的海创路就是为企业搞好服务的一个重要举措。道路一定要高标准规划高标准建设，科学合理，既要成为企业反馈当地建设的一个亮点，也要成为黎家坪镇小城镇建设的一个重点。唐家岭汽车站作为祁阳县的重点基础设施建设项目，对提升城市整体形象，改善城市交通有着十分重要的作用，作为建设企业要坚定发展的信心。各相关职能部门要全力搞好服务，在项目建设手续办理、审批等方面及时跟进，主动服务，积极帮助企业协调解决审批等瓶颈制约，加快推进唐家岭汽车站建设步伐。

5月28日，祁阳县召开重点项目建设“百日大会战”动员会，动员全县从6月起，集中100天左右时间，在全县范围内开展重点项目建设“百日大会战”活动。集中时间、集中精力解决阻碍全县重点项目建设推进中的问题和困难，实现全面提速、提质、增效。县委书记魏湘江主持会议并讲话，县委副书记、县长周新辉作动员部署。

6月

5月31日至6月3日，2015年湖南（香港）投资贸易洽谈周于分别在香港和深圳两地举办。祁阳县与东莞森林狼服饰有限公司、广州泰戈服装有限公司、深圳弘洋食品有限公司、深圳永佳诚光电科技有限公司4家企业成功签约，总投资5.2亿元。县委副书记、县长周新辉，县委常委、副县长彭丹参加签约仪式。

6月8日上午，祁阳海螺水泥项目二期工程日产4500吨干法水泥熟料生产线竣工点火投产仪式隆重举行。祁阳海螺水泥项目2009年落户祁阳，总投资16亿元，一期工程投产以来，为祁阳经济社会发展做出了重要贡献。二期熟料生产线2014年5月启动，仅一年时间就建成投产。项目全部建成后，生产规模将达到年产熟料360万吨、水泥500万吨、发电1.38亿千瓦时，缴纳税收2亿元以上，是湖南省目前最先进的现代化环保型水泥熟料生产线。

6月24日，湖南省农村土地承包经营权确权登记颁证试点工作会议在祁阳县召开。全省各市（州）和各县（市、区）领导及各市（州）有关部门负责人、县（市、区）有关部门负责人出席会议，永州市委书记陈文浩和澧县、祁阳县、岳阳县的县委书记作经验介绍，省委农办、省农委主任刘宗林和省财政厅、省国土资源厅负责人发言。省委副书记孙金龙强调，全省各级要自觉把思想和行动统一到中央和省委、省政府的决策部署上来，吃透政策精神，注重工作方法，保质保量按时完成任务，让农民真正吃上“定心丸”。副省长戴道晋在工作报告中提出要准确把握确权颁证工作的总体要求，坚持确地为主，严格依法依规，保证工作质量，确保现有土地承包关系稳定和任务圆满完成。

6月26日上午，祁阳县农村建设投资开发有限公司在观音滩镇举行土地承包经营权流转签约仪式。此次签约是县农建投成立后第一个签约的土地流转项目，签约面积达11000亩，主要涉及观音滩镇钢铁、天堂、五四、任塘四个村38个村民小组，计划以观音滩镇品嘉景观园林花卉苗木基地、红心火龙果和嘉隆特色水果基地为核心，辐射带动S320沿线现代农业产业带发展，建成生态农业园区。

7月

7月2日，湖南省交通运输厅厅长刘明欣，省公路管理局局长张汉华等领导深入祁阳县公路局大塘治超站调研。刘明欣强调，治超工作要突出重点，各级政府要抓好车辆、货物源头治理和路面执法，对“两超”车辆既要卸载、又要顶格处罚，对非法改拼装车辆查获后就地拆解，对非法改拼车辆企业要联合工商、运管部门给予从重处罚，防止安全事故的发生，确保广大群众的根本利益。县委书记魏湘江、

县委副书记、县长周新辉及有关部门负责同志陪同调研。

7月10日上午，为加强对企业发展的资金扶持力度，扩大银行业务覆盖面，共建长期稳定的银企关系，祁阳县举行了第十二届银企合作洽谈会。此次合作洽谈会现场签约52个项目，签约金额达19.67亿元。县委书记魏湘江作重要讲话。县委副书记、县长周新辉主持会议。

7月14日上午，县委书记魏湘江，县委副书记、县长周新辉共同为祁阳县“撤县设市”工作领导小组办公室揭牌，标志着祁阳撤县设市工作全面启动。祁阳从1997年开始启动“撤县设市”工作，多年来，在历届县委、县政府的带领下，广大干部群众励精图治、赶超发展，全县经济和社会取得了长足发展，“撤县设市”的条件日益成熟。

7月14日，祁阳县召开第二次全国地名普查工作动员会，贯彻落实国务院和省市相关会议精神，全面动员部署祁阳县地名普查工作。祁阳自1983年开展第一次地名普查工作以来，老地名的消失、新地名的涌现，使全县开展第二次地名普查工作刻不容缓，势在必行。各乡镇和相关部门要提高认识，增强责任感和紧迫感，准确把握目的与任务，切实抓紧抓好第二次地名普查工作。

7月31日上午，祁阳陶铸生平事迹陈列馆晋升全国第三批国家级国防教育示范基地授牌仪式在浯溪公园举行。1995年陶铸生平事迹陈列馆被评为全省首批“湖南省爱国主义教育基地”，每年接待党、团组织，学校团体50余个，参观人数达40余万，影响覆盖到全省以及广东、广西、福建、湖北等地。

7月，经湖南省委、省人民政府同意《湖南省新型城镇化试点工作总体实施方案》正式印发，祁阳县作为15个试点县市区（新城）之一，正式成为湖南省新型城镇化试点地区。根据《实施方案》要求，试点地区既要抓好改革创新，又要抓好基础设施和公共服务设施的规划建设，尤其是事关城镇化健康发展的土地、户籍、投融资、社会保障等领域的制度创新，以及事关城镇化水平和发展质量的城市综合交通体系、“两供两治”“两房两相”等方面的设施建设，要大胆突破和强力推进，抓出实效。

8月

8月20日，广东温氏集团与祁阳县成功签订意向协议，拟投资6亿元，计划5年内建成年最低出栏肉猪60万头养

殖基地，实现产值15亿元以上。温氏集团是一家以养鸡业、养猪业为主导产业的现代大型畜牧企业集团，经济、技术实力雄厚。拟在祁阳投资建设60万头生猪养殖项目，分4处建设种猪场4000亩，并在经济开发区竞买50亩土地建设祁阳温氏总部，配套兴建饲料厂，采取公司+基地+养殖场户的模式，带动县内及周边发展生猪标准化规模养殖，实行供种、供料、饲养、防疫、销售“五统一”，达到年出栏肉猪60万头的规模。

8月25日上午，长沙市祁乡商会“情系桑梓，爱洒学子”助学活动现场会在祁阳县行政中心六楼大会议室举行，现场为祁阳县100名品学兼优的寒门学子发放助学金30.5万元。县委书记魏湘江出席捐助仪式并讲话。县委副书记、县长周新辉主持捐助仪式。

8月25日，祁阳葆春慈善基金会成立、捐赠暨资助大会上在县劳动局二楼会议室召开。祁阳县葆春慈善基金会是由县政协发起，湖南科力尔电机有限公司董事长聂葆生、总经理聂鹏举本着回报社会、造福人民、支持公益事业发展的精神，共同出资200万元成立的祁阳县第一家本土企业家创办的非公募慈善基金会，以奖优助困、支持公益事业发展为宗旨，基金主要用于奖励优秀师生、资助贫困学生、资助贫困家庭和支持公益事业等。基金会成立后，科力尔电机高管层、供应商又陆续捐赠了48.9万元慈善款，基金会本金款达到了249.9万元。

8月26日，副省长蔡振红带领省民政厅相关领导，先后深入祁阳县黎家坪镇敬老院以及县城永和养老中心进行养老服务工作调研。蔡振红强调，各级各相关部门要进一步深化对社会养老服务体系建设重要性的认识，切实加强敬老院建设，发挥好敬老院集中供养的作用，提高服务标准、注重安全防范，扎扎实实照顾好老人们的饮食起居，确保老人们老有所养、老有所医、老有所乐，让他们安享幸福晚年；要积极引导社会力量的关注和参与，形成大关爱的和谐氛围。此外，蔡振红就祁阳“撤县设市”工作进行了调研。市县领导陈文浩、颜海林、蒋善生、魏湘江、周新辉、黄春华、黄赞校、邓晓阳陪同调研。

9月

9月1日，广铁集团党委副书记李新民一行到祁阳火车站检查指导铁路安全生产工作，并深入海螺水泥、科力尔电机、天江生物科技等企业参观考察，并进行了座谈。县委书记魏湘江介绍了祁阳县近年来经济社会发展情况，表达了祁阳在改革开放、县域经济发展当中对铁路建设及铁路线路开通等方面的愿望及迫切需求。李新民一行充分肯定了祁阳县域经济发展，对祁阳高度重视铁路事业发展、重视铁路线路开通表示赞赏，并对祁阳在铁路建设及铁路线路开通方面的愿望与需求给予了积极回应，希望铁路事业发展与县域经济发展实现互利双赢。

9月10日，阿里巴巴农村淘宝网湖南区域经理李永强，杭州甲骨文科技有限公司项目总监、永州项目对接小组副组长郑先星，杭州杰夫电商集团艾东等电商平台企业考察团一行到祁阳考察，全面了解祁阳县电子商务发展情况及特色优势资源，并召开座谈会，就推进农村淘宝千县万村项目、加快电子商务进农村等进行商谈。考察团一行对祁阳高度重视电子商务发展、高度重视农村淘宝千县万村项目给予了充分肯定，认为祁阳地理条件优越，农产品资源丰富，物流通畅便捷，农村电子商务发展潜力大、前景好。

9月11日上午，祁阳红星美凯龙家居生活广场项目签约仪式在鑫利四楼会议室举行。祁阳红星美凯龙大型家居生活广场项目用地120亩，总投资10亿元，总建筑面积16万平方米。是以现代中高档家居商场为主导，集家居、建材、饰品、五金、休闲娱乐、超市百货、商业步行街及写字楼为一体的城市商业中心。项目建成后，将填补祁阳及周边地区无中高档家居市场的空白，满足城市中高端消费者的需求，打造祁阳县商业核心新地标，成为带动祁阳现代商贸业发展的新引擎。预计可实现年销售收入2亿元，年创税1000万元，新增就业2000人。

9月，祁阳宏泰铝业有限公司作为全市先进装备制造企业唯一代表，从全省预赛、决赛中脱颖而出，拿到第四届中国创新创业大赛总决赛的入场券，并最终荣获优秀企业奖，这也是永州市企业首次获得该项殊荣。

10月

10月11日，湖南省水利厅厅长詹晓安率省政府督察组深入祁阳，就落实省政府稳增长重大政策措施落实情况进行实地调研和督查。督查组先后到祁阳经济开发区部分企业、县职业中专、茅竹镇安全饮水工程了解各个重点项目建设进度情况、湖南省政府部署推进的“135”标准厂房建设等项目情况，各部门深化行政、财税、投融资体制改革和金融改革等重点民生政策措施的落实情况以及祁阳县各级各部门在政策执行、改革创新、工作效能、服务态度等方面的情况，并肯定祁阳相关工作的发展状况。

10月16日，湖南省首家党建智慧平台——祁阳县“智慧党建”信息平台经过1个月的试运行，正式启动运作。该信息平台将覆盖全县25个镇乡办场、886个行政村（社区），最终实现对全县1892个基层党组织、40184名党员实时管理和服务。

10月，由深圳市龙岗区南湾街道企业家，祁阳籍音乐人周心君原创作品《祁阳颂》从近万首歌曲中脱颖而出，荣获全国2015年度“词曲金奖”。《祁阳颂》由周心君和史磊共同作词，刘育奎作曲，陈国科、谭俊芳演唱。《祁阳颂》以深厚质朴的情感，雄浑大气的诗句，高亢昂扬的旋律，典雅富丽的风格，饱满深情的演唱展示了祁阳丰富的历史文化，歌颂了祁阳发展新貌，表达了祁阳儿女深切的思乡之情和建设家乡的美好愿望。同时也成为对外展示祁阳、宣传祁阳的一张新名片。

10月，农业部批准同意今年5月祁阳县呈报的《关于政府向经营性服务组织购买农业公益性服务机制创新试点方案》，标志着祁阳县成为全国农业社会化服务体系创新试点县之一，也是永州市唯一入选的试点县。近年来，祁阳县积极引导和培育以育秧主体、种田大户、专业合作社等主要形式的新型农业经营主体，基本形成“部门+公司+合作社+种植大户”全程服务体系，积累了大量有益经验。

11月

11月6日，根据省委部署和巡视工作条例规定，省委巡视第七组巡视祁阳动员会召开。省委巡视第七组组长郭树人作了讲话，市委常委、市纪委书记朱映红就配合巡视工作提出要求，县委书记魏湘江主持会议并作动员讲话，县委副书记、县长周新辉出席动员会。

11月17日，祁阳县召开政府职能转变和机构改革工作动员大会，贯彻落实中央和省市关于推进政府职能转变和机构改革精神，对祁阳县政府职能转变和机构改革工作进行安排部署。此次改革与省、市政府职能转变和机构改革相衔接，从实际出发，以职能转变为核心，大力简政放权，优化机构设置，理顺职责关系，严控人员编制，提高行政效能。按照《《祁阳县人民政府职能转变和机构改革方案的实施意见》要求，县政府将设置24个工作部门，并在2015年内基本完成，职能转变工作3到5年内按照省、市部署要求完成。

11月23日下午至11月24日上午，湘南三市六县八乡的千余名瑶汉同胞齐聚祁阳县内下乡新屋场村，举行坐歌堂暨公祭盘王活动，共庆盘王节。瑶族盘王节又叫盘王还愿，是瑶族人民纪念其始祖盘王的盛大节日，迄今已有1700多年历史。“坐歌堂”是一种已有千年历史的瑶族文化，通过以歌会友叙说友情，青年男女表白恋情，向人们展现了瑶族独特的民族风情。

11月26日，省政协副主席、民盟湖南省委主委杨维刚率省政协调研组深入祁阳县中医医院新院区和县人民医院，调研县级公立医院改革等工作。通过实地考察和听取汇报，杨维刚对祁阳县公立医院改革取得的成效表示肯定，并指出看病难、看病贵一直是社会各界关注的热点，公立医院改革一定要体现医疗价值，压缩药品利润空间，让老百姓得到实实在在的利益，从而建立良性和谐的医患关系。县领导魏湘江、郑弋、雷秀新陪同调研。

12月

12月10日，国务院地名普查办副主任、国家民政部区划地名司司长柳拯一行来到祁阳督查调研第二次全国地名普查及撤县设市准备工作。柳拯一行实地考察了祁阳县撤县设市领导小组办公室、海螺水泥、新火车站和浯溪碑林，详细了解祁阳城市面貌、发展规划和撤县设市工作进展情况，希望祁阳要进一步加快第二次全国地名普查步伐，加强质量管理，做好成果转化；在撤县设市工作方面，要进一步强化城市管理意识，在完善基础设施建设的同时培育城市理念、培养城市精神，建设城市文明；继续做好撤县设市准备工作，抓好基础设施、公共服务、数据整理等工作的落实，力争早日实现撤县设市的目标。民政部区划地名司副司长熊梅，省民政厅副巡视员余跃，市委常委、副市长蒋善生以及县领导魏湘江、周新辉、黄春华、郑弋、邓晓阳、唐安宝陪同督查调研。

12月17日，祁阳县科力尔电机与武钢股份达成战略合作关系，标志着双方将朝着更高水平、更宽领域、更深层次的合作迈进。

12月30日，祁阳县乡镇区划重新调整后设置的七里桥镇、大忠桥镇、八宝镇、肖家镇4个乡镇全部挂牌运行，新任班子到岗到位。优化和调整乡镇行政区划是促进农村经济发展、提升基层治理能力、巩固基层政权的内在要求和重要举措，根据省市安排部署和《湖南省民政厅关于同意祁阳县乡镇区划调整方案的批复》文件精神，祁阳县部分乡镇行政区划进行调整情况为：将大江乡的澎家湾、塘岭、大院、黄沙、白竹、青石、百岭、唐家冲、赵家棚、龙凼等10个建制村划入肖家村镇，调整设立肖家镇，镇人民政府驻下白田社区。调整后的肖家镇含46个建制村及下白田、两河2个居委会，总面积213.49平方千米，总人口4.77万人；将大江乡的九渡、瓦屋等2个建制村并入大忠桥镇，镇人民政府驻丛山村。调整后的大忠桥镇辖53个建制村及大忠、西河街、茅坪坊3个居委会，总面积136.11平方千米，总人口5.61万人；将内下乡与八宝镇成建制合并为八宝镇，镇人民政府驻八宝社区。调整后的八宝镇辖46个建制村及蒲塘、八宝、中仁、黄市4个居委会，总面积120.39平方千米，总人口4.21万人；将挂榜山乡与七里桥镇成建制合并设立七里桥镇，镇人民政府驻长寿亭村。调整后的七里桥镇共44个建制村，总面积108.22平方千米，总人口4.48万人；将白果市乡与凤凰乡成建制合并设立凤凰乡，乡人民政府驻凤凰村。调整后的凤凰乡共17个建制村，总面积137.70平方千米，总人口1.51万人；将上司源乡与石鼓源乡成建制合并设立石鼓源乡，乡人民政府驻五房村。调整后的石鼓源乡共18个建制村，总面积79.70平方千米，总人口1.73万人；将万宝山乡、小金洞乡与金洞镇成建制合并设立金洞镇，镇人民政府驻二居委会。调整后的金洞镇辖24个建制村及一居委会、二居委会、三居委会3个居委会，总面积169.39平方千米，总人口2.03万人。

12月31日，祁阳县召开机构改革干部人事工作动员会，县委常委、组织部长、统战部长蔡富强宣读了《祁阳县关于做好机构改革干部人事工作的实施意见》，县委书记魏湘江魏湘江强调，干部人事改革是一项政策性非常强的工作，要加强对改革政策和干部人事政策的宣传引导，把握时间节点，对符合条件的要做到不漏一人、不少一人。要强化组织领导，落实工作责任，严格规范操作，做好上下衔接，切实抓好落实。要严肃各项纪律，各级领导干部要严格遵守政治纪律、组织纪律、工作纪律，对违反纪律的要严厉追责。全县广大党员干部要统一思想、凝聚合力、扎实推进，确保高标准、高质量完成干部人事调整各项工作，让改革如期划上圆满句号，为全县发展改革事业做出新的更大贡献。

祁 阳 概 况

自 然 地 理

【位置面积】 祁阳县位于湖南省南部、永州市东北角，北依衡山、祁山，南靠阳明山，湘江横贯县境中部。东接衡阳市的常宁市、祁东县，东南邻郴州市桂阳县，南接新田县、宁远县，西南邻双牌，西抵永州市零陵区、冷水滩区，西北邻永州市冷水滩区，北连衡阳市祁东县，东北邻衡阳市祁东县。地理坐标为北纬26°02′10″~26°51′12″、东经110°34′58″~112°14′20″之间。南北长间距90.4千米，东西宽64.5千米，土地总面积2538平方千米。其中山地1066平方千米，占土地总面积的42%，丘陵355平方千米，占14%，岗地431平方千米，占17%，平地558平方千米，占22%，水面、道路、村庄等128平方千米，占5%，为永州市最大县（区）。

【地势地貌】 祁阳县南北狭长，三山四水构成地貌基本骨架。南部阳明山，气势雄伟，重峦叠嶂，海拔800米以上的山峰13座，最高处佛殿海拔1530米；东北部祁山呈西北东南，将衡邵盆地隔开，构成衡邵红岩和祁零灰岩两个小盆地，主峰太白峰海拔779.4米；西北部四明山位于祁阳、祁东两县交界处，主峰腾云岭海拔1054米。湘江由大村甸崇山村细瓦皂入境至黄泥塘九洲村流出，横贯县域中部，流程100.8公里；白水自南向北由晒北滩瑶族乡枧下村入境，至白水镇汇入湘江，长78.1公里；祁水自北向南由文明铺镇青云村杉树桥入境，至县城汇入湘江，长67.2公里；清江斜贯县域东北角，由羊角塘镇石井村堰老头入境，至车头村流出经祁东归阳入湘江，长18公里。此外全县还有1公里以上的江河溪沟251条，呈树枝状辐射分布。由于水系发达，地表切割较强，河网冲沟总长9044公里，切割密度每平方公里3~4公里。

祁阳地势以湘江为基准，南部由南向北倾斜递降，最高点与最低点相差1467米，两点间距55公里，地势比降为27‰；北部由北向南倾斜递降，最高点与最低点相差716.4米，两点间距15公里，地势比降为50‰。地势此起彼伏，地貌错综复杂，山丘岗平呈横向带状阶梯式分布，形成南北高、中间低的凹形盆地，为工、农、林、牧、副、渔各业的发展提供较好的自然条件。

【地质构造】 祁阳县境地质复杂，地层发育良好，自寒武系—白垩系至第四系均有出露，其中以奥陶系、泥盆系、石碳系、白垩系分布最广。根据境内构造形迹的展布和组合特征，祁阳县大地构造位于祁阳山字型（又称祁阳弧）前弧南翼，次级构造较为发育。大致可分为4个区（带）。即西南部压性和压扭性断裂区：该区位于黎家坪——县城——白水一线以西，走向多为北北西——南南东，个别走向弯曲。东部断裂区：该区位于黎家坪——县城——白水一线以东，这个区断裂类型多，但分布较稀，走向延长较短。南部断裂褶皱区：该区位于三口塘——白水——石梓塘一线以南，以断裂为主，褶皱次之；褶皱规模较大的有阳明山背斜、石梓塘倒转背斜和唐山湾向斜。文明铺东西两侧褶皱断裂区：该区有大树岭背斜、文明铺—井塘压扭性断裂和元里坪断裂3个褶皱断裂带。

自 然 资 源

【土地资源】 全县土地面积253769.27公顷，其中耕地面积53194.38公顷，园地面积7888.52公顷，林地面积135710.75公顷，草地面积9230.11公顷，城镇村及工矿用地面积18039.01公顷，交通运输用地面积3089.23公顷，水域及水利设施用地面积18963.96公顷，其他土地面积7653.31公顷。

【水力资源】 祁阳境内溪河纵横，河网密布，有1公里以上河流250条，其中湘江境内长100.8公里，湘江的一级支流有白水河、祁水河等30条，二级支流有清江等58条，三级支流108条，四级支流45条，五级支流9条。流域面积在200平方公里以上一级支流有祁水河、白水河，200平方公里以上的二级支流有祁水河的燕子岩和双江口、白水河的大黄系河、祁东白河的清江等。全县多年平均降雨值为1398.3毫米，湘江经流祁阳多年平均地表水资源量约为184.8亿立方米。全县水能资源理论蕴藏量35万千瓦，技术可开发量30万千瓦，绝大部分集中蕴藏在湘江河、白水河、祁水河、昌木套河、大黄司河及黄花河流域，占全县水能理论蕴藏量80%以上，其他小河流由于地势平坦，其水能资源的可开发利用价值不高。

祁阳2015降雨量为1409.5毫米，全县洪水主要由降水形成，因此水位变化与降水相应。由于全年降水时空分布特点，既有局部暴雨，又有普遍大雨，加之水库蓄水发电调节，因此全县的水位变化并不完全同步。

【野生动植物资源】 全县共有野生植物135科972种，主要木本植物103科、290属、835种。其中具有栽培经济价值的210种，特用经济价值的25种，速生树30多种，古老孑遗树种7种，国家一级保护植物4种，二级保护植物9种，省级保护植物11种。主要乡土树种有杉木、马尾松、檫木、泡桐、香椿、柏木、樟树、毛竹、油茶、油桐、杜仲、厚朴、柑橘等。野生动物有13纲28目75科246种，其中国家一级保护动保护动物有梅花鹿，二级保护动物有穿山甲、水鹿、果子狸、鸳鸯等9种，省级保护动物20余种。境内设有祁阳小鲵自然保护区。

【矿产资源】 祁阳矿产资源种类较全，分布具有明显的分带性，2015年全县共探明矿产地235处，已发现矿种21种。煤炭资源储量1068.89万吨，铁矿资源储量1342.7万吨，锰矿资源储量180万吨；有色金属矿产有铜、铅、锌、金、银、钨、锡、钼、锑、汞等10种；非金属矿种有水泥石灰岩、建筑用石灰岩、耐火黏土、砖瓦黏土、砖瓦页岩、砂卵石、重晶石、花岗岩等8种，水泥石灰岩资源储量25113.3万吨；重晶石资源量12.0万吨；耐火黏土资源储量153.3万吨。2014年全县共有矿山企业67个，矿业从业人数3915人，矿业总产值29亿元。

【旅游资源】 祁阳旅游资源丰富，文化底蕴深厚。县域有全国最大的露天碑林、国家AAAA级景区、全国重点文物保护单位、湖南十大文化遗产——浯溪碑林；有国家AAA级景区、中国历史文化名村、全国重点文物保护单位、独具湘南民居特色的明清古民居——龙溪李家大院；有国家非物质文化遗产——祁剧、祁阳小调；有全省30个重点红色旅游景区之一的伟人故里——陶铸故居及陈列馆；有至今保存最完好的中型哥特式教堂、省重点宗教活动场所——天主教堂；有当代中国十大名石之一——祁阳石；有文昌塔、潇湘楼、甘泉寺等10多处省市重点文物保护单位。祁阳山水清秀，别有风情。大自然在这里慷慨恩赐黄沙河漂流、狂狮河峡谷漂流，神奇造化三圣湖风光、八庙温泉、祁阳小鲵，形成“红色、古色、绿色”三日游旅游线路。

行政区划

【建制沿革】 祁阳历史悠久，早在约几万年前就有人类活动，春秋战国时，祁阳为楚之南疆。秦时属长沙郡。汉时属零陵郡的泉陵侯国。三国时始置祁阳县，因县治地处古祁山之南（今祁东、衡南、衡阳3县交界之岐山），故名祁阳，仍属零陵郡，直至宋代隶属未变。元时设永州总管府，祁阳属之。民国3年（1914），祁阳属衡阳道，不久，废道。民国27年，设行政督察区，祁阳属第七区行政督察专员公署。

中华人民共和国成立后，改第七行政督查专员公署为零陵地区专员公署。祁阳仍属之。1952年，改属湘南行政公署（衡阳、零陵、郴州三个区合并为湘南行政公署），4月，将原祁阳县的东北部地区划出，另置祁东县。1954年，将宁远县部分地区划入祁阳，置金洞区（今金洞管理区），7月，撤湘南行政公署，祁阳改属衡阳地区行政专员公署。1983年又改属零陵地区行政公署，1995年11月，撤销零陵地区，设立永州市，祁阳隶属永州市。

【区划设置】 2015年年底，祁阳辖观音滩、茅竹、三口塘、大忠桥、肖家、八宝、白水、进宝塘、黄泥塘、潘市、梅溪、羊角塘、下马渡、七里桥、大村甸、黎家坪、文富市、文明铺、龚家坪、金洞等20个镇，龙山、浯溪、长虹等3个街道办事处，晒北滩、凤凰、石鼓源等3个乡，共26个乡镇、街道办事处及大江、挂榜山2个林场。共有878个行政村，82个社区居委会，总人口107.17万人。

【区划变更】 2015年12月，根据省市安排部署和《湖南省民政厅关于同意祁阳县乡镇区划调整方案的批复》文件精神，祁阳县部分乡镇行政区划进行调整：将大江乡的澎家湾、塘岭、大院、黄沙、白竹、青石、百岭、唐家冲、赵家棚、龙凼等10个建制村划入肖家村镇，调整设立肖家镇，镇人民政府驻下白田社区。调整后的肖家镇含46个建制村及下白田、两河2个居委会，总面积213.49平方千米，总人口4.77万人；将大江乡的九渡、瓦屋等2个建制村并入大忠桥镇，镇人民政府驻丛山村。调整后的大忠桥镇辖53个建制村及大忠、西河街、茅坪坊3个居委会，总面积136.11平方千米，总人口5.61万人；将内下乡与八宝镇成建制合并为八宝镇，镇人民政府驻八宝社区。调整后的八宝镇辖46个建制村及蒲塘、八宝、中仁、黄市4个居委会，总面积120.39平方千米，总人口4.21万人；将挂榜山乡与七里桥镇成建制合并设立七里桥镇，镇人民政府驻长寿亭村。调整后的七里桥镇共44个建制村，总面积108.22平方千米，总人口4.48万人；将白果市乡与凤凰乡成建制合并设立凤凰乡，乡人民政府驻凤凰村。调整后的凤凰乡共17个建制村，总面积137.70平方千米，总人口1.51万人；将上司源乡与石鼓源乡成建制合并设立石鼓源乡，乡人民政府驻五房村。调整后的石鼓源乡共18个建制村，总面积79.70平方千米，总人口1.73万人；将万宝山乡、小金洞乡与金洞镇成建制合并设立金洞镇，镇人民政府驻二居委会。调整后的金洞镇辖24个建制村及一居委会、二居委会、三居委会3个居委会，总面积169.39平方千米，总人口2.03万人。

人口·民族

【人口】 2015年年末，全县总人口数为1068515人。其中，男性558035人，女性510480人。全年出生人口11831人，出生率为10.97‰；死亡人口7982人，死亡率为7.43‰。

【民族】 2015年年末有汉族、瑶族、佤族、苗族、蒙古族、壮族、傣族、彝族、回族、布依族、土家族、哈尼族、朝鲜族、拉祜族、侗族、景颇族、藏族、满族、白族、维吾尔族、布朗族、水族、傈僳族、阿昌族、仡佬族、普米族、仫佬族、毛南族、德昂族等30余个民族。

气 候

【气候综述】 2015年平均气温19.2℃，较历年平均偏高0.7℃。年极端最高气温37.3℃，出现在6月30日和7月14日；年极端最低气温0.7℃，出现在2月6日。全年极端最高气温≥35℃的高温日数只有25天，8月1~8日出现了连续8天的轻度高温热害天气。日平均气温稳定通过10.0℃和20.0℃的初日，分别出现在3月12日和4月25日。年降水量1409.5毫米，比历年平均略多60.8毫米，年降水日数（日降水≥0.1毫米）186天。年日照时数1165.5小时，比历年平均偏少288.6小时，年日照百分率26%。上年度终霜日出现在2月6日，本年度初霜日出现在12月17日，年无霜日313天。

【基本气候概况】 2015年平均气温19.2℃，较历年平均偏高0.7℃，与2006年和2014年平均持平，居1981年以来第三高位。全年各月平均气温如表（2015年各月平均气温及距平）所示，2015年3~6月、8~12月气温正常；2月气温偏高2.1℃，1月显著偏高2.8℃，7月显著偏低2.5℃。

表1 2015年各月平均气温及距平 单位:℃

月份	1月	2月	3月	4月	5月	6月	7月	8月	9月	10月	11月	12月	全年
月平均	9.2	10.5	13.4	19.6	24.1	28.1	27.3	28.3	25.8	21.1	13.9	8.7	19.2
气候平均	6.4	8.4	12.2	18.4	23.3	26.7	29.8	28.9	25.1	19.8	14.3	8.8	18.5
距平	2.8	2.1	1.2	1.2	0.8	1.4	-2.5	-0.6	0.7	1.3	-0.4	-0.1	0.7

2015年降水量总1409.5mm，比历年平均略多60.8mm，属于正常年景。全年各月降水量如表（2015各月降水及距平百分率）所示，3月、7月、9月降水量正常，10~12月异常偏多，其中11月异常偏多286.5%；1~2月、4~6月和8月降水偏少，其中2月偏少49.6%。

表2 2015年各月降水及距平百分率 单位：毫米、%

月 份	1月	2月	3月	4月	5月	6月	7月	8月	9月	10月	11月	12月
各月降水量	47.9	49.2	110.2	113.7	134.1	140.1	122.9	97.5	68.7	137.6	255.1	132.5
气候平均值	76.1	97.6	140.2	152.2	191.9	197.7	119.4	132.5	63.4	66.2	66.0	45.5
各月距平	-28.2	-48.4	-30.0	-38.5	-57.8	-57.6	3.5	-35.0	5.3	71.4	189.1	87.0
距平百分率	-37.1	-49.6	-21.4	-25.3	-30.1	-29.1	2.9	-26.4	8.4	107.9	286.5	191.2

2015年日照总时数1165.5小时，较历年平均少288.6小时，偏少19.8%，年日照百分率只有26%。1~2月、6月、8月日照正常，3月、5月、7月、9月、11~12月日照偏少，其中7月和12月分别偏少50.6%和56.5%；4月和10月日照偏多，其中10月偏多28.7%。全年各月日照分布如图（2015年各月日照分布）所示。

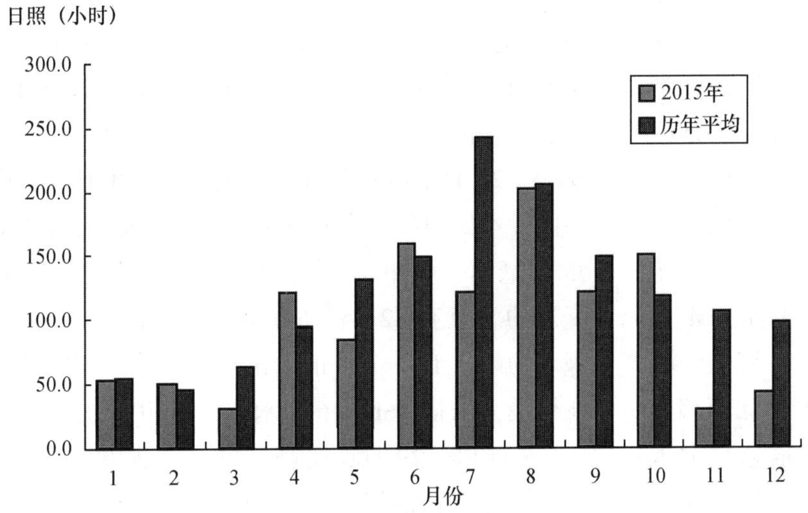

2015年各月日照分布图

【主要气候事件】 2015年祁阳先后出现了暖冬、强冷空气、局部雷雨大风、冰雹、暴雨洪涝、高温热浪等天气气候事件。但灾害性天气气候事件种类较少、至灾频次较低，暴雨洪涝是年内主要灾害性天气气候事件。

暖冬 冬季（2014年12月至2015年2月）平均气温9.6℃，比历年平均偏高1.7℃。2014年12月平均气温9.0℃，较历年同期高0.2℃；2015年元月平均气温9.2℃，较历年同期偏高2.8℃；2月平均气温10.5℃，较历年同期偏高2.1℃；季内未见冰雪，不现严寒，为典型的暖冬。

强冷空气降温 年内祁阳先后出现3次强冷空气降温过程，受地面冷空气影响，1月5~7日48小时降温幅度达8.9℃，同时最低气温降至6.0℃，达到强冷空气标准；11月23~25日受冷空气影响，48小时降温幅度达12.0℃，最低气温降至5.1℃，达到强冷空气标准；受地面冷空气影响，12月27~29日48小时降温幅度8.8℃，最低气温降至5.8℃，达到强冷空气标准。

连阴雨 3月23~30日出现连续9天降雨天气，期间日照总时数只有6.6小时，每天平均不到1小时，达到轻度连阴雨天气标准。5月15~24日出现连续10天降水天气，期间日照时数只有8.8小时，达到中度连阴雨天气标准。由于连续阴雨寡照，空气和土壤长期潮湿，对作物造成不利影响。

局地雷雨风雹 受地面冷空气的影响，4月4日凌晨3时后，祁阳县城上空电闪雷鸣，大风呼啸而来，雨水夹杂着冰雹倾盆而下。据监测资料显示，祁阳站1小时最大降水强度达24.2毫米/小时，瞬时最大风速24.3米/秒，目测冰雹最大直径达2~3厘米。

这次雷雨大风和冰雹对县城车辆和一些基础设施造成了一定的损失，但是未出现人员伤亡情况。大风导致广告牌和遮阳棚坠落砸坏车辆，电线倒杆、树苗倒伏，冰雹砸坏车辆及屋顶遮阳棚等。这次灾害天气造成直接经济损失45万元。

5月暴雨洪涝 受高空低

槽和地面冷空气共同影响，5月17日20时至18日20时，祁阳县普降大雨，局部暴雨，造成部分乡镇受灾。全县平均降雨量30.0毫米，最大降水出现在七里桥镇青山冲64.6毫米，其次是三口塘镇楼塘59.9毫米。由于祁阳上游地区连续暴雨，双牌水库开闸泄洪，造成祁阳湘江沿岸低洼地区水淹成灾。据民政灾情统计，截至到5月23日全县16个乡镇189个乡村受淹，7.589万人受灾，紧急转移安置人口3655人，紧急救助人口1290人；农作物受灾面积4312公顷，成灾面积3695公顷，绝收1568公顷，毁坏耕地面积268公顷；倒塌房屋42间，损坏房屋591间；全县因灾造成直接经济损失31638万元，其中农业损失24890万元，家庭财产损失1500万元。

6~8月强降水 6月8~12日受高空低潮和中低切变共同影响，祁阳出现一次较强降水过程，据区域站监测，其中11日全县有29个站点达到暴雨等级，有4个站点达到大暴雨等级，最大日降水出现在茅竹镇芒冬塘143.5毫米，1小时降雨强度达51.4毫米，祁阳站出现暴雨，日降雨量达73.9毫米。

7月2~6日受高空低槽和中低切变影响，祁阳出现了一次较强降水过程。据区域站监测，2日和3日均出现了暴雨，2~4日全县平均降水量86.8毫米，过程雨量≥50.0毫米的站点有36个，≥100.0毫米的站点有21个，最大出现在羊角塘的保定安，过程雨量为167.4毫米。7月24~26日受中低切变影响，祁阳又出现了一次较强降水过程，据区域站监测，24日和25日均出现了暴雨，本次过程全县平均降雨65.3毫米，过程雨量≥50.0毫米的站点有32个，≥100.0毫米的站点有7个，最大出现在梅溪，雨量为126.6毫米。

8月28~29日，受高空低槽和中低切边的影响，祁阳出现一次暴雨过程。据区域站监测，其中28日全县有55个站点降水达到暴雨等级，13个站点出现了大暴雨，最大日降水出现在金洞山青村130.1毫米，祁阳站也出现了暴雨，降水为58.9毫米。

盛夏凉爽 夏季6~8月日最高气温≥35℃高温日数只有21天，较常年同期偏少10天，较2014年少7天；祁阳在6月25~30日和8月1~8日，出现了轻度高温热浪，极端最高气温出现在6月30日37.3℃。最热两月7月、8月气温较常年同期偏低明显，特别是7月份，气温较常年偏低2.5℃，为气象记录同期最低；7月≥35℃高温天气少，只有4天，几乎没有受到高温热浪袭击。

11月冬汛 受高空低槽和冷空气的影响，11月份祁阳县多为阴雨天气。月降水量为255.1毫米，较历年平均异常偏多287%，月降水日数20天，多于常年30%，月降水量为建站以来最多。

11月8~20日，祁阳雨水集中，先后出现了3次大到暴雨和3次暴雨天气过程，全县暴雨达46站次，期间全县平均雨量在250毫米以上，其中大忠桥、金洞局部均在290毫米以上，为同期有气象记录以来最多，造成了流域性洪涝，由于是在立冬后出现了汛情，通俗称之为“冬汛”。其中12日祁阳普降暴雨，全县平均降水55.1毫米，日降水大于50毫米的站点有33个，最大降水出现在大忠桥95.0毫米。由于上游连续暴雨和水库泄洪，导致祁阳14个镇区受灾。其中农业、交通、水利设施、城乡居民财产受灾严重，全县390个乡村42380人受灾。倒塌房屋15间，直接经济损失13600万元。

国民经济与社会发展

【概况】 2015年，祁阳县地方生产总值240亿元，比2014年增长10%。实现规模工业总产值184.4亿元、增加值51.3亿元，分别增长14.4%和12.1%。财政总收入完成12.9亿元，增长17.2%。财政总支出41.1亿元，财政保障能力持续加强。固定资产投资完成

274.2 亿元，占计划的112.7%，增长18.1%。社会消费品零售总额完成65.4亿元，增长11.8%。城镇化率达到47%。城镇居民人均可支配收入23809元，农民人均纯收入10861元，分别增长9.4%和9.7%。全面小康提升8.4个百分点，提升幅度比上年前移39位，居全省第五位，全县跨入全省经济快进县行列，各项节能减排等约束性指标达到预期目标。

【工业经济运行平稳】 新增规模工业企业14家，年产值过亿元企业达64家，中小微企业新增272家；工业实缴税金3.4亿元，增长15%以上。海螺水泥二期生产线正式点火投产；东骏纺织二期追加投资3亿元，迅速崛起成为全国最大涤纶布生产基地；湘江稀土产业园项目正在与国内大型稀土集团对接，进展顺利；五洲药包、华泰钢瓶、富福服装等企业产销两旺。经开区实现工业总产值187亿元、规模工业总产值160亿元、规模工业增加值40亿元，分别增长45%、44.2%、22.6%，被评为全市先进工业园区。

【农业稳步发展】 坚持"产业化经营、规模化生产、园区化发展"，持续做好农业农村工作，全面提升农业产业竞争力。粮食安全保障有力，粮食总产达66.4万吨，实现"十二连增"。金浩茶油跻身首批"湖南名优特产"行列。小型水库除险加固、七座电站增效扩容全面完成。农业综合开发、移民后扶、农机工作扎实有效。国家现代农业示范园建设全面启动。广东农垦集团15万亩高产油茶基地建设已在农业部立项并全面启动；香港唐家山公司良种油茶基地建设规模突破15000亩；成功引进温氏集团60万头生猪养殖基地建设和苋草投资发展（深圳）有限公司优质牧草项目。获评全省粮食生产标兵县、全省产油大县、全省水利建设竞赛先进县、全省水行政执法试点县，保持全国生猪调出大县荣誉称号。全面小康建设步伐加快，建设小康村166个；美丽乡村建设深入推进，创建全省新农村示范村4个，被评为全省先进。

【服务业迅速发展】 全年新入统商贸企业22家，增长180%。旅游消费日益扩大，竹山、龙凼、八尺等地乡村休闲旅游日渐火爆。现代金融业稳健发展，华融湘江银行入驻祁阳。健康养老产业初具规模，建成全市第一家医养结合养老机构——永和养老中心。房地产消费总体平稳，电子商务、信息、文化等消费持续扩大，专业市场、物流园区建设提质提速，陶铸事迹陈列馆被列为国家国防教育示范基地，红星美凯龙大型家居生活广场项目正式落户，阿里巴巴农村淘宝上线运行。

【项目建设扎实推进】 2015年，全县共安排重点建设项目72个，年计划投资35亿元，完成投资35.6亿元，占计划的102%。被评为全市固定资产投资先进县。工业能源类：完成投资13.5亿元；海螺第二条生产线和300吨/天利用水泥窑协同处理城市生活垃圾项目建成投产；东骏纺织三栋共4.1万平方钢结构厂房建成投产，新增织布机500台；电子信息产业园3#、6#、5#厂房完工，旺华实业、江涵电子和泰格莱电子全部建成投产；移动通信基站工程完成300个基站建设。农业类：完成投资5.6亿元，城市防洪工程完成420米堤防工程，杨家桥排渍站完成主体工程5层半及外墙装修；特色县域经济重点县完成2014年和2015年度建设目标；观音滩镇、梅溪镇水厂及三口塘水厂续建工程完工、21处单村工程已建成投用，内下、大江电站增效扩容完工；大江药物园完成药材种植1500亩。城建商贸类：完成投资9.2亿元，道路改造提质工程完成盘龙路、新兴路、平安西路、滨湖路、甘泉路道路改造任务；黎家坪污水处理厂建成投用。交通类：完成投资3.2

亿元，公路及危桥改造工程完成农村公路硬化 120 公里、危桥改造 5 座；木金公路基本完成硬化。社会事业类：完成投资 3.5 亿元，人民医院综合大楼完成主体、外墙装修及部分设备采购，全县 36 项重点民生实事指标全部完成任务。

【发展动力持续增强】　全县共向国家、省、市有关部门争取项目 300 余个，到位资金 15.6 亿元，同比增长 22%。对外开放进一步扩大。承接产业转移步伐明显加快，全县新批外资项目 5 个，承接产业转移项目 57 个；到位外资 1.45 亿美元，增长 31%；内联引资 25.4 亿元，增长 14%。进出口贸易额不断增长，外贸商品进出口总额突破 2 亿美元，被评为全省发展开放型经济先进县。金融服务进一步增强。全县金融机构各项存款余额 256 亿元，贷款余额 96 亿元，分别增长 10.8%、14.2%。发展环境进一步优化。全县各级各部门加快作风转变，做好承接省、市简政放权工作，进一步精简办事流程、提高办事效率，服务质量不断提升。

【社会事业和谐发展】　2015 年，全县共发展高新技术企业 9 家，创建省级研发中心 3 个，专利申请量、授权量分居全省第五、第六位，科技对经济发展的贡献率达到 54%，连续八年四届保持“全国科技进步先进县”“全国科普示范县”荣誉称号；创建“全国可持续发展实验区”通过省评审。完成 10 所合格学校建设，缓解义务教育阶段学位紧张的问题。成功创建全国首批农村职业教育和成人教育示范县。高考成绩再创佳绩，一、二批本科上线 2023 人，其中清华大学、北京大学上线录取 3 人，囊括全市文、理科状元。文化服务体系不断完善，文化站和“农家书屋”实现全覆盖。继续推行“五位一体”医疗救助体系，村级卫生室建设迅速推进，县级公立医院改革有序推进，公共卫生和基本医疗卫生服务体系进一步完善。群众体育设施不断完善，全民健身活动广泛开展。

【民生民本不断改善】　民生支出 34.8 亿元，占财政总支出的 84.6%。为民办实事工作圆满完成，并获评全省先进。全年共完成农村危房改造 1500 户，新建保障性住房 828 套，分配公租房 1734 套。新增城镇就业 7212 人，转移农村劳动力 9000 余人。五大社会保险实现扩面征缴，就业和再就业、失地农民社会保险、社会救助等工作扎实开展，城乡保障能力增强，五大社会保险参保人数达到 90 万人次，新农合参合率达到 99.96%。城乡环境日新月异，新农村建设扎实推进。完成病险水库除险加固 140 座、水利工程 1.6 万处，增加基础蓄水量 2500 万立方米，新增、恢复、改善灌溉面积 5.2 万亩，为 6 万人解决不安全饮水难题。社会管理不断加强。全县上下以“创国卫”为契机，大力开展城乡环境综合治理和专项整治，取得良好效果。开展社会治安专项整治活动，严厉打击“两抢一盗”“黄赌毒”等违法犯罪行为，群众安全感不断增强，祁阳县在全省综治民调排名前移 31 位，社会治安综合治理工作被评为全市先进。

【综合实力大幅提升】　2015 年全县地区生产总值、财政总收入、固定资产投资、社会消费品零售总额分别达到 240 亿元、12.9 亿元、271.7 亿元、65.4 亿元，分别是 2010 年的 1.83 倍、2.42 倍、3.41 倍、2.31 倍，年均增长 10.6%、20.4%、26.2%、18.2%。居民收入增长较快。城镇居民人均可支配收入和农村居民人均纯收入分别由 2010 年的 15191 元、6304 元增长到 2015 年 23809 元和 10861 元，年均增长 9.4%、11.5%。创先争优成效明显。“十二五”期间，全县共获得 14 项国家级荣誉，24 项省级荣誉，并跻身全省县域经济“二十强”、全省首批特色县域经济重点县；2015 年全面小康实现程度达到

82.9%，跨入全省经济快进县行列。

【生态环境持续好转】 湖南金洞国家森林公园、湖南祁阳小鲵省级自然保护区和10个县级自然保护区建设工作有序推进，祁阳县被列为省级重点生态功能区。大力实施绿化攻坚行动，2015年森林覆盖率达到60.42%。节能减排成效明显。全县GDP能耗累计下降18.6%，万元规模工业增加值能耗下降16%。浯溪污水处理厂投入使用，三家污水处理厂正在建设，全面完成主要污染物排放削减任务。污染防治初见成效。全面实施水域综合治理，湘江保护和治理第一个“三年行动计划”深入推进，农村环境整治取得较好效果。地表水、饮用水、空气质量全部达到国家标准。

【改革开放深入推进】 启动政府机构改革，推进简政放权，县直部门下放100余项职能到社区。全面落实“三清单一目录”管理制度，大力推行工商登记前置审批、建设工程项目并联审批制度。县公共资源交易中心挂牌成立，县政府“12345”公共服务平台全面开通。农村产业制度改革初显成效，土地确权颁证工作基本完成，在全省率先成立农建投，流转农村土地超过58万亩。对外开放水平提升。2015年，实现外贸商品进出口总额2亿美元，是2010年的4.6倍，被评为全省发展开放型经济先进县、外贸强县。

（张利民）

附：

祁阳县第十二个五年计划完成情况

“十二五”期间，全县上下在县委、县政府的正确领导下，把握机遇，突出重点，破解难题，齐抓共管，强化落实，经济社会保持持续、协调、稳步发展，全面超额完成了“十二五”目标任务。

综合实力大幅提升。2015年全县地区生产总值、财政总收入、固定资产投资、社会消费品零售总额分别达到240亿元、12.9亿元、271.7亿元、65.4亿元，分别是2010年的1.83倍、2.42倍、3.41倍、2.31倍，年均增长10.6%、20.4%、26.2%、18.2%。城镇居民人均可支配收入和农村居民人均纯收入分别由2010年的15191元、6304元增长到2015年23809元和10861元，年均增长9.4%、11.5%。“十二五”期间，全县共获得14项国家级荣誉，24项省级荣誉，并跻身全省县域经济“二十强”、全省首批特色县域经济重点县；2015年全面小康实现程度达到82.9%，跨入全省经济快进县行列。

结构调整有序推进。三次产业结构比由2010年的22.4：36.7：40.9调整为2015年的18.6：39：42.4。2015年完成农林牧渔总产值71.1亿元，年均增长4.3%，国家现代农业示范园落户祁阳，农业产业化市级以上龙头企业发展到26家，其中国家级2家、省级6家，培育“中国名牌产品”“中国驰名商标”6个，省级品牌、商标16个。成功引进海螺水泥、凯盛鞋业、千山医疗器械、凯迪绿色能源等知名企业20余家，规模工业总产值、规模工业增加值分别由2010年的93.92、28.12亿元增长到2015年的184.4、51.3亿元，年均增长24.2%、15.1%。物流、金融、旅游等新兴服务业发展迅速，成为全市首个“一县两行”县，荣获全省发展旅游产业十佳县，2015年全县第三产业增加值达到99.79亿元，年均增长13.6%。

城乡面貌明显改观。县城总规修编获批实施，县城控规实现全覆盖，园林绿化、排水防涝、棚户区改造、环卫、燃气、公交等专项规划相继完成，初步形成了以城市总规、控规、专项规划及村镇规划为一体的规划体系。全县城镇化率达47%，比2010年提高7个百分点。县城建成区面积增加8平方公里，总面积达28平方公里。祁阳火车站、沿江路风光带、浯溪污水处理厂、三水厂扩能改造等项目建成投用，县城改造提质三年行动计划和创建国家卫生县城行动抓紧实施，原种场片区开发、城区道路提质改造、华润燃气、新埠头水厂等一批重大项目加快推进。小城镇建设步伐加快，黎家坪镇、白水镇、金洞镇被列为全国小城镇建设重点镇；城乡环境同治深入推进，城乡面貌显著改观；新农村建设深入推进，被评为全省新农村建设先进县。交通条件日益改善，湘桂高铁建成运营，祁阳进入高铁时代，动车直达“北上广深”；实施了祁冷一级公路、S320线改造、木金公路、G322国道绕城线等一批重大交通项目，综合运输体系成型，全县公路通车里程达到3630公里，行政村通畅率达100%。实施“百库”工程，完成病险水库除险加固205座、水利工程3.5万处，增加基础蓄水量4500万立方米，新增、恢复、改善灌溉面积5.2万亩，解决35万人饮水安全。浯溪、湘祁和晒北滩水电站建成发电，被列为全国第三批小农水重点县。电力网络提质改造，通信网络升级换代，“三网”融合步伐加快，新、改建移动基站1000座，无线通信覆盖率达到97%，宽带进入“百兆时代”，祁阳县被列为国家“智慧城市”试点县。

生态环境持续好转。2015年全县森林覆盖率达到60.42%。湖南金洞国家森林公园、湖南祁阳小鲵省级自然保护区和10个县级自然保护区建设工作有序推进，祁阳县被列为省级重点生态功能区。节能减排成效明显，全县GDP能耗累计下降18.6%，万元规模工业增加值能耗下降16%。浯溪污水处理厂投入使用，三家污水处理厂正在建设，全面完成主要污染物排放削减任务。全面实施水域综合治理，湘江保护和治理第一个“三年行动计划”深入推进，农村环境整治取得较好效果。地表水、饮用水、空气质量全部达到国家标准。

改革开放深入推进。启动政府机构改革，推进简政放权，县直部门下放100余项职能到社区。全面落实“三清单一目录”管理制度，大力推行工商登记前置审批、建设工程项目并联审批制度。县公共资源交易中心挂牌成立，县政府“12345”公共服务平台全面开通。农村产业制度改革初显成效，土地确权颁证工作基本完成，在全省率先成立农建投，流转农村土地超过58万亩。2015年，实现外贸商品进出口总额2亿美元，是2010年的4.6倍；“十二五”期间累计新引进各类项目284个，实际到位外资5.05亿美元，内联引资216亿元，被评为全省发展开放型经济先进县、外贸强县。

社会事业繁荣发展。教育工作成效显著，高考成绩连续三年居全市第一，荣获全国两基工作先进单位、全国农村职业教育和成人教育示范县、全国职业教育先进单位，县职业中专对口升学率连续5年全省第一。卫生、计生事业稳步发展，医改工作稳步推进，全县人均期望寿命达到74.5岁，新农合参合率达99.96%，实际报账比例超过70%，县中医院新医疗大楼、精神康复大楼投入使用。计划生育工作被评为“全国优质服务县”，实现永州市“国优”县零的突破。科技文体事业持续发展，2015年，科技对经济发展的贡献率达到54%，第四次蝉联全国科技进步先进县称号，继续保持全国科普示范县称号。实施陶铸图书馆、祁剧团剧院、现代数字影院、陶铸体育场、农村体育健身工程、县广播电台等重大文体设施项目，县城“十五分钟文化活动圈”初步形成，获评全国全民健身先进单位。

民生福祉显著改善。深入推进创新创业园建设，大力鼓励中小微企业发展。累计新增城镇就业3.4万人，新增农村劳动力转移就业4.5万人，职业培训7.8万人（次），城镇登记失业率控制在4%以内。城乡居民社会养老保险和基本医疗保险参保率稳定在94%、97.5%以上，纳入城市低保、农村低保、五保对象分别为1.9万人、6.7万人、1.2万余人，基本实现应保尽保。住房保障能力提升，累计新建城镇保障性住房9721套，改造农村危房6705户。移民开发硕果累累，发放移民后扶资金1.2亿元，惠及移民25378人。扶贫开发整体推进，实现脱贫4.2万人。社会大局和谐稳定，民族、宗教、妇女儿童、残联、红十字会等各项工作取得新的进步，公检法司、信访维稳、救灾应急、安全生产、食品药品安全防控处置能力大幅度提升，连续五年评为全省安全生产先进县。

重大活动

【祁阳县创森创绿工作】 2015年11月24日，国家森林城市建设座谈会在安徽宣城市举行，会议给2015年成功创建国家森林城市的21个城市授牌，永州市创建国家森林城市成功获牌。12月22日，市委、市政府召开全市创建国家森林城市总结表彰暨巩固提高大会。会议指出，创森获牌只是一个阶段性的成果，国家森林城市建设巩固提高的任务十分艰巨。根据规定，3年后（即2018年）国家绿委、国家林业局对今年授牌城市进行复查，复查不合格将被摘牌。会议强调，市委、市政府将继续把森林城市建设纳入绩效考核内容，各县区、各部门要继续把森林城市建设摆上重要议事日程。

2015年，祁阳县按照永州市委、市政府创建国家森林城市和祁阳县委、县政府创建全国绿化模范县的决策部署，齐心协力、努力攻坚，成效明显。

绿化工程稳步推进。在城区街道绿化方面，通过改造、补植、替换、加密等措施，在县城祁阳大道、金盆西路、灯塔路、浯溪南路和322国道沿线（茅竹—黎家坪）种植银杏、桂花和天竺桂等绿化大苗1万余株；在河流水系绿化方面，水利局围绕湘江及其支流祁水、白水河道两岸沿线各标段，组织开展百里植柳行动，已种植垂柳5万株；在主干道路绿化方面，对5个县城进出节点、祁冷快速通道、衡枣高速公路、322国道、320省道、肖太路和清大路2条县道实施绿化提升工程，种植各类绿化大苗15万株；在裸露山体生态修复方面，在县城和乡镇周边裸露山地造林1万余亩；在乡镇村庄绿化方面，全县打造出绿色乡镇、秀美村庄示范村各25个，建设乡镇小游园25个。

造林成效明显提高。在2015年绿化造林中，逐步完善三项机制：1、责任机制。按照“事权下放、重心下移、属地管理”和“谁主管、谁负责”的原则，由镇乡办场组织实施“四个一”绿化项目，指定县林业局、经开区、城建投为城区七个绿化攻坚工程和通道绿化的业主单位，进一步明确责任主体。2、运作机制。按照高起点、高标准、高层次、高水平的要求，对绿化工程采取“统一设计、统一招标、统一验收”的方式，实行专业公司种植、专业队伍养护，切实做到“无设计，不种树”、“不招标，不种树”，“没有专业队伍，不种树”。3、管护机制。实行创绿办督促指导、业主单位监督管理、园林绿化专业队伍专门管护相结合的管护机制，抓好树种选择、苗木规格、施工质量、后期管护等工作，确保造林成活率。经验收，2015年城区绿化工程共种植绿化大苗12436株，成活11814株，成活率达90%以上，完全扭转了祁阳以往年年种树不见树的局面。

宣传舆论持续发力。县电视台、祁阳新闻网、祁阳手机报、中国微祁阳设立创森创绿专栏专题，每天在重要时段重要频道飞播宣传标语和创森创绿新闻报道；《永州日报》14次刊登祁阳创森创绿信息；县财政投入经费90多万元，在县城城区主要街道交汇处、祁冷快速通道、322国道、三南路、衡枣高速、祁阳火车站等地竖立大型宣传牌81块，编发手机短信10万条，发放创森创绿宣传手册1万余份，宣传单10万张、印制《绿色祁阳》、《祁阳古树名木》宣传画册2000份；各镇乡办场在主要路口竖立固定宣传牌96块；县直各单位、学校、医院、车站、公交车、商铺、出租车LED电子显示屏滚动播出创森创绿宣传标语。全县营造出强大的创绿氛围。

生态文化蓬勃开展。为调动全县各级各部门和广大群众参与创建全国绿化模范县的积极性和主动性，自2015年11月至2016年3月，利用近五个月的时间，在全县范围开展"县树、县花"、"祁阳十大古树名木"等评选活动。2015年12月10日通过专家评审推荐、网络初选两个环节，产生出"县树、县花"候选品种各10个，"十大古树名木"候选树种15个。12月11日至30日进行大众投票评选，从推介候选的县树县花、祁阳十大古树名木，投票选出"县树、县花"候选品种各3种，"祁阳十大古树名木"候选品种12种。2016年元月22日专家评审组根据投票结果进行综合评审，确定了"县树、县花"暨"祁阳十大古树名木"正式名单，"县树"候选品种为松树、"县花"候选品种为油茶花。"县树""县花"由县人民政府审核、报县人大常委会审议决定后公布。"祁阳十大古树名木"将由县政府直接审定公布。

衔接协调主动跟进。县创绿办从7月份开始，先后6次组织专班到省林业厅、国家林业局汇报争取。2015年7月祁阳县创建全国绿化模范县通过省绿委办的评审，8月10日省绿委办将省9个（祁阳县排名第五）通过省级全国绿化模范县评审的县区进行公示后上报国家绿委办，11月中旬，国家绿委办组织对各省市（自治区）创建绿化模范城市（县）工作进行核查，在湖南省抽查了三个县区。预计，祁阳县在2016年获得"全国绿化模范县"授牌的可能性很大。

【祁阳县农村土地承包经营权确权登记颁证】

基本情况 祁阳是全国粮食生产大县、粮食生产先进县和全省首轮特色县域经济农产品加工产业重点县。全县总面积2538平方公里，其中耕地面积68万亩，辖28个镇乡、3个街道办事处、2个林场、958个行政村，总人口106万。2014年以来，祁阳县严格按照省、市安排部署，坚持依法规范和依靠群众的原则，统一思想，落实责任，强化措施，扎实推进。目前，全县886个行政村（除金洞管理区），8079个组、23万户农户、80万亩承包面积的内外业调查都按农业部的三个行业标准做到位，调查的图、表、资料比较规范，登记的内容较为完整，资料收集基本齐全，做到图、表、册一致，人、地相符。市委书记陈文浩高度重视祁阳农村土地承包经营权确权登记颁证工作，并驻点指导；2014年4月9日，全市农村土地承包经营权确权登记颁证工作推进会在祁阳召开；2015年6月24日，全省农村土地承包经营权确权登记颁证试点工作动员会在祁阳召开。

主要做法 提高认识，强化行政推动力。把农村土地承包经营权确权登记颁证工作列入重要议事日程，坚持高标准、严要求、重落实，确保工作顺利推进。一是领导推动。成立了由县委书记任顾问、县长任组长的农村土地承包经营权确权登记颁证工作领导小组。同时，采取财政专项列支和镇乡办场、村组配套相结合的办法，共投入专项资金2146万元。二是宣传发动。召开了县、镇（乡办场）、村、组四级确权登记动员会，认真宣讲了确权登记颁证政策；印发了《致全县农民朋友的一封信》23万份；制作了确权登记颁证宣传专题片；编辑了《祁阳县农村土地承包经营权确权登记颁证操作规程》；编制了工作简报10期，及时通报进度和先进经验。三是示范带动。选择肖家村镇38个村作为全县农村土地承包经营权确权登记颁证工作试点村，从县直相关部门和镇乡办场抽调76名得力干部蹲点指导，制定一整套规范性操作程序，实行“一个班子领导，一套文件规范，一个标准推进，一张图纸体现，一本证书确权”，为整体推进全县确权登记工作提供了经验。四是考核促动。将农村土地承包经营权确权登记颁证工作纳入全县绩效考核，实行“三挂钩”，即确权登记工作与年度目标管理考核挂钩，工作进度与经费拨付挂钩，确权登记工作与农业项目安排挂钩。

从严把关，强化工作执行力。严把“四个”关口，从每个程序、每个环节入手，不折不扣地落实好“规定动作”。一是严把调查摸底关。为确保获得的资料真实可靠，重点查找1994年二轮延包签订的承包合同和2008年发放的承包经营权证、发放花名册等档案资料。挨家挨户收集农户家庭成员的户籍和身份证复印件，摸清近年来由于土地整理、流转等原因带来的土地变动，人口外迁、分户合户等造成的家庭人口和户口变动，填写好有关摸底调查表格。对收集的信息和调查表格进行分类、汇总和整理，对农户姓名、身份证、共有人等信息认真核实，确保绝对真实。二是严把指界测绘关。为确保地块面积精准、四至明确，进一步明确了指界人的产生方式和具体要求，即由全体村民公开推选2~3名熟悉二轮土地延包情况、作风公道正派的村民为指界人，并在指界时，工作队员、户主、四邻、公推指界人必须到场，共同确定地块位置和四至界线。三是严把公示审核关。为确保公示审核程序公正，结果客观，严格做到公示内容必须齐全、公示程序必须合规、审核程序必须到位。公示内容必须包括信息公示表和地块分布图，所有信息在村组醒目位置进行两次公示，对群众有异议的及时核实、修正。四是严把系统建设关。为确保所建系统符合标准且简明实用，按“一户一袋”和“一村一档”要求归集表格和图件资料，即将每户所填写的三书（委托书或电话委托书、登记申请书、完善后的承包合同书）、六表（发包方调查表、承包方调查表、承包地块调查表、调查信息公示表、公示结果归户表、登记审批表）、一簿（经营权登记薄）等表格资料，以及工作底图、调查草图、地块分布图等图件资料装袋整理到位。同时，建立土地信息化管理系统，实行信息化管理。

从细谋划，强化机制保障力。突出重点，把准基点，破解难点，着力在科学推进上下功夫。一是坚持及早谋划。坚持早谋划、早部署、早动员，主动谋划工作思路，明确了路线图、任务书、时间表和操作方法。2014年年初，由分管领导带队，赴四川省自贡市、武汉市新洲区、和省内的湘乡市、双峰县等地，考察学习农村土地承包经营权确权登记颁证工作的经验做法，认真梳理二轮延包情况。相继出台了《关于开展农村土地经营权确权登记颁证工作的意见》《关于加快全县农村土地流转服务平台建设的意见》和《祁阳县农村土地承包经营权确权登记颁证试点工作方案》，为工作开展提供了政策依据和具体措施。二是强化技术支撑。针对农村承包地界址不清、四至不明等确权登记颁证工作中的突出问题，我们向高科技要“答案”，委托湖南省第一测绘院为我县开展1：2000的航拍图单飞航拍，大大提高了确权地块的面积、空间位置、四至边界精确度。同时，精心编制项目预算，将全县耕地按地形和远近划分为五个标段预算经费，按不同的价格挂网招标，聘请专家评估严把测绘技术公司评分标准和资质审查关口，确保测绘成果达到省验收标准。三是健全工作机制。详细制定了《祁阳农村土地承包经营权确权登记颁证工作考核办法》，与各镇（乡办场）签订了《农村土地承包经营权确权登记颁证工作目标管理责任书》，明确各镇（乡办场）长为第一责任人，分管负责人为直接责任人。建立“日督查、周通报”制度，成立了专项督查组，每天到镇乡办场和村组现场督查，每周五定期召开专业技术公司调度会，汇总进度情况。四是全力化解矛盾。设立了农村土地承包经营权确权登记信访接待室，专门接待群众来信来访。建立了县、镇乡办场、村、组四级调解网络，从农经局、法制办、司法局抽调工作人员组成工作组，深入各镇乡办场指导调处工作。开展确权登记以来，对来信来访做到了件件有回声，事事有结果，全县没有出现一起群体上访和越级上访行为。

从实出发，强化政策落实力。在充分尊重实情和民意的基础上，既把握原则性，又注重灵活性。一是按照人口异动明确处理思路。对家庭成员中有婚出、迁出、死亡、失踪的，仍按原面积确权登记到户。对全家迁入设区的城市，转为非农户口的，收回承包地，不予登记；迁入小城镇落户的，仍保留该户承包地，予以登记。二是按照土地增减明确处理思路。对国家征占用的承包地，村组没有调整的，收回承包经营权，并办理相应变更手续；若进行了调整，则按调整后面积进行登记。对农民占用承包地建房的，经国土、住建部门审核的，直接在原承包面积中核减后登记；未经审核的，仍按原面积登记，且予以注明。三是按照现实状况明确处理思路。对实测多出来的土地，按实有面积登记到原户头上，并把原承包合同复印件附到新权证登记档案中。对土地整理或流转等原因导致“四至”界线变动或消失的，在充分尊重农户意愿的基础上，采用测量切分的办法，重新划定边界，合理确定四至后进行登记，不改变已形成的土地流转关系。四是按照民主意愿明确处理思路。对1994年二轮延包时“漏登”的承包地，原则上不予确权登记。但是村民要求确权登记的，由村组召开村民小组会或村民代表会表决通过后，再按相应程序登记。

领导名录

（以2015年12月31日所在职位为准）

中共祁阳县委员会

书记	魏湘江	
副书记	周新辉	宋振平
常委	邓年生	庾庐山
	黄赞校	唐恒杰
	邓晓阳	左雅婷
	蔡富强	彭丹
	龚红辉	
副调研员	苏元朝	
副处级干部	王贵华	
浯溪碑林管理处原党委书记	江国田	

祁阳县人大常委会

主任	黄春华	
副主任	尹显乾	柏曼红
	蒋忠朝	李建民
	刘晓春	
原副主任	杨迎春	毛学标

祁阳县人民政府

县长	周新辉	
副县长	黄赞校	左雅婷
	彭丹	陈环玉
	唐安宝	谢铁山
	陈志标	雷秀新
正处级干部	冯祥文	陈俊广
副调研员	刘起群	
副处级干部	莫少波	蒋祁阳
	龚伟	张应生
	邓开封	

祁阳县政协

主席	郑弋	
副主席	陈振文	于建春
	文英雄	黄爱蓉
	桂湘	
正处级干部	汪亚雄	
原副主席	刘和平	伍文化

县人民武装部

部长	龚红辉
政委	汤建林

县检察院

检察长	唐筱勇

县法院

院　　长　欧阳韶勇

县委部门管理机构

中共祁阳县委党校校长　唐双喜

县政府部门管理机构

县经济开发区管理委员会书记　段观阳

县经济开发区管理委员会主任　桂富生

县浯溪碑林管理处党委书记　柏一秀

县直机关单位主要负责人

县纪委	书记	庾庐山
县委组织部	部长	蔡富强
县委宣传部	部长	邓年生
县委办	主任	邓晓阳
县委统战部	部长	蔡富强
县政府办	主任	唐明生
县编委办	主任	刘盛华
县保密局	局长	唐渊明
县直属机关党委	书记	黄玉彬
县政法委	书记	唐恒杰
县委610办	主任	曾新和
县综治办	主任	李文斌
县维稳办	主任	胡国强
县委农村工作部	部长	吕勤
县机关事务局	局长	冯育忠
县史志办	主任	张平
县档案局	局长	蒋盛文
县接待科	科长	郑昭宇
县信访局	局长	邹长明
县老干局	局长	曾鑫
县总工会	党组书记副主席	何晓松
团县委	书记	汤铁球
县妇联	主席	周思敏
县工商联	主席	桂湘
	书记	陈巧琼
县侨联	主席	李永明
县残联	理事长	黄拥军
县科协	主席	肖霏霏
县文联	主席	邓艳明
县人大常委会办公室	主任	雷卓明
县人大常委会选举任免联络工作委员会	主任	朱金权
县人大常委会内务司法工作委员会	主任	陈超
县人大常委会财政经济工作委员会	主任	廖廷
县人大常委会民族教育科学文化卫生工作委员会	主任	庄小敬
县人大常委会城建环保工作委员会	主任	陈爱君
县人大常委会农业农村工作委员会	主任	毛智永
县政协	秘书长	彭扬帆
县政协办公室	主任	唐书东
县政协提案委员会	主任	何峰
县政协文史委	主任	王双春
县政协经科委	主任	李爱华
县政协法制群团委	主任	陈新春
县法制办	主任	邓国勇
县人防办	主任	李秋来
县民宗局	局长	周新民
县政务中心	主任	蒋金勇
县禁毒办	主任	段慧颖
县发改委	主任	黄化宏
县经信委	主任	陈卫平
县教育局	局长	刘双顺
县科技局	局长	朱新德
县公安局	局长	陈志标
	政委	陆强耀
县交警大队	大队长 政委	刘志杰 高铁民
县监察局	局长	赵作琦
县民政局	局长	唐双喜(兼)
县司法局	局长	王干劲
县财政局	局长	谭元明
县人事局	局长	杨美华
县劳动社保局	局长	彭国峰
县国土资源局	局长	何志刚
县住建局	局长	董黎明
县自来水总公司	总经理 总支书记	罗卫平 高连佑

县交通局	局　长	柏一秀(兼)
县水利局	局　长	邓卫芳
县内下管理局	局　长	詹国平
县大江水库管理所	所　长	蒋　军
县农业局	局　长	许伦中
县林业局	局　长	蒋林奇
县商务局	局　长	刘祥贵
县文广新局	局　长	黄爱蓉
	党组书记	刘继东
县文化执法大队	大队长	李朝阳
	书　记	黄　春
县卫生局	局　长	任志杰
县计生委	主　任	周贞霖
县审计局	局　长	张俊球
县环保局	局　长	甘小玲
县安监局	局　长	谢　波
县食品药品监管局	局　长	何志宇
县统计局	局　长	张松柏
浯溪碑林管理处	主　任	张俊卿
县体育局	局　长	邹国成
县市管局	局　长	谢东良
县农机局	局　长	刘祁春
县农经局	局　长	申庆宇
县广播电视台	台　长	周金生
县农业开发办	主　任	王先群
县供销社	主　任	谢建中
县畜牧水产局	局　长	全　辉
县城管执法局	局　长	谢建军
县房产局	局　长	奉江南
	书　记	刘银球
县粮食局	局　长	赖　荣
	书　记	王清和
县移民局	局　长	李美光
县物价局	局　长	奉和成
县物资局	局　长	熊自立
县商业局	局　长	柏爱国
县二轻局	局　长	包本发
县煤炭局	局　长	阳汉平
祁阳科技工业园	主　任	郑新华
县城建投	主　任	谭振华
县公路局	局　长	赵道生
	书　记	邓燕山
县畜牧场	场　长	曾爱民
	总支书记	赵仁忠
祁阳一中	校　长	邓　振
	总支书记	唐秀成
祁阳二中	校　长	桂来根
	总支书记	于华山
祁阳四中	校　长	王建华
	总支书记	聂伍阳
祁阳七中	校　长	石献忠
	总支书记	张华成
县职业中专	校　长	钟端阳
县教师进修学校	校　长	何新军
	总支书记	胡爱民
县人民医院	院　长	奉　毅
	书　记	郭金玉
县中医院	院　长	李安清
县疾控中心	主　任	邓海平
	总支书记	周四清
县妇幼保健院	院　长	蒋建明
	书　记	陈　湘

中央、省、市驻祁单位主要负责人

官山坪红壤站	站　长	张会民
祁阳师范	校　长	刘吉祥
县工商局	局　长	王　胜
县质监局	局　长	王恩鹏
县国税局	局　长	彭志义
县地税局	局　长	黎金元
县烟草局	局　长	唐明友
县药材公司	经　理	漆国华
县气象局	局　长	邹志红
县邮政局	局　长	唐　健
电信祁阳分公司	经　理	刘东波
县移动通信公司	经　理	钟洪斌
县联通公司	经　理	邓拥军
县电力局	局　长	黄慧才
县石油公司	经　理	周洪祁
县盐业公司	经　理	陈小文
县人民银行	行　长	陈智明
县工商银行	行　长	龙立新
县建设银行	行　长	邹云山
县中国银行	行　长	伍孝松
县农业银行	行　长	唐昌文
县农业发展银行	行　长	刘定波
县农商行	行　长	刘国富
县村镇银行	行　长	王　度
县邮政银行	行　长	蒋齐勇
县新华书店	经　理	雷辉和
县人寿保险公司	经　理	朱振祥
县人民保险公司	经　理	李代忠
县平安产险公司	经　理	谢　芳
县平安寿险公司	经　理	唐东风

县住房公积金管理部　主　任　刘运龙

县消防大队　大队长　谢章强

县武警中队　中队长　袁　华

大华山电台　台　长　刘毅华

祁阳县乡镇办场正科级机构负责人

龙山办

书　　记　罗　轩
主　　任　苏建萍
人大主席　刘　强
政协工委主任　蒋贤娟

长虹办

书　　记　蒋明明
主　　任　王可君
人大主席　苏　斌
政协工委主任　赵凌云

浯溪办

书　　记　刘　勇
主　　任　汪小军
人大主席　夏立军
政协工委主任　邓海明

观音滩镇

书　　记　张学明
镇　　长　邓国祁
人大主席　张　敏
政协工委主任　刘　峻

茅竹镇

书　　记　陈　彬
镇　　长　于　浩
人大主席　唐　凯
政协工委主任　周　亮

三口塘镇

书　　记　胡红波
镇　　长　王　孟
人大主席　周　春
政协工委主任　钟建华

大忠桥镇

书　　记　黄荣升
镇　　长　刘剑波
人大主席　邓　辉
政协工委主任　王勇平

肖家村镇

书　　记　刘　军
镇　　长　赵明奇
人大主席　陶志华
政协工委主任　易东林

八宝镇

书　　记　王启明
镇　　长　莫　逆
人大主席　袁　牧
政协工委主任　桂健军

白水镇

书　　记　尹显仪
镇　　长　何向东
人大主席　陈江森
政协工委主任　蒋志杰

进宝塘镇

书　　记　伍晓文
镇　　长　杨　扬
人大主席　于小军
政协工委主任　邓必须

黄泥塘镇

书　　记　刘建华
镇　　长　陈旭东
人大主席　唐海宁
政协工委主任　杨海欧

羊角塘镇

书　　记　任海峰
镇　　长　文　键
人大主席　王海战
政协工委主任　付路军

梅溪镇

书　　记（暂缺）
镇　　长　柏建勇
人大主席　周　舟
政协工委主任　唐月明

潘市镇

书　　记　蒋志红
镇　　长　桂　军
人大主席　桂鹏程
政协工委主任　陈冬升

七里桥镇

书　　记　曾海燕
镇　　长　李峥嵘
人大主席　王利波
政协工委主任　林少华

下马渡镇

书　　记　唐小娟
镇　　长　唐琳玮
人大主席　蒋友名
政协工委主任　张　鑫

黎家坪镇

书　　记　刘　诚
镇　　长　周立志
人大主席　谭方东
政协工委主任　伍巍巍

文富市镇

书　　记　唐冬平

镇　　长　曾文玉
人大主席　雷振华
政协工委主任　伍　军

大村甸镇

书　　记　郑志宇
镇　　长　周　洁
人大主席　邓卓林
政协工委主任　唐云华

文明铺镇

书　　记　李　政
镇　　长　邓　飞
人大主席　陶志华
政协工委主任　唐茂森

龚家坪镇

书　　记　唐　军
镇　　长　王卫红
人大主席　唐　科
政协工委主任　伍仲阳

内下乡

书　　记　陈首文
乡　　长　陈文广
人大主席　周春生
政协工委主任　谢志敏

大江林场

书　　记　何贵云
场　　长　黄来生

挂榜山林场

书　　记　陈贻春
场　　长　邓玉华

中共祁阳县委员会

【概况】 2015年，中共祁阳县委辖48个党委，45个党总支，2101个党支部，共有党员40326名。全县全年完成地区生产总值240亿元，同比增长10%；固定资产投资274亿元，增长18.1%；财政总收入12.9亿元，增长17.2%；社会消费品零售总额65.4亿元，增长11.8%；城镇居民人均可支配收入23809元，增长9.4%；农村居民人均可支配收入10861元，增长9.7%；全面小康实现程度达到82.9%。

【着力兴产业，力促经济发展双中高】 坚持把产业发展作为稳增长的头等大事来抓，深入实施“产业强县”战略，全力推动经济保持中高速增长、产业迈向中高端水平。工业经济提质增效。实现规模工业总产值184.4亿元、规模工业增加值51.3亿元，分别增长15.2%、12.1%。年产值过亿元企业达64家。祁阳经济开发区完成规模工业总产值162亿元，增长20.2%。被评为全省发展非公有制经济和中小企业先进县。农业生产形势良好。粮食生产实现“十二连增”。农业产业化经营水平进一步提升，国家现代农业示范园建设全面启动，广东农垦集团15万亩高产油茶基地建设全面启动，金浩茶油跻身首批“湖南名优特产”行列。“百库工程”、农业综合开发等工作扎实有效，农业生产条件进一步改善。获评全省粮食生产标兵县、全省产油大县、全省“芙蓉杯”水利建设竞赛先进县、全省水行政执法试点县，保持全国生猪调出大县荣誉。现代服务业发展升温。旅游消费日益扩大，竹山、龙凼、八尺等地乡村休闲旅游日渐火爆；陶铸事迹陈列馆被列为国家国防教育示范基地。现代金融业稳健发展，华融湘江银行祁阳支行挂牌营运。健康养老产业初具规模，建成全市第一家医养结合养老机构——永和养老中心。电子商务、信息、文化等消费持续扩大。阿里巴巴农村淘宝上线运行。

【着力大创建，打造城乡统筹升级版】 全力加快创建“国家卫生县城”“全国绿化模范县”步伐，推进城乡统筹发展。新型城镇化进一步加快。全县城镇化率达47%，比2010年提高7个百分点。县城总规修编获批实施，县城控规实现全覆盖，“一江两岸、一轴五星”发展格局初步形成。浯溪水厂扩能改造、城区道路提质改造、华润燃气、新埠头水厂等一批重大项目建成投用或加紧实施。深入推进创建国家卫生县城各项工作，县城环境卫生明显改观，城镇品位和功能日益提升，保持全省文明县城和卫生县城称号。加快以建制镇为重点的小城镇建设，城镇综合承载功能和集聚吸纳能力明显增强，培育了一批工业重镇、商贸强镇、旅游名镇。农村面貌进一步改善。全面小康建设步伐加快，建设小康村166个。美丽乡村建设深入推进，创建全省新农村示范村4个，被评为全省新农村建设先进县。农村交通条件持续改善，全县行政村通畅率达到100%。农村电网改造升级工程、农村清洁能源建设快速推进。生态环境进一步优化。“绿色祁阳”建设力度空前，完成山地造林3.56万亩，种植绿化大苗32.9万余株，全县森林覆盖率达60.4%，成功创建全国绿化模范县。全面实施水域综合治理，饮用水源保护得到加强。县城污水处理率达85%，全县垃圾无害化处理率90%以上。矿产资源开发秩序进一步规范，矿产资源综合利用水平不断提升。

【着力抓改革，迸发创新发展新活力】 深入推进改革开放，充分激发经济社会发展的动力和活力。改革激发源动力。行政管理体制改革迈出大步。政府机构改革全面完成；“三清单一目录”管理制度基本确立，“三证合一”“一照一码”登记激发出市场主体活力。农村产权制度改革创出“祁阳经验”，全省农村土地承包经营权确权登记颁证工作会议在祁阳召开，祁阳县作典型发言。社会治理机制改革落地见效。以社区党工委为核心的“一委一会一办三站”社区组织体系全面组建到位。成功争取到国家智慧城市试点县、全国农业社会化服务体系创新试点县、湖南省新型城镇化试点县等多项重大改革试点政策。“撤县设市”工作取得实质性突破，永州市人大常委会通过决议同意祁阳“撤县设市”。开放提升竞争力。祁阳全面进入高铁时代，实现动车直达“北上广深”；祁冷一级公路建成开通，祁阳融入中心城区半小时生活圈。全年共向上级部门申报项目350个，到位资金14亿元；新批外资项目5个，承接产业转移项目57个；内联引资25.4亿元、增长14%，引进一批投资过10亿元的重大项目。完成外贸进出口总额1.9亿美元，增长22%，排名全市第一。继续保持全省发展开放型经济先进县地位。在全省推进湘南承接产业转移示范区建设工作会议上，祁阳作为全省唯一县区，向大会介绍经验。

【着力惠民生，提升人民群众幸福感】 牢记执政为民宗旨，坚持民生优先，持续改善和保障民生。社会保障减少后顾之忧。全县城镇新增就业6605人，新增农村劳动力转移就业10060人，失业率控制在4%以内。社会保险扩面征缴成绩突出，城乡低保、农村五保和社会救助有效落实。扶贫开发快步推进，出台“1+9”精准扶贫工作方案，全年减少贫困人口1.25万人。平安法治促进公平正义。深入贯彻落实中央依法治国战略部署，大力推动依法行政。进一步完善社会治安防控体系，持续加大对各类违法犯罪活动打击力度，社会治安形势不断向好，人民群众安全感明显提升。在2015年度全省综治民调排名中，祁阳县排位较上年度大幅度提升，被评为全市社会管理综合治理先进县、为近5年来首次获得这一荣誉。矛盾纠纷排查调处有力，信访积案有效化解，进京非访大幅减少。安全生产形势持续稳定，安全生产工作全省先进实现五连冠。公共服务提升幸福指数。教育强县建设有力推进，高考成绩领跑全市，祁阳一中2人分获全市文、理科状元。科技对经济发展的贡献率达到54%，科技工作保持“全国科技进步先进县”“全国科普示范县”荣誉称号。城乡医疗服务设施提档升级，新农合参合率达99.96%。公共文化服务体系不断完善，浯溪摩崖石刻名列“湖南十大文化遗产”。人口计生工作扎实推进，保持全国计生优质服务县称号。

【着力强党建，汇聚干事创业正能量】 坚决落实全面从严治党责任，切实提升管党治党水平。创造团结协作的局面。县委常委会注重加强自身建设，坚持总揽全局、协调各方，既讲原则又讲团结，强化组织纪律和程序观念，认真贯彻落实民主集中制，形成了良好干事创业氛围。营造风清气正的环境。高标准、严要求开展“三严三实”专题教育，着力解决“不严不实”突出问题。深入推进纪检监察机构改革，持续开展“满意不满意”单位、股室民主测评等活动，注重从源头上遏制腐败。扎实整改省委巡视第七组反馈的问题，严肃查处了一批党员干部违纪违法案件，风清气正的良好政治生态正在形成。汇聚上下齐心的力量。强化重德才、重实绩的选人用人导向，坚持用新时期好干部标准选“好干部”、配“好班子”。全力抓基层、打基础，出台“1+9”系列文件，推动人财物向基层倾斜，实现村级组织活动场所“清零”，基层党组织战斗堡垒作用不断强化；在全省率先建成“智慧党建”信息平台，得到省委组织部充分肯定。加大整治为官不为和基层干部不作为、乱作为力度，软弱涣散基层党组织得到集中整治。在全市县区党委书记履行基层党建工作责任述职中，祁阳综合考评全市第一。

县委常委会议

【第一次会议】 2015 年 1 月 6 日，县委书记魏湘江在县委常委会议室主持召开县委常委扩大会议。会议研究县城街道地名命名工作、“春节两会”期间治安防控信访维稳工作、安全生产工作、开展纠正“四风”问题监督检查专项活动、“创国卫”工作。并传达贯彻省市产业园区建设暨“135”工程动员部署会议精神。会议原则同意县民政局提请县政府常务会议研究并整理修改后的草案。同意成立由书记、县长任总指挥，县委副书记宋振平任组长的全县 2015 年“春节两会”特别防护期间治安防控、信访维稳工作领导小组，领导小组下设综合办公室、治安防控工作组、严打整治工作组、信访维稳工作组、安全生产监管组、舆论引导工作组和督查追责工作组。会议原则同意县安监局提出的全县关于“两节两会”期间安全生产工作意见，并根据这次会议研究的意见予以完善。会议同意县纪委监察局提出的关于元旦春节期间开展纠正“四风”问题监督检查专项活动意见，以“两办”名义下发通知。会议决定抽调文英雄到县创卫办任副主任，全力以赴抓好“创国卫”工作。此外，会议还研究了其他有关工作。

【第二次会议】 2015 年 1 月 14 日，县委书记魏湘江在县委常委会议室主持召开县委常委扩大会议。会议传达了市委经济工作会议精神、讨论县委全会报告、研究县十六届人大三次会议和县政协九届三次会议筹备工作、县直机关“满意不满意”股室测评等工作。会议原则同意县人大常委会和县政协提出的筹备工作方案。按照“节俭办会”的原则，会议经费由县财政据实核拨。会议同意县纪委提出的测评结果运用建议，由县纪委和县委组织部根据祁办发〔2014〕56 号文件规定和依据干部管理权限，按程序落实到位。此外，会议还研究了其他有关工作。

【第三次会议】 2015 年 2 月 15 日，县委书记魏湘江在县委常委会议室主持召开县委常委扩大会议，专题研究安全生产工作。会议认为，2015 年以来，全县安全形势仍然十分严峻，特别是羊角塘“2·13”火灾事故的发生，充分暴露出群众安全意识淡薄、安全管理不严格、企业安全生产主体责任不落实、从业人员安全意识差、隐患排查治理不彻底、安全监管存在死角死面等诸多问题。会议要求，县公安局牵头，按照“因事立案”的原则，相关部门配合迅速组建羊角塘“2·13”事件专案组，查明火灾原因和事件真相；由副县长陈环玉同志牵头，组织县安委会成员单位及时与省市安委办协调，说明原因，尽快给羊角塘“2·13”事件定性，作出结论。

【第四次会议】 2015 年 2 月 9 日，县委书记魏湘江在县委常委会议室主持召开县委常委扩大会议。讨论县委经济工作会议报告、研究 2014 年度考核评奖、县委经济工作会议筹备、政法综治民调、纪检监察、祁冷公路亮化、春节期间走访慰问等工作。与会人员对县委经济工作会议报告进行讨论发言，对报告提出了部分修改意见和建议。会议同意县考核办根据考核结果提出的先进单位推荐意见，奖励按照祁办发〔2014〕13号文件有关规定执行，在县委经济工作会议上进行表彰。对先进单位和个人按照年初相关责任制和相关文件进行奖励，党风廉政建设工作在全县纪委全会暨反腐败工作会议上进行表彰，优化经济发展环境和机关效能建设测评结果及县直机关股室“满意不满意”测评结果在县委经济工作会议上进行通报并对先进单位予以表彰。要求县综治办将全县综治考核奖惩情况进一步核实，报县考核领导小组研究通过后在县委经济工作会议上进行通报。会议要求政法委牵头组织政法各部门，学习借鉴外地经验，结合祁阳实际，进一步研究2015年全县的政法综治民调工作，出台切合祁阳实际、措施有力、责任明确的工作方案，并做好开年后召开政法工作会议的各项准备工作。同意县纪委提出的《关于落实党风廉政建设党委主体责任纪委监督责任的意见》，以县委名义行文下发，要求全县各级党委（党组）、纪委（纪检组）要以高度的政治责任感把各项规定和要求落到实处。会议要求3月底前祁冷公路亮化工程完工并亮化到位。沿线村的照明供电问题，由国网祁阳供电公司与国网冷水滩供电公司协商，由祁阳县架设双回路供电线路从祁阳经开区变电站接线，与路灯供电一并解决。会议同意县民政局提出的《2015年春节期间走访慰问活动实施方案》，以县“两办”名义行文下发，立即实施。同意召开2015年全县庆“三八”国际劳动妇女节总结表彰大会，由县财政办会，其他所需经费由县财政审核，保证使用。会议决定由县编委办报请县编委研究，调剂22个全额事业编制面向社会按照2∶1的比例公开招考，择优录用祁剧表演等各方面人才进入县祁剧团工作。此外，会议还研究了其他有关工作。

【第五次会议】 2015年2月13日，县委书记魏湘江在县委常委会议室主持召开县委常委扩大会议。审议政府工作报告、2014年国民经济和社会发展计划执行情况与2015年计划草案报告、研究财政预算等工作。会议原则同意并同意将《政府工作报告（征求意见稿）》提交县十六届人大三次全体会议审议。会议要求，县政府办和县发改委要充分吸纳与会人员的意见和建议，按照县委十一届五次全会和2015年县委经济工作会议确定的工作思路和全年经济发展主要预期目标，进一步做好报告的修改完善工作。会议强调全县各级各部门要清醒认识、科学研判全县经济发展情况和财政收支情况，要辩证看待新常态、主动适应新常态。全县各级各部门要积极主动跑部进厅，加强汇报衔接，争取国家和省市的更大支持；千方百计跑项争资，促进创新创业，广辟税源。不断完善财政专项支出和退出管理，确保财政资金阳光透明运行，确保有限的财力更好地服务稳增长、调结构。严控债务规模，规范融资平台，加强重点防范，确保不发生区域性金融财政风险。此外，会议还研究了其他有关工作。

【第六次会议】 2015年3月10日，县委书记魏湘江在县委常委会议室主持召开县委常委扩大会议。研究创森创绿、祁阳经开区实施“135”工程、2015年县委、县政府主要工作目标任务和重点项目分解、人大工作要点、加强干部队伍执行力建设等工作。会议同意以县委、县政府名义出台《关于创建全国绿化模范县暨实施三年绿化攻坚行动的决定》；以县委办、县政府办名义印发《祁阳县创建全国绿化模范县暨实施三年绿化攻坚行动方案》；同意成立祁阳县创建全国绿化模范县暨实施三年绿化攻坚行动指挥部，指挥部下设相关机构，开展日常工作。2015年创森创绿攻坚工作建设资金，由县财政严格评审，逐步拨付，保证使用；县财政拨付县创建全国绿化模范县暨实施三年绿化攻坚行动指挥部工作经费20万元。会议同意成立“祁阳县实施“135”工程协调领导小组和小微企业创新创业园建设指挥部”，祁阳县实施“135”工程协调领导小组定期召开协调会议，及时解决“135”工程实施过程中的困难和问题。会议同意以县委名义转发县十六届人大三次会议至四次会议期间常委会工作要点。会议同意成立县委加强干部队伍执行力建设领导小组，并下设办公室，由崔福生兼任办公室主任，王贵华协助抓，唐江任办公室常务副主任，李柏林、段国华、李良丁、刘秋荣任办公室副主任，刘秋荣具体专抓，负责干部队伍执力建设的组织协调、督促指导和考核。办公室设县委组织部，由县委办负责调剂一间大办公室作为日常办公场地。原则通过县委组织部起草的《关于加强干部队伍执行力建设的意见》和《祁阳县干部队伍执行力建设公开和考核评估暂行办法》，分别以县委和县委办名义行文下发。县财政安排县委加强干部队伍执行力建设领导小组办公室工作经费10万元。

【第七次会议】 2015年3月20日，县委书记魏湘江在县委常委会议室主持召开县委常委扩大会议。研究事业单位拟吸纳人才、农村建设投资开发有限公司筹建、党务、2015年度全县优化经济环境和机关效能建设工作“满意不满意单位”“满意不满意股室”民主测评、政协工作要点等工作。会议原则同意县人事局提出的2015年祁阳县事业单位拟吸纳人才工作的意见。招聘考试收费由县物价部门按政策批准执行，考试经费不足部分由县人事局按程序报批，县财政根据工作需要予以保证。会议同意成立筹建领导小组。由书记、县长任顾问，县委副书记宋振平任组长，相关县级领导任副组长，相关部门负责人为成员。领导小组下设办公室，由许松柏任办公室主任，并配备5名办公室工作人员，由崔福生牵头，组织、人事部门按照工作要求，尽快从县直各单位抽调，确保筹建工作顺利进行。原则同意县农建投筹建办提出的筹建方案。同时明确县农村建设投资开发有限公司按照现代企业制度的要求，建立法人治理结构，实行董事会领导下的总经理负责制。由县财政局局长谭元明任董事长，许松柏任副董事长、总经理（法人代表），公司其他人员的配备同意筹建办的意见。县财政解决筹建领导小组办公室工作经费20万元。会议同意县委办提出的县委党务工作会议筹备方案，将办公室、组织、宣传、统战四项工作合并召开，由宋振平和邓晓阳牵头，组织党务部门和财政部门对在会上表彰的工作按照年初制订的目标管理责任制逐一进行梳理把关。会议要求县纪委（监察局）牵头组织各相关单位，充分吸收常委会研究的意见，对实施方案进行修改完善。会议同意以县委名义转发县政协2015年工作要点。

【第八次会议】 2015年4月1日，县委书记魏湘江在县委常委会议室主持召开县委常委扩大会议。研究政法综治信访维稳、重点项目目标管理、“135”工程祁阳经开区创新创业园建设、征收万和实业有限公司房地产、扶持科力尔公司上市、党的群众路线教育实践活动整改落实“回头看”等工作。会议同意4月3日召开全县政法综治信访维稳工作会议。全县性大会召开后，县委政法委牵头，组织政法各部门分别到教育、卫生和工业企业系统召开好民调工作动员会议。同意成立民调工作督导组，从离退休老同志和有关单位中抽调人员，组织部门予以配合；同意解决民调工作经费40万元。由宋振平同志牵头，组织信访局、纪委、组织部、法制办、人事局、劳动和社会保障局等单位对信访工作相关制度和责任制根据会议研究的意见进一步会商完善。同意在全县政法综治信访维稳工作会议上表彰先进。会议决定，由邓晓阳牵头，组织政府办、发改委等部门充分吸收会议讨论意见，本着大稳定、小调整的原则，对《祁阳县2015年重点建设项目安排表》修改完善。会议同意经信委提出的扶持意见，县委、县政府继续按照2010年6月24日印发的县委常委办公会议纪要（第13期）精神，对科力尔公司的贷款贴息和企业所得税的扶持政策再延长两年（即2015、2016年），资金来源从全县推进新型工业化引导资金中列支解决。若科力尔公司在2018年年底前不能成功上市或中途放弃上市，则按照其自愿对县政府作出的承诺，由县财政在2019年收回2015、2016年的推新引导扶持资金。由县经信委负责与该公司洽谈落实具体事宜。会议决定：4月3日上午召开全县党的群众路线教育实践活动整改落实工作推进会议。

【第九次会议】 2015年4月30日，县委书记魏湘江在县委常委会议室主持召开县委常委扩大会议。研究基层党建、关心下一代、纪检监察、分析一季度经济形势、工作目标管理综合考核、“135”工程祁阳经开区标准厂房建设、科力尔电机租赁祁阳电子信息产业园部分厂房等工作。原则通过县委组织部起草的《中共祁阳县委关于落实从严治党责任加强基层党建工作的决定》和《祁阳县关于选派县直单位科级干部挂任镇乡办场党（工）委副书记的实施意见（暂行）》《祁阳县关于加强基层组织基础设施建设的实施意见》，县委组织部要充分吸收会议讨论的意见进行完善，分别以县委、县委办和县“两办”名义行文下发。同意召开全县基层党建工作推进会议和全县“七一”表彰大会。会议同意召开全县关心下一代工作暨“最美孝心少年”表彰大会，由县委办和县委组织部统筹安排召开。同意县关工委开展“最美孝心少年”“五老四教”、以“孝”为主题的作文比赛、创建全省家庭教育工作示范县等活动，所需经费发动企业、各级各部门等社会力量多渠道筹集解决。同意在县老干局车库二楼装修三间办公室和一间会议室，按照中央八项规定的要求，本着勤俭节约的原则，所需经费由县财政据实保障。同意各镇乡办场、县直各单位关工委常务副主任工作补贴参照离退休干部党支部书记工作补贴标准执行，每人每年600元，费用从各单位关工委工作经费中解决，从2015年起执行。同意成立祁阳县关心下一代基金会，县财政每年拨款10万元注入基金会，用于资助贫困青少年。会议原则通过县纪委起草的《祁阳县党风廉政建设主体责任和监督责任追究暂行办法》，以县委名义行文实施。会议决定从5月份开始，在全县开展一次重点项目“百日大会战”活动。明确黄赞校联系祁阳经开区工作，为实施“135”工程的第一责任人，分管工业、招商的副县长协助抓。会议原则通过该建设方案，要求祁阳经开区充分吸收与会人员的意见进行修改完善，黄赞校同志负责组织法制办等相关单位对相关条款进行审核把关，尽快组织实施。会议原则同意科力尔电机租赁祁阳电子信息产业园部分厂房。

【第十次会议】 2015年6月29日，县委书记魏湘江在县委常委会议室主持召开县委常委会议。研究基层党建、撤县设市等工作会议。同意6月30日晚上举办“同声颂党旗、共建新祁阳”庆“七一”暨三个“十佳”颁奖广场文艺晚会。会议强调，这次活动要以“三严三实”专题教育为契机，通过歌舞表演和曲艺节目形式，中间穿插表彰和奖励全县“十佳基层党组织、十佳共产党员、十佳党务工作者”。同意成立晚会组委会，由宋振平负总责，邓年生、唐恒杰、蔡富强、雷秀新、黄爱蓉等相关县级领导和“两办”、公安、交警、城管、消防、电力、创卫办等相关部门负责人为成员，落实措施、人员和责任。同意县委组织部提出的全县“七一”表彰形式、拟表彰名单、表彰标准，所需经费由县财政核实后拨付。同意按照祁办发〔2015〕16号文件精神，党员县级领导在“七一”前后集中走访慰问困难党员，所需经费从县管党费中列支。同意参照全县重点工作奖惩办法，对村级活动场所建设进行考核，对在2015年10月底前全面完成任务的镇乡办场，县财政要奖补到位；联系镇乡办场的县级领导要加强对所联系的镇乡办场村级活动场所建设任务、进度等工作的指导和督导。同意7月2日~3日组织县级领导开展“三严三实”专题教育中心组体验教育活动，由县委组织部、县委办、县委宣传部组织安排好。会议同意调整“撤县设市”工作领导小组，由县委书记任组长，县长、县委副书记、人大主任、政协主席、常务副县长、分管民政工作副县长任副组长，其中，黄春华任执行副组长，相关单位负责人任成员。领导小组下设办公室，由常务副县长兼任办公室主任，县委办副主任李晓华任常务副主任，专抓“撤县设市”工作。同时从相关单位抽调精干人员充实办公室队伍。同意从县直其他单位调剂一台公务用车到“撤县设市”办，县财政据实拨付工作经费。“撤县设市”办要认真学习领会国务院新的设市标准，按照标准要求迅速开展工作，突出祁阳亮点和特色，完善相关资料，积极做好省、民政部的汇报衔接工作。此外，会议还安排了当前其他有关工作。

【第十一次会议】 2015年5月8日，县委书记魏湘江在县委常委会议室主持召开县委常委扩大会议。研究大型商业综合体（红星美凯龙家居生活广场）项目、广垦祁阳农产品物流园建设、管道燃气安装费和燃气销售试行价格、闲置土地清理处置等工作。明确法制办对合同条款进一步把关，相关对接领导小组按照会议研究的意见进行修改完善。会议明确祁阳县天然气供应分为三步：2014—2016年，采用CNC（压缩天然气）方式供气；2016—2018年，采用LNG（液化天然气）方式供气；2018年以后，采用长输气源方式供气。会议研究的燃气销售试行价格为采用CNG（压缩天然气）方式供气的价格。会议要求，全县各级各部门要认真贯彻落实全市闲置土地清理工作推进会议精神和省委巡视组对闲置土地清理处置工作的要求，县委、县政府分管联系的领导和国土等部门要集中时间、集中精力按照市里的部署抓好这项工作，依法处置、依法行政。县级领导和相关部门领导要支持配合，力促闲置土地项目全面动工；对不能启动建设依法收回的土地，不说情、不打招呼。此外，会议还研究了其他有关工作。

【第十二次会议】 2015年5月22日，县委书记魏湘江在县委常委会议室主持召开县委常委扩大会议。研究“三严三实”、重点项目建设“百日大会战”、工业企业服务年、整治重点项目建设环境、城市棚户区改造、确定经营性机构用地底价、民生路建筑立面改造、中心城区扩容提质总体策划及高铁新城概念性规划等工作。会议同意5月28日上午召开县委“三严三实”专题教育工作座谈会；同意县委组织部起草的《关于在全县县处级以上领导干部中深入开展“三严三实”专题教育的实施方案》；县财政拨付“三严三实”专题教育工作经费20万元。会议决定自6月初至9月，集中100天左右的时间在全县范围内开展重点项目建设“百日大会战”活动。5月28日下午召开全县重点项目建设“百日大会战”活动动员大会，由宋振平牵头，黄赞校、邓晓阳配合，组织相关部门做好会议各项准备工作。三项工作经费和奖励标准，由宋振平牵头与黄赞校、邓晓阳共同研究，统筹安排。明确黄赞校同志为全县重点项目建设第一责任人。会议原则同意县政府常务会议研究的意见。会议要求，相关指挥部和县城建投资管理中心要尽快启动原种场的征地拆迁工作，特别是原种场五队约三百亩剩余土地的征收拆迁。会议原则同意县政府常务会议研究的意见。同意成立民生路建筑立面改造工程专抓班子，负责协调处理具体问题和各方矛盾。县城建投资管理中心要将会议研究的意见及时反馈设计单位，将民生路建筑立面设计方案尽快修改完善，确保各项准备工作顺利推进，8 月份正式施工。同意参照永州市和其他县区的做法，通过单一来源采购方式选择河南腾智策划咨询有限公司（王志纲工作室）为祁阳县中心城区扩容提质总体策划及高铁新城概念性规划单位，县监察局、县政府采购中心派人参与监督。此外，会议还研究了其他有关工作。

【第十三次会议】 2015 年 6 月 11 日，县委书记魏湘江在县委常委会议室主持召开党政联席会议。就城市社区办公服务用房达标建设和绕城公路项目建设有关工作进行认真讨论和研究。会议明确成立城市社区办公服务用房达标建设工作领导小组，由黄赞校任组长，唐恒杰任常务副组长，尹显乾、唐安宝、陈振文、文英雄任副组长，公安、民政、财政、劳动、国土、住建、卫生、计生、经开区、三个街道办事处等单位负责人为成员，统筹、协调、解决城市社区办公服务用房达标建设工作中的具体问题。同时明确工作机制，落实好联系社区的县级领导、街道办事处、社区、各个部门的责任。由唐恒杰同志负责，根据全市网格化建设验收的标准，在 7 月底前，采取过渡的办法，落实相关设施建设。明确将上年已批回的 185 亩土地规划为城市综合用地，并由黄赞校负责，以政府土地储备中心名义作为政府储备土地项目与农商行衔接贷款 0.8 亿～1 亿元；同时，由宋振平牵头组织相关部门与农发行等其他金融机构衔接，争取政策性贷款，解决绕城公路急需的建设资金问题。由宋振平同志牵头，召集指挥部、三个办事处、城建、国土、公检法司等部门，成立整治抢种抢建等扰乱建设秩序的专项行动小组，对少数人无视政策，强行索要高额赔损、滋事阻工、抢种抢建等扰乱投资建设秩序的行为，保持高压态势，及时有效制止和打击。同意绕城公路县政协西侧段破除重建，按沥青路标准进行建设；增加的相关项目，即延伸盘龙西路、新建太子路按照上年书记现场办公会议研究的意见抓紧建设。同意祁阳新火车站配套设施工程建设指挥部指导下的长虹城建开发公司整体移交给县城建投资管理中心，并尽快对 110 亩质押土地按程序进行融资贷款，用于偿还新火车站“一场两路”工程款，减轻县财政付息压力。此外，会议还研究了当前其他有关工作。

【第十四次会议】 2015 年 8 月 18 日，县委书记魏湘江在县委常委会议室主持召开县委常委议教会议。就教育工作有关问题进行了认真研究，形成了一致意见。同意出台《关于加快祁阳县普（职）高教育发展的若干意见》（以下简称《意见》）。由县委分管教育的常委牵头，县委常委、常务副县长协调，县人大联系教育的副主任、县政府分管教育副县长、县政协联系教育的副主席和纪检（监察）、组织、政法、法制、发改、编办、财政、审计、劳动、人事、教育、县委督查室、县政府督查室等相关部门负责人共同参与，尽快对《意见》进行完善，于 9 月 10 日前以县“两办”名义发文。全面启动省第三轮“两项督导评估”迎检工作。成立由县委书记任顾问，县长任组长，分管财政、教育的常委和副县长任副组长，教育、财政、人事、住建、国土、劳动、编办、县委督查室、县政府督查室等部门负责人为成员的省第三轮“两项督导评估”迎检工作领导小组，设立迎检办公室，办公室设县教育局，由县教育局局长兼任办公室主任，并迅速召开迎“省检”工作部门协调会，明确目标，分解任务，落实责任，对重点难点工作一项一项突破，一件一件落实，力争在2016年省检中评为优秀。切实做好“国家级农村职成教示范县”验收迎检工作。建立镇乡办场和县直部门履行教育工作职责考核制度。切实加强校园门卫力量。加紧实施学校供电设施升级改造。增加县教育基金会资金存量。解决民办学校教师“五险一金”单位缴费问题。会议同意县教育局提出的《祁阳县2013—2015年度教育工作大表彰方案》。由县教育局牵头，联合县人事局下发教育表彰先进单位和先进个人推荐的相关通知。同意县教育局提出的《祁阳县“名优校长教师激励工程”实施方案》，以县“两办”名义行文下发。建立名优校长教师特殊津补贴制度（周期为2年），实行优胜劣汰动态管理，全面激发校长教师队伍活力。同意9月10日召开庆祝教师节暨教育表彰大会。同意9月9日晚上举办庆祝第31个教师节广场文艺晚会。上述活动所需经费由县教育基金会列支，不足部分由县财政兜底，确保相关工作顺利进行。

【第十五次会议】 2015年8月27日，县委书记魏湘江在县委常委会议室主持召开县委常委扩大会议。研究“四风”整治、精准扶贫、“天宇第一城”债务危机协调化解、发展农村电商和乡村旅游、城区建筑垃圾管理和禁止燃放烟花爆竹、科技、权力清单和责任清单编制、90~99周岁老年人发放高龄生活补贴、组织等工作会议同意以县委办名义行文下发《关于落实省委巡视第七组对永州市巡视反馈祁阳县的意见整改实施方案》《关于持续深入推进“四风”和侵害群众利益行为整治的实施意见》《关于祁阳县党风廉政建设责任制工作领导小组主要职责、组成人员和任务分工的通知》。同意成立祁阳县省委巡视第七组反馈祁阳县问题整改领导小组和祁阳县深化“四风”专项整治督查问责工作领导小组。两个领导小组两块牌子，一套人马，由县委常委、县纪委书记庾庐山任组长，县纪委副书记、监察局局长赵作琦，县纪委副书记邓柏平、董海涛任副组长；领导小组下设办公室，负责整改小组的具体事务，由董海涛兼任办公室主任，县纪委常委、监察局副局长张若兰、县纪委常委李柏林任副主任；同意抽调5位同志到领导小组办公室；县财政解决工作经费20万元。会议决定后续建设资金由县城建投先行借款86万元，待收到交房尾款后优先清偿。成立两个协调处理工作组。综合协调小组由县委常委、常务副县长黄赞校任组长，副县长、公安局长，副处级干部苏元朝任副组长，相关单位为成员单位。负责协助法院遴选管理人，确定战略投资人和工程质量监管、工程建设及购房户办证协调等工作。信访维稳小组由县委常委、县委政法委书记唐恒杰任组长，县公安局政委陆强耀任副组长，相关单位为成员单位。负责收集证据、依法处置违法犯罪行为，宣传相关法律法规、引导舆论导向及信访维稳等工作。同意解决前期工作经费20万元。成立由县委副书记、县长周新辉任组长，县委常委、副县长左雅婷任常务副组长，相关成员与市里配套的农村电商和乡村旅游领导小组。同意按程序下发相关文件。明确街道、社区（居、村民）委员会、祁阳经济开发区、县直相关部门的职责，依规追责，同时将禁止燃放烟花爆竹工作纳入创卫工作考核。成立县城禁止燃放烟花爆竹工作领导小组，由县委常委、县委办主任邓晓阳任组长，副县长谢铁山，副县长、公安局长任副组长，其他相关县级领导及部门负责人为成员，县城管行政执法局为城区内禁止燃放烟花爆竹的执法主体，牵头开展联合执法，协调各单位、街道的禁放工作。同意从相关部门抽调人员组成执法队伍集中半年时间开展集中整治行动。同意召开禁止燃放烟花爆竹工作动员大会，加强宣传和舆论引导。县财政解决相关工作经费：集中整治经费20万元；每年解决禁止燃放烟花爆竹工作领导小组工作经费10万元，并列入财政预算；县财政每年安排县公安局相应的工作经费。同意召开全县科技创新暨科技奖励大会。同意县科技局提出的筹备工作方案。同意提高“祁阳县科学技术奖”奖励标准。会议原则同意县政府常务会议研究的意见。一致同意解散县绩效考核办，其承担的工作职责移交县考核办，抽调的工作人员回原单位上班。县考核办根据工作需要，再从相关单位抽调工作人员集中办公。

【第十六次会议】 2015年10月30日，县委书记魏湘江在县委常委会议室主持召开县委常委扩大会议。同意建立全国绿化模范县专项基金，县直机关各单位作为绿色乡镇建设和秀美村庄建设的后盾单位，分别按每年2万元、1万元、0.5万元三个等次筹资；各镇乡办场每年按5万元标准筹资；整合上级专项资金财政补助900万元，用于购置通道绿化大苗苗木和油茶苗木。同意从水利建设和“一事一议”专项资金中列支500万元，用于国家投资项目区以外的以群众自筹为主的农田水利建设。县财政列支50万元，用于领导办点示范。同意解决秋冬农业生产工作经费30万元。同意11月下旬召开全县秋冬农业生产工作流动现场会。同意以县“两办”名义行文下发《祁阳县2015年秋冬农业生产工作意见》。同意以县“两办”名义行文下发《祁阳县创建全国绿化模范县2016年绿化攻坚行动方案》。由赞校、安宝同志牵头，对全县2015年创绿工作责任状内容实施情况进行督促、督查、考核，对实施中出现的矛盾和问题进行协调解决。由赞校同志牵头组织召开今冬明春创绿工作会议。同意11月中旬召开全县控违拆违专项整治工作动员大会，并确定11月为集中宣传月，由县委宣传部、县广播电视台拿出具体宣传工作方案。

会议原则同意县政府常务会议研究的意见。会议决定由赞校同志牵头组织县政府法制办等相关部门研讨，进一步明确整治城区治丧秩序的执法主体。同意成立城区治丧秩序专项整治行动工作领导小组，由振平同志任组长，分管民政、城管、公安的副县长任副组长，相关部门及三个街道办事处主要负责人为成员。同意将城区治丧秩序整治工作纳入全县工作目标管理综合考核范畴。同意召开城区治丧秩序专项整治工作大会，由宋振平同志牵头县委办统筹全县控违拆违工作、禁止燃放烟花爆竹等工作一并召开；11月份为集中宣传月和行动月。同意解决专项整治工作经费20万元。同意按程序向上申请设立“中国（祁阳）祁剧艺术节”和“中国（祁阳）浯溪碑林文化艺术节”。同意县财政设立“文化产业发展引导资金”专账，今年县财政注入300万元。同意县委宣传部提出的关于进一步加强宣传文化产业发展归口管理的意见。同意解决志愿服务引导资金10万元，县文明办要管好、用好该项资金。同意解决省、市城市文明程度指数测评经费10万元。

会议决定按照上级文件精神，根据立足祁阳实际、参照周边县区做法、在全市二类县中不落后的原则，县财政认真调研、测算，拿出方案，纳入2016年财政预算。同意将县网格管理中心作为正科级单位按程序向市编委办报批。会议通过《湖南省祁阳县人民政府与华融湘江银行永州分行战略合作框架协议（初稿）》，并同意县政府与华融湘江银行永州分行签订该协议。成立祁阳县乡镇区划调整改革工作领导小组，由县委副书记宋振平任组长，县委常委、常务副县长黄赞校，县委常委、县委办主任邓晓阳，县委常委、组织部长、统战部长蔡富强，副县长唐安宝，副县长、公安局长陈志标任副组长，相关单位负责人为成员。领导小组下设办公室，办公地点设民政局，由民政局局长唐双喜任办公室主任，民政局副局长蒋新元任副主任。肖家村镇与大江乡合并成肖家村镇，镇政府驻地原肖家村镇政府；七里桥镇与挂榜山乡合并成七里桥镇，镇政府驻地原七里桥镇政府；八宝镇与内下乡合并成八宝镇，镇政府驻地原八宝镇政府。为方便群众办事，在原内下乡乡政府所在地设置便民服务中心，方便群众办事。同意以县“两办”名义下发《祁阳县乡镇区划调整改革工作实施方案》。从组织部、宣传部、政法委、县委督查室、政府督查室、公安局、民政局、财政局、人事局、人口计生委、卫生局、编委办、信访局等单位抽调14名人员集中办公，配备必要的办公设施设备，确保该项工作的顺利推进。解决乡镇区划调整改革工作经费30万元。原则同意《凯茂科技（深圳）有限公司投资祁阳经开区电子信息产业园项目合同》，法制办要进一步审核把关合同内容，使其表述更规范、内容更完善。祁阳经开区作为甲方与凯茂公司签订合同。成立对接凯茂公司联络服务领导小组，由黄赞校同志负责，左雅婷、陈环玉同志、经开区及相关部门负责人为成员，根据凯茂公司工作计划迅速开展相应的对接和服务工作。同时祁阳经开区要加快厂房和宿舍建设进度，争取早日交付使用。会议原则同意祁阳经开区相关建议，具体做法由县政府常务会议研究决定。成立大江林场龙凼旅游公路提质改造指挥部，由黄春华同志担任指挥长，陈环玉同志、一名相关县级领导担任副指挥长，交通运输局及相关单位为成员，以交通运输局为主，负责规划设计、技术把关、质量监管等方面工作，确保项目建设有组织有步骤地稳健实施。同意县中医医院、祁阳一中、县职业中专等三个单位的党总支升格，分别成立县中医医院党委、祁阳一中党委、县职业中专党委，相应成立党的纪律检查委员会。县中医医院党委仍隶属县卫生局党委和县直属机关党委管理，祁阳一中和县职业中专党委仍隶属县教育局党委和县直属机关党委管理。党委班子的配备按“三定方案”职数和党政干部任免程序办理。党委委员候选人，由县委考察组考察后提名；纪委书记和纪委委员候选人，由县委考察组会同县纪委考察后提名。县中医医院、祁阳一中、县职业中专等三个单位要做好党委成立的各项准备工作，召开好党委成立大会。

【第十七次会议】 2015年11月9日，县委书记魏湘江在县委常委会议室主持召开县委常委会议。学习《中国共产党巡视工作条例》《中国共产党廉洁自律准则》《中国共产党纪律处分条例》、党的十八届五中全会精神等、研究乡镇区划调整工作。会议同意县乡镇区划调整改革工作领导小组提出的《祁阳县乡镇区划调整改革工作实施方案》，领导小组办公室要充分吸纳与会人员提出的意见，进一步核实地名、完善方案，尽快按程序上报市政府审批。在原大江乡、挂榜山乡政府驻地增设便民服务中心，方便群众办事。组织人事部门要采取多种途径妥善安置好涉改乡镇干部职工，加强便民设施建设。由蔡富强同志牵头，组织、编办、人事等部门参与，就干部分流、设立便民服务中心及其职能确定等工作进行调研，尽快拿出具体实施方案。

【第十八次会议】 2015年12月2日，县委书记魏湘江在县委常委会议室主持召开县委常委扩大会议，专题研究清理规范国家公职人员在重点项目指挥部任（兼）职取酬工作。会议要求，统一思想，提高认识；明确要求，规范操作；落实责任、严明纪律。会议决定：12月3日上午召开全县清理规范国家公职人员在重点项目指挥部任（兼）职取酬工作动员会议。

县委常委办公会议

【第一次会议】 2015年1月

7日，根据县委主要领导的安排，县委常委、县委办主任邓晓阳在县委四楼会议室主持召开原种场移民拆迁安置有关问题协调会议。会议决定由城建投资管理中心负责在十五天时间内将校园路从金盆路口至新城名都段路面全部硬化；城建投资管理中心和原种场协调相关部门确保元月底以前接通水、电。由县委办协调规划、国土等部门，春节前办理好祁阳大道16户拆迁户、浯溪电站5户拆迁户安置用地的规划用地许可证和土地使用证。由移民局和原种场先核实户口性质和人数，财政局根据核实的人口，并负责按每人每年600元的标准借款给移民局解决移民生活后扶资金问题，每年由县财政负责拨付至移民局打卡发放。

【第二次会议】 2015年1月16日，县委书记魏湘江在县委老干局会议室主持召开老干部工作现场办公会议。会议决定由城建投资管理中心负责、住房和城乡规划建设局配合立即对县老干局机关院内下进行改造，防止积水，影响办公，此项工程于春节前完成。具体由邓晓阳、雷秀新同志抓好落实。同意改建龙山门球场，要坚持高标准、高质量建设好四个草皮门球场，此项改建工程由城建投资管理中心出资并建设，确保2015年5月1日前投入使用。同意将龙山公园传统的粪池式厕所改建为冲水式厕所，此项工程由城管行政执法局负责，于2015年5月1日前改建完成。同意2015年县财政增拨老干局办公经费6万元；增拨各涉老组织工作经费10万元。同意创办乡镇老年学校25所，由老干局、老年大学制订乡镇老年学校创办的具体标准，并负责业务指导。经组织部、老干局、老年大学联合验收合格后，由县财政按每所1万元的补助经费划拨至各镇乡办场。同意将离退休干部党支部书记工作补贴提高到每人每年不少于600元，费用由各单位解决，从2015年起执行。同意补助县“创国卫”老干部督导员工作补贴每人每月300元，经费由县财政划拨至老干局，从2015年元月起执行。

【第三次会议】 2015年4月8日，县委书记、县创国卫领导小组组长魏湘江在县委常委会议室主持召开创国卫工作第三次调度会议。对拆除违章建筑、违章棚子要统一标准、统一时间、统一做法，由城管、住建部门及街道办组织限时拆除；奖补资金按照年前拆棚责任制执行；县财政安排三个街道办事处、住房和城乡规划建设局、城管行政执法局工作经费各20万元。对拆除违法广告、规范商业广告发布行为，原则同意城管行政执法局提出的工作方案，具体由邓晓阳、谢铁山协调处理。对各专业组抽调人员的工作经费、年终奖等采取钱随人走的办法，由县财政统一核算到抽调单位；对城区餐饮业改造升级采取奖补的办法，由食品药品监督局、创国卫办牵头组织实施，统一改造标准，按实际改造升级投入的10%予以奖补到店；对城区学生健康检查，县财政按10元/人的标准给予补贴；关于城管局抽调人员统一着装问题，由县财政解决执法服装费用45万元。

【第四次会议】 2015年6月19日，县委常委、宣传部长邓年生在县职业中专三楼会议室主持召开县职业中专创建国家中等职业教育改革发展示范学校和省卓越中等职业学校（以下简称“国示范”和“省卓职”）现场办公会。由祁阳经济开发区负主责，切实推动征地拆迁工作。尽快完成第一期剩余6户的拆迁任务，在7月底前至少再达成拆迁协议2户，保证“国示范”项目学生宿舍和体育馆建设用地。对已达成协议的拆迁户，在7月底前完成房屋拆除，保证学生宿舍建设项目按时开工。对校门口的非法建筑，先通知相关住户自行拆除，不执行、不配合的由县城管行政执法局、祁阳经开区依法依规强制拆除。学校与祁阳经开区原已调换的土地及已纳入规划并即将投入使用的100亩新土地由祁阳经开区和县国土资源局提供征地等相关资料，县国土资源局负责报批，并在一个月内办好国土使用证。县职业中专教师公租房及培训楼建设，建设主体均为县职业中专。教师公租房建设由县房产局按政策依程序申报国家公租房建设经费，并及时拨付建设经费；培训楼建设由县职业中专自行申报。由县职业中专起草《祁阳县中等职业教育攻坚计划》，县教育局负责把关后，报县政府按程序办理行文。由县四大家分管领导联合召集相关部门召开协调会，加强沟通，统一思想，并借鉴外地好经验、好做法，尽快拿出有效整合资源和资金的具体方案，报县委、县政府研究。县财政局负责将2014年“国示范”专项资金500万尽快落实到位。30万元以下的零星工程项目，实行特事特办，加快项目审批、财政评审速度，争取建设时间；将拆迁办公经费纳入财政直接支付，不占单位额度。

【第五次会议】 2015年7月29日，县委常委、组织部长、统战部长蔡富强在县委组织部会议室主持召开湖南康都制药有限公司（以下简称康都制药）土地、房产转户办证协调工作会议。对于康都制药土地、房产转户办证应缴纳的各种税费，原则上参照县政府对原科力尔公司因上市需要办理老生产区变更手续的会议纪要（祁府阅〔2013〕15号）执行。原五洲公司名下的128亩土地依法按有关规定办理到康都制药公司名下。康都制药要提供相关资料，并缴纳契税；县财政从推进新型工业化奖励资金中按康都制药所缴契税县级所得的50%标准，等额安排奖励资金，奖励给康都制药公司。土地转让过程中的测绘费、土地交易服务费、登记费等费用，按照《中共祁阳县委祁阳县人民政府关于加快承接产业转移发展开放型经济的若干规定》（祁发〔2014〕4号）第八条、《中共祁阳县委祁阳县人民政府关于印发〈祁阳县加速推进新型工业化实施意见〉的通知》（祁发〔2014〕5号）第十四条规定，县级行政事业性收费全免、服务性收费按最低标准的20%收取；按照《祁阳县推新领导小组工作会议纪要》（祁推新办〔2014〕2号）文件规定，价格调节基金予以免除。房产转让过程中的测绘费、档案利用费、房产转让手续费、登记费等费用，按照祁发〔2014〕4号文件第八条、祁发〔2014〕5号文件第十四条规定，县级行政事业性收费全免、服务性收费按最低标准的20%收取；按照《祁阳县推新领导小组工作会议纪要》（祁推新办〔2014〕2号）文件规定，价格调节基金予以免除。对于新征8.2亩土地的土地出让金按照祁发〔2014〕4号文件规定执行。

【第六次会议】 2015年7月14日，县委书记魏湘江在县委常委会议室主持召开祁阳县新火车站配套设施工程建设现场办公会议。县政府委托指挥部牵头，县法制办参与，尽快与湖南鸿腾建设工程有限公司签订工程建设续签合同。同意将长虹城建开发有限责任公司整体移交给县城建投资管理中心，接管该公司的所有经营活动及债权债务。由黄赞校同志牵头，尽快依法按程序办理手续。同意将火车站片区已报批的四块土地依法依规尽快招拍挂进行融资，所融资金全部用于偿还投资款和工程款；此次挂牌的交易价作为甲、乙双方溢价分成依据，乙方可参与竞标。

【第七次会议】 2015年8月12日，县委常委、县委办主任邓晓阳在龙山街道办事处三楼会议室主持召开龙山街道办事处宝塔街社区服务中心建设专题协调会。会议要求，在年内，尽快将宝塔街社区服务中心按标准开工建设。建设地址为宝塔街39号、41号直管公房原址。宝塔街社区服务中心项目上级补助资金已由市发改委审批，争取尽快落实到位；县民政局、财政局在统筹安排2016年全县社区达标建设县内资金时，要将宝塔街社区一并纳入，与其他社区同等对待。如仍有资金缺口，则由龙山街道办事处会同县发改委、民政局、财政局等部门向上积极争取，整合项目资金解决。

【第八次会议】 2015年8月28日，县委常委、县委办主任邓晓阳在县委常委会议室主持召开浯溪碑林风景名胜区总体规划编制工作专题协调会议。浯溪碑林风景名胜区总体规划编制范围依据省风景名胜区专家委员会意见适当调整。在原规划纲要的基础上，增加大华山景区，保留浯溪碑林景区、石洞源景区、八角岭景区和大江景区。对规划的大江景区范围由沿水库周边延伸至大江龙凼，将大江林场沿水库周边的用材林全部退出，改为生态公益林，具体范围报县委常委会研究决定。内下景区暂不列入浯溪碑林风景名胜区规划范围。将浯溪碑林风景名胜区总体规划设计费、省市评审经费、工作经费由财政审核后先从有关专项经费中列支，不足部分由财政预算调整时解决。

【第九次会议】 2015年10月21日，根据县委主要领导安排，县委常委、县委办主任邓晓阳在内下乡二楼会议室主持召开内下水库左岸电站大坝至孝中澧公路安保工程建设现场办公会议。按照2013年内下水库右侧安保标准，经测算，水库左岸电站大坝至孝中澧公路安保工程建设和山体滑坡水毁工程恢复资金需要115万元。这批资金主要由各相关部门整合项目资金完成，其中县交通运输局30万元、县安监局10万元（从安全生产示范县项目资金中解决）、县移民局20万元（其中5万元用于水毁工程恢复），内下电站管理局25万元（其中5万元用于水毁工程恢复），不足部分由内下乡筹措。所有资金按程序审批，于2015年11月30日之前一次性拨付到内下乡财政账户，统筹安排使用。安保工程建设施工由内下乡按有关程序组织实施，各相关部门给予大力支持和强化施工监管，确保如期高质完成。

【第十次会议】 2015年7月16日，县委常委、宣传部长邓年生在八宝镇会议室主持召开晒北滩电站第三期移民安置工作现场办公会议。成立外迁八宝镇第三期移民工作办公室，由县人大原副主任毛学标负责，相关单位确定一名专抓负责人，金洞管理区移民办、八宝镇相关站所也要确定专人负责此项工作，办公地点设八宝镇。县国土资源局负责农用地转用报批和颁证，报批费用自负，还负责中仁居委会荷叶塘至浦塘居委会全长约1300米的排污渠整修，将其纳入土地整治项目，资金不足部分由县移民局补足，并在年内完工；县林业局负责林地转用报批，报批费用自负；县公安局负责做好移民安置期间的治安维稳工作，严厉打击阻工闹事、强装强卸等车匪路霸行为；县房产局负责外迁移民安置建房发证工作；八宝镇负责三期移民安置地征用、移民与当地群众矛盾的调处，以及移民安置地的“三通一平”发包及质量监管工作，此工作10月底前须全面完成；八宝镇相关站所和黄家渡村协助镇做好相关工作；金洞管理区负责三期移民建房用地分配、搬迁和建房过程中施工安全工作，以及移民纠纷调处工作；新华公司负责移民安置用地“三通一平”工程审核和有关资金拨付；晒北滩电站移民工作指挥部负责移民工作总协调。金洞管理区作出承诺，第三期移民为晒北滩电站最后一次移民，移民户数为29户。征地面积：20亩；地点：黄家渡村5组。关于移民要求在当地解决坟山的问题，由八宝镇拿出具体方案商新华晒北滩水电开发有限公司落实。关于移民安置户用电用水问题、移民安置工作经费和奖励经费问题，以及移民建房的土地使用证、房产证、规划建设许可证办理费用问题，参照一、二期移民标准执行。

【第十一次会议】 2015年11月18日，县委常委、县委办主任邓晓阳在县住房和城乡规划建设局四楼会议室主持召开《浯溪碑林风景名胜区总体规划（2015—2030）》（以下简称规划）部门专家论证会议。浯溪碑林风景名胜区（陶铸故居）管理处和设计单位要按照下列会议讨论的意见进一步核实有关问题、完善总体规划，按照风景名胜区有关规定办理总体规划报批手续。将“浯溪碑林风景名胜区”更名为“中国浯溪风景名胜区”。

【第十二次会议】 2015年12月9日，县委常委、县委办主任邓晓阳在长虹街道芹菜甸社区活动中心会议室主持召开关于芹菜甸社区“城中村”改造现场办公会议。2015年已落实的绿化、环卫设施、阵地建设等项目，县创卫办和有关职能部门要尽快组织验收付款；对下阶段项目建设明确社区为实施主体，联系单位和相关单位负责项目报批和资金筹集。具体职责划分如下：住建局：负责做好芹菜甸社区整体安置规划和完善改造详规；从项目建设中支持改造资金10万元。交通局：负责村主道加宽项目和连接平安西路的断头路项目指标申报，项目支持资金不少于30万元。水利局：负责村主道两边沟渠护砌、覆盖以及罗家大院改造点的山塘清淤，项目支持资金不少于20万元。林业局（创绿办）：迅速组织对2015年国道绿化工程验收，落实绿化奖补资金15万元。新村办：安排新农村建设资金和改水改厕资金10万元。移民局：负责浯溪库区杨梅湖淹没区道路维修资金6万元。城建投：负责平安西路至社区活动中心过湖连接线的加高及路面硬化，安排项目资金不少于50万元。城管局：负责村主道路灯的安装和城中村环卫设施的添置、垃圾转运。农商银行、村镇银行：各支持帮扶联系点改造资金5万元。各支持项目和帮扶资金由各单位分期分批到位，最迟不得超过2016年6月底，所有资金由社区统筹使用。

附：县委文件目录

祁发〔2015〕1号 2月8日 关于落实从严治党责任加强基层党建工作的决定

祁发〔2015〕2号 2月9日 关于落实党风廉政建设党委主体责任纪委监督责任的意见

祁发〔2015〕3号 1月26日 关于创建全国绿化模范县暨实施三年绿化攻坚行动的决定

祁发〔2015〕4号 3月30日 关于加强干部队伍执行力建设的意见

祁发〔2015〕5号 3月30日 关于批转《祁阳县第十六届人民代表大会第三次会议至第四次会议期间常务委员会工作要点》的通知

祁发〔2015〕6号 4月13日 关于批转《祁阳县政协2015年工作要点》的通知

祁发〔2015〕7号 7月20日 关于印发《祁阳县党风廉政建设主体责任和监督责任追究暂行办法》的通知

祁发〔2015〕8号 5月27日 关于印发《中共祁阳县委常委会关于深入开展“三严三实”专题教育的安排意见》的通知

祁发〔2015〕9号 9月1日 关于建立健全信访工作机制的若干规定

祁发〔2015〕10号 11月17日 关于印发《祁阳县人民政府职能转变和机构改革方案的实施意见》的通知

祁发〔2015〕11号 11月17日 关于祁阳县人民政府机构设置、职能职责变化及部分单位机构调整的通知

纪检监察

【概况】 县纪委机关与县监察局合署办公，实行一套工作机构、两个机关名称的体制，履行党的纪律检查和政府行政监察两项职能。县纪委对县委全面负责，监察局属于县政府序列，接受县政府领导。县纪

委、监察局内设12个副科级职能室部，依次为办公室、组织部、宣传部、党风政风监督室（县政府纠正行业不正之风办公室）、信访室、案件监督管理室、第一纪检监察室、第二纪检监察室、第三纪检监察室、第四纪检监察室、案件审理室、纪检监察干部监督室，现有干部职工40人。2015年，县纪委监察局在市纪委监察局和县委、县政府的正确领导下，坚决贯彻落实中央、省委、市委和县委决策部署，严纪律、讲规矩，纠“四风”、惩腐败，抓教育、强监督，共同营造风清气正的良好政治生态，党风廉政建设和反腐败工作取得新的成效。

【“两个责任”落实】 县纪委先后11次就“两个责任”的开展及落实情况向县委常委会作专题汇报，协助县委出台《中共县委关于落实党风廉政建设党委主体责任纪委监督责任的意见》《中共县委关于印发〈县党风廉政建设主体责任和监督责任追究暂行办法〉的通知》，对党委领导班子集体、党委主要负责人和党委其他班子成员具体责任以及责任追究的范围、方式等进行明确。全县134个镇乡（办场）和县直单位党委（党组）书记、纪委书记（纪检组长）分别向县委和县纪委递交主体责任书、监督责任书。全县各级各部门层层明责履责、问责追责，传导压力，全面推动落实“两个责任”。

【纠治“四风”】 加强作风建设，坚持“节假日必查、工作日抽查、重点问题专查”，突出抓好时间节点、特殊场所和关键人员的监督，严查违反作风建设规定的行为。2015年，共下发通报17期，督办函55期，发现并查处52起违反作风建设和“四风”方面的典型事例，其中给予通报批评单位26个，通报批评81人，免职13人（其中科级干部6人），停职待岗4人，诫勉谈话16人，作出书面检查32人，调离工作岗位2人。深入开展“四风”纠治，查处发生在群众身边的“四风”和涉及低保救助、征地拆迁、环境保护、教育卫生等方面侵害群众利益的行为628起，给予党纪政纪处分和组织处理316人。整治违规收送红包礼金问题，全县党员干部共向“5910”廉政账户上缴红包礼金25万余元。

【肃贪惩腐】 2015年，县纪委加大案件审查力度，案件数量名列全市第一。共受理群众来信、来访、电话举报309件，立案113件，给予党（政）纪处分128人，其中科级干部10人，开除党籍31人，移送司法机关3人，收缴违纪金额400余万元。查处县住房和城乡规划建设局原局长伍志耕等一批大要案件。同时，根据市纪委的安排，从全委抽调20余名办案骨干，参与市发改委原主任龚新智案等重大系列案件的查办。同时，注重办案成果运用，对查处的典型案件深刻剖析、完善制度、堵塞漏洞，突出了案件查办的治本功能。

【治本控源】 加强纪律意识。把政治纪律和政治规矩摆在首位，作为党规党纪教育的首要内容。认真组织开展“两个责任宣传教育年”活动。县委常委会带头学习廉洁自律准则、纪律处分条例、巡视工作条例等党内法规。加强廉政教育。建立健全“领导干部上党课”、“集体学习日”等制度，“一把手”带头讲廉政党课；邀请省、市专家学者到祁阳，通过“以案说纪”的形式给全县党员领导干部作党风廉政建设专题讲座；发放《领导干部廉洁从政手册》等图书和音像资料3600余册；积极拍摄廉政微电影在全市进行宣传展播，向省纪委报送的优秀廉政文化作品获选参加全省廉政文化汇演。加强权力监督。重点加强对全县各单位党政一把手行使权力的监督，通过严格落实“四谈两述”，个人重大事项报告、述职述廉、个人廉洁承诺等监督制度，规范制约领导干部正确用权。加强重大建设项目、部门预算决算和社会公益事业等方面的信息公开，让社会各界参与监督，确保权力在阳光下运行。加强领导干部贯彻执行民主集中制、“三重一大”决策、一把手“四个不直接分管”、重要事项决策会议末位表态等制度落实情况的监督检查。2015年，共开展提醒谈话45人次，诫勉谈话40人。

【专项整治】 2015年11月初，省委巡视第七组进驻祁阳开展巡视工作，县纪委负责牵头“少数领导干部插手工程建设和土地开发问题”等问题的整治及整改落实。其中“少数领导干部插手工程建设和土地开发问题”：全县共清查出公职人员395人，其中违规参与土地和房地产开发57人，个人违规建房95人，购地集资建房240人，非法买卖土地3人（其中2人违规建房），副科级以上领导干部插手工程建设领域主动申报9人；公职人员主动退出并补办有关手续62人，已接受处理并补交土地出让金34人，向工商部门申请退股办理变更登记3人；立案3件，给予党政纪处分4人，移送法院强制执行7件。“领导干部亲属子女利用其职权和职务影响谋取利益问题”：共清查出15人，其中立案3件，给予党政纪处分3人，移送法院强制执行1件。“工程建设领域少数执法人员滥用职权以权谋私问题”：共立案10件，给予党政纪处分13人，组织处理3人，移送法院1人。

【自身建设】 深入推进“三严三实”专题教育活动，带头改进作风。聚焦主业。始终突出党风廉政建设和反腐败斗争这个中心任务，主动从全县15个议事协调机构中退出，把与纪检监察主业无关的46项工作交还给其他主责部门。突出主责。调整和优化县纪委内设机构设置，将纪检监察室由原来的1个增加到4个，将一线执纪监督人员比例提高到编制总数的65%。提高素质。高度重视纪检干部教育培训，2015年，在办案任务繁重、人员极为紧张的情况下，仍主动选派19名干部参加中央纪委、省纪委组织的业务培训，提升干部素质能力。

县委办工作

【概况】 中共祁阳县委办公室的主要职责是协助县委抓党的方针政策的贯彻执行情况，负责上呈下达，为县委书记办公会议、常委会议作好会务、资料准备工作；当好县委参谋；负责县委文件、报告的起草及机关行政事务工作。2015年年末有干部职工42人，设有政研室、督查室、政工室、文秘室、行政事务室、信息室、机要局7个科（局）室。2015年，全方位搞好“三提升三创建”工作，较好地完成全年各项工作指标和县委、省市委办交给的各项工作任务。

【队伍建设】 办公室工作逐步形成了日常服务程序化、重大服务规范化的鲜明特点，涌现了一批优质服务先进单位和优质服务先进个人。县委办被评为全市党委办公室工作先进单位；督查、保密、机关事务、接待服务、史志等单项工作被评为市先进。县委办着眼于办公室队伍建设，把创建学习型办公室摆在首要位置，坚持定期学习日制度，认真学习党建理论，业务工作、时事政治、政策理论及经济、社会、文化、法律、管理等方面知识，增强了政治理论素养和业务能力，组织26名办公室业务骨干参加全市党委办公室业务知识培训，积极组队参加乒乓球、门球、征文、写作等各项赛事。县委办采取借调、公开招考等形式，培养和选拔了一批素质较高、富有朝气的干部充实到各级各部门办公室。同时，加大对干部的推荐重用和提拔交流力度，从政治、经济、生活上多关心干部。全年先后有10名同志被提拔重用，6人交流到外单位任职，较好地调动干部职工的工作积极性。

【政研工作】 紧贴党委、政

府的重大工作部署，围绕产业升级、项目建设、创国卫、全面深化改革、改善民生、党的建设等重大问题，深入基层、深入群众，开展了一系列调研活动，取得了一批富有价值的调研成果。全年起草、把关各类综合文稿500多篇、300余万字，协助县领导在省、市刊物发表调研文稿30多篇，《把现代商贸打造成县域经济发展的强劲引擎》《祁阳构建“三农”投融资新平台的实践与探索》《“六区”建设助推全面小康》等一批调研材料在《湖南工作》《新湘评论》等省级重要报刊杂志发表。部分调研成果转化为县委决策，为推动全县经济社会又好又快发展做出了积极贡献。

【督查工作】 对县委全会报告、县委经济工作会议报告、县委常委会等确定的目标任务、重要工作，严格实行“一月一调度、一季一督查、半年一总结、全年结总账”。同时，围绕县委阶段性工作重点，开展春耕生产、信访维稳、重点项目建设、防汛、油茶收摘、秋冬生产、惠民实事办理等督查活动。2015年，县委、县政府督查室共开展各项决策督查活动43次，编发专报21期、通报18期。共办结各级领导批示件137件，其中，市委领导批示件24件，县领导批示件113件，办结率均达100%。深入开展督查调研和民情调查，分析问题原因，提出对策建议，为领导决策提供了可靠依据。县委、县政府督查室全年开展专项督查调研22次，撰写了一批有分量的督查调研材料，并被省、市督查部门采用。

【文秘工作】 全年共审核党委办公室系统下发文件120余件，向市委办公室按时报备党内规范性性文件19件，做到了有件必备、有备必审，实现报备文件零差错。单独承办或与县政府办一道承办以及协助部门组织召开各种会议共200多次，建立健全办会工作制度、会议请假制度、会议作风督查制度，严格控制会议的规模和数量，确保会议效率。会议结束后，在3个工作日内形成会议纪要呈送县委领导会签并下发至相关单位，做到内容准确、印发及时。2015年共撰写、核发常委会议纪要19期，常委办公会议纪要10期。

【信息工作】 紧紧围绕中心服务大局，深度挖掘具有祁阳特色的经验和做法类重点信息，及时、准确、全面地向省市报送信息。全年上报各类信息727条，被上级采用181条。同时，编发《要情呈阅》68期，为领导掌握情况、科学决策提供了大量有价值的信息，较好地发挥好参谋助手作用。在全县23个镇乡办场党政办和96个县直部门办公室都确定了分管信息工作的领导，落实了1~2名专职或兼职信息人员，建立了以专职信息员为基础，以兼职信息员为依托，其他部门人员广泛参与的全方位、多层次、多渠道的信息人才网络格局。紧紧围绕上级的信息需求，认真学习省市选编的《好信息选编》《湖南特色工作》《2015年信息报送选题汇编》等各类资料，努力发现、捕捉的信息热点，提高信息的针对性和有效性。全年经调研、整理上报的《信访制度改革后网上信访存“五大短波”亟需补齐》《当前乡镇卫生院负债运营严重直接影响基层医疗水平值得关注》《当前种粮大户存在“三忧三盼”值得关注》《祁阳县积极应对“永州一工业园每小时或有千吨污水流入湘江”的舆情迅速展开调查处置工作》《基层官场四种“江湖气”有所抬头值得关注》《新农村建设过程中呈现出“六大”新矛盾将影响建设成效 亟待重视》等一批信息被省市采用。

附：县委办文件目录

祁办发〔2015〕1号 1月14日 关于印发《祁阳县进一步规范信访事项办理程序推行依法逐级走访实施方案（试行）》的通知

祁办发〔2015〕2号 1

月14日　关于印发《祁阳县“春节两会”期间治安防控信访维稳工作方案》的通知

祁办发〔2015〕3号　1月27日　关于印发《祁阳县2015年春运工作实施方案》的通知

祁办发〔2015〕4号　2月2日　关于印发《祁阳县党史与地方志征集编纂办公室职能配置、内设机构和人员编制方案》的通知

祁办发〔2015〕5号　2月10日　关于印发《2015年春节期间走访慰问活动实施方案》的通知

祁办发〔2015〕6号　2月13日　关于印发《祁阳县关于评选表彰“五好文明家庭”、“三八红旗手”等各类先进的工作方案》的通知

祁办发〔2015〕7号　1月26日　关于印发《祁阳县创建全国绿化模范县暨实施三年绿化攻坚行动方案》的通知

祁办发〔2015〕8号　3月8日　关于转发《祁阳县教育基金会关于建立镇乡办场专项教育基金的意见》的通知

祁办发〔2015〕9号　4月13日　关于印发《2015年县委中心组理论学习安排意见》的通知

祁办发〔2015〕10号　7月1日　关于印发《关于加强和改进新形势下档案工作的实施意见》的通知

祁办发〔2015〕11号　4月23日　关于印发《2015年度全县优化经济环境和机关效能建设工作“满意不满意单位”“满意不满意股室”民主评选活动实施方案》的通知

祁办发〔2015〕12号　4月30日　关于印发《祁阳县关于加强基层组织基础设施建设的实施意见》的通知

祁办发〔2015〕13号　4月30日　关于印发《祁阳县关于选派县直单位科级干部挂任镇乡办场党（工）委副书记的实施意见（暂行）》的通知

祁办发〔2015〕14号　5月20日　关于印发县委常委分工和县委、县人大、县政府、县政协领导及县直单位联系镇乡办场的通知

祁办发〔2015〕15号　5月20日　关于印发2015年县委、县政府主要工作目标任务责任分工的通知

祁办发〔2015〕16号　5月22日　关于印发《祁阳县庆祝纪念中国共产党成立94周年活动方案》的通知

祁办发〔2015〕17号　5月27日　关于印发《2015年全县办公室系统目标管理考评记分细则》的通知

祁办发〔2015〕18号　5月27日　关于印发《关于在全县县处级以上领导干部中深入开展“三严三实”专题教育的实施方案》的通知

祁办发〔2015〕19号　5月27日　关于印发《祁阳县2015年度工作目标管理综合考核实施方案》的通知

祁办发〔2015〕20号　5月27日　关于印发《祁阳县2015年重点项目建设和重点工作目标管理考核实施意见》的通知

祁办发〔2015〕21号　5月27日　关于印发《祁阳县2015年重点项目建设“百日大会战”活动实施方案》的通知

祁办发〔2015〕22号　5月27日　关于印发《祁阳县2015年“工业企业服务年”活动实施方案》的通知

祁办发〔2015〕23号　5月28日　关于印发《祁阳县2015年整治重点项目建设环境“百日攻坚战”活动实施方案》的通知

祁办发〔2015〕24号　6月8日　关于印发《2015年全县优化经济发展环境工作要点》的通知

祁办发〔2015〕25号　6月10日　关于印发《2015年6月份县级领导联系重点税源税收计划表》的通知

祁办发〔2015〕26号　6月11日　关于印发《祁阳县安全生产大检查“百日会战”活动工作方案》的通知

祁办发〔2015〕27号　6月10日　关于印发《湖南省“135”工程祁阳经开区创新创业园建设实施方案》的通知

祁办发〔2015〕28号　6月10日　关于印发《祁阳县

干部队伍执行力建设公开和考核评估暂行办法》的通知

祁办发〔2015〕29号 6月10日 关于印发《2015年祁阳县重点民生实事项目实施意见》的通知

祁办发〔2015〕30号 6月11日 关于印发《祁阳县党内规范性文件备案规定》的通知

祁办发〔2015〕31号 6月30日 关于印发《祁阳县2015年度工作目标管理综合考核个性指标》的通知

祁办发〔2015〕32号 7月7日 关于印发《祁阳县人口和计划生育层级动态管理模式实施方案》的通知

祁办发〔2015〕33号 7月10日 关于印发《祁阳县2015年新型工业化、招商引资和跑项争资工作目标管理考核实施意见》的通知

祁办发〔2015〕34号 7月14日 关于做好2015年度全县新农村建设扶持资金统筹与管理工作的通知

祁办发〔2015〕35号 7月14日 关于印发《祁阳县2015年度加快推进全面建成小康社会工作考评奖励办法》的通知

祁办发〔2015〕36号 7月15日 关于印发《祁阳县2015年禁毒工作考评细则》的通知

祁办发〔2015〕37号 7月14日 关于印发《祁阳县一般环境问题（事件）责任追究实施细则（试行）》的通知

祁办发〔2015〕38号 7月23日 关于印发《祁阳县2015年“八·一”期间拥军优属活动实施方案》的通知

祁办发〔2015〕39号 8月18日 关于印发《祁阳县创建国家卫生县城责任区域分解表》的通知

祁办发〔2015〕40号 9月1日 关于印发《祁阳县创建全国绿化模范县暨实施三年绿化攻坚行动考核办法》的通知

祁办发〔2015〕41号 9月1日 关于印发《祁阳县行政办公中心信访维稳工作规定（暂行）》的通知

祁办发〔2015〕42号 9月1日 关于印发《祁阳县2015年农村环境污染治理工作实施方案》的通知

祁办发〔2015〕43号 9月1日 关于印发《祁阳县农村环境污染治理工作考评奖惩办法》的通知

祁办发〔2015〕44号 9月8日 关于加快祁阳县普（职）高教育发展的若干意见

祁办发〔2015〕45号 9月8日 关于印发《祁阳县“名优校长教师激励工程”实施方案》的通知

祁办发〔2015〕46号 9月12日 关于印发《祁阳县党风廉政建设责任制工作领导小组主要职责、组成人员和任务分工》的通知

祁办发〔2015〕47号 9月15日 关于印发《关于持续深入推进“四风”和侵害群众利益行为整治的实施意见》的通知

祁办发〔2015〕48号 10月8日 转发中共永州市委办公室永州市人民政府办公室关于2015年永州市绩效评估实施方案和2015年县区党委政府、管理区（经开区）党委管委会绩效评估指标的通知

祁办发〔2015〕49号 7月29日 关于印发《关于落实省委巡视第七组对永州市巡视反馈祁阳县的意见整改实施方案》的通知

祁办发〔2015〕50号 10月23日 关于加强社区党建和社区建设的实施意见

祁办发〔2015〕51号 10月23日 关于印发《祁阳县农村广播“村村响”工程建设实施方案》《祁阳县直播卫星户户通工程建设实施方案》的通知

祁办发〔2015〕52号 10月30日 关于印发《祁阳县乡镇区划调整改革工作实施方案》的通知

祁办发〔2015〕53号 11月3日 关于印发《祁阳县2015年秋冬农业生产工作意见》的通知

祁办发〔2015〕54号 11月5日 关于印发《祁阳县2015年度落实党风廉政建设责

任制推进惩治和预防腐败体系建设检查考核办法》的通知

祁办发〔2015〕55 号

11 月 30 日 关于印发《祁阳县创建全国绿化模范县 2016 年绿化攻坚行动方案》的通知

祁办发〔2015〕56 号

12 月 3 日 关于印发《关于党员干部带头推动殡葬改革的实施意见》的通知

祁办发〔2015〕57 号

12 月 7 日 关于印发《2015 年 12 月份县级领导联系重点税源税收计划表》的通知

机要保密工作

【机要工作】 2015 年度，祁阳县密码工作紧紧围绕“管理规范、密码安全、网络畅通、服务优质”工作主题，确保密码和密码通信绝对安全畅通，为全县经济社会发展和社会大局稳定发挥了重要作用。被评为 2015 年度全省密码工作先进单位。2 月份，组织人事和纪检监察部门将密码小组成员单位的岗位责任制执行情况，纳入本年度领导干部政绩考核内容。3 月份，省委机要局副局长丁小平一行来祁阳调研机要密码工作，丁小平对祁阳密码工作取得的成绩给予充分肯定。4 月份，对全县普密单位进行一次全面的检查。7 月 1 日，全县收听收看了省委召开的“湖南省践行‘三严三实’好干部典型事迹报告”视频会。这次会议的顺利收听收看，标志着该县党委视频会议系统正式开通运行。是年，积极推进党政电子内网和视频会议建设。全年电子政务内网共收发文件 935 个；收听收看上级党委视频会议 5 次；共收市机电报 518 份，其中密报 143 份、明报 375 份，递发县直各单位各类密、明电报 1338 份。

【保密工作】 2015 年，制订和完善《祁阳县国家秘密载体保密管理制度》《祁阳县涉密人员管理制度》《祁阳县信息公开发布保密审查制度》等一系列保密规章制度，加大对涉密载体和涉密人员的管理力度。3 月份，下发《关于组织开展全县保密管理专项检查的通知》（祁保委发〔2015〕1 号），对全县 26 个重点涉密单位的进行检查，对 22 个一般涉密单位进行抽查，对各单位的计算机网络安全防护、涉密人员管理、密级文件阅办管理等情况进行检查。6 月，开展保密法制宣传月活动，发放资料 1000 余份，印发保密宣传挂图 300 份，悬挂横幅 30 余幅，编辑保密短信提醒 10 次。在高考、中考、学考、事业单位招考中，派人全程参与试卷的保密监管，共抽查试卷保密室 8 个，派人参与动员教育 4 次，现场指导检查 6 次。10 月，对全县各单位的涉密载体进行回收，共回收涉密载体 3 吨。11 月，对全县 8 家快递公司的所有快递单据实行统一回收，共回收快递单据 46 袋。12 月，下发《关于开展保密工作检查的通知》（祁保委发〔2015〕2 号），对全县 25 各镇乡办场和 120 个县直单位开展保密工作年终检查，对涉密单位的保密专干配备、涉密设备以及密级文件、规章制度等情况进行检查。省国家保密局局长熊建勇一行来永州调研，对祁阳贯彻落实《中华人民共和国保密法》和《实施条例》情况给予高度评价。

（欧阳素文）

组 织 工 作

【“三严三实”专题教育】 祁阳县坚持“三勤三要”（勤学习、勤自省、勤为民，要忠诚、要干净、要担当），践行“三严三实”（严以修身、严以用权、严以律己，谋事要实、创业要实、做人要实）要求，戒松守严、求真务实。以县委书记讲党课形式启动“三严三实”专题教育，县“四大家”及其他县处级以上领导干部都带头讲了一次党课。其中县委书记魏湘江所上党课《坚持“三勤三要”#践行“三严三实”》被推荐上传到湖南省红星视频网站。全体县级领导围绕“严以修身”“严以律己”“严以用权”三个主题开展学习研讨，收到了良好效果。在祁阳新闻网开辟“三严三实”专题教育栏目，严格制订《祁阳县处级领导干部“三严三实”专题教育实施方案》和《中共祁阳县委常委会“三严三实”专题教育实施意见》，并按照“一月一安排、一调度、一总结”的要求，狠抓专题党课、学习研讨、民主生活会、整改落实等工作的部署和筹备工作，共开展“践行三严三实·重温入党誓词”专题红色教育活动2次，召开工作安排会12次，审签文件、通知18个、简报6期，制订相关后续整改和深化改革制度16项。

【专项整治】 严明领导干部选拔任用和机构编制纪律，加大“三超两乱”专项整治工作，积极有效地整改“三超两乱”问题，全年共消化超职数科级领导干部9名、科级非领导干部105名。坚持调整不适宜担任现职干部，对不严格遵守党的政治纪律和整治规矩、理想信念动摇、组织领导能力较差、庸政懒政等9种不适宜担任现职领导干部的情形作出明确规定，推进调整不适宜担任现职领导干部工作常态化制度化，并综合运用分类定级考核、执行力考核、绩效考核、机关股室“满意不满意”测评等结果，对4名科级领导干部予以免职。继续巩固党的群众路线教育实践活动成果，持续抓好“四风”问题和侵害群众利益行为专项整治，共下发通报6期，发现并查处典型事例61起，免职6人，通报批评16人，停职待岗3人，辞退1人；查处村社干部违法违纪行为案件32起，涉案金额20.3万元。同时，严查教育乱收费行为，清退学生伙食费8万余元。积极配合省委巡视组，主动衔接协调有关部门限时办理涉及选人用人领域工作79件。认真开展基层干部不作为、乱作为等损害群众利益问题专项排查整治，清查基层干部不作为、乱作为、贪腐谋私、执法不公等四类问题951个，已全部整改到位。对执行政治纪律和政治规矩等6大纪律31项整治结果，在祁阳新闻网等媒体进行通报。

【干部队伍建设】 扎实开展干部考察考核工作，积极配合完成市管干部、县管干部的年度考核工作，先后对试用期干部、新录用公务员、选调生等38名干部进行转正考察和任职考察。狠抓干部队伍执行力建设，成立了由县委魏湘江书记任组长的县委加强干部队伍执行力建设领导小组，制订下发《中共祁阳县委关于加强干部队伍执行力建设的意见》《祁阳县干部队伍执行力建设公开和考核评估暂行办法》等执行力建设文件，认真做好县委书记、县长工作实绩考核和县“四大家”班子成员及法、检“两长”执行力考核工作，并对县直单位和镇乡办场的领导干部进行执行力考核。建立实绩考核评价体系，对县内各单位的目标责任、领导班子、领导干部进行“三位一体”的分类定级考核，对正科以上单位和领导干部进行分类定级考核。强化考核结果运用，将执行力和分类定级考核结果作为领导班子建设和领导干部选拔任用、教育培养、管理监督、激励约束的重要依据。严格选人用人标准，坚持“德才兼备、以德为先”的用人导向，全年共提拔重用41名优秀干部，推荐交流1名正处级干部、3名副处级干部，并向市委推荐提拔处级干部4人。创新干部培养模式，不断拓宽干部教育培养和实践锻炼的渠道，县委创新推行乡镇办场党（工）委副书记挂职工作，出台《祁阳县关于选派县直单位科级干部挂任乡镇办场党（工）委副书记的实施意见（暂行）》，从县直单位选派17名年轻科级干部在乡镇挂职副书记，3名在园区挂职班子副职。科学有序推进干部交流，全年共对安监局、市管局、羊角塘、大村甸、白水、八宝等11名县直单位、乡镇（街道办事处）主要领导进行岗位交流，增强了干部队伍整体活力。紧紧围绕学习贯彻习近平总书记系列讲话和党的十八届三中、四中、五中全会精神，扎实推进干部教育培训工作，充分发挥县委党校在干部培训中的主阵地作用，全年在党校举办各类培训班 19 期，培训各级干部 4500 余人次。同时，全年共选派 21 名县处级干部、37 名科级干部参加省、市委党校或高等院校的培训，全面完成上级组织部的干部调训任务。认真开展领导干部经济责任审计工作，全年共组织实施经济责任审计项目 33 个。加大群众信访举报核查力度，共受理反映干部作风等违纪违规事项 5 起。坚决遵守干部选拔任用工作预审制，杜绝“带病上岗”“带病提拔”发生，并出台《关于规范中层干部选拔工作实施意见》，切实加强对中层干部选拔任用工作的监督。认真做好干部信息档案工作，对各类档案材料进行收集归档，对各类数据库及时维护更新，开展干部档案专项审核工作，干部档案管理进一步规范化。严格完善登记备案人员信息库和因私出国（境）证件集中保管工作，共督促收集保管全县科级以上干部因私出国（境）证件 429 本，注销 10 本。积极做好人才及科技特派员工作，全年共派科技特派员 33 名（市 5 名、县 28 名）。

【服务型党组织建设】 完善“书记抓、抓书记”的党建责任体系建设和“联述联评联考”制度，认真开展党组织书记党建专项述职测评和基层党建工作责任制项目化考核。注重顶层设计，制订出台《中共祁阳县委关于落实从严治党责任加强基层党建工作的决定》（祁发〔2015〕1 号），配套制订 9 个配套子文件，形成全县基层党建“1+9”格局，全力实施基层党建“2345”工程，不断将人力、物力、财力等关键要素向基层倾斜。运用新媒体将党建工作与县委“333”战略等中心工作深度融合，构建了“一个智慧党建信息平台，手机、电脑两大功能服务载体，县、镇、村、党员群众四级联动”的“124”智慧党建工作体系，建立“智慧党建”信息平台、微信党建工作群，做到日日提醒、时时督促，增强基层党建工作的主动性和自觉性。基层软弱涣散党组织整顿工作也成效明显，对祁阳县 886 个基层党支部进行分类定级，通过落实“一村一策、派驻工作队、选派第一支书、建强村党组织”等措施，整顿提升软弱涣散村党组织 260 个，强力推动整改。全县调整软弱涣散重点村的党组织书记 10 名，并对全县 79 个软弱涣散村党组织选派了第一支书，整治村务财务公开和民主管理混乱党组织 16 个，整治治安问题和信访矛盾集中党组织 8 个，整治宗族宗教势力干扰党组织 14 个。以“打造一个平台、发放两张卡片、印制三本手册”为主要内容的“123”便民服务新模式，得到省、市调查核实组领导的充分肯定。进一步规范发展党员工作，严把党员入口关，改善党员发展结构，全县共发展预备党员 400 名，审核转入党员 107 名，查处违规入党 12 名。注重“红星视频”学用的实际效果，全力做好技术支撑和设备保障，全年共实现 60 个远教站点设备的更新换代，通过网络排查、实地考察等途径解决疑难问题 80 余次。组织全县党员订阅“共产党员”微信、易信，总订阅人数超过 7500 人，为全县 1268 个党支部开通“党员 E 信通”，覆盖全部农村党组织和大部分县直单位党组织。2015 年 6 月，祁阳县新建的“祁阳组工网”和“陶铸纪念馆网上展览馆”开通上线，广受好评。其中，陶铸纪念馆网上展览馆被永州市委组织部推荐为永州市五个网上展览馆之一。注重从农民中培养高层次人才，全年按照“农民大学培养计划”共招生农民大学生 60 人。加大党员电教宣传力度，拍摄制作了文艺片《祁剧小戏〈村官〉》，典型事迹片《留守》等课件，其中，《留守》在永州市第六届党员教育电视片观摩交流活动中荣获得一等奖。全面加强大学生村官队伍教育管理，对大学生村官在结对帮带、培养使用、借调借用、工作纪律等

7个方面进行了明确规范。在非公经济组织中，推行以“搭好一个台、唱好一出戏、举好一面旗”为主要内容的“搭唱举”工作法，非公党建活力明显增强，其中，宏泰铝业公司党支部、环兴公司党支部被评为“湖南省创先争优先进基层党组织”，鑫利大酒店党支部被评为“湖南省非公有制经济组织先进基层党组织”。庆“七一”活动精彩纷呈，“七一”期间，祁阳县表彰“50个先进基层党组织、100名优秀共产党员、50名优秀党务工作者”，并从中筛选出“三十佳”（十佳基层党组织、十佳共产党员、十佳党务工作者），予以嘉奖。

【村级活动场所“清零”】 祁阳县将村级组织活动场所建设工作，列入2015年重点工作和县委一号文件，层层签订责任状。县委组织部一周一调度、半月一督查、一月一通报，对村级组织活动场所建设实行不定期巡回督查、指导。各镇乡办场采取严格的奖罚措施和督查机制，强力推进村级组织活动场所建设。其中，下马渡镇、七里桥镇、茅竹镇等镇实行“四定”“三包”工作法，即定时限、定人员、定责任、定奖惩，包分片、包任务、包质量，强力推进工作进度。黄泥塘镇、文明铺镇、文富市镇等将村部建设与镇村干部任用及年度报酬挂钩，并实行诫勉谈话机制，对进展缓慢的村支书进行约谈。全县共投入资金5735多万元，其中村民自筹3580万元，财政奖补2155万元。现已全面完成“清零”任务465个，其中，新建397个，购买34个，修缮34个，祁阳808个行政村全都有了固定的活动场所。

【党建述职评议】 为贯彻“党要管党、从严治党”和“抓党建是最大政绩，抓党建是第一责任”的要求，中央、省、市都开展党委书记2015年度履行基层党建工作责任述职评议大会，县委魏湘江书记在全市县（区）委书记履行基层党建工作责任述职评议中调查核实、党建民调、现场述职、综合排名四项均获第一。为检验各乡镇办场党工委书记一年来履行党建工作责任制的工作情况，祁阳县召开乡镇办场党（工）委书记履行基层党建工作责任述职评议大会，各乡镇办场的23名镇乡办党（工）委书记就2015年度履行基层党建工作责任集中公开述职，接受述职评议。述职评议会采取各乡镇办场党（工）委书记述职、群众提问、县委书记点评的方式一轮一轮进行。述职中，各乡镇办场党（工）委书记开诚布公，在8分钟规定时间内亮工作、找差距、析原因、明措施；述职报告现状清楚、问题清晰、整改措施明确。述职后，与会的“两代表一委员”和基层党员群众代表轮番上阵提问，涉及的问题广泛而集中，主要包括基层党建责任落实、投入保障、队伍建设等内容。县委书记魏湘江对各乡镇办场党（工）委书记基层党建工作履职情况逐一进行点评，点评具体到位，说成绩恰如其分，点问题正中穴位，提整改直指要害。随后，120多名与会人员对各乡镇办场党工委书记的述职情况进行打分，并当场晒成绩、排名次。基层党建工作抓得好不好，由群众说了算。

【自身建设】 坚持从严治部，着力打造“讲党性、重品行、作表率”的组工干部队伍。切实转变转作风，进一步完善了《组织部机关管理制度汇篇》，内部管理更加规范积极推进学习型机关建设，营造浓厚的学习思考之风，全年在各类党报党刊上稿82篇，其中，《强化党建引领、助力精准扶贫》《祁阳聚焦“严以修身”助党员干部练“内功”》等文章被《湘组研究》等刊物编发，部机关主持的《构建干部能上能下科学机制问题研究调研报告》获市委组织部2015年组织工作“一部一题”重点课题调研一等奖。积极开展结对帮扶、精准扶贫，组织部机关全体干部深入下马渡镇水冲村开展“一进二访”活动，为贫困户送去慰问金并帮其脱贫致富。

宣传思想工作

【概况】 2015年，县委宣传部按照市委、市政府的总体部署和市委宣传部的工作要求，结合全县实际和县委、县政府的具体要求，深入学习贯彻习近平总书记系列重要讲话精神，坚持围绕中心、服务大局，紧紧围绕“四个全面”战略布局、市委“四个三”工作部署和县委“333”战略，极力推进全县宣传思想文化工作。在2014年重创省级文明县城成功的基础上，相继启动全国文明卫生城市、园林城市、智慧城市、绿化示范城市、海绵城市等创建活动，启动“撤县设市”工作，开展一批“文明卫生单位”“园林小区”“园林单位”等评选活动，成效显著。指导推荐光明社区为省级文明社区，黎家坪综合市场为省级文明市场，县交警大队窗口为省级文明窗口单位；指导推荐县政府办机关等6个单位为市级文明单位(镇、社区)；指导评选县房产局等10单位为县级文明单位。推选王祁平、江波、曹冬生等参与全国、省市道德模范评选。推选张银花、杨欣然等优秀学生参与全市美德少年评选。内下管理局工人王国强荣获全国劳动模范，蒋有名、蒋新平、谭宝联等3人荣获省级劳动模范，刘燕、唐建国等8人荣获市级劳动模范。文艺创作表演成果丰硕。县祁剧团编排的大型现代祁剧《浯溪兄弟》参加湖南省第五届艺术节优秀剧目展演，县祁剧团获得全国优秀基层院团荣誉。《梦洒花山》被评选为全国“歌唱花山·助力申遗”原创歌词大赛二等奖作品。摄影作品《上甘棠风光》在湖南省摄影创作高级研修班竞赛中被湖南省群艺馆评为一等奖作品，《莫归》被评为优秀奖作品。祁阳县“欢乐潇湘”群众书法、美术、摄影活动共收集作品200多件，选送节目参加省市比赛，获市级一等奖3个，市二等奖9个，市三等奖8个。其中摄影作品《怀旧叙新》获省摄影组二等奖，书法作品《古文》获省书法组二等奖，小品《选择》获得湖南省艺术节曲艺类银奖。在永州市第三届少儿音乐、舞蹈大赛总决赛中，选送节目获得一个金奖、一个银奖和五个铜奖的优秀成绩。

【意识形态管理】 祁阳县各级党委（党组）坚持党管宣传、党管意识形态，将意识形态工作纳入党委重要议事日程，将意识形态工作纳入理论学习中心组必学内容，将意识形态工作情况纳入党员领导干部考核的重要内容，建立健全一把手负责机制，着力构建党委统一领导、党政齐抓共管、宣传部门组织协调、有关部门和地方分工负责的工作机制，切实掌握工作的领导权和主动权，确保对意识形态工作的有效掌控。按照“谁主管、谁负责”和属地管理原则，对各级各部门、各街道、社区和企事业单位组织的各类讲坛、讲座、培训、报告会进行报告备案，严格规范全县各级各类讲坛讲座。严格执行全县新闻宣传由县委宣传部统一协调、统一扎口管理制度，规范做好新闻发布、信息通报和媒体接待、协调工作，确保全县所有新闻发布统一出口、统一声音。完善网络舆情引导监控和处置机制，密切监管网络舆情；加强网络信息管理员队伍建设，优化舆情信息员队伍，不断提高信息员的素质和能力。充分发挥户外广告、电子屏、宣传橱窗、横幅等宣传载体作用，加大形势政策教育和主题宣传。

【新闻宣传管理】 祁阳县新闻宣传管理坚持以中国特色社会主义理论体系为指导，全面贯彻落实党的十八大和十八届三中、四中、五中全会精神和习近平总书记系列重要讲话精神，积极宣传县委战略思想，推进县委战略部署，自觉服从和服务于县委中心工作和重点工作。坚持团结稳定鼓劲、正面宣传为主的方针，把握正确的舆论导向，遵循客观、准确、及时、实事求是的原则，严格落实新闻报道报告制度、新闻报道审核制度、新闻宣传纪律和保密规定，不断提升和扩大全县对内对外的影响，实现新闻宣传工作的法制化、科学化、规范化管理，形成全员参与、多方协作、上下联动、各负其责的大宣传格局。祁阳新闻网（红网祁阳分站）实现改版上线，新的祁阳新闻网版面更加清晰、简洁，网民吸引力迅速提升。通信员投稿及上稿数量突飞猛进，全年祁阳新闻网上稿六千余条，国家省市知名网站上稿三千余条，祁阳的知名度进一步提升。新媒体建设异军突起。目前，祁阳县官方微信公众号“中国微祁阳”，共有关注人数达两万人，成为继祁阳新闻网、祁阳手机报之后的又一大宣传媒介。在湖南省政务微信排名中，中国微祁阳稳居前二十位。县广播电视台采取“县城广播电视事业多向发展”“农村广播电视事业加速发展”和“无线数字电视继续稳步平移推进”等多种措施，有力推动祁阳电视事业稳健发展。完成50%乡镇站农村有线数字电视平移改造工作；新发展及平移农村无线数字电视用户20982户；县城有线基本用户新增1379户，宽带用户新增897户，高清客户新增1116户；恢复重建祁阳人民广播电台，开通“祁阳新闻”微信公众号平台。全年共播发《祁阳新闻》和《一周要闻》365期，《政法在线》52期，播发图象新闻稿件2860篇。全年在中央台上稿1条，在湖南卫视新闻联播上稿23条，在市台上稿282条，稳居全市县级台前二。连续三年荣获湖南省广播电视台优秀联通集体，荣获全市先进通联集体和创优工作先进集体。

【理论学习宣传】 理论学习力度进一步加强。全年县委学习中心组围绕“三严三实”专题教育实践活动、十八大及十八届三中、四中、五中全会精神和习近平总书记系列重要讲话，集中学习12次，先后邀请国务院法制办处长阎东星，省安委会办公室副主任、省安监局副局长李大剑，全省创新创业先进典型报告团，省委讲师团副主任、教授谭跃湘，省食品安全审评认证中心主任蒋小平，市委统战部副部长、市侨联党组书记邓晓明，市委党校副校长、副教授黄燕等学者型领导到祁阳专题讲座，县委书记魏湘江亲自为全县领导干部上“三严三实”专题党课。做好中心组学习督查。明确学习要求，起草《全县理论工作暨党委（党组）中心组学习安排意见》，对全年中心组学习作出整体规划，指导全县各部门各单位党委中心组集中学习。健全学习制度，建立健全学习调研制度、中心组学习考核督查制度、领导干部述学评学考学制度等，把学习情况纳入干部述职评议和年度目标管理绩效考核的重要内容。强化学习督查，对县直各单位的学习情况进行指导、抽查，促进各部门单位的党委中心组学习，强化信息报送和理论调研文章撰写督查。定期组织举办全县党委（党组）中心组学习秘书和学习型党组织建设知识培训，利用QQ群等学习服务平台，指导广大学习秘书和各中心组的学习。县委学习中心组以“党的群众路线教育实践活动”和“转变政府职能”为主题，开展专题调研，撰写调研报告120多篇，有30多篇发表在各类刊物上。认真组织全县广大干部职工参加先进事迹巡回报告会，激发全县广大党员干部学习先进、自觉践行群众路线的积极性和主动性。积极组建宣讲团入乡镇、街道社区和校园进行党的十八大、十八届三中、四中、五中全会精神和习近平总书记系列重要讲话精神的巡回主题宣讲，精心组织“四中全会精神进基层”和“讲话精神进基层”百姓微宣讲活动，其中，祁阳小调《找靠山》主题鲜明，形象生动，唱词风趣，深得百姓喜欢，在全县各地上演几十场，并被制作成视频，参加全省四中全会精神微宣讲评选活动，在省红网播出。扎实推动中国特色社会主义和中国梦的宣传普及，把《习近平谈治国理政》《法治热点面对面》《党委中心组学习专辑——学习习近平总书记系列重要讲话专辑》作为党委中心组学习的必备教材。在全县领导干部中开展学习习近平总书记系列重要讲话“微心得”评选活动。其中，县领导魏湘江、周新辉、宋振平、黄赞校等的学习微心得均在《永州宣传》头版刊出。

【舆论监督引导】 2015 年，全县着力加强舆论监督引导工作，健全完善突发公共事件新闻应急处理工作流程图和重大网络舆情应急处置工作流程图，增强复杂情况下舆论监督引导的能力和水平，建立健全涉祁重大舆情直报机制，坚持24 小时舆情监督值班制度，加强与部门、乡镇的联系和网评员队伍建设，全面关注祁阳网络舆情信息及时有效地把握和应对敏感信息，及时发布各类舆情的第一手消息和官方处理结果，使得舆情的发展都在掌控之中，做到“第一时间发现知晓、第一时间评估研判、第一时间应对处置”。对网民在论坛、微博、微信等各种网络媒体上发布各类负面信息都进行了积极的引导，进一步加强网上正面宣传，让更多的主流舆论和正面信息在网上传播，努力营造清朗明净的网络空间。对网民的咨询求助进行答疑解惑，把敏感舆情始终控制在萌芽状态。舆情监管成效明显。全年共转交办理各类涉祁舆情 264 条，未发生一起重大网络舆情事件。确立舆情专人专管制度，祁阳县被确定为“省委舆情信息直报点”，全年上报省委舆情信息处舆情信息280 余条，在《湖南宣传》《湖南宣传动态》上稿 4 篇，上稿量在全省各县中居第二名；在《永州宣传》上稿 13 篇，为永州市第一名。

【对外宣传工作】 新闻宣传工作有新突破。新闻上稿有突破。全年在《湖南日报》上稿 39 篇，其中头版头条 2 篇，市州新闻版头条 6 篇；在《永州日报》上稿 725 篇，其中头版头条 15 篇。在《人民日报》《农民日报》《中国教育报》等中央主要纸媒上稿 13 条，在中央电视台上稿 4 条；在湖南电视台上稿 50 条，在永州电视台上稿 280 篇。对外宣传有创新。重点做好全县“333 战略”、创国卫、创森创绿等中心工作的宣传报道。湖南电视台、《湖南日报》、永州电视台、《永州日报》等省市主要媒体记者多次到祁阳采访，发表一批高质量的新闻稿件。祁阳广播电视台、祁阳新闻网、祁阳手机报等县内媒体开辟专栏专题对祁阳“333 战略”、创国卫、创森创绿工作做了大量宣传报道工作。举办新闻报道竞赛活动。经县委常委会研究同意，特举办“写祁阳，赞祁阳”为主题的祁阳大宣传新闻报道竞赛活动，活动评出一等奖 2 名、二等奖 5 名、三等奖 10 名、优秀奖 20 名，推动全县新闻宣传工作提质上档。举办新闻通信员培训班，提高新闻上稿奖励标准。全县于 7 月中旬举行一期新闻通信员培训班，提高新闻宣传人员的写作报道水平。同时，为进一步加强祁阳县在中央、省、市级主要媒体上稿工作，切实提高祁阳的知名度和美誉度，扩大祁阳的对外影响力，从 2015 年 1 月起，对全县各镇乡办场、县直各单位在中央、省、市级主要媒体上稿工作实行目标管理，对正面宣传报道祁阳的重要稿件予以重点奖励。省市主要媒体对祁阳经济社会发展情况进行专版专题报道。如《湖南日报》对祁阳县经济社会发展成就进行系列重点报道，对全县新型工业化、依法治县、教育、农业开发、交通、民政等工作进行专题宣传报道。《湖南日报》还以《百姓才是头上天》为题对祁阳经济社会全面发展的有关情况进行专版宣传推介。配合做好《人民日报》、中央电视台、新华社、《中国青年报》《法制日报》等央媒和《香港商报》到祁阳进行专题采访报道。中央媒体在做好专题报道的同时，也对全县经济社会发展有关情况进行宣传推介，提高祁阳的知名度和美誉度。如《人民日报》对县“股室测评工作”进行正面宣传报道。以《祁阳奏响新农村建设新乐章》为题对祁阳新农村建设取得的辉煌成就进行专版宣传报道。全面落实市委宣传部“四个一”工作，即推出一个介绍祁阳发展和文化底蕴的宣传片、一套《锦绣潇湘·祁阳发现》摄影作品集、一本推介祁阳文化旅游的《品读祁阳》书籍和一张歌唱祁阳的音乐专辑。

（黄文兵）

统战工作

【“同心乡村”创建工作】 3月，选择观音滩镇八尺村作为“同心乡村”创建示范点。引导非公经济代表人士、党外专家以产业联村、项目带村、智力扶村、捐助帮村等形式，帮助改善村级组织活动场所等硬件设施3处，帮助开展农业技术培训5次，就业创业服务100余人次，为村民提供就业岗位12个。引导广大统战成员积极参与“牵手农户”、扶贫济困、回报社会感恩行动等结对帮扶关爱活动，开展扶贫帮困、法律援助、送科技、送文化、送健康、送法律等服务活动13次，村内特困家庭、特困学生帮扶率达80%以上；组织开展同心志愿者服务活动4次，开展走访慰问活动3次，组织非公企业为村里“同心书屋”捐赠法律、科技、文化等方面的图书1000余册。组织祁阳县中西结合医院和伍氏眼科医院医疗专业人士成立“同心乡村”义诊服务小组，开展“同心·健康行”送医送药下乡、医疗咨询、免费体检等活动4次，提供部分优惠或免费药品4000余元，为1000余名群众建立健康档案，为育龄妇女130人提供生殖健康知识培训和免费生殖健康体检。

【社会组织统战工作】 5月，召开全县社会组织统战工作试点中期经验交流会，明确28个单位为深化推广阶段试点社会组织，每个单位都制订实施方案，摸清统战对象底子。选送湘南旅游学校和伍氏眼科医院等2个社会组织代表人士参加全省社会组织统战工作培训班学习。组织社会中党外代表人士100余人参观县经济开发区重点项目建设情况，增强服务社会、服务发展的信心。7月，统战部牵头与县民政局、县劳动社保局、县卫生局、祁阳伍氏眼科医院共同举办祁阳县关爱老兵庆“八一”同心光明行慈善活动，免费援助治疗有眼疾的老兵100名。积极开展联谊交友活动，与祁阳中西医结合医院联谊结对，每名统战干部与5名以上社会组织负责人和党外代表人士联谊结对，实行一帮一、一带多方式，通过联谊交友和开展社会公益活动，增强统战部在社会各界的凝聚力，提升社会组织自身品牌的美誉度，打开社会组织统战工作新局面。华容县委统战部率团来祁阳学习社会组织统战试点工作经验。祁阳县社会组织统战工作试点经验在《中国统一战线》杂志2015年第2期上刊登，向全国推介。

【实施“双百·党外人才计划”】 结合全市“五个一百党外人才计划”实施方案，组强实施“双百·党外人才计划”，将工商联组织、统一战线有关团体、宗教团体主要负责人和无党派代表人士100人，党外副科级领导干部及后备人选100人，纳入“双百·党外人才计划”，夯实党外代表人士队伍基础。

【“统战+1”精准扶贫】 4月，把观音滩镇八尺村和文明铺镇新塘角村作为“统战+1”精准扶贫主战场，引导全县统战系统各单位及无党派代表人士、非公经济组织、社会组织、祁阳籍外地商人、党外各类专家、学者、专业技术人员等统战成员参与精准扶贫，探索“统战+1”精准扶贫新模式。开启“统战+1”精准到人的雨露计划、精准到户的摘帽计划、精准到项目的“双六计划”，主要资助贫困学生、摘除贫困帽子、培育致富产业，实现扶贫方式大转变，带来脱贫致富新气象。“统战+1”精准扶贫工作内容在《湖南日报》《湖南统一战线》《中国统一战线》等杂志刊发。并被省委统战部推荐参加中央统战部实践创新优秀成果评选。

【招商引资】 发挥统一战线人脉优势，招商引进祁阳县小哈弗幼稚园，投资3000多万元，缓解了祁阳县西城区幼儿教育的压力。引进湖南众信中成药有限公司在经开区投资4000万元拟建中成药生产线。

（陈攀）

对台工作

【排忧解难】 2015年，县台办与祁阳经开区、劳动局、各乡镇等部门配合，多次举办招聘会，鼓励在外务工人员回祁阳工作，为招商引进的台资企业解决用工难题。同时还为台胞台属解决生活中实际困难20余个，其中协助6位台胞每人每年争取生活补助3200元；协助龚家坪镇出生的“大陆新娘”何冬梅与台南市台胞陈荣富所生女孩陈美菁户口迁往台湾的相关事宜；协助办理“大陆新娘”张玉良与祁阳亲人关系公证文书，与社保部门协调简化其每年须回祁进行养老金年检的手续；协助台属唐建国为在台已故亲人（叔叔唐广）骨灰迁回祁阳安葬协调各方面关系；协助台属戴廷干处理在台逝世父亲戴才惠的相关事宜和台属柏海波处理在台逝世外公邓仲明的相关后事等。

【对台交流】 利用春节、清明、中秋等传统节日，通过走访慰问和召开座谈会的方式，不断增强与台胞、台属和台商的感情交流。除在中秋节期间专门宴请所有在祁阳投资的重要台商和台干外，还通过各种方式邀请岛内台胞到祁阳探亲访友、参观考察。7月26日，接待来自台湾文化大学的郭永兴博士和李孔智教授到祁阳开展课题调研；10月20日，接待来自境内外的50多位台商赴祁阳参观考察活动。

机关党建工作

【概况】 2015年，县直属机关委员会设书记1人，副书记1人，纪委书记1人，有党委委员8人，其中兼职委员5人，有纪委委员5人，其中兼职委员4人。辖县直机关基层党组织451个，其中局（台、处、院）党委13个，机关党委7个，党总支部25个，党支部406个，共有党员8092人，其中女党员1533人。

【基层组织建设】 认真落实党建工作责任。坚持将党建工作摆在重要位置，全面落实“一把手”抓党建工作职责，将县直机关基层党组织班子建设、党员教育管理、发展党员、党费收缴等工作纳入全县党建工作责任制考核范畴。年初下发《2015年县直机关党建工作要点》，做到早计划、早安排，层层分解任务、落实责任，平时加强走访督查，确保党建工作年初有计划、平时有检查、半年有小结、年终有考核。切实抓好基层组织班子建设。建立基层党组织换届选举台账，及时督促县直机关做好党组织成立、换届、调整等工作。2015年，审批新成立党支部3个，撤销党支部1个，完成换届改选的党支部38个，经考察，调整、充实班子成员78人。扎实开展整顿软弱涣散党组织工作，按照“一支部一策”的要求，分类施策、同步推进，全面完成县直机关15个软弱涣散党组织的整顿工作。经调研，呈报县委同意，批准祁阳一中、县职业中专、县中医院等三个党总支升格成立党委。建立健全党建工作制度。严格落实“三会一课”制度，健全党建工作量化考核、党员教育管理、党内选举、组织生活会、民主议事、党务公开、任期目标责任制等各项规章制度，真正达到用制度管人、用制度管事的目标。建立党内关怀机制，年初县财政安排5万元预算作为党内关怀资金，截至2015年年底，已帮扶患重大疾病（伤害）的困难党员23人，帮扶金额2.06万元。全面强化基层党建工作保障措施。认真贯彻落实县委1号文件精神，督促县直单位按要求配备专职党务干部、按标准安排基层党组织活动经费，确保基层党建工作有序开展。认真落实党建工作责任。坚持将党建工作摆在重要位置，将县直机关基层党组织换届、发展党员、党统、党费收缴等工作纳入全县党建工作责任制考核范畴。

【党员教育管理】 认真学习宣传贯彻党的十八届四中、五中全会精神。将学习宣传贯彻党的十八届四中、五中全会精神作为首要政治任务，在县直机关迅速兴起学习宣传热潮，实现了十八届四中、五中全会精神学习宣传在县直机关党组织、党员、基层群众上的全覆盖。积极抓好党员经常性学习教育。安排部署创建“学习型党支部”活动，充分利用中心组学习、支部集中学习、组织生活会和集中上党课等平台，在党员中掀起了新一轮学政治理论、政策法规、业务知识的热潮。同时，积极抓好县直单位党组织党员冬春训与民主评议工作。加强入党积极分子的培养和培训。5月，举办县直机关入党积极分子培训班1期，培训县直单位入党积极分子121人，并对培训对象统一进行闭卷考试，发放结业证书，确保培训效果。县财政将机关党员教育经费纳入年度预算，2015年预算经费达10万元。

【党员队伍建设】 积极开展庆“七一”党建活动。直属机关党委于7月2~6日，在祁阳一中体艺馆成功举办县直机关庆“七一”第二届“中福在线杯”气排球比赛。本次比赛共有县直机关基层党组织的58支球队参赛，共进行159场比赛，参赛的领队、教练员和运动员共计700余人。比赛共决出一等奖1名、二等奖2名、三等奖5名，优胜奖8名，以及优秀组织奖、精神文明奖各3名，取得了运动成绩和精神文明的双丰收。

认真做好县直机关发展新党员工作。考察县直机关发展对象68人，并于7月29日组织发展对象进行党的基本知识集中闭卷测试。经严格考察和党委集体研究，批准发展预备党员68人。7月30日，组织县直机关68名预备党员在浯溪碑林（陶铸故里）风景名胜管理处陶铸铜像前举行集中宣誓仪式。经组织预备党员进行集中培训和考察，审批县直机关转正党员62人。

督促抓好“一平台三活动”党建工作。按照县委“1+9”文件的部署和要求，认真督促县直机关抓好智慧党建信息平台、党建实事承诺“排行榜”活动、党建网格“心连心”活动、党建创新“大比拼”活动和党员民主评议以及处置不合格党员工作。在县直单位创建5个县级以上党建工作示范点和1个党员教育示范点。积极参加市直机关工委组织的活动。10月28日至11月1日，永州市直工委举办2015年全市机关气排球比赛。直属机关党委从县直抽调运动员组建一支12人的代表队参赛。夺得县区组三等奖（第四名）。

【勤政廉政工作】 扎实开展党的群众路线教育实践活动“回头看”。督促县直各单位党组织认真组织教育实践活动后续整改工作，扎实开展“回头看”，针对存在的问题，制订整改措施，建立整改台账，完善相关制度，部署整治行动，狠抓整改落实，取得了初步成效。大力改进机关作风。按照“三严三实”的要求，围绕改“四风”、转作风，从“强化群众观念、增强服务意识、规范从政行为、解决突出问题、严格督促检查”入手，着力加强机关作风建设，树立县直机关为民、务实、清廉的良好形象。全面深化党风廉政教育。进一步加大机关廉政文化建设力度，深入开展党性党风党纪教育，有针对性地开展示范教育、警示教育和岗位廉政教育，引导机关党员干部在遵守党的纪律和廉洁自律上做表率。积极推进基层党内民主。积极推行党员定期评议基层党组织领导班子成员制度，全面落实“三会一课”，提高基层党组织议事决策科学化、民主化水平。继续搞好党务公开栏建设，进一步深化党务公开工作。

（黄玉彬　黄国荣　曹宏满）

机构编制工作

【机构编制管理】 2015年，为强化机构编制管理，出台《关于在全县机关事业单位实行人员编制与经费预算联合管控的通知》（祁编办发〔2015〕5号）文件，实现经费预算与人员编制挂钩，进一步严肃机构编制和财政工作纪律。坚决落实控编减编工作，制订《祁阳县控编减编工作方案》，确保到2017年年底全县编制只减不增。进一步加强实名制数据库的完善、维护和管理。对实名制数据机构及人员信息进一步进行完善，确保机构及人员信息的完整及准确，保准实名制管理的动态化与常态化。

【机构改革】 为进一步规范机构设置，加大机构和职责整合力度，理顺职责关系，2015年全县积极稳妥推进县政府职能转变和政府机构改革工作。县政府机构改革后，设置24个工作部门：政府办公室、发展和改革委员会、科技和经济信息化委员会、教育局、公安局、监察局、民政局、司法局、财政局、人力资源和社会保障局、国土资源局、住房和城乡规划建设局、交通运输局、农业委员会、水利局、林业局、商务和粮食局、文体广电新闻出版局、卫生和计划生育委员会、审计局、环境保护局、市场和质量监督管理局、统计局、安全生产监督管理局、城市管理行政执法局、人民防空办公室。（县监察局与县纪律检查委员会机关合署办公，列入政府工作部门序列，不计入县政府机构个数；县人民防空办公室既是县国防动员委员会的常设办事机构，也是县人民政府防空工作主管部门，列入县政府工作部门序列，不计入县政府机构个数）

【行政审批制度改革】 各级各部门以职权法定、简政放权、便民高效、公开透明为原则，按清理上报、审核论证、政府审定、批准公布的步骤，抓紧完成对行政审批职权的清理，进一步清晰界定职责职权、准确把握权限内容，健全权力运行制度。全年清理并公布行政许可项目233项、非行政许可审批项目19项、年检项目34项、其他管理服务事项60项。调整行政审批事项2项（其中取消1项，承接市卫生局下放行政许可1项）。对县直54个行政执法单位的行政职权及行政执法依据、权力运行流程在进一步梳理审查中，将在过去编印的《祁阳县行政职权汇编》的基础上进一步完善和细化，及时向社会公示，接受社会监督。

【事业单位分类改革】 坚持政府机构改革与事业单位分类改革相协调，对承担行政职能的事业单位，将其行政职能划归相关行政机构或转为行政机构，全县共将15个事业单位的行政职能予以划归调整，初步划分行政类事业单位18个，公益一类事业单位489个，公益二类事业单位127个，经营类事业单位11个，撤销事业单位16个。

【事业单位登记管理】 县事业单位登记管理局创新工作思路，规范操作程序，严把登记质量关，强化监督检查，使全县事业单位登记管理工作逐步迈上规范化、制度化、科学化的发展轨道。按照《事业单位登记管理暂行条例》和《事业单位登记管理暂行条例实施细则》规定，2015年全县登记事业单位671家，年度报告公示512家，设立登记7家，变更登记75家。

（杨志雄）

机关事务管理

【学教活动】 积极参加县委办集中学习，深入联系学校——文明铺镇狭江小学，耗资2万余元为该校从教学楼—食堂—学生宿舍—厕所搭建一条连接雨棚，解决全校300多名师生雨天行走不便的问题。在全县开展的精准扶贫活动中，积极响应县委、县政府的号召，抽调一名工作人员联系村——文明铺镇桥梓塘村，局班子人员每人结对帮扶一户贫困户。7月，按照《党章》规定和要求，加强对年轻干部的培养，吸收董旭辉为中共预备党员，全局全体党员认真履行职责，在各自的岗位上发挥着先锋模范作用。

【公共机构节能】 2015年年初，完成2014年全市公共机构能源资源消耗数据统计并上报，与上年相比，能耗统计工作效率和质量都有了明显提升。以全国公共机构节能宣传周“节能有道节俭有德”主题、全国低碳日“低碳城市宜居可持续”主题的2015年公共机构节能宣传周活动，集中宣传节水、节电、节粮及节约型公共机构示范单位创建活动成果，积极倡导绿色办公和绿色出行，并在“全国低碳日”当天，倡导办公人员减少一次性用品消耗，减少办公设备待机能耗；开展停开空调、部分电梯和关闭公共区域照明等体验活动；鼓励乘坐公共交通工具、骑自行车或步行上下班。以低碳的办公模式和绿色出行方式体验能源紧缺，支持节能减排。在落实“小微浪费治理专项行动”中，借助公共机构节能宣传周活动平台，并在机关大院公共区域电梯、公共走廊、卫生间、食堂等处张贴节水、节电等宣传标语。公共机构节能监督检查和考核工作得到进一步强化，积极争取领导重视，将公共机构节能目标完成情况纳入全县办公室系统目标管理考核的重要内容，年终对各单位各部门节能指标完成情况进行考核。

【清理办公用房】 2015年，县委办、县政府办继续将办公用房清理整改工作纳入全县办公室系统目标管理考核，认真做好办公用房清理规范后续督查工作，对违反规定，擅自使用腾空办公用房的部门重点进行纠正。全县共有110个党政群机关及直属事业单位，实有人数7969人，其中正处8名，副处48名，科级1708名，科级以下6205名。办公用房的建筑面积共计152296.72平方米；办公室面积88382.30平方米，全县办公用房清理整改工作按2014年标准已全部整改到位，整改腾退率100%。全县出租办公用房共8个单位，总面积8926.5平方米，出借办公用房总面积3586.7平方米。同时，因机构调整及工作需要，经多方协调、合理安排，调剂安排在外租房的县考核办等15个单位搬入行政办公中心；县委办、县政府办、县人大办、县政协办共增加8间值班室，值班人员住宿问题得到有效解决；县政府办、县人大办、县政协办重新安排老干部活动室。2015年7月，县外处级干部全部搬入县武装部宿舍楼，全县无违规占用住房现象。

【安全保卫】 加强大院安保管理，通过及时了解上访信息、正确引导教育、现场保卫处置等方式，加强保安巡逻，实行24小时值班制度，做好防火、防盗等工作，实现安全保卫工作零事故，有力地维护了行政办公中心正常工作秩序，保护人身和财产安全。加强大院停车管理，统筹规划停车位，凡是县行政中心的县级领导车辆和入驻单位局车辆安排停放在办公大楼车库内指定位置，禁止其他车辆占用车位，外单位车辆按规定全部停放在四周划分的车位上，摩托车、电动车及自行车按指定位置停放，办公楼前平台严禁停放车辆，严禁乱停乱放，对违停的车辆及人员进行登记和劝阻，共劝阻大院内外乱停乱放车辆2895辆次。

【会务保障】 进一步提高会务服务标准、规范服务流程，对服务人员进行调整优化，提升整体素质，坚持把好“会前准备、会中服务、会场卫生、音控服务、总体质量”关。全年，共保障会议150余场次，与会人员近2万人次。

【卫生保洁】 明确责任，要求卫生保洁做到到岗到人，结合全县创国卫的标准，严格依照考核细则进行督查；注重细节，加大对重点楼层、重点时段的清扫频次，特别是对卫生间异味问题加大处理力度，确保清洁、无异味；针对行政中心大厅天花板清洁难的问题，请专业人员进行清洁。

【机关食堂管理】 加强对机关食堂的成本核算，通过实行每日成本支出及收入情况通报制，加强对食堂物资的采购、入库、领用等环节的监管。同时，提高菜品质量，2015年5月，经领导同意，机关食堂的中晚餐伙食标准由原来的6元提升到8元，并保证每餐至少有一样蒸菜，伙食菜品在花样和品质上大有改观，受到机关干部职工的一致好评。

【设备维护】 认真做好日常消防、水电、空调、电梯等设施设备的维修保养，共维修水、电、消防和修理门窗上百次，通过24小时值班制，实现随叫随到，一站式即时服务，确保大院设施设备保障高效顺畅。

（伍三华）

史 志 工 作

【概况】 2015年，祁阳县史志办紧紧围绕“存史、资政、教化”三大功能，坚持以“创精品年鉴”为目标，突出党史正本编写、《祁阳年鉴》编纂和《祁阳乡镇简志》编写三个重点，紧紧围绕《祁阳县2016—2020年史志工作规划》和年度考核责任制，团结协作、扎实工作，圆满完成年内各项工作目标和任务。荣获2015年度永州市史志工作先进单位称号。

【苏区县申报工作】 祁阳县是党史资源大县，1994年被认定为革命老区县，是永州市被最早认定的革命老区县，开展苏区县申报和认定工作具有十分重要的意义。2015年，祁阳县史志办先后到长沙、衡阳、郴州等地查阅档案和书籍800多卷（宗），收集整理很多有价值的党史资料和考证材料：包括有关苏区县历史的文献史料、文件资料、会议资料、证明材料、烈士资料、遗址资料等。形成了1万多字的专题考证材料并以县委、县政府名义撰写了申请报告上报省党史研究室和省民政厅。经湖南省委党史研究室认真审查，报省苏区县认定工作领导小组批准，认定祁阳县为苏区县。

【党史专题研究】 完成10个党史专题并上报市史志办：分别是《祁阳县人民代表大会制度的恢复和完善》《推行和完善家庭联产承包责任制》《祁阳移民支援云南边陲建设》《统战政策》《文革期间祁阳反击右倾翻案风》《“文化大革命”期间祁阳批林批孔运动》《祁阳人民参加三线铁路建设》《祁阳县开展“普及大庆式企业”活动》《祁阳县开展“三年建成大寨县”运动》《祁阳县整党整风运动》。

【《岁月回眸》第三辑出版】 祁阳县史志办、祁阳县党史联络组编辑党史回忆录——《岁月回眸》第三辑，历时一年，经校稿审核、质量把关和修改补充后，于2015年9月出版，收录回忆文章40篇，约18万字。该回忆录主要记述改革开放以来祁阳在文化、教育、卫生、体育等方面所取得的重要成就。

【完成供稿任务】 向省党史研究室提供抗日战争时期祁阳财产损失资料和抗战资料；完成2015卷《湖南党委工作纪事》组稿任务；向市史志办提供《图说长征》的资料和祁阳县抗日斗争的开展情况。在永州史志网上稿7篇，在《省党史工作简讯》和《市县志工作群》上稿5篇。在《湖南省地方志》上稿2篇。在百年湘潮网上稿4篇。向市史志办《资政文集》供稿4篇。向市史志办《潇湘潮》回忆录供稿5篇:《祁阳教育新纪新篇》《大搞学校建设、改变学校面貌》《浯溪摩崖石刻的修缮和保护》《新农合兴办之“兴”》《祁阳县中学生体育运动会持之以恒》；省党史联络组、省委党史研究室征编的回忆录上稿1篇——《联络中的甜乐》。

【《湘潮》杂志发行】 《湘潮》杂志是省委党史研究室编辑的党史月刊，县史志办不畏困难、全力以赴将《湘潮》杂志发行作为一项政治任务完成。全年共征订《湘潮》杂志743份，较省定任务数730份超额完成13份。

【清康熙十九年《祁阳县志》校注本印刷出版】 2014年，县史志办组织专门队伍，邀请湖南科技学院专家对康熙十九年《祁阳县志》进行整理注释，2015年又对该书进行多次讨论和修改，7月印刷出版，该书共约50万字，全书分前言、凡例、目录、正文和后记共5部分组成。其中正文共分10卷，卷之首为原志序（叙）、目录、凡例及县境图、县治图、浯溪图。卷之一至卷之十分别为舆地志、建置志、职官志、选举志、学校志、祀典志、赋役志、人物志、艺文志和三吾石钞志。该注释本体例完整，详略得当，内容比较丰富，是了解清及清以前祁阳历史的一部重要的工具书，也是永州市县区第一部旧县志校注本。

【《祁阳年鉴》2015卷编纂出版】 3月26日，由中共祁阳县委办公室、祁阳县人民政府办公室下发关于做好《祁阳年鉴（2015）》有关工作的通知（祁办发电《2015》6号文件），5月召开祁阳年鉴编纂工作动员会和培训会议，市办领导、各镇乡办场党政办主任、县直各单位分管领导及编纂人员共200多人参加会议。经全体参鉴人员的共同努力和组稿修改，《祁阳年鉴（2015）》于12月底由方志出版社出版，全书设25个篇目，参鉴单位159家，收录照片156张，该书全面反映祁阳县2014年政治、经济、文化、社会、科教、党的建设等各方面的新进展、新情况和巨大成就。

【《祁阳乡镇简志》编写】 5月初召开全县乡镇简志编写工作动员会，乡镇简志编纂工作涉及全县25个乡镇办场和800多个村（居）民委员会，除各乡镇按省、市要求进行编写外，全县800多个村（居）民委员会也编写基本情况，动员会后，各镇乡办场迅速确定编纂人员、制订工作计划，强化编修责任、确保编修经费。为不折不扣、高质量地完成好乡镇简志的编修任务，县史志办工作人员深入各乡镇办场现场了解编纂工作中出现的实际问题，督促指导修工作，年底《祁阳乡镇简志》资料收集和初稿的编写工作已基本完成，等待下一步的修改。

【解决人员编制问题】 祁阳县党史办和地方志办从1996年合并为祁阳县史志办后，只有3个事业编制且没有“三定”（定职能配置、定内设机构、定人员编制）方案，这一定程度上严重影响了史志工作的顺利开展。2015年2月，县委办下发文件，确定史志办“三定”方案，内设三个股室（综合室、年鉴股、党史研究股），人员编制数从原来的3个并增加到6个，领导职数为一正二副。从根本上解决县史志办干部职工无编制的历史遗留问题。

【纳入全县办公室系统管理考核范畴】 为更好地做好史志工作和《祁阳年鉴（2015）》和《祁阳乡镇简志》的编纂组稿工作，在县委、县政府领导的关心下，史志工作纳入2015年全县办公室系统目标管理考核。县史志办围绕史志工作年度管理目标责任制不放松，妥善安排好全年制订的工作任务，有条不紊地开展史志工作，促进史志工作再上新台阶。

（周娟）

档案工作

【概况】 2015年，祁阳县档案局紧紧围绕“为党管档、为国守史、为民服务”这个宗旨，以档案馆项目建设为重点，以征集“三重”图片档案为抓手，全力推进档案管理和档案服务工作，为真实纪录、建设美丽幸福新祁阳做出了新贡献。县档案局继续评为2015年度全省档案宣传工作先进集体、全省档案工作先进单位。

【档案行政管理建设】 县委、县政府高度重视档案工作，档案工作环境不断优化。一是把档案工作列入主要议事日程，将档案工作列入县委工作的内容，一并安排、一同表彰。3月23日县委工作会议上，将档案工作一同部署、一同表彰。会上表彰了10个全县档案工作先进单位，24名先进个人；将档案工作考核纳入2015年全县办公室目标管理考核细则，专门下发祁办发〔2015〕17号文件。二是出台档案工作实施意见。制订下发《关于加强和改进新形势下档案工作实施意见》。该意见对祁阳新形势下档案工作作出具体部署，明确提出了档案工作多年来存在的问题及解决措施，对档案工作责任、档案馆建设、档案信息化建设、档案资源开发利用、档案事业保障等提出了具体要求。该意见的出台充分体现了祁阳县委、县政府对县档案工作的高度重视和关心支持，将成为推动祁阳县档案事业科学发展的坚强保障。

【档案资源开发利用建设】 继续抓好各类档案移交和“三重”档案的征集工作，接收政府采购档案292卷、“三重”档案2960卷，文书档案4782件，现馆藏总量252166卷、24363件，资料10109册。及时为全县经济建设和人民群众提供档案服务，通过开展节假日预约查询、函查、电话查询、首问责任制等服务，一大批民生档案利用率攀高，赢得了查档者的好评。深入健在的老红军唐世清及已故老红军王林、王成礼家里，征集到大量的珍贵抗战史料及图片，极大地丰富了抗战的史实。挖掘馆藏档案信息，为反映祁阳抗日小说《雁过潇湘》一书提供大量资料和照片。

【档案基础业务建设】 按照档案工作规范化管理的要求，积极开展档案业务指导上门服务活动，先后深入县粮食局、县地税局、县林业局等8个单位开展业务指导，收集整理档案2816卷，其中县粮食局、县地税局升省一级，县林业局、县农行、县环卫绿化处升省二级。认真贯彻落实省农委、省档案局联合下发的《湖南省农村土地承包经营权确权登记颁证档案管理办法》文件精神，主动抓好农村土地确权档案管理工作。局领导经常深入到乡镇指导土地确权档案管理。按照一户一册的管理模式，全县共有23万余卷土地确权档案，这一部分档案将于2016年年底全部移交给县档案馆保管。为了做好教育系统的档案管理工作，3月12日，与教育局联合下发《全县教育系统档案归档管理试行办法》。5月15日，联合举办教育系统档案员培训班。8月份，利用暑假期间，对全县所有中小学校包括幼儿园开展了档案执法检查，有效地促进了全县教育系统档案管理工作。

【档案法制宣传建设】 在“6·9”国际档案日”宣传活动中，组织相关单位档案人员集中在莲子塘、白竹湖、西区广场等集中设点悬挂开展“国家档案日”宣传活动标语，发放档案知识和征集特色档案宣传单1500份。同时还要求职工积极投稿，及时反映报道档案工作动态。全年祁阳县档案局共投稿32篇，上稿20篇。其中蒋盛文、周铁桥稿件被《中国档案报》《中国档案》《湖南日报》刊物采用，郑迪参加国家档案局举办的“档案——与你相伴”征文比赛，荣获优秀奖。通过这些活动的开展，增强全社会档案意识，提升档案工作的社会地位。

（周铁桥）

接待工作

【概况】 2015年，县接待科完成全省农村土地承包经营权登记颁证会议，全市工业园区建设流动现场会等重大庆典活动的接待工作。成功接待省委副书记孙金龙，省人大常委会副主任徐明华，省委巡视第七组组长郭树人及市委市政府主要领导，祁阳模式的“精准接待”深受各级领导一致好评，先后被评为省、市公务接待工作先进单位，省、市公务接待工作先进个人，县跑项争资、招商引资优质服务单位，为打造美丽祁阳形象，做出了祁阳接待人应有的贡献。

【厉行节约严管经费】 2015年，县接待科工作严格按照遵守中央八项规定，按照党政机关国内公务接待管理规定，厉行勤俭节约，坚决抵制铺张浪费，通过制订措施达到最少的花费最高的质量的效果，受到省委省政府专项督查组的高度评价。一是日日总结。建立严格的接待总结制度，每接待完一批一客人，就填制《祁阳县接待科接待清单》，通过查询登记表，既可以知道客人喜好，也通过对比金额，了解是否造成浪费。二是月月盘点。建立仓库物资管理台账，进出数据明了，每个月定期盘点，所有物资一目了然，不会出现紧缺和积压的情况。三是时时汇报。在严格把关的基础上，时时向县主管领导通报每次的接待情况，及时提出存在的问题和解决办法。四是人人职责。建立内部管理制度汇编，班子成员及工作人员工作职责有了明确具体的分工。同时还经常与县四大家班子办公室沟通，建立程序规范、协调顺畅的工作关系，共同做好接待工作。

（周菲）

信访工作

【概况】 2015年，全县各级各部门接待群众来信来访427批6108人次，比上年度下降15.23%，其中来县集体访182批2693人次，比上年度下降21.27%；未逐级到市赴省上访170人次，比上年度下降30.65%；进京非访登记7人次，比上年度下降89.06%；没有发生因信访问题引发的重大群体和恶性事件。全年调处化解各类矛盾纠纷3765件，解决突出信访问题36件，化解信访积案20件。全年开展县级领导集中接访活动12次，县级领导参与公开接访182人次，接待来访群众218批3046人次。通过网上平台共登记、受理、办理信访事项5638件8089人次，居全市各县区第一位。按时办结省委巡视第七组巡视祁阳期间交办的个人诉求类信访事项169件。全县信访工作呈现出信访总量、集体上访数量、非正常上访数量和群体性事件发生量下降，信访秩序逐渐好转的向好态势，为全县营造和谐稳定的发展环境做出积极贡献。县信访局圆满完成县委、县政府年初制订的工作目标，在全市信访工作年终考核中得分排列全市第二位，取得历史性突破。

【落实责任】 2015年，县委、县政府制订出台《关于建立健全信访工作机制的若干规定》，将信访工作责任落实到岗到人，建立一级抓一级、一级对一级负责，既分工明确、又协调配合的齐抓共管信访工作格局。以严格考核促履职尽责。县、镇、村三级层层签订责任制，实行指标量化考核、分类考核评比、逐月评估排队、倒查问责和突出重点追责，县联席办实行每天登记、逐月结账，在年终时凭“日积月累”的统计情况进行考核。以倒查问责促工作落实。每季度开展专项督查一轮、通报一次，并对发生非正常上访、引发群体性事件的，逐个环节进行责任倒查。2015年，通报批评责任单位10个、对1个单位实行信访维稳重点管理，通报批评责任人员2人次、责令写出书面检查8人次、进行诫免谈话2人次。

【依法走访】 严格按照国家信访局《关于进一步规范信访事项受理办理程序引导来访人依法逐级走访的办法》和湖南省委办公厅、湖南省人民政府办公厅《关于进一步规范信访事项受理办理程序引导来访人依法逐级走访的实施细则》的规定，进一步规范群众来访事项受理工作，积极引导信访群众依法逐级走访。1月14日，在县民政局会议室召开全县依法逐级走访工作动员会，县委常委、政法委书记唐恒杰对依法逐级走访工作进行了全面安排部署。在黎家坪镇、县住房和城乡规划建设局开展依法逐级走访试点工作。举办5期依法逐级走访和网上办信工作培训班，全县25个镇乡办场和108个县直单位配备依法逐级走访各类设备，25个镇乡办场进一步完善群众服务站各项设施，做到有场地、有人员、有领导、有牌子、有设备。8月25日，全市依法逐级走访工作现场会在祁阳县召开，永州市委、市政府对祁阳县依法逐级走访工作给予高度评价和充分肯定，并将“祁阳模式”在全市予以推介。

【畅通信访渠道】 深入开展领导大接访活动，不断推进领导干部接访制度化、经常化。每月10日，县委书记、县长带头接访，各分管县级领导分别到固定场所接访。每个工作日，县级领导轮流在县群众服务中心（县信访局）值班接访。每周一，与永州市领导干部接访活动同步接轨，县“四大家”主要领导和县委常委轮流坐班接访。2015年，全体县级领导均参加集中接访活动，共接待来访群众218批3046人次。县信访局认真办理群众来信，规范来信来访受理办理程序，全年通过网上平台共登记、受理、办理信访事项5638件8089人次。大力夯实基层基础，县直各职能部门、25个镇乡办场、958个村（居）委会和社区全部配套建立群众服务机构，共接待上访群众736批6529人次，现场解决各类信访问题417件次。通过县、镇、村“三级联动”，各部门协调配合处理信访问题，有力推进信访工作重心下移、关口前挪，有效促进信访问题依法及时就地化解。

【省委巡视组交办信访件落实】 2015年11月9日，省委巡视第七组进驻祁阳开展巡视工作。巡视期间，共向祁阳县交办群众个人诉求类信访件共7批次169件。县联席办、县信访局按照“属地管理、分级负责，谁引发谁负责、谁主管谁负责、谁联系谁负责”的原则，对交办信访事项实行“六定六包”责任制，即：每一件交办件确定一名分管县级领导牵头、确定责任单位一把手负责、确定承办的具体责任人、确定疏导稳控人员、确定调处化解方案、确定办理结案时间；包调查情况、包思想教育、包接访劝返、包解决问题、包息访息诉、包依法处置，确保调处化解责任落实到位，工作措施到位，问题化解到位。各级各部门通力协作，按照“汇报情况、批示交办、成立小组、调查了解、研究协调、书面答复、送达疏导、上报材料”的基本程序，认真负责地办理每件交办件，做到了“三个严格”，即：严格对照每一项群众诉求，全面弄清情况，彻底查清前因后果；严格按照有关法律政策，认真分析研判，解决信访问题；严格按照规定的办理期限，办结信访事项，信访人签订息访息诉协议，提交办理结果。省委巡视第七组交办的169件个人诉求类信访件全部在规定的时间内、按规定的要求办结。

【化解疑难积案】 坚持把“事要解决”作为做好信访工作的核心来抓，积极推动信访积案化解。2015年，全县继续实行县级领导包案负责制，按照一名包案领导、一个工作班子、一套化解方案、一套稳控措施、一抓到底的“五个一”化解工作机制，因案因人施策化解信访积案。省委巡视第七组在巡视永州期间交办给祁阳县的7件信访案件，全部按时办结；市级领导包案负责的3件信访积案，全部化解落实到位；县级交办的20件信访积案，全部落实包案领导和责任单位，均在规定的时间内办结。

【维护信访秩序】 各级各部门积极协助配合事发地和户籍地的政法机关开展集中联合整治活动，实施“轻刑快办”工作方法，依法严厉打击涉访违法行为，有效规范正常信访秩序，全力维护社会稳定。对到县行政中心违法上访行为的，坚决果断依法及时就地进行处置；对赴省进京非访人员逐一进行训诫。2015年，对涉访违法行为依法处置59人次，其中：治安拘留54人次，定罪量刑判决5人次。

【加强队伍建设】 在全县信访系统开展党的群众路线教育实践活动和“三严三实（严以修身、严以用权、严以律己，谋事要实、创业要实、做人要实）”专题教育活动，提升信访工作者素质，提升信访工作效能和服务群众能力，着力打造一支“工作一流、群众满意”的信访工作队伍。县委、县政府高度重视信访工作队伍建设和班子建设，2015年重用1名信访干部到基层任党政正职，提拔2名乡镇政法委员担任乡镇正科级领导干部。

（蒋海云　蒋雄英）

老干部工作

【概况】 2015年，县老干部局在职工作人员11人，退休人员10人。至2015年年底，全县共有离退休干部8100余人，其中：离休干部36人，退休县级干部70名，享受正县级待遇21人。

【成绩荣誉】 2015年，全县老干部工作围绕“让县委政府放心、老干部满意”的目标，求真务实，开拓创新，老干部工作成绩斐然。县老干局被评为“全市老干部工作部门先进集体”，全县目标综合考核、基层党建、办公室、统战工作先进单位，被县委政府授予“县级文明单位”称号，离退休干部党支部建设工作再次荣膺“全省老干部工作优秀项目奖”。

【领导关怀】 2015年，省市县各级领导多次亲临老干局现场办公、指导工作。2月16日，县四大家领导在局会议室召开老干部工作现场办公会，解决老干局机关整修、龙山草皮球场建设、涉老组织工作经费、离退休干部党支部书记待遇等实际问题。5月7日，县委常委、组织部部长、统战部部长蔡富强召开老干部座谈会，听取情况汇报，征求意见。5月25日，市委组织部副部长、市老干局局长刘玲军来祁指导工作，察看龙山草皮门球场、老年大学、关工委等涉老场所建设，并走访慰问离休干部代表。7月29日，省委老干部局在祁阳召开离退休干部“我看十八大以来的变化”座谈会。11月17日，永州市第九届“三人制”老年人门球赛在龙山草坪门球场举行，市门球协会名誉主席、市人大常委会原主任郑邦淳、谢朝月，县领导魏湘江、宋振平、黄赞校、蔡富强出席开幕式。12月10日，永州市离退休干部党支部建设工作经验交流会在祁阳召开，市委常委、组织部长、统战部长董石桂，刘玲军、蒋兴华、宋振平、蔡富强出席会议。

【两项建设】 按照县委《关于落实从严治党责任加强基层党建工作的决定》总体要求，结合离退休干部党支部实际，采取有力措施，以加强离退休干部党支部建设为重心，推动老干部两项建设工作持续发展。2015年，制订《祁阳县关于做好新形势下离退休干部党支部建设的实施意见》。年初，县委常委会议形成纪要对离退休干部党支部书记工作补贴每人每年不少于600元，为促进全县离退休干部党支部建设起到了有力的推动作用。全县凡是有正式离退休干部党员3名以上的单位都成立了离退休干部党支部，部分党员人数多的单位还设立二支部，选准配强党支部书记，安排专门的活动场所，做到“有牌子、有场地、有设施、有制度、有资料”。各党支部制订和完善集中学习、党员管理、党费收缴、党员监督等各项制度，支部工作进一步规范化、制度化。为加强离退休干部党支部建设工作，10月下旬，在县检察院召开全县离退休干部党支部建设经验交流会，检察院、政府办、商务局、下马渡镇等四个离退休干部党支部在会上作经验介绍。同时，充分利用县老年大学、老干部党校等阵地，加强离退休干部党支部书记党建和网宣业务培训，收效良好。

【两项待遇】 2015年，全面落实老干部政治待遇、生活待遇，确保老干部政策第一时间最大限度落实到位。县委常委每人都联系若干名离休干部，在春节、八一等重大节日，局工作人员陪同走访慰问老干部180人次，为他们解决各类问题11个。县委、县政府先后2次向老干部通报经济社会发展和社会管理情况，组织离退休县级干部和离休干部参观考察海螺水泥二期工程、祁冷快速通道和浯溪三水厂等重点项目建设，使老干部充分感受到祁阳日新月异的变化。6月份，配合相关部门做好全县离退休干部工资增发工作，7月底前审批补发到位。7月份转发《关于调整离休干部无固定收入的遗孀、配偶及建国前参加革命工作建国后退职干部生活补助费标准的通知》文件，并于8月中旬完成审批工作，增发老干部政策性补助近30万元。协助县委组织部、县人社局做好建国初期参加革命工作的部分退休干部生活补贴和医疗补贴的审批发放工作。针对离休干部整体进入高龄、高发病的“双高”期的现状，县老干局充分发挥老干部部门、医院、医保中心“三位一体”的作用，依托现有的医疗服务体系，积极构筑“老有所医”的“绿色平台”，打造一站式服务通道，确保在最快的时间内享受最好的就医待遇。

【阵地建设】 2015年，老干部活动阵地建设进步改善，实现长足发展。年初，将龙山草皮门球场当作为老干部办好事、办实事的重点项目建设来抓，总投资45万元的龙山草皮门球场于5月上旬正式投用，为老干部提供更加舒适的活动和竞技场地。县老年大学整体搬迁至龙山公园办公、教学，校舍面积增加到680平方米，为老年学员提供舒适的学习环境，办学规模和影响不断扩大，第一课堂学员人数达700余人。同时，为推动老年教育向基层延伸，与县委组织部联合下发《关于创办镇乡场、街道办事处老年学校（老年大学分校）的实施意见》的通知，县财政给予每所补助1万元的创办经费。年底，对各镇老年学校进行了初审。年内，争取县财政累计投入40余万元对老干部活动中心进行修缮，购置完善的活动设施和对关工委办公楼进行全面装修，添置办公设备。通过整修，办公条件大大改观，机关旧貌换新颜。

【文体活动】 为铭记历史，珍爱和平，开创未来。8月21～22日，由县委、县政府主办，市老年大学、县委组织部、县老干局、县老年人书画协会等共同承办的祁阳县纪念抗日战争胜利70周年书画展在县行政中心和白竹湖广场举行，活动共展出反映抗战作品和美好生活题材的书画作品200余幅。抗战胜利70周年之际，走访慰问抗战老兵6名，送上抗战纪念章和慰问金。县老年体协举办“五一健身杯”、48届和49届农村老年人门球赛和钓鱼、地掷球等赛事活动；县老年大学举办第28届校文体运动会和“夕阳红”门球赛，深受老年朋友欢迎，吸引近2000余人参与。县关工委就全县教育现状和农村学校布局进行了调研，大力开展扶贫帮困、关爱留守儿童活动，表彰全县首届“最美孝心少年”，在陶铸中学承办永州市“关爱明天、普法先行”青少年普法教育活动现场会。

【作用发挥】 通过关工委、老年体协、老年大学、老年书画协会、老年科协等涉老组织平台，积极为离退休干部发挥作用创造条件，引导老干部为党的事业增添正能量，推动科学发展。在离退休干部开展“展示阳光心态、体验美好生活、畅谈发展变化”的主题活动，鼓励、引导老干部为党的事业增添正能量。组建150人的创国卫老干部督查员队伍，为创国卫做贡献。特别是在拆除违章建筑中，许多离退休干部以大局为重，身先士卒，带头拆除自家棚子，推动创卫工作开展。还有很多离退休干部量力而行，以不同的方式，大力支持县委、政府和本单位在职干部的工作，用实际行动投入到为党的事业增添正能量活动中来。利用县老年大学、老干部党校等网络主阵地，对20名老干部网宣骨干开展业务培训和舆论引领，引导他们在搏客、微博、网站等网络媒体上积极发声，大力宣传党的方针政策和伟大成就、弘扬传统美德、服务人民群众，传递正能量，提高老干部引导网络舆论的能力。并出台《祁阳县老干部骨干网络宣传员奖励办法》，以激励老干部网宣员更好地履职发声，推动网宣工作深入开展。组织引导近3000余名离退休干部在扶贫帮困、关心教育下一代、服务“三农”、创卫创森创绿、维护社会稳定中增光添彩，再立新功，为建设品质活力祁阳做出贡献。

（黄田星）

党校工作

【概况】 2015年，县委党校紧紧围绕县委、县政府工作大局，结合党校工作实际，认真履行工作职能，创新干部培训，狠抓教学科研，强化行政管理，优化后勤服务，全面加强自身建设，充分发挥自身功能，全年先后获得全县目标管理综合考核先进单位、全县计划生育工作先进单位、全县组织工作先进单位、全县文明单位、市委党校系统教学比赛三等奖5项荣誉。

【培训工作】 3月6日，县委干部教育工作领导小组在县委党校会议室召开2015年度全体会议，县委常委、组织部部长、县委党校第一校长、县委干教领导小组组长崔福生出席会议。会议重点研究当前全县干部教育培训工作的目标任务和干部教育培训的工作思路：以“服务发展，突出发挥好阵地作用、熔炉作用、智囊作用，为经济社会又好又快发展提供理论引领、人才保证和智力支持”为办学指导思想，制订干部培训计划和任务。围绕培训计划，党校积极开展教学培训、科学研究、决策咨询工作，在“理论基础、世界眼光、战略思维、党性修养”的教学布局中突出能力教育这个重点，将理论与实际更加紧密地结合起来，不断提高干部教育的质量；积极宣讲，及时将十八届三中全会、四中全会精神、习近平总书记重要讲话精神以及县委全会精神等内容纳入各类培训班次。全年共举办各类干部培训班15期，培训2732人次，其中主体班次2期、培训127人次：5月12日~6月12日，举办“祁阳县委党校党校2015年科局级干部进修班”，培训学员58人；9月21日~11月20日，举办“祁阳县委党校2015年中青年干部培训班”，培训学员69人。积极与县委组织部、宣传部、县农经局、县民宗局、县司法局、县直属机关党委等兄弟单位联合办班13期，共计2605人次：4月10日~18日，配合县农经局举办“全县村会计业务培训班”4期，培训学员 919 人；6 月 8 日～19 日，协助县委组织部举办“全县村社党组书记培训班”4 期，培训学员 795 人；7 月 15 日～17 日，协助县委宣传部举办“全县通信员培训班”，培训学员 153 人；7 月 27 日～28 日，配合直属机关党委举办“全县新党员和发展对象培训班”，培训学员 136 人；9 月 17 日～18 日，配合县民宗局举办“全县宗教界人士政策法规培训班”，培训学员 280 人；9 月 23 日～25 日，配合县司法局举办“全县普法理论骨干培训班”，培训学员 172 人。

【教学工作】 坚持“教学兴校，质量立校”，深化教学改革。创新教学模式。教学布局合理，坚持“三个 1/3”原则，即 1/3 为基础理论课题、1/3 为本地实际课题、1/3 为岗位职责能力培养课题。教学方法多样。不断创新教学方法，把研究式、案例式、模拟式、体验式等教学方法广泛运用到教学中，充分调动广大学员学习的主观能动性，形成具有本校特色的教学方法。一是组织案例式教学。县委党校与组织部、宣传部、县委、政府政研室等单位合作，将祁阳在改革和经济社会发展中具有代表性和启示意义的事例编写成教学案例，引入课堂。同时与祁阳工业园等单位合作共建现场教学基地，促使学员从被动接受理论知识到主动进行理论思考，从简单了解理论观点到深入思考现实问题，从消极掌握理论词句到积极运用理论指导工作实践。二是组织研讨式教学。采取“1+1+1”模式组织教学，即课前将讲课提纲发给学员阅读，并提出问题让学员思考，分组讨论一个小时，然后集中交流一个小时，最后教师点评总结一个小时，让学员联系工作实际谈看法，强化课堂所学的知识，交流学习体会。三是组织论坛式教学。设立学员论坛。主要围绕学员当前关心和关注的问题，包括岗位工作经验介绍、考察体会等由学员自己唱主角，校领导、教师参与并点评。及时开通中央党校的远程教育，在创新教学方法的基础上，所有在职教学人员积极运用远程教育和多媒体现代教学手段，收效甚好。主动联系各部门，搜集教学案例，将祁阳在改革和经济社会发展中具有代表性和启示意义的事例编写成教学案例，引入课堂；组织科干班、中青班学员赴大江林场、内下乡等地开展基层工作实务的现场教学，引导教师和学员深入基层、深入群众，向社会学习、向群众学习，切实把调查研究作为提高党校教师和学员素质与能力的重要途径；采取“1+1+1”模式组织研讨式教学 3 次；开设以“祁阳加快转变经济发展方式”“毫不动摇地坚持党的领导”为主题的学员论坛 2 次；发挥优势，认真组织理论宣讲，党校骨干教师作为县委十八届三中、四中全会精神宣讲团成员，结合县委“333”战略、创国卫等中心工作，深入乡镇、县直各部门、学校、社区、村（居）委会等单位部门，开展送课下乡，理论进机关、企业、社区等形式的理论宣讲活动，全年，全校共外出宣讲 26 场次，受众逾 7000 人次。

【科研工作】 制订《中共祁阳县委党校 2016 年教学科研管理制度》制度。强化“教科研一体化”共同理念，坚持实践出题目、科研做文章、成果进课堂，不断探索教学科研一体化运行机制。发挥党校优势，实行教师学员结合、校内校外结合，深入研究县委、县政府中心工作、经济社会发展中的问题，努力推出一批有深度、有分量、有价值的科研成果。全年，完成 2014 年度省委党校系统规划课题 1 个，省、市委党校系统理论研讨会获奖论文 6 篇。其中张选旗的《“任性用权”问题的表现、危害、成因及预防对策浅析》和冯宝君的《新常态下县域经济状况调查及应对方略刍论》获得省委党校行政学院系统理论研讨会二等奖；刘文高的《用“三严三实”要求推进改革》、廖郁荣的《提高党员干部运用法治思维的能力》、付月香的《用好“三大激励”提升党员干部执行力》、桂卫平的《浅谈孝文化与党性修养》获得市委党校行政学院系统理论研讨会三等奖。

【队伍建设】 县委党校共有在职专职教师13人，其中研究生2人，本科11人；高级讲师2人，讲师9人，助理讲师2人。制订《中共祁阳县委党校教师选聘及竞争上岗制度》，充分调到和发挥教师的积极性和创造性。注重人才引进，面向全县机关事业单位公开招聘了两名年轻教师。强调教研实效，将提高教师教学科研水平作为加强队伍建设的重要途径，鼓励教师多研究、多探索、多提高。实行主体班听课制度，要求党校举办的干部培训班，教师都要跟班听课，有效拓展教师学习受教育的途径。先后派出8名教师到省委党校师资班、专题培训班参加师资培训，大大地提高全校师资实力。王洁、陈雷杰、雷又权在2015年年度考核中被评为优秀教师。

【后勤管理】 在学校后勤管理工作中坚持以“细化”“务实”“精致”为基本原则。对学校后勤管理各项工作的细节细化到日常管理中，想周到，管到位，在精细化上做好文章。始终坚持以学员为本，努力做到后勤管理精细、服务优质，提高办学水平并为干部教育改造提供后勤保障。为美化校园环境，对校园内原来的水泥道路全面进行改造，铺设沥清炒砂，重新规划好校园内停车场、停车位。

（桂卫平）

祁阳县人大常务委员会

【概况】 2015年，祁阳县第十六届人民代表大会及其常务委员会认真贯彻中共十八大和十八届三中、四中、五中全会以及习近平总书记系列重要讲话精神，坚持党的领导、人民当家作主、依法治国有机统一，忠实履行宪法和法律赋予的神圣职责。2月28日至3月4日召开县十六届人大三次会议，审查通过政府、计划、财政、人大、法院、检察院工作报告，批准2015年祁阳县国民经济和社会发展计划，批准2015年祁阳县财政预算，收集代表议案和建议、批评、意见292件，集中全县人民智慧和力量，实现人民当家做主。县人大常委会严格执行县十六届人大三次会议决议，认真履行重大事项决定权，依法作出同意撤县设市、支持引进广东农垦集团和红星美凯龙大型家具生活广场项目、本年度财政预算调整、上年度财政决算等11项决议决定，为落实县委决策，推动相关工作提供了法制保障。创新监督工作方式，突出财政、规划、司法三个重点，围绕创国卫主题开展专题调研、专题审议、专题视察、专题询问，开展“五行”（环保世纪行、农产品质量安全行、农民健康行、民族团结进步行、司法公正行）活动，开展规范性文件审查，带着感情和责任做好人大信访工作，促进依法行政和公正司法。坚持党管干部与人大依法任免相结合，按照德才兼备原则和干部队伍“四化”方针，依法任免国家机关工作人员43人次，保证组织人事安排意图的顺利实现。尊重代表主体地位，保障代表知情知政权力，闭会期间，组织在祁省、市人大代表和部分县人大代表开展2次集中视察活动，邀请代表列席常委会和“一府两院”相关会议和活动90人次。根据县委分工，常委会相关领导参与的创国卫、精准扶贫和主抓的撤县设市、海螺水泥、红星美凯龙、湘粮银光、电子信息产业园、祁阳大道、黎马公路、祁冷公路、西区综合市场、县城道路提质改造等重点工作和重点项目建设进展顺利。

【召开县十六届人大三次会议】 2月28日至3月4日，在县城召开十六届人大三次会议，出席代表319人，应邀参加会议人员49人，列席人员517人。会议主要议程：听取和审查县人民政府县长周新辉关于祁阳县人民政府工作报告；审查和批准县发展和改革委员会主任黄化宏关于祁阳县2014年国民经济和社会发展计划执行情况与2015年计划草案的报告，批准祁阳县2015年国民经济和社会发展计划；审查和批准县财政局局长谭元明关于祁阳县2014年财政预算执行情况和2015年预算草案的报告，批准祁阳县2015年财政预算；听取和审查县人大常委会主任黄春华关于祁阳县人大常委会工作报告；听取和审查县人民法院院长祝群关于祁阳县人民法院工作报告；听取和审查县人民检察院检察长唐筱勇关于祁阳县人民检察院工作报告。会议通过6个工作报告，批准国民经济和社会发展计划，批准财政预算，并作出相关决议。会议共收到议案73件，经大会主席团审议，决定将县人民政府提出的《关于创建全国绿化模范县暨实施三年绿化攻坚行动的议案》、唐冬平等10名代表提出的《关于加大乡镇村（居）生活垃圾集中处理的议案》确定为大会议案，其余71件议案转为建议、批评和意见，连同会议期间收到的219件代表建议、批评和意见一并交由“一府两院”有关机关和部门研究办理。会议组织全体代表对县十六届人大二次会议《关于严格规范早餐米粉行业管理，使全县人民吃上放心早餐的议案》办理工作进行了测评，并通报测评结果。

【县人大常委会会议】 县十六届人大常委会第十七次会议于2月15日在县人大四楼常委会议室召开。会议讨论了祁阳县2015年度财政预算编制情况；听取并审议通过了县人民政府关于提请审议县公共汽车公司向县农商银行申请1500万元贷款的议案；确定县公安局、住房和城乡规划局、卫生局、城市管理行政执法局为县人大常委会2015年度工作审议单位；讨论政府工作报告；讨论通过县十六届人大三次会议有关事项。县十六届人大常委会第十八次会议于4月30日在县人大四楼常委会议室召开。会议听取了全县农业开发情况的报告；听取了关于2014年特色县域经济重点县建设资金及合格学校建设资金跟踪监督情况的报告；听取并审议通过了《关于提请审议开展“祁阳司法公正行”活动决定的议案》；听取并审议通过了《祁阳县人大常委会关于“一府两院”有关国家机关工作人员任后履职测评暂行办法》；审议人事任免案，决定任命黄赞校为祁阳县人民政府副县长，接受祝群辞去祁阳县人民法院审判员、审判委员会委员、院长职务，任命欧阳韶勇为祁阳县人民法院审判员、审判委员会委员、副院长、代理院长，任命李安为祁阳县人民检察院检察员、检察委员会委员、副检察长，免去李晓华的祁阳县环境保护局局长职务，任命甘小玲为祁阳县环境保护局局长。县十六届人大常委会第十九次会议于5月29日在县人大四楼常委会议室召开。会议听取并审议通过了县人民政府关于提请审议广垦·祁阳农产品物流园投资项目的议案；听取并审议通过了县人民政府关于提请审议祁阳县红星美凯龙大型家居生活广场投资项目的议案。县十六届人大常委会第二十次会议于6月29日在县人大四楼常委会议室召开。听取并审议通过了祁阳县2014年财政预算执行和其他财政收支情况的审计工作报告；审查批准了祁阳县2014年财政决算；听取并审议通过了县人大常委会执法检查组关于检查《中华人民共和国传染病防治法》贯彻实施情况的报告；听取了县人大常委会专题调研组关于治理县城“脏、乱、差”等问题的调研报告；听取了全县环境状况和环境保护目标完成情况的报告；审议人事任免案，决定免去欧秧生祁阳县人民法院黎家坪人民法庭副庭长职务，任命欧秧生为祁阳县人民法院白水人民法庭副庭长，任命陈飞燕为祁阳县人民法院林业审判庭副庭长，任命杨艳萍为祁阳县人民法院立案庭副庭长，任命罗菊香为祁阳县人民法院黎家坪人民法庭副庭长。县十六届人大常委会第二十一次会议于9月1日在县人大四楼常委会议室召开。会议听取并审议通过了县人民政府关于提请审议撤销祁阳县设立祁阳市的议案；听取并审议通过了县人民政府关于祁阳县2015年上半年国民经济和社会发展计划执行情况的报告；听取并审议通过了祁阳县2015年上半年财政预算执行情况的报告；听取并审议通过了县人民法院人民陪审员工作情况的报告；讨论对县公安局、住房和城乡规划建设局、卫生局、城市管理行政执法局四个单位工作审议交办意见。县十六届人大常委会第二十二次会议于10月30日在县人大四楼常委会议室召开。听取并审议通过了县“一府两院”关于县十六届人大三次会议议案、建议、批评和意见办理情况的报告；听取并审议通过了关于全县食品安全监管工作开展情况的调查报告；听取并审议通过了县人大常委会执法检查组关于检查《中华人民共和国禁毒法》实施情况的报告；听取并审议通过了县人大常委会执法检查组关于检查《中华人民共和国公路法》实施情况的报告；听取了县人大常委会执法检查组关于检查组关于检查“拆违控违”工作中有关法律法规实施情况的报告；听取了县人民政府关于《祁阳县城市总体规划（2001—2020年）》（2012年修改）审批情况的报告；听取了县人民政府关于《祁阳县中心城区土地利用总体规划（2006—2020年）》（2015年修订版）修改成果的报告；听取并审议通过了县人民政府关于提请审议《祁阳县2015年财政预算部分指标变更》的议案；听取并审议通过了关于许可永州市公安局零陵分局对祁阳县第十六届人民代表大会代表刘仙玉依法采取刑事拘留措施的议案；审议人事任免案，决定免去唐建平祁阳县人民政府副县长、县公安局局长职务，任命陈志标为祁阳县人民政府副县长、县公安局局长，免去董黎明祁阳县安全生产监督管理局局长职务，任命谢波为祁阳县安全生产监督管理局局长，免去伍志耕祁阳县住房和城乡规划建设局局长职务，任命董黎明为祁阳县住房和城乡规划建设局局长，任命曾武军为祁阳县人大常委会城乡建设与环境资源保护工作委员会副主任，任命柏红姣为祁阳县人大常委会民族教育科学文化卫生工作委员会副主任，免去杨新科祁阳县人民法院文明铺人民法庭庭长职务，任命桂斌为祁阳县人民法院文明铺人民法庭庭长，免去徐晨峰祁阳县人民法院观音滩人民法庭庭长职务，任命唐彦亮为祁阳县人民法院观音滩人民法庭庭长，任命胡顺花、唐猛、唐东生、唐湘娟、谢本科等5人为祁阳县人民法院人民陪审员。县十六届人大常委会第二十三次会议于11月9日在县人大四楼常委会议室召开。会议听取并审议通过了县人民政府《关于提请审议〈祁阳县乡镇区划调整改革工作实施方案〉的议案》；听取并审议通过了县人民政府关于提请审议凯茂科技公司投资电子信息产业园项目的议案；听取并审议通过了关于提请许可祁阳县公安局对祁阳县第十六届人民代表大会代表蒋先塔依法采取刑事强制措施的的议案。县十六届人大常委会第二十四次会议于12月29~30日在县人大四楼常委会议室召开。会议听取了县人民政府关于政府职能转变和机构改革情况的报告；听取了全县农村安全饮水工程建设和管理情况的报告；听取了县人民政府贯彻落实《关于加强城乡环境综合治理的决定》情况的报告；听取了县人民政府关于创建全国绿化模范县暨实施三年绿化攻坚行动工作情况的报告；听取并审议通过了县公安局、住房和城乡规划建设局、卫生局、城市管理行政执法局等四个单位工作审议整改情况的报告并进行了测评；听取了县人民政府对重点处理建议办理情况汇报并测评；开展了创建国家卫生县城专题询问；对县人大常委会任命人员开展了述职和测评；接受了黄慧才辞去永州市第四届人民代表大会代表职务的请求，接受了甘小玲、赵明奇、李秋来、谢波、王孟、邓开封、谢东良7人辞去祁阳县第十六届人民代表大会代表职务的请求，同意补选陈捷为永州市第四届人民代表大会代表；通报了县人大常委会第55次主任会议研究的两项变更事宜情况；听取并审议通过了关于提请召开祁阳县第十六届人民代表大会第四次会议的议案，决定祁阳县第十六届人民代表大会第四次会议于2016年2月25日至28日在县城召开；审议人事任免案，决定任命张伶颖、邹晓萌为祁阳县人民检察院检察员。

【讨论决定重大事项】 贯彻县委决策部署，坚持依法行权，主动行权，审慎作出11项决议决定：批准县人民政府提出的撤县设市议案，按规定呈报上级审批。专题听取政府职能转变和机构改革方案实施意见报告，督促并支持政府结合实际，锐意改革，优化机构设置，大力简政放权，进一步提高行政效能。审议批准乡镇区划调整改革工作实施方案，进一步加强基层政权建设，提升公共服务水平。支持政府引进广东农垦集团、红星美凯龙等大型物流、家居生活项目，打造服务三农贸易平台和高端家居采购中心。批准政府引进新辉开科技有限责任公司总投资达6亿元的高新技术项目，进一步完善我县电子信息产业链条，推动产业形成规模集约优势。支持政府融资2亿元，破解水厂扩能、城市公交等建设资金难题，进一步加快和完善县城基础设施建设。着力破解大江龙氹发展乡村旅游的交通瓶颈，组织开展专题调研，向县委提出按照四级公路标准提质改建黄沙河至龙凼公路的建议，得到县委采纳，并决定投资1300万元用于该公路建设。

【监督工作】 常委会顺应发展新形势和人民群众新期盼，不断创新监督方式，提高监督实效。一是盯住三个重点。财政监督方面。大力开展新《中华人民共和国预算法》宣传，提请县委将新《中华人民共和国预算法》纳入县委中心组学习内容，提高全县干部依法理财、科学理财意识，促进建立完善全口径预算体系。审查批准2014年度财政决算，跟踪问效，督促政府落实整改审计报告指出的问题，真正看好政府的“钱袋子”。审查2015年上半年财政预算执行情况，审查批准财政预算调整方案，督促政府狠抓收入，严管支出，进一步强化预算绩效管理，防范债务风险，切实维护预算的严肃性。大力推动乡镇办场财政管理模式改革，提升基层政府公共服务保障水平，乡镇办场运转经费预算新增支出1376万元，人均运转经费提高到2万元。跟踪监督预算资金使用，重点监督湘江河道采砂经营权拍卖标的款征收和管理情况，全程监督特色县域经济重点县建设项目资金，确保专款专用，提高资金使用效率。规划监督方面。切实增强规划意识，加强规划“图子”监督，分别听取祁阳县中心城区土地利用总体规划修改成果、城市总体规划审批情况的报告，督促政府切实遵照土规修改成果和总规审批意见，进一步优化中心城区土地布局，确保满足未来城市发展的土地需求，加强规划的依法管理和监督，维护规划的严肃性和权威性。根据县委意见和群众呼声，围绕“拆违控违”关键，开展《中华人民共和国土地管理法》、《中华人民共和国城乡规划法》和《中华人民共和国城市市容和环境卫生管理条例》执法检查，提出堵疏结合标本兼治、规划先行科学建设、加强监管严格执法等建议。督促政府立案查处各类违建案件151起，制止或拆除新违章建筑163起，拆违控违效果明显。司法监督方面。以“法治祁阳”为目标，着眼司法公正，专题听取县人民法院关于人民陪审员工作情况汇报，督促法院进一步抓好人民陪审员制度改革，加强和改进人民陪审员选拔任用机制、参审案件机制、退出和惩戒机制、履职保障机制建设。规范和完善规范性文件备案审查工作，对30件县人民政府出台的规范性文件和乡镇人大作出的决议、决定依法进行审查，维护法制统一。组织市、县人大代表160余人次旁听县法院的临庭听审活动，参加“两院”的司法开放日活动。二是抓好四个专题。创建国家卫生城市关系到城市建设品位和人民生活品质，常委会高度重视，通过四个专题，全方位介入。抓好专题调研。5～6月，常委会就治理县城“脏、乱、差”问题进行专题调研。调研组深入创卫办及相关职能部门，听取汇报，了解工作情况，深入街头巷尾，明察暗访，广泛收集社情民意，找准症结所在，并赴攸县、汝城学习考察，借鉴外地成功经验，形成高质量的调研报告，提出五个方面共二十条建议，呈送县委作决策参考。抓好专题审议。围绕创国卫主题，精心组织对县公安局、城管局、卫生局和住建局等四局的工作审议。督促各局认真抓好审议意见的交办和整改落实工作，一批群众关注、反映强烈的问题，得到及时整改。县公安局交警大队大力整治交通秩序，全年共查处各类交通违法行为7.79万余起，打击处理数超过前五年总和。县城管局开展专项整治48次，查处各类违规行为11025起，市容秩序逐步规范有序。县卫生局采取专群结合、联防共治的工作方式，“除四害”工作成效明显，各项指标基本达到国家爱卫会标准。县住建局全年完成了县城8条主支干道的提质改造，城区面貌焕然一新。抓好专题视察。针对创国卫工作突出问题和薄弱环节，组织常委会组成人员和部分人大代表分3个小组，深入街道社区、农贸市场和城中村等现场进行专题视察，督促相关部门对存在的问题彻查整改，建立并完善长效管理机制。抓好专题询问。常委会直击热点、难点问题，组织开展创国卫专题询问。提问主要聚焦小餐饮整治、污水排放、广告噪音、违规养犬、渣土管理、交通秩序等与百姓生活息息相关、反映强烈的问题。问前认真调研、精心准备，提问抓住关键、切中要害，问后提出了具体交办意见。政府及有关部门负责人到会据实回答询问，认真听取意见，公开承诺整改措施和落实时间。专题询问通过媒体宣传，受到社会广泛关注，产生积极反响。三是开展“五行”活动。常委会坚持将“五行”活动作为人大工作的民生之行，广泛宣传、持续推进。“环保世纪行”，围绕“守护碧水蓝天，建设美丽祁阳”主题，邀请市环保局总工程师开展了一次新《中华人民共和国环境保护法》专题讲座。跟踪督办2014年度《中华人民共和国水污染防治法》执法检查交办意见落实情况，督促相关部门妥善解决了一批影响群众健康的突出环境问题。同步专题听取农村饮水安全工程建设与管理情况汇报，督促政府加大对农村饮用水源保护力度，加强集中供水工程维修养护，切实保障农民饮水安全。“农产品质量安全行”，围绕“农产品质量检验检测”主题，举行农产品质量诚信签名活动，集中开展节假日农贸市场专项整治，抓牢田间—市场—餐桌三个环节，实施了从果蔬品、畜产品到水产品、林产品的全过程、全方位监管，进一步保障了农产品的质量安全。“农民健康行”，围绕“加强农民健康教育，倡导健康生活方式”主题，以宣传为切入点，通过广播、电视等媒体广泛宣传，编订《农民健康知识读本》2000份，免费发放，反映较好。同步开展《中华人民共和国传染病防治法》执法检查，督促政府加强对传染病防治的监管力度，加大对全县村卫生室建设的资金投入，落实基本药物制度和相关配套政策，进一步改善农民“看病难、看病贵”的问题。“民族团结进步行”，围绕“关注少数民族群众生产生活，促进民族团结和谐”主题，全面普查全县散杂居少数民族分布和生产生活情况，深入原内下乡瑶族山村，了解当地瑶胞生产生活状况，与村民共商发展大计，并积极向当地学校捐资助学。围绕“加强司法监督，提高司法水平”主题，在全市率先启动“司法公正行”活动，加强与常德、长沙等地人大工作交流，加强与公、检、法、司等政法机关联系沟通，加大监督力度，促进严格执法、公正司法，加快祁阳县依法治县进程。

常委会还依法开展食品安全监管专题调研，督促政府及相关部门加大对新《中华人民共和国食品安全法》的宣传和贯彻实施力度；开展《中华人民共和国禁毒法》执法检查，督促政府严打吸、贩毒等毒品违法犯罪行为，最大限度减少毒品危害；开展《中华人民共和国公路法》执法检查，督促政府着力解决公路超载超限严重、道路安全隐患突出、乡村公路养护不到位等问题；听取全县农业综合开发情况的报告，督促政府进一步加强农业基础设施建设，大力推进农业产业化进程。

【人事任免】 常委会始终坚持党管干部原则，充分发扬民主，严格依法开展人事任免工作。一是落实宪法宣誓制度。10月份，在常委会第二十二次会议上首次推行向宪法宣誓制度，明确县人大及其常委会选举或决定任命的国家工作人员，以及“一府两院”任命的国家工作人员，就职时都应当向宪法宣誓，旨在激励和教育国家工作人员忠于宪法、遵守宪法、维护宪法、敬畏宪法，切实增强其依法行政、公正司法的自觉性。二是严格规范任免程序。严格执行任前调查、法律考试、任前公示、颁发任命书和向宪法宣誓等人事任免程序。全年依法任免县人民政府工作人员12人次、法官16人次、检察官4人次，依法任命县人大常委会工作人员6人次、人民陪审员5人次，保证了市、县委组织人事意图的顺利实现。三是切实强化任后监督。按照《国家机关工作人员任后履职测评暂行办法》，12月，常委会组织31名常委会任命的政府组成部门主要负责人和“两院”负责人就执行人大及其常委会决议、决定，办理代表建议意见，勤政廉政等方面工作情况进行了述职和测评，并将测评情况报告县委，进一步强化了任命人员的法律意识、公仆意识和责任意识，促进了国家机关干部队伍建设。

【代表工作】 牢固树立代表主体意识，不断拓宽代表履职渠道，认真督办代表议案建议，确保代表履职效力，充分发挥代表作用。一是密切联系代表。坚持常委会组成人员联系代表制度，邀请代表列席常委会会议、参加工作审议、执法检查、调研视察等活动，积极拓宽代表知情知政渠道。全年共邀请代表列席常委会会议100余人次，组织代表参加各类测评会300余人次，列席和旁听“一府两院”相关会议90余人次，参与“两院”开放日活动20余人次。坚持组织在祁的省、市人大代表和部分县人大代表开展集中视察活动，帮助代表收集第一手素材，为各级人大代表出席人民代表大会做好会前准备。湘江纸业（原冷水滩造纸厂）污染县城饮用水源问题，老百姓十分关注，多年来，常委会采取组织部分省、市、县三级代表异地视察、现场取证、约见相关部门负责人等方式持续关注。同时，积极引导各级人大代表有针对性地提出议案建议，多方呼吁，形成合力，引起省、市高度重视，该厂于2015年10月全面关停，终于彻底解决了祁阳人民多年来强烈期盼解决的老大难问题。二是建好履职平台。坚持以活动为载体，全年共组织85名县人大代表、369名乡镇人大代表回原选区述职，受到了选民和群众的好评。用好用活“代表联系群众工作室”平台，一年来，各级人大代表共联系群众16万余人次，收集群众意见5000多条，协助解决有关问题1000余件。扎实开展“争创先进代表小组、争当优秀代表”的“创先争优”活动，严格实行“百分制”评比，激励全县各级代表在政策宣传、推动发展、扶贫帮困、化解矛盾等方面发挥积极作用。三是督办议案建议。坚持将议案和建议办理作为服务代表的重要举措，采取常委会领导牵头督办、相关办委分类督办和代表广泛参与三管齐下的办法，强化议案建议办理工作。全年两次听取政府关于议案、建议、批评和意见办理情况的报告，年底又组织代表、委员开展为期两天的议案和重点建议办理情况专题视察，促进办理工作全面落实。县十六届人大三次会议以来的2件议案、6件重点建议和309件建议、批评、意见，绝大部分按时办结，效果较好。

【常委会自身建设】 常委会坚持强学习、转作风、提效能，不断加强自身建设。强化学习培训。坚持一月一学习制度，做到机关干部集中学习常态化。采取请进来的办法，每次常委会会前都邀请专家学者开展法律法规讲座。采取走出去的办法，组织常委会组成人员外出考察学习，进一步拓宽视野提高履职水平，分批组织机关干部赴人大培训基地学习培训，组织参加全市县区人大委室工作联系会议，不断增强人大干部的政策理论和法律素养，提高人大业务工作能力和水平。转变干部作风。在人大常委会县处级以上干部中扎实开展“三严三实”专题教育，坚持始终以严的要求强化思想认识，以实的态度对待各个环节，把问题导向贯穿专题教育全过程，紧紧盯住“不严不实”表现，深入查摆整改，从严从实要求机关干部转作风、树形象。认真贯彻中央八项规定和省、市、县委有关规定，严肃工作纪律，严格控制文件会议，视察检查轻车简从，机关干部作风进一步好转。认真落实党风廉政建设责任制，严格履行“一岗双责”，廉政建设得到进一步加强。提升机关效能。严格机关岗位责任制考核，严格人大干部队伍教育管理，进一步提升工作执行能力。强化对常委会组成人员的履职情况考核，严肃会风会纪，进一步提高常委会会议质量。扎实开展工会活动，进一步增强凝聚力和战斗力，机关办事效率和服务水平得到提升。

【信访工作】 坚持依法信访，运用法治思维和法治手段办好信访案子。全年共受理来信来访198件次、325人次，协调处理集体访6批次，督促“一府两院”及相关部门较好地解决了一批事关群众切身利益的实际困难和问题。如龙山街道吴家园小区原饮食公司两栋家属宿舍住户集体反映房屋墙体开裂、地基滑坡一事，常委会高度重视，及时组织政府及八个相关部门召开联席会议，督促制订抢险方案，解决资金难题，并跟进协调，切实消除安全隐患，保障34户居民生命财产安全。

（邓红军）

祁阳县人民政府

【概述】 2015年，全县辖19个镇、3个街道办，土地总面积2538平方公里，耕地面积49.16千公顷。年末总人口106.1万人，其中常住人口87.99万人、城镇人口36.3万人；人口出生率12.9‰，自然增长率5.43‰。年内最高气温37.3℃，最低气温0.7℃；年降水量1409.5毫米。

全年完成生产总值240.02亿元（现行价，下同），增长10%。其中：第一产业增加值48.19亿元，增长3.7%；第二产业增加值88.76亿元，增长10.6%；第三产业增加值103.07亿元，增长11.9%；一、二、三次产业对经济增长的贡献率分别为6.42%、42.76%和50.82%；实现财政收入突破12.9亿元，增长17.2%。

农业完成增加值43.6亿元，增长4.1%。优质稻、生猪、油茶、茶叶、畜禽等主导产业壮大，粮食连续12年丰收，主要产品产量：粮食65.7万吨，棉花573吨，油料4.3万吨，水果18.1万吨，茶叶300吨，生猪出栏104.3万头，牛出栏1.44万头，羊出栏5.8万只，家禽出笼1201万羽，水产品6.3万吨。农业产业化进程加快。培育市级以上龙头企业26家、“中国驰名商标”4个、“湖南名牌”7个；发展专业合作社430个，其中省级示范社11个，祁阳被列为全国农业社会化服务体系创新试点县，继续保持全国粮食生产先进县、生猪调出大县荣誉称号。国家农业综合开发现代农业示范园落户祁阳；土地流转速度加快，共流转土地58.6万亩，其中耕地33.8万亩。实施104座小型水库除险加固、7座电站增效扩容改造工程，完成湘江综合治理8.1公里；新建供水工程33处，解决农村饮水不安全人口5.55万人。农业现代服务体系不断完善。年末农业机械总动力85.4万千瓦，比上年年末增长0.9%。其中农用排灌动力机械49.8万千瓦；联合收割机达801台。实际机耕面积达74.2千公顷；机械收获面积25千公顷。全面小康建设步伐加快，建设小康村166个；美丽乡村建设深入推进，创建全省新农村示范村4个，被评为全省先进。

工业实现全部产值284.29亿元、增加值73.33亿元，分别增长12.7%、10.9%。主要产品产量：大米40.5万吨，速冻食品5.5万吨，精制食用植物油7.7万吨，水泥324.6万吨，印染布441万米，服饰586.4万件，鞋1251万双，铁合金1.5万吨，铸钢件2.3吨，日用玻璃制品2.04万吨。规模工业快速发展。全县规模工业企业总数达到108家，实现规模工业产值184.36亿元、增加值51.27亿元，分别增长15.2%和12.1%，其中年产值过亿元企业64家、5亿元企业11家。祁阳经开区新开发面积2平方公里，新建标准厂房24.58万平方米，新入园企业11家，完成规模工业总产值162亿元、增加值40亿元，分别增长20.2%、22.6%，实现税收3.4亿元，增长27%。

社会消费品零售总额65.4亿元，增长11.8%。人民生活水平不断提高。农民人均纯收入达到10861元，城镇居民人均可支配收入达到23809元，增长分别为8%、9.4%。居民存款余额达 260 亿元。招商引资成效明显。全年新批外资项目 4 个，承接产业转移项目 60 个，到位外资 9500 万美元，内联引资 23.5 亿元，阿里巴巴、红星美凯龙、凯茂科技等战略型企业落户祁阳。对外贸易快速发展，完成外贸进出口总额 2.35 亿美元，增长 15%；其中出口 2 亿美元，增长 22%。祁阳被评为省、市发展开放型经济先进县。

固定资产投资达 274.22 亿元，增长 18.1%。按产业分，第一产业投资 11.13 亿元；第二产业投资 121.08 亿元；第三产业投资 142.01 亿元。海螺水泥二期、海创垃圾协同处理项目、千山医疗器械一期、东骏纺织二期、华旺塑胶、江涵电子、泰格莱电子等项目建成投用；“两供两治”加快推进。三水厂扩能改造全面完工，新埠头水厂正在进行主体施工；燃气供气用户新增 2000 户；黎家坪、白竹、白水污水处理厂建设和浯溪污水处理厂扩建工程稳步实施；“两房两棚”抓紧建设。完成农村危房改造 2500 户，2685 套公租房和 1600 户城市棚户区改造工程正加紧建设，住房保障得到加强。交通路网不断完善，G322 绕城线南北段建成通车，木金公路完成路基 95%、路面硬化 80%；千吨级港口码头、黎马、上大、唐家岭汽车站等项目前期工作稳步推进，衡永高速公路列入省交通建设规划。

科技创新成效显著，科技对经济发展的贡献率达到 54%，连续八年四届保持“全国科技进步先进县”“全国科普示范县”荣誉称号；创建“全国可持续发展实验区”通过省评审。教育强县建设有力推进，全县一、二批本科上线 2023 人，占全市 1/4，上线人数和上线率居全市第一，有 3 人被清华大学、北京大学录取；职业中专对口升学连续五年保持全省第一，成功入围首批“省卓越中职学校”行列。文体广电事业健康发展，文化站和“农家书屋”实现全覆盖，祁阳县连续三年荣获全省广播电视优秀通联集体。医疗卫生保障体系日益完善。全县新农合参合率达 99.6%，实际报账率超过 70%。城市管理和环卫绿化不断加强，保持“省级文明县城”和“省级卫生县城”荣誉称号。节能减排措施全面落实，各项减排指标均达到省定要求。人口计生工作扎实有效，人口素质进一步提升，保持全国计划生育优质服务县称号。安全信访形势稳定。安全生产工作连续五年被评为全省安全生产先进县。抓好接访约谈、带案下访、排查化解、解决问题和疏导劝返等工作，全县信访形势整体平稳。

【县政府常务会议纪要】 1 月 15 日，召开县人民政府第 26 次常务会议，传达祁冷公路附属工程建设相关事项协调会议精神，研究春运、创建国家绿化模范县暨实施三年绿色攻坚行动、春节期间走访慰问、地名普查、残联等工作。会议研究通过《祁阳县 2015 年春运工作实施方案》《祁阳县 2015 年春运安全联合执法工作方案》《祁阳县创建全国绿化模范县暨实施三年绿化攻坚行动方案》《2015 年春节期间走访慰问活动实施方案》《祁阳县第二次全国地名普查工作实施方案》等文件。2 月 12 日，召开县人民政府第 27 次常务会议，讨论《政府工作报告》，研究 2015 年财政预算工作。会议通过《祁阳县 2015 年一般公共预算（草案）》《祁阳县 2015 年政府性基金预算（草案）》《祁阳县 2015 年国有土地使用权出让收支计划（草案）》《祁阳县 2015 年社会保险基金预算（草案）》等文件。3 月 19 日，召开县人民政府第 28 次常务会议，研究《政府工作报告》任务责任分解、事业单位选聘人才、“十三五”交通规划编制、祁剧《兄弟》创作排演、“135”工程实施、房产三个规范性文件制订、征收万和实业有限公司房屋并收回土地使用权、红星美凯龙家居商业城及广垦·祁阳农产品物流园项目招商工作。会议同意县交通运输局负责组织实施“十三五”交通规划编制工作，通过《祁阳县

2015年〈政府工作报告〉确定的任务责任分工表》《2015年全县事业单位选聘人才工作方案》《湖南省“135”工程祁阳经济开发区创新创业园建设实施方案》《祁阳县新建商品房交付使用管理办法》《祁阳县保障性住房分配和运营管理暂行办法》《祁阳县住宅专项维修资金管理暂行办法》等文件。4月27日，召开县人民政府第29次常务会议，分析一季度全县经济形势，研究环保大检查祁阳专项督查整改，依法行政暨建议提案办理，拟定管道燃气安装费、燃气销售试行价格，县中心城区扩容提质总体策划、高铁新城概念性规划工作。会议同意将环境保护纳入全县工作目标综合考核范畴；同意管道燃气安装费、燃气销售试行价格方案，试行期两年；通过《祁阳县2015年依法行政工作要点》；通过单一来源采购方式选择河南腾智策划咨询有限公司（王志纲工作室）为县中心城区扩容提质总体策划单位及高铁新城概念性规划单位。5月6日，召开县人民政府第30次常务会议，研究迎接国家第二批禁止使用实心粘土砖（以下简称“禁实”）县城验收、闲置土地清理处置、城市棚户区改造、民生路建筑立面改造、确定“四类用地”底价工作。会议同意调整成立由县委常委、常务副县长任组长的县新型墙体材料和散装水泥推广应用工作领导小组，通过《祁阳县城规划区“禁实推新”工作方案》《“两金”返退和项目扶持办法》。同意成立祁阳县保障性安居工程投资建设开发有限公司，作为县城镇建设投资开发有限公司的下属子公司；成立祁阳县国有土地上房屋征收与补偿工作办公室。同意启动原种场土地征收工作、民生路建筑立面改造设计方案和划拨用地、工业用地、物流项目用地、经营性机构用地“四类用地”底价确定标准。6月26日，召开县人民政府第31次常务会议，研究县政府工作部门权力清单和责任清单编制、发放高龄生活补贴、农村饮水安全工程运行管理、科技、食品药品安全、申报省级海绵城市试点、禁毒工作。会议同意县政府工作部门权力清单、责任清单，全县90~99周岁老年人发放高龄生活补贴工作意见，出台农村饮水安全工程管理规范性文件，组建县农村饮水安全水质检测中心。会议通过《祁阳县2013—2014年科学技术奖励方案奖》《祁阳县食品药品安全工作考核办法》《祁阳县食品药品违法行为举报奖励办法》《2015年祁阳县食用油、米粉放心工程工作方案》等文件。7月16日，召开县人民政府第32次常务会议，分析上半年全县经济形势，研究重点民生实事项目推进、“八·一”走访慰问、落实免征小微企业动物及动物产品检疫费政策、城区建筑垃圾管理和城区禁止燃放烟花爆竹、城乡控违拆违、县中医医院新院区二期建设、“农村广播村村响、广播电视直播卫星户户通、中央广播电视节目无线数字化覆盖”工程建设、创建省级妇幼健康优质服务示范县工作。会议同意成立免征动物及动物产品检疫费工作领导小组，成立“农村广播村村响、广播电视直播卫星户户通、中央广播电视节目无线数字化覆盖”工程建设领导小组，成立创建省级妇幼健康优质服务示范县工作领导小组；同意城区建筑垃圾管理和城区禁止燃放烟花爆竹工作相关方案及办法，制订《祁阳县全面落实免征动物及动物产品检疫费工作方案》，出台《祁阳县创建省级妇幼健康优质服务示范县实施方案》。会议通过《祁阳县2015年“八·一”期间拥军优属活动实施方案》《祁阳县控违拆违工作责任追究办法》。同意启动县中医医院新院区二期工程建设，并将其列入全县重点建设项目，县中医医院创建三级中医医院。8月28日，召开县人民政府第33次常务会议，研究安全生产、城区治丧秩序专项整治、城区道路提质改造、县城西区综合农贸市场建设、消防工作。会议同意加快推进安全生产远程网络视频监控系统建设；同意城区治丧秩序整治工作纳入全县年度工作目标管理综合考核范畴，城区道路提质改造工程2015年工作计划，采取“县政府主导、县城建投融资、县指挥部建设、县市管局管理、县城建投所有”的模式建设县城西区综合农贸市场；同意建立白水镇、黎家坪镇专职消防队，其他乡镇根据本地实情建立专职消防队或志愿消防队。会议通过《祁阳县城区治丧秩序整治工作方案》《祁阳县人民政府关于进一步规范城区殡葬行为的通告（审议稿）》。10月23日，召开县人民政府第34次常务会议，分析三季度全县经济形势，研究议案、重点建议和重点提案办理、县政府与华融湘江银行战略合作、秋冬农业生产、创建全国绿化模范县、环保等工作。会议通过《祁阳县人民政府与华融湘江银行永州分行战略合作框架协议》《2015年秋冬农业生产工作意见》《创建全国绿化模范县工作方案》《祁阳县环境保护工作责任规定（试行）》等文件。11月7日，召开县人民政府第35次常务会议，学习贯彻“两条例一准则”，研究新辉开科技（深圳）有限责任公司（以下简称新辉开科技公司）投资祁阳经济开发区电子信息产业园和祁阳经济开发区企业土地出让金奖扶及项目建设收费、乡镇区划调整改革等工作。会议同意新辉开科技公司投资祁阳经济开发区电子信息产业园，修改完善《新辉开科技公司投资祁阳经济开发区电子信息产业园项目合同》，成立对接新辉开科技公司联络服务领导小组，由县委常委、常务副县长牵头主抓。会议通过《祁阳县乡镇区划调整改革工作实施方案》。12月18日，召开县人民政府第36次常务会议，研究浯溪街道大众完小整体搬迁及改建中心幼儿园、“十三五”规划编制、大江林场风电场项目开发、食品药品安全、人民医院项目建设贷款贴息、基准地价更新、环保等工作。会议同意将浯溪街道大众完小整体搬迁至县公安局旧址，并将现大众完小改建成浯溪街道中心幼儿园；成立浯溪街道大众完小整体搬迁及改建中心幼儿园项目建设领导小组，由分管教育的副县长任组长；成立祁阳县十里坪养殖污染综合整治工作领导小组。会议通过《祁阳县国民经济和社会发展第十三个五年规划纲要（草案）》《祁阳县大江林场风电场开发项目协议书》《祁阳县畜牧场养殖区污染综合防治方案》等文件。

【重点民生实事】 2015年全县实施重点民生实事指标47项，累计投入资金9.19亿元。全年共完成农村公路建设122公里，建设普通公路安保设施90公里，解决农村饮水不安全人数42655人，改造农村危房2500户，新增公共租赁住房2685套，改造城市棚户区1600户，新增管输天燃气1500户，县以上城镇生活垃圾无害化处理率已达到95.38%，县以上城镇污水无害化处理率已达到85.23%以上，县以上城镇公共供水水质已达到《生活饮用水卫生标准》（GB5749—2006）要求，完成新增城镇就业人员6600人，失业人员再就业3000人，新增农村劳动力转移就业9500人，就业困难人员再就业1100人，就业培训7500人，建设义务教育合格学校16所，改造农村薄弱学校20所，启动了65所学校信息化建设，建设农村公办幼儿园5所，城市治安电子防控系统建设安装监控摄像机完成100个，帮助0~7岁残疾儿童实施抢救性康复30人，救治救助贫困重性精神病患者160人，建设社区矫正中心1个，新增养老服务床位195张，农贸市场标准化改造3个，行政村配电网改造65个，县级公立医院住院补偿率与乡镇卫生院住院补偿率分别达到70%与85%以上，完成盘龙路、新兴路、平安路、滨湖路、甘泉路提质改造，启动民生南路立面改造，启动新埠头水厂一期建设，完成华润燃气管网建设27.5公里，启动华润燃气站点建设，黎家坪污水处理厂完成主体工程，启动白竹污水处理厂建设，海螺水泥厂垃圾协同处理项目完成并投入使用，全面实施道塘垃圾堆放场治理，加强食品安全，完成推进“放心食品”工程，实施“五小”水利工程建设，改造小渠道460公里，整修小山塘1500口，新改建修小泵站35座。

附：2015年县人民政府文件目录

祁政发〔2015〕1号　1月28日，关于整治白水镇集镇区交通秩序的通告

祁政发〔2015〕2号　2月6日，关于印发《祁阳县第二期学前教育三年行动计划（2014—2016年）》的通知

祁政发〔2015〕3号　关于林区禁止野外用火的通告

祁政发〔2015〕4号　3月10日，关于全力整治境内湘江支流非法采砂行为的通告

祁政发〔2015〕5号　3月16日，关于关闭双发煤矿的决定

祁政发〔2015〕6号　3月23日，关于做好清明期间森林防火工作的通告

祁政发〔2015〕7号　3月31日，关于水库污染治理的通告

祁政发〔2015〕8号　4月13日，关于春季禁渔的通告

祁政发〔2015〕9号　4月15日，关于收回七里桥镇原龙口源办事处行政划拨土地使用权的决定

祁政发〔2015〕10号　3月12日，关于征收祁阳县万和实业有限责任公司房屋的决定

祁政发〔2015〕11号　4月27日，关于矿产资源整合的决定

祁政发〔2015〕12号　5月7日，关于加强通信基站建设和保护的通告

祁政发〔2015〕13号　5月18日，关于继续做好行政事业单位国有资产移交工作的意见

祁政发〔2015〕14号　4月27日，关于收回祁阳县天然气供应储配调压站和县文化馆建设项目部分划拨土地使用权的决定

祁政发〔2015〕15号　5月22日，关于收回祁阳县真卿小区廉租房建设项目部分划拨土地使用权的决定

祁政发〔2015〕16号　5月29日，关于撤销《长虹办新塘湾村山林权属纠纷协调会议纪要》的决定

祁政发〔2015〕17号　5月29日，关于收回湖南科力电机股份有限公司灯塔路宗地出让土地使用权的决定

祁政发〔2015〕18号　5月29日，关于征收董珏成和董学刚房屋的决定

祁政发〔2015〕19号　7月29日，关于收回长虹安置小区行政划拨土地使用权的决定

祁政发〔2015〕20号　8月7日，关于收回前锋安置小区行政划拨土地使用权的决定

祁政发〔2015〕21号　8月10日，印发《关于适用祁政发〔2012〕16号文件的解释》的通知

祁政发〔2015〕22号　9月15日，关于加强油茶收摘管理的通告

祁政发〔2015〕23号　9月25日，关于印发《祁阳县科学技术奖励办法》的通知

祁政发〔2015〕24号　10月27日，关于严厉打击“两抢一盗”、诈骗、涉毒等违法犯罪的通告

祁政发〔2015〕25号　6月15日，关于调整行政审批项目的通知

祁政发〔2015〕26号　12月4日，关于公布县政府部门权力清单和责任清单的通知

祁政发〔2015〕27号　12月1日，关于印发《祁阳县环境保护工作责任规定（试行）》的通知

祁政发〔2015〕28号　12月15日，关于规范县城区殡葬行为的通告

祁政发〔2015〕29号　12月20日，关于加强县城规划区建筑垃圾管理的通告

县政府办公室工作

【概况】　祁阳县人民政府办公室是协助县政府领导处理政

府日常工作的机构，主要负责文电运转、材料起草、督促查办、后勤保障等工作，共有干部职工82人，内设综合调研室、督查室、文秘室、政工室、行政事务室、应急办、信息室、金融办、法制办、民宗局、总值班室11个职能室（办、局），下属事业单位有县禁毒办、县旅游外事侨务局、县电子政务办。2015年，祁阳县政府办紧紧围绕县委、县政府中心工作，坚持以“服务群众、服务基层、服务发展”为主线，大力弘扬“忠诚、奉献、睿智、卓越”的办公室精神，创新工作机制、提高工作效率，圆满完成各项任务。全年共获得“政府法制工作先进集体”等省级荣誉1项；“市级文明单位”“全市依法行政工作先进单位”“重点民生实事工作先进县”“2015年全市人防宣传工作优秀单位”等市级荣誉8项；“全面建成小康社会工作先进单位”“农业农村工作优质服务先进单位”“创建国家卫生城市”“党建工作先进单位”“目标管理综合考核优胜单位”“新型工业化先进服务单位”“县模范职工之家”等县级荣誉23项，为促进全县经济社会又好又快发展发挥了积极作用。

【综合调研】 全年高质量撰写和审核把关工作报告、情况汇报及各类综合材料380余篇，上报典型材料35篇，累计200多万字，出色地完成了县委经济工作会议、县人大政协“两会”、县委、县政府工作会议、半年经济形势分析会、全市重点项目建设流动现场会、全市城乡生活垃圾处理一体化现场会等各类会议的文字材料。全年共组织和参加创新投融资体制机制、现代农业产业化经营、农村土地流转、新型工业转型升级等近10次调研活动，全年编发《祁阳经济》12期，为领导决策提供服务。

【文电运转】 严格按照公文办理规定，全年共办理县政府及县政府办文件784个（不含以县委、县政府和两办名义共同下发的文件）。按照“按时批办、不积压”的原则办理上级来文1279个，落实领导特批文件493个，并及时做好督办反馈工作。同时，一丝不苟做好会议服务工作，全年共提供会议服务358次，其中电视电话会议97次。扎实做好档案立卷归档和保管工作。按照省一级档案室的标准，对2014年度的文件资料进行立卷归档、装订成册，并全部建立电子目录索引台账。全年提供档案查阅、借阅服务205人次，复印文件资料410余份。“准确、及时、高效”做好公文送递工作。全年共送呈各类文件2万件次，无拖延、积压、丢失现象，全年未出现涉密事件。

【金融管理】 主动适应经济发展新常态，不断强化金融支持，优化金融服务，全县金融形势良好。截至2015年年底，全县金融机构各项存款余额256.5亿元，同比增长14.25%，各项贷款余额93.67亿元，同比增长13.93%。银企合作不断深入。成功召开第十二届银企合作洽谈会，辖区内8个金融机构与52个中小企业（项目）进行了现场签约，授信金额19.67亿元。金融体系不断完善。改制后祁阳农商银行运行良好，2015年新增存款11.95亿元，净增贷款11.8亿元，占全县金融机构净增贷款的94%，贷款余额突破50亿元大关，上缴税费7460万元，为全县第一纳税大户；成功引进华融湘江银行在祁阳开设支行，为全县经济发展注入新鲜血液；积极与省农业担保公司加强合作，成功争取省农业信用担保公司在祁阳县设立办事处，增强中小企业融资担保实力。金融风险防控有力。出台《关于整顿金融秩序促进地方经济发展的意见》，大力清收不良贷款，2015年清收原农村信用社不良贷款6300多万元；加强信用体系建设，加大对失信行为的惩戒力度，通过网络及电视媒体曝光“老赖户”85户；严厉打击非法集资，守住了不发生系统性、区域性金融风险的底线。

【信息工作】 2015年，县政府办以“加强联系沟通、提供决策服务、挖掘亮点工作、宣传祁阳形象”为目标，狠抓政务信息的搜集、整理、撰写、编发、上报和对外宣传工作，全年向县直部门和各镇乡办场约稿和收集政务信息1331余条，采用、刊发366条；向省、市政府办公厅（室）推介报送新型工业化、农业农村、城镇建设、旅游产业发展、技术创新等反映祁阳重要、亮点、特色工作的信息稿件425余条，分别被省、市分别采用22条、157条。全年编发《经济参阅》刊物22期，及时将中央、省市最新政策安排和外地创新性的工作举措提供给各级各部门领导参阅，以利于指导和促进政府工作。

【重点督查】 坚持抓重点带全盘，把主要精力放在县委、县政府领导高度关注、事关经济社会发展的大事难事上，通过重点督办、联合督查的形式，充分发挥督查督办在推进工作落实中的作用。全年牵头或参与完成重点民生实事、春运、食品安全、信访维稳、综治民调、粮食生产、森林防火、油茶收摘、防洪渡汛、水库污染治理、消防、禁毒、重点项目建设、招商引资、跑项争资、治超治限、村级组织活动场所建设、分类定级与执行力考核、会纪会风等45项专项督查，共编发《督查通报》15期，《督办通知》6期，《督查专报》10期，督查现场提出整改落实意见117条。认真办理领导批示件和交办件，遇到难题不回避、不推诿，主动协调，处置妥当，既让领导满意，又让群众满意。全年办理县长（县领导）批示件91件，回复及时率100%，按要求处理到位率100%。共接收市领导和市委、市政府督查室交办（转办）22件工作事项，全部按要求完成。对群众关注的热点、难点问题，坚持一件一件地督促检查，一件一件的协调落实，千方百计为群众排忧解难，树立政府良好形象。全年共受理群众来信来访128件，已全部办结，其中电话直接办结80件，现场督办48件。

【电子政务】 2015年，县电子政务管理办公室与县行政效能办、县政务服务中心、县法制办积极配合协调，对全县各单位的网上政务服务和电子监察系统应用工作的重视程度、推进力度以及完成进度进行全面督查，推进全县各单位对电子政务应用的积极性，全力保证全县电子政务工程的整体推进和目标的全面实现。为了使各单位工作人员尽快熟练使用系统，提高工作效率，县电子政务管理办公室派出技术人员对各单位操作人员进行操作培训，面对面指导，手把手教会。此外，还通过建立“祁阳电子政务QQ群”，使各单位操作人员联系更紧密，在系统使用过程遇到任何问题，都可以及时得到在线帮助，包括远程指导、演示操作，解决技术难题，保证了网上政务和电子监察系统应用工作的顺利开展。截至2015年年底，祁阳县网上办事大厅共完成当年收件129559件，当年办结129556件，办结率99%，全面完成了省市要求办结率必须达到95%以上的目标任务，办件量和办结率均居全市第一。

【政府门户网站建设】 祁阳县政府网站是对外宣传祁阳的媒体，实现政务公开的载体，了解群众呼声的途径，提供便民服务的窗口，强化信息工作、加强宣传报道工作的平台。2015年，针对实际需求，对政府门户网站通过全新设计、全新构架、全新面貌进行改版升级，完善祁阳（祁阳概况）、政务公开、网上办事、公共服务、政民互动、祁阳文化、祁阳旅游、电子地图等栏目，进一步畅通县长信箱、民意征集、在线调查、咨询、投诉、反馈等互动渠道，优化网站结构，加快信息更新，并在网站安全、管理运行等方面，建立相关制度，以及立足本地特色服务方面做了一些工作。同时，依托政府门户网站，认真实施《中华人民共和国政府信息公开条例》，以公开、公正、廉政、便民为基本要求，切实推行政务信息公开工作，加强政府门户网站的信息公开力度，增强对行政权力的民主监督，方便群众办事，确保政府办事的公平、公正、公开，增强了政务透明度。截至2015年年底，祁阳县政府门户网站及子网站总体信息更新量达28321条，通过信息直报系统发布信息312条，网上行政审批办理12万余件，县长信箱128件。在政府网站管理制度方面，先后制订《祁阳县人民政府网站安全管理制度》《祁阳县政府网站信息发布审核制度》《祁阳县政府网站在线服务管理制度》《祁阳县政府网站技术运维管理制度》《祁阳县政府网站监督投诉制度》《祁阳政府网“群众来信”处理批转制度》等，把对政府网站的管理纳入制度轨道，提升了对网站安全的认识，提高政府网站抵御风险的能力，保障政府网站安全运行。

附：2015年县人民政府办公室文件目录

祁政办发〔2015〕1号

1月26日，关于印发《祁阳县财政投资项目评审管理实施办法》的通知

祁政办发〔2015〕2号

2月6日，关于印发《祁阳县特色县域经济重点县建设“以奖代补”项目验收认定暂行办法》的通知

祁政办发〔2015〕3号

2月16日，关于印发《祁阳县工商登记制度改革后续市场监管工作意见》的通知

祁政办发〔2015〕4号

4月15日，关于印发《祁阳县保障性住房分配和运营管理办法》的通知

祁政办发〔2015〕5号

4月30日，印发《关于整顿金融秩序促进地方经济发展的意见》的通知

祁政办发〔2015〕6号

5月18日，关于印发《祁阳县住宅专项维修资金管理办法》的通知

祁政办发〔2015〕7号

5月18日，关于印发《祁阳县新建商品房交付使用管理办法》的通知

祁政办发〔2015〕8号

5月29日，关于印发《祁阳县森林火灾应急预案》的通知

祁政办发〔2015〕9号

7月29日，关于印发《祁阳县食品药品违法行为举报奖励办法》的通知

祁政办发〔2015〕10号

8月14日，关于对全县90~99周岁老年人发放高龄生活补贴的通知

祁政办发〔2015〕11号

8月25日，关于印发《祁阳经济开发区采取PPP模式建设标准厂房项目招商方案》的通知

祁政办发〔2015〕12号

8月25日，关于印发《祁阳经济开发区引进工业地产商独资建设标准厂房项目招商方案》的通知

祁政办发〔2015〕13号

9月9日，关于印发《祁阳县“三转”工作实施方案》的通知

祁政办发〔2015〕14号

10月13日，关于调整学生用车财政补贴实施方案的通知

祁政办发〔2015〕15号

11月17日，关于加快推进农业标准化建设的意见

祁政办发〔2015〕16号

12月20日，关于印发《祁阳县建筑垃圾运输处置管理规定》的通知

人事人才工作

【概况】 2015年，祁阳县人事人才工作认真贯彻落实省、市相关会议精神，围绕全县工作大局，大力实施人才强县战略，认真履行工作职能，各项工作任务圆满完成。

【公务员管理】 2015年，全县招录公务员31名，其中从“四项目”人员中招录4名；对2014年招录的18名公务员办理了转正定级和登记审批手续；组织新录用的31名公务员参加任前培训；对4858名公务员和参照公务员进行考核，评出优秀583人，称职4251人，基本称职3人，不定

等次16人，不称职5人，受到县委、县政府嘉奖552人，记三等功115人。

【事业单位招考】 全年举办1次公开招聘，推出教育、卫生等系统125个岗位，计划招聘424人，共有2122人报考，经笔试、面试、体检、考核，择优聘用335人。安置免费师范生8人，特岗教师转正38人，招募“三支一扶”人员2名。

【工资福利管理】 完成1326名在职机关工作人员和16702名事业单位工作人员正常晋升工资的审批工作；完成8848人次机关事业单位离退休人员增加离退休费审批工作；完成7200余人次乡镇机关事业单位乡镇补贴审核工作；审批机关事业单位死亡一次性抚恤金及遗属生活困难补助144人次；为464名机关事业单位工作人员办理退休手续；办理工龄认定18人次。

【专业技术人才管理】 申报高级职称材料176份，中级职称材料305份，接收初级职称材料325份；对全县10774名事业单位专业技术及管理人员进行考核，定为优秀1263人，合格9494人，基本合格8人，不定等次3人，不合格6人。

【军转干部安置】 接收自主择业军转干部2名。

【人才交流工作】 接管大中专院校毕业生档案408份，办理人事代理18人次，办理档案托管390人次，转出档案128份，查、借阅档案56份。

（徐勇　陈文奇）

法治政府建设

【概况】 2015年，全县各级各部门紧紧围绕全县工作大局，认真贯彻落实《中共中央关于全面推进依法治国若干重大问题的决定》，全面履行政府职能，健全依法决策机制，深化行政执法体制改革，严格规范执法行为，为全县经济社会发展创造良好的法治环境，各项工作取得可喜成绩。祁阳县人民政府（以下简称县政府）被评为2015年度全市推进依法行政工作先进单位、2015年度全市人大代表建议政协委员提案办理工作先进单位。2015年，祁阳县人民政府法制办公室（以下简称县政府法制办）被评为全省依法行政工作先进集体（2011年至2015年）。

【行政决策】 完善行政决策合法性审查。县政府所有重大行政决策严格按照承办单位制订决策方案和起草说明，县政府法制办进行合法性审查，县政府常务会或县长办公会讨论。如，城区禁止燃放烟花爆竹、建筑垃圾管理等重大行政决策，决策前都对决策方案进行了完善，并经县政府法制办合法性审查后，提交集体讨论决策。规范行政决策程序。在作出重大行政决策时，严格遵循公众参与、专家论证、风险评估、合法性审查、集体讨论决定等法定程序。如，县交通运输局对全县交通发展的重大决策事项，严格执行规划设计、可行性论证、召开座谈会、集体决策等程序规定。召开听证会。各级各部门认真落实重大行政决策听证制度，确保决策广泛听取民意。如，城区禁止燃放烟花爆竹、建筑垃圾管理规定、环境保护工作责任规定、《祁阳县土地利用总体规划（2006—2020）》（2015年修订版）修改成果、祁阳县城镇土地使用税分级定额标准调整等重大行政决策都组织召开听证会，充分听取和吸收听证代表合理的意见和建议，做到科学民主决策，体现群众愿望。

【规范性文件管理工作】 制订、公布规范性文件，严格执行听取意见、组织听证、集体讨论、合法性审查、公开公布和“三统一”（统一登记、统一编号、统一公布）等各项制度。据统计，2015年，以县政府和县政府办名义出台的32件规范性文件，相关单位制订的25件报政府法制办备案的规范性文件，均按要求进行认真审查，做到有件必审、有件必备，把好规范性文件审查关，制订公布的规范性文件无一件受到质疑或被申请审查。根据领导安排，审查把关党委文件、会议纪要等其他文件236件，提出修改意见1600多条。规范性文件按要求实行“三统一”管理，在祁阳政府网和《祁阳政报》上统一公布。严格备案。按要求将县政府及其县政府办制订的规范性文件报永州市人民政府和祁阳县人大常委会备案；对县教育局、县物价局等政府部门报送的规范性文件进行合法性审查。

【政府法律顾问工作】 县政府组建第三届政府法律顾问工作组。县政府法律顾问工作组办理15件涉法事务，在处置突发事件和信访复查中发挥了积极作用。据统计，全县聘请法律顾问的单位达60多个，各单位在重大行政决策、重大执法行为或处理重要法律事务等工作中，基本做到了听取法律顾问意见，有效推进依法行政工作。

【行政审批制度改革】 深化商事制度改革，全面实行“三证合一、一照一码”登记模式，进一步优化审批流程、简化手续，降低市场准入门槛，激发市场主体活力。全县共办理“一照一码”营业执照设立登记170余户，全县全年新增企业700余户。

【权力清单和责任清单编制工作】 按照“部门上报—集中审核—专家评审—政府审定—统一公布”的程序，县政府法制办认真编制权力清单和责任清单，共对43个单位的2725项行政权力事项、36个单位的1268项职责事项集中编印成书，有力地推进了各级各部门积极作为、主动作为、规范作为。

【行政复议工作】 有效发挥行政复议监督作用。畅通受理渠道，丰富审理方式，坚持公正审理行政复议案件，对违法或不当的具体行政行为，坚决依法予以撤销，进一步促进执法规范，充分发挥复议监督作用，维护公民、法人和其他组织的合法权益。2015年，县政府共办理复议案件13件，撤销具体行政行为2件。切实加强内部监督。县政府法制办牵头，采取“以案说法”的方式，组织对28个行政执法单位68份行政执法案卷进行全面评查，提出整改意见，规范行政执法案卷。如县城管执法局严格执行法制审查制度，对案件的执法主体、执法程序、事实证据及适用法律进行严格审查把关，促进了执法水平提升。又如，县交警大队创新执法监督机制，不定期对路面执勤执法活动进行暗访，对不规范执法、违法违纪执法从严处理，促进执勤执法工作规范化。

【政务公开工作】 进驻县政务服务中心的单位都编制了《办事指南》，将行政审批事项的设定依据、审批条件、办理程序、申报资料、收费依据及标准、承诺办理期限等内容一并编入，放置在办事窗口，方便群众查阅。如县住建局推行“阳光规划”，对受理的事项及时审核、签批，确保高效，做到审批“零等待”，并通过规划公示栏和祁阳县规划信息港，对审批项目全部进行批前公示和批后公布，接受社会监督。又如，县残联将残疾人办证窗口搬迁到县人民医院，实行“一站式”办证，节约办证时间和成本，方便残疾人办证，社会反响较好。

【行政执法培训】 县政府安排县政府法制办会同相关执法单位开展法制教育培训，进一步提高行政执法人员的业务能力。如，县畜牧水产局举办全县动物检疫人员培训班，邀请市畜牧水产局领导和永州职业学院教授讲课，并到县定点屠宰场实地指导生猪屠宰同步检疫。又如，县城管执法局邀请县人大、县政府法制办、县交警大队以及律师事务所律师等专家授课，举办业务培训。全县各级各部门法制业务培训正逐步迈向常态化、制度化的轨道。

【行政执法工作】 全县各行政执法单位各司其职，各负其责，对涉及群众切身利益的食品安全、安全生产、公共卫生、国土城建等热点问题实行重点监管。如县食品药品监督管理局、县工商局、县质监局等单位积极开展食用油、湿米粉、大米、乳制品、大桶装水及学校和学校周边食品市场的整治工作，共取缔无证经营餐饮店、食品店、大桶装水生产作坊等400余家，“黑加工作坊”5家；销毁或收缴假冒伪劣食品3000余公斤。又如，县农业局加大农资打假力度，县国土资源局严厉打击土地违法行为，均取得了良好效果。

【政府性合同管理工作】 严格执行“三级审核、三级把关”制度，即由县政府法制办承办人员、分管领导、主任分级审核，承办单位、县政府法制办、县政府三级把关。对合同审核中发现的双方权利义务约定不对等、超出国家规定范围的土地及税收优惠、履约主体不明确等问题提出修改意见，保障项目落地投产、提高了服务质量和工作效率、防范政府及其部门的法律风险。全年共审核合同43件，提出修改意见130多条。

【法律咨询服务】 坚持热情提供法律咨询服务，对部门、乡镇等单位及广大公众向县政府法制办咨询的法律问题，坚持“有求必应、认真解答”，提供优质高效的法律查询、咨询，并提供口头法律意见，受到了一致好评。据统计，2015年，该办共提供法律咨询服务320多人次，出具法律意见2000多条，被采纳率达98%以上。

【县人大代表建议和县政协委员提案办理工作】 2015年，县政府系统共承办县十六届人大三次会议代表议案、建议、批评、意见（以下简称建议）315件、县政协九届三次会议委员提案（以下简称提案）223件。通过县政府及各承办单位的共同努力，所有建议提案均在规定时限内办结，逐件向代表、委员作了书面答复，办结率为100%。

县政府主要领导和分管领导高度重视建议提案办理工作，对一些重点建议提案均亲自指导和督促办理。如，县教育局承办的“关于征购县福利工厂改扩建大众完小”的建议，县政府及县教育局领导多次到现场调研，多次召开调度会，并将此建议提交县政府常务会专题研究，形成“在县公安局搬迁后，将大众完小整体迁至县公安局原址建设合格学校”的决议。又如，县住建局、县国土资源局等单位强化组织领导，指定专人负责办理工作，并规定时间和进度，做到了任务、责任到人。县财政局、县水利局等单位将办理工作作为“一把手”工程来抓，局领导全程参与，全程跟踪，狠抓落实。

在建议提案办理过程中，各承办单位及时与代表委员沟通、联系，认真听取意见。如在办理“大力推进集中育秧，促进粮食扩面增量”的提案时，县农业局主动和委员联系，多次邀请委员座谈，了解提出提案的意图和希望达到的办理效果，然后由单位领导牵头带领相关股室负责人到现场进行调研，制订办理方案。又如，县卫生局在办理“关于加强餐饮店的餐饮消毒碗筷器具卫生整治力度的建议”过程中，邀请代表共同考察，共同商讨办理措施，效果很好。再如，县城建投作为“关于加强城区公共停车场、车位建设管理的建议”的主办单位，主动与县住建局、县交警大队、县城管局、县规划设计院磋商和沟通，相关单位积极配合，建议办理效果良好。

【祁阳政报编辑】 《祁阳政报》是县政府机关刊物，履行县政府公报职能。2015年共出版5期，约30万字，实施免费赠阅，赠阅范围是：县委，人大，县政府，县政协，县政府工作部门，县法院，县检察院，镇（街道），村委会、社区居委会，中央、省、市驻祁单位，县内规模以上企业，县公共图书馆、档案馆及其他公共场所，县级领导，县人大代表，县政协委员。

（王猛）

民族宗教工作

【领导调研】 1月8日下午，县委书记魏湘江在县委常委、副县长、统战部长左雅婷及县民宗局负责人的陪同下，深入祁阳县青云寺、潇湘楼、甘泉寺、天主教堂等宗教活动场所调研。每到一处宗教活动场所，魏湘江都认真听取场所负责人的情况汇报，详细了解各宗教活动场所的历史、现状、发展规划及场所内部管理、宗教活动开展等情况。魏湘江指出，近年来，县委、县政府高度重视宗教工作，规范宗教活动开展，尊重群众信教自由，加大宗教建设投入，维护宗教领域的和谐稳定。魏湘江强调，宗教事务管理部门要正确认识宗教领域的发展变化，坚定不移地贯彻执行党的宗教政策和宗教事务管理条例，继续在团结、教育、引导信教群众上下功夫；要加强对宗教活动场所的管理，切实推动宗教活动依法、依规、安全、有序开展；要加大对宗教活动场所的保护力度，努力打造祁阳宗教文化旅游。魏湘江勉励宗教界和广大信教群众要与党委、政府保持同心同行，充分发扬爱国爱教、团结进步、服务社会的优良传统，加强自身建设，激发正能量，切实担负起维护宗教领域和谐稳定的责任，为构建和谐社会做出积极贡献。

1月16日，国家宗教事务局政法司副司长刘金光，国家宗教事务局政法司政研处副处长王生才，省民宗委党组成员，副主任向茂林，省委统战部民宗处处长孙卫民，市人大常委会副主任李俊湘，市委统战部副部长周生来等领导在市、县民宗委主要负责人的陪同下，先后来到祁阳县青云寺、天主教堂等宗教圣地及部分信众的家中，开展调研走访，深入了解祁阳县宗教团体和宗教场所管理建设情况，并详细询问了寺院基础设施建设、经济收入、学习培训、教职人员纳入社会保障等相关情况。刘金光充分肯定祁阳县的宗教工作，认为祁阳县围绕“民族团结进步，宗教和谐稳定”的目标，持续加强和创新民族宗教事务管理，民族宗教工作科学化、规范化、法治化水平不断提高，宗教工作有探索、有创新、有成效。刘金光希望祁阳县宗教工作部门和宗教界在认真总结经验的基础上，更好发挥宗教团体的桥梁纽带作用，要勇于探索、先行先试，真正把各方面的积极性和正能量调动好、发挥好，更好地服务当地经济社会发展大局。

4月14日，市人大常委会副主任袁满娥率部分市人大代表到祁阳视察宗教工作。袁满娥指出，祁阳各级宗教工作部门要依法加强和创新宗教事务管理工作，切实帮助解决宗教界人士的实际困难；要深入挖掘和保护宗教优秀文化，引导人心向善，把宗教场所建设成宗教人员和信教群众的精神家园；要积极引导宗教界，通过扎实有效的宗教慈善事业，造福社会大众，为维护祁阳县的宗教和睦、社会稳定发挥更多更积极的作用。

【典型发言】 2月11日，全市统战工作会议在冷水滩召开。县民宗局在会上作了《做好“四个坚持”文章，努力打造宗教领域“同心”品牌》的典型发言。发言从如何创造良好工作环境、依法管理宗教事务、加强宗教团体建设和强化正面宣传引导入手，全面总结了近年来全县宗教方面的重点、亮点工作，受到与会人员一致好评。

【春节走访】 2015年春节期间，集中开展春节走访慰问活动，把县委、县政府的温暖及时送到宗教界人士和少数民族贫困群众的心中。县委常委、副县长、统战部部长左雅婷深入到甘泉寺、青云寺、天主堂、平安堂走访慰问宗教教职人员。全县共走访慰问县级宗教团体4个、宗教活动场所25个、宗教界人员66人、少数民族贫困家庭45户，共送去慰问金2.8万余元。

【爱国宗教团体工作会议】 3月30日，祁阳县召开全县爱国宗教团体工作会议，各县级宗教团体负责人、宗教活动场所及基层佛教小组负责人近260人参加会议。会议由县民宗局局长周新民作工作报告，回顾总结全县2014年度民族宗教工作，并对2015年的工作进行安排部署。县佛教协会常务副会长张修奇、县道教协会会长文德平、县基督教“两会”主席何建华、天主教祁阳教会代表邱林分别发言，向大会报告本协会工作情况和2015年工作计划，同时递交了《祁阳县2015年度宗教团体目标管理考核责任制》。会议还表彰一批先进宗教活动场所、先进基层佛教小组、道风建设先进个人和文明宗教信徒。

【基层佛教小组规范化建设现场会】 6月22日，全县基层佛教小组规范化建设现场会在下马渡镇枫林铺佛教小组召开，县佛教协会全体领导班子成员和各基层佛教小组负责人共120余人参加。会议由县民宗局局长周新民作主题报告，县佛协枫林铺佛教小组组长作典型发言，县佛协副会长常能法师讲授佛教知识。局长周新民在报告中指出，加强基层佛教小组规范化建设是当前一项重要的工作任务，全县各基层佛教小组要切实做到“七个一”，即规范一个名称、选优一套班子、健全一套制度、建好一个阵地、组织一轮培训、落实一份责任和开展一次评比。

【宗教政策法规培训班】 9月17~18日，在县委党校举办了以“国法与教规的关系”为主题的宗教政策法规培训班。全县各镇乡办场政协联工委主任，以及各宗教团体班子成员、宗教活动场所负责人、佛教小组组长、宗教教职人员和信众代表共230余人参加培训。先后辅导党的十八届四中全会精神、社会主义核心价值观、宗教中国化道路、宗教政策法规等知识。通过培训，与会人员纷纷表示，将牢固树立宗教法治和国法高于教规的观念，全面加强宗教活动场所的规范化管理，大力弘扬优良传统，坚持走爱国爱教、遵纪守法、服务社会的健康发展道路，团结、带领全县广大信众为建设美丽幸福新祁阳作出积极贡献。培训期间，成功举办了首次全县宗教界《国法与教规的关系》演讲比赛和全县宗教界文艺演出，四个县级宗教团体分别选派优秀选手和节目参加，丰富了培训内容，活跃了培训气氛，效果较好。

【公祭盘王暨坐歌堂活动】 11月23日~24日，第六届湘南三市六县（区）八瑶族乡公祭盘王暨瑶族坐歌堂活动在祁阳县内下乡新屋场村级活动中心举行。永州市、衡阳市、郴州市民宗委领导，祁阳县委、县人大、县政府、县政协及有关县直单位领导，同来自祁阳县内下乡，宁远县五龙山瑶族乡、桐木漯瑶族乡，新田县楼门下瑶族乡，常宁市塔山瑶族乡，桂阳县华山瑶族乡，金洞管理区晒北滩瑶族乡的近千余名瑶族同胞共同参加了活动。

【平安寺观教堂创建】 12月24日，市民宗委、市安监局、市公安局等单位领导到祁阳检查平安寺观教堂创建工作。检查组一行先后对青云寺、观音堂、甘泉寺、天主堂和平安堂进行了考察验收，听取了祁阳县平安寺观教堂创建活动情况汇报。检查组充分肯定祁阳县自4月初开展平安寺观教堂创建活动以来所取得的成绩，并原则上同意将青云寺、观音堂、甘泉寺、天主堂和平安堂5处宗教活动场所上报市民宗委参评全市平安寺观教堂。

（于金良）

政协祁阳县委员会

【概况】 2015年，县政协在中共祁阳县委的坚强领导下，以“333”总体战略为引领，围绕中心履职，对接重点建言，突出“三化”创新，各项工作更加契合中心、更加顺应民意、更加彰显特色，为推动全面小康祁阳建设做出了积极贡献。

【政治协商】 2015年，全县政协组织和政协委员始终从全县人民的根本利益和经济长远未来出发，以改革发展为统领，做到政治协商商大事、参政议政议关键，为促进科学决策贡献力量。一年来，采取全体会议集体协商、常委会议专题协商、主席会议重点协商、专委会议对口协商等方式，先后就“一府两院”工作报告、年度财政预决算方案、特色县域经济重点县、祁阳经开区“135”工程、“一城双创”、干部执行力、乡镇区划调整方案、撤县设市、设立六个街道办等15个重大问题，以及红星美凯龙大型家居生活广场、广垦·祁阳农产品物流园等重大项目，开展富有成效的协商活动，提出有份量、有质量的协商意见48条，为县委、县政府科学决策提供重要参考。7月份，参与湖南省政协《关于加强社会主义协商民主建设实施意见》的起草协商。在全省率先、全市最先出台县级政协“双月协商”实施办法，分别就规范建筑工程渣土运输、农村公路提质改造、湘江祁阳段疏浚治理、县城街道文化创意设计等党政关注、群众关心的热点、难点问题，邀请各界别委员和专业人士，与党政部门领导“面对面”协商，拉近距离，破解难题，彰显了协商的朴素与真实，备受社会各方关注。其中，加快农村公路提质改造、让县城更加彰显祁阳文化等精准性建议，被纳入“十三五”规划，收到实效。人民政协报、湘声报等媒体还对此进行了报道，社会反响很好。

【民主监督】 视质量为提案的生命，注重精心选题、深入调研，增强提案的针对性和可行性，切实发挥提案在解决民生问题中的“扩音器”作用。九届三次全会以来，共收到委员提案269件，立案提案233件，其中涉及民生的158件，占全部提案的68%，内容涵盖环境保护、食品安全、教育公平、医疗卫生、文化生活、社会养老和交通建设等各个方面。注重强化提案办理回应民生诉求，把“让学前教育更好地普惠城乡孩子”“建好物流园，打造县域经济发展新引擎”“科学规划建设洗车点”等6件群众关注度高、涉及面广的提案列为重点提案，运用政协领导领衔督办、无预告视察、跟踪督办、民主测评等措施，将提案办理从常规督办转变为高层促办、重点督办，大大提高了办理质量，增强了工作实效。在各方努力下，县政协九届三次会议以来提案所提建议已解决和拟解决的约占九成，总体上达到了让委员满意、群众受益的目标。2015年11月，县政协在省政协提案工作经验交流会上作了典型发言。

2015年，县政协坚持以问题为导向，探索开展各种监督方式，促使阶段性的监督成果转化为部门作风得到转变、民生得到改善的常态性成效。认真选派政协委员担任行政执法部门的监督员、评议员、陪审员，为推进祛“四风”、转作风，落实中央“八项规定”，促进司法公正，优化祁阳县发展环境做贡献。组织委员参与事业单位招考、饮用桶装水市场整治和城区渣土运输管理、县城禁烟禁爆听证等工作，配合开展规范执法服务行为、优化经济发展环境“满意不满意”股室民主测评活动，政协的民主监督作用得到充分发挥。农业、医卫等5个特约监督小组，按照“监督不越位、帮忙不添乱”的工作定位，寓监督于支持之中，全年分别就水库污染治理、“放心肉”工程建设、道路交通违章处罚等进行专项监督，并视察部分单位和股室，向政府和有关部门提出了督办意见，引起县政府的高度重视，推动了党委、政府决策部署的落实。

2015年，县政协把“民有所忧我有所谋、民有所愿我有所言”作为切入点，注重用新闻的眼光，发现规律性、普遍性和苗头性的问题，撰写出立意有高度、建议有深度、把握准确度的社情民意。一年来，通过调研、座谈、征求意见等途径，共收集整理各类社情民意信息185条，向上级政协报送重要社情民意信息25条，被采纳12条，位居县区政协前列。其中，“关于推进职业教育稳步发展的建议”被省政协《社情民意》专报采纳呈送给省委、省政府，并被评为市优秀社情民意。共编发县《社情民意信息》专报4期，先后就“集中开展灭鼠行动，为春耕农业生产护航”“我县果蔬大小实蝇危害严重亟需防治”等问题，向县委、县政府反映，均被批转到有关部门及时办理，推动了一些民生问题的解决。

【参政议政】 2015年，县政协充分发挥政协人才荟萃、智力密集的优势，围绕改革发展中的一些困难和问题，近思远虑，认真调研，推动县域发展。九届三次全会期间，委员们围绕创国卫、发展育秧工厂、综治民调等主题，通过PPT形式创新性进行了大会发言，引起与会人员的强烈共鸣，县委、县政府主要领导当场批示，许多意见和建议转化为了党政决策。组织委员开展“经开区转型发展”“农业养殖污染”“农村产权制度改革”“耕地质量改善”“湘江流域生态补偿机制”等课题调研，在深入基层收集资料、多方咨询论证的基础上，形成了建议案和调研报告30多份。其中，《关于推进“园政合一”改革的调查与思考》理论性和实践性较强，被评为市政协调研报告一等奖；相关调研成果的20多条意见、建议，已落实到有关的发展规划、政策措施和具体工作中。同时，积极参与省政协对县级公立医院改革的调研论证，配合市政协开展的“禁毒”“非物质文化遗产开发与保护利用”“文化产业发展”“社会化养老服务”“园区配套产业发展”等课题调研，受到省、市政协充分肯定。

坚持开放视野、系统思维和协作理念，突出以政协会议为平台、调研视察为载体，加强与工商联、人民团体和无党派人士的团结合作，努力营造民主协商、团结和谐的政治环境。主动加强与兄弟政协在助推县域经济发展、履行政协职能等方面的交流研讨，先后接待浙江、江西、贵州、广西、新邵、常宁等省内外政协的20余次考察学习活动，不仅宣传了政协，也推介了祁阳。始终不忘关心在外祁阳人的发展，县政协班子成员利用外出学习考察、培训交流等机会，走访东莞祁阳商会、长沙“祁乡”商会，看望在外政协委员、知名乡友和退休老同志，宣传祁阳投资环境，扩大祁阳对外知名度，彰显了政协联系面广、代表性强、包容性大的独特优势和特色。

坚持把文史编撰作为政协工作的“重头戏”和亮点来抓，从祁阳历史的积淀中遴英撷粹、深耕细作，编辑出版了九届政协“美”系列丛书第三册《祁阳美声》，配发光盘，做到图、文、声并茂，较全面、鲜活、特色地展现了祁阳的家园风味之美、创新魅力之美、文化特质之美，为人们认识祁阳、了解祁阳、感悟祁阳提供了可资借鉴的历史资料，已成为祁阳对外宣传交流的文化礼品。配合省、市政协编辑《二十世纪永州名人》，组织整理《编剧春秋——欧阳友徽》《做祁阳群众文化的守护人——蒋钟谱》《名伶筱玉梅传奇》《自传——蒋太禄》等资料，并配合县史志办完成《祁阳年鉴》的相关编纂工作。同时，认真组织和参加省政协“和美潇湘、同舟圆梦”首届主题摄影赛、永州市“欢乐潇湘、和美永州”群众美术书法摄影活动，参与祁阳“十大美景”和“县树”“县花”暨十大古树名木等评选，弘扬了文化，凝聚了力量。

【自身建设】 县政协按照县委的统一安排，坚持政协工作不缺位、兼职工作不错位，努力做好县委分配的中心工作，在牵头主抓、联系的祁阳火车站配套建设工程、清收信用社不良贷款、新埠头水厂、大江药物园、千山医疗器械二期工程和创国卫等16个重点项目和重点工作中，不怕苦，不畏难，尽心竭力，确保按时保质、有序推进。多渠道招商引资，优化企业服务，发动委员参与，成功引进泰克新能源、业茂农林开发等，签约和达成意向项目共3个，协议投资总额3.5亿元。高度重视联系镇乡办场、村（社区）、学校工作，为联系的3个镇办场制订发展规划、兴办惠民实事、指导防汛抗旱，并深入爱国村结对帮扶13户贫困户，开展精准扶贫工作，全力为群众排忧解难，赢得老百姓一致好评。

继续实施主席会议成员联系工委和联络组制度，坚持不定期召开片会，加强经常性工作指导，提升各委组的履职成效。坚持“一个委员就是一根标杆，一届政协就是一座里程碑”的理念，继续建立和完善履职考评机制，强化对委员的管理，提升委员履职能力。广大政协委员牢记使命，不负重托，自觉参与“两为”活动，争做富民强县标兵，为经济社会发展干事创业，为政协组织增光添彩。建立与基层委员之间的联系互动机制，在开展专题调研视察问题、监督评议等履职活动时，邀请一定数量的基层政协委员参加，扩大委员知情明政面。

突出加强同义工协会、志愿者协会等组织的沟通与协作，狠抓以教育资助为重点的“四助”行动，真心实意为群众排忧解难。经县政协牵线运作，促成湖南科力尔电机有限公司董事长聂葆生、总经理聂鹏举俩父子，共同出资正式成立葆春慈善基金会，用于奖优助困、支持公益事业发展。各工委和联络组在8月份开展的“手拉手”捐资助学活动中，共发动委员捐款110多万元，对180余名贫困学生进行了重点资助，在社会上引起了良好反响。

认真开展“三严三实”专题教育实践活动，实现转作风强信念、接地气真为民、强学习促履职的预期目标。开展“能力建设年”活动，派出5名同志参加全国政协和省政协及杂志社、报社举办的业务培训，开拓视野，增长才干。加强理论与实践研究，《协商民主框架下基层政协界别建设的路径探讨》被评为全国政协干部培训班优秀论文，《从政协文化的视角探索基层政协委员“说”功的发挥》被评为市优秀理论文章一等奖、省二等奖，并被《中国政协理论与实践汇编》收录。县政协机关成功创建“市级文明单位”，打造“作风优良、服务优质、环境优美”的机关形象。组建机关工会，开展丰富多彩的工会活动。高度重视和参与关心下一代工作。进一步完善财务管理、小车管理、值班备勤等18项规章制度，切实做到用制度管人、管事。积极组队参加省、市政协系统组织的文体活动联谊赛、邀请赛，以及全县气排球和健排舞等各项比赛和活动，展现了政协的精、气、神，增添了机关的生机与活力。

（王双春）

人民团体

工会工作

【概况】 2015年，祁阳县总工会在职干部职工12人，内设机构有办公室、组织宣传部、生产保护部、女工部、县困难职工帮扶中心。截至2015年年底，全县基层工会组织发展到503个，工会会员4.26万人，在市总工会年度考核中名列第一。

【工会组织建设】 8月13日在县经开区召开全县规模以上企业主座谈会，组建全市第一家村级工会——竹山村工会委员会，全年新建非公企业工会组织75家，吸收农民工会员4000人。工会组建工作经验在《湖南工人报》头版头条得到推介和省总会议上受到表彰。

【创建“模范职工之家”】 10月12日，在县烟草局召开全县职工之家建设工作推进会，全县副科以上单位工会主席参加会议，邀请市总和县级领导参加并作重要讲话，现场参观学习县烟草局职工之家创建的成功经验，掀起了全县建家活动的新高潮。培育推荐县国税局工会为全国模范职工之家，烟草局工会为省级模范职工之家。县政府办工会、文明铺中心医院工会、凯盛鞋业工会为市级模范职工之家。

【职工文体活动】 2月3日，在祁阳二中羽毛球馆举办祁阳县首届机关企事业单位单身青年交友联谊会，参加人员达350人。4月29日，在祁阳一中体艺馆举办“中国梦·劳动美”首届全县职工全健排舞大赛，共有16支队伍，500余名队员参加比赛。9月下旬，举办“迎国庆”全县机关男子篮球赛，19支参赛队伍参加比赛。7~9月组织万名职工参加“感动永州——最美劳动者”职工微信摄影大赛，获特等奖1名，二等奖1名，三等奖3名，最佳人气奖1名，并获得市总工会优秀组织奖。

【女工工作】 开展女职工“芙蓉标兵岗”和“芙蓉百岗明星”争创活动。大力推进“双创”活动提升和向非公企业延伸，成功培育推荐市级“芙蓉标兵岗”“芙蓉百岗明星”各1个，成功推荐美星光电科技有限公司女职工刘燕、成信鞋材有限公司女职工吕艳为永州市劳模。祁阳县女职工委员会被评为全省优秀女职工组织。积极参加书香“三八”——“阳光女性·幸福中国”读书活动，共向市总报送读书征文32篇任务，超额完成任务，县女职工部连续三年获优秀组织奖。开展女职工“关爱行动月”活动，3月份共走访企业4个、贫困女工家庭30户。全年共为50名困难女职工、6名困难女劳模、10名单亲困难家庭发放大病救助、生活救助和金秋助学款18.6万元。

【帮扶慰问】 2015年，为困难职工提供全程法律服务3例，组建6人维权律师团队，并提供资金保障。开展“四送活动”。其中：“春送岗位”106人；“夏送清凉”为19个企业1000名职工送清凉物资3.5万元；“秋送助学”50人，发放资金5万元；创业帮扶50

人，发放资金5万元；“冬送温暖”大米350袋；大病救助7人，医疗救助102人、生活救助298人，共发放救助金50.4万元。开展第2期全县职工医疗互助活动。全县共有204个单位2.034万名职工参加了职工医疗互助，收缴职工医疗互助金129.707万元，帮助1149人次职工住院报账，发放医疗补助金151万元。

【劳模管理工作】 评选劳模人数创历史新高。全县共推荐评选出全国劳动模范1人、湖南省劳动模范3人、永州市劳动模范8人，为全市劳动模范评选结构最全、人数最多的县。5月11日，召开全县劳模代表座谈会，18名市以上劳模代表、县农办主要负责人和县总工会班子成员参加会议。

共青团工作

【概况】 2015年，共青团祁阳县委内设综合性办公室、学少部、权益部。定行政编制4名，事业编制2名，其中书记1名、副书记2名。有在编在岗人员5名，实配领导数1正2副。

【青少年思想道德建设】 2015年，团县委把青少年思想道德建设放在团工作的重要位置，丰富形式，一以贯之，常抓不懈。大力践行社会主义核心价值观。借助三五学雷锋、“五四”、“七一”“国庆”等重大节庆纪念日，开展一系列主题鲜明、形式多样、内容丰富、气氛活泼的主题团日活动和各类公益活动，大力宣传、弘扬传统文化；组织社会主义核心价值宣讲团进入学校开展宣讲活动，以视频、PPT等生动形象的方式向学生们诠释社会主义核心价值观的重要内涵，以一篇《少年中国说》点燃学生的爱国热情和担当意识，通过启发式、引导式教学鼓励学生从小事做起、从我做起，以此践行社会主义核心价值观，弘扬青春正能量，增强学生们的责任意识和爱国精神，帮助青少年学生培养、树立正确“三观”。同时积极申报文明铺镇法庭、祁阳县农商行黎家坪镇支行、祁阳县中医院骨伤科为市级青年文明号创建单位，进一步鼓励各行各业青年争先创优，为祁阳的经济社会发展贡献青春力量。

【少先队工作】 全面提高青少年素质教育，祁阳县设立50万专项资金全力打造少先队雏鹰争章工作，雏鹰奖章分为基础章和特色章两类，以奖章的方式鼓励青少年积极进取，实现青少年成长的全面发展及个性发展。4月29日，团县委组织椒山完小开展一场别开生面的“雏鹰争章·争戴孝敬章”活动课，课堂上，学生采用小品、快板、朗诵、制作贺卡、手语操、图片展示等多种形式展示自己的争章成果，并邀请家长进入课堂一起分享劳动成果，整个课程由识章、争章、考章、颁章、护章等五个环节组成，形式鲜活、内容丰富、过程生动，得到了家长的一致好评。雏鹰争章活动增强了孩子们的学习兴趣，由被动学变成了主动提问、主动学习，开辟了少先队活动课的新领域，既培养学生动手能力、又陶冶情操，有利于引领孩子们快乐成长、全面发展。11月28日，祁阳县推选进宝塘镇吴琼校长参加湖南省少先队业务知识赛课活动，以“如何开展雏鹰争章活动”为主题获得了全省特等奖。同时，该课程已被录播纳入全省中小学教师继续教育“省培计划”。与此同时，团县委组织全县少先队辅导员们申报成立全国少先队名师工作室，为少先队工作更好地开展提供学术交流、场地支持。

【希望工程】 2015年，团县委积极争取希望工程各类资助项目，争取的资助项目包括国酒茅台助学金、加多宝助学金、芙蓉学子助学金、怡基金助学金、华融湘江银行助学金、“918”助学金、李雨助学金、潇湘学子助学金、“一元捐”助学金等9类助学项目，助学资金总计21.96万元，累计资助贫困学子145人。利用

“互联网+”思维进行捐助。依托“微益中国”平台发布相关项目，团县委积极联系教育部门在“微益中国”发布50个农村实物捐助项目，累计捐助金额达8000元。

【青年志愿者工作】 团县委指导各镇乡场（街道）团（工）委成立青年志愿者队伍，指导祁阳县志愿者（义工）联开展各类志愿服务工作，指导义工联发展万联志愿者分会、法院志愿者分会和老年人志愿者协会，进行助学、助残、扶老、环保等各类志愿服务活动。团县委组织青联委员、青年企业家代表及部分团委书记，到祁阳县特殊教育学校开展“爱在五四、情系祁阳智障儿童”捐赠活动，共捐赠文具、衣物、粮油等物资价值12000元。这些物资全部用于智力残障孩子们的学习、生活。县义工联组织青年党员开展“做义工献爱心、关爱智障儿童”捐赠活动，为特殊教育学校的智障孩子们送去一批儿童座椅、两台饮水机及100张水票。团县委以实际行动带头号召青年朋友们关爱智力残障孩子，服务社会、奉献爱心、传承文明，鼓励更多的团员青年加入到志愿服务中来，用实际行动“让世界充满爱”。2015年开展各类志愿服务活动50余次，参与志愿服务超过8000人次。

【青年就业创业工作】 开展青年就业创业培训，全年完成培训青年共计1800人，其中培训青年农民工1200人，返乡农民工400人，农村“两后生”200人。依托青联、青商、青年文明号等社会资源，团县委全力推进青年就业创业见习基地建设。2015年，祁阳县建立华泰钢瓶制造有限公司“青年就业创业见习基地”，还成立了祁阳县青年创业者协会及祁阳县农村青年致富人协会。通过协会进一步建立和完善同业考察交流机制和区域互助合作机制，成为团组织广泛联系青年，倾听青年创业心声，宣传国家各项优惠政策的良好渠道和平台。同时，团县委编印3000册《祁阳县青年创业一本通》并派发各乡镇街道待业青年。在祁阳团县委官方微信和微博中开展创新创业宣传，积极与创业青年进行互动，及时解答大家的疑问。联合金融机构，争取创业资金扶持。团县委先后向县农商行、县邮政储蓄银行争取支持，对优秀的青年创业项目给予优先资金支持。截至2015年12月底，获贷人数298人，实际发放贷款金额1593万元。

【团组织建设】 为保证团组织的战斗力，2015年，对县房产局团总支、县农村商业银行团委、新华书店团支部进行换届选举，选举产生新一届团组织领导班子，确保共青团工作的组织活力和团干部队伍的生机活力。团县委还荣获2015年度“全国农村基层团建示范县”荣誉称号。指导县义工联成立青年工作部，成功创建大村甸镇为“省级规范化乡镇（街道）示范建设”单位，成功创建县文广新局青少年综合服务平台为湖南省青少年综合服务示范平台，进一步完善乡镇、村级等阵地服务，进行制度上墙、规范团的工作流程，加大了推优入党的青年比例，形成以点带面的示范辐射效应。对乡镇实体化大团委建设进行及时整顿调整，整顿不规范直属团组织30家，撤销不合格直属团组织10家，在条件成熟的地方新建直属团组织50家，确保乡镇实体化大团委系统的真实性、有效性及活力性。稳步推进街道区域化共建委员会工作。各街道区域化共建委员会先后开展“创国卫·争先锋”文艺晚会、“弘扬国学经典、传承书画风采”雏鹰争章等10余次活动，为基层团组织开展工作注入了新的活力，街道基层团组织将更具吸引力和凝聚力，团的工作也将进一步有效覆盖辖区内青年。积极部署“团干部如何健康成长”大讨论活动，制订大讨论活动方案，积极引导各级团干部以“坚定理想信念、心系广大青年、提高工作能力、锤炼优良作风”的要求，在“勤学、修德、明辨、笃实”上下功夫，努力营造有利于团干部健康成长的氛围。

【单身青年交友联谊会】 2月份主办“芙蓉情缘，幸福祁阳”祁阳县首届机关企事业单位单身青年交友联谊会，吸引了全县各机关企事业单位的356名单身青年报名，为广大单身青年搭建交友平台。活动前期借助新媒体的力量建立“祁青年交友群”QQ群及联谊会微信公众平台，为大家长期交流提供保障。此次活动不仅是一场联谊，更是一场青春的盛宴，300余名青年在活动中团结合作、秩序井然、青春活泼，展现了全县青年的青春风采和良好的修养，活动期间，大家互留电话，相约再聚。

【创国卫创国森工作】 县创卫办主办、共青团祁阳县委承办、鑫利购物广场协办的祁阳县“鑫利杯”创国卫知识竞赛活动历时2个月，吸引了教育卫生、机关企事业单位及社会大众等各系统各行业的成员参加比赛，此次比赛普及创卫知识，全面提升了创国卫的百姓知晓度，激发全县人民“齐心创国卫、共建新祁阳”的奋斗激情，起到了良好的社会效应，相关活动信息被永州日报、湖南红网、湖南文明网等主流媒体进行报道。团县委积极走访责任街道及帮扶小区文计小区及实验台小区，主动帮扶社区解决顽疾。同时，大力倡导志愿者组织积极参与，助力全县创国卫工作。发动义工联志愿者每周定时定点在县城五交化路口开展文明劝导活动，以实际行动践行文明交通、文明出行的理念，截至12月底，累计组织志愿者800余人次开展文明劝导。发动职业中专青年志愿者30多人到浯溪公园开展创国卫青年志愿者行，清理浯溪公园树荫下枯枝败叶及公园内游道周遭卫生。发动人民医院团委开展“文明医院从我做起，全民创卫青年先行”活动，发动疾控中心团支部开展“共享绿色健康生活方式”爬山比赛。组织祁阳四中优秀共青团员们赴长虹办官大岭村，开展以“共青团是创森创绿的先锋队”为主题的植树活动，引领广大青少年积极参与三年绿化攻坚大行动。县义工联志愿者联合湖南省保护湘江绿色卫生志愿者一起开展了植树活动，为防止湘江母亲河的水土流失做出了新的贡献。林业局团委开展了“创国森”义务植树活动，在荒坡上种植了柏树苗800余株，为祁阳县创建全国绿化模范县城再添新绿。

妇联工作

【双学双比】 积极与农业、科技、劳动部门合作，开展各类实用技能培训，培训农村妇女3000余人；联合县扶贫开发办承办永州市贫困村新型职业女农民培训班，全县88个贫困村120余人参加培训；10月中旬成功举办永州市手工编织培训班；12月上旬受省妇联委托，举办妇女创业就业技能培训班。开展“春风行动”，帮助4200多名妇女实现转移就业。创建县级“巾帼现代农业科技示范基地”5个、“巾帼示范村”10个。

【巾帼建功】 引导城镇妇女岗位建功、岗位立业，积极争创先进。2015年，祁阳县妇幼保健院妇科创建为国家级“巾帼文明岗”、县房产局产权产籍股创建为市级“巾帼文明岗”、八宝镇妇联、县教育局妇委会获市“三八红旗集体”、县劳动和社会保障局妇委会获市“妇女工作先进集体”、县政法系统妇委会获市“维权先进集体”、白水镇妇联获市“巾帼建功先进集体”荣誉称号，住建局肖淑华获省妇联系统“宣传工作先进个人”、黎家坪镇桂满英、国土局邹友存获市“三八红旗手”、观音滩镇杨满桂、财政局郑驭麟获市“妇女工作先进个人”、长虹街道办妇联主席邓艳丽获市级“巾帼建功标兵”，评选表彰县级“巾帼文明岗”5个、“城乡巾帼建功标兵”10名、“三八红旗手”15人、“妇女工作先进个人”10人。继续加大妇女小额担保贷款工作宣传力度，全县704名妇女获得妇女小额担保贷款5605万元，女性获贷比例为55.1%。

【“五好文明家庭”创建】 开展寻找“最美家庭”“最美创业”“最美湘女”“五好文明家庭”“书香家庭”创建以及评选表彰“四好女性”等一系列主题活动。陈昌世、汪柏秀家庭荣获全国“最美家庭”提名家庭，李彩云、陈桂元家庭获市“最美家庭”，县中心幼儿园黄雄获市“最美湘女”，三口塘镇柏斐获市“最美创业”；推荐伍锡学家庭、徐芸家庭参评省级“书香家庭”；评选表彰县级“五好文明家庭”20户、“好母亲”20名、“好女儿”10名、“好妻子”10名、“好媳妇”10名。同时，县妇联还整合各类社会资源，开展了3场现代家庭教育公益讲座。

【“三八”“六一”系列活动】 “三八”期间，召开纪念“三八”国际妇女节105周年暨全县妇女先进典型表彰大会，共表彰先进单位、集体75个和先进个人105名。“六一”期间，认真贯彻落实中央关于未成年人思想道德建设工作的重要部署，组织开展了纪念抗战胜利70周年有奖征文活动，刘煜、谢玉清2人获市一等奖、唐思画同学获市二等奖。联合县关工委在县中心幼儿园开展庆“六一”暨国学经典图书捐赠活动。

【维权信访】 2015年，成立祁阳县婚姻家庭纠纷人民调解委员会，免费为婚姻家庭纠纷当事人提供法律咨询服务，共接待来访160人次，受理婚姻家庭纠纷126件，调和82对。发挥“12338”妇女维权热线作用，加强信访工作，全县妇联系统共接待来信来访415起，其中县妇联接待来信来访案件92起，来信来访满意率100%，并对5起家庭暴力信访案件进行了风险评估。

【扶贫帮困】 开展“温暖微行动·彩虹行”活动，为全县留守儿童征集爱心捐款26500元，捐赠爱心包裹265个。完善农村留守儿童信息数据库建设与更新，更新数据21000条；认真做好农村妇女“两癌”免费检查项目。完成宫颈癌检查人数29043人，乳腺癌检查人数2600人，并向上级妇联积极争取15万元的贫困母亲两癌救助金，及时足额打卡发放到受助对象。

【基层组织建设】 2015年，成立县妇联机关党支部和退休人员党支部；组织200余人次参加全国、省、市、县妇联组织的能力建设培训班。加强“妇女之家”示范创建。平安街社区、沿沽村创建为市级“示范妇女之家”，创建县级“示范妇女之家”10个。深化综合调研。在各类新闻媒体上报信息220篇，发表103篇，其中潇湘女性网53篇，今日女报7篇，永州日报1篇，祁阳新闻网15篇，其他媒体27篇。就农村妇女“两癌”检查、农村留守儿童、妇女创业就业等维权热点重点问题开展了调研，接待省妇联主席杜亚玲以及市妇联主席黄薇等领导来县调研2次。推动各团体会员开展活动。同年6月，组织部分女企业家协会会员参观学习市巾帼现代科技示范基地，动员女企协开展捐资助学活动。

（刘小文）

侨联工作

【基础工作】 2015年，积极发挥挂靠县委统战部的优势，将侨联工作纳入全县绩效考核范畴。同乡镇和县直各单位分管领导沟通交流，形成全县上下知侨重侨的良好氛围。第六次侨代会后，建立侨联班子成员分片联系侨代会代表和重点归侨、侨眷属的工作机制，主席、副主席（专、兼职）分别负责联系各分管区域的涉侨对象，确保涉侨各类情况和问题的及时掌握与处置。

【工作亮点】 积极与祁阳籍海外知名人士联系沟通，邀请其回母校讲学，全年在祁阳一中举办各类讲座4次。全力选拔、推荐海外代表人士到各级侨联组织任职，参加侨商会，共有5名海外人士成为其成员。加强与省侨联的对接，跟一些海外侨社团取得初步联系，提升海外联谊层次。邀请并接待由省侨联处长肖仕林带队的港澳台商考察团赴县考察，香港铜锣湾集团对原种场片区开发项目表示浓厚兴趣。

【扶贫帮困】 自省侨联设立“扶贫帮困专项资金”以来，已连续四年争取到该资金。每年走访困难侨眷属的扶助资金逐年增加。同时发动侨界爱心人士捐赠，建立侨联领导班子结对帮扶困难侨眷属的机制，从资金和制度上确保帮扶工作的连续性和有效性。到2015年年底，共帮扶12名贫困学子顺利就学，走访慰问生活困难的归侨侨眷20余名。

【依法护侨】 按照省侨联和省政法委的统一安排，与县公安局、检察院、法院等单位建立涉侨案件相关工作机制，为侨联组织依法参与维护侨益，妥善化解涉侨矛盾纠纷提供政策支持。成立“县侨联法顾委”，组成工作小组，采取入户走访、座谈的形式，开展维权调研工作。从解决侨界群众最关心、最直接、最现实的利益问题入手，了解他们在就业、低保、教育等方面的需求，掌握带普遍性的问题，集中研究解决。同时，根据县委、县政府维稳工作要求，认真收集排查涉侨侵权案件，配合政府有关部门制订涉侨工作应急预案，积极稳妥地处理各种信访案件10起。全年共接受归侨侨眷及侨资企业的法律咨询50余起，全县侨界无一例违法上访案件。

（谭斌）

工商联工作

【概况】 2015年，县工商联共有会员868个，新发展56个。其中，企业会员615个，团体会员30个，个人会员223个。获得“湖南省首届‘五好’县级工商联示范点”“永州市工商联系统先进单位”“祁阳县二0一届文明单位”“祁阳县关心一代工作先进单位”“祁阳县人口和计划生育综合治理工作先进单位”荣誉称号。

【公益事业】 鼓励引导积极教育和引导全县广大非公有制经济人士爱国、敬业、诚信、守法、贡献，服务民生改善。2015年，发动金城彩印等16家非公企业建立“关心下一代协会”，关心和资助贫困学子32人。引导湖南鑫利大酒店等党支部开展义务帮困、义务助考活动。组织县女企业家协会、向阳实验小学为梅溪镇教育事业捐资3万元。举办长沙市祁乡商会“情系桑梓，爱洒学子”助学活动祁阳现场会，当场向100名贫困优秀学子发放资助金30.5万元。组织政协工商联联络组委员捐款15余万元助寒门学子圆大学梦。引导非公企业助推精准扶贫工作，组织132个非公企业党组织与132个村支部结对，实施公益项目159个，安排农村就业人员4000多人。以党建网格“心连心”活动为载体，工商联党员和各非公企业党员进社区，与困难群众、贫困学生、困难职工、残疾人、特困户结成帮扶对子750对。

【教育培训】 5月15日至17日，组织祁阳金诚彩印党支部书记曾金华等30余名非公企业党组织书记参加祁阳县村社、“两新”组织党组织书记培训班。6月5日，为贯彻落实中央、省委、省政府关于创新创业系列决策部署，广泛宣传湖南省创新创业先进典型，大力培育创新创业精神，不断开创湖南省创新创业新局面，县工商联成功承办湖南省创新创业先进典型报告会祁阳县会场，组织340余人听报告，掀起学习先进、争当先进、赶超先进的强大热潮。5月份，联合县委统战部以守法诚信为重点深入开展理想信念教育实践活动，引导广大非公经济人士诚信经营、守法经营，增强“信念、信任、信心、信誉”，为非公经济发展汇集正能量，进一步提升非公党建工作水平，不断创出新特色、形成新优势、取得新成效，为促进“两个健康”作出新的更大贡献。6月9日，县工商联召开一次“三严三实”专题学习，县工商联副主席（副会长）及政协工商联联络组委员参加了学习和讨论。6月10日，湖南鑫利大酒店党支部召开企业党员、入党积极分子座谈会，结合企业实际，以“三严三实”为标尺，以“爱岗敬业”等核心价值观为镜子，交流学习心得体会，使“党的正确主张变为群众的自觉行动”。

【会员服务】 县工商联通过法律顾问、法律咨询、诉讼代理等形式，共为会员企业提供法律维权和咨询服务1000余次，为会员企业解决矛盾纠纷50余件，较好地维护了会员的合法权益。根据企业的信息需求，坚持跟踪搜集有关法律政策、市场动态、科技信息等资料，通过QQ群、微信群、短信、邮箱、微信、下企业、执常委会议等平台，整理转发和分发1万余份信息资料到会员企业。以祁阳县“智慧党建”为平台，全面开展非公党组织活动和党员教育管理“上手机、上互联网”工作，建立快捷高效的非公党组织和党员教育信息传媒平台，着力实现非公党组织管理和党员教育管理标准化、层级化、痕迹化、信息化，不断提升非公党建工作科学化水平。2月份，县工商联全体工作人员深入到60余名副主席（副会长）及常委企业生产一线慰问，共送去慰问金及慰问品近3万元．

【会员风采】 县总商会副会长谢宇带领祁阳宇晖机电实业有限公司的技术骨干，攻艰克难，发明高效节能中压辊压制砂成套设备，荣获“湖南省首台套重大技术装备奖”，单传动辊无间隙制砂机荣获2013—2014年度祁阳县专利奖一等奖。县工商联副会长刘汉平率领湖南美星光电科技有限公司技术人员，共同参与“LED智能驱动电源的研发和产业化”，荣获2013—2014年度祁阳县专利一等奖；县工商联常委蒋国富带领祁阳宏泰铝业有限公司党员蒋有名和黄建国潜心研究研发的“新型仿不锈钢铝材表面处理工艺研究与应用”荣获2013—2014年度祁阳县专利一等奖。湖南省鸿达园有限公司副总蒋新平和祁阳宏泰铝业有限公司副总蒋有名被评为“湖南省劳动模范”，祁阳宏泰铝业有限公司董事长、县工商联副主席蒋宜森荣获祁阳县十佳共产党员，湖南鑫利大酒店党支部书记王苏政荣获祁阳县十佳党务工作者。

【文体活动】 为庆祝“三·八”国际劳动妇女节104周年，县工商联妇委会组织女会员、县工商联（总商会）副主席（副会长）家属、政协工商联联络组委员家属60余人，走进观音滩金紫岭油菜基地视察“冬种”情况，引导会员围绕“新农村、新发展、新常态，我们怎么办”这个主题，结合本企业发展现状进行讨论，鼓励企业家们抢抓机遇，积极适应新常态，在调整产业结构、企业转型升级上有所作为。5月26日，县非公党工委联合县委组织部、县委统战部、县工商联成功举办全县非公经济组织“坚定理想信念，与党同心同行”演讲比赛，来自全县非公有制经济组织的28名选手参加了比赛，选手们围绕“四信”教育，讲体会、话理想、做贡献，把实现个人梦、企业梦、中国梦有机结合起来，集中展示了非公经济组织党员的良好精神风貌。7月16日，县非公党工委组织湖南鑫利酒店有限公司、湖南环兴实业有限公司等非公经济组织4名选手参加永州市非公有制经济组织“坚定理想信念，与党同心同行”演讲比赛，取得了优异成绩。7月1日，县非公党工委开展一次走访慰问老党员、困难党员、病残党员活动，引导非公企业党组织举行一次“重温入党誓词”活动、召开一次党员座谈会、上一堂生动的党课、开展一次访贫问苦活动、举办一次联谊座谈活动、组织一次“走出去”活动等形式开展庆“七一”活动，进一步增强了党员在企业的自豪感。

【“解难题·促发展”活动】 组织引导非公企业党通过开展“金点子”、“我为企业献一策”、“企业有困难，我们怎么办”等建言献策活动，收集、归纳、整理、反映党员的意见和建议，为企业重大决策提供参考依据。同时，各非公企业党组织定期听取企业中党员的汇报，及时了解企业发展动态，将党组织的主张通过决策层中的党员表达出来。湖南康都药业有限公司等22家非公企业党组织深入开展“先进管理技术知识党员先掌握、岗位工作规范党员先做到、解决急难险重任务党员先行动”等实践活动，共为企业发展提出合理化建议800多条，直接为公司增效4800多万元。宏泰铝业公司党员技术骨干王建国牵头攻关高档产品的氧化技术获突破，目前公司的高档铝材氧化技术已取得耀隆国际有限公司认证，签订外销合同500万元。2015年，祁阳宏泰铝业有限公司荣获“第四届中国创新创业大赛优秀企业”奖。同时，各非公企业党组织及时了解职工的意见和愿望，关注企业的生产安全及职工的医疗保险、工资待遇等切身利益问题，帮助他们维护自身合法权益。截至目前，共解决职工安全、医疗、住房、上学等难点问题886个。湖南环兴实业有限公司党支部建议该公司落实了一系列改善员工生活、帮扶职工等措施，共为困难党员筹措资金4.8万元，救助病困党员职工18人次，使非公企业真正成为了职工的贴心人。2015年春节期间，全县有两成外出务工人员返乡就业创业，其中在经开区的各非公企业上班的达2800多人。

【非公党建】 2015年年初，祁阳县非公党工委在湖南鑫利大酒店党支部召开全县非公党建工作现场会，颁发《中共祁阳县非公有制经济组织工作委员会2015年工作要点》（祁非工委〔2015〕1号）、《2015年祁阳县党员县级领导联系非公企业一览表》和《2015年祁阳县非公党工委委员联系非公企业一览表》。党员县级领导每人联系一个非公企业，每年下非公企业调研不少于4次。县非公有制经济组织党工委委员每人联系一个非公企业党组织，联系1~2个镇乡办场或园区，负责联点的指导工作。5~9月，县非公党工委在全县非公经济组织中开展了2次全面普查工作，对在工商行政管理部门登记注册和年检的非公经济组织建立党组织等情况进行了全面普查，根据普查结果进一步完善非公经济组织党建工作台账，加强对台账的动态管理。组建祁阳总商会投资有限公司党支部等4个非公企业党组织和祁阳县香农种养专业合作社等2个农民合作组织党组织，提高了党的工作辐射力和影响力。5月，与县委组织部联合下发《印发〈关于加强和改进非公有制企业党的建设工作的实施意见（试行）〉的通知》（祁组〔2015〕12号）文件，文件在非公党建工作的重要作用和党组织的主要职责、全面提升党的组织覆盖和工作覆盖、深入推进非公有制企业服务型党组织建设、切实加强非公有制企业党建机制建设、加强以党组织书记为重点法人骨干队伍建设、强化非公有制企业党建工作保障等六方面作出明文规定，以便进一步加强和改进全县非公有制企业党的建设工作，提高非公有制企业党的建设科学化水平。

【商会大酒店】 2015年，县工商联将“祁阳总商会投资有限公司”发展作为工商联凝聚人心、增强实力、服务县域经济发展大局的一件大事来抓，紧抓股权转让和集中，引导股东投资4千多万元将祁阳总商会大酒店全面改版升级，精准定位，将其打造成为集住宿、餐饮、休闲、购物等综合服务为一体的政、商务接待精品酒店，树立祁阳非公经济新形象。

残联工作

【残疾人康复工作】 2015年，完成湖南省为民办实事项目，将29名0~6岁贫困残疾儿童抢救性康复对象分类送到省、市医院进行康复训练，并发放12000元的补贴资金。全年共发放轮椅、助视器等辅助器具1000多件；完成精神病防治康复263人，发放国家彩票公益金精神病防治资金6.8万元；开展盲人定向行走训练82人、聋儿康复训练12人、聋儿家长培训21人、低视力家长培训23人；肢体残疾儿童康复8人、成年人肢体康复训练140人；智力残疾儿童康复训练8人、智力残疾儿童家长培训和家庭康复指导58人；完成成人助听器验配10人；矫形器安装10人、假肢安装18例。

【教育就业工作】 开展就业援助月活动，组织残疾人实现就业21人，帮助33名残疾人享受有关扶持政策；帮助华康盲人保健按摩中心申报湖南省盲人保健按摩机构合格证，并按省里统一标准给予补贴；举办三期实用技术及职业技能培训班，培训残疾人156名；扶持残疾人创业30人，实施项目20个，发放项目资金33万元。

【扶贫帮困】 对20户贫困残疾人家庭实施每户平均7000元的无障碍设施改造工程；发放13万余元残疾人燃油补贴费；为“连千村帮万户残疾人扶贫工程”大江彭家湾村10名残疾人发放资助款8000元；对全县150余户贫困残疾人家庭进行走访慰问，发放慰问金6万余元；全年为10102名重度残疾人发放护理补贴540.08万元；为2名创业残疾人及1个就业扶贫基地，申请贴息15万元；对180名精神、智力及肢体一、二级残疾人实行“阳光家园”居家托养，并发放护理补贴款每人每年600元；对残疾人参保农合的实行全额补贴，共补贴资金150余万元。安置55名下肢残摩托车主，发放800元每月生活补助，养老保险本人每年交1440元，其他由政府代缴；开展残疾人贫困户建档立卡数据核查工作。

【维权信访工作】 2015年，残疾人法律救助站免费为12名残疾人提供法律援助，共代理2件残疾人维权案件；做好来信来访工作，共接待来访118人次，来信13封。

科协工作

【概况】 2015年，县科协发挥桥梁纽带作用，团结和组织全县广大科技工作者，坚持“三服务一加强”即“为经济社会发展服务，为提高全民科学素质服务，为科技工作者服务，加强自身建设”，贯彻实施《中华人民共和国科学技术普及法》和《全民科学素质行动计划纲要》，祁阳县继续被评为“2011—2015年度全国科普示范县”“2011—2015年度湖南省科普示范县”。县科协评为“2015年全国农民科学素质网络知识竞赛”优秀县级组织单位；评为“2013—2014祁阳县科技工作先进单位”；祁阳县百合种植专业技术协会获中国科协、财政部联合表彰的“科普惠农兴村计划”中的中国先进农村专业技术协会。现有党组书记、主席1名，党组成员、副主席2名，党组成员、秘书长1名，主任科员1名。

【“科普示范县”工作】 2015年，按国家、省、市三级科学技术协会要求，经县委、县政府同意，开展创建“2016—2020年度全国科普示范县”工作。召开31个单位和部门分管领导参加的联席会议，对照创建标准，安排部署各项工作。县人民政府出台《关于印发〈祁阳县创建2016—2020年度全国科普示范县实施方案〉》（祁政办函〔2015〕13号），县科协收集、整理和上报2011—2015年度建设全国科普示范县文字资料和视频资料，经湖南省科学技术协会审核并下文决定，祁阳县被列为湖南省的“2016—2020年度全国科普示范县”创建单位之一。

【科技培训】 2015年，以县农村函授大学为平台，联合县委组织部、县科学技术局、县农村工作开发办公室，组织30余名科技专家和技术骨干，在25个镇（乡、办、场），举办蔬菜种植、水果种植、家禽家畜养殖、特种养殖等农村专业技术培训班45个，培训学员4500余人次。联合县劳动局、县职业中专开展联合技能培训，组织开展农产品加工、车工、钳工、电焊等专业技术培训班，为8000名返乡农民工传授致富技能。联合县农业局开展新型职业农民培训，举办简易大棚建设及综合利用培训班，培训300余名种田大户。

【科普宣传】 整合社会资源，开展多形式的科普宣传。一是利用宣传栏基础设施开展科普宣传，全年更新县白竹湖13块科普画廊和镇、村700多块科普宣传栏内容4次。二是利用电视台开展科普宣传，继续与祁阳县电视台、中国科学技术协会联合开设“科普大篷车”电视专栏节目，全年播放52期；三是开展“互联网+科普”形式的科普宣传。组织祁阳县2500余名农民参加“农村科技网络书屋”微信平台开设的“农民科普知识网络竞赛”活动。发动全县2600余名公民参加“湖南科普”微信平台开设的湖南省十大公众喜爱的科普场馆（基地）微信投票评选活动，县科普教育基地祁阳县浯溪碑林风景名胜区入选87个初选科普场馆（基地）名单，在全省进行宣传。同时，推广科普微信平台，关注微信平台的公民可以阅读到即时更新的科普知识。三是开展主题科普宣传活动。组织和发动县级17个学（协）会、25个镇（乡、办、场）科学技术协会开展“科普之春”、科技下乡、科教进社区、科普集市、食品药品安全知识宣传、“防艾日”“世界环境日”等主题科普宣传活动。四是发放专业技术资料。科协印发《枣树高产栽培技术》以及翻印《食品安全知识你知多少》等各种技术资料16种10万余册发放到农户手中。

【科技之家】 2015年，全县25个镇（乡、办、场）科学技术协会，17个县级学（协）会，县级学（协）会会员6000余人，科普志愿者2280人。县科协召开九届五次全会（扩大）会，县四大家分管领导、县科协委员、县级学会理事长、各镇科学技术协会主席等出席会议，全会审议大会工作报告，表彰10个科协工作先进单位，10名科协工作先进个人。走访科技工作者80次，听取群众意见和呼声，了解镇科协、县级学会、会员等发展状况。开展湖南省科技工作者状况问卷调查，调查35名科技工作者。加强县级学（协）会的管理，完善学（协）会管理制度，突出抓好组织管理、学术活动、科普宣传、科技服务、争取社会职能、创办实体等方面的工作，17个县级学（协）会共收集调研报告和学术论文1698篇，科研、科技开发项目56个，开展调研、考察活动36场次，参加人员570余人次，学术交流会78场次5600多人次。在镇（乡、办、场）科协工作方面，各乡镇将科协工作纳入镇党委、政府的工作计划，重点抓好农村科普“四个一”即“一个科普活动站、一个科普宣传栏、一名专（兼）职科普宣传员，一个科普志愿者队伍”建设，服务农业产业发展、建立全民健康生活方式。培育农村专业技术协会、科普示范基地、科技示范户。县科协新发展农村专业技术协会2个，科普示范基地2个，县级科技示范户8户。

【科普惠农兴村计划】 2015年，实施“科普惠农兴村计划”，成功向中国科协、财政部申报1个“科普惠农兴村计划”项目，即祁阳县百合种植专业技术协会，该协会被评为全国先进农村专业技术协会，获得奖补资金20万元。12月，推选祁阳县樱桃种植专业技术协会到中国科协、财政部的2016年“科普惠农兴村计划”项目库。

【科普品牌活动】 一是“全国科普日”活动。9月19～27日，县科协组织农业、林业、水利、农机、畜牧、环保、工业、教育、卫生、计生等17个学（协）会及县科技局等共计30个单位的1750多人次科技工作者和科普志愿者，以“万众创新，拥抱智慧生活”为主题，深入县城白竹湖广场、三口塘镇、观音滩镇等地，开展科普宣传、科技咨询、义诊、科普大讲堂、实地科技培训等，活动展出实物20件、展板380个，发放图书资料60余种12万余份（册），免费发放种子、兽药、药品、计生用品、科普宣传袋等物品1.8万余件，价值5万余元，科技咨询、义诊8000多人次，受惠群众达40200人次。活动深受欢迎。

二是“科技活动周”活动。5月18日，县科协、县科技局、县教育局、县委宣传部联合组织20个学会和单位的科普志愿者和科技工作者120余人，围绕“创新创业，科技惠民”，开展科普一条街活动，上街宣传防灾减灾、新科技等知识，在此次活动中，共展出展板500多块，各学会、各单位发放科普图书、宣传资料60多种10余份（册），科技咨询300多人次，义诊5500多人次，科普宣传实物2万余件，价值3万多元，现场大型体检仪器8台，出动科普宣传车辆12台次，受益群众达3万余人。

三是祁阳县第十九届青少年科技创新大赛。县科协联合县青辅学会、县教育学会组织全县10万名在校中小学生参加祁阳县第十九届青少年科技创新大赛。共504件优秀作品参赛，其中科技小制作178件，科技小论文69篇，科技实践活动35件，科学幻想绘画158幅，科技辅导员创新作品31件，优秀科技教师材料33份。经评比，共评选出一等奖73个、二等奖80个、三等奖114个，优秀科技辅导员6个，共计267个。

（张永红）

文联工作

【概况】 2015年，县文联设有县作家协会、县书法协会、县美术协会、县摄影协会、县音乐协会、县舞蹈协会、县国际流行舞蹈协会、浯溪诗社、浯溪书画院、浯溪碑林书画研究院、县戏曲艺术协会、芙蓉文艺研究院，共12个文学艺术团体，有会员786名。2015年荣获全省文联系统“先进单位”荣誉称号，在2015年永州市文联系统工作考核中荣获二等奖。

【文学】 9月，县文联将《浯溪》文艺刊物复刊，并更名为《浯溪艺苑》，举办祁阳县纪念抗日战争胜利70周年暨《浯溪艺苑》杂志首刊发行会。《浯溪艺苑》复刊后成为全县唯一的综合性文艺杂志，在培养文艺人才，促进全县文艺事业发展有中有着不可替代的作用。12月出版发行《浯溪艺苑》第二期。《神奇三吾·大美祁阳》文化旅游专版9月22日在《广州日报》刊登。历时三年主持编撰的《祁阳当代散文选》正式出版发行。

【书法美术】 1月份，由县委、县政府主办，县文联承办的“潇湘雅集·第三回”永州书法精英展系列活动在祁阳举行，主要包括书法作品展览、书法研讨会、笔会等，全县有5名作者的作品入《潇湘雅集永州书法精英作品集》。2月，县文联组织书法协会10多位国家级、省级书法家到黄泥塘镇开展“送春联下乡”活动，共送出春联1500余幅。4月，由祁阳县文联主办的“全国第十一届书法篆刻展”投稿作品点评、书法艺术讲座系列活动在祁阳举行。活动邀请全国著名书法家、湖南省书协副主席刘晓斌到祁阳，为备战“全国第十一届书法篆刻展”的10余名书法家进行作品点评指导。6月，组织县美术协会、县书法协会、县摄影协会创作作品，参加省、市“纪念抗日战争和世界反法西斯胜利70周年美术作品展览”。8~9月，县文联积极筹备“欢乐潇湘·和美永州”群众书法美术摄影作品获奖活动，并在永州市决赛评奖中，获得一等奖4名，二等奖、三等奖各类作品14幅。10月份，由中共祁阳县委、县政府主办，祁阳县委宣传部、县创卫办、县文联、县美协承办的“齐心创国卫，共建新祁阳”全县美术作品展在县行政中心一楼大厅开展，共展出3天。

【摄影】 县摄影协会主席赵扬名获中国摄影协会会员资格。3月，组织县摄影协会20余名会员到八宝镇龙桥村老年人活动中心举办摄影作品展，共展出作品100余幅，并开展抓拍比赛等采风活动。5月，县文联组织摄影协会10余名摄影家对全县15处重点景点进行突击拍摄一周，为市委宣传部、市旅游局、市文联联合主办的“锦绣潇湘·永州发现”寻找永州100处最佳摄影点活动上报摄影点31处，投稿摄影作品600余幅。经网络和微信投票评选，祁阳县共有25幅作品入选“锦绣潇湘·永州发现”优秀作品展。

【音乐曲艺】 11月28日，由中共祁阳县委宣传部、县创卫办、县文联主办，县戏剧艺术协和城区7个社区承办的“齐心创国卫·共建新祁阳”大型文艺献演活动在白竹湖广场成功举办。

武　装

人民武装

【概况】 2015年，祁阳县人武部在省军区、军分区党委和县委、县政府的正确领导下，紧紧围绕两级军区党委的决策部署，坚持稳中求进、固强补弱、克难攻坚、正风肃纪，始终扭住思想政治建设“红线”，突出军事斗争准备“主线”，把牢部队安全稳定“底线”，架设作风建设“高压线”，自身建设和民兵预备役建设取得明显进步。出色完成了“湘江—2015”演习、抗洪抢险、扑救山火等急难险重任务20余次。

【思想政治建设】 始终把思想政治建设摆在首位，顺应新常态，激发新动力，推动新发展，为部队建设发展提供了坚强保证。一是着眼坚定理想信念，持续深化创新理论武装。把学习贯彻习主席系列讲话作为头等大事，与学习党的十八届三中全会、四中全会和全军政工会精神紧密结合，同步参加军分区党委中心组理论学习、教育实践活动及主题教育，坚持党委议学、领导带学、个人自学，组织考学、群众评学，先后组织5次集体学习，2次心得体会展评，制作4期宣传板报，摘抄编印2本“口袋书”，浓厚了学习氛围。为了增强学习效果，把课堂延伸到陶铸纪念馆和驻地高新企业，集体观看纪录片《焦裕禄》《甲午，甲午!》，引导官兵在培植红色基因中铸牢忠诚品格，在感受驻地发展成就中坚定“四个自信”，在思想交流中凝聚强军力量。二是着眼解决突出问题，扎实开展教育实践活动。把教育实践活动作为首要政治任务，突出问题导向，坚持从严从实，高标准抓好各个环节落实，活动取得了明显成效。主抓“三个贯穿始终”：把思想发动和教育引导贯穿始终，针对少数党员干部认识不深、热情不高、动力不足等问题，召开党委会、干部大会、基层武装部长会进行层层发动，在学好5个读本的基础上，3次集中学习习主席在兰考的重要讲话以及军委总部首长的指示要求，同步聆听军分区领导作的专题辅导，从理论源头、灵魂深处打牢改作风、纠“四风”的思想根基。把开门纳谏和上下联动贯穿始终，自己找、上级点、相互帮，全方位查问题找根源。部领导分别带人员，利用几天时间深入乡镇倾听群众呼声；邀请县机关科局有关人员、基层武装部长、离退休干部、民兵职工等不同层面的代表，召开座谈会2次，发送调查问卷160份，征求意见函33份，梳理意见建议23条，为改作风纠“四风”找准靶子画好像。三是着眼激发内在动力，注重抓好经常性思想教育。针对干部队伍年龄偏大、任职时间较长、进取精神弱化等问题，把事业心责任感教育贯穿全年，扎实抓好“三个回合”：结合“三严三实”教育实践活动，专题学习习主席关于事业心责任感的重要论述，针对干部面对调整、思想活跃的实际，提振干部事业心责任感，引导全体干部队深化认识，反思问题，立行立改。

【稳步推进军事斗争准备】 紧贴使命任务，把战斗力标准立起来落下去，努力提升遂行多样化军事任务的能力。一是进一步深化战备工作。认真落实《战备工作条例》，注重抓好经常性战备教育，结合节假日和敏感时期战备防护，先后9次开展形势战备教育，引导官兵强化敌情观念、提升防范意识。结合民兵整组，2次进行战备方案修订培训，细化完善5类25种方案计划。落实值班管理规定，每天不定期抽查值班员值班情况，每周讲评战备工作，不断促进经常性战备工作落实。针对暴恐事件频发的实际，落实营院防恐预案和防卫力量，投入8余万元添置拒马、等防恐设施器材，联合地方公安、武警开展针对性演练，有效提升了战备水平。二是进一步强化军事训练。组织开展首长机关在职训练，对全体干部进行普考，选派3名基层武装部长参加省军区集训，1人被评为优胜个人。强化民兵训练，重点抓好应急队伍、支援队伍中的伪装防护分队和情报政策分队以及储备队伍的作战勤务保障分队等专业分队训练，完成民兵训练4期430人。扎实抓好重大演训活动，结合演习摔打煅练部队，人武部带民兵应急连全程参加“湘江—2015”演习，期间还接受了省军区领导来该部的检查调研，受到了首长和机关的表扬；三是进一步细化动员工作。深入推进民兵组织建设调整转型，着力在“编实”“编精”“编顺”“编规范”上下功夫，完成了1060人应急队伍、969人支援队伍、1271人储备队伍的整组工作。扎实抓好征兵工作，针对体检政审标准调整和当兵持续降温等实际，采取反复宣传发动、开辟绿色通道、兑现优待政策、狠抓廉洁征兵、强化责任追究等措施，圆满完成3名直招士官、421名男兵和5名女兵的征集任务，大学生新兵比例达到32%。

【强化干部队伍建设】　紧紧抓住党委班子和干部队伍这个关键，进一步锤炼党性、提升能力、改进作风，为部队建设提供组织保证和人才支撑。一是抓学习强素质，围绕建设“学习型党委”“效率型机关”，推动学习常态化，不断提升干部队伍的综合素质。除了同步参加军分区安排的专题理论学习外，党委班子每个成员都设置了研究课题，要求自己自学，自己思考，自己动手撰写，着力培养做军队和地方工作两套本领。先后拿出2万元经费，给每名干部购买学习资料，要求每天自学1小时，每月通读1本书，每月撰写1篇以上体会文章，在《战士报》《国防报》《政治指导员》等刊物发表文章8篇，学习之风蔚然兴起。二是抓教育严管理。认真履行党管干部职责，强化对干部的监督管理。广泛进行谈心交心，主官与部属谈心2次以上，干部与干部之间相互交心，切实把问题谈开谈实、把思想谈通谈透。三是抓民主促团结。修订完善党委议事规则，从议题确定、决策过程到决议执行，都做到科学规范，防止出现临时动议和议而不决、决而不行等问题。是年，班子进行调整，时间不长很快度过磨合期，较好地做到了“四个一致”，即坚持原则认识一致、谋划发展方向一致、处理问题态度一致、工作落实步调一致，尤其在经费使用、工程建设等问题上，大家思想统一，态度坚决。

【扎实做好安全稳定工作】　牢牢把握稳中求进总基调，采取非常姿态，制订超常措施，狠抓安全稳定工作落实。一是严格责任落实抓安全。年初在筹划全年工作的党委会上对安全工作作出专题部署，个人签订保证书，把责任分解到每个环节、每个人员。坚持每天交班会1次提醒，每月党委会1次分析，把安全工作当作“口头禅”和“硬指标”。针对值班员擅离职守、干部违规开车等问题，责令当事人在部务会上作出深刻检查，如果屡教不改就上报分区党委作出严肃处理。二是坚持活动牵引抓安全。结合“条令月”“百日安全无事故”“消除安全隐患整治”等活动，组织队列会操、条令知识考核和军容风纪检查，使学用条令内化于心、外化于行。组织观看车辆事故警示教育片，集体学习上级安全事故通报，邀请交警作授课辅导，从源头上抓好安全工作落实。结合重大“节假日”等重要时机，及时组织学习习主席和军委首长重要批示，扎实开展“消除安全隐患整治”活动，共排查整治5类12项隐患问题，巩固安全稳定基础。三是突出重点管控抓安全。按照“四抓四防”要求，紧盯重点目标和重要部位，切实做到“三个管住”：管住重点人员，采取个别谈心、重点引导、积极帮带等方法，加大对单身干部、民兵和转业待安置干部的教育管理力度，加强“两外”“三圈”跟踪管控，实时掌握官兵动向。管好重点部位，针对营院开放、防护能力弱的特点，组织官兵学习恐怖袭击事件通报，强化安全防范意识。在营院周边安装防护网、监视器，为哨兵配备电警棍、对讲机，组织应急分队进行针对性演练。管严重点要素。每月对司机进行1次集中教育，定期走访交警大队考核司机驾驶作风，并建立信息台帐。严格登记审查互联网和手机使用情况，与移动、联通、电信部门建立军地联防机制。针对文件印制存在失泄密隐患，投入8万元，建立和完善文印室，每月开展1次涉密载体“清零”行动，杜绝失泄密问题发生。针对意识形态领域斗争的严峻形势，联合宣传、网监部门，定期收集掌握网络舆情。

【全面提高后装保障能力】围绕“能打仗、支援保障打胜仗”目标，大力推进后装保障向打赢聚焦。一是严把经费使用投向关。围绕首长机关集训、专武干部集训、专业分队训练、“湘江—2015”演习等演训活动，围绕民兵应急分队、基层武装部达标等建设任务，围绕战备值班系统综合整治、兵员征集等大项任务，加大经费保障力度，切实把有限经费用在战斗力建设的刀刃上。2015年，该部战备训练保障、动员能力建设经费支出同比增长187%，行政消耗性开支同比下降29%。二是严把财经制度约束关。坚持党委集体理财，每月组织党委一班人集中学习财务制度和财经纪律，分析财务管理形势；发挥同级纪委的监督作用，领导带头执行财务管理规定，落实主官联审报批制度，大项开支集体决定。积极参加军分区财务集训，定期开展财务自查，严格落实公务卡刷卡、公务卡接待和办公用品集中采购等规定，防止“出漏子”“钻空子”。年底，军分区财务大检查该部未发现明显问题。三是严把武器装备管理关。严格落实武器装备“一日一查一报”制度，坚持谁检查谁签字谁负责，防止武器装备管理制度流于形式。组织民兵训练和过“军事日”活动须动用枪支弹药，对动用枪支、弹药数量必须预有计划，提前3天上报军分区审批，不准搞临时动议；在使用过程中，安排专人负责枪弹安全，保证枪支在视线范围内使用，防止遗失被盗；活动结束后，组织验枪清点，擦试保养后签字入库，确保整个回路安全可靠。

【优化党管武装环境】　着眼军民融合深度发展，积极加强协调主动谋求作为，不断深化巩固党管武装的良好氛围。一是落实政策机制。为了克服一个班子一把号，一任领导一个调，凭个人感情办事，靠私人关系协调等现象，认真落实党委议军、绩效考评、军事日活动等制度，推动党管武装工作长效化机制化。县委常委议军会，研究解决武装部新址建设经费、随军家属就业、基层武装部建设、民兵应急分队建设等重难点问题。通过依靠制度议事、管事、办事，确保党管武装的地位不因形势发展而动摇，党管武装的力度不因环境变化而降低，党管武装的传承不因班子调整而断线。二是积极支援地方经济社会建设。组织民兵预备役人员320余人次，遂行抗洪抢险、森林扑火、安保维稳等行动，协助地方处置涉军维权案件7起。全力推动“我助老区奔小康2211工程”，筹集资金40余万元，对口帮建文富市镇排林村和黄泥山村，完成修路建桥、河道清淤等项目。深化拓展“双带双促”活动成果，积极参加创建“全国卫生城市”“全国森林城市”活动，发放国防法规宣传资料1500份。三是营造良好国防教育氛围。先后举办3次国防知识讲座，协调县广播电视台2次播出“维护海洋权益、建设海洋强国”公益记录片，举办1期国防知识征文和竞赛活动，评选表彰3个先进单位和10名先进个人。结合开展征兵工作，利用报刊、电视、广播、网络等媒介，全方位、多角度宣传《中华人民共和国国防法》、《中华人民共和国兵役法》等法规制度，营造了全社会关心支持国防建设的浓厚氛围。

武装警察

【概况】 县武警中队以继承和发扬陶铸的“松树风格”为己任，着力弘扬老一辈无产阶级革命家的优良作风和传统，牢记警魂、忠于职守，爱岗敬业、无私奉献，以《军队基层建设纲要》为依据，扎扎实实打基础，开拓创新求发展，苦练精兵谋打赢。经过历界官兵的共同努力，圆满完成上级和地方政府赋予的各项任务。中队连续23年被总队评为落实《军队基层建设纲要》先进中队，连续六届被总队评为“基层建设标兵中队”，先后荣立各类奖项若干。

【中队建设】 坚持以强军目标为统揽，紧紧围绕‘一二三四五’的抓建思路，即：树立“一个目标”（争创基层建设标兵中队的目标），实现“两个确保”（确保以执勤处突为中心的各项任务的圆满完成，确保部队内部高度集中统一和安全稳定），传承“三个法宝”（民主建队、法治建队、精细建队），强化“四个观念”（强化眼睛里有问题，肩膀上有担当，胸膛里有招法，手脚上有勤快），落实“五个抓手”（即贯彻支队“五抓五整”的思路，充分运用这五个抓手解决矛盾推动工作），结合中队实际，“找准问题，突破瓶颈，传承传统，厚实底蕴，把握机遇，借力争先创标，奋力推动中队全面建设向更高层次发展，再创基层建设标兵中队”的按纲建队思路，科学统筹、周密展开各项工作，始终把经常性基础性工作当日子过，把它抓紧抓好抓出成效，不断夯实中队建设基础。目前各项工作有序有效，任务完成圆满，部队官兵士气昂扬，建设持续稳中向好，全面建设呈现出生机勃勃的良好态势。

【强化队伍素质】 为把中队磨砺成无坚不摧的处突“尖刀”和“拳头”，中队党支部坚持从思想教育入手，以支委会、民主生活会等形式为载体，大力开展昂扬锐气、蓬勃朝气、浩然正气为主的精神状态教育，同时注重加强支部班子内部团结和协作。党支部书记王卫业务素质过硬，抓工作眼明心细；党支部副书记徐亚辉组织军事工作能力强，表率作用好。两名“正副班长”之间从未论过资历长短、能力强弱，搞权力之争，而是相互学习，取长补短，精诚合作，带领支部“一班人”谋求中队全面建设策略。支部在工作中确立“三个有利于”的思想：即只要有利于发挥官兵主人翁责任感，有利于提高部队战斗力，有利于促进中队全面建设的事，都可勇于探索，放手一搏。始终坚持“看工作成绩，看军事素质，看思想表现”的原则，近年来，在涉及几十余名官兵入党、考学、提升正副班长，推荐学技术、选取士官等敏感问题上，以公开求公正，以公正求公平，从而激发了官兵建设中队的热情。

【提高军训质量】 中队始终把提高官兵军事素质作为完成任务的前提条件，把军事训练作为提高部队战斗力的根本途径，以《军事训练大纲》为依据，结合中队实际，重点突出官兵血性的锻造和体能技能的强化，认真召开训练形势分析会，找短板找差距，大力推进训练场地建设，完善各类场地设施，注重培养教员，合理分工负责，以“五小练兵”为载体，突出防暴器材训练和应急班训练。从难、从严、从实战出发，不断对部队进行“淬火加钢”，反复摔打锤炼，练好“拳头”，磨利“尖刀”。圆满完成武装押解、晚会安保现场安保、城市武装巡逻及武装押解等临时勤务。

【深化管理教育模式】 中队在抓管理教育过程中，努力探索出了一条新时期部队管理工作的新路子。坚持把部队管“严”与氛围搞“活”有机结合起来，坚持把丰富官兵文化生活，创造拴心、留人、育人环境作为部队建设的一项重要内容，在培养和强化官兵战友之情、以队为家之情、献身部队建设之情的“三种情”上下功夫。充分发挥读评书报、新闻点评、饭前小拉歌、饭堂小广播、影视赏析等载体作用，深化教育效果，把问题讲明白，把道理讲清楚，帮助战士明辨是非黑白。鼓励战士走上讲台，兵说兵事，使教育更为生动，更具有说服力。通过开展篝火晚会、军旅歌曲K歌大赛、茶话会、趣味团队素质拓展运动、军事体育运动会、强军战歌合唱等官兵喜闻乐见的文体活动，进一步活跃文化生活，密切内外关系，促进部队建设。

【推进中队全面建设】 支部“一班人”深刻认识到，士兵是军队的基础，要充分发挥士兵的主人翁作用，就必须正确看待士兵，让士兵真正体会到大家庭的温暖，积极营造有利于士兵发挥主体作用的良好环境，改变干部包办代替，不敢放手，使士兵缩手缩脚的状况。发挥积极主动性，参与中队全方位的管理活动，在管理中提出个人意见和看法，大胆采用合理意见，让战士真正当上了中队的主人。中队通过广泛开展“四知一跟”活动，建立《知兵卡》和《知兵手册》，干部做到深知兵、细知兵。为掌握每位士兵的思想状况，还制订每季度与每位士兵家庭联系一次的联络制度，从而有效地帮助解决思想问题。切实关心士兵，让士兵安心，中队干部把心操在士兵身上，时刻把士兵冷暖放在心上，体察战士的疾苦，为士兵成长创造条件。当士兵患了病，中队想方设法治疗；士兵的家里遇到困难或家庭发生纠纷，都想方设法帮助解决，使战士真正感到部队大家庭的温暖，热爱部队热爱本职工作，把中队当成自己的家，有力推动中队各项工作的开展。

公安消防

【概况】 2015年，县公安消防大队现有现役官兵31人（其中干部9人、士官17、士兵5人），合同制消防员10人。荣获“永州市五四红旗团支部”、全市消防部队整建制消防中队实战化比武竞赛第一名、全市消防部队队列会操第三名、“潇湘铁军党旗红”党建系列活动党建知识竞赛中第三名，“入党日子”演讲比赛第三名。1名同志获评国家新型实用专利发明奖，2名同志被支队荣记个人三等功，22名同志被支队荣记个人嘉奖，1名同志荣获优秀士官人才奖三等奖，1名同志被支队评为优秀共产党员。共接警出动440次，火灾扑救217次，抢险救援96次，社会救助127次，抢救和疏散人员1132人次，抢救财产价值3.32亿元。

【思想政治建设】 大队以“三严三实”专题教育整顿活动为中心，深入学习贯彻全军和公安现役部队政治工作会议精神。通过采取中心发言、专题辅导、集中研讨、交流心得等形式，认真落实党委中心组学习制度、党课制度及每周学习日制度，强化官兵思想基础建设，将作风建设、廉政建设和学习活动贯穿教育全过程，全力提升官兵素质。开设“官兵大讲堂”军政主官带头授课，开展全员岗位大练兵等活动，切实强化官兵党性意识。

【基础设施建设】　2015 年，全县消防业务经费预算总额为 299 万元，全年投入消防装备建设经费概算 49 万元，购置 2 台小型水罐消防车配发乡镇专职消防队。投入 15 万元用于大队公寓楼装修改造；投入 85 万元用于大中队改造升级建设，完善库室功能，完成晒衣场、厕所、洗漱间、洗碗房、澡堂、党团活动室、荣誉室、电教室、战士宿舍食堂、财务室和值班室改造，积极打造“警营是我家”的美好家园，创造栓心留人的良好环境。同时，大队结合祁阳城市建设现状和部队实际需要，加快启动推进第二消防站建设进度。该项目已完成站址选址和消防站方案初步设计工作，正式进入国土审批和发改委立项、规委会立项审批程序。

【实战化大练兵】　紧扣祁阳县区灭火和救援的形势任务特点，全面加强实战演练、战术推演、体能技能训练、“六熟悉”和“四掌握”工作。先后开展“安全隐患排查整治”“作战训练安全教育整顿”“官兵心理健康咨询”等专项活动，强化官兵个人意识。全年共开展辖区“六熟悉”及消防安全重点单位灭火演练 76 次，针对辖区主要灾害事故特点开展战术研讨 12 次，修订各类灭火救援预案 52 份，参加整建制中队实战化训练对抗赛和比武竞赛活动 1 次，不断提高遂行任务能力。

【火灾防控工作】　全方位推进消防工作社会化进程，大力推进多种形式消防队伍建设。先后开展“劳动密集型企业消防安全专项整治”“今冬明春火灾防控”“社会福利、救助机构消防安全专项整治”“夏季消防检查”“彩钢板建筑消防安全专项治理”“石油库、汽车加油站消防安全专项检查”等一系列专项行动，对检查发现的火灾隐患，严格按照“四个一律”的刚性措施坚决依法督促整改到位，排查和整改一大批火灾隐患，确保全县火灾形势平稳。2015 年，大队共派出检查人员 2964 人次，检查单位 1291 家，发现并整改火灾隐患 1974 处，下发《责令改正通知书》1063 份，“三停”单位 17 家，采取临时查封措施 13 处，拘留 2 人，罚款 50.1 万元，提请政府督办重大火灾隐患单位 2 家。

【消防宣传教育】　始终坚持以《全民消防安全宣传教育纲要》宣贯为主线，努力拓宽宣传渠道。依托楼宇广告、LED 显示屏、官方微信、红网手机报、手机短信及消防常识飞播等宣传媒介，强势推进消防安全宣传。先后开展“社区消防达人秀”和“社区消防艺术展”等宣传活动，推选 1 名“社区消防宣传大使”和 1 个“社区消防精英团队”。2015 年，全县共举办各类消防安全培训 14 次，培训人员 3000 余人，发送手机短信 10 万余条，发放各类宣传资料 12 万余份，开展消防巡回宣讲 12 次，举办知识讲座 18 期，消防站开放 22 次，培训人员近 9000 余人次，接受群众咨询 670 余人次。培训乡镇长 33 人，村两委负责人 1125 人，有效提升了农村火灾整体防控能力。大队窗口设置了群众举报投诉信箱，设立“96119”举报投诉热线，未发生一起当事人投诉、不满意事件，实现 100% 核查，100% 奖励，100% 群众满意。

（庄严）

人民防空

【概况】　2015 年 11 月，在新一轮政府机构改革中，县委、县政府联合发文“祁发〔2015〕10 号”“祁发〔2015〕11 号”，明确祁阳县人民防空办公室为县政府工作部门、县国防动员委员会的常设办事机构、县政府人民防空工作主管部门。2015 年，祁阳县人民防空办公室按照“继续打基础，全面搞建设，逐项抓落实，整体上台阶”的工作思路，着眼长远，狠抓当前，创造性地开展工作，取得了优异成绩。全年共获得2项市级荣誉，即全市人防绩效评估一等奖、全市人防宣传工作优秀单位。

【县人防指挥中心投入使用】 2015年12月31日，代号15111人防工程建设项目——祁阳县人防指挥中心顺利实现搬迁，正式投入使用。同时，配套的人防指挥信息系统建设项目按有关要求和规定程序完成了专业设计、专家评审、省市报批和政府采购招标等工作，即将签订合同、组织施工。

【设立县人防指挥信息保障中心】 2015年12月25日，县编委办发文“祁编办发〔2015〕7号”，同意设立祁阳县人民防空指挥信息保障中心，归口祁阳县人民防空办公室管理，为股级全额预算事业单位，定编5人。

【指挥通信】 编制城区警报规划布局，建立警报建设台账，年内两次对县城所有警报器进行全面检修，确保指挥通信网络畅通。认真组织开展一年一度的警报试鸣活动，警报鸣响率、音响覆盖率均达到100%。同时，年内圆满完成了省军区、省国动委组织的全省“湘江-2015”国防动员联合演习、省人防办组织的全省人防指挥干部业务培训、市人防办组织的车载短波培训和移动指挥集中拉练等联训、联演活动。

【宣传教育】 人防宣传教育持续推进。上半年，结合“5·12”防灾减灾日集中宣传活动，在县城浯溪一中运动场设点宣传。同时会同县应急办、县教育局、县消防大队在浯溪一中举行一次大型防空防灾紧急疏散演练，全校3000多名师生参与演练，活动获得圆满成功，县内新闻媒体作了现场拍摄和专题报道。下半年，按年初计划重点开展人防宣传教育进龙山、九塘冲等6个社区活动，将白竹湖休闲广场设为人防宣传教育场所示范点，在广场醒目处设立了永久性宣传栏。加强对外宣传，全年在《中国人民防空》杂志刊发经验推介材料1篇，在《湖南人防》杂志和省市官方网站刊发各类人防信息11条。

【编制部门清单】 认真落实县政府常务会议精神，按要求编制了人防部门行政权力清单和部门责任清单，并及时在县政务服务网上公布。

法　　治

政法委及综治

【概况】　2015年，县政法委共设4个内设机构，分别为办公室、政工室、维护稳定工作办公室（加挂县维护稳定工作办公室牌子，简称县维稳办）和执法监督室，目前在编在岗人员19人。县社会管理综合治理委员会办公室（简称县综治办）与县委政法委一个机构两个牌子，中共祁阳县委防范与处理邪教问题领导小组办公室（简称县委610办）与县委政法委合署办公，归口县委政法委管理；祁阳县网格管理中心为全额拨款的副科级事业单位，归口县委政法委管理，现在编在岗事业编制人员3名。

【和谐祁阳建设】　全力化解社会矛盾。全面落实社会稳定风险评估、矛盾纠纷排查化解等工作机制，实现从“保稳定”到“创稳定”的转变。全年共对16件重大事项进行社会稳定风险评估，发出督办通知书4期，预警通知书2期。全面推行“3+X”矛盾调纠模式，实现“行政调解、司法调解、人民调解”的有机融合，共排查化解各类矛盾纠纷3381件，成功调处3321件，调处成功率99.4%。积极应对突发事件。紧扣“两节两会”“9·3”安保、十八届五中全会等敏感节点，提前处置群访事件20余起，预防制止跨区域串联聚会2起。大力加强应急处突队伍建设，组建县级500人、各镇乡办场20~30人的应急处突队伍，各级应急处突力量合力处置汀兰华府、金沙湾、天宇第一城等群众聚集事件和其他堵桥堵路事件60余起，有力维护社会大局稳定。依法开展非访治理。贯彻落实“轻刑快办”，对12位非法上访老户依法打击处理到位。全年对非访人员训诫谈话129人次、治安拘留100人次、刑事拘留28人次。依法处置在县行政中心现场缠访闹访人员33人次，疏导规劝来访群众182批2693人次，有力保障行政办公中心正常工作秩序。

【平安祁阳建设】　严打刑事犯罪。先后组织开展“百日会战”、严打“盗骗毒”和“百日冲刺”等专项行动，切实提高人民群众安全感。2015年，全县公安机关共立各类刑事案件2732起，破1597起，刑拘各类犯罪嫌疑人1337人。立现行命案9起，破9起，命案破案率100%。检察机关共批捕各类刑事案件466件597人，起诉598件793人；审判机关审结判决刑事案件621件798人，审结率100%。严查治安问题。深入开展扫黄、禁赌、缉毒专项行动，净化社会风气。共破获黄、赌刑事案件46起，治安案件221起，抓获涉黄涉赌人员1610人，其中刑事拘留102人，治安拘留828人；深入开展“禁毒会战”，全县共立毒品刑事案件121起，破121起，抓获毒品违法犯罪嫌疑人149人，缴获冰毒17759.52克，强制隔离戒毒307人，社区戒毒246人。严管乱点乱源。2015年5至9月，由县委政法委牵头，组织开展整治重点项目建设环境“百日攻坚战”专项行动，查处“三强”案件19起，治安拘留31人，侦破敲诈勒索、寻衅滋事等刑事案件18起，刑事拘留18人。从严整治交通违法行为，共查处各类交通违法行为7.79万余起，其中酒驾650起（含醉驾170起）、刑事拘留256人，促进城区交通秩序明显好转。

【法治祁阳建设】 2015年，共审查发放国家司法救助资金92万元，惠及群众50余人；县人民法院开展巡回审判、预约立案等便民诉讼服务共70件次；建成祁阳县公共法律服务中心，有效推动了法律服务水平迈上新台阶。推进司法公开。县法院庭审直播案件9场次，裁判文书上网1077件；县检察院公开案件信息情况861条、法律文书173份；县公安局突出抓好网上证据上传，网上上传率达到96.4%。政法各部门加大办公场所公开力度，设立专题公告栏、电子信息屏，主动公开职责权限、办事规则和工作流程。强化执法监督。县委政法委牵头组建案件评查工作领导小组，将案件质量评查工作纳入常态化管理，全年共集中评查案件100件，及时核查并纠正段五元非法持有毒品案、蒋卫芳故意伤害案等瑕疵案件6件，通过强化执法监督，有力推动了执法规范化建设。

【政法队伍建设】 坚持将抓纪律作风作为抓队伍建设的重要内容，制订下发《祁阳县政法系统纪律作风情况明查暗访工作方案》，组建明查暗访工作组，采取“暗访、明查、反馈”的方法进行随机暗访和突击检查，大力整肃警风警纪。全年共组织开展明察暗访40余次，查处各类违规违纪问题9起8人，并在全县政法系统予以通报，有效促进了队伍作风的转变。同时大力抓好教育培训，提升政法干警综合素质。下发《祁阳县政法干警教育培训三年规划》，举办学习培训班2期，受训干警180人次。2015年6月，组织全县政法系统共计220余名副科级以上干警参加了“法治湖南建设专题培训班”的网络在线学习。政法各部门加强与重点高校合作，全年共组织干警70余人次到中南财经政法大学、湖南警察学院等高等院校进行脱产培训。通过教育培训，进一步筑牢民警执法为民思想根基、提升干警综合素质。

【综治民调工作】 深入推进综治民调工作。按照县委部署，全县干部职工开展综治民调大走访，共访谈群众25万余户，营造良好舆论氛围；两办牵头成立18个专门工作组开展民调工作大督查，创新开展答题精准率测试，有力推动了综治民调工作进步进位。深入推进防控体系建设。一方面，通过完善技防设施控点，在县城新增治安电子监控114处，升级改造电子监控55处；各镇乡办场在交通要道、重点部位安装80余个监控点。另一方面，通过公安干警分片日夜巡逻、政法干警定点值守和机关干部义务夜巡控面。同时，构建治安联防护村网络护线。通过点、线、面有机融合，有效挤压违法犯罪空间，促进了社会治安形势进一步好转。深入推进网格化管理。县网格管理中心建设、社区服务用房建设、网格员队伍建设基本到位，基础信息采集和街、巷、路等地名标识的招标、制作、安装工作基本完成，网格化综合平台建设纳入智慧祁阳总体建设规划，为全面实现城区网格化管理服务奠定了良好基础。

（邓奇峰 郭石磊）

公　安

【概况】 2015年，祁阳县公安局在编在职民警488人，职工45人，内设政工科、纪检监督室（警务督察大队合署办公）、指挥中心、考核办、警务保障室、法制与信访室和刑事侦查大队、治安管理大队等17个直属大队；所属单位有看守所、拘留所、交警大队、森林分局。下设各乡镇派出所和县城4个派出所及水上派出所。2015年度，全县公安机关共立刑事案件2565起，破

1101起，抓获犯罪嫌疑人803人，逮捕313人，共查处治安案件3265起、违法人员3412人。其中采取刑事强制措施1356名，移送起诉817名，治安拘留2342名，强戒307名，特殊病人收治29名，社区戒毒246名，抓获逃犯204名；共破获黄赌刑事案件46起，查处黄赌治安案件221起，抓获涉黄涉赌人员1610人，其中刑事拘留102人，治安拘留828人；收缴并销毁电游赌博机200余台，缴获各类毒品总量近5.9万余克；共立现行命案7起，破7起，破案率100%，另破获命案积案2起；打掉涉恶团伙4个，移送起诉26人，追回逃犯7名，已上报省厅恶势力团伙战果1个。全年刑事警情、治安警情较上年分别下降了11.81%和18.44%。大力开展道路交通安全保卫战、不断加强交通安全隐患排查整改，全县交通事故起数较2014年度下降13.68%、死亡人数下降11.24%、受伤人数下降18.65%、经济损失下降17.87%。

【维稳安保】 县公安局主动适应维稳保安新常态，坚持源头治理与末端管控相结合，依法治理，综合施策，有力保障了全县社会政治大局持续稳定。一是大力加强情报研判。紧扣“两节两会”“9·3”安保、十八届五中全会等敏感节点，搜集内幕性、预警性情报信息110余条，处置各类矛盾纠纷20余起，预防制止跨地区串联聚会2起。加强互联网信息巡查处置，积极稳妥处置“4·11”和“4·17”命案等网上舆情，全县网络运行安全有序。通过情报平台红色预警抓获犯罪嫌疑人56人，通过橙、黄、蓝三色预警研判抓获112人，协破各类案267起。圆满完成“9·3”安保工作，确保全县社会政治的持续稳定。二是深入开展专案打击。大力开展反邪教专项行动，刑事拘留2人、行政拘留30余人。对残疾摩托车车主非法营运进行整治。对残疾出租车、摩托车车非法营运进行全面整治。三是积极化解社会矛盾。做好涉军群体人员的思想转化工作。做好城市建设、房地产开发中利益群体的思想转化工作。汀兰华府、金沙湾业主多次召开业主大会，讨论维权问题。县公安局多次从中协调，对业主们进行正确引导，防止矛盾进一步激化。做好企业改制群体人员的思想转化工作。主要做了亦工亦农人员、企业下岗系统等部门的工作。接待群众来信来访共计202人次。受理信访案件152起，办结率为100%。四是切实加强反恐处突。进一步加强高铁、车站、学校等重点部位反恐工作，大力实施“三湘”反恐基础工程，全局共物建2名反恐特情，建立1个反恐情报支撑点，收集5家反恐重点单位建筑图纸和10家危险物品单位基础信息。紧抓群体性事件处置机制建设，组建专业应急处突队伍，健全完善应急处突工作预案，开展信访秩序集中整治行动，经过多年的工作实践，各单位的协同能力逐步增强，处置群体性事件的能力大大提高。

【刑侦治安】 县公安局以实战为导向，以平安为目标，将专业手段、警务保障、基础信息等资源要素向侦查破案聚焦，全力以赴攻坚命案犯罪，从重从严打击黑恶犯罪，持续推进禁毒人民战争，始终保持对违法犯罪活动的高压态势和凌厉攻势。一是深入推进命案侦破和打黑除恶。坚持“命案必破”，全县共发现行命案7起，破7起，破案率100%，另破获命案积案2起。深入推进打黑除恶，对黑恶势力予以重拳出击，侦破“2015.1.21”聚众斗殴案恶性案件，打掉以龙可伟为首的涉恶团伙等4个。共计抓获各类违法犯罪人员55名，刑事拘留28人，逮捕17人，移送起诉26人，追回逃犯7名，已上报省厅恶势力团伙战果1个，战果人数20人。郭怀安黑社会性质组织案一审宣判，其中郭怀安判处有期徒刑20年，其他被判处有期徒刑以上刑罚的37人，沉重地打击了黑恶势力犯罪活动。二是严厉打击多发性侵财犯罪和经济犯罪。组织开展“百日会战”严打整治、严打“盗骗毒”亮剑行动和百日冲刺专项行动，全县共立侵财类案件1760起，破531起，刑事拘留犯罪嫌疑人128人，逮捕98人，直诉27人。盗骗毒五类案件破案率和刑拘数居全市前列。严厉打击各类经济犯罪，全年立刑事案件41起，破41起，刑事拘留39人，追回网上逃犯4人，移送起诉13人，有力地打击了经济犯罪，有效地维护了祁阳县金融、税收征管和市场经济秩序，为祁阳县的经济快速稳定发展营造了良好的环境。三是严厉打击涉枪涉爆和黄赌毒犯罪。大力开展治爆缉枪专项行动，全局共破获涉枪涉爆刑事案件17起，抓获涉案人员49人，其中依法刑事拘留16人，收缴火铳12支，收缴各类管制刀具40余把，查处涉爆治安案件21起，行政拘留37人次，收缴烟花爆竹1872件。全局共破获黄赌刑事案件46起，查处黄赌治安案件221起；抓获涉黄涉赌人员1610人，其中刑事拘留102人，治安拘留828人；收缴并销毁电游赌博机200余台。深入开展“禁毒会战”，全县共立毒品案件98起，破98起，缴获毒品海洛因约92克，冰毒约17705.56克，冰毒片剂23.62万余粒21699.98克，咖啡因25269克，K粉7.49克。四是专项行动绩效突出。打击食品药品环境犯罪的“利剑”行动排名全市第二，有力保障老百姓“舌尖上的安全”。打击涉网治安违法犯罪的“断链行动”取得较大战果，共刑事拘留16人，有力地维护网络安全。五是虚拟战场立战功。共办理行政案件35起，行政拘留13人，强戒3人；办理涉网刑事案件2起，其他刑事案件2起，刑事拘留5人，已起诉3人，直诉3人。办理娄剑平涉恐音视频案、谭刚勇网络谣言寻衅滋事案为全市首例，相比刑事案件更为典型。

【法治建设】 深入贯彻落实党的十八届四中、五中全会精神，以全面建设法治公安为引领，以“执法无懈怠、办案无过错”为目标，深入推进执法规范化建设，公安执法公信力有了新提升。一是提升执法素养。深入开展人民警察核心价值观教育、宗旨教育和法治理念教育，按照“让最熟悉执法办案的民警当教官”的思路，建立规范执法随岗训练点，全面开展“点菜式”“订单式”培训，筑牢民警执法为民思想根基、提升民警执法综合素质。把执法资格考试作为职级晋升的前置条件，组织全警认真学法、用法。二是强化执法监督。坚持内外监督和重点监督相结合，加强了执法办案区域和涉案财物管理，落实“四个一律”要求，深入推进执法公开，通过阳光警务平台，拓宽人民群众对公安执法的监督渠道，开展执法不作为集中整治，加大对执法环节的全方位监督。继续深化和改进执法考评服务。加大案件审理力度，完善网上考评流程，突出抓好网上证据上传，网上上传率达到96.4%，在服务好专项行动开展的同时提升了执法办案质量。一年来，上级业务部门共受理县公安局办理的行政复议案件15起，维持15起。全年没有国家赔偿案件。

【基层建设】 坚持立足当前，着眼长远，以解决基层突出问题为抓手，进一步更新理念、加强制度、完善机制、提升能力，有效驱动基层基础工作提质升级。一是改革巡防机制。成立城市管理警察大队。该大队以城区五个治安岗亭为依托，将全县城区分为五个防区，每个中队负责巡逻一个防区，在城区内开展治安岗亭值守、主干道巡逻、视频监控巡查和社区巡防相结合的“守点、巡线、控面”立体化治安防控等工作，不断严密社会面防控。县委、县政府组织县直各单位和城区三个办事处的党政干部开展晚上上街巡逻、值守活动，晚上8点至11点由各单位领导带领三名职工加上一名社区干部携带警棍、配带红袖章对城区12个社区分片开展巡逻；晚上7：30至10：30由公、检、法、司人员驾警车、亮警灯对所有治安复杂、人员聚集的广场、路口等重点部位进行值勤，提高街面见警率，增强老百姓安全感。二是加强对特种行业的治安管理。加强对宾馆、旅馆、娱乐场所的日常管理，除每月对全县的旅馆业进行例行的抽查，还多次组织相关派出所，对登记工作落实不力的旅馆，进行多次专门检查，督促其做好旅客的登记、信息上传工作，对检查发现存在未按规定登记、上传住宿旅客信息的宾馆、旅馆，从严进行处罚。加强对娱乐场所的管理，着重治理娱乐场所中存在的黄、赌、毒等突出问题。三是强化对重点单位、要害部位和监所的安全管理。每月定期组织民警对辖区内党政机关、金融网点、学校、重点单位进行单位内部治安防范大检查，督促指导各单位进一步完善治安保卫工作和各项工作制度的落实，提高对加强单位内部治安保卫工作的认识，全面落实单位主要负责人对单位治安保卫负责的责任制，加强内部单位治安保卫组织和网络建设，加强人防、物防、技防建设。看守所和拘留所面对硬件设施日益老化、“百日会战”和打击“盗骗毒”行动带来的关押人员骤然增加的双重压力，积极采取各项应对和管理措施，做到不发生任何安全事故，在省、市一级的各类评比中名列前茅。四是加强交通安全和建设环境整治。交警大队全员上岗，最大限度屯警街面，大力开展县城交通秩序和城市公共客运秩序整治，深入实施“全民文明劝导”活动，全力打击货车超限超载，进一步强化校车、客车、危爆车辆整治工作，严查严纠严处各类重点交通违法行为，共查处各类严重交通违法行为6.2万余起，其中超速12462起、超员148起、闯红灯6856起、货车交通违法2560起、涉牌涉证11450起、未按时检验3457起，查处酒驾550起（其中醉驾150起）、毒驾4起，刑事拘留105人，行政拘留556人，吊销驾驶证83本，城区交通秩序明显好转，执法执勤排名全市前列；开展优化建设领域发展环境和重点工程治安环境整治等专项行动，严厉打击各类涉企违法犯罪，及时解决涉企纠纷136起，整治治安乱点70余处，破获刑事案件128起，有效保障了工业园区等全县重大项目和重点建设的顺利推进。五是加强人口与出入境管理服务工作。增加办证窗口、延长服务时间，共受理身份证31938张，迁出迁入户口35501人次；开通出入境POS机收款和电子通行证业务，受理各类出入境28785人次；协助民政，劳动社保等部门核实农民失地养老保险36866人次，通报计生部门新生儿入户6423人，已婚妇女迁入1471人；强化实有人口管理，采集流动人口8437人，出租房屋2324间，发放居住证1419张，列管工作对象8935人。六是加强后勤保障工作。“三所合一”到位资金1000万元，已完成土石方工程招标、正式开挖工作；局业务用房内外装修及人口与出入境大厅、中心执法办案区建设都在紧锣密鼓地进行；投入150余万元采购了130台执法记录仪、20台摄像机、90件防弹衣、防弹背心及防弹头盔、20台电脑、23个枪弹柜等执法办案和办公装备。

【队伍建设】 牢牢把握“五个过硬”总要求，积极适应作风建设新常态，深入推进队伍正规化建设，队伍战斗力和凝聚力有效提升。一是坚持抓党建严肃风纪。按照中央、省、市委和县委的部署要求，围绕“三严三实”主题，深入开展党风廉政建设。把“三严三实”主题教育实践活动和严抓队伍管理结合起来，出台一系列作风建设的制度，加大了警容风纪的督查力度，队伍纪律作风、党风廉政建设等问题得到有效整治，队伍建设注入了新的活力。二是坚持抓整顿严管队伍。目前，老百姓对公安工作的关注度很高，敏感度很强，容忍度却很低，该局坚持铁腕治警，积极贯彻市局党委“铁腕治警的利剑已高悬，剑斩到谁就是谁；带电的高压线已经架起，电打到谁就是谁”从严治警的精神，行霹雳手段，显菩萨心肠，健全规章制度，狠抓日常监管，整肃警风警纪，促进队伍管理常态化、制度化、规范化；坚持严教育、严管理、严查处，队伍纪律作风有了明显好转。三是坚持抓保障激发活力。认真落实民警年休假制度；落实湖南省公安机关惠警政策。一年来，对干部职工因公受伤及生病住院及其他福利性走访慰问达351人次。主动与相关单位衔接、沟通，确定聘用协辅警的管理模式，签订劳务派遣合同，为聘用的协辅警解决工资及“五险”问题。四是坚持抓宣传弘扬正气。在县电视台、政府门户网站及各类主流报纸刊发稿件700余篇，其中在《湖南日报》刊发专刊一期、《永州日报》专刊两期，有效提升了祁阳公安的影响力和号召力。

（王承超）

道路交通管理

【概况】　2015年，全县公安交警部门围绕“安全、畅通、便民、规范”目标，稳步推进改革创新和“四项建设”，牢固树立“万无一失”的目标导向和“一失万无”的忧患意识，公安交通管理工作取得明显成效。2015年大队被评为全县目标管理综合考核政法系统第一名、全县安全生产目标管理考核先进单位、全县政协工作先进单位，先后36人次被省市县记功和嘉奖。

【严打整治】　县交警大队相继开展“百日会战”、“货三轮摩托车专项整治”“百日冲刺”“九打九治”等重大专项打击行动，集中力量严厉打击突出交通违法犯罪行为，取得了显著效果。全县共查处各类交通违法行为7.79万余起，其中违法停车7066起，客车超员148起，闯红灯1856起，货车交通违法2560起，涉牌涉证11450起，查处饮酒驾驶650起，其中醉酒驾驶170起，刑事拘留176人，行政拘留613人，吊销驾驶证83本，打击处理数据超过了前五年的总和。

【创国卫工作】　在全县创国卫工作17个专业组中，交通整秩序整治组排名第二。采取治理与建设相结合，将低速中队成建制投入到创卫工作；成立8个整治小组，每个小组由一名大队领导牵头，对民生路、人民路、浯溪路、陶铸路等城区11条重点路段和万联超市、步步高超市、光明路口、浯溪大桥两侧、椒山停车场等繁华路段以及民生小学、椒山小学等学校路段，安排警力常态化整治，兴浯路、湘运车站路段和人民西路路段等多处道路“肠梗阻”被打通。民生路通过示范创建初见成效。投入经费200余万元新建了民生路与盘龙路1处红绿灯、2套便捷简易移动式红绿灯、3套电子警察抓拍系统；施划了16000平方米的标志标线，2015年施划小车停车位1200个，二轮摩托车位1160个，总计达到城区2150余个小车停车位，2210个二轮摩托车停车位，有效地缓解了几处“瓶颈”对城区交通的制约。

【农村道路安全管理】　以货三轮摩托车载客这一重大隐患为切入点，强力开展货三轮摩托车集中交通整治行动。以“让货三轮摩托车载人、载客非法营运成为历史”为目标，坚决做到“两个严禁”，紧紧依托组织、措施、机制三个平台，强化四个责任，推行“五个一律”，取得了良好的成果，全县强制割棚1400台，车主自觉割棚1600台，农村道路交通安全管理出现新的可喜的变化。

【交通管理服务】　坚持严管重罚和流程管理，完善执法质量考评机制，对交通违法“零减免”，办理简易程序案件9.5万余起、一般程序案件5800

起。制订系列便民服务举措，深入凯盛鞋厂等企业和农村墟场，上门办理车驾管业务4600余件，驾考为残疾人、大学生、边远农村地区群众开通“绿色通道”服务。加强警务调查工作，落实不满意样整改，群众满意率达97.6%。

【交警队伍建设】　深入开展“三严三实”和“秉公执法、人民公安为人民”专题教育，全队共有36人次被记功、嘉奖或授予荣誉称号。何志华、何锐被市公安局记三等功，刘志杰、何志华被市公安局评为“百日会战”先进个人，李彤被省精神文明指导委员会评为“最美志愿者”，刘志杰、高铁民、王佳伟被县委政府记三等功，唐少民、陈拥军、李群、陈冲、唐辉雄、奉卫、郑晓华、周新蕾、冯少杰、陈泽红10人被县政府嘉奖，落实党风廉建设责任制和“一岗双责”，严格执行党纪政纪、警纪警规，无民警辅警违法违纪被查处。建立看望慰问制度，完善民警休假机制，推进警营文化建设。开展了系列岗位技练兵活动和纪律作风集中教育整顿活动，举办3期交通管理警务实战培训班，实战练兵效能得到提升。

【春运交通】　1月24日启动春运工作，大队取消休假，全警动员保畅通，周密部署抓落实，紧盯源头除隐患，广泛宣传造声势，共出动警力4500余人次，出动警车1480余台次，122指挥中心共处置报警2700余起，共查处各类交通违法行为1621起，其中客车超员43起、饮酒驾驶35起、醉酒驾驶13起。2016年春节长假期间，在车流、人流剧增，道路通行能力全线超负荷运转的情况下，全县交通安全形势平稳有序，未发生因管理不力造成大面积交通堵塞现象，全县涌现出一批先进集体和先进个人。

检　　察

【概况】　2015年，县人民检察院共有17个集体、30余名个人受到省、市表彰，综合考核名列全市第一，检察队伍形象排名进入全省前六十名、位列全市第四。

【刑事检察】　2015年，共受理提请审查逮捕刑事案件466件599人，依法批准逮捕359件449人，同比上升20%；受理审查起诉刑事案件709件917人，提起公诉582件759人，同比上升22%，清理积案308件316人，未出现法院判决无罪或撤案的情况。贯彻宽严相济刑事政策，依法办理刑事和解案件19人，促进社会和谐。院领导多次率员走访调研经开区、工业园，积极运用检察职能解决企业发展难题。办理未成年人犯罪案件14件14人，协同相关部门进行社区矫正，切实维护涉罪未成年人合法权益。对祁阳县近三年来主要刑事犯罪情况进行系统分析和调研，并结合全县综治工作切实提出防治对策，形成专题论文被《人民检察》予以刊发。及时、有效处理来信27件，接待来访群众309人次，妥善办理集体访、告急访18件，办理刑事申诉案件1件、国家赔偿案1件，切实维护申诉人合法权益，未发生缠访闹访和涉检进省赴京上访事件。积极开展刑事被害人救助工作，帮助申诉人唐某和崔某分别落实司法救助款3万元和2万元，获得群众好评。

【查办和预防职务犯罪】　2015年，共立案查处各类职务犯罪案件10件11人，其中贪污贿赂犯罪案件7件9人，大要案件5件7人，大要案占66.7%，科级以上干部4人，获有罪判决2件2人，挽回经济损失900余万元；查办渎职侵权犯罪案件3件2人，移送起诉2件2人，获有罪判决2人。大力配合全县“创森”工作，严查破坏生态环境的渎职犯罪案件，共立案2件1人。坚持打防并举，积极预防职务犯罪，为社会提供行贿犯罪档案查询服务845人次，同比上升52%。积极开展农村稻田建房情况专项预防，关切和维护群众利益。深入了解案发单位管理漏洞，发出整改检察建议3份，帮助建立预防职务犯罪制度。深入剖析所办职务犯罪案件，形成犯罪分析报告6篇。积极开展警示教育，让预防宣传第一次走进军营，定期走上党校讲坛。运用庭审观摩、检察开放日活动等载体，结合典型案件进行预防宣传，收到良好的法律和社会效果。

【诉讼监督】 立案监督案件2件2人，其中1件1人被判处有期徒刑3年，追加漏捕犯罪嫌疑人11人，其中有4人追捕到案并被判处有期徒刑，纠正侦查机关违法7件9人。坚持审查起诉法定标准，对漏犯、漏罪、违法办案、定性不准等问题加大监督力度，共追诉漏犯20人，追诉漏罪9件10人，纠正侦查违法行为8件8人。加强审判监督，有效纠正有罪判无罪、无罪判有罪、量刑畸轻畸重、程序违法等问题，提出抗诉4件16人，同比上升300%。加强涉林犯罪追捕追诉工作，共追捕1人，追诉3人。加强民事行政诉讼监督，接待申诉来访45件，均做好息诉服判工作。强化行政执法监督，积极办理督促行政履职案件6件。多次走访县卫生局、交通局、规划局等部门，建立和完善行政执法和检察监督的协作机制，调取历年行政执法台账，全面调查不当履职案件线索。加强对刑罚执行和监管活动的监督，开展执法安全检察、打击牢头狱霸活动20次，消除安全隐患40起，发出检察建议书21份。认真开展监外执行检察活动，对法院、监狱委托调查评估的293件案件及324份评估意见书进行同步有效监督。积极开展在押人员羁押情况、社区服刑人员脱管、漏管等专项检察活动，对全县社区矫正对象进行动态检察，建议撤销缓刑3人，全方位、规范化监督，推动全县社区矫正工作有序开展。

【队伍建设】 扎实开展“三严三实”专题教育，学习和践行执法为民宗旨，提升干警政治思想素质。切实抓好纪律作风建设和党风廉政建设，每周院领导带班，由纪检、政工等部门人员对全院干警日常纪律作风进行定期督查和不定期抽查，共开展各类督察50余次，发出通报30期，做到主动发现问题，及时督促整改，防范于未然。落实党中央关于建设过硬检察队伍的要求，抓好中心组学习，以党组会、检委会为平台，充分落实对全院重大事项的民主决策制度。大力落实党风廉政建设“两个责任”，推进廉洁从检。认真配合省委巡视组工作，切实查摆和整改问题，受到好评。坚持把党建工作与检察业务同谋划、同考核，实现党建工作科学化管理，院机关党委被评为全市、全县先进基层党组织。深化“学习型机关”创建活动，组织26名副科级以上干部参加“法治湖南建设专题培训班”网络在线学习，确保人员和学时到位，学有所得。创新教育培训新模式，与中南财经政法大学签订“检校共建、订单培训”协议，组织全体干警分两批到该校法学院进行脱产培训，提升干警执法办案能力。落实日常教育培训工作，组织干警参加各类业务培训和岗位练兵38人次。鼓励、支持在职干警参加高层次学历教育或进修，共有3名干警参报在职研究生学习，其中1名已毕业。通过各类学习和培训，干警的法治理念、综合素能和执法水平得以大幅提升。

【司法体制改革】 自被省检察院确定为改革试点单位以来，迅速启动试点改革相关工作。对内抓好学习领会，进行宣传动员，统一思想，提高认识，加强领导。对外主动向上级部门和领导汇报会议、文件精神，积极争取重视和支持。组织全体干警参加《司法体制改革下的检察官》专题培训，主动应对司法体制改革。院领导率员先后赴武汉汉阳区、郴州苏仙区、海南省检察院学习和调研试点改革经验。有针对性地召开试点改革研讨会，集思广益，充分听取各方意见和建议。初步拟订《内设机构整合改革试点方案》，呈报县委常委会研究。梳理改革试点任务，拟订试点计划，明确工作责任和完成时限，为试点改革时间表和路线图的确定打下好基础。对院领导班子成员按照大部制改革框架进行科学分工，有效整合办案资源和力量，坚实迈出司法改革的实质性步伐。

（周逸林）

审　判

【概况】　2015年，县法院紧紧围绕“让人民群众在每一个司法案件中都感受到公平正义”和“多办案、快办案、办好案”的目标，忠实履行宪法和法律赋予的职责。共受理各类案件5612件，审执结5361件，结案率为98.16%，结案标的2.96亿元。办案质量、效率、效果指标持续优化，审结率、调解率、信访工作等主要考核指标名列全市法院第一，司法状况综合考评名列全市法院第一，宣传、调研、信息、计生、党风廉政建设等五项单项考核工作全部被评为全市先进，祁阳法院被评为全市优秀基层法院，各项工作取得了新进展，实现了新跨越。

【刑事审判】　全面贯彻实施《中华人民共和国刑事诉讼法》和《刑法修正案（九）》，共审结各类刑事案件621件，判处刑罚798人。始终保持高压态势，严厉打击严重暴力犯罪，审结故意杀人、故意伤害、强奸、绑架等案件97件128人，判处5年以上有期徒刑31人。备受社会关注的唐华故意杀人案、左文斌持枪伤害案，主犯均被判处十年以上有期徒刑；严厉打击严重危害社会治安秩序的多发性犯罪，审结“两抢一盗”、寻衅滋事、敲诈勒索、黄赌毒等案件153件211人，袁某某等四人贩卖毒品案，三人被判处有期徒刑15年，一人被判处有期徒刑10年；依法惩治危害公共安全犯罪，其中审结危险驾驶案件109件，102人因为醉驾被判处刑罚。坚持宽严相济刑事审判政策，对93名初犯、偶犯和未成年犯依法从轻、减轻或免予处罚。强化刑事司法人权保障，所有被告人不穿马甲、囚服等具有监管机构标识的服装出庭受审。积极落实刑事法律援助制度，为62名符合条件的被告人指定辩护人。对接社区矫正工作经验得到最高法院的重视和推广。

【民商事审判】　全面贯彻实施新修订的《民事诉讼法司法解释》，全年共受理民商事案件3369件，审结3239件。审结各类人身、财产等侵权纠纷655件，有力保护了公民人身和财产权利。审结婚姻家庭、相邻纠纷925件，有力增进了家庭邻里和睦团结。审结买卖、承揽、租赁、建设工程等合同纠纷455件，海盟、金桥建材等系列房地产纠纷，依法予以化解，有力维护了市场正常交易秩序。审结民间借贷、金融借款纠纷877件，结案标的1.26亿元，同比分别上升17.52%和71.32%，有力规范了民间资本运行和金融秩序。构建多元纠纷解决机制，在交警、民政、农商银行等部门设立诉调对接机构，调结各类案件516件，调解率92.36%。2015年“6·4”重大交通肇事案件，该院联动县交警大队依法调结涉案民事纠纷，3名死者家属、20余名受伤当事人及时获得了300万余元民事赔偿。

【行政审判】　全面贯彻实施新修订的《中华人民共和国行政诉讼法》，共审结行政诉讼案件107件。坚持监督与支持并重原则，对89件不服公安机关行政处罚决定的行政诉讼案件，全部依法判决维持原处罚决定。对4件被诉具体行政行为违法的行政诉讼案件，依法判决予以撤销。加大非诉行政执行案件审查力度，共审查国土、工商、劳动、计生、水利、环保等行政部门申请的非诉行政执行案件325件，准予执行321件。其中执结了祁阳工商局对深圳天地圆电子有限公司非法传销行政处罚案，执行罚款52万元，有力打击了非法传销行为。执结祁阳水利局对杨某等12人非法采砂行政处罚案件6件，执行罚款61万元，查封船只2艘，有力保护了湘江河生态环境。执结祁阳质监局对刘某等9人非法生产饮用桶装水行政处罚案件6件，执行罚款12万元，取缔无证经营的水厂6家，以执行一案，教育一片的效果，有力推动了全县饮用桶装水的依法整治。

【执行案件】　共受理执行案件1224件（含旧存案件），结案1114件。突出规范执行，完善和落实执行立案、执行措施、执行款物管理等相关工作制度，转变执行作风，有效规范执行；突出专项执行，开展“百日执行大会战”“涉民生案件集中执行”等专项活动，执结涉民生疑难案件219件，其中执结积案61件，集中兑付标的560万余元。社会影响较大的周某等43人诉后塘煤矿追索劳动报酬纠纷，县法院依法及时执结案件，兑付民工工资21万余元；突出“高压”执行，持续推进执行指挥中心建设，运用现代信息技术手段强化执行查控，全年通过网上“点对点”查控系统查询被执行人存款3000余人次，成功冻结账户1500余个，581件案件得以执结。加大对失信“老赖”的信用威慑、惩戒力度，通过人民银行征信系统、互联网发布被执行人不良信息300余条，纳入失信黑名单297人。依法采取查封、冻结、扣押、扣划、强制搬迁、司法拍卖、司法拘留等强制措施1200余次。依法打击拒不执行判决、裁定犯罪，移交公安立案侦查7人，判处刑罚1人。抽调45名干警，继续开展为祁阳农商银行清收不良贷款专项行动，共收回贷款本息2300万余元。

【司法为民】　一是注重举措创新，方便群众诉讼。持续推进诉讼服务中心建设，不断满足新常态下人民群众的司法需求。认真开展巡回审判，全年巡回开庭260余场次，切实方便了当事人诉讼。依法扩大简易程序适用范围，简易程序适用率达到了71.33%，缩短了审理周期，降低了当事人的诉讼成本。加大对弱势群体的司法保护和救助力度，共为困难当事人发放救助金46万元，为困难当事人减、缓、免交诉讼费59.32万元。二是强化职能发挥，保障民生权益。加大打击恶意欠薪工作力度，审结首例拒不支付劳动报酬刑事案件，判处刑罚3人。依法审理“三农”案件，切实维护农民合法权益。白果市乡大坝头村邓某等825人诉村民委员会林地、林木流转合同纠纷，我院依法判决大坝头村转让2568亩林地使用权合同无效，切实维护了村民利益。依法严惩危害食品药品安全、制售假冒伪劣商品犯罪行为，11人被依法追究刑事责任。注重保护妇女、儿童、老年人合法权益，审结赡养、扶养、抚育等案件46件，依法采取先予执行等司法措施，及时兑现当事人赡养费、抚养费、扶养费96.25万元。三是着力夯实基础，拓展审判服务。“两庭”建设持续推进，按照最高法院要求继续完善了八个人民法庭生活设施、安保设施等基础设施建设，所有法庭开通了内网，链接了外网。加强人民法庭办案力量配备，选派五名干警充实法庭办案力量，人民法庭基层基础进一步夯实。强化法庭职能，法庭共审执结民商事案件1896件，诉外调处各类矛盾纠纷1115件。人民法庭服务农村、化解矛盾、维护稳定的前沿阵地作用日益凸现。积极开展“一进二访”，全体班子领导带领一线干警延伸审判服务职能，深入黎家坪镇断塘村精准扶贫，为村民脱贫提供了有力支撑。

【司法绩效】　一是围绕管理促公正。建立案件评查、文书评查和庭审评查常态化机制，共评查案件2486件，严把案件质量关。建立案件归档准入机制，卷宗和信息录入质量明显提高，得到了上级法院充分肯定。进一步完善重大疑难复杂案件和长期未结案件推进化解机制，建立健全细化到人的审判执行质效评估系统，审判质效数据和执行质效数据均处于全省先进行列。其中案件平均审理周期45.3天，比全省平均数少5天；案件平均执行周期62天，比全省平均数少12天；发改率仅为2.45%，比全省平均数少1.2个百分点。审判管理工作成效显著，司法绩效单项考评名列全市第二。二是围绕公开促公正。全面推进审判流程、裁判文书和执行信息三大公开平台建设，刑事案件庭审过程实行同步录音录像，实现了法官办案全程留痕；2459份符合条件的裁判文书全部上网；案件信息全部可通过网络查询；符合条件的执行财产全部上网拍卖；鉴定评估机构全部通过网络公开摇号选定。借助官方网站和微博、微信等新兴媒介平台发布工作动态、重大案件情况和各项司法信息300余条，举办法院开放日6场次，400余名社会公众走进法院、了解法院。司法公开的广度和深度进一步拓展，阳光司法指数全面提升。三是围绕改革促公正。落实立案登记制，对符合立案条件的案件，100%依法予以立案。落实非法证据排除规则，贯彻疑罪从无原则，切实杜绝冤假错案。依法探索刑事速裁，对96件案件适用轻微刑事案件快速办理机制，案件平均审理周期仅7天，当庭宣判率100%。积极推进法官职务套改，鼓励综合部门法官积极办案，为司法人员分类管理和实行法官员额制做好充分准备。稳妥推进涉诉信访改革，落实"诉访分离"，自觉将涉诉信访案件依法导入司法程序，纳入法治化解决轨道。开通最高法院远程视屏接访系统，安排远程视屏接访5次。坚持院领导带班接访，全年处理来信来访400余人次，未发生一起新的信访案件。健全公众参与司法机制，落实人民陪审员制度，人民陪审员陪审案件1619件，陪审率为95.32%。

【队伍建设】　一是提升司法能力。强化文化建院，增强法院"软实力"。以《浯溪法苑》为载体，营造全院上下积极参与审判调研的学术文化氛围。2015年，该院共有3篇学术论文在全国法学理论研讨会上荣获国家级奖项。加强司法能力建设，提升执法办案硬实力。组织17名干警参加国家法官学院、省高院业务培训，组织55名法官参加了市中院和本院审判工作专项培训，开展审判技能竞赛、审判实务讲评9场次，全院干警业务素质进一步提高，司法能力、司法水平不断增强。二是改进司法作风。深入开展"三严三实"专题教育，扎实推进思想政治建设和作风纪律建设，严格要求全院干警讲规矩守纪律。以落实上下班指纹打卡制度为抓手，严肃整顿工作作息纪律，全年纪检监察室共发出纪律作风通报26期，98%以上的机关干警做到了出满勤。全院干警司法作风明显改善，司法公信力明显提高，全省民调满意度测评首次名列全市法院第三。三是坚守司法廉洁。切实履行两个主体责任，强化"一岗双责"，落实党风廉政建设。制订实施《2015年党风廉政建设责任制分工方案》，突出重点岗位、重点环节和重点人员的防控管理，细化责任分解，推动工作落实。全面开展廉政约谈工作，落实每案向当事人发送"廉政监督卡"，通过谈话和意见反馈，进行查漏补缺和教育提醒。狠抓违法违纪的查处，坚持无禁区、全覆盖、零容忍，坚决杜绝"人情案、关系案、金钱案"，实现了"零"违纪。

【民主司法】　一是始终坚持党的领导。不断强化党的观念，自觉地将工作置于党的绝对领导之下，重点工作、重要活动、重大决策及时主动向县委汇报，紧紧依靠县委的坚强领导和政府有力支持，妥善解决经费保障、机构编制等制约法院发展的瓶颈问题。2015年，县委主要领导先后多次听取法院工作情况汇报并作出重要指示，该院根据县委的决策部署和指示精神，紧密结合建设“品质活力祁阳”的总体要求，切实践行为“大局服务，为人民司法”工作主题。二是自觉接受人大监督。牢固树立人大意识，认真主动汇报工作。2015年该院先后就人事任免、人民陪审员工作、半年工作、法官职务套改工作等向县人大常委会作了专题汇报。全年任命庭长2人、副庭长4人，任命人民陪审员5人。认真落实人大及其常委会对法院工作的意见，全面改进具体工作。将办理人大代表的建议、批评和意见相关工作纳入岗位目标管理。2件建议、批评和意见已全部办结，7件代表关注的案件已依法审结，代表满意度100%。三是全面拓展监督平台。多渠道接受代表委员监督。2015年共邀请代表、委员听审案件100余场次，见证执行16场次，走访代表、委员171人次，寄送反映我院各项工作的《浯溪法苑》600余份，同时每月以短信形式向代表、委员报告工作动态。全方位接受检察机关法律监督，审结抗诉案件2件，其中改判1件，撤诉1件。虚心接受新闻媒体舆论监督和人民群众监督，对红网等新闻媒介曝出的情况反映，全部及时予以回复，积极改进存在的问题。

司法行政

【信息化建设】 县司法局在全省率先建成视频会议系统和电子政务系统，实现省厅、市局、县局互联互通、资源共享。认真开展全员培训，强化操作应用，真正做到会用、真用、管用。按照省市文件精神，结合我县维稳工作实际，建立了社区矫正移动定位监管系统，全面实现了对系统内的社区矫正人员进行即时定位、划定活动区域、划定禁止进入区域、超越区域信息警告，达到了对社区矫正人员的有效管控，提高了社区矫正工作的效率和水平。

【法治祁阳建设】 精心谋划“六五”普法检查验收工作。召开全县“六五”普法验收动员大会，对全县县直单位、乡镇进行了检查验收，对验收不合格的单位下发了整改意见书，责令整改。进一步健全公务员学法用法制度。落实党委（党组）中心组集体学法、人大常委会、政府常务会议会前学法等制度。开展网上学法、无纸化考试，联合县人事局，将公务员学法考试成绩纳入公务员年终考核范畴，凡学法用法考试不合格的国家工作人员取消年终评先评优资格并暂缓年度考核。举办2015年全县普法骨干培训班，并在全县各镇开展“上一堂法制课”、举办“法律明白人”培训班等活动。开展主题鲜明、形式多样、群众喜闻乐见的法治文化活动。与关工委共同组织学生进行宪法体操汇演，得到了市关工委领导的首肯。5~9月对沿湖路法制文化广场、沿江路“法制宣传一条街”的宣传内容及时进行了更新，拓宽社区群众学法的渠道。组织全县各行政执法单位开展行业法律法规宣传，利用各种大型的LED屏发布法制宣传内容，每周星期三在县电视台“政法在线”栏目定期播放以案析法、法律图片讲解、农村普法教育系列光盘等内容。2015年，全县共组织法治文艺汇演20余场，免费发放普法读本14余万册，张贴宣传标语500余条，收到了很好的效果。

【基层基础建设】 按照省市级示范司法所创建的标准，大力推进司法所规范化建设，投入近80万元改善司法所装备、设施，全县22个乡镇司法所已经全部达到市级示范化司法所标准，其中黎家坪、观音滩、肖家等9个司法所被评为“湖南省规范化司法所”，白水司法所被评为“湖南省模范司法所”。

【助推“四项改革”】 整合司法行政资源，在原县法律援助中心基础上建成了集律师法律咨询服务、公证法律服务、法律援助、法治宣传教育、司法鉴定为一体的祁阳县公共法律服务中心。以建设公共法律服务中心为契机，助推“四项改革”。深化律师改革制度，在推行政府法律顾问制度的基础上，进一步健全律师联席工作会议制度，完善律师行业党建工作领导体制和责任机制，实现政府机关事业单位法律顾问和社区法律顾问的全覆盖。2015年全县各律师事务所共担任公民、机关、企事业单位法律顾问60家，办理刑事案件168件，行政案件30件，民商事案件436件，劳动争议、非诉讼案件122件，代写法律文书162件，接待当事人法律咨询2549人次。积极推进公证体制改革，紧紧抓住公证机构改革这一契机，积极探索解决公证机构改革中机构转性、人员去向、身份转换等突出问题，进一步完善管理机制，切实做大做强公证事业。一年来，共办理各类公证860件，其中国内公证580件，涉港、澳、台公证70件，涉外公证210件，涉及标的达1600万元。开展调查研究，整合现有资源，创新管理，探索一条符合祁阳实际、规范有序的管理模式。推动建立司法鉴定法律援助制度，降低困弱群体诉讼成本。全县2个司法鉴定所共鉴定案件1499件，其中人身损害赔偿案件为866件，交通事故意外伤害案件为633件。进一步规范看守所法律援助工作站，推进刑事法律援助工作，加大刑事法律援助力度，提升刑事法律援助比例。完善法律援助经费保障机制，逐步提高法律援助办案补贴标准。全年共受理案件283件，其中刑事案件68件，民事案件202件，行政案件13件，切实保障人民群众的合法权益。

【人民调解工作】 积极建立和完善人民调解组织，基本形成“横向到边、纵向到底、依托基层、多方参与”的社会矛盾纠纷调处网络。在医患纠纷、劳动争议、交通事故等专门人民调委会的基础上，与县民政局联合成立了婚姻家庭专门人民调委会。2015年全县共建立各级各类人民调解委员会887个，聘任专职、兼职人民调解员2781人，实现人民调解工作网络区域全覆盖。特别是婚姻家庭人民调委会，被推荐到省妇联列入全省十个婚调会经验推广试点单位。扎实开展“三调联动化矛盾，息访息诉促平安”专项调解活动，加强与信访部门的衔接，确保调处矛盾纠纷和涉法涉诉信访案件“联得动、调得好、化得了”。全年各级人民调委会共调解案件7664件，成功率99.8%，防止民转刑9件25人，防止群体性械斗5件76人，防止群众性上访33件644人。

【社会管理创新】 社区矫正工作取得了明显成效。从严要求，认真落实2015年省定“重点民生实事项目”，建成了集刑罚执行、监督管理、教育矫正、帮困扶助、技能培训于一体的祁阳县社区矫正中心。同时以“政府购买服务”的形式，充实了7名社区矫正工作人员，有力地保证社区矫正工作的顺利开展。开展社区矫正规范化建设“巩固提高年”活动，重点规范了社区矫正监督管理、考核奖惩等执法环节。落实社区矫正监管措施，并在全县22个基层司法所安装了指纹考勤机，完成了指纹考勤全覆盖，对社区服刑人员进行更好的监管。积极开展社区矫正审前社会调查及假释、暂予监外执行社会调查评估工作，为审判机关、检察机关和监狱决定是否执行社区矫正刑提供了可靠的依据。2015年开展审前社会调查333件，接收368人，在册的社区矫正人员590人（其中缓刑552人、管制5人、暂予监外执行2人、假释31人）。加强对刑释人员衔接管控，杜绝脱管、漏管现象的发生。落实刑释人员帮教责任制度，加强对刑释人员监管，预防和减少重新违法犯罪。协同民政、人社局、团县委、妇联等各部门，整合帮教资源，共同落实教育帮扶措施，加大安置力度。2015年共接收刑释人员195人，全部表现良好，无重新违法犯罪现象。

（张艳）

综合经济与管理

发展和改革

【重点项目建设】 2015年，全县共安排重点建设项目72个，完成投资35.8亿元。其中前期项目14个，新建项目29个、完成投资17.8亿元，续建项目29个、完成投资18.77亿元，均超计划完成。具体情况为（按行业分）：工业能源类，完成投资10.65亿元，占年计划的102.1%；海螺第二条生产线和300t/d利用水泥窑协同处理城市生活垃圾项目建成投产；东骏纺织两栋共1万平方钢结构厂房建成投产，新增织布机400台，另有一栋一万平方车间正在建设；电子信息产业园3#、6#厂房主体完工，江涵电子厂房、泰格莱电子厂房和宿舍主体及外墙装修完成，正在室内装修；华旺塑胶设备已安装，正在试产；移动通讯基站工程完成220个基站建设。农业类，完成投资2.86亿元，占年计划的42.9%；城市防洪工程完成420m堤防工程，杨家桥排渍站完成主体工程5层半及外墙装修；特色县域经济重点县2015年度建设项目申报方案下达至各乡镇和各相关企业；观音滩镇、梅溪镇水厂及三口塘水厂续建工程主体完工、21处单村工程已建成投用，内下、大江电站增效扩容完工；大江药物园完成药材种植1500亩。城建商贸类，完成投资5.11亿元，占年计划的49.9%；道路改造提质工程完成自来水管网主管改造4.04km、弱电综合管沟改造5.8km、机动车道“白改黑”14.3万㎡、人行道铺装11.2万㎡；华润燃气完成中压管网10km、庭院管网15km及用户安装500户；新埠头水厂完成土方工程，真卿路、新埠路路基完成五分之四；黎家坪污水处理厂厂办公楼、氧化沟、二沉池等构（建）筑物基础工程已完工，浯溪区扩建工程已开工建设。交通类，完成投资2.15亿元，占年计划的63.2%；公路及危桥改造工程完成农村公里硬化105.3公里、危桥改造3座；木金公路完成路面垫层6.8公里、基层23.5公里、混凝土面板单幅3公里。社会事业类，完成投资2.01亿元，占年计划的47.2%；人民医院综合大楼完成主体完工，全县36项重点民生实事指标，其中7项已提前完成任务、15项实施进展较快。前期项目开局较好，千吨级码头已列入省规划，正在国土预审；智慧祁阳顶层设计方案通过专家评审，出台了深化设计方案并征求了有关单位的意见；浯溪碑林规划纲要4月通过市级评审，现已报送到省住建厅，并与投资商达成初步意向；挂榜山风电建设项目已经拿到省能源局“路条”。“135”工程，1～11月累计完成标准厂房建设21万平方米，完成投资7.66亿元，顺利完成年度建设目标任务。二是跑项争资情况。全年全县到位资金项目350个，到位资金14亿元，占全年任务的109.3%。

【编制“十三五”规划】 2015年年初，按照县委、县政府的工作安排，根据《中共中央关于制定国民经济和社会发展第十三个五年规划的建议》以及湖南省、永州市“十三五”规划精神，开展《祁阳县国民经济和社会发展第十三个五年规划》的编制工作。县里成立以书记、县长为顾问，常务副县长任组长及相关部门负责人组成的高规格领导小组。召开专题会议对“十三五”规划进行了全面安排和部署，明确时间、任务和职责，迅速启动各项工作。各个专项规划部门均成立了以一把手负总责，副职专抓，专业人员组成的工作班子。各个专项规划均广泛开展了专题调研活动，认真谋划了项目，已形成了基本思路，底子明晰，论证充分，基础扎实。各相关部门开展了专项规划编制工作，并形成了专项规划的初稿。8月，县规划办开展“十三五”规划征集意见活动，补充完善“十三五”重大项目库，取得了阶段性成效，印发《祁阳县国民经济和社会发展第十三个五年规划》并下发到各级各部门。

【优化投资审批服务】 认真宣传和执行国家的产业政策和投资方向，会同财政、国土、规划、环保等部门严格投资项目的审批管理。全年共审批基建项目133个，概算投资总额28亿余元，有效地克服项目建设的重复性和盲目性。优化招投标服务。严格按照要求，对建设项目的招标方式、招标范围和招标组织形式进行核准，所有招标项目都在省招标投标监管网进行了发布。全年共核准招标事项122项，无一差错和遗漏。优化综合协调服务。围绕建立良好的经济秩序，充分发挥综合协调职能作用，牵头协调重点项目、重大工作等方面取得了新的成效。

价　　格

【概况】 物价局现有干部职工80人，内设收费管理股，价格调控股，办公室三个股室，下设价格监督检查局（副科级），价格认证中心，价格调节基金征收管理办，价格成本调查队四个二级机构。主要担负全县价格和收费的监督和检查，依法组织实行政府指导价，政府定价的商品，服务价格以及行政事业性收费的成本费用的监审，制订和调整实行政府指导价，政府定价的商品，服务价格，审批行政事业性收费项目和标准，办理涉案物品价格鉴证，以及价格调节基金的征收管理使用工作。

【推进价格改革】 一是落实居民阶梯式水价制度。深入开展清费治乱，优化发展环境。取消收费许可证制度。自2015年4月1日起，全县范围内取消收费许可证及年度审验制度，建立收费清单制度。本次共注销收费许可证130个。

【市场价格监管】 开展教育收费专项检查。进一步规范明码标价行为。制作价格政策提醒函送达全县12家房地产开发企业，做好12358价格举报工作。共受理价格举报案件85起，调解处理3件，退还群众价款30余万元。举报、交办案件办结率、回复率100%。完善价格举报案件信息分析和预警机制，分类梳理价格举报类型，及时发现热点案源，利用提醒函、约谈、专项检查等手段从源头上制止乱收费行为的发生。对新奥燃气多收价款组织清退，共清退价款20余万元。开展“中秋”“国庆”节日期间市场价格监管工作，开展节日市场巡查，确保节日价格市场稳定。

【价格认证工作】 做好涉案财物价格鉴证工作。全年共办理刑事案件价格鉴证151件，民事案件价格鉴证6件，评估总金额149.57万元。推进涉纪财物价格鉴证工作。办理涉纪财物价格鉴证2件，标的额110万元。开展工商、质量监督部门等行政执法机关涉案罚没物价格认定。共办理罚没物价格认定案件10起，评估金额120余万元。

（黄云荣）

审　　计

【概况】 2015年，县审计局有干部职工64人，内设办公室、经济责任审计室、基建投资审计室、行政事业审计股、财政金融审计股、经济贸易审计股、法规审理股、政工股，下设副科级全额拨款事业单位祁阳县审计基层工作室。全年完成审计项目37个，查出违规行为金额11073万元，上缴财政59万元，归还原资金渠道5641万元，提出合理化建议96条。

【财政预算执行审计】 对2014年度县本级财政预算执行和其他财政财务收支进行了审计。主要审计县财政局具体组织实施县本级预算执行情况，县地方税务局组织实施地方税收征收管理情况，县国库、县公安经侦大队、县水利局、县卫生局、县民政局及所属单位、县城市建设投资有限公司等单位预算执行情况。通过预算执行审计，发现存在部分预算收入未纳入预算管理、部分预算收入未按规定缴入国库、部分专项资金下拨不及时、挤占挪用专项资金、漏交税金及附加、无规定发放奖金及补助等问题，对发现的问题，依照有关法律法规分别进行了处理并提出建设性建议。同时，于2015年6月向祁阳县第16届人民代表大会常务委员会第20次会议作了专题汇报。

【项目资金审计】 积极参与城乡低保、农村五保、医保、教育、农业、水利等专项资金立项、申报、管理、使用等情况进行审计或审计调查工作。

【经济责任审计】 按照县委组织部的委托，完成对12个单位主要领导的经济责任审计。5月，抽调二名审计人员配合省审计厅对桂阳县原县委书记李向阳、县长庹登平，湖南省人文科技学院书记柏连阳、院长郭军进行经济责任审计。

【基建投资审计】 突出狠抓全县财政性投资项目基建决算审计，对县职业中专食堂、县特殊学校工程等项目进行基建投资审计，并对县人民医院医疗大楼进行跟踪审计。

【政策措施落实跟踪审计】 根据《国务院办公厅关于印发稳增长促改革调结构惠民生政策措施落实情况跟踪审计工作方案的通知》要求，自3月21日起，配合市审计局驻县审计组，对全县人民政府及相关部门2013年至2015年贯彻落实稳增长、促改革、调结构、惠民生、防风险政策措施情况进行了全方位审计。

（唐洪斌　黄丽莉）

统　　计

【加强统计地位】 2015年，祁阳县把统计工作摆到了非常突出的位置，从人力、物力和财力等方面全力支持统计工作。主要体现在“五增”：一是将县统计局增进县政府组成部门，县统计局局长由县人大常委会任命。县委、县人大、县政府以及县政协都明确一名副职分管和联系统计工作，及时帮助解决困难与问题。二是将统计、经济普查、1%人口抽样调查等工作增入全县总绩效考核，形成领导重视，职责明确，齐抓共管统计工作的良好工作格局，提升了政府统计权威。三是增加统计工作人员。在配齐配强局领导班子的同时，增加了统计工作新生力量。同时，配好乡镇统计站业务人员，每个统计站均保证了工作人员2名以上，全县统计机构得到健全和充实。四是增加统计工作经费。县财政在十分吃紧的情况下，优先保障统计工作经费。对一些大的、临时性工作，县财政均及时拨付了专项经费，保障工作正常运转。五是增添办公设备。县财政专批10万元为县统计局改善办公条件，更新10台电脑，添置办公设备，提升统计信息化水平。通过“五增”举措，强化了统计保障，创造了较好的统计环境。

【加强基层基础】 严格按照国家和省局的要求，大力推进县、镇两级统计机构规范化建设。主要是实行“四动”：一抓宣传发动。充分发挥《祁阳手机报》、《祁阳新闻网》、《祁阳统计信息网》和祁阳电视台的媒介作用，大力开展统计宣传。特别是在每年“统计开放日”集中活动，组织开展统计诗歌朗诵、有奖竞猜、电视访谈等形式，多途径、立体式宣传基层统计工作，提升了统计工作的知晓度。二抓培训促动。采取分片、分专业开展“轮训”和业务讲评，增强了针对性和有效性，提高统计从业人员的业务水平。三抓典型带动。组织召开4次规范化建设现场会，典型引路，以点带面，推动全县乡镇场办规范化建设全面开展。四抓责任推动。制订和完善乡镇规范化建设工作责任制，做到一月一督查，一季度一检查，半年一小结，年底进行考核。通过强化责任，绝大部分乡镇对统计站的建设投入均达到2万元以上，完善了专用设施，健全了基础台账，稳定了基层统计队伍。全县100%的镇（乡、场、办）统计站达到省里要求，该项工作祁阳县一直处于全省领先水平。5月14日，省局来祁阳调研，给予充分肯定。6月23日的《中国信息报》刊载了祁阳县工作经验，8月19日全省统计工作会议上，局长张松柏代表县区统计机构作典型发言和经验介绍，获得与会领导的好评。

【加强农业报表】 严格遵照报表流程，狠抓农业统计常规报表。主要是突出“四查”：一查报表数量。加大对基层报表审核力度，检查每个起报单位的报表是否全面、系统、完整、确保不遗、不漏。二查数据质量。正确运用“下管一级”的数字管理制度，定期开展现场回访和核查。对乡镇重要数据指标进行评估，印证、监管，提高基层统计数字的可信度。三查电子台账。坚持核查各乡镇统计站是否贯彻“统计制度”，是否坚持以村为起报，建立统计电子和纸质台帐，促使起报数字建立在可信的基础上。四查责任人签字。为落实报表质量责任，县统计局立足检查每张报表是否有起报人、审核人签字，是否有领导把关，全县各镇着力夯实基础工作，完善统计机构，充实统计人员，解决工作所需经费，改善统计环境，提升农业报表水平，确保从源头上提升农业报表质量。

【加强小康监测】 全面小康统计监测是一项全新的工作，为确保监测工作质量，县统计局全力以赴，扎实开展各项指标实时监测与分析。主要体现在三个“注重”：一是注重数据审核。严格按照建设全面小康社会监测指标体系要求，认真把好各项数据的质量关，做到“基础扎实、来源规范、数据准确、各方认可”，实事求是地反映小康社会建设状况。二是注重业务培训。县统计局专门组织各有关部门进行统计业务培训，累计开展业务培训12次，600余人，促使部门统计人员熟练掌握了全面小康统计技能，为切实提高数据质量奠定了基础。三是注重调研分析。2015年，省启用新的全面小康统计监测指标体系，指标体系从原来六个方面23项指标，调整为五方面37项指标，指标大幅增加。县统计局重点加强对新体系的数据分析，找准工作短板，提出工作建议。

【加强商贸入统】 2015年，为科学反映全县商贸发展面貌，提升商贸统计数据质量，县统计局主要是扎实开展了“三转”。联合县商务局、工商局等8个部门，按照“市场主导、主体自愿、政府引导、应转尽转”的工作方针，扎实推进商贸行业“三转”工作。目前已完成个体转法人企业30个，新增入统企业24家。

【加强联网直报】 一是严把学习培训关。经常组织企业和乡镇统计员开展业务培训，力求培训效果，确保统计员执行制度不走样，上网操作不出错。二是严把数据审核关。认真贯彻执行湘统〔2012〕24号、39号和66号文件要求，坚守“四条红线”，确保企业独立、真实上报统计数据。同时，强化责任单位职能，督促企业如期如质完成联网直报任务，避免出现迟报、漏报行为。三是严把责任追究关。严格兑现《企业联网直报工作目标管理责任书》，建立监控记录和催报台帐，每月对联网直报工作进行一次小结。对影响直报工作的行为，县绩效办、县统计局联合下文进行通报。每通报一次扣 0.5 分。对迟报、漏报和拒报的直报单位，依法纳入省、市、县的统计执法检查范围，并予以处罚到位。

【加强统计服务】 2015 年，全县统计工作紧紧围绕助经济社会发展这一中心，转变统计理念，改进工作方法，提高了统计服务水平，具体表现在“四优”：一是优化服务方式。及时向县“四大家”、镇乡办场和相关部门提供《祁阳经济信息月报》，如期公布年度统计资料，完善统计网站建设，全面发布统计信息和数据。二是优化统计分析。充分发挥统计参谋服务作用，把脉全县经济走势，围绕全县工作大局和重大经济、社会问题，积极开展统计调查。三是优化评估认定办法。成为市、县两级政府年终绩效考核的主力，完成绩效考核内部评估、作风建设民意测验、纳税人满意度民意调查、为民办实事数据监测等工作，顺利通过各项验收。

【加强依法治统】 始终把依法治统作为提高统计公信力的重要保障，加大普法宣传，强化法制意识，规范工作流程，全面开展依法治统。主要开展“四抓”：一是抓学习。规定《统计法》、《统计法实施细则》、《统计违法违纪行为处分条例》等法律法规读本为统计人员必学书籍。局机关每月集中学习两次，每季度进行一次小结，每半年开展一次测试。通过学法、知法、懂法，提高了敏锐性、预见性和准确性。二是抓普法。制订普法宣传工作要点，开设电视、网站宣传专栏，确定了普法宣传月活动。同时，还把统计法制知识编进党校授课教材，纳入普法考试的必考内容，实现统计知识进课堂，上媒体，下企业，普法效果十分明显。三是抓执法。坚持开展执法大检查，重点对统计台帐不完善，迟报、漏报、错报等行为进行检查与纠正。四是抓评议。将统计工作完成情况向县人大汇报，争取人大支持。虚心诚恳地接受人大代表对统计工作的意见和建议，主动自觉接受人大代表的监督和评议，及时整改存在的问题。

【加强队伍建设】 始终坚持内练素质，外树形象，全面打造学习型机关和专业型团队。一是深入开展群众路线教育实践活动，丰富党建工作内容和载体，增强党建工作生机和活力。引导全局干部勤学苦钻，创新求变，增强了大局意识、责任意识和服务意识。目前，县统计局机关 14 人获得统计师职称，27 个乡镇统计员中 90%以上为本科学历，平均年龄 25.8 岁，100%获得从业资格，其中 5 个获统计师职称。二是积极开展结对帮扶活动。经常走访慰问大忠桥镇双凤村、金旗村以及第二中学，落实帮扶资金 2.2 万元，扶持贫困对象 12 人。三是切实转变机关工作作风。为预防“庸懒散”，狠抓上班纪律和岗位责任制落实，增强全局人员的工作紧迫感、责任感，提升了整体形象和执行力。

工商行政管理

【商事制度改革】 县工商局 2015 年继续深化商事制度改革，落实注册资本认缴登记制，放宽市场主体住所（经营场所）登记条件，推行“先照后证”“三证合一”。7 月，市政府确定祁阳县为“一照一码”登记改革试点县区，由工商部门核发加载法人和其他组织统一社会信用代码的营业执照，企业的组织机构代码证和税务登记证不再发放。9 月 21 日，县工商局在政务中心发放全市各县区第一张“一照一码”营业执照。截至2015年年底，共办理“一照一码”营业执照515户。登记各类市场主体4200户，较2014年增长50%，全年新增1.3万余人创业就业。

【食品安全把关】 组织开展桶装水、流通领域冷冻食品、校园及周边食品安全、问题乳粉、食用油和米粉等专项整治、“魔爽烟”类食品清查、农村食品市场“四打击四规范”专项整治、食品药品“四小”整规等专项行动，共出动执法人员6913人次，检查食品经营户12695户次，查处流通领域食品安全违法案件72件，罚没款31.58万元。

【为民消费维权】 持续推进消费维权服务站“五进”工作，在步步高超市、万联超市、移动公司等单位设立消费维权服务站达9个，消费维权服务网络更臻完善，消费者维权渠道更为畅通。全年12315平台共受理、办结各类消费投诉、举报、咨询案件269起，其中咨询221起，投诉、举报48起。案件争议金额达38.12万元，为消费者挽回经济损失6.27万元，争议调解结案率为100%。

【助力企业融资】 着力解决群众创业、企业创新发展中的融资难问题，用活用好股权出质、动产抵押等职能，根据企业特点提供针对性服务，帮助企业盘活动产，提升无形资产价值，拓宽企业融资渠道，提高企业贷款成功率。简化抵押登记手续，缩短动产抵押审核时间，主动上门服务，2015年共办理动产抵押14起，为企业融资57850万元；为企业办理股权质押，盘活市场资源，办理股权出质12件，出质有限责任公司股权16914万元，担保债权总额27440万元。

【实施商标战略】 突出抓好重点产业商标创立、运用、保护和管理能力提升，引导支持企业重视品牌建设。新《中华人民共和国商标法》实施以来，更是为适应经济发展新常态的需求，大力发展、培育本土注册商标，2015年全县注册商标申请量达327件，年度累计审核通过并成功注册商标达340件。截至2015年年底，全县持有有效注册商标1229件，其中中国驰名商标4件，湖南省著名商标13件。

【强化后续监管】 根据《祁阳县关于深化商事制度改革加强市场监管的实施意见》的要求，落实对市场主体的事中事后监管，通过年报和随机抽查的方式，对市场主体的经营情况和即时信息进行动态监管。2015年共指导1298户企业、9364户个体工商户提交了2013年度报告；指导1658户企业、11615户个体工商户、374户农民专业合作社提交了2014年度报告。通过工商信息化综合管理系统抽查企业49户次、个体工商户388户次、农民专业合作社15户次，依法将558户不按规定报送年报的市场主体列入经营异常名录。

【红盾护农保三农】 结合农业生产季节特点，开展种子、化肥、农药、农机具、农膜等农业生产必需的农资专项执法检查。共检查农资经营户517户次，检查农资市场2个次，抽查农资商品化肥26个批次，检出1个批次的农资商品不合格。立案查处农资案件2件，取缔无照农资经营户2户，受理农资投诉1件。

【打击传销促和谐】 继续保持打击传销高压严打态势，对涉传行为及时发现、及时查办，坚决遏制传销发展蔓延势头。查处深圳国好百分百实业发展有限公司涉嫌传销案、深圳天地圆电子商务有限公司涉嫌传销案等典型案例，案值较大，社会反响强，有效地震慑了违法分子，为老百姓敲响“远离传销”的警钟。

【夯实干部队伍】 以全面提高干部队伍依法行政能力为重点，以新修订的法律、法规、规章以及工商登记制度改革等为主要内容，重点抓好各类业务骨干的教育培训，2015年组织新《中华人民共和国食品安全法》、新《中华人民共和国广告法》《网络交易管理办法》等一批新修订实施的法律法规的针对性业务培训班3期，培训执法人员317人次。组织全局党员干部学习《中国共产党廉洁自律准则》《中国共产党纪律处分条例》，将学习贯彻两部党内法规同学习贯彻党章结合起来，同学习贯彻习近平总书记系列重要讲话精神结合起来，同"三严三实"专题教育结合起来，联系实际，结合个人，使全局党员干部在廉洁自律上追求高标准，在严守党纪上远离违纪红线。

【创建国家卫生县城】 积极响应县委、县政府"齐心创国卫共建新祁阳"的号召，将创卫工作纳入领导议事日程。统一思想，通过到先进地方学习创卫经验、展开全局大讨论、召开会议讲清道理、个别谈话重点突破等方式，在全局干部职工中达成"创卫工作抢着做，争荣誉、争地位"的共识；明晰责任，通过细化任务、强化考核、重点督查等方式，强化创卫各项工作的可操作性，并实现创卫与工商职能的无缝衔接；突出抓好食品安全示范街创建、印刷品广告治理、桶装水整治、"五小"行业清理整顿等关系民生的重点工作。县工商局在2015年创卫年终考核中名列B类单位第三名。

（陈海峰　张雪静）

市场管理

【概况】 2015年，县市场管理服务有干部职工414人，其中在职321人、退休93人。内设政工股、财计股、监管股、建设股、调纠股、办公室；下设11个市场管理服务所，

【市场开发建设】 2015年，按照《湖南省乡镇农贸市场标准化改造项目建设规范》要求，全县投入178万元，共完成3家标准化农贸市场改造，即黄泥塘镇农贸市场、黎家坪甘棠坪农贸市场、观音滩镇东泉农贸市场。累计改造面积3000平方米，新增经营面积2000平方米，新增摊位1500个，直接创造就业岗位1000个，带动当地就业3000余人。投入市场维修建设资金100余万元，进一步维修改善原有老市场的配套设施，提高市场载体功能，方便群众上市交易，提升市场文明程度，促进小城镇建设。完成王府坪市场改扩建工程的环境测评、工程立项、规划条件许可、产权登记、拆迁补偿方案（讨论稿）和经营户安置方案制订，计划投资8600万元，将原浯溪镇机关、三吾大厦、原武装部宿舍楼一栋纳入到王府坪综合市场的整体改扩建规划范围，打通沿江大道，规划总占地面积10496.61平方米，总建筑面积18000平方米。完成西区（杨梅湖）综合市场新建工程项目的征地挂牌、确定建设模式，计划总投资6351万元，规划建设3层，地上2层，占地面积约8700平方米，总建筑面积26100平方米。

【市场交易和管理】 2015年，全县共有各类集贸市场62个，总占地面积326785平方米，总营业面积216630平方米，资产总值（市值）1.86亿元。其中：县城有集贸市场10个，总占地面积38000平方米，总营业面积26000平方米；乡镇有集贸市场52个，总占地面积96000平方米，总营业面积73000平方米。已经投用或自然形成的马路市场，县城有2个，乡镇有16个。按市场结构划分，有农贸市场36个，工业品市场4个，专业批发市场3个，综合性市场19个。按产权及管理性质划分，国有资产市场36个，镇办、村办或合资联办等形式的市场18个，个体民营市场8个。全县市场年交易额约30亿元，年上缴税收560万元，各项规费合计800余万元。市场管理人员总数473人，其中县市管局市场管理人员321人，各民

营市场管理人员152人，市场内经营户数6000余户，从业人员2.3万余人。

质量技术监督

【概况】 2015年，县质量技术监督局现有干部职工88人，内设股室和直属单位9个，具有大专以上文化59人，工程师、助理工程师等专业技术人员8人。下属2个党支部，共有党员48人。现有产（商）品质量、计量检验检测仪器设备468台（件），拥有固定资产1000万元。该局荣获2015年度全县基层党建工作先进单位、全县社会管理综合治理工作先进单位、食品药品安全工作先进单位和全县办公室工作先进单位称号。

【强化品牌建设】 大力实施质量兴县、名牌强县、品牌活县战略，加强产业培育和工业经济转型升级，增强企业市场的竞争力。2015年，科力尔电机、海螺水泥、东骏印染三家企业产品获得湖南名牌，全宏科技公司的产品荣获永州名牌。积极做好祁阳石、祁阳茶油、文明铺生姜、文明铺香芋申报国家地理标志保护产品工作，其中祁阳石申报国家地理标志产品已经成功，实现祁阳地标产品零的突破。

【狠抓三大安全】 一是狠抓食品安全监管，按照“四个最严”的要求，以铁的决心、铁的手段抓好食品安全监管工作的落实。2015年，重点开展食用油、大米、湿米粉、桶装水等专项整治110余次，立案查处涉及食品违法案件60余起，关停无证大桶水生产点30个。监督检查、日常巡查、回访企业达560余家，出动监管人员1960余人，为全县食品等企业申报办理和换发生产许可证27个，注销3个。开展食品企业监督抽查492批次，为全县食品企业委托检验产品700批次。二是狠抓特种设备安全监察，落实“重、狠、实”的要求，以打非治违为重点，开展特种设备安全监察达240余次，出去人员1100余人次，检查电梯380余台、锅炉52台、起动机械112台件、大型游乐设施5台、压力容器180台、压力管道2000余米，查处案件42起，排查安全隐患191处，下达指定书180余份。三是狠抓烟花爆竹安全监管，采取宣传引导、督查检验、违规处罚等监管措施，督促企业落实安全责任，严格依法依规依照标准组织生产，落实批批检验，保证出厂产品合格。加强对全县50余家烟花爆竹企业监管力度，监督检查抽查批次250个，查处生产过程中引线质量不合格等案件7起，下达整改通知书25份。

【强化技术服务】 树立服务新理念，创新服务新方式，取得服务新成效。加大服务硬件设施投入，投入3万元购买压力机，为县城道路改造提供技术服务。全年共检定检修各类计量器具5000台（件），定量包装检验200余批次，产品质量检验1200个批次，为全县经济社会发展提供了可靠的技术支撑。

【加强效能建设】 重抓培训强素质，重抓考核提绩效，重抓奖惩增活力，重抓制度促规范，重抓查处正行风，以作风建设为总抓手，建设强班子，打造硬队伍，举办《中华人民共和国行政诉讼法》专题培训班，严格依法行政，规范权力运行，接受社会监督，树立良好形象。

（谢交进 周志蓉）

安全生产监督管理

【概况】 2015年，全县共发生各类生产安全事故10起，同比去年下降37%，各类生产安全事故死亡2人（道路交通事故），同比去年5人下降60%，其他各行业领域实现了“零事故”、“零死亡”。2011年至2015年连续五年，县安监局被评为全省安全生产先进县，1月份，被国家安监总局评为全国安全生产监管监察先进单位。

【安全生产形势】 2015年，召开全县性安全生产工作会议7次，县委常委会、县政府常务会议10次专题听取安全生产情况汇报，研究部署工作。县级领导带队全面履行“一岗双责”，深入基层、深入矿区、深入生产一线调研指导安全生产工作。全县各级各部门把安全生产与经济发展、社会稳定、小康社会等工作同步部署、同步推进、同步考核，及时解决工作中存在的困难和问题，形成全县上下齐心协力抓安全生产的良好局面，有力地促进了全县安全生产形势的持续稳定好转。

【落实安全生产责任】 认真学习贯彻习近平总书记关于安全生产的系列重要论述，牢固树立“发展绝不能以牺牲人的生命为代价”的红线意识，严格落实安全生产责任。在建立和完善领导干部“一岗双责”、“一票否决”、“黄牌警告”、领导干部安全生产述职和包干责任制等制度基础上，全县各单位都签订了目标管理责任状和重大安全隐患责任状，明确责任，并交办了7个市级重大安全隐患、75个县级重大安全隐患。并且将安全生产考核结果作为考核各级领导班子和干部的重要指标，作为党政领导班子和领导干部选拔任用、培养教育、奖励惩戒的重要依据。凡是涉及到表彰奖励的党政领导、企业负责人等必须征求安监部门意见。对年度安全生产目标责任考核不合格的单位实行“一票否决”，取消当年度各类评先评优资格。

【重点行业领域专项整治】 2015年，全县共排查客运车辆14000余台次，客运驾驶员4100余人次，查处各类交通违法违规行为1.6万多起，排查各类安全隐患120余处，取缔非法运营摩托186辆，“黑校车”21辆，完善交通标志、标牌和防护墩30余处，有效遏制了较大以上道路交通事故的发生，全县道路交通各项事故指标同比全面下降。对年均日渡运量300人次以上的8个重要渡口码头实施实时视频监控，及时发现隐患，督促船主、签单员及时整改。全县15家煤矿按要求关闭退出14家，只余1家沙五井煤矿。全县烟花爆竹企业有7个实施重组，已合并为3个企业，另外淘汰落后产能13家企业。到2015年年底，全县烟花爆竹生产企业数量比2013年年底减少30%以上、企业控制数在58家左右。非煤矿山方面共关闭非法矿山7家，取缔非法开采矿点2处，捣毁各类机械设备设施12台，立案调查6起，移送公安处理案件3起，遣散采（洗）矿人员200余人。

【安全生产大检查】 县安委办常设10个安全生产督查组，每个组负责督查2~3个镇乡办场，采取不打招呼、直插现场、直面隐患、严厉问责的方式不定期督查，督查区域将实现全覆盖。2015年，共检查生产经营性单位1426家次，督促企业隐患自查自纠1758处，治理1241处，责令停产整顿企业60家，关闭取缔企业12家。

【“打非治违”集中行动】 2015年，县安监部门共检查生产经营单位423家、1700次，出具整改和处罚文书311份，责令停产停业整顿企业42家，现场处罚企业113家，立案12家，罚款172万元。公安交警部门开展整治无证驾驶、非法挪用牌照和假牌假证车辆，以及两轮摩托车违章载人、不戴安全头盔等专项执法，共查纠交通非法违法行为1200余起，暂扣车辆520余辆、驾驶证350余本，行政拘留27人。水上交通严打非法采砂行为，共封停采砂船17艘，扣押采砂船22艘，强制拆除采砂设备18套，疏通航道2处共计5.8公里。消防部门开展了消防产品质量、警示标志等专项执法，共收缴不合格消防产品260件。组织国土、公安、环保、监察、安监、工商、电力等部门100余名执法人员，按照“四个一律”和“六个不留”的要求，全县共捣毁工棚

11个，砸毁洗矿机4组，扣押机械6台，收缴发电机2台，立案调查10起，移送公安处理案件6起；全县共开展了13次大的联合执法行动，查处各类非法违法行为1600余起，停产整顿生产经营单位50余家，依法取缔关闭生产经营单位24家，没收非法设备价值100余万元。

【安全生产基础】 2015年共投入资金500多万元，用于在县乡骨干公路沿线设置永久性安全生产宣传牌，建成安全文化宣传长廊，在镇乡办场设置宣传橱窗，村组、企业办宣传墙报，对高危行业从业人员进行安全培训。全县有66家烟花爆竹，38家非煤矿山，3家运输企业，65家规模企业均达到三级安全标准化企业。县财政累计投入各项安全经费1000多万元，安监系统装备建设得到明显改善，专门为安监局配置了20多万元的事故应急指挥车，为海事部门购置了100多万元的水上执法交通工具。全县100%的露天采石场实行中深孔爆破、机械化铲装及液压二次破碎技术；烟花爆竹生产企业已全部实行了机械化装混药工艺；4个客运企业、危货运输企业全部建立了GPS监控平台，600余辆客危货车辆安装了车载GPS定位监控系统。在非煤矿山、危险化学品、烟花爆竹生产经营企业大力推行安全生产责任保险，截至2015年底，我县已入保企业522个，缴纳安全责任保险116.6万元，入保企业数和保费均居全市第一。全县所有高危行业企业均缴纳了工伤保险。

食品药品监督管理

【概况】 2015年，县食品药品监督管理局在职干部职工55人，退休人员6人，设四股一室，即办公室、药品医疗器械股、餐保化股、财务股、法规股；下设三个全额拨款事业单位：药品检验所（副科级）、食品药品稽查大队（副科级）、食品药品安全监测信息中心（正股级）；在全县23个镇乡（街道）设立食品药品监管站，监管站与镇乡防保站合署办公，一套人马、两套牌子。主要负责全县餐饮消费环节的食品、药品、保健食品、化妆品、医疗器械（简称四品一械）的安全监管，共有监管对象3579家，其中餐饮服务单位1365家（其中学校幼儿园食堂406家），保健食品经营企业（场所）398家，化妆品经营单位360家，药品经营企业187家，医疗器械经营企业27家（其中批发企业16家、零售企业11家），医疗器械生产企业1家，药品医疗器械使用单位1241家。

【科学监管】 一是强化责任落实，提升监管效能。通过与各成员单位、乡镇（街道、场）、监管相对人签订食品药品安全工作责任书、承诺书，明确职责和要求，确保各项工作组织到位、领导到位、主体责任、监管责任落实到位，在全县建立“属地管理、分级负责、全面覆盖、责任到人”的食品药品安全网格化监管体系和社会共治体系。二是齐抓共管，确保改革过渡期食品安全。充分发挥食药安委办牵头协调作用，发布《关于在食品监督管理体制改革期间履行职责的公告》，敦促各部门认真履行职责，抓好队伍管理，强化日常监管，确保改革过渡期间思想不乱、队伍不散、工作不断，食药安全有保障。三是建立和出台全县食品药品安全工作考核办法、食品药品违法行为举报奖励制度，单次奖励限额最高不超过5万元，有效推动全县食品药品安全监管工作有条不紊开展。四是积极创新，努力探讨食品流通摊贩管理机制。针对全县食品监管对象点多、面广，食品生产经营餐饮企业小、散、乱特点十分突出，小作坊、小摊贩、小餐饮量多、规模小、分布广、条件差，食品安全监管县镇村三级网络建设不完善，现有监管力量难以覆盖，监管任务重、难度大的现状，县食药安委办商有关部门草拟《祁阳县食品流动摊贩管理办法》（草案），统一规范管理食品流动摊贩。

【强化宣传】 一是加强集中宣传。利用“消费者权益保护日”、“食品药品安全宣传月”等重要时段，县食药安委各成员单位共开展各种食品药品安全宣传活动10余次，设立咨询点20余个，出动宣传车辆300余车次，制作宣传展板40余块，发放食品药品安全宣传单、宣传手册10万余份，接受群众咨询5000余人次，受理市民举报投诉60余起，公开销毁了假冒伪劣、过期食品药械370多种次，货值17万余元。二是加强专题培训。通过县委中心组学习、县委党校普法骨干培训班、食品药品安全管理专题培训班等平台，集中学习《中华人民共和国食品安全法》3场次，举办各类食品药械培训班20多期，培训党政干部1000多人、食品药械生产经营企业负责人及学校校长5000余人次。三是加强媒体宣传。充分利用电视、广播、网络、手机短信、宣传栏等形式，广泛宣传新《食品安全法》等法律法规，全面普及食品药品安全知识。全年在媒体刊发食品药品安全工作稿件80余篇，发布食品药品安全专项整治工作动态和安全常识100余篇，设置宣传栏50余个。通过广泛宣传，公众食品药品安全意识和自我保护能力明显增强。

【稽查打假】 一是强化市场规范。组织药监、质监、工商等部门在全县范围内开展一次为期5个月的食品药品主体大普查、风险大排查、执法大检查、问题大清查等“四查”行动，四查行动软件系统共录入数据2917个，其中食品生产企业62家，食品流通经营主体2237家，餐饮服务经营主体455家，药品零售经营主体146家，医疗器械经营主体17家，切实做到“监管底子清、风险情况明、问题发现准、防范处置早”，为全面履行监管职能提供坚实保障。大力提升药品经营企业的管理水平，185家药品经营企业现已160家通过新版GSP再认证，25家因达不到要求已经停业转行。二是强化日常监管。以“创卫”工作为牵引，以“为民办实事”工作为抓手，由城镇向乡村、由药品零售企业向村（社区）卫生室转移，扩大监督检查面，实现全覆盖。2015年，全县共出动执法人员6886人次，车辆1058辆次，检查农产品种养殖基地、农贸市场、食品生产经营企业、餐饮服务企业3500多家，销毁病死猪肉和三无冷冻肉品2620公斤，无公害处理生猪三腺5000公斤左右，查缴各种假冒伪劣食品1160公斤，没收假种子280公斤，取缔无证经营食品店350多家、无证小作坊4家、私屠滥宰窝点1个，破获销售毒狗肉案2起，抓获犯罪嫌疑人10人。三是强化示范创建。以食品放心工程建设和创建国家卫生城市为契机，切实加强食品药品示范街、示范店的质量创建。县城各餐饮服务单位累计投入提质改造资金大约1200多万元，改造餐饮服务单位达标219家。现已建成民生路、金盆路食品药品示范街2条，放心食用油、米粉示范店100家。

【专项整治】 充分发挥县食药安委办的牵头作用，积极开展以食品药品“四小”（食品生产加工小作坊、小食品经营店、小诊所、小药店经营企业）整规、“打黑除非”专项行动为重点，先后组织开展食用油、米粉、大米、乳制品、大桶装水、集中消毒餐具服务机构、一次性发泡塑料餐具及筷子、食品添加剂和国家基本药物、生物制品、儿童药品、妇科用药、中药饮片、高风险医疗器械、学校及学校周边食品市场等十四项整治工作，效果明显。小餐饮专项整治强制关闭83个无证餐饮店，没收餐饮具460余件。餐具消毒服务机构专项整治关停集中消毒服务机构1家，停业整顿1家。桶装饮用水专项整治关停了桶装水生产企业14家，整合11家，销毁不合格桶装水809

桶，扣押无证大桶水制水设备1套。学校食堂及周边环境食品安全专项整治发现食品安全隐患118处，下发《安全督查通报》2期。农产品质量安全专项整治进展顺利。同时，强化技术监督，快检筛查餐饮企业米粉69批次、大米61批次、食用油95批次、酸豆角9批次，全部合格；抽检大米、湿米粉、食用油、自制糕点等重点品种82批次，合格率为93.9%；监督抽验食品生产企业产品286批次，合格率为94.4%；工商快检食品样品2000组，合格率为99.2%；快检蔬菜、水果样品5550个，合格率达99.8%；检测生猪“瘦肉精”1200批次，检测合格率为100%。

【依法行政】 为把市委、市政府、县委、县政府“抓好放心食用油和米粉”这一惠民实事办实、办细、办好，县药监局多措并举强力推进餐饮服务环节食用油米粉放心工程，坚持标本兼治、着力治本、突出重点、科学治理的原则，加快完善餐饮服务食品安全监管制度，强化餐饮服务食品安全责任落实，健全餐饮服务监管长效机制，强化行政监管和技术监督能力建设，构建政府监管、行业自律、企业负责、社会参与的工作格局。一是加强领导，明确责任。为确保食用油、米粉放心工程有序开展，局主要领导亲自抓，分管领导全面抓，相关股室负责人具体抓的组织领导体系，采取分片分组包干负责制，明确责任人、责任股室、阶段任务及完成时限，坚持每月汇报一次工作进展，每季度总结一次工作情况，做到人人头上有任务，个个肩上有责任。二是强化监督检查，严惩违法行为。以中心城区、学校周边、汽车站周边、旅游景区、城乡结合部、建筑工地和农家乐等餐饮业集中地为重点地区，以学校食堂（包括托幼机构）、企事业单位食堂和建筑工地食堂等集体食堂、中小餐饮、火锅店、油炸食品店等为重点单位，多次联合工商、质监、环保、城管、卫生、公安等部门开展全县餐饮行业专项整治，严查餐饮服务单位进货查验记录及索证索票制度落实情况，严查大中型餐饮服务单位和集体食堂潲水和餐厨废弃油脂的流向；着力推进放心食用油、米粉示范店创建工作；加大餐饮服务单位使用食用油、米粉的抽检范围和频次；严厉打击从非法渠道购进食用油、米粉、使用“地沟油”加工制作食品等违法经营行为，确保全县食用油、米粉放心工程取得实效。三是加大宣传力度，营造良好氛围。充分利用电视、广播、报刊、网络等媒体，开展宣传教育活动，突出加大食品安全法律法规、特别是食用油、米粉鉴别方法的宣传普及力度，引导群众科学消费，努力提高食用油、米粉经营者诚信经营意识和守法经营观念，增强广大消费者维权意识和能力，对典型案例和大案予以曝光，形成全社会共同关注和参与食用油、米粉放心工程建设的良好氛围。开展食用油、米粉放心工程建设以来，共发放宣传资料36890份，签订食用油、米粉食品安全承诺书1896份，建立健全食用油来源档案1268家，米粉来源档案1216家，餐厨废弃物去向台账1980家，对30所学校及103家餐饮店进行了食品快检，共检测225批次。其中大米61批次、食用油95批次、湿米粉69批次；快检结果均为正常。按计划对全县学校食堂及餐饮单位使用的食用油、湿米粉、大米、熟食制品、自制饮料、自制泡菜、餐饮具等进行了监督抽验，共抽检81批次，合格64批次，不合格17批次，合格率79%。其中食用油31批次，合格31批次，合格率100%；湿米粉35批次，合格18批次，合格率51%；大米15批次，合格15批次，合格率100%。联合教育部门开展了一次春、秋季学校食堂食品安全专项整治活动，下发《安全督查通报》2期。

（王爱民）

住房公积金管理

【概况】 2015年，祁阳县住房公积金归集2.25亿元，同比增加4800万元，增长27.12%，归集余额6.81亿元；缴存单位298个，同比增加28个，增幅10.37%。全县缴存职工3.2万名，新增扩面6885人，覆盖率48.31%；为3352位职工购建住房、退休办理等提取公积金7943万元，同比增加3500万元，增长78.78%；发放职工个人住房公积金贷款1.42亿元，支持购建房面积76041.94平方米，发放住房公积金贷款本金余额1.33亿元，资金运营安全。

【财政补贴】 祁阳县财政供养单位将津补贴纳入公积金缴存基数并能按月及时拨付到位，缴存比例已达12%。全年到位财政补贴6241万元。

【业务运作】 修改完善工作纪律、操作规范、业务运行、内部管理、岗位责任、风险控制等各方面的规章制度，严格落实以制度管人管事。开展经常性的自查自纠，配合市住房公积金管理中心组织的专项稽核检查，将违规苗头消灭在萌芽状态。

【业务宣传】 主动与市、县区两级党委、政府和财政等部门汇报、沟通与协调，把住房公积金归集扩面工作纳入政府绩效考核和财政部门目标管理工作考核。通过报刊、电视、电台、网站、户外显示屏，通过进广场、街道、社区、园区和企业现场等方式，宣传法规政策，促进住房公积金在非公经济体的扩面建制工作。通过媒体曝光、行政执法等途径，依法催建催缴，切实维护应缴未缴人员的合法权益。大力推行期房按揭贷款，加强宣传，简化手续，上门服务。调整贷款政策，最高贷款额度提高至个人或家庭均为45万元。

【服务能力】 积极参加市住房公积金管理中心组织的党支部和团支部活动，制订学习培训计划，管理部每周安排1次集中学习。定期参加职业道德教育和警示教育培训。鼓励干部职工参加自学考试、学历提升教育和职称考试。健全学习效果检验机制，采取考试和岗位技能比武的方式检验学习成效，对涌现出来的先进分子进行表彰奖励。办公场地进入购置选址和谈判阶段。

【基层服务】 紧紧围绕“为民、务实、清廉”的工作作风，主动深入项目、深入企业、深入群众开展送政策、送服务等活动。先后深入管理部联系社区和联系村，了解实际情况，找准存在的困难和问题，筹资6万元，给困难群众送去党和政府的关怀；深入汀兰华府、金沙湾等项目，上门提供个性化服务，有效推进项目建设进度。

（彭晨）

农 业 经 济

【概况】 2015年，全县完成农林牧副渔总产值77.1亿元。粮食播种面积162万亩，增加0.54万亩；蔬菜播种面积38.1万亩，增长5.97%；水果（含瓜果类）种植面积27.3万亩，基本持平。全县粮食总产量66.4万吨，粮食质量有所提升；油料产量3.39万吨，增长6.49%；水果（含瓜果类）产量26万吨，增长2.1%；蔬菜产量53万吨，增长4.8%。拥有林地面积230.8万亩（含金洞管理区），森林覆盖率60.4%，林木蓄积量601.12万立方米，林业生产总值21亿元。肉类总产量10.45万吨、蛋类总产量1.71万吨，增长9.54%、21.28%，年均增长1.91%、4.26%；水产品起水量6.92万吨，增长26.6%，年均增长5.32%。

2015年，全县完成水利建设投资2.8亿多元，除险加固病险水库104座；治理湘江长度8.1公里；完成“五小”水利渠道改造460公里，山塘整治1500口，泵站维修改造35座，小水池新建改造100口；解决农村饮水不安全人口5.55万人；建设3个应急水源引提水项目，实施清洁小流域治理项目1个，综合防治面积17.92平方公里；新增灌溉面积1.03万亩，恢复、改善灌溉面积5.33万亩，新增旱涝保收面积4.2万亩，全县农田灌溉水有效利用系数0.47。全县拥有农业机械15.8万台，增长5.47%；总动力86.5万千瓦，增长2.1%。综合机械化水平达到53.5%，提高3.5个百分点。农村土地流转面积58.6万亩，新增4.6万亩，增长8.5%。新增农民合作社126个，增长38.9%，新增家庭农场168家。林业生态向好，年内实施城市森林、通道森林、水系森林、山地造林、绿色乡镇和秀美村庄建设五大绿化工程，成功创建全国绿化模范县。

2015年，农民人均纯收入达到10861元，比2010年的6304元增加4557元，增长72.29%，年均增长14.46%；全县城镇居民人均可支配收入23809元，比2010年的15191元，增加8618元，增长56.73%，年均增长11.35%；农民人均纯收入增幅明显高于城镇居民人均可支配收入增幅，农村生活水平普遍提高，群众幸福指数全面提升。扶贫开发到2015年底共分两轮对22个贫困村实施整体推进扶贫开发，其中省定贫困村13个、市定贫困村8个、高寒山区贫困村1个。共减少贫困人口4.2万人，全县贫困人口由2010年的11.72万人降到2015年末的7.519万人；脱贫贫困村人均纯收入由“十一五”期末的2180元增加到4390元，增加2210元，翻了一番。县连续三年被省扶贫办评为扶贫开发工作先进单位。残联工作年内完成2015年湖南省为民办实事项目，对29名0~6岁贫困残疾儿童分类进行抢救性康复训练，并发放1.2万元的补贴资金；发放轮椅、助视器等辅助器具1000多件，完成成人助听器验配10人，安装矫形器10人、假肢安装18例；为10102名重度残疾人发放护理补贴540.08万元；对20户贫困残疾人家庭实施无障碍设施改造，对150余户贫困残疾人家庭发放慰问金6万余元；

发放13万余元残疾人燃油补贴费；对残疾人参保农合的实行全额补贴；完成精神病防治康复263人，发放国家彩票公益金精神病防治资金6.8万元；开展肢体、视力、听力残疾、弱智人员行走、矫正、康复等训练250人，残疾人家长培训98人。组织残疾人实现就业21人。

到“十二五”期末，全县新农村建设共投入资金3.5亿元，完成123个行政村的“四图一书”规划；实施30个新农村建设示范村重点工程，共拆除空心房40余万平方米，外墙装修282.17万平方米，改厨、改水、改厕8.61万户，改栏2096处，建沼气池2890口，清路障4.5万处、清垃圾4万余吨。全县756个村修通水泥路，基本实现乡村公路“村村通”，324个村基本实现“组组通”；23个镇场367个村21.8万余人实现了饮水安全；完成农村电网改造任务，实现了同网同价和通信、广播电视全覆盖。新建521个村级活动场所、兴建文体设施1126处。2011年、2014年两获“湖南省新农村建设先进县”殊荣，唐家岭、竹山、小江三个村成为全省新农村建设示范村。2015年，黄泥塘镇九洲村荣获湖南省美丽乡村示范村。

农业农村工作

【概况】 2015年，县农村工作部、县农村工作办公室紧紧围绕县委、县政府“333”重大战略决策，紧扣全县各项工作目标管理责任制，真抓实干、充分发挥本单位对全县农业农村工作的综合、协调、指导、服务等职能职责，较好地完成了县委、县政府交办的各项工作任务，促进全县农业农村工作荣获全市先进县区、全县粮食生产荣获全省先进县。农办荣获年度全县全面建成小康社会、农业农村工作优质服务、党建、招商引资优质服务、招商小分队、计划生育综合治理等6个单项工作先进单位和优化经济发展环境工作满意单位，记三等功1人，6人次荣获先进个人，实现“十二五”期间连续5年荣获全县工作目标管理综合考核先进单位。

【农村经济】 2015年，全县农业生产总量稳中有升。种植业：全年粮食生产完成播种面积165万亩，总产量达66.4万吨，被评为湖南省粮食生产先进县；油料播种面积32.61万亩，产量4.02万吨；实现各类水果面积（含瓜果类）27.3万亩，总产26万吨；茶叶规模种植面积2.4万亩，全年产茶叶850吨，产值3.1亿元；完成蔬菜播种面积38.1万亩，蔬菜总产量53万吨，实现产值10.3亿元。林业：年内全县实际完成各类造林3.56万亩，造林成活率均达85%以上；完成“一抚两垦”12.1万亩，截至2015年年底，全县（含金洞管理区）有林地面积230.8万亩，森林覆盖率60.4%，林木蓄积量601.12万立方米，林业生产总值21亿元，林农人均年收入9260元。养殖业：全年生猪存栏71.4万头、出栏120.3万头，比2010年（下同）增长7.2%、8.46%，年均增长1.44%、1.69%；饲养家禽2139万羽、出栏1350万羽，增长14.24%、12.65%，年均增长2.85%、2.53%；肉类总产量10.45万吨、蛋类总产量1.71万吨，增长9.54%、21.28%，年均增长1.91%、4.26%；水产品起水量6.92万吨，增长26.6%，年均增长5.32%。全力推进养殖污染治理工作，落实了全县畜禽养殖“三区”划定，全县城中村（社区）畜禽养殖场退出或搬迁186个，拆除栏舍面积30443.67平方米，发放补偿资金913.3万元，实现城中村（社区）生猪规模养殖场全面退养；治理养殖场户125个，在养殖密集区十里坪畜牧场投资建成1个病死畜禽无害化处理中心。向湘江河祁阳段增殖放流青、草、鲢、鳙等鱼苗200万余尾。与广东温氏集团成功签订畜牧发展合作框架协议；祁阳县连续8年保持了全国生猪调出大县。农产品加工业：年内新增湖南德辉现代农业开发有限公司、湖南九龙谷农林科技有限公司等2家市级农业产业化龙头企业，使全县市级以上农业产业化龙头企业达到26家，其中，年产值过亿元农业产业化重点龙头企业10家；全年农产品加工业实现总产值118.25亿元，首次突100亿元大关，增长57.7%，农产品精深加工率达30%，其中，市级以上农业产业化重点龙头企业完成产值42.67亿元，占全县规模以上工业比重的30%。国家现代农业示范园等一批重大农业项目正式落户祁阳并开工建设。

【农村改革】 2015年，全县农村土地流转有序推进，全县农村土地流转面积达到58.6万亩，新增农村土地流转面积4.6万亩，占土地总面积的23.6%，其中，耕地流转面积33.8万亩。农村土地确权颁证工作全省领先，完成全县886个行政村，8079个组、23万户农户资料收集、外业测绘、内业整理和二轮公示等工作，共核实耕地面积80.5万亩、地块132万余块，实测面积比承包合同面积多12.5万亩，进入建库阶段。全省农村土地经营权确权登记颁证试点工作现场会在祁阳召开，共接待48个市县来祁学习取经。祁阳县先后被农业部确定为农村土地承包经营确权登记数据库及应用平台建设试点县、开展政府向经营性服务组织购买农业公益性服务机制创新试点县；不断培育壮大农民合作社、家庭农村、专业大户等新型经营主体，全县新增专业合作社126家、家庭农场168家，全县工商注册专业合作社总数达到450余家；申报创建省级示范社1个，申报农民专业合作社扶持项目12个、家庭农场扶持项目81个，争取项目资金367万元。兑现土地流转财政奖补政策，对2014年度10772个符合土地流转财政奖补条件的农户，发放奖补资金69.26万元；奖补经营主体44家，发放奖补金额70万元。“新网工程”以县新三湘农资公司为龙头，大力建设农资农家店，延伸服务触觉，新建镇村级加盟店2个，公司连锁经营网点达348个，实现了农民用肥送肥一条龙服务。“网上供销社”建设，全年新增绿色园种养、湘湖种养、宏发养殖、大泉养殖、盛裕蔬菜种植等5个专业合作社为“网上供销社”经营网点，新建5家镇村级服务网点，行业涉及水果、蛋鸭、黄花菜、藏香猪等行业的销售等。新增10个乡镇基层供销社，新建三口塘镇庄稼医院；领办成立5家农民专业合作。农村电子商务发展良好，5月向省商务厅成功申报“特色中国·湖南馆·祁阳馆”建设项目，现已开通“特色中国·湖南馆·祁阳馆”系统馆，并运营良好。7月成立祁阳县电子商务协会，吸纳全县具有较大影响力66家公司（商户）入会。启动供销社综合改革，成功将内下、大江、挂榜山等3个乡分别并入八宝、肖家、七里桥等3个镇，完成撤乡并镇机构改革，完成大江林场、挂榜山林场等2个国有林场改革。率先在全市创新设立“县农建投”，注册资金1亿元，在观音滩镇首签1.1万亩土地流转大单，拟投资3.5亿元，建设“6000亩优质稻、3000亩特色果蔬和2000亩花卉苗木”农业特色产业园。

【基础设施】 2015年，水利重大项目有效实施，投入水利建设资金2.8亿多元，其中，投资0.269亿元，兴建茅竹镇、白水镇三江等供水工程33处；解决农村饮水不安全人口5.55万人；投资1亿多元（县财政配套0.4亿元），实施“百库工程”，完成104座小型水库的除险加固工程任务，实现病险水库全部销号；投资0.199亿，完成治理湘江长度8.1公里；投资1.2亿元，完成了7座小水电站增效扩容改造，装机扩容增加3695千瓦，年增发电量0.2亿千瓦时。投资0.13亿多元，建设匡家堰、河埠塘和石洞源3个引提水抗旱应急水源项目；争取中央计划投资470万元，开工建设蒋龙滩项目区2015年容驷生态清洁小流域工程，并完成主体工程的90%；五小”水利建设完成渠道改造460公里，山塘整治1500口，泵站维修改造35座，小水池新建改造100口。农业机械化水平日益提高。全年推广先进适用的农机具4230多台套，检修农机具3.8万台次，首次实施农机监理免费服务，免费为农机大户、合作组织和农机手上牌190多台，免费年检审各类农业机械628台；落实农机购置补贴资金800万元，拉动农民投入2600多万元，农民购置补贴机具1526台套。新增机械播种流水线21台套，创办水稻机插育秧示范点60处，新建育秧大棚18座，水稻机插面积达到28.5万亩，增加4.5万亩，水稻机插率达到27.3%，提高4.3个百分点。祁阳县被评为全省农机化工作先进单位。农、林生态条件日益改善，全县完成人工造林面积3.56万亩，其中通道绿化、三边绿化小苗造林0.47万亩，种植各类通道绿化大苗66.26万株；新建立湿地保护小区1处，增加保护面积1.3万多亩；实施中央财政森林抚育补贴项目总面积1.6万亩。广东农垦集团成功进驻，开工建设15万亩高产油茶基地建设项目并，年内流转林地2万多亩；发放森林生态补偿基金总额1100多万元，落实管护省级以上生态公益林地6.72万亩。被评为全省生态公益林保护建设为民办实事工作先进单位。全年未发生较大森林火灾。气象、水文预测预报基础设施设备日益完善，预测预报水平明显提高。县气象局充分发挥县内48个区域自动气象站、1个土壤水分自动观测站作用，对气压、气温、降水等17个项目和大风、冰雹、龙卷、雷暴、雾、霾、积雪、雨凇等8个重要天气观测和发送。全年累计自动观测、及时上传数据5.17万份；发送每日天气预报48.58万条；制作发布周报、旬月报，春播预报、汛期预报，重要节假期预报、重大活动专题预报、重要天气专题预报等服务材料166期1.2万余份；启动应急响应15次，发布暴雨、雷电、冰雹、大雾等气象预警50余次，气象预警信息6.655万条。被评为“全省2015年重大气象服务先进集体”、全市气象部门综合目标管理“特别优秀单位”、全市气象防灾减灾工作先进县区。全县山洪灾害监测预警系统共有24个监测站点纳入县水文系统管理，进一步加强监测站基础设施更新改造，完成祁阳中小流域中心站建设任务，成功安装调试中小流域在线视频监控系统，并投入使用；完成祁水下马渡站雷达水位计及ADCP流速仪设施的中低水比测分析工作。做好了水情分析预报和墒情预测预报工作。农业综合开发大力实施规模农业开发战略，总投资1932万元，其中中央财政资金1380万元，省财政资金552万元，在茅竹镇镇三塘、周塘、容驷、大岭等4个村35个村民小组，衬砌灌排渠道23.09公里、新建小型水闸等渠系建筑物38座、扩建加固小型蓄水工程4座，修建机耕道路16.94公里，改善灌溉面积0.65万亩，改善除涝面积0.84万亩，改良土壤面积1.49万亩，年新增粮食150万公斤，项目区农民年纯收入增加额315万元，农民年人均纯收入增加540元；年内争取了国家农业综合开发立项实施现代农业示范园试点项目并开工建设，争取投资额度达2100万元。年内完成高标准农田建设1.49万亩。

【农村民生事业】　2015年，农村多项民生工程得以实施。新农村建设共筹集资金1719.4万元，其中单位扶助418.4万元，能人捐助20.9万元，村民自筹700.8万元，其他筹资3.3万元，组织实施“城乡统筹试点镇”工程、“示范建设”工程、“乡村风貌”工程，建设25个小康示范（片）村。全县25个新农村建设示范

（片）村，共完成“穿衣戴帽”房屋1270套，拆除空心房6700平方米，外墙装修27000平方米；清路障78处，清垃圾2180吨，建立垃圾池27个，建立集中供水设施四处，解决321户自来水使用难题；硬化村组道路16.5公里，硬化452户入户路6000米；完成改厨110户、改厕95户、改栏79处、改水175户，建沼气池25口；完成各类营造林面积6万亩，在村内路旁种植绿化大苗2万株，其中各类景观树1万株；兴建群众文体设施21处，新发展休闲农业近6处，发展垂钓基地4处。大力开展绿化亮化美化净化工程，村容村貌明显改观。新型农村能源设施得以推广，新增农村户用沼气池600户、安装太阳能热水器500台、推广高效生物节能炉灶500台。完成1764人移民搬迁安置后续工作，以邮政储蓄所“一卡通”形式及时打卡发放大中型水库移民直补资金930.9万元。惠及移民15515人；投入基础设施建设移民项目资金1416.04万元，其中农田水利配套159.58万元，农村饮水安全123.26万元，农村交通810.18万元，荣获全市移民工作先进单位。正式启动并实施精准扶贫，年内减少贫困人口1.25万人。农业农村保障体系日益健全。农村党风廉政建设常抓不懈，综合性农廉网络平台“祁阳阳光三农网”县、镇、村三级联网运行平稳正常，成为群众的“政策直通车、信息公开栏、三农服务站”，跻身全市同类网站前列。

【蔬菜工作】 2015年，全县共落实蔬菜种植面积38.1万亩，蔬菜总产量53万吨，蔬菜产值10.3亿元，其中商品菜种植面积达26.16万亩，总产量41.28万吨，蔬菜产值8.36亿元。同比分别增长5.97%、3.76%、3.68%，6.23%，4.52%、4.26%。建设外销蔬菜基地7.12万亩，其中，建成综合蔬菜基地2.32万亩，建成8种专一品种蔬菜基地3.7万亩，包含槟榔芋0.8万亩、生姜0.6万亩、胡萝卜0.6万亩、萝卜0.5万亩、藠头0.4万亩、凉薯0.3万亩、包菜0.3万亩、百合0.2万亩；外销蔬菜13.81万吨，产值2.89亿元。提质改造蔬菜基地0.32万亩，对原有浯溪蔬菜基地、湖南德辉现代农业开发有限公司的茅竹蔬菜基地、祁阳县天子龙蔬菜专业合作社的白水蔬菜基地、祁阳县大自然蔬菜专业合作社的八宝砖塘基地、潘市中洲蔬菜基地等5个专业基地进行健全完善，扩大生产规模，提升设施档次，提高经济效益。招商引进并扶持发展壮大祁阳新龙现代农业开发有限责任公司，在白水镇岩门口村、龙塘村新建蔬菜专业基地500亩，其中，投资800多万元建设高标准的蔬菜大棚设施基地200亩。全县已累计认定城镇蔬菜基地0.817万亩。加强蔬菜蔬菜质量安全监管工作，投入2万元专项资金用于蔬菜自检，年内共自检样品3255个，合格3228个，农残合格率99.2%，其中基地合格率100%。县财政安排200万元，用于发展规模外销蔬菜基地和城镇蔬菜基地专项资金，对新扩菜地三年内按每年100元/亩实行奖补。

【农村能源】 2015年，共投入农村能源建设资金400余万元，其中，争取到位中央、省级项目建设资金175万元。年内继续开展沼气用户回访服务，于3~5月，用时近50天，出动技术人员200余人次，走访沼气用户2000余户，投入专项经费6万元，更换器材配件2780套（件），排除各类生产安全隐患1320余起，全县750余处中小型沼气工程和1500余户沼气用户从中受益。深入推行“政府购买”服务和“两免一补”维修制度，全年投入沼气维修专项资金近10万元，修复各类病池、废池100余口，确保农村沼气“安全、高效、持续”使用。年内省、市下达祁阳县2014年度中央投资农村沼气项目30个、300户，指标数量明显低于实际建设数，产生资金缺口。为保证项目建设的连续性，在完成14年度项目建设计划的同时，仍按照“先建后补”的项目报建原则，但对一些建设要求迫切的养殖业主和农户进行合理控制、超前建设，到年底累计计划外新建小区联户项目50余个、600余户。年内新增农村清洁能源用户1506户，其中：新建小区联户项目46个、联户510户；安装太阳能热水器550台，超任务10%；推广和更新改造节能炉灶650余台，超任务30%。投入60余万元，成功提质改造三口塘镇民康养殖有限公司大型沼气集中供气工程，使之成为全县首个大型沼气集中供气示范工程，5月起向周边近100户农户集中供气，年内供气近2万立方米，取得了良好的经济和示范效益。年内建成太阳能示范村1个、小型沼气发电示范场1个，沼气综合利用示范项目2个、软体浮罩实用新工艺新技术应用试点示范项目2个。衔接申报白水鸿丰大型沼气工程，成功挤进2015年度中央项目建设计划，同时三口塘民康养殖场大型沼气工程（二期）业已挤进全省2016年项目储备笼子。全县沼气池等农村清洁能源设施，每年可以无害化处理农业生产生活污水近10万吨、减少二氧化碳及二氧化硫排放1050吨、节约薪材2200吨、节电22万度以上，直接为农户增收支节230余万元，实现农村能源与农村环保、农村经济、农村生态、社会效益互动推进。

【农村扶贫工作】 2015年，县委、县政府成立高规格的精准扶贫开发工作领导小组，领导小组下设办公室，从相关单位抽调了8名工作人员充实办公室力量；全县选派22名年富力强的副科级党员干部，到乡镇挂职专职副书记，专抓党建和精准扶贫工作，从县直单位选派88名党员干部任驻村帮扶工作队长、乡镇选派176名同志担任队员，共同组建88个工作队开展驻村帮扶，实现干部驻村帮扶全覆盖。在全市率先出台了“1+9”精准扶贫工作方案，明确今后一段时期全县精准扶贫的任务书、路线图、时间表。全县精准扶贫工作全面展开，在上年对农村贫困人口精确识别建档立卡的基础上，完成“四个一批、五个突出”数据核实工作，同时，对全县8.7万个建档立卡贫困人口，运用全国扶贫开发信息管理系统，实行精准动态管理。大力实施国家“雨露计划”，核定建档立卡贫困户子女职业教育扶贫助学340余人，筹集资金34万余元；趁东莞市祁阳商会成立大会之机，专门安排了以“情系贫困乡亲，奉献诚挚爱心”为主题的结对帮扶爱心捐赠活动仪式，募集到帮扶资金40万元。全年投入各项扶贫资金5600多万元，组织实施整村推进、小型水利、通达工程、危房改造、庭园经济、扶贫助学、科技培训、产业发展等扶贫项目100余项，有力的促进了贫困村社会经济的发展。2015年，全县贫困人口人均纯收入比上年增加420元，增长11.3%；全年1.25万贫困人口冲出了贫困线，贫困面下降14.37%。

（赵安原）

种 植 业

【粮食生产】 2015年，全县落实粮食播种面积160500公顷，总产64.7万吨，其中，水稻早稻播种面积60万亩，总产24.86万吨；中稻及一季晚稻3.05万亩，总产1.44万吨；晚稻61.65万亩，总产27.87万吨。玉米总产27944.4吨，豆类总产26663吨，薯类总产50119吨。全县水稻主导品种有“株两优4024、陵两优268、株两优2008、潭两优83”杂交早稻和“T优H505、五丰优T025、宜S晚2号、T优272、T优207、T优597”杂交晚稻品种，以及订单生产的盛泰优9712、玉柱香、湘晚籼13号、湘晚籼17号、天龙香103号、农香21等7个高档优质稻品种。全县发展高档优质稻64.11万亩，示范推广超级稻30万亩，建立优质稻新品种试验示范基地10.02万亩，落实高档优质稻种子（单本）繁育面积3022亩，收储优质稻种子112.68万公斤，建设2万亩绿色食品糯稻、2万亩高淀粉红薯、1.5万亩水稻制种等十大“万字号”农产品基地。全县落实集中育秧示范点950个，新建3个集中育秧中心，新建育秧大棚25栋，完成集中育秧大田面积25万亩，其中，育早稻机插秧田面积0.17万亩，栽插大田面积8.03万亩，比省定专业化集中育秧面积增加1.03万亩。全县建设玉米千亩高产创建示范片4个。落实高产创建示范面积9.38万亩，在双季稻高产创建整建制推进镇（文明铺镇）建设示范面积4.49万亩，在白水等镇建设3个万亩双季稻高产创建示范片，示范面积3.217万亩，22个乡镇分别创办一个双季稻千亩示范片，150个重点村各创建一个双季稻百亩示范点，高产创建示范区粮食平均亩产522.97公斤，总产4.9万吨。推广测土配方施肥技术160万亩，土壤有机质提升秸秆还田13万亩，水稻病虫害专业防治25.12万亩，建设水稻绿色防控示范区4个。

【粮食生产投入】 2015年，祁阳县财政共安排发展粮食生产资金4500万元，较上年增加1288万元，粮食播种面积亩平投入42.8元。其中，水稻集中育秧资金1000万元，制止耕地抛荒资金300万元，规模化生产资金200万元，新技术推广资金300万元，优质稻基地建设资金400万元，粮食高产创建资金500万元，专业化服务资金1000万元，粮食生产先进单位和个人奖励资金500万元，农机购置补贴资金300万元，另投入水稻保险配套资金700.06万元。全县累计投入资金2亿元，实施全国小农水建设重点县、全省油料产业大县、新增粮食产能等一批重大农业基础设施建设项目，提高了粮食综合生产能力。全年发放粮食直补、双季稻种植、农资综合直补及农作物良种补贴资金8923万元，占应发放种粮补贴资金100%，补贴农机具1065台（套），落实农机具购置补贴资金300万元。

【经作生产】 祁阳县经济作物有水果、蔬菜、油料、茶叶、棉花、麻类、糖料、烟叶、药材、席草等10大类上百个品种，其中，以水果、蔬菜、油料、茶叶为主。2015年，全县实现各类水果面积（含瓜果类）27.3万亩，产量24.01万吨，总产26万吨，其中柑桔栽培面积19.36万亩，产量10万吨，产值2亿元，西瓜种植面积5万亩，产量13万吨，产值1.2亿元，葡萄、桃、梨等小水果种植面积2.94万亩，产量1.01万吨，产值9000万元。新开发种植高标准柑桔园7600亩，落实低改园5200亩，重点在白水、浯溪、观音滩、黄泥塘、肖家村等镇建设纽荷尔脐橙、特早熟密桔、美国糖桔、锦红冰糖橙、桃梨生产基地6.3万亩。全县茶叶规模种植面积2.4万亩，拥有茶叶绿色食品认证产品3个，有机食品认证2个，黑茶、白茶有机茶叶基地认证面积0.61万亩，全年产茶叶850吨，产值3.1亿元。油料播种面积32.61万亩，产量4.02万吨，其中油菜面积26.93万亩，单产134公斤，总产3.61万吨。

【农业产业化】 2015年，祁阳县新增市级农业产业化龙头企业2家，分别是湖南德辉现代农业开发有限公司、湖南九龙谷农林科技有限公司，全县市级以上农业产业化龙头企业达到26家。全县农产品加工企业实现总产值118.25亿元，销售收入115.94亿元，利润总额4.24亿元，上交税金1.25亿元，分别增长21.17%、22.40%、15.06%、14.29%。其中市级以上农业产业化重点龙头企业完成产值42.67亿元，占全县规模以上工业比重的30%，年产值过亿元农业产业化重点龙头企业10家。建成龙溪李家大院、鸭婆洲生态旅游基地等10余家大型休闲农业企业、42 处品牌休闲农业基地及 100 余家农家乐，全年共接待游客 80 万余人次以上，实现收入 1.2 亿元，带动就业人员 14000 人以上。祁阳县成功争取省农业产业化项目资金 1200 万元，重点扶持鑫利生物年产 5000 吨植物提取物项目、金浩茶油日产 200 吨茶饼浸出生产线扩建及日产 100 吨水酶法制取茶油项目、银光粮油 3 万吨高标准粮仓建设项目。

【农业技术推广】 全县形成县有农业技术推广中心，22 个镇办设立农业技术推广站、村有科技示范户的三级农技推广服务体系。县农业局通过创建星级农技服务站、举办农技培训班、发布病虫情报、印发技术简介、出板报墙报及科技下乡等形式推广农业生产先进技术。2015 年，全年举办农民培训开班期数 466 期，发放技术资料 3.45 万份，完成各类农村实用技术及专业技术培训 4 万人次。在《湖南农业》《湖南科技报》《永州日报》及各级农业政府网站等新闻媒介共发布农业科技信息 700 余条，发行《湖南农业》杂志 3400 份，发布病虫情报 10 期，推广水稻病虫害专业化统防统治 25.12 万亩，建设水稻统防统治和绿色防控整合推进示范区 4 个，面积 3.8 万亩，推广测土配方施肥技术 160 万亩，土壤有机质提升秸秆还田 13 万亩。建设重金属污染耕地修复治理降镉试验基地 100 亩，铲除外来有害生物 4100 亩，建立福寿螺防控核心示范区 650 亩。

【农业项目建设】 2015 年，祁阳县争取中央、省农业项目 29 个，到位项目资金 9254 万元。项目资金在 600 万元～1000 万元以上的重大项目有湘米产业工程、产油大县、新增粮食产能田间工程、中央财政支持现代农业生产发展、农业生产全程社会化服务、全省农业产业化等项目。通过项目实施，在文富市镇新建或改建灌溉渠、排水渠、机耕道 20 千米，改造中低产田 1 万亩；全县建设油菜高产创建示范片 34 个，其中省部级万亩示范片 1 个，县级 3000 亩示范片 8 个，镇级 400 亩以上示范点 25 个，落实冬种油菜面积 34.8 万亩；新增社会化服务组织 25 个，全县 81 个专业社会化服务组织为农户提供产前、产中、产后的机耕、机插、机防、机收、机烘等社会化服务面积达 20 万亩；扶持鑫利生物年产 5000 吨植物提取物项目、金浩茶油日产 200 吨茶饼浸出生产线扩建及日产 100 吨水酶法制取茶油项目、银光粮油 3 万吨高标准粮仓建设项目。

【农业综合执法】 祁阳县常年农作物播种面积达 220 万亩，水稻播种面积稳定在 120 万亩左右，年需种子 1000 吨、化肥 3 万吨、农药 350 吨，全县有农贸市场 40 多个，大小农资经营网点 350 余家。全县共出动了执法车辆 480 台次，执法人员 1900 余人次，检查农资经营网点 324 余家，抽查农资样品 1000 余个，检出不合格肥料 1 个批次、劣质假冒农药 7 个批次，查处假劣农资 40 个，异地封存不合格农资 4800 公斤，查处简易案件 188 起，查处一般案件 38 起，执罚金额 10 余万元，为农民挽回直接经济损失 200 余万元，有效杜绝高毒农药的销售和使用，全县未发生一起销售使用违禁农药事件。

【农作物种子繁育推广】 2015 年，全县发展 60 万亩优质稻订单基地、2 万亩绿色食品糯稻、2 万亩高淀粉红薯、1.5 万亩水稻制种等十大“万字号”农产品基地，全县投入 800 万元实施湘米产业工程，重点在七里桥、大村甸等镇，建立盛泰优 9712、玉柱香、农香 21、湘晚籼 13 号、农香 18、湘晚籼 17 号、天龙香 103 和黄华占等 8 个品种为主的“一片一种”高档优质稻标准化生产基地 15 万亩。在省农委发布的良种补贴主导品种的基础上，全县示范推广种植“株两优 4024、陵两优 268、株两优 2008、潭两优 83”杂交早稻和

“T优H505、五丰优T025、宜S晚2号、T优272、T优207、T优597”杂交晚稻品种，以及订单生产的盛泰优9712、玉柱香、湘晚籼13号、湘晚籼17号、天龙香103号、农香21等高档优质稻品种。

【农产品质量管理】 祁阳县先后成立祁阳县农产品质量综合检验检测站、县农产品质量安全监管站，22个镇（办）成立农产品质量安全监管站，配有专门检验检测人员及检验检测工具。2015年，全县完成“三品一标”认证40个，较市定任务多30个，其中绿色食品大米12个、绿色蔬菜3个、绿色水果4个、无公害农产品21个，新增三品一标产地监测面积1.297万亩，其中无公害农产品产地面积0.192万亩，绿色食品监测面积1.105万亩。全年共抽检蔬菜、水果样品5500个（其中水果500个），发布农产品质量安全信息简报22期，总合格率为99.87%，全县未发生一起因食用农残超标蔬菜而导致的中毒事件。全县共创建农业标准化示范基地9个，示范面积6万亩，其中重点创建2个双季稻万亩示范片，分别创建茶叶、蔬菜、水果标准化示范基地1.82万亩、1.3万亩、1.45万亩，农业标准化推广应用面积达30万亩，新增标准化生产技术规程3个，全县农业标准化生产技术规程达26个。

【耕地质量建设管理】 2015年，全县推广测土配方施肥技术160万亩，土壤有机质提升秸秆还田13万亩，落实配方肥施用面积80万亩，推广配方肥27900吨，全县农作物总增产8.74万吨，总节支8027万元。在八宝、文明铺、白水等镇高标准建设测土配方施肥县级“万亩”核心示范片3个，在龚家坪镇、黎家坪镇、文富市镇、观音滩镇、七里桥镇等5个镇建设配方施肥“千亩”示范片，示范面积达4万亩。全县落实早中稻秸秆还田腐熟面积13.333万亩，发放腐秆剂266.666吨。农业部门利用手机平台向全县种植大户发送配方肥短信。扎实开展耕地质量损毁督查，全县先后查处、制止了黎家坪镇培子湾村损毁80余亩基本农田种植沙糖桔案件和八宝镇大源村损毁基本农田挖鱼塘等案件，有效遏制损毁耕地和擅自改变耕地用途势头蔓延。3~4月，农业部门联合县政协农林联络组实地走访调查全县耕地质量状况，为县委、县政府科学决策提供参考依据。11月18日，国务院参事刘志仁一行6人及省市相关领导10余人就全国耕地质量保护立法和新开耕地后续培肥来祁阳县进行调研。

【农业环境保护】 2015年，祁阳县开展外来入侵物种和农业野生植物资源调查，共发现阔叶猕猴桃、中华猕猴桃、野大豆、野菱等珍稀农业野生植物资源26种，发现假高粱等外来入侵物种17种。县农业部门在黎家坪镇培子湾村和文富市镇坪阳甸村开展重金属污染耕地“VIP”技术修复治理田间试验100亩，取样、制样366个，其中谷样182个，土样184个。在黎家坪镇铁脚湾村和潘市镇多喜塘村实施农村清洁工程示范村项目建设，在示范村大力推广“猪—沼—稻”、“猪—沼—果”等立体生态种养模式，推广测土配方施肥2300亩，秸秆综合利用1200亩、稻鸭共生1000亩、安装频振式杀虫灯20盏，建成生活污水处理系统38套、生活垃圾回收池4座、田间收集池6个、有机物发酵堆沤池2个，成立村级物业管理站2个。通过项目建设，示范农户污水处理率95%，示范户生活垃圾处理率100%，示范村清洁生产技术推广入户率100%，农作物秸秆资源化利用率95%，测土配方施肥户100%，化肥、农药使用量减少50%，98%的农业投入品包装袋（瓶）等废弃物集中回收处理。大力开展外来入侵生物的灭除工作，全年防治福寿螺5000亩，假高粱3000亩，在龙山街道办事处六合岭村、建湘村建立福寿螺防控核心示范区650亩。

【植物保护与检疫】 2015年，祁阳县成立8个专业化统防统治组织（日防治能力333公顷以上的服务组织6家），15个镇级专业化防治服务站，138个村级机防队，日服务能力5万亩。全年完成农作物病虫害专业化统防统治面积25.12万亩，在白水、七里桥、八宝等镇建立绿色防控核心示范面积3.86万亩，辐射面积15.5万亩。病虫测报工作稳步推进，全年发布病虫情报8期，病虫害电视预报6期，印发病虫情报5500份。植物检疫工作有序开展，全县按检疫规程生产的水稻杂交稻制种面积1822亩，苗木230万株，农业部门全年开具产地检疫合格证23份，开具调运检疫证5批次，数量8.5万公斤，对水稻种子进行市场检疫46批次，数量22.8万公斤，检查柑桔、柚类、桃、李、板栗等水果苗木290余万株，检出有检疫性病虫苗木1800余株，并进行现场烧毁处理。

【新型经营主体培育】 2015年，祁阳县开展新型职业农民培训及农村实用技术、专业技术培训期数466期，发放技术资料3.45万余份，受训人数4万人次。全年新培育家庭农场124户，新增农民专业合作社72家，培训青年农场主60人，截至2015年12月，全县有规模水果种植户800余户，规模养殖户6000多户，100亩以上造林大户51户，家庭农场168家，农民专业合作社430家，种粮大户5083户，大户种粮面积占全县粮食总播面48%。

畜牧业

【重大动物疫病防控】 2015年，县畜牧水产局因地制宜，大胆创新，狠抓动物防疫体系建设，规范防疫队伍管理，变被动防疫为主动防疫，变突击防疫为常年防疫，变单一防疫为综合防疫，强力推进动物防疫工作科学发展，全县没有发生重大动物疫情。县荣获全市重大动物疫病防控工作优胜单位。

抓好三大建设，夯实防控基础。县成立由县长任指挥长、分管领导任常务副指挥长以及23个县直单位主要负责人为成员的防治重大动物疫病指挥部，各镇乡（办）也建立相应的指挥机构，配备强有力的工作班子。抓好制度建设。以开展动物卫生监督规范管理年和实施免征动物及动物产品检疫费为契机，切实加强重大动物疫病防控工作制度建设。县政府制订出台《祁阳县动物及动物产品检疫管理办法》《祁阳县动物防疫管理办法》，从制度上规范了防疫工作。抓好队伍建设。建立一支由专职防疫员、兽医和村级防疫员组成的基层“三位一体”防疫队伍，每个防疫员负责4~7个村的防疫工作任务，每个镇乡（办）站长还带头创办动物防疫工作示范村。各负其责，互相监管，全县形成了“三位一体”的宝塔式防疫结构队伍，加强动物防疫体系建设，构建行政管理、监督执法和技术支撑体系。

强化三大手段，落实综合防控。一是强化行政手段。将重大动物疫病防控工作纳入了全县工作目标管理绩效考核，县政府与镇乡（办、场）、镇乡（办、场）与村（社区）层层签订《动物防疫工作目标管理责任制》。春、秋两防期间，县政府还专门下发文件，对全县的重大动物疫病防控工作作出部署，各级各有关部门层层召开动物防疫工作会议。各镇乡（办、场）全面落实镇乡（办、场）长负责制。集中免疫期间，全县形成由县直机关人员督战指导、镇乡干部带队，防疫员实施包村免疫的工作机制，建立政府统一领导、部门各尽其责、密切协作的防疫责任体系。县畜牧水产局还实行领导班子联系镇站制度，每个班子成员负责2个镇乡（办），责任到人。各级各有关部门多次对动物防疫工作实施明察暗访，发现问题，及时整改，并以政府名义下发督查通报，加大工作力度，保障免疫密度、进度和质量。二是强化法律手段。依法防疫是做好动物防疫工作的重要手段。切实加强动物卫生监督执法，全年动物产地检疫率、屠宰检疫率、“瘦肉精”同步检测率达100%；及时追溯追究、查处违法案件31起，立案率、结案率均达100%；无害化处理病死动物及产品29.7吨；全年疫情监测采样5000多份，疫病化验100多份。同时，把加强规模养殖场监管作为动物防疫工作的重中之重来抓，县政府下发《祁阳县规模养殖场管理办法》，全县统一制发规模养殖场养殖档案，并督促养殖户做好养殖记录。三是强化政策手段。切实将动物防疫工作与养殖项目资金管理有机结合起来，将生猪调出大县奖励、生猪标准化规模养殖场建设以及动物防疫体系建设等项目资金与动物防疫工作好坏挂钩，对各类项目资金实行量化打分发放，切实将规模养殖场免疫措施、制度上墙、免疫密度、养殖档案建立、无害化处理等工作分类打分。根据得分多少，分别发放相应的项目资金。同时，还明确了“两个一律取消”，即出现疫情不及时报告和饲喂“瘦肉精”现象的养殖场，一律取消养殖项目资金。通过政策手段调控，有力促进了规模养殖场落实动物防疫措施的自觉性。

健全三大机制，全力提供保障。一是健全奖惩机制。将动物防疫工作同整个农村工作及防汛工作一道，由县政府对防重指挥部成员单位、各镇乡（办）的工作进行考核，建立单项责任制奖罚措施，提高动物防疫工作地位。动物防疫工作占全县农村工作考核分值的15%。县畜牧水产局也制订出台了防疫员管理办法，实行量化计分考核，发放劳务报酬，并实行责任追究和末位淘汰制度，为防控工作提供了强有力的组织保障。二是健全投入机制。在县财政十分困难的情况下，预算安排动物防疫工作专项经费95万元，其中安排55万元用于动物防疫必需的疫苗、器械、防护服、消毒药品等防疫物资专项开支，安排40万元配套村级防疫员劳务报酬。各镇乡（办）也预算安排3000元至5000元的资金用于动物防疫工作，全县备足防疫物资，配齐冷链设施，为防疫工作开展提供了坚实的物资保障。同时，该县财政已全额解决乡镇站兽医人员工资、生活津补贴、养老保险、医疗保险等待遇，充分调动了兽医人员工作积极性。三是健全督查机制。由“两办”督查室牵头，县防重指挥部相关成员单位派技术员参加，采取督查暗访和随机采血检测的办法，开展6次以上督促检查。每次督查结束后7天内将检查（检测）结果反馈到各镇乡（办、场）。每年6月和12月，根据半年度督查和血检结果，统一口径，对全县所有镇乡（办、场）的重大动物疫病免疫密度逐一排名，并由县委办、县政府办下发通报。

【畜禽水产品质量安全】 祁阳县把畜禽水产品质量安全工作摆在突出位置，采取多项措施紧密开展畜禽水产品质量安全监管工作，筑牢畜禽水产品质量安全"防火墙"。严格按照"政府负责，部门指导协调，各方联合行动"的畜禽水产品质量安全工作机制，成立以县长任组长的县级农产品质量安全监管工作领导小组，建立县财政局、畜牧水产局、药品食品监督管理局、质监局、公安局等有关单位各负其责的工作机制，研究制订《2015年畜禽水产品质量安全监管工作要点》，进一步完善乡镇畜禽水产品质量安全监管站工作职责，在县、乡镇两级建立责任制，保证工作正常有序开展。通过开展放心肉下乡进村活动，在各镇乡办开展畜禽水产品质量安全宣传培训，广泛宣传畜禽水产品质量安全知识，引导群众树立正确的消费观，提高群众自我保护能力，形成全社会重视畜禽水产品质量安全的良好氛围。同时，大力创建农业标准化示范基地，狠抓农业生产环节监管，对全县畜禽水产品生产基地，重点检查投入品使用问题，查处养殖业生产中违规使用兽药行为，强化对无公害畜禽水产品的监管，重点检查产地认定条件、生产过程、产品质量安全状况以及标志规范使用等情况。每月不定期对全县畜禽水产品养殖基地、农贸市场、畜禽水产品加工场所进行抽检。2015年，全县共检测畜禽水产样品1412个，合格率达99.5%，开展畜禽水产品质量安全抽查12次，抽查兽药品种56个、饲料品种13个，切实保障全县畜禽水产品质量安全，促进经济社会健康发展。

【质量监管员培训】 2015年5月25日至28日，县畜牧水产局检测检验中心深入22个镇乡办开展畜禽水产产品质量安全监管员培训班，培训内容涉及药物检测操作技术、药剂配备与保管、被检样品抽样方法、养殖业投入品的监管、标准化生产技术规程和档案的建立等方面的业务知识。参加此次培训人员共有80人，其中畜禽水产产品质量监管站20人、协管人员40人、养殖业合作社质监员20人。全县22个镇办均成立畜禽水产品质量安全监管站，相继开展了养殖业投入品、无公害畜产品及水产品认证，确保全县畜禽水产品质量安全。

【病死动物无害化处理长效机制建设】 2015年，祁阳县列入全省推进病死动物无害化处理长效机制试点县。在省、市的精心指导下，该县努力探索实施试点工作，采取综合措施，确保病死动物无害化处理长效机制试点工作取得显著成效。一是狠抓质量，建立完善基础设施。为推进病死动物无害化处理工作，该县先后两次组织专人到浙江、上海、南京等地考察病死动物无害化处理工作，重点考察病死动物无害化处理中心规划设计工艺、运作模式、操作流程及设备配置等情况。通过考察，积累相关工作经验，为全面推进试点工作打下了坚实基础。全面启动试点工作，在县养殖密集区十里坪畜牧场投资兴建无害化处理中心，占地1000平方米，建筑面积225平方米，配备无害化处理机1套、无害化处理收集车辆1辆，日处理能力1.5~1.8吨，总投资150万元，其中土建工程90万元，购置设备及车辆60万元。制订出台一系列保障措施。建立人事交流激励机制。由局系统安排到无害化处理中心工作的干部，年满三年，择优提拔重用。建立工作补贴机制。县无害化处理中心工作人员，一律参照基层工作人员补贴政策，发放基层补贴，调动工作人员积极性。建立工作经费预算机制。每年将无害化处理中心所需工作经费纳入县级财政预算，保障无害化处理中心正常运转。创新机制，规范处置病死动物。该县病死动物无害化处理中心，推行委托集中处理，实行市场化运作，争取到县财政无害化处理补助经费，并将2015年以后纳入生猪标准化规模养殖场建设场列为首批冷藏收集体系建设对象，要求每个场建立了一座容量20立方米以上冷库用于存放病死猪，做到全覆盖、全收集、全处理，同时对年出栏生猪50头以上的合法养殖户，兼顾实行自行分散处理，在县动物卫生监督所或镇乡（办）动物防疫站的监督下，按要求自行无害化处理本场病死猪，无害化处理补助由县财政直接打卡发放到场（户）。加强监管，确保处置环节到位。为确保病死动物收集、暂存、转运和集中处理等环节处置到位，在病死动物无害化处理中心安装了1组监控设备，对病死动物收集、暂存、转运和集中处理等各个环节进行全面监控，并对各环节工作实行电子化管理，既做到无害化处理数据准确，又杜绝乱抛病死动物的现象。全年无害化处理中心无害化处理病死生猪2920头。

【温氏一体化项目意向落户祁阳】 8月20日，在中国·深圳国际现代绿色农业博览会暨永州涉农专题招商会上，祁阳县与广东温氏集团食品有限公司成功签订50万头生猪养殖一体项目意向协议，标志着该县运用丰富资源、环境优势与温氏集团雄厚的科学技术相结合的大胆尝试，是一次重大的互惠双赢合作。该项目总投资5.2亿元，计划5年在祁阳分4处建设种猪场4000亩、建设饲料加工厂及总部50亩。项目建成后最低生产规模为年出栏肉猪50万头，年产值可逾9亿元。

【渔业资源养护】 按照“以人为本、养护资源，和谐发展”的思路，推进渔业资源养护。推进渔政综合执法。2015年，县畜牧水产局组织开展渔政专项执法行动5次，出动执法人168人次，查获非法捕捞作业鱼船21艘、清理取缔“布围子”“迷魂阵”等违法网具26套、收缴高频升压机19台、电瓶15台、电竹杆51根，放生鱼类103.5公斤，依法处理处罚当事人15人，有力、有效的打击了非法捕鱼行为。7月3日，县委、县政府在王府坪轮船码头举行全县2015年水生生物增殖放流活动。县畜牧水产局、各镇乡办畜牧水产站站长、群众代表、渔民代表、县义工联志愿者等百余人，在县公证处监督下，共向湘江河投入青、草、鲢、鳙等鱼苗200万余尾。增殖放流对有效恢复湘江鱼类种群数量，改善和优化水域群落结构具有重要意义。

【城乡养殖污染治理】 祁阳是养殖业大县，也是全国生猪调出大县，还是全省病死动物无害化理长效机制建设试点县。为加快“两型”社会建设，实现“建设美丽祁阳、魅力祁阳、幸福祁阳”战略目标，该县积极探索、开拓创新，全力推进养殖污染治理工作。全县落实畜禽养殖“三区”划定，湘江干流两岸500米内的和县城中村（社会）生猪规模养殖场全面退养。一是成立机构，强化组织保障。该县将养殖污染整治工作列入了“一把手”工程，成立养殖污染整治工作领导小组，由县长任组长，负总责，分管领导任副组长，畜牧、环保、财政等相关单位和镇（办）负责人为成员，负责养殖污染整治工作统一指挥协调，领导小组下设办公室，从各相关单位抽调专人，具体负责养殖污染整治日常工作。二是健全机制，强化制度保障。为全面、有效推进养殖污染整治工作，该县着力健全“三项”机制，强化制度保障。一，建立目标责任机制。年初，该县将目标任务分解落实到每一个镇（办）、每一个领导、每一个具体责任人，与各镇（办）签订了目标管理责任状，形成了分工明确、责任到位、一级抓一级、层层抓落实的工作责任体系。建立督查督办机制。实行养殖业污染整治工作定期报告与考核兑现机制，坚持一月一报告、半年一考核、年终一验收。同时，加强督促检查。分管领导每月组织对养殖污染整治工作完成情况进行3次以上检查，及时掌握工作进度，及时化解矛盾，处理问题，有力地推进了养殖污染整治工作落实。二是实行考核奖惩机制。将养殖污染整治工作纳入了综合绩效考评，实行养殖业环境保护工作与各相关单位及镇（办）绩效考核挂钩，与相关负责人年底绩效考核评优挂钩，因相关责任单位及负责人工作不力导致单位在省、市考核中扣分的，将取消评先评优资格。三是加大投入，强化资金保障。2015年该县城中村（社区）畜禽养殖场退出或搬迁186个，拆除栏舍面积30443.67平方米，发放补偿资金913.3万元。四是科学治理，强化技术保障。县提出用1~3年时间全力推进养殖污染治理，打造工作亮点，促进养殖产业转型升级。根据养殖业发展实际和县域经济发展总体要求，制订《祁阳县畜禽养殖禁养区限养区适养区划分方案》，科学划分禁养区、限养区和适养区，并细化到每个村组。全县共设禁养组2632个、限养组1235个、适养组2631个。严格按规划分类指导养殖产业布局，确立禁养区逐步退出养殖业，限养区不再发展畜禽养殖和禁止新建或改扩建猪猪场，适养区养殖做到科学规划、合理布局。全面实施依法治理，2015年祁阳县畜牧水产局配合县环保部门治理养殖场户125个，关停场186个，依法拆除违规养殖场3个。摸索推介科技治污，经过实地调查、实践对比和咨询专家意见，主要推介3种养殖污染治理模式，创办养殖污染治理示范点7个。加快引进龙头企业示范。县着力引进生产方式、管理方式现代化的龙头养殖企业，推行“公司+农户”养殖模式，借助外力加快推进养殖业由传统生产方式向现代生产方式转变。2015年8月县成功与温氏集团签订一体化养殖项目投资意向协议，项目总投资5.2亿元。该项目落户祁阳，不仅将带动县养殖业提升提质，还将大力促进祁阳城乡环境升级。

林　业

【概况】　2015年，全县通过实施城市森林、通道森林、水系森林、山地造林、绿色乡镇和秀美村庄建设五大绿化工程，成功创建全国绿化模范县。截至2015年年底，全县（含金洞管理区）有林地面积230.8万亩，森林覆盖率60.4%，林木蓄积量601.12万立方米，林业生产总值21亿元，林农人均年收入9260元。

【造林绿化】　2015年，全县完成人工造林总面积35600亩，合格面积35600亩；人工造林中工程造林17500亩，其中退耕还林坡耕地造林1500亩，油茶造林10000亩；面上造林18090亩；按林种分：防护林9615亩，经济林13980亩，用材林12000亩；采用良种造林35600亩，良种率100%。完成更新造林1000亩。按林种分：用材林1000亩；良种造林1000亩，良种率达100%。完成“一抚两垦”121000亩，其中楠竹常改15000亩，油茶常改30000亩，中幼林抚育76000亩；封山育林25000亩。实际完成各类造林35600亩，面积核实率100%；造林成活率85%以上的合格面积35600亩；中幼林抚育率为100%。

【中央财政森林抚育补贴项目】2015年，全县实施中央财政森林抚育补贴项目总面积1066.7公顷。按权属分，集体林666.6公顷，国有林400.1公顷；按林种分，防护林1066.7公顷；按龄组分，幼龄林728.3公顷、中龄林338.4公顷。按抚育方式分，疏伐338.4公顷、割灌除草728.3公顷。

【通道绿化】　全县完成通道绿化、三边绿化小苗造林4760亩，桂花、杜英、樟、桉、杨等大苗绿化66.26万株，通道绿化达标建设298公里，衡枣高速公路、湘桂复线、G322国道、S320省道沿线全面绿化，无宜林荒山荒地。

【规模基地建设】　全县新建连片500亩以上基地13个；建设万亩油茶基地2个、杉木速丰林五千亩规模基地2个、千亩珍贵树种培育基地1个；发展千亩林下经济示范基地1个；新培育100亩以上大户45户，其中100~499亩以上大户32户，500~999亩的大户7户，1000亩以上造林大户6户。

【公益林保护建设】　2015年，全县有省级以上生态公益林地672204亩。按事权等级分：国家级公益林589229亩，省级公益林82975亩。国家级公益林按权属分：国有18002亩，集体（个人）571227亩。省级公益林全部为集体（个人）所有。2015年上级拨付祁阳县森林生态补偿基金总额1113.34万元，其中国家级公益林974.357万元（国有标准为9.75元/亩，集体标准为16.75元/亩），省级公益林138.983万元（标准为16.75元/亩）。落实公益林小班15494个，涉及镇办数20个，涉及行政村个数510个，涉及国有单位个数2个，涉及林农人数54602人，落实公益林护林员512名，签订管护合同512份，管护面积到位率100%，资金发放到位率100%，被评为全省为民办实事工作先进单位。

【退耕还林】 2015年，全县累计实施退耕还林197044亩。其中坡耕地造林75520亩，配套荒山造林107024亩，封山育林16000亩，工程覆盖全县25个镇乡办场454个村53939户。国家下达完善退耕还林资金841.07万元，涉及全县22个镇办场，20833户。组织技术人员检查验收后，对合格小班造具发放表，经县财政审核后打卡发放。

【森林病虫害防治】 2015年，全县古树名木白蚁、樟袋蛾危害严重，采用防治白蚁专用药液防治76株，樟袋蛾危害古树名木35株，实施防治35株。实施烟雾剂和赤眼蜂防治松毛虫13800亩。苗木检疫圃地面积1200亩，产地检疫560亩。

【湿地保护】 2015年，全县新建立湿地保护小区1处，增加保护面积13059亩。

【野生动物保护】 开展鸟类保护执法行动7次，收缴违法猎捕工具12件，放生鸟320只；发放野生物驯养繁殖许可证8本，发放野生动物及其产品经营许可证4本。开展珍稀树种挂牌保护等专项执法行动，制作珍稀树木标识牌1200块。

【天然林资源保护】 推行“采伐指标进村入户”阳光工程，年度下达主伐指标17200立方米，采伐蓄积16170.8立方米，采伐材积10657.6立方米，办理林木采伐许可证342份，年审年检木竹经营（加工）许可证99本（正本），查处无证加工案件6起，加工无证木材案件19起，办理县内木材运输证15份，省内和出省木材运输证共308份，审核审批建设项目使用林地10起，面积22.0143公顷；农民建房使用林地2起，面积0.12公顷。

【林下经济】 2015年，全县林下经济总产值5802万元，其中林下种植产值3752万元；林下养殖产值820万元；林业产品加工产值630万元；森林景观利用产值400万元。湖南天江生物科技有限公司被评为国家林下经济示范基地，湘君白茶专业合作社被授为首批省级专业合作社，获得有机转换产品认证证书；东方红立体农业发展有限公司被授为永州市先进农村科普基地，经中国绿色食品发展中心审核，获得绿色食品A级证书。

【林木种苗】 2015年，全县注册花卉苗木生产经营单位120家，生产经营面积19600亩，主要分布在肖家、八宝、白水、茅竹、下马渡、黎家坪、潘市、进宝塘和观音滩等地，有从业人员近1000人2015年实现销售收入1.7亿元。主要品种有油茶、松、杉、樟、柏、桂花、楠木、红豆杉、罗汉松、栾树、红叶石楠、紫薇、杨梅、茶花、月季等。良种油茶采穗圃296亩，可年产优质油茶穗条芽口1000万株，其中县内嫁接自用200万株，市内调剂外销300万株以上。

【油茶产业】 2015年，完成油茶新造10000亩，低改3.32万亩，油茶林总面积49.97万亩，茶籽总产量18071.8吨，产值达5亿元。年内突出建设唐家山油茶高产栽培示范园、金浩公司油茶产业园、八宝油茶特色产业园、羊角塘油茶特色产业园和祁羊公路沿线油茶低改产业带；育苗150万株；开始提高油茶基地建设补助标准，工程项目区内油茶新造每亩补助500~800元（含种苗），低改每亩补助200~400元。年内被永州市委、市政府授予油茶产业开发先进单位。广东农垦集团年内强势启动开建高产油茶示范基地，已租地20000亩，整地10000亩，新造4000亩。

【森林防火】 成立祁阳县森林防火指挥部，由副县长唐安宝任指挥长，下设防火办。县森林消防大队设3个中队，共有23名队员。25个镇乡办场设半专业防扑火队伍25支。2015年，县政府发布《关于森林防火禁火的通告》，印发《关于加强森林防火工作的紧急通知》和《森林防火、人人有责》公开信10万份，签定责任状，镇乡办场制订《森林防火乡规民约》，开展村内“五清”活动（清地边、清林边、清坟边、清矿边、清隔离带内的可燃物）。全县投入森林防火经费90万元，修建望台（哨）10台，购置了高压水泵4台，喷水灭火机6台，油锯6台，购置2号扑火工具300套，配备砍刀600把，配备价值30万元消防水灌车1台，无线对讲机12部。全年未发生较大森林火灾。

水　利

【概况】 2015年，县水利局秉持“献身、负责、求实”的水利精神，攻坚克难，开拓奋进。2015年全县完成水利建设投入3.45亿元，实施水利项目145个，完成水利工程5950处，完成劳动工日210万个。2015年获湖南省水利建设竞赛“芙蓉杯”先进县、祁阳县招商引资工作目标管理先进单位、祁阳县为民办实事先进单位。

【防汛抗旱】 2015年，全县平均降雨量1652.3毫米，较历年均值1390.1毫米262.2毫米，增加18.9%，降雨集中在5、7、8、11月。出现5次强降雨过程，湘江共发生了6次洪水，其中11月13日祁阳水文站水位86.76米，超警戒水位3.76米，为2008年以来最大洪水，也是自有历史记录以来最大冬汛，局地发生严重洪涝灾害。全年全县降雨总量较历年均值偏多，但降雨分布不均，仅在龚家坪、文明铺等镇局地出现轻度旱情，但未对人畜饮水造成影响，未对农业生产造成重大损失。

【农村饮水安全工程】 2015年实施农村饮水安全工程33处，解决饮水不安全人数5.5516万人，涉及18个乡镇，53个行政村。工程总投资为2690.68万元，其中国家投资2395.99万元，市县财政配套资金181.92万元，群众自筹资金123.69万元。建制乡镇集中供水工程2处：茅竹镇供水工程和白水镇三江集中供水工程。联村及单村工程共31处。

【水库除险加固工程】 2015年，对104座水库进行除险加固处理，年内基本完成主体工程建设，完成投资5360万元。小一型水库1座、小二型水库103座。

【河道治理】 湘江治理白水工业园段完成治理河段长度0.8公里，完成投资350万元；湘江治理唐家岭段完成河段治理长度0.5公里，完成投资260万元；县城防洪工程杨家桥排渍站续建工程完成建筑面积1230平方方，完成投资180万元。

【五小水利】 2015年，市委市政府将“五小”水利建设纳入祁阳县六件惠民实事之一。全年全县“五小”水利重点完成21个村“五小”水利建设，完成总投资509万元，其中财政奖补252万元，群众自筹357万元。完成渠道改造17.5公里，山塘整修58口，堰坝改造3座，机电排改造1处。

【水电开发】 内下二、三级电站、大江二级电站增效扩容改造2013启动，2015年底全面完成，三座电站总投资9711.52万元，改造后增加装机容量1910千瓦，年增发电量3412千瓦时，三座电站完成投资4156.25万元。石洞源电站、老屋冲电站、杨家湾电站、大忠电站增效扩容改造2014启动，预计2016年6月底全面完成，四座电站总投资689.83万元，改造后增加装机容量685千瓦，年增发电量

341.2千瓦时，2015年四座电站完成投资482万元。

【水土保持】 2015年，审批水土保持方案11宗，下发限期编制水土保持方案通知书15份，下发整改通知书12份。2015年6月，省水利厅确定祁阳县为2015年新增革命老区项目县之一，蒋龙滩项目区容驷生态清洁小流域为2015年建设项目，工程完成综合防治面积17.56平方公里，工程总投资671.43万元，其中国家资金470万元。在祁阳台《祁阳新闻》中开辟专栏《水土保持知识问答》、祁阳生活网刊登《祁阳县全面启动〈水土保持法〉宣传月活动》的文章。在祁阳大道湘江二桥旁树立了一块长度18×6米，高21米的大型水保国策宣传牌。

【水政执法】 2015年，成立7个水政监察中队，出台《祁阳县湘江支流采砂整治工作方案》。全年共查扣采砂船21艘、强制拆除违法建筑物8处、采砂设备18套、治安拘留1人、刑事拘留15人、刑事判决11人。依法收回拍卖前河道采砂管理费86万元，处理采砂船56艘，处置沙洲租赁遗留问题124起，发放奖补资金3688.3万元。全县控制用水总量在3.6亿立方米之内，万元工业增加值用水量在100立方米之内，两项指标符合市里要求。全县没有明文禁止的高耗水企业进入。水功能区达标率100%，全年无一重大水污染事件发生。

内下电站管理

【概况】 2015年，祁阳县内下电站管理局紧紧围绕年初制订的工作目标，全局上下艰苦奋斗，开拓创新，安全生产、增效扩容、以电代燃、三级站水闸改造、内下水库防汛抗洪等各项工作有序开展并取得了突破性进展。2015年，全年降雨量为2100毫米，全局共完成发电量9700万千瓦时，上网电量9100万千瓦时，实现发电收入3200多万元；上缴国家税收200多万元，该局荣获“全县宣传工作先进单位”“全县统战工作先进单位”“全县关心下一代工作先进单位”“全县工会工作先进单位”“全县办公室工作先进单位”等6项荣誉。

【增效扩容项目工程】 祁阳县内下电站管理局二级电站于1986年投产发电，属引水式电站。装机三台，实际总装机26000kw，共安装3台立式混流式水轮发电机组。由于3台水轮机发电机组已运行20多年，机电设备锈蚀、磨损严重、电力设备绝缘严重老化，已接近和超过设备使用寿命，机组效率显著下降，机组出力达不到额定出力且故障频出，辅助设备多属淘汰产品，自动化程度低，存在极大的安全隐患，运行维护成本高，水量利用率下降。2012年，由财政部和水利部联合发文，对农村小水电运行20年以上且设备老化、效率低的电站实行改造。经内下电站管理局的努力争取，该局的二级水电站列为改造对象。三台机组的增效扩容改造项目为：更换1#、2#机组的定子，转子线圈、转轮、推力瓦、绝缘垫等部件，3#机组除蜗壳外其他设备全部更换，并网1#、2#主变，厂用变压器2台，励磁变压器3台套及直流系统，更换110kv升压站所有电气设备，更换高压开关柜，三台发电机用PT、CT高压一次设备，低压开关柜及机旁配电屏、保护屏及厂内辅助设备。该工程批复核定总造价为7404.06万元，其中国家及省配套资金3937.5万元。增效扩容工作于2014年10月10日开工至2015年11月底结束。

【内下黄司河河道综合治理工程】 内下黄司河河道综合治理工程属湘江水系白水河中游一级支流，位于永州市金洞管理区小金洞乡，距祁阳县城87公里，该工程于1976年开始筹建，系三级开发梯级电站，是一个以发电为主兼顾防洪的水电枢纽工程，具有调频、调峰的功能。整个工程由内下水库除险加固、五指山至将军歧引水、大黄司河河道治理，黄司河引水、豹虎龙水闸加固及下游灌溉引水渠等工程组成。经过专家们的分析和评估，该工程总投资3500多万元。黄司河河道综合治理工程有良好的经济效益、社会效益和生态环境效益，可挖掘可再生能源，促进节能减排，更重要的是能缓解当地用电紧张的局面，促进区域经济可持续稳定发展。2015年度，祁阳县内下电站管理局编订了《黄司河河道综合治理可行性报告》向湖南省发展和改革委员会申请和立项，由县财政担保，以贴息贷款的方式，省农业发展银行向该局贷款资金3000万元。该工程目前正在进行中。

（桂梅生）

农业机械化管理

【概况】 2015年，全县农业机械总动力15.8万台，86.5万千瓦。拖拉机拥有量3327台，水稻联合收割机拥有量801台，插秧机拥有量596台，烘干机拥有量68台套。完成机耕面积78666公顷，机电排灌面积23334公顷，机插面积19000公顷，机械化植保面积31333公顷，机收面积32000公顷，农产品初加工178万吨，农用物资机械化运输量2.9亿吨/公里，农机经营服务总收入11亿元，水稻耕、种、收等综合机械化程度达到53.5%。

【推广大中型农业机械】 2015年，推广先进适用的农机具4230多台套，其中大中型拖拉机75台，旋耕机103台、插秧机98台、收割机91台、烘干机15台。县农机购置补贴系统台账显示：全县农机合作社和大户购机总额达2180多万元，购置各类大中型机械382台套，购机金额占全县农机购置补贴总额的60%以上，购置的大中型机械比上年同期增加了130多台套，进一步优化了农机装备结构。

【水稻机械化育插秧】 2015年，全县23个镇（办、乡）全面铺开，开展水稻机械化育插秧的大户185户，种植专业合作社28家，新增播种流水线21台套、育秧硬软盘13万张，办育秧示范点60处，新建育秧大棚18座，举办水稻育插秧机械化技术培训班3期，培训大户123户，发展各类插秧机90多台，完成机插面积19000公顷。县财政拨专项资金200万元，用于办点示范、机具推广和累加补贴，对购置手扶式插秧机的农户，每台县里累加补贴4000元，对购置高速插秧机的农户，每台县里累加补贴2万元，激发农民购机热情。

【农机具维修】 切实加强农机维修市场和农机医院建设，由单独维修向诊断、修理、零配件供应一条龙服务。在春耕和双抢大忙之际，组织农机修理服务小分队25个，100多名农机技术人员深入村组田间、农舍、机埠，为农民检修农机具3.8万台次，解决技术疑难问题138起，使113台死机恢复了正常作业。文明铺、七里桥等镇站以站为店，农忙期间，采取坐诊与出诊相结合的办法，农机技术员节假日不休息，天天肩背工具箱，骑着摩托车，走村串户到田间，为农民检修柴油机、耕整机、旋耕机、插秧机等农机具，深受农民欢迎。

【农机抢收抢种】 “双抢期间”，共投入农业机械10万多台套，农机操作手5万余人，组建耕、灌、收、插服务队135个，积极开展抢收抢种作业，有效地加快农民双抢进度。同时，一面动员农民抢抓谷物正熟时节和晴好天气及时收割，以防熟透易掉的损失；一面开展机械化作业，以减少收割、转运和晾干过程中的损失。大多数农机合作社充分利用基地优势，开展订单作业，做到收、运、烘一条龙服务。天龙米业、银光粮油、鑫穗水稻机械化种植专业合作社、安邦公司等20多家谷物烘干基地轮流值班，节假日不休息，为农民提供稻谷烘干服务。

【油菜机械直播】 努力推广油菜机械化直播新机械、新技术。入秋后，分别以镇站为单位，开展宣传和发动，办好油菜机械化直播示范点。县农机推广站组织农机技术员和操作手深入示范点，协调矛盾、调度机械、指导机播。镇农机站与农技站联合组建服务小组，为油菜直播示范点送油料、送配件、送种子、送肥料。2015年，办油菜机播示范点4个，完成机播油菜130公顷，有效地带动了种植大户机械直播油菜，改变人工种植油菜的传统方式。

【农机购置补贴】 全面贯彻“自主购机、定额补贴、县级结算、直补到卡”原则，举办全县农机购置补贴政策实施培训班，利用电视、报刊等媒体、张贴农机购置补贴流程图、发送宣传资料和手机短信等多种形式广泛宣传农机购置补贴政策，同时，还采取送科技下乡、机具展示、现场演示等各种方式，将农机购置补贴政策宣传到广大农户。在具体操作中，切实按照补贴范围、补贴标准、补贴对象、补贴种类等新特点，严格规范操作程序，简化补贴手续，加强对经销商的监管和机具核查，推进信息公开，并对插秧机、收割机等重点推广机具给予一定的累加补贴。5月中旬，分别以县项目办和镇站为课堂，就规范农机购置补贴操作程序分3批轮训各镇（办、乡）农机站站长，采取统一讲课，逐人上机，操作技能考试等办法，有效地提高了操作人员的业务素质。由于宣传到位，措施有力，有效地用好用活了补贴资金，最大限度地拉动农民的投入。2015年，全县落实农机购置补贴资金800万元，拉动农民投入2600多万元，农民购置补贴机具1526台套。

【农机专业合作社】 根据全省完成第二批500家农机合作社扶持建设工程的要求，加大宣传力度，严格工作程序，精心组织实施。做到因地制宜、因社施策，“缺什么，补什么”，装备水稻生产中机耕、机插、机收、机械植保、机械转运、机械烘干、机械化加工等环节的农业机械及设施。对新购农机装备总额不低于100万元的合作社，除中央财政按现行农机购置补贴政策予以补贴外，努力争取省财政的专项补助，调动和激发广大农民发展农机合作组织的积极性。2015年，全县涌现农机专业合作社20多家，其中祁阳县鑫峰、旭晟、柳林等12家农机专业合作社被纳入了全省第二批500家农机合作社扶持建设工程，每个合作社获得扶持资金15万元。

【农机安全生产】 开展“平安农机”创建活动，深入村（组）举办各类驾驶员培训班，提高农机驾驶人员遵纪守法、安全生产的意识。同时，在“春耕”“双抢”期间，组织督查小组，深入村组、田间、场院，一面宣传农机安全生产常识，排除事故隐患；一面纠正违章作业，指导农民安全生产，让广大农机手熟练操作技能，正确使用农业机械。通过严格检查、排查隐患和查纠各种违章，有效地打击了无牌、套牌、无证驾驶或驾证不符的违法行为。2015年，注册登记新机械192台，其中大中小型拖拉机71台，收割机85台，农业工程机械36台，申领各类农业机械驾驶证107人，排查安全隐患35起，纠正农机违章作业283起，打击黑机非驾45起，收缴互助保险费53000元，农机重特大事故为零。

【农机监理免费服务】 2015年，全县首次实施农机监理免费服务。做到文明执法，强化管理，加强监控，优质服务，进一步完善便民服务措施，深入镇村开展机具检验、补牌、驾驶证审验换证、办理保险和身体检查一条龙的免费服务，为农民机手解决实际困难。免费为农机大户、合作组织和农机手上牌190多台，免费年检审各类农业机械628台。

【承办湘南三市机插秧技术培训班】 3月17日至19日，祁阳县成功承办永州、衡阳、郴州三市水稻育插秧机械化技术培训班。参加此次培训班的有湘南三市各县市区农机局从事机插秧技术推广的技术人员、重点乡镇农机技术指导员，2014年省财政扶持建设现代农机合作社及2015年预建农机合作社理事长，约300余人。组织全员观摩祁阳县白水镇鑫丰农业科技有限公司育秧工厂、大忠桥鑫穗农机专业合作社、三口塘安邦永农农机合作社烘干中心；全国种粮大户邓东胜、安邦公司、江华同丰等农机专业合作社作了典型发言；现场进行多媒体教学；厂商介绍产品；参观农机产品演示。此次培训班规模之大，档次之高，效果之好，得到了各级领导的肯定和学员的一致好评。

【农机市场供应】 切实加强对农机供应市场的有效监管和售后服务，促进市场活跃，总的趋势是：品牌多样、机具丰富、网点增多、竞争有序。耕、插、收、植保、转运、烘干等6大环节的机具保障供应，久保田、洋马、龙舟、豪丰、沃得、柳林等品牌并驾齐驱，相互角逐。2015年，全县完成销售总额为4465万元，比2014年增长3.4%。其主要特点：田间作业机械唱主角，大中型机械比例大，高效节能型机械受青睐。

【农机抗冬汛】 11月中旬，湘江上游普降大到暴雨，湘江河水猛涨，出现了历史上罕见的冬讯。祁阳县16个乡镇、街道办事处、350个自然村4.123万人不同程度受灾。据统计，境内沿湘江河两岸被洪水淹没机埠165处，拖拉机108台，收割机93台，耕整机等小型农机具520多台套，直接经济损失达350多万元。为减少暴雨造成的经济损失，县农机部门组建维修小分队25个，帮助村组检修机埠62处，为农机手抢修水淹农机具390多台套；组建农机作业服务队16个，帮助水淹区农民恢复冬季生产。

（唐文达）

农村经营管理

【概况】 2015年，祁阳县农村经营管理局被确定为农业部农村土地承包经营确权登记数据库及应用平台建设试点县和开展政府向经营性服务组织购买农业公益性服务机制创新试点县。全年争取上级财政资金3628万元，比上年净增1140万元。6月23日至24日，湖南省农村土地经营权确权登记颁证试点工作现场会在祁阳召开，共有48个市县参加。在县委党校成功举办全县镇乡办场村会计培训班，参训人员达923人。

【农村土地流转工作】 完善县级农村土地流转服务中心、镇乡办场农村土地流转中心和村级土地流转服务站建设，规范土地流转行为，引导农民依法有序流转。在祁阳阳光三农网发布300多条土地供需信息，成交128起。2015年，全县土地流转面积为58.6万亩，约占土地总面积的23.6%，其中，耕地流转面积33.8万亩。新增流转面积4.6万亩，其中新增耕地流转面积1.6万亩，林地2.6万亩，其他0.4万亩。上年度土地流转财政奖补农户为10772户，面积为34617亩，奖补金额为692576元；奖补经营主体为44家，奖补金额为70万元；合计139万余元。

【农村土地确权登记颁证工作】 全县886个行政村，8079个组、23万户农户已完成资料收集、外业测绘、内业整理和二轮公示等工作，共核实耕地面积80.5万亩、地块132万余块，实测面积比承包合同面积多12.5万亩，现进入建库阶段，到位项目资金800万元。

【新型经营主体培育工作】 全县工商注册专业合作社数为450余家，新增专业合作社126家，家庭农场168家。申报创建省级示范社1个，申报农民专业合作社扶持项目 12 个、家庭农场扶持项目 81 个，争取项目资金 367 万元（专业合作社 207 万元，家庭农场 160 万元）。

【“三资”监管工作】 对全县 835 个村进行了村级财务清理和“三资”问题的专项整治，共查处案件数 16 起，查处违法违纪村干部人数 11 人，查处涉案金额 3 余万元。争取省发展村集体经济奖补项目 6 个，项目资金 150 万元。

【农民负担监督管理工作】 7 月 20 日至 25 日，县农经局分成 5 个组对全县 25 个镇乡办场及 19 个县属涉负部门半年来强农惠农政策落实情况进行专门检查。对发现的 16 个问题发出专门整改函，要求限期整改，专项整治办进行跟踪督办。8 月份在全县范围内开展涉农乱收费乱摊派专项整治活动，为期 3 个月，对全县所有涉农涉负部门及镇乡办场进行地毯式排查，对发现的问题及时整改及时查处，共取消涉农收费项目 7 个，涉及资金 800 余万元，查处乱收费乱摊派案件 15 起，涉案资金 20 余万元，处理责任人 10 余人。如教育部门共清退上学期结余学生伙食费 177.8 万元，查处克扣学生伙食费案例两起，对责任单位负责人行政记过处分 1 人、行政警告处分 1 人、免职处分 1 人。民政部门共查处滥发低保 31 起，查处 31 起。农业部门共查处损农坑农案件 6 起，责令整改 12 起。2014 年报刊订阅有 45 个村出现不同程度的超限额现象，违规资金 5.6 万元。对于超限额村进行整改。

【“一事一议”财政奖补工作】 2015 年，全县共有 512 个村实施了一事一议财政奖补项目，获得国家、省级奖补资金 2416 万元。兴修村级公路 120 公里，垃圾处理场 186 个，山塘 421 亩，水渠 67000 米，其他项目 32 处。

移民开发

【概况】 2015 年，祁阳县移民开发局紧紧围绕“落实移民政策、加强库区和移民安置区基础设施和生态环境建设，改善移民生产生活条件，促进经济发展，增加移民收入，不断提高移民生活水平”的工作目标，认真落实水库移民后扶政策，着力抓好库区和移民安置区基础设施建设，突出优势产业开发和移民培训，努力增加移民收入，确保库区社会大局稳定，开创移民经济发展的新局面。2015 年，全县共有享受国家大中型水库农村移民 28664 人，其中直补打卡移民 15515 人。全县有三峡移民 45 户 212 人，分别安置在白水、观音滩、大村甸三个镇七个点。

【领导重视】 3 月 26 日，全县移民工作会议召开，副县长唐安宝出席会议并讲话。会议由县政府调研员冯祥文主持，县移民局局长李美光作工作报告，共计 80 余人。会议回顾总结了过去一年的工作，部署安排今年的移民工作任务。通报表彰 2014 年度全县移民工作先进单位和先进个人。

【落实移民后期扶持政策】 2015 年，全县有享受国家大中型水库移民后扶政策农村移民 28664 人。以邮政储蓄所“一卡通”形式及时打卡发放大中型水库移民直补资金 930.9 万元。惠及移民 15515 人。通过对移民后扶直补人员实行动态管理，核减人员 235 人。通过落实移民后期扶持政策，改善移民的生产生活条件，促进库区和移民安置区经济发展和社会稳定。

【基础设施建设】 2015 年，全县共投入基础设施建设移民项目资金 1416.04 万元，其中农田水利配套 159.58 万元，农村饮水安全 123.26 万元，农村交通 810.18 万元。农田水利配套中，整修排灌站 1500 千瓦，防渗渠道 12.1 千米，码头 11 处，小水库整修 2 座，骨干山塘 22 口；农村饮水安全中，建卫生蓄水池18个337.5立方米，安装卫生管网6800千米，建自来水3处；修建机耕道25公里，修筑公路130.95公里。通过基础设施项目实施，受益移民群众达48294余人次，移民生产生活条件明显改善。

【移民产业开发】 全力发展移民产业开发，促进移民得到实惠。按照“区域化规划，规模化开发，基地化建设，产业化经营，市场化运作”的思路，创新工作机制，大力推进移民产业化进程。2015年共投入移民产业开发资金268.6万元，重点发展水果、杉树、楠木、黑茶、油茶、蔬菜、中药材等移民产业开发，种植杉树苗4800亩、种植珍稀楠木1200亩，种植黑茶2100亩，扩种油茶400亩，种植水果1200亩，种植冬枣320亩，种植柑桔200亩，种植火龙果200亩，种植蔬菜1200亩，种植中药村1600亩，为移民增收致富创造了条件。

【新建水库移民搬迁】 按照《湖南省大中型水库移民条例》和《湖南省大中型水库移民安置工程建设项目管理暂行办法》新建水库移民搬迁安置工作。湘祁水电站移民搬迁安置任务318户1516人全部完成，移民搬迁安置和生产安置人口全面核实上报并已批复，从2015年1月1日起全面启动湘祁水电站移民后期扶持工作。

【移民培训】 在县城华洋宾馆举办了一期移民实用技术培训班和移民干部培训班，共培训移民村干部67人。开展移民实用技术培刘，6月份，在黄泥塘镇九洲村举办近尾洲库区水果种植和蔬菜栽培移民实用技术培训，培训移民63人，7月在浯溪库区肖家村举办一期蔬菜辣椒栽培技术培训班，培训移民80人，9月，在大江库区彭家湾村举办一期中药材种植实用技术培训班，培训移民103人。全年共举办移民培班4期，移民实用技术培训移民313人。培训移民人均年增加收入800人，为广大移民发家致富提供技术保障。得到了广大移民一致好评。开展移民转移就业技能培训，7~9月在县职业中专举办一期电子商务和计算机应用专业移民转移就业技能培训班，培训时间60天，共培训67人，就业65人，就业率达到于97%以上，人均工资达到3200元以上。拓开渠道，积极筹措移民培训资金，为移民培训提供保障。上级计划安排祁阳县移民培训资金30万元，已到位15万元，确保了全县移民培训工作的顺利开展。全年培训移民280人次，共花费移民培训费28.8725万元，其中移民转产就业技能培训11.4万元，实用技术培训17.4725万元，印发移民培训资料2800余份。

【跑项争资】 2015年，祁阳县争取中央、省移民资金实际到位3558.68万余元，其中后期扶持基金1533.68万元，后期结余和库区基金1827万元，移民扶助金198万元。

【信访维稳】 2015年，共接到群众咨询（含现场咨询及电话咨询）39人次，接待来访187人次，收到省市级交办件1件，下库区处理化解移民矛盾纠纷12起。做到了件件有着落，事事有交代，来信来访办结率为100%，确保库区大局稳定。

【好事实事】 及时准确掌握特困移民和受灾移民情况，县移民局出资4.25万元对三峡移民45户和库区特困移民85户进行春节走访慰问，人均每户送去了300元慰问金。按照移民有关政策，给予三名考上大学的移民每人给予2000元的经济扶持；对两女户家庭、独生子家庭考上全日制大学的移民大学生每人发放2000元奖学金，共计发放8000元；对特困两女户、贫困户家庭走访慰问600元。

【来祁调研】 4月15日，水利部移民局副局长顾茂华一行深入祁阳，就移民后扶资金绩效评价工作进行实地调研。省水库移民开发管理局党组成员、副局长童康宁，市委常委舒平，县委副书记、县长周新辉等陪同调研。顾茂华一行实地查看了祁阳县肖家村镇黑茶基地和湖南自然韵黑茶科技有限公司茶园，并与自然韵黑茶公司负责人进行亲切交谈，在了解移民扶持资金使用落实情况后，对该公司发展状况、茶园基地管理和未来规划，“企业+基地+农户”发展模式，较好发挥了辐射带动作用，促进了农民和移民增收、农业增效，为社会稳定发挥了良好作用，给予了充分肯定。县长周新辉就全县移民开发和移民资金绩效评价工作进行了汇报。顾茂华对祁阳县的移民开发特别是产业开发工作给予了充分肯定，对祁阳县移民后扶资金绩效评价工作给予了高度评价。他强调要抓住国家扶持政策机遇，因地制宜，抓住特色产业，发展合作社加农户模式，把土地流转起来，发展种植业、养殖业等，形成规模化、产业化发展。通过合作社平台，增加农民收入，减轻农民负担，解决制约农村经济发展瓶颈。让农民不再四处奔波，在家就可就业、致富。

4月16日，省水库移民开发管理局后扶处一行来到祁阳就内下库区安全饮水工程进行实地调研。调研组一行在永州市移民局和祁阳县移民开发局领导陪同下，实地考察祁阳县内下库区移民安全饮水工作情况和内下库区环库公路可行性。参观后，在祁阳县内下乡会议室，调研组一行听取了祁阳县县移民开发局和内下乡的工作汇报。县政府周新辉县长就全县移民产业开发作了汇报，县移民局李美光局长就祁阳移民开发和移民资金绩效评价工作进行了汇报，并提出了一些建议。省水库移民开发管理局后扶处领导对祁阳县移民开发后期扶持工作给予了充分肯定和高度评价。

4月16日，省水库移民开发管理局规划计划处副总工程师伍一生和调研员龙礼斌一行来到祁阳实地调研。调研组一行在永州市移民局局长周智亮和祁阳县移民开发局局长李美光等陪同下，实地考察祁阳县大江、内下库区和湖南自然韵黑茶基地。李美光就祁阳大江水库和内下水库环库公路建设、内下库区移民安全饮水工程建设实施、移民产业开发自然韵黑茶基地建设和大江库区林下经济特种药材造植等移民工作开展情况进行了汇报，并提出一些具体想法和建议。伍一生一行通过实地考察和听完汇报后，他们指出：一是祁阳县内下水库和大江水库环库公路建设是可行的，可解决当地移民出行难，加快移民发家致富步伐；二是内下库区移民安全饮水工程建设在保证施工质量的同时，要加快项目工程建设，确保广大移民群众饮水安全；三是祁阳县移民产业开发工作开展得好，恩路广，步伐快，效果好，移民群众受益多，特别是湖南自然韵黑茶已成规模，与移民互惠经营理念和模式值得全省借鉴和推广。四是要因地制宜发展库区移民林下经济产业大开发，大江库区铁皮石斛种植规模大，形势好，移民种植积极性高，是移民致富一条好门路。他们强调，祁阳规划计划编报工作一直做得很好，在今后编报时还要进一步深入调研，做到精益求精、敢于做大，并且要及时准确编保，确保项目实施可操作性可，确保项目实施效益最大化，为广大移民发家致富创造条件，维护移民社会和谐稳定。

（陈锋）

农业综合开发

【概况】 从1989—2015年，县农业综合开发办土地治理共投入开发资金36579.5万元，土地治理面积173.28万亩，改造中低产田59.39万亩，开垦宜农荒地1.97万亩，治理小江、河、溪18条共18.24千米，整修小（一）型水库15座，小（二）型水库33座，河坝156处，山塘491口，修架渡槽18.12千米，修建电灌站451处，装机容量10724千瓦，新修和配套各类水利工程11331处，新增有效水量13810万立方米；扶持农产品加工企业共百余家，共投入农业综合资金29764.28万元，其中财政资金15189.6万元（无偿资金9687.24万元，有偿资金6786.17万元），建设单位和群众自筹资金8925.79万元，银行贷款5263.34万元。2015年，县农业综合开发办项目布局向粮食主产区聚焦，资金安排向高标准农田聚焦，建成“旱能灌、涝能排、渠相连、路相通”的高产稳产节水农田。突出抓好高标准农田建设，大力实施规模农业开发战略，以项目实施为抓手，大力实施高标准农田建设和生态综合治理。新建、维修、整治山塘等水利设施28处，新增或改善灌溉面积2万亩。现在职职工30人，退休职工8人。

【土地治理项目建设】 2015年，祁阳县农业综合开发工作共建设高标准农田2万亩，共涉及泉塘、茅竹、大岭、竹山、周塘、容泗、富里等13个行政村，总人口1.56万人，土地总面积4.48万亩，其中稻田2.15万亩，计划建设高标农田2.0万亩。项目投资2901万元，其中申请中央财政资1814万元，地方财政配套725万元，群众自筹362万元。其中：水利措施：新建拦河坝4座，新建排灌站12座，开挖疏浚渠道6.58公里，衬砌灌排渠道76.75公里；农业措施：改良土壤1.2万亩，修建机耕道路30.8公里，购置农业机械15台（套）；科技措施：技术培训3350人次，发放资料3350份，示范推广0.6万亩。项目建成后，可改善灌溉面积5.0万亩，改善除涝面积1.7万亩，新增节水灌溉面积4.1万亩，年节约水量230万立方，年增加粮食生产能力670万公斤，年增加油料生产能力54万公斤。新增种植业总产值达3705.1万元，项目区农民年纯收入增加总额达1632.7万元。

【产业化项目建设】 对已申报的“祁阳县5000亩公优质水稻育秧基地新建项目（财政补助项目，项目总投资201万元，其中财政补助资金98万元）”“祁阳县1万吨稻谷低温仓储新建项目（财政补助项目，总投资320万元，其中财政补助资金140万元）”两个财政补助项目，以及财政贴息“祁阳县5000吨精炼米糠油新建项目（财政贴息项目，项目总投资3180万元，其中财政贴息资金66万元）”加强跟踪督查，督促企业落实项目的实施工作，2015年3月底，项目已全部竣工验收。

【部门项目建设】 2014年祁阳县油茶丰产林基地示范项目（为财政补助项目，项目总投资420万元，其中：财政补助资金210万元）和祁阳县500亩茶叶示范基地改建项目（财政补助项目，项目总投资188万元，其中财政补助资金84万元），2015年6月完成竣工验收。

（郑浩　吕志杰）

气象工作

【概况】 2015年县气象局被湖南省气象局评为“2015年重大气象服务先进集体”。因气象防灾减灾工作突出，祁阳县被永州市委、市政府评为“2015年度气象防灾减灾工作先进县区”，在全市气象部门综合目标管理被评为“特别优秀单位”。县气象局在编职工10人，其中高级工程师1名，工程师5名、助理工程师4名。

【综合气象观测】 气象局全体业务人员严格遵守各项业务规章制度，严格按照观测程序进行观测。全年综合观测质量优秀，年内未发生观测业务事故，无缺测、缺报、涂改伪造等行为发生，年错情率为零。

2015年观测项目有气压、气温、相对湿度、能见度、天气现象、降水、蒸发、日照、地面温度、浅层地温、深层地温、草面（雪面）温度、风向、风速、积雪、电线积冰。承担大风、冰雹、龙卷、雷暴、雾、霾、积雪、雨凇等重要天气报的观测和发送。

国家级气象自动站全年上传小时数据8760份，累计观测要素总数402960个；全年上传分钟数据365份，日数据365份，编发重要天气报81份，数据上传及时率100%、数据可用率99.99%、设备稳定运行率100%。全县共有48个区域自动气象站，1个土壤水分自动观测站，全年累计自动观测、上传数据516840份，上传到报及时，数据可用率高。因观测工作成绩突出，祁阳县气象局被永州市气象局评为“2015年度综合观测先进集体”荣誉，陈欢被评为“地面测报质量先进个人”。

【气象装备保障维护】 祁阳气象自动站点多，且分布广，维护难度大，但是气象局特别重视气象装备保障维护工作，2015年共安排38批次技术人员，巡视维护150站次，共计更换各类设备零配件96件次，全县气象自动站和气象局网络信息设备总体运行良好，资料上传和利用率都比较高，设备稳定运行率90%以上。

根据湖南省气象局观测与网络处气测函〔2015〕8号“观测处关于开展2015年全省春播汛期地面观测等业务和信息网络巡检的通知”精神，祁阳气象局组织业务骨干，严格按照汛前巡检要求和《地面气象测报业务检查报告书》内容，逐项进行了汛前测报业务检查，加强仪器设备正常运行保障和维护。业务人员守班期间加大区域站运行监控密度，发现问题及时反馈和处理。汛期气象局共派出20多批次技术人员进行自动气象站的维护，保证了全县所有气象自动站正常运行和资料及时上传，在汛期气象服务工作中区域自动站的资料发挥了重要作用。2015年，气象台长毛铁石被市气象局评为“装备保障先进个人”。

【气象预报预警】 2015年气象局主要开展决策气象服务、公众气象服务、直通气象服务、专业气象服务、应急气象保障服务和气象预报、预警信息的发布。全年启动应急响应15次，发布暴雨、雷电、冰雹、大雾等气象预警50余次，气象预警信息66550条，全年发送每日天气预报485815条；全年共制作发布周报、旬月报，春播预报、汛期（4～9月）预报，重要节假期预报、重大活动专题预报、重要天气专题预报等服务材料166期12000余份。全县免费预警用户包括县委、政府等相关领导、县防汛抗旱指挥部人员、全县各单位应急联系人和全县各村、水库防汛应急责任人、交警、交通海事等1300余人；气象服务单位主要有县委、政府、农、林、水、各乡镇场、农民专业合作社等74个。

2015年，气象局重点抓好汛期气象决策气象服务和应急保障服务工作，向县领导及有关单位及时提供气象决策服务材料，局领导还经常打电话向县委书记、县长及副县长汇报雨情及天气形势，得到了他们的肯定，县委魏湘江书记还亲临气象局检查指导工作，听取气象防灾减灾工作汇报。另外，还做好两会、重大晚会等社会活动的气象保障任务，得到了有关单位领导的好评。

为缓解局部旱情，气象局抓住7月3日高空低槽和中低空切变线共同影响的机会，派出移动式作业火箭，在文明铺实施人工影响天气作业，使得作业影响区下了小到中雨。

【气象防灾减灾科普宣传】 1月21日，气象局为30余名祁阳一中师生开展一场气象科普讲座。同学们旨在学习了解气象知识，联系实际加深气象理论知识，拓宽学习视野，提高学生科学素质。气象局业务人员为同学们讲解各种气象仪器工作原理，气象数据的取样、采集、上传，演示了天气预报的制作过程，最后概述祁阳县的天气气候特点。此次学习，同学们纷纷表示：学到了很多书本里学不到的知识，受益匪浅，既增加了对枯燥课本知识的理解，又增加了自己学习气象知识的兴趣。2015年5月气象局编辑印发10000册《祁阳县气象灾害防御指南》和20000张防灾减灾宣传单，旨在增强广大民众应对气象灾害防范意识，提高遭遇突发气象灾害的应急处置能力。5月12日，气象局参加了祁阳县“5·12”防灾减灾应急知识集中宣传演练活动。在浯溪一中运动场，通过摆放气象防灾减灾展板、发放气象应急宣传资料、现场介绍气象知识等多种方式进行。通过宣传介绍，参观展板增强了浯溪一中师生对气象灾害的紧急避险能力。

为更好地发挥气象协理员在防灾减灾工作中的作用，进一步提高气象服务于农村气象灾害防御能力，2015年10月10日上午，气象局在县防汛抗旱会商室举办了一场气象防灾减灾协理员培训会，22个乡(镇、办事处)气象协理员参加了培训。培训会上，局长邹志红和气象台长毛铁石分别就应对气候变化、气象灾害种类、防御措施、预警信号解读等方面做了系统的深刻的阐述。通过这次培训，进一步增强了气象协理员的职责和使命感，在增加气象知识的同时，提高了他们在气象防灾减灾工作中的处置能力。

【气象队伍人才建设】 祁阳县气象局大力实施“人才强局”战略，2015年有5人参加了函授本科学习，1人获得了高级工程师职称。送培1名新进人员参加了为期3个月的非气象专业技术培训，送培2人到江西9394厂参加了高炮和火箭炮作业培训。同时，在职人员积极参加中国气象局组织的各种远程教育培训，业务素质有了明显的提高。局长邹志红提交的省级科研课题立项获得省局验收通过，气象台长毛铁石提交的2016年省级科研课题立项获得省气象局审批。

【防雷安全执法】 2015年，气象局按照县委、政府的统一安排，以永安〔2015〕16号文件为契机，大力加强了防雷监管工作，组织人员参加了全县安全生产大检查“百日会战”和油气等危险化学品罐区专项安全大检查，与有关单位联合执法，重点对烟花爆竹生产、储存设施的防雷、防静电的情况进行了检查，对检查中发现的问题及时提出整改意见，限期整改。通过开展防雷安全专项检查，提高了各单位和企业的防雷安全意识，特别是增强了易燃易爆、人群集聚场所等重点单位的防雷安全意识，对保证防雷安全起到了积极的促进作用，营造了良好的社会防雷安全的氛围，取得了良好的社会防雷安全效果。进一步规范执法案卷资料的撰写与归档工作，气象局参照市法规科的行政许可案卷，对行政许可案卷进行规范整理，顺利通过市局的验收。

（邹志红　毛铁石）

水文工作

【概况】 2015年，县水文局现有正式职工10人，其中工程师3名，助理工程师1名，高级工2名，中级工4名。下设祁阳水位站、下马渡水文站、金洞水文站及一个水质监测中心。三站的测验项目有水位、流量、降水、水质分析等，共管辖马井、日升堂、窑头铺、黎家坪、白沙源、白水、白果市7个基本雨量站及水文中小流域监测系统新建的白水、坪阳町等10个水位、雨量站，管理维护全县山洪非工程措施的24个水位雨量一体站。祁阳水位站为湘江干流站，国家重点站，集水面积25182平方公里，主要监测湘江祁阳段的水位流量变化情况。下马渡水文站于2000年由黎家坪水文站下迁至下马渡镇大湖塘村，为湘江一级支流祁水控制站，省级重点站，流域集水面积1627平方公里，主要监测祁水流域的水位流量变化情况。金洞水文站位于金洞镇神怡山庄，为湘江一级支流白水控制站，省级重点站，流域集水面积795平方公里，主要监测白水流域的水位流量变化情况。

【设施设备建设】 祁阳水文局紧紧围绕全县防汛和抗旱的大局，做好水情分析预报和墒情预测预报工作。为保障湘江流域自动测报系统正常运行，在洪水期间能准确及时提供雨水情信息，对出现问题的站点进行维护 18 站次，对祁阳县山洪预警系统维护 20 站次。根据据省防汛抗旱指挥部《关于印发湖南省山洪灾害监测预警系统维护管理办法的通知》（湘防〔2012〕34 号）精神，全县山洪灾害监测预警系统共有 24 个监测站点纳入县水文系统管理。按县防办的安排，组织技术力量对该系统逐镇逐站进行查验、维护，对发现的问题及时向县防指汇报，要求承建单位整改。协助完成市水文局 2014 年度水资源简报及水资源公报数据收集、整理、编制等准备工作。完成湘江、祁水、白水流域全年的水质监测工作 12 份/站，完成全县农村安全饮水的水源地水质监测近 30 份。进一步加强测站基础设施更新改造，完成祁水下马渡站雷达水位计及 ADCP 流速仪设施的中低水比测分析工作，完成中小流域在线视频监控安装调试工作，并投入使用。根据省水文局中小流域中心站项目安排，完成祁阳中心站建设的所有工作，现已投入使用。

【防汛测报】 全年湘江流域祁阳段共发生二次超警戒洪峰水位，出现日期分别为 5 月 22 日，洪峰水位 85.92 米；11 月 14 日，洪峰水位 86.86 米。全年主要洪水过程出现于 5、6、11 月，径流主要受上游强降雨影响形成。全年最高水位为 86.86 米，最低水位为 75.19 米，年变幅 11.67 米。在全年的各次洪水中，特别是 11 月出现的特大冬汛中，县水文局积极与市水文局会商，及时发布雨水情预报，共发布实时洪水预报 3 次，洪水分析简报 5 份，发送雨水情信息短信 100 余条。参加县防指防汛会商会 3 次，为江河水库科学调度、防汛减灾工作提供可靠的决策依据。

【项目建设扎实推进】 2015 年，加强中小河流水文监测系统项目建设管理，配合市水文局按省项目办认真要求抓好工程进度、工程质量、工程资料、安全等管理工作。祁水下马渡站雷达波水位计、ADCP 流速仪设施已完成中低水比测分析，站房改造全部完成；中小流域在线视频监测系统投入使用；祁阳中心站建设全面完成并投入使用。

【深化文明创建工作】 在市水文局文明单位复查验收的基础上，县水文局进一步深化文明创建活动。成立以局长钟铭任组长，副局长邓小军、李玮为副组长的文明创建领导小组，制订深化精神文明建设工作规划，印发学雷锋志愿服务活动方案，大力推进学雷锋志愿服务活动，促进活动常态化。大力表彰和宣传先进，充分发挥先进典型的示范作用。与市水文局工会、团委联合召开形式多样的座谈会、各种工会活动，教育引导广大青年学习先进、赶超先进。

【加强作风建设】 开展“三严三实”专题教育会。局班子成员先后紧紧围绕专题会主题，联系各自思想、工作、生活实际，认真开展批评与自我批评，对存在的问题、差距、不足进行诚恳地反思，深刻剖析 8 个方面问题。同时征求 6 条意见和建议。针对专题教育会征求的意见、建议和问题，局党委召开专题会议，逐条逐个进行研究，明确整改重点，落实整改责任，做到责任落实到人，限期整改，整改全部到位，群众满意度高，同时组织党员干部参加市局统一组织的党员教育培训，观看教育影片，用正面典型激励自己，党员干部作风呈现新风气、新气象。

（钟铭　冯永华）

中国农业科学院祁阳红壤实验站

【概况】 2015 年，中国农业

科学院祁阳红壤实验站主持和参加课题总数16项，包括973计划、科技支撑、重大专项、国家自然科学基金等，留站科研经费总额336万元。本年度发表论文67篇，其中SCI论文27篇，出版专著5部，获得国家级奖励1项，省部级奖励1项。

【科研工作】 2015年，祁阳站继续开展红壤丘陵区水、土、气、生等生态要素变化监测。主要围绕红壤酸化、低产稻田土壤改良与培肥、绿肥资源管理、酸化红壤钾素转化特征和水稻产业体系等开展研究与示范。新增监测和科研数据368M，其中长期定位试验共获取数据上万条（约70M），各种中短期试验共获取数据约5万余条（约158M），在综合观测场、辅助观测场、气象观测场、水碳通量涡度相关仪、蒸渗仪等获取联网观测数据8万余条（140M）。

【人才培养】 2015年，祁阳站在职职工14名。来站开展研究和监测的固定人员22名，其中研究人员12名，技术支撑人员8名。来祁阳开展客座研究人员41名。委托祁阳站培养博士研究生11名，硕士研究生17名。

【科研成果】 2015年，祁阳站主持和参加的课题总数达16项，包括973计划、科技支撑、重大专项、国家自然科学基金等。主要有：国家水稻产业祁阳综合试验站、祁阳农田生态系统国家站运行服务、国家科技支撑计划课题“湖南中低产稻田有机质提升及渰育瘠薄稻田定向培育技术”、公益性行业（农业）科研专项子课题“湘南红壤区稻田绿肥技术模式集成与示范”及“南方丘陵区土壤肥力特性及综合培肥技术”、973”科学研究项目“东南丘陵区红壤酸化过程与调控原理”等，留站科研经费总额336万元。年度发表科研论文67篇，其中SCI论文27篇。获得2项科技成果获奖：“主要粮食产区农田土壤有机质演变与提升综合技术及应用”获得国家科技进步奖二等奖；“幼龄林果园地红壤退化生态修复关键技术研究与应用”获得中华农业科技三等奖。出版专著5部。《中国土壤肥力演变》第二版（徐明岗，张文菊，黄绍敏主编）；《红壤质量演变与培肥技术》（王伯仁，李冬初，周世伟主编）；《陈福兴学术思想研究红壤地区农业可持续发展》（徐明岗，秦道珠，申华平主编）；《中国农田土壤肥力长期试验网络》（徐明岗，娄翼来，段英华主编）；《健康土壤200问》（徐明岗，刘宝存，辛景树主编）。

【技术培训】 2015年，祁阳站在衡阳、永州两地市示范基层农技、农机推广体系的积极配合下，组织培训水稻产业技术骨干185人次，种田大户463人次（包括农技、农机），农民户1307人次（表10）。培训内容包括水稻高产栽培及其配套技术、杂交早稻新品种展示与田间管理技术、超级稻田间管理技术、中晚稻抗旱与节水灌溉技术、稻瘟病防控技术研究与示范基地建设、晚稻肥水管理、病虫防治技术等，并结合水稻生产季节、突发性灾情等开展技术指导。

【合作交流】 2015年，祁阳站积极邀请体系内岗位科学家和试验站长来站开展交流与合作。3月25日，长江中下游稻区病虫防控岗位专家彭云良研究员在衡阳站曾良贵站长陪同下来祁阳综合试验站交流水稻长期定位试验和稻瘟病监测技术。9月15日，国家水稻产业技术体系稻飞虱防控岗位专家傅强研究员来祁阳综合试验站交流水稻病虫害在湖南的发生、流行和发展规律，傅强研究员等在水稻产业体系祁阳综合试验站负责人的陪同下到江永示范县现场调研水稻病虫害发生情况，并在示范田块现场捕捉昆虫。2015年，还分别有来自澳大利亚西澳大学、英国洛桑研究所、中国科学院生态环境中心，南京土壤研究所，中国农科院资源区划所、浙江大学、中国农业大学、南京农业大学，湖南农业大学、河南农业大学、中国农业科学院研究生院，衡阳师范学院等87家高等院校及科研院所467名研究人员来站开展学术交流活动。

【科技服务】 2015年，祁阳综合试验站分别向农业部、中国农科院、湖南省农委和地方政府及农业部门展示和总结水稻长期试验研究结果和实用技术。3月17日，湖南省农委主任刘宗林来祁阳综合试验站调研，祁阳站汇总提出“土壤培肥与耕地质量提升技术”。8月17日，中国农科院党组书记陈萌山等到祁阳站调研，祁阳站提供长期定位试验在“化肥减施增效”等方面的监测结果。11月18日，国务院参事刘志仁等来站调研，祁阳站总结2点建议：一是建立有机肥科学替代部分化肥长效机制。通过施用有机肥或秸秆还田替代部分化肥阻止和减缓酸化，是南方红壤可持续利用的关键，利于提高作物产量和农田地力。二是大力推广绿肥种植面积，探索绿肥生产机制，发挥绿肥在化肥减施中的重要作用。把绿肥生产与建设生态文明结合起来，充分发挥绿肥在化肥减施、作物稳产高产和培肥地力方面的作用，尤其要把发展绿肥作为削减各地季节性闲置农田的重要措施；在农业部、财政部实施的有机质提升补贴试点项目中，建议提升绿肥在项目中的占比和补贴强度。同时，建议单独实施绿肥生产补贴。

2015年，祁阳综合试验站为5家企业提供技术服务和产品创新。分别为永州鑫丰农业有限公司提供工厂化育秧技术和育秧基质配方材料、为成都新朝阳提高产品调理剂配方和技术服务、为中农博涛提供种植技术指导和场地服务、为永州果秀食品提供技术支撑、为钢铁总院提供试验配方和技术服务。

2015年对中国农业科学院研究生院提供野外实践活动；为衡阳示范学院自然地理师生提供科普教学基地和祁阳县文富市镇中小学科普教育服务；为湖南农业大学、贵州大学、河南农业大学、长江大学、广西贺州学院等学校大学生提供教学实习基地。

（黄晶）

工 业

【工业经济发展】 经济指标稳中向好。2015年，完成规模工业总产值184.4亿元，同比增长15.2%；完成规模工业增加值53亿元，同比增长12.8%；全年工业实缴税金3.5亿元，同比增长15%以上，新增规模工业企业14家，过亿企业达到64家，过5亿元企业达到11家。骨干企业成效显著。海螺水泥实现产值5.74亿元，实缴税金7000万元；科力尔电机实现产值4.73亿元，同比增长5.2%，实缴税金4611万元，同比增长48%；凯盛鞋业实现产值9.95亿元，同比增长33.2%，实缴税金5080万元，同比增长27.7%；湘江稀土实现产值3.56亿元，同比增长30.9%，实缴税金1255万元，与2014年持平。产业结构逐步优化。全县主要产业规模逐步扩大，大力推进"三高"（高污染，高能耗，高排放）产业进行整治升级力度，"三高"产业比重大幅下降，淘汰关停机立窑水泥产能150万吨、铁合金产能25万吨、富锰渣产能30万吨、碳氨产能15万吨、玻璃产能8万吨，全县累计减少存量工业产值在30亿元以上。关闭了85家资源消耗大、环境污染重的落后产能企业，全县高污染、高耗能、高耗水产业比重降低到7.9%；新型建材、新材料新能源、轻纺制鞋、生物医药、电子信息和装备制造成为新的增长点，2015年全县战略性新兴产业增加值增长10.5%，占生产总值比重达到4.1%；由原来矿产品加工、农副产业加工为主导转变为以新型建材、纺织制鞋、电子信息、装备制造、新能源新材料、生物医药等为主导的多点支撑产业格局，高新技术产品增加值占规模工业增加值比重达到27.5%；万元规模工业增加值能耗比上年下降8%，同时，产业格局呈现多样化、集群化、高端化的特点。重点项目推进有序。2015年，工业固定资产投资预计完成125亿元，同比增长18%，技术改造投资可完成93亿元，同比增长15%。2015年重点推进祁阳海螺水泥二期已全面竣工，并于6月8日正式点火投产，为工业经济的稳增长和持续发展打下了一支强心剂；千山医疗器械一期工程生产准备已就位，部分产品已获得省药监局生产许可，可以开始批量生产，二期工程建设推进顺利；东骏纺织二期、鑫利生物科技、泰莱电子、江涵电子、华旺塑胶等一批项目建设进度较快。挂榜山风电项目已获得省发改委"路条"，湘江稀土全自动化萃取生产线已投产。

【信息化基础设施建设】 2015年4月7日，县政府常务会议召开专题会议，成立祁阳县移动通信网络基础设施规划和建设工作领导小组，下设办公室，统筹推进全县移动通信网络基础设施规划和建设工作。2015年，全县共完成通信4G基站建设站点235个（含升级改造站点），占总建设任务（320个）的73%，超额完成本年任务的47%，在全市通信基站建设年度考核中，其建设总量、建设速度和建设效益均居全市第一。

【信息化产业】 2015年，祁阳县电子信息产业实现总产值

17亿元以上，湖南江涵电子科技有限公司的数据线、连接器等各种电子五金塑胶制品研发及产业化项目成功申报2015年度湖南省信息产业项目。该项目总投资2100万元，建设6条数据线制造产线，2条连接器生产线，购买和安装自动绕线机器6台，自动焊接机14台，组立现代化300平综合办公室。项目建成后，湖南江涵电子科技有限公司在电子通信行业迅速崛起，在该行业的市场占有率达30%，行业排名突破前三，技术处于国内领先地位，年销售额突破7000万元，突现税收近100万元，带动就业岗位500个，为电子通信产业做出突破性的贡献。

【工业企业服务】　2015年继续开展“工业企业服务年活动”，县委、县政府出台《祁阳县2015年“工业企业服务年”活动实施》，选取全县40户上缴税金过100万元或产值过5000万元的企业分别作为县级领导和县直单位、垂直管理单位的服务对象，进行结对帮扶，年底根据考核评分情况，对10家服务效果好、考核得分高的联系单位进行奖励。活动主要作了以下工作：积极化解要素矛盾。2015年银企洽谈会签约贷款项目52个，贷款总额19.67亿元；县担保公司与邮政银行、农商银行、农行签订办理小微企业及“三农”担保贷款业务专项合作协议，为小微企业新增3.2亿元担保额度。坚持抓好长效服务。通过“工业企业服务年”活动，各县级领导、各单位部门主动深入一线，加强对企业的沟通联络，全年走访企业实现全覆盖，协调解决厂房办证、出口补贴、项目建设、企业用水、企业融资、企业职工社保政策等实际问题38项。

【工业固定资产投资及项目资金】　2015年，全县工业固定资产投资完成134.9亿元，同比增幅30.5%，其中技术改造投资93.2亿，同比增幅41.8%。申报争取项目资金870.5万元，其中，省中小企业信用担保资金372.7万元，省中小企业发展专项资金50万元，省战略性新兴产业专项引导资金160万元，国家中小企业发展专项资金217.8万元，省技术改造专项资金70万元，较有力地推动全县中小企业技术改造和产业升级转型。

【墙改推散工作】　祁阳县列入国家发改委公布的第二批“禁实县城”之一，限期2015年底前完成目标任务。2015年全县墙材革新工作紧紧围绕迎接国家“县城禁实”验收这一目标，认真履行职责、协调服务、务实工作。3~4月，县新型墙体材料办公室组织人员对全县各乡镇、街道进行了全面调查摸底，形成《祁阳县墙材企业基本情况调查表》，撰写《关于祁阳县城规划区内实心粘土砖厂生产情况的调查报告》，基本摸清了全县墙材企业的情况。5月，县经信委就迎接国家第二批“县城禁实”验收工作相关情况向县政府常务会作了专题汇报，得到了县政府的坚定支持，出台《祁阳县“禁实推新”工作方案》。经广泛宣传、部门配合、政府支持，墙改工作取得了较好的成绩。截至2015年12月，全县有新墙材企业32家（其中3家企业通过了新型墙体材料产品认定），年设计产能10.3亿标砖，共生产标砖5.044亿块，与去年同比增长了30%，占全县墙材生产总量的96%；实心粘土砖厂在去年基础上关停5家，转产1家），1~12月实际产量约为1850万标砖，与去年同比下降了19.6%。全年共征收两金338.48万元，其中：墙改专项基金征收259.1万元，散装水泥专项资金79.38万元；扶持新型墙材企业2家，发放扶持资金8万元，全面完成市定各项目标任务。在市墙改办组织的年底考核中，获得了“十二五”限粘禁实工作及2015年度工作目标责任考核优秀单位称号。2015年，散装水泥推广应用工作取得进一步的成效，截至2015年底，全县共有商品混凝土企业11家，设计产能260万立方。

（黄玺　伍双莲　毛桂方　张旭　李佑君　田武　邓荐　蒋志强）

【农产品精深加工行业】　依托本地农产品资源优势，县委、县政府实施农副产品加工业三年行动计划，全县已初步形成门类比较齐全、规模不断扩大、档次显著提升、市场竞争力不断增强的农产品加工体系。一是不断壮大龙头企业规模。2015年，全县发展农副产品加工规模以上企业18户，实现产值53.2亿元，同比增长5.4%，拥有市级以上农业产业化龙头企业26家，其中国家级龙头企业2家，省级龙头企业6家。二是加强标准化农业产业基地建设。全县工商注册专业合作社数为430余家，2015年新增专业合作社72家，家庭农场168家，建设2万亩绿色食品糯稻、2万亩高淀粉红薯、1.5万亩水稻制种基地，发展高档优质稻订单生产64.11万亩，基本形成“市场造龙头、龙头建基地、基地带农户”的农业产业化格局。三是积极构建标准引领体系。拥有农业品牌“中国驰名商标”4个，省级名牌产品4个、市级名牌产品3个；有6个高新技术企业、2个省级企业技术中心、1个国家级农副产品质量监督检测中心南方分中心、1个国家级茶产品检测中心。

【轻纺制鞋行业】　轻纺制鞋行业是祁阳承接长珠闽产业转移后发展壮大的新兴产业。2011年凯盛鞋业落户祁阳经济开发区，带动了成信鞋材、海利鞋材、协荣橡胶等相关配套企业入驻，提高了全县鞋革生产工艺水平，产业聚集度达80%。2015年制鞋产业实现产值16.3亿元，同比增长35.6%。2012年年产2.5亿米涤纶布、服装面料生产线落户祁阳，全县纺织行业实现飞跃发展，2015年纺织行业实现产值18.5亿元，同比增长30.9%。2015年全县初步形成以湖南凯盛鞋业有限公司为龙头的鞋业制造、以祁阳东骏纺织有限公司为龙头的纺织织布产业链，成为湘南最大的轻纺制鞋基地。2015年轻纺制鞋行业实现规模工业总产值44.94亿元，占总产值24.4%，同比增长28%。

【重点企业】　祁阳海螺水泥有限责任公司，2015年实现产值5.74亿元，实缴税金7000万元。

湖南凯盛鞋业有限公司，2015年实现出口创汇1亿美元，实现产值9.95亿元，实缴工业税金5081万元。

湖南科力尔电机有限公司，2015年公司实现产值4.73亿元，实缴工业税金4611万元。

祁阳东骏纺织有限公司，2015年实现产值5.5亿元，实缴工业税金483万元。

湖南千山医疗器械有限公司，2015年实现产值2533万元，实缴工业税金589万元。

（毛桂方　邓文舟）

附：

祁阳海螺水泥项目工程

【概况】　为促进产业结构调整，加快推进祁阳新型工业化，做大做强水泥建材产业，2008年10月，县委成立大水泥项目招商小分队，县委副书记黄春华任组长，2009年7月2日，项目正式签约。2009年7月24日在祁阳登记注册，投资共18.5亿元，其中海螺集团公司投入16.7亿元，县财政投入1.8亿元。公司位于祁阳县黎家坪镇，注册资金2亿元。设立祁阳海螺水泥项目工程建设指挥部，指挥部下设办公室、征地拆迁科、工程科和保卫科，从县委办、政府办等单位抽调精干人员到部工作。

【项目规模】　建设2×4500t/d新型干法旋窑水泥熟料生产线暨18MW纯低温余热发电工程以及300t/d利用水泥窑协同处理城市生活垃圾项目。年产水泥熟料360万吨，年产水泥500万吨，年处理城乡生活垃圾10万吨。

【项目建设】　2010年5月20日开工建设一期工程，日产4500吨生产线，2011年6月29日竣工投产。2014年5月7日开工建设二期工程，日产4500吨生产线，2015年6月8日竣工投产。

祁阳海螺水泥窑协同处理城乡生活垃圾项目于2014年3月招商，同年6月8日签约。是由海螺集团公司下属上市公司——海螺创业控股有限公司投资新建，利用祁阳海螺水泥两条5000t/d新型干法水泥窑建设300t/d城乡生活垃圾处理系统。项目于2014年10月28日开工，2015年10月22日正式点火投产。项目运营后，每年可无害化处理城乡生活垃圾10万余吨，每年可节约垃圾填埋土地50亩以上。

该项目利用新型干法水泥窑及气化炉相结合的CKK系统技术处理生活垃圾，不仅节约垃圾处理的建设成本，综合回收生活垃圾中的热能，节约生活垃圾填埋土地资源，而且利用新型干法水泥窑的高温燃烧分解，比城乡生活垃圾焚烧发电更有效地控制二噁英的产生，同时处理后的废渣全部回收用于水泥原料，从而彻底做到了垃圾处理的“减量化、资源化、无害化”。

【经营效益】　项目一、二期投产后到2016年12月底已累计生产水泥1235万吨，商品熟料1145万吨，累计实现产值29.56亿元，累计上交税金2.85亿元，2016年实现税收1.08亿元。处理城乡生活垃圾6.7万吨。新增就业人员1166人，其中公司直接录用530人，劳务公司96人，带动运输业从业人员540人，拉动当地运输业务量收入过亿元。项目具有良好的经济和社会效益。

【征地拆迁】　一、二期项目共征用土地3988.064亩，补偿资金8383.05万元；征收拆迁房屋308户，44508.55平方米，补偿资金3732.08万元，配套工程费用2446.35万元，完成“三杆”搬迁165千米。

【配套工程】　一是连接厂区道路、桥梁项目由长沙华罡交通设计院负责设计，道路全长1.475km，为二级公路，桥长128.08m，6拱，按一级桥梁标准设计（运输量大，按高速公路大桥标准），由株洲路桥公司负责施工，湖南和天监理公司负责监理。二是施工供电专线工程从黎家坪响水岩变电站至主厂区的临时供电专线长6.13km。

三是10公里110KV生产用电专线工程，工程费用总额817万元，其中争取省电力公司资金691万元。四是完成300多户搬迁户水电路等配套项目建设。

【报批核准】　祁阳海螺水泥项目报批工作量相当大，涉及规划、土地、水利、交通、电力、林业、环保、发改委等多个部门，指挥部克服诸多困难，协调处理各种关系，利用人脉资源，发挥“盯、关、跟”的钉子精神，先后完成省行业规划许可、土地预审、水土保持方案批复、矿山压覆和地质灾害评估、项目环评、项目核准生产许可证等42项报批核准工作。

【协调维稳】　项目涉及厂区及矿区共需征地3988亩，10千米供电专线等配套工程，整个项目征地拆迁共涉及5个镇（办事处），21个村，78个组800户，5200人。指挥部及各镇办事处，村支两委干部，积极做好群众的稳定工作，及时化解处理各项矛盾纠纷，共处理阻工等大小纠纷300起，4000人次，确保大局稳定和项目如期推进。创造海螺项目“祁阳速度”，深受海螺总部的高度评价，赢得了集团对祁阳项目投资的信心和决心。

煤炭工业

【概况】　2015年，祁阳县煤炭工业局扎实开展全县煤矿安全生产大检查，认真排查安全隐患，督促企业及时消除安全隐患，确保全县煤矿安全生产形势持续好转，全年无死亡事故，实现连续安全生产920天，全面完成落后小煤矿关闭退出工作任务。

【落实监管责任】 祁阳县煤炭工业局与煤矿签订责任制2份，每矿交纳风险抵押金2万元；与煤管站签订责任制2份；局工作人员签订安全责任制15份，每人交押金1000元，实行安全风险抵押，明确矿主、煤管站长和局工作人员安全职责。

【日常安全监管】 祁阳县煤炭工业局每月开展大检查1次、隐患整改复查1次，对查出的安全隐患，组织矿长、值班长和班组长召开隐患交办现场会，按整治隐患“五落实”限期整改到位，对交办的安全隐患复查仍没有整改到位的，对煤矿停供火工产品，并严格处罚。在“两会两节”、清明、五一、端午、中秋、国庆和“十八大”期间，全局分2个小组巡查，每矿委派1人，实行“安全专盯”，确保特防期间生产安全。全年到煤矿督查583人次，下井检查364人次，下达监管文书110份，查出各类隐患1285条，整改到位1263条，隐患整改率为98.3%。停产整顿4矿次，暂扣证照2矿次。

【狠抓提质改造】 狠抓永州市观音滩煤业有限责任公司沙五井煤矿提质改造工程，由9万吨/年提升改造为15万吨/年，改造工作已基本完成，年内通过验收达标。通过安全质量达标活动，全县煤矿“两堂一舍”和矿容矿貌大为改观，彻底甩掉原来脏、乱、差的帽子。

【开展专项治理】 一是开展瓦斯集中整治。实行“一井一策”制订整治方案，完善瓦斯监测监控系统，采煤工作面实行负压通风，光学瓦斯检测仪和便携式瓦斯报警仪配备齐全。严禁无风、微风和超通风能力生产，严格执行瓦斯管理“四对口”和“一炮三检”制度，严禁空班漏检、瓦斯超限作业。督促煤矿加强矿井综合防尘管理，完善防尘设施，落实防尘措施，防止粉尘危害。二是狠抓防治水工作。春节前，各矿对排水设备、管路、供电线路进行了检修，对水仓、泵房进行了清理；修筑地面排水沟，堵填溶洞、塌陷处，安排专人负责监管。雨季时期，加强对各临时排水点排水工作调度，做到应抽尽抽到位，做到雨季“三防”。

【强化安全培训】 组织从业人员停工培训2期，培训时间为7天，共培训669人次，经考试合格后颁发从业证书。培训各类特殊工种183人、安全员20人，矿长资格证到期复训8人，培训矿长2人。在“安全生产月”期间，对全县各矿停产培训一天。煤矿都配备安全技术人员，特殊岗位人员全部建立管理台账，实行持证上岗，有力提高煤矿从业人员操作技术水平。

【整顿关闭煤矿】 贯彻省关退办《湖南省落后小煤矿关闭退出工作总体方案》（湘煤关退办〔2014〕1号）和有关会议精神，扎实推进落后小煤矿关闭退出工作。狠抓落后小煤矿关闭退出工作，全县共15处煤矿，按规定关闭双发煤矿和友谊开发煤矿等14处，全面完成落后小煤矿关闭退出工作任务。

电　　力

【概况】 2015年，县电力局在职人数232人，农电工262人，用电客户32万余户。有变电站23座，主变压器36台998.8MVA，其中220千伏变电站2座，110千伏变电站8座，35千伏变电站13座；共有输电线路41条482.168千米，其中110千伏线路19条226.718千米，35千伏线路22条255.45千米；共有10千伏配电线路106条2346千米，配电变压器2066台259.315MVA，形成以220千伏为枢纽，110千伏为骨架的坚强电网。

【安全生产】　始终坚持严抓严管，严格落实“三大体系”责任，强化各级各类人员安全履职，全力推进精益安全生产管理，全面强化电网风险预控和精益运维，安全管理水平全面加强。截至2015年12月31日，创历史最长安全记录5199天；保持高压态势，严厉打击违章，全年共稽查作业现场537个，查处各类违章18起，共处罚37人。深化隐患排查治理，查出隐患缺陷104项，消除104项，隐患整改率100%。深入推进状态检修，扎实开展输电线路本质安全专项分析和风险评估，设备平均检修周期延长一倍，线路跳闸次数同比下降52.76%。全力抓好电网防冻融冰、防雷、抗洪和防外力破坏工作；加强电网科学调度，切实做好迎峰度夏、度冬各项准备，开展联合反事故演习，有效应对过冬、度夏负荷高峰和恶劣天气。强化电网科学调度和风险预控，圆满完成重要节日和重大活动保电任务。“高考”保电工作被人民网、新华网等10余家媒体宣介。被评为省公司“安全生产先进集体”，连续三年获得“市公司春检、秋检先进单位”，连续三年获“祁阳县安全生产先进单位”。

【电网建设】　紧贴祁阳县委、县政府经济发展脉搏，围绕祁阳产业园建设、“创国卫”等重点项目建设，做好中心城区电力专项规划、加强工程建设协调，严格里程碑计划，实现电网建设“十二五”完美收官。“十二五”期间共新增110千伏变电站1座，改建、扩容35千伏变电站13座，主变容量从797万兆伏安增加到970.45兆伏安；现有35千伏以上输电线路47条547.521千米，比“十一五”增加8条，50.358千米；现有10千伏配电线路109条1925.38千米、配电变压器2582台，分别比“十一”增加26条486.06千米、599台。冠山110千伏变电站工程夺得省公司“项目管理流动红旗”，获电力行业优秀工程设计二等奖；柏家坪110千伏变电工程、35千伏进宝塘T接线获得省公司“优质工程”，祁阳县灯塔线10千伏新建线路荣获国家电网公司“农网百佳工程”。其中，2015年共完成电网建设投资5763万元，完成文明铺35千伏和漆罗甸35千伏2座变电站的增容扩建工程，新增变电容量11850千伏安；新建改造农网10千伏线路1条11.424千米，低压线路52.85千米，新增改造配变74台，容量12910千伏安；完成“低电压”整治投资规模1080万元，共39个台区，解决低电压问题2730户。

【企业改革】　加强“五位一体”协同机制建设，全力推进“三集”管理和“五大”业务的协同，全力推进“三集五大”体系建设。设置本部职能部门6个：综合管理部、财务资产部、安全监察质量部、发展建设部、乡镇供电管理部和电力调度控制中心，业务支撑和实施机构2个：运维检修部、营销部；集体企业1个。改革各项工作平稳过渡，衔接有序。以业务流程梳理为基础，切实抓好制度的执行、检查、考核和改进。稳步推进“管理机关目标任务制”和“一线班组积分制”试点工作，实现全口径用工工资集中审核发放。稳步推进“管理机关目标任务制”和“一线班组积分制”试点工作，实现全口径用工工资集中审核发放。加快推进“三全五依”法治企业建设，刚性执行国网公司通用制度，修订完善公司党总支“一岗双责”责任清单、“三重一大”决策实施细则，依法科学决策重大事项。强化依法治企自查自纠，狠抓集体企业资金管理等问题的整改，整改率100%。

【经营管理】　全年完成售电量7.7142亿千瓦时，同比增长11.86%；售电均价725.53元/千千瓦时（不含税）；电费回收率100%，被评为省公司电费回收先进集体；综合线损率9.14%，最大供电负荷达19.54万千瓦、日最大供电量333.85万千瓦时。进一步加强综合计划和全面预算管理执行，深化经营诊断分析，及时调整策略，注重整改实效，实现增效1605.6万元。主动挖掘、服务增量市场，业扩新增客户11608户，增加容量20.6万千伏安，完成电能替代重点项目8个，替代电量2700万千瓦时。严格执行电价政策，大力开展电价普查、整治特殊电价，核查专变客户920户，整治电价错误405户，取消定比定量280户。实施“百日降损”计划，综合线损率比去年同期下降2.14个百分点。制订和完善《祁阳县供电公司客户服务指标管理考核办法》等优质服务考核体系和投诉审查流程，停电事件同比下降36%，故障报修量5219起，同比下降13%。用电秩序整顿和解决历史遗留问题集中整治行动得到县委、县政府大力支持，成立由县政府办、县电网建设指挥部牵头的专项整治领导小组，开展用电秩序地毯式清查、清理，对违章用电、用电不装表、窃电等行为进行清理整顿与打击。全年共查获窃电200起，违章用电438起，表计故障追补及违约金447起，追补电量177.05万千瓦时；刑事拘留7人，治安拘留3人；更换故障表计4868块。进一步完善优质服务考核体系，加强营销、运检、调控专业指标管控，供电服务监督保障体系进一步强化。建立供电服务调度平台，严格投诉处理“四级响应”和客户诉求即时分析制度。大力推进“六个零”服务工程和“四大服务窗口”建设管理创新，积极拓展缴费渠道，全面完成城市“10分钟”缴费圈和农村“村村有缴费点”建设任务，服务管控能力稳步提升。大力推广“网上营业厅”“掌上电力”APP等新型缴费方式，刷卡购电次数超过49.735万次。居民客户平均接电时间缩短2天，高压客户平均接电时间缩短8～10天，城区抢修到达现场平均时间降低为30分钟。营销优质服务各项指标在全市的排名均有大幅度的进步，优质服务评价指数99.825%，居全市前列。

【精神文明建设】 扎实开展“三严三实”暨“转作风、守法规、强责任”主题活动，坚决贯彻从严治党工作要求，学习贯彻《准则》和《条例》，制订落实党风廉政建设“两个责任”清单，加强反腐倡廉工作，管控和惩防体系进一步完善。加强“四好”领导班子建设，强化干部员工作风和能力建设，加强教育培训，公司举办集中培训及竞赛22期，班组自办现场培训486次，共培训4456人次，参培率100%。成功承办市公司“感恩奉献、圆梦永电”羽毛球赛，获团体第一好成绩；组织“奉献杯”气排球赛、拔河赛、团青健步走等竞赛活动；开展“野外送炊烟”“班组大讲堂”、七一“礼赞献给留守儿童”等系列党建主题活动。组建“共产党员服务队”，多项社会化服务被红网、人民网等媒体报道。曾小兰被评为市公司“最美国网人”，施光明率光明创新工作室研发的《新型砍树工具》被评为市公司技术创新一等奖。进一步加强信访维稳工作，多项信访难题得到妥善解决，获得市公司信访维稳特殊贡献奖。企业民主管理进一步深化，老同志“两项”待遇有效落实，企业保持和谐稳定。

（陈蓉）

二 轻 工 业

【概况】 2015年，县二轻工业局在职人员缩减到7人，其中局领导班子成员（党组）4人。

【服务工作】 对原二轻系统职工服务实行首问责任制、流程化一站式办结。服务对象对工作人员的服务满意程度给予现场评定，在《服务群众质量评定登记簿》上签名记录。2015年群众对服务工作的满意率为100%。

【资产管理】　对城镇集体工业联社资产（县二轻大楼）加强维护和经营，确保城镇集体工业联社资产保值增。2015年末大楼出租收入比2012年增长20%。

祁阳经济开发区

【概况】　2015年，祁阳经济开发区围绕“创建国家新型工业化产业示范基地”目标，致力转型发展，取得了较好成效。全区实现技工贸总收入230.6亿元，增长29.4%；规模工业总产值162亿元、规模工业增加值46.9亿元，同比分别增长20.2%、15.6%；完成税金3.5亿元，增长27%。率先在全市县区工业园区实现规模工业总产值过百亿元，被评为市先进园区。

【产城融合】　坚持把园区当“城区”来建，加快产城融合步伐。一是规划同步。坚持统一规划、统一建设、统一管理的原则，实行县城总体规划修编与园区发展规划同步安排、同步实施。2015年，高标准编制经开区建设规划、控制性详细规划和产业规划，实现与县城总体规划无缝对接。二是设施跟进。经开区新区累计完成基础设施建设投入16亿多元。2015年，完成投入3亿元，组织实施“十大”基础设施建设工程。重点完善“六纵四横”路网；动工建设日产16万吨的新埠头水厂和日处理能力8万吨的白竹污水处理厂。三是功能配套。围绕企业生产和员工生活需求，配套完善生产、生活服务设施。公租房建设优先布局园区，建成并投用真卿小区7栋432套计2.4万平方米的公租房，新建白竹路公租房3栋393套，主体工程年底完工，长流路2栋386套公租房开工建设；另有3栋2万平方米商品房竣工待售累计；动工建设盈通达工业仓储物流和祁达加工物流项目。同步推进绿化亮化工程和学校、医院、银行、超市、公交等配套设施建设，进一步优化了宜居宜业环境。

【项目建设】　大力实施“项目带动”战略，以项目强产业，以产业促发展。一是全方位引项目。突出小分队招商、以商招商、商会招商和筑巢引凤招商，取得明显成效。2015年，引进项目10个，合同利用资金11.5亿元，其中总投资过5亿元的广垦集团、凯茂科技、湘粮集团等3个大项目落户园区。二是高效率建项目。积极开展“项目大会战”活动，切实提高项目履约率、资金到位率和投产率。千山医疗器械一期、旺华科技、泰格莱电子等10个项目投产。千山医疗器械二期、鑫利生物、江涵电子等项目建设全部完工，并进行设备安装。新天磁电、富福服装、华润燃气等8个项目开工建设。三是大力度扶项目。重点扶持海螺水泥、凯盛鞋业、科力尔电机、千山医疗器械、东骏纺织等产业龙头企业做大做强。其中海螺水泥公司投资5亿元新上二期工程、配套建设城乡生活垃圾处理和纯低温余热发电项目年内全部竣工投产，实现年产熟料360万吨、水泥500万吨，年处理生活垃圾10万吨，年发电量1.36亿度的能力；东骏纺织公司新增投资3亿元，全面实施扩能改造，实现年产值近10亿元，成为全国最大晴雨伞布料生产基地。

【“135”工程】　围绕“345”的工作目标，扎实推进“135”工程。一是规划有序。委托湖南省城市学院按照统一规划、统一设计、统一建设、统一招商、统一管理的原则，进行高标准规划。整个工程分二期建设，一期工程为电子信息产业园，建设6栋13万平方米标准厂房及配套设施；二期工程为中小微企业创新创业园，用地1000亩。二是建设有力。完成电子信息产业园标准厂房建设11.6万平方米、中小微企业创新创业园标准厂房建设7.8万平方米，年度任务基本完成；争取省“135”工程奖励资金1380万元。三是招商有为。引进凯茂科技（深圳）有限公司入驻电子信息产业园，又与东莞商会达成入驻中小微企业创新创业园建设标准厂房意向协议。

【征地拆迁】　重点围绕工程和项目建设加快征地拆迁力度，2015 年共完成征地 1535 亩，意向征地 4 个组面积约 700 亩。组织报批土地 1500 亩，完成报批 650 亩，入窗 850 亩。完成拆迁 205 户，迁坟 900 余棺。园区累计征地 13000 亩，批地 5000 余亩。

【创卫创森】　完成“创国卫”投入 1000 万余元，完善亮化工程，新建和完善市政设施 20 余处，委托环卫处对 6 条道路及中小企业创业园等区域进行全天候清扫保洁，同时通过加大对真卿小区等帮扶力度，规范建筑工地渣土装运，落实“门前三包”责任等系列举措，企业、群众生产生活环境得到改善。完成“创森”投入近 300 万元，重点实施浯溪南路、灯塔路绿化提质改造，共种植大型乔木 5000 余棵，新建景观绿化带 4.6 公里，园区生态环境有所改善。

【创新驱动】　坚持改革创新，激发园区内生动力。一是推进融资模式创新。加强投融资平台建设，做强“经建投”，做实“宏城投”。2015 年，争取县委、县政府为公司注入资产 10 多亿元，增强融资能力。先后从国开行、建行融资到位 2.7 亿元，积极对接国开行、农发行、华融湘江银行、村镇银行和深圳恒泰证券达成融资意向，对接资金 14.9 亿元。同时依托县中小企业担保公司侧重支持经开区企业融资担保。二是推进招工模式创新。坚持就业优先原则，着力创新招工稳工方式。重点开通 5 条园区至乡镇公交专线，由县财政给予适当补贴，方便职工上下班；实行公租房分配向企业员工倾斜，改善员工住宿条件；协调企业提高员工待遇，有效促进了企业招工稳工。2015 年，新增招工 5000 余人，企业稳工率达 90%。三是推进建设模式创新。研究制订《采取 PPP 模式建设标准厂房招商方案》《引进工业地产商独资建设标准厂房招商方案》《关于中小微企业创新创业园招商引资若干规定》，明确在用地、税费、厂房租赁等方面的优惠政策，鼓励引进社会资本参与园区建设。四是推进企业科技创新。重点对已入园的产业项目加快产品升级和技术改造，其中凯盛鞋业引进制鞋全自动生产线，节省人工达 80%；自然韵黑茶检测中心将挂牌为中国农业部农副产品检测中心华南分中心，“自然韵黑茶”获得中国 2015 年度最佳有机黑茶品牌——金芽奖。园区共拥有高新技术企业 8 家，省级企业技术中心 3 家，与 8 家科研院所建立合作关系；拥有专利技术 56 项。2015 年，实现高新技术产值 17.9 亿元。

【环境优化】　围绕“亲商、便商、护商、富商”，全力优化发展环境。一是健全机制。对引进的重点项目，按照“一个项目、一名牵头领导、一个班子、一套方案、一抓到底”的工作机制，组建专门班子专抓，定期现场办公，及时排忧解难，快速推进项目落地建设。二是优化服务。实行祁阳经开区与相关镇、街道领导班子成员交叉任职，推进“园政合一”管理体制和行政审批“两集中、两到位”改革，国土、住建、环保、城管、安监等部门在园区设立分支机构，派驻专门人员为园区发展服务；县政务中心设驻园区，实行一站式审批、一条龙服务；全面兑现县委、县政府相关招商引资优惠政策，打造政策“洼地”。三是强化考核。按照市对园区经济的考核办法，将任务层层分解、责任明确到人，并建立相应的专项责任制，直接与年度考核评先评优挂钩，形成工作合力，加快转型发展步伐。

（柏熠）

祁阳科技工业园

【园区开发建设】　根据园区

总体规划，先后投入近5000万元，用于交通、电力、供水、绿化、亮化等基础设施建设，包括建成主次干道4.5公里，110千伏变电站一座，日产1.5万吨自来水厂一座，铺设各类管线5公里，基本实现水、电、路、讯、排污、宽带网、有线电视“七通”，投资环境日臻完善。祁阳科技工业园定位为“农副产品加工区、机电制造配件园、沿海产业内移承接地”。园区管委会抓住国家中部地区崛起战略机遇，借鉴先进园区经验，以建设最适宜创业发展的现代园区为目标，视项目开发为第一要务，不断加大招商引资力度，确定全新的“亲商、富商、安商”理念，建立“精简、统一、效能”的组织架构和对企业“全过程、全方位、全天候”的服务体系，形成科学规范的管理秩序和法治环境，招商引资成效显著。到2015年底，园区共引进企业项目23个，签约资金达23亿元，到位16亿元。其中投产企业已达18家，5家企业在建，固定资产投资额超过3亿以上企业2家，年产值过亿元企业7家，上市企业2家，正在培育上市企业1家。园区初步形成农产品加工、机电制造、生物医药、生物质发电、新材料加工、日用品生产等优势产业。2015年是园区扩容提质重要的一年，总投资为5亿元的祁阳凯迪绿色能源开发有限公司30MW生物质发电项目建成投产；总投资为5亿元的祁阳东骏纺织有限公司二期项目，被评为县重点项目建设二等奖。全园实现投产企业年产值16亿元，税金3000多万元。

（伍智勇）

商业·贸易

商　务

【商改工作】　2015年，县商务局委托湖南省城市学院制订《祁阳县商业网点规划（2015—2020）。编制《祁阳县“十三五”成品油市场建设规划（2015—2020）》。积极对接湖南省商务厅市场建设处，争取农贸市场标准化改造资金105万元，重点支持黎家坪镇甘棠坪市场、观音滩镇东木市场、黄泥塘镇综合市场等3个镇的农贸市场标准化改造升级。组织祁阳黑凤凰生态农庄、厨子当家新元素餐厅等企业参加永州市第二届美食节，并获得优胜组织奖，为祁阳黑凤凰土鸡争取湘菜引导资金10万元。对超市、典当、二手车、废品收购、旧货、物流、娱乐场所、再生资源、住宿餐饮、租赁等行业进行了深入调查摸底，并且整理归档。成功举办祁阳首届商品博览会。积极为祁阳开辟新市场，积极组织企业参加各种展会，如组织企业参加省厅举办的“湘漂天下”推广活动，让祁阳的产品进京入沪，挺进全国各地市场。

【招商引资】　2015年新批外资项目5个，承接产业转移项目57个，实际到位外资1.45亿美元，增长31%；内联引资25.4亿元，增长14%；完成外贸进出口总额1.83亿美元，增长12%。全年新签约投资在10亿元的项目3个，分别是深圳新辉开科技有限公司投资的电子信息产业园、广垦15万亩油茶基地、祁阳红星美凯龙大型生活广场等项目。投资过5亿元的工业地产项目一个，引进服装企业6家、其他企业3家，引进投资过亿元的项目9个：祁阳县20所精品幼儿园、年产5万吨水果酒、年出口5000万美元果蔬基地、LED光电科技、年产500万件牛仔休闲服、德鑫工业仓储物流、年出口200万件服装、节能机械等项目；投资过5000万元的项目2个：年产500吨保健酒、6000万罐保健茶和年出口5000万美元加工贸易电子产品等项目。正在洽谈的意向项目有17个，主要有长隆水上乐园旅游、铁皮石斛种植加工、环城路建设、纺织机械、文化活动中心等项目。

【对外贸易】　2015年，在全国外贸进出口形势普遍低迷的情况下，该县外贸生产性实体企业进出口逆势增长，增幅达5%，总量排名永州市第一。全年完成外贸进出口总额18257万美元，同比增长25%；完成加工贸易进出口总额11905万美元，同比增长7%；培育外贸进出口破零企业3个（添盛针织、清风包装、豁达贸易）、培增企业3个（皓志科技、华庆泡绵、三豆客机械）。全年组织企业参加境外1次、境内4次比较大的商品展会活动：三华针织、华旺塑胶两家企业参加了2015年6月18~21日广东东莞加工贸易博览会；祁鑫通程建材制品有限公司参加了8月份2015年英国伯明翰轨道工业展；宝达食品和华旺塑胶参加了9月3日~5日的吉林东北亚博览会；十家食品生产加工企业参加9月11~14日在长沙举办的2015长沙（国际）食品博览会；现代农业机械和振宏酒业有限公司参加9月18~21日2015年广西南宁东盟博览会。为了更好地服务外贸企业，方便外贸企业办理进出口手续，解决产品进出过程中的难题，该县商务局积极与省、市主管部门协商，最终引进皓通物流公司在县政务中心落户，2016年将正式挂牌运营。

【对外经济合作】 2015年，完成外派劳务人数1300人，在商务部对外投资合作在外人员信息管理系统中实际体现601人，在湖南省41个市、县对外劳务平台中名列第6名，新审批境外投资企业4家，分别是：祁阳湘楚实业有限公司、祁阳县旺森针织有限公司、湖南康都制药机械有限责任公司、湖南省泰格莱精密电子有限公司，完成对外投资中方合同投资额2650万美元，同比增长35.55%，对外承包工程和劳务合作营业额2000万美元，同比增长26.26%，从湖南省财政跑回财政可用资金90万元，创历年之最。

【生猪定点屠宰管理】 2015年，全县完成生猪定点屠宰10.5万头，做到了城区定点屠宰率100%，乡镇定点屠宰率90%以上，出场肉品合格率100%，共完成税费440万元。全年县商务综合行政执法大队会同县食药监局、工商、畜牧、公安等相关成员单位，成功捣毁私屠滥宰窝点2个。打击私屠滥宰处理屠商3人，成功关闭三南路屠宰点。全年共焚烧病害生猪、猪三腺及边角残料共720吨，确保肉类食品安全。

【酒类市场监管】 加强执法力度，打击假冒伪劣酒上市销售工作。对全县酒类批发商、超市、名酒专卖店、KTV和酒店开展稽查，共查获假冒伪劣酒310瓶，出动检查人员380人次，查扣假冒小朗酒10件、五粮液15瓶，洋酒3件、红酒5件，酒类无酒类随附单酒12件，查获红星二锅头酒无随附单12件，东北坊酒无随附单10件。到永州巴马百岁酒总代理和南宁市武鸣县金帝酒厂进行调查取证。办理酒类批发企业5家，酒类零售备案登记12家。

【成品油市场管理】 对39座加油站进行年检，并且把年检结果报送湖南省成品油行业协会；为延期过期加油站向湖南省商务厅重新申报；为到期未建的加油站向湖南省商务厅申请延期；为证件到期的加油站向湖南省商务厅申请换证。印发《加油站检查手册》，对加油站的安全生产进行了定期检查。加强对加油站的监管，打击违法经营行为，联合有关部门对非法加油点进行整治，调度好成品油供给，确保全年成品油市场稳定。

粮油流通

【概况】 2015年，全县粮油收储、加工企业24个，其中国家级龙头企业2个、省级龙头企业3个、市级龙头企业5个，培养粮食经纪人1500人，投入资金1600万元，新建粮食浅圆仓4个，新增仓容2.5万吨。全年收购社会商品粮食112100吨，年加工稻谷173436吨，年销售大米118958吨，年生产销售米粉18488吨，年生产销售饲料34949吨。植物油罐容3.5万吨，年生产植物油55517吨，年末库存2394吨，年末社会粮食库存54498吨，其中，国有粮食收储企业和加工企业库存63176吨，非国有粮食收储企业库存22664吨，转化用粮企业库存58769吨。农户存粮124730吨，城镇居民存粮3386吨，县级储备粮4250吨，省级动态储备粮8000吨，县级成品粮1700吨。湖南省银光粮油股份有限公司2015年3月分别获得中国绿色食品发展中心的软粘香米、饭佳乐野山粘（大米）、香优米油粘米等绿色食品证书。

【粮食市场管理】 加大行政力度，落实“四个严格”，确保粮食市场稳定有序、安全可靠。严格粮食收购资格核查。执行市场准入制度，对1家不符合收购资格条件的企业按程序进行注销。全县有粮食收购证35户，已陆续注销1户。严格储粮安全管理制度。坚持粮食出入库质量检验制度和库存粮食定期质量检验制度、产品溯源制度、索证制度。核定最高（最低）库存量，严厉打击无证无照、囤积居奇、以次充好等不法行为，保证全市粮油市场稳定。指导企业科学保粮，积极推广应用新技术、新工艺、新产品和安全高效低毒药物，确保粮食安全储存。严格粮食运输技术规范。结合本市粮食运输工作实际，重点针对公路、水路粮食运输开展监督检查，杜绝使用被污染的运输工具或包装材料运输粮食，严防污染、雨淋、霉烂变质等事故发生。严格粮食质量安全管理。对粮食市场进行不定期检查，实行粮油销售备案制度。重点在批发市场、超市、放心粮油店，防止不安全粮进入市场。同时，配合县食品安全委员会有关成员单位，对加工、销售中的成品粮食质量、卫生进行监督检查，杜绝陈化变质、严禁不符合食品卫生标准的粮食流入市场，确保放心消费。

【粮油收购加工】 2015年，全县有收购粮食企业24家（含祁阳国库和祁阳县粮食购销总公司），仓容25万吨。全年收购早稻谷的88327吨、中晚稻谷24322吨、优质稻谷17737吨、糯稻谷4509吨。全县共有收购托市粮点8个，收购托市粮7002吨，其中早稻谷2715吨。共有粮油加工企业20家，其中小型粮油加工企业15家，设计加工能力为日产大米370吨，其中：精米生产线5条，全年生产大米13万吨，其中生产优质精米6万吨，实现利税1250万元。食用油生产线7条，其中湖南银光粮油股份有限公司有年精炼山茶油1万吨生产线和年产5万吨食用调和油生产线各一条，湖南金浩茶油股份有限公司有价值440万元的精炼茶油生产线、价值1600万元的预检、精炼全套现代化生产线、价值2000万的德国的冷榨工艺技术及配套新一代冷榨生产线、价值7000多万元的100吨/日全自动精炼生产线、价值1000万元的全自动灌装生产线共5条，年植物油生产能力15万吨，年精炼茶籽油生产能力4万吨；湖南银光粮油股份有限公司有植物油储油罐12个，储油罐容1.5万吨，湖南金浩茶油股份有限公司有植物油储油罐25个，有两个3000立方米的不锈钢地下储油罐，储油罐容2万吨；2015年全县共生产植物油55517吨，其中精炼茶籽油766吨，实现利税1110万元。食品加工生产企业4家，其中：湖南湘妹食品有限公司主要生产速冻食品、冰淇淋、糯米粉三大系列，糯米粉加工填补湖南省内空白，速冻食品生产填补湘南地区空白，冰淇淋生产填补永州地区空白，具有年产7万吨糯米粉的生产能力，具有日产速冻系列产品200吨、冰淇淋系列产品200吨的生产能力；冷库储藏面积48000立方米，可储藏成品达2000万件；2015年加工糯米粉3600吨，加工冰淇淋4500吨，加工速冻系列产品6700吨，实现利税1800万元。饲料加工企业1家，湖南北大农牧饲料有限公司主要生产各类饲料，生产加工能力8万吨，2015年生产5.5万吨，实现利税125万元。

【危仓老库维修】 启动危仓老库维修工作，对全县14个点库、56处、121厫仓库，进行大修，总计投资金540多万元，其中县财政和企业配套271万元，8月底各点库维修工作全面完成。4月份中央委托验收通过。

【粮食销售与储存】 2015年初库存早稻谷25153吨、中晚稻谷33715吨、优质稻谷27996吨、糯稻谷8213吨，其他杂粮1193吨。年末库存早稻谷3971吨、中晚稻谷18350吨、优质稻谷9782吨、糯稻谷4956吨，其他杂粮337吨。

全年销售贸易粮（大米）203832 吨，食用油 55455 吨（其中茶籽油 1290 吨）。管理县级储备粮 4250 吨，专仓储存在湖南省银光粮油股份有限公司。与财政局共同与银光、天龙、七里香、军粮供应站，落实签订 1700 吨（大米）应急成品粮储备任务。

【粮仓建设】 湖南银光粮油股份有限公司在黎家坪新塘点新建 2.5 万吨粮食储备仓建设项目，项目计划总投资 1605.8 万元，新建 4 座配备“四合一”储粮技术的浅圆仓，财政项目补助资金 525 万元，2015 年度完成主体工程，财政补助 325 万元。

【粮油千亿产业工程】 2015 年，从全省粮油“千亿产业工程”中分割出 200 万元支持特色县域经济。其中湖南天龙米业有限公司完成优质稻天龙 1 号产销链建设，项目总投资 250 万元，流动资产投资 1100 万元，财政补助资金 50 万元扶助；湖南新金浩茶油股份有限公司完成 2 万吨/年茶油冷藏生产车间扩建及茶油精炼技术改造项目，项目总投资 5368 万元，固定资产投资 2018 万元，流动资产投资 3260 万元，财政贴息资金 150 万元扶助。

物　资

【概况】 2015 年，县物资局机关内设办公室、政工股 2 个职能股室，干部职工 92 人，其中在职职工 8 人，退休人员 84 人。下辖祁阳县物资贸易总公司、祁阳县羊角塘烟花爆竹原材料专营部和祁阳县群力报废汽车回收拆解有限责任公司，为永州市旺达民用爆破经营有限公司股东。

【基层党组织建设】 县物资局机关共有党员 36 名。依照党要管党、从严治党要求，坚持“三会一课”制度，积极开展“党员实践体验日”“志愿服务日”“党员政治生日”和互访慰问日等“主题党日”活动。推行驻村联户、结对帮扶，推进在职党员为社区群众服务，充分发挥基层党组织战斗堡垒作用和党员先锋模范作用。全年共走访群众（职工）380 余人次，召开各类座谈 12 次，进行个人整改事项 72 项。建立完善规章制度 6 项。积极配合县委组织部门、党校抓好党员干部的学习和培训工作，组织党员干部参加了加强党的执政能力建设、党风廉政建设、六五普法以及组织人事干部培训等，全体党员政治理论素质和业务水平得到进一步提高。

【安全生产工作】 建立安全生产工作责任制，党政领导同责，一岗双责，齐抓共管。由局长带队对永州市旺达民用爆破器材经营有限公司祁阳分公司、祁阳县群力报废汽车回收拆解有限责任公司和祁阳县羊角塘烟花爆竹原材料专营部三个企业的安全生产进行定期大检查 12 次，查出安全隐患，全部督促整解到位。

【协税护税工作】 年初县政府分配县物资局协税护税任务 20 万元。全局干部职工深入企业，不懈努力，全年完成协税护税任务 80 万元。

【招商引资工作】 招商引资 800 万元新办祁阳县群力报废汽车回收拆解有限责任公司；跑项争资完成 20 万元。

【民用爆破器材市场管理】 加强对民爆器材和烟花爆竹原材料经营管理，全面抓好物资储存与销售，对民爆器材实行特种行业管理，采取专用车辆配送，专业仓库储存，专业人员管理，专业人员使用，确保生产安全。2015 年，全年储存炸药 35 吨，销售炸药 1345 吨，储存雷管 4 万发，销售雷管 49 万发；储存氯化钾 60 吨，销售氯化钾 390 吨，确保全县工农业生产和人民生活需要。

供销

【概况】 2015年，县供销合作社联合社以加快改革与发展为主线，以大局稳定为基础，精诚团结，敢于拼搏，锐意进取，全面完成县委、县政府交办的各项工作任务和自身发展任务。重点在“新网工程”“网上供销社”、基层组织建设及电子商务发展作了切实有效的工作。在岗人员17人，内设办公室、政工股、财审股、合作指导股、经贸股、法保股，辖县供销社资产经营有限公司、县新三湘农资有限公司、县再生资源公司、县华泰烟花爆竹经营有限公司、祁阳县华胥电子商务有限公司和祁阳县供销安邦农业服务有限公司。

【新网工程建设】 一是农业生产资料现代经营服务网络更加健全。以县新三湘农资公司为龙头，大力建设农资农家店，延伸服务触觉，2015年新建镇村级加盟店2个，公司连锁经营网点达348个，实现农民朋友用肥送肥一条龙服务。二是继续构建日用消费品现代经营网络。按照“开放办社”的原则，通过创建、参股、控股、租赁、合作经营等方式，动员原供销社职工和社会个体经营的门店加入“新网工程”，新发展2家以经营南杂百货为主的个体超市。三是继续构建农副产品购销网络。以县供销社领办的15家农民专业合作社为载体，通过技能培训、引导宣传和资金扶持，扩大了各农民专业合作社在当地的积极影响，有效解决了农民种养难、买难卖问题。四是构建再生资源回收利用网络。群力报废汽车拆解有限责任公司稳步发展，主要经营全县报废汽车拆解业务，节约利用再生资源效果突出。开展城乡环境整治工作为契机，以创“全国卫生县城”为抓手，积极做好全县废旧物资可回收工作，全面完成县政府交办的各项任务。五是构建烟花爆竹安全经营网络。注重规范好烟花爆竹经营行为，以祁阳县华泰烟花爆竹经营有限公司为龙头，继续做大做强了烟花爆竹经营网络。

【基层组织建设】 根据2015年度全市供销合作社系统基层组织建设目标任务，分别在大忠桥镇、茅竹镇、黄泥塘镇等10个乡镇新增基层社；成立祁阳县供销养殖专业合作联合社、祁阳县金丽鸽业养殖专业合作社、祁阳县国泰种养专业合作社、祁阳县菜芽蛋鸡养殖专业合作社和永州市资融中药材种植专业合作社；成立祁阳县三口塘镇庄稼医；7月份经县民政局、商务局批准，成立祁阳县电子商务协会；注册500万元组建成立祁阳县供销安邦农业服务有限公司。

【“网上供销社”建设】 “网上供销社”是一项涉及民生、利民惠民的长期系统工程，经县社负责此项工作的同志下乡进村在选址、人员聘请、农副产品种类、配置等方面做了大量的准备工作。为抓好这项工作，积极对愿意从事这项工作的自然人或者企业法人进行调查摸底，寻找合作人，经过多次协商，下乡考察洽谈，于2015年10月保质增量地新建5家镇村级服务网点，分别是祁阳县绿色园种养专业合作社、祁阳县湘湖种养专业合作社、祁阳县宏发养殖专业合作社、祁阳县大泉养殖专业合作社和祁阳县盛裕蔬菜种植专业合作社。

【电子商务建设】 县供销社作为服务“三农”的实践者，重点依托电商平台，将全县的传统新型的农产品在线上打造一条快捷、便民的绿色通道，促进农业健康发展、活跃农村经济增长、农民增收贡献力量。2015年5月，积极向省商务厅申报成为“特色中国·湖南馆·祁阳馆”承办单位，争取到县政府的重视和支持，已开通“特色中国·湖南馆·祁阳馆”系统馆，前期运营良好；2015年7月成立“祁阳县电子商务协会”，吸纳全县具有较大影响力的66家公司

（商户），可有效整合县内、外从事电商运营的祁阳籍青年大军资源，搭建高效沟通平台，创新电商运作模式。

商业事务管理

【概况】 2015年，县商业局下设办公室、财务股、政工股、综治办，工作人员10人，门面出租收入90万元，较2014年递增28%，上缴国家税收25万元，跑项争资25万元。招商引资、信访维稳、困难下岗职工再就业工作以及创国卫工作也取得突出成效，得到市、县领导的充分肯定。

【力争发展抓招商】 紧紧围绕县委、县政府关于招商引资目标任务，本着大项目顶天立地、小项目铺天盖地，全力构筑领导带头，全局参与的招商格局，明确一名主任科员全年专抓招商。由局长亲自带动客商落实工业园签办企业一家。引进独资企业永州华鑫建材有限公司，落户祁阳工业园区，投资总金额为5000万元，已正式投产，主营混凝土及水泥制品，年缴税金200万元。

【坚持改革抓争资】 全局下岗职工多，推介再就业难度大，要完成各项工作，最重要的就是要突破“资金短缺”这个瓶颈，克服资金短缺的困难。全局干部职工千方百计攀亲戚、找朋友、上下联动找关系，咬定青山不放松。经各方求援，从省劳动社保厅就业处争取就业帮扶及解困资金70万元。县委、县政府主要领导专批各项资金达20万元，省发改委非常关注祁阳县餐饮协会的创办，每年立项都给予资金支持，2015年获得10万元的项目资金。

【围绕国资抓服务】 充分利用现有国有资产，最大限度使国有资产保值增值，解决局机关退养人员的工资发放问题。创新服务，解决经营者的后顾之忧。给经营者提供好的平台，从场地、配置、人员、水电等服务工作入手，成立了门班子，专人专抓，经常召开座谈会，实现服务信息反馈。招商引资，引进成功合作典范。自2006年引进太平洋服饰连锁超市以来，每年为全县创税收近50万元，同时也实现资源与资本的整合，把资源优势转化为现实的经济优势。坚持公开、公平、公正的原则，实行公开招标，使效益最大化，真正让权力在阳光下运行。临街6间门面招标，每间门面竞标达15万元，比2014年递增28%。

【确保稳定抓信访】 县商业局是全县信访维稳工作的重点单位，担负着近3300多名下岗职工信访调纠工作，全局干部职工克服工作艰难情绪，严格责任落实，基本上保持大局稳定。成立专门班子，落实包案责任。成立以局长负总责专门领导班子，其他班子成员分组负责，时时处处绷紧这根弦，做好稳控对象的思想工作，化解矛盾，让上访者不再有上访的念头，落实包案责任。人人肩上有担子，个个头上有任务。把信访维稳工作作为中心工作来抓，在“管好自家人、看好自家门、办好自家事、尽好自家责”的同时，认真履行职责，指派专门工作人员，负责信访维稳工作，切实将责任落实到位，不得把本级应该解决的矛盾纠纷推给上级，不得把本单位、本部门应该解决的矛盾纠纷交给社会，做到人人头上有任务，个个肩上有担子。以人为本，注重问题解决。坚持“真诚、真心、真做”，为信访户办实事，做到“三先”，特殊困难户优先考虑生活来源，让生活无忧愁；正常上访户优先协调相关部门帮助解决问题到位；群案、急案优先介入，及时化解矛盾，将问题消除在萌芽状态。全年，帮助上访户解决问题25起，有2名重点挂号信访户签订息访息诉协议，退出上访历史舞台，投入资金达35万元。

【强化队伍抓管理】 重制度，促自身提升。干部深学理论、研读法律、精钻业务、提升素质、增强业务能力，形成良好的风气。严管理，促工作增效。建立“重激励、硬约束、严考核”的管理机制。在工作方式上实行职能、职责的整合，办事机构统一兼并，各项工作统一联动，内外关系统一协调，做到一套人马联动办事、一条龙服务到位，一个窗口办事了结，原百纺公司、饮食服务公司等多人的上访摸底调查，只用15天的时间就调查完毕，为县委、县政府决策提供可靠的依据。在内部管理上做到每天上班统一签到，工作动向统一登记，接待用餐统一安排，财务收支统一管理，岗位绩效统一考核，奖勤罚懒统一兑现，形成工作一盘棋、管理一本书、考核一张表、干群一条心、干事一股劲的良好局面。正作风，促行为规范。对于干部职工采取教育保廉、制度保廉、自律养廉、惩治护廉等措施，有效遏制权力失控、决策失误、行为失范，确保不入“地雷阵”，不碰“高压线”。全年，全局没有在作风问题上被通报1次，没有在娱乐场所被“暗拍”1次，没有不检点行为曝光1次，形成心齐气顺、风正劲足的良好氛围。

【促进就业抓帮扶】 商业系统原有23家困难企业，下岗职工近3300人。改制企业虽然完成“两个置换”，但由于改制时间仓促，原企业职工40、50岁人员和女性居多，大多缺乏一技之长，大部分经历再就业，生活十分困难。为解决这一难题，稳定大多数下岗失业人员，让大多数人树立生活的信心，商业局组织人员在广州和江浙一带建立两处就业服务基地，每一季度开展调查摸底，推介就业，协调参与职工培训，帮助落实社保补助和税费减免政策等再就业服务，同时，推介祁阳、宣传祁阳，也深入解了祁阳，为招商引资、推介就业架起桥梁。2015年祁阳在外地当老板的知名人士推介就业达1600余人。

（张明亮）

盐　　务

【业务学习】 2015年，为推动集团公司持续健康发展，实现战略目标，县盐务公司组织员工学习《集团2015—2020年改革发展纲要》，并进行统一测试。

【提升服务】 规范POS机款流程，全面提升服务质量，提高良好的消费环境。充分调动终端零售户的积极性，提升“雪开”品牌形象，开展新品种盐推销会、订货会、客户联谊等不同形式的会议活动。

【盐政管理】 开展“一送一调查一宣传”活动，通过电视、报纸、公告、广告、图片、问卷等形式全方位、立体式地宣传盐业法规和“雪天牌”新品种盐知识。

【基础建设】 2015年，县分公司为加快营销模式转型和营销方式市场运作，对县辖四大边区20个乡镇，结合各乡镇实况，启动终端零售户的三项基础建设。

【全民创卫】 为配合全县创建国家卫生城市，组织员工积极参与周四全民卫生日、创国卫责任路段、社区制安巡逻、省市垂直管理单位联系帮扶小区。

石油供销

【概况】 2015年，祁阳石油公司严格按照市分公司总体工作部署，以提高经营质量为中心，紧盯目标任务，灵活应对市场变化，准确把控市场需求，充分发挥各层级的职能作用，零售经营管理实现新提升，全年累计零售成品油3.2万吨，非油营业额实现800万元。

【齐心协力抓零售】 2015年，面对复杂的形势和繁重的任务，公司找准矛盾、快速反应，提出工作中心由“保障资源”向“保障经营”转变，工作重心由“外部协调”向“油站一线”倾斜，把思想统一到“为经营服务、为效益服务”上来。围绕零售经营重点区域下功夫，以“一站一策”为着力点，找准增量上量的突破口。主抓城区威泰站，该站零售量占到全司零售量的1/3。在人员、设备、资源等各类保障上给予倾斜，站点设施设备必须随报随修，设备完好率要求在98%以上。严厉打击加油卡套现和克扣顾客等违规现象，针对投诉零容忍，出现一起处理一起，以高压态势遏制住违规违纪行为的蔓延。零售销量采取日通报制度，每天报送公司经理及主管部门，销量出现下滑，必须说明原因，制订对策。并对该加油站进行重点工作指导，起到以点带面，促销增量的作用。

【多措并举拓市场】 为增强竞争能力，公司在多个站点开展点对点竞争，积极开展“加油送券”“清凉一夏”油非互动营销。针对柴油市场需求低迷，积极贯彻“站内不足站外补”的思路，发动零售一线人员对加油站5公里半径内田间工地、厂矿企业进行拉网式上门促销，联系灌桶、灌车客户，开发边际市场。

【现场管理出硬招】 将“综合服务提升年”与“可视定置化”相结合，组织开展“加油站现场管理百日整治活动”。对各管理人员分管的加油站，每月必检一座，随机抽取、现场打分、按月通报。对问题严重的加油站，公司派出队伍现场蹲点帮扶。通过强化整治，全司加油站站容站貌和员工风貌有了质的改观。

【改造停业不减量】 2015年，全司共有6座加油站进行油罐施工、油气回收改造，为确保销量不流失，公司对施工项目确定了“三项原则”。一是“优化分配，避免重复”，提质提量与安全隐患整改、油气回收合并施工，减少重复施工。二是“错时施工、就近分流”，优化工期，避免同一区域同时施工，附近站点采取调整营业时间，完善便民设施等措施，尽量避免销量流失到系统外。三是“跟踪分析，持续培育”，对已经完成改造的站，持续跟进分析改造效果，对销量暂未恢复的采取优价和油非互动促销措施，尽快恢复销量。

烟草专卖管理

【概况】 2015年，县烟草局销售卷烟31439.18箱，单箱均价26814.1元/箱，实现销售收入84301.32万元，上缴地方财政税收2817.9万元。专卖市场管理共查获各类涉烟案件131起，查获各类涉案卷烟189.894万支，其中真品卷烟177.14万支，假冒卷烟11.754万支，破获国标假烟网络案2起、省标非法经营真烟网络案1起，1起互联网假烟网络案1起。

【卷烟营销】 全年共创建示范街镇5个，示范街8条，提质改造现代零售终端62家、示范店12家，充分发挥现代零售终端建设示范引领作用。重点品牌培育积极探索新常态下的工作模式，全年共开展各类品牌培育活动101场次，其中专题培训、技能竞赛、现场观摩等15场，示范店现场评吸、买赠促销、低焦油专项促销等活动及事件营销等活动86场次。积极与工商、物价等部门协调沟通，向全县卷烟零售户做好宣传解释并发放新的零售指导价格表和《提税顺价须知》3100余份。全年卷烟市场价格相对平稳，平均客户毛利率约为8.5%。

【专卖管理】 联合公安、工商、检察、法院等地方职能部门，先后集中开展了“春雷5号”“潇湘金剑3号”等专项清理整顿行动，严厉打击涉烟违法犯罪行为。全年查处各类涉烟违法案件131起，查获各类涉案卷烟189.894万支；破获国标假烟网络案2起、省标非法经营真烟网络案1起，查获省标以上网络案数量居全市系统各单位之首，其中互联网假烟网络案1起为，在全市系统实现侦破互联网销售假烟网络案“零的突破”，刑事拘留涉烟犯罪嫌疑人11人、批捕9人。积极践行“APCD（分析、计划、检查、处理）”市场监管工作法，采取约谈教育和重点监管相结合，着力加强对营销环节、重点客户、配送环节、真烟案件等四个关键环节的监管，同时突出对重点市场、交通枢纽、客运线路、城乡结合部、物流中转站等重点领域及边界地区的市场整治，每月不定期集中力量开展错时检查和交叉检查，形成全天候、全方位、无盲点、无缝隙的市场监管全覆盖工作格局。坚持台账登记、预警监控，切实提高行政许可效能，逐步实现大厅查询“零距离”、电话咨询“零厌烦”、完善资料“零推诿”、登记办理“零拖延”、办理结果“零投诉”。全年共办理烟草专卖零售许可证事项1076项，其中新办280户、延续544户、停业5户、恢复停业2户、变更5户、依法注销244户，客户满意率达100%。

【企业管理】 积极创建省级“模范职工之家”，改造职工阅览室、职工健身中心、户外健身场所，丰富职工业余文化生活。认真贯彻落实“规范、精细、一流”的精益管理理念，企业运行实现了持续深化精益管理。财务预算管理不断加强，三项费用共列支2611.63万元，费用率为3.62%，同比上年下降0.22个百分点。依法治企工作有序推进，结合“六五”普法工作及法治烟草建设，扎实开展“法律六进”、“三创三征”等法制宣传活动，深入推进法律风险防控体系建设，全面增强干部职工学法、尊法、守法、用法的法治意识，荣获“湖南省烟草商业系统‘六五’普法先进单位”称号。安全生产经营持续平稳，坚持“安全第一，预防为主”的管理理念，强化对重点领域、重点环节的安全风险隐患排查及整改，扎实巩固安全生产防线，全年未发生重大安全事故。12月29日，以“一线服务法”为核心研究内容的科技创新课题顺利通过市科技局成果鉴定评审，并被推荐参加2016年度永州市政府科技创新评奖。扶贫帮困诠释责任烟草，全年累计捐赠19.86万元，支持扶贫帮困、捐资助学、新农村建设等社会公益事业17项。

国土环保·城建城管

国土资源管理

【耕地保护】 2015年全县耕地总量稳中有升，耕地和基本农田保有面积均高于责任面积。积极落实“占优补优、占水田补水田”政策，新开垦耕地面积133.33公顷，其中新开垦水田面积66.67公顷。投资2000多万元，完成省级观音滩项目等土地整治，建设面积1039公顷；完成省级投资羊角塘镇灾毁土地复垦项目工作，复耕16公顷。

【项目建设】 2015年，省厅仅安排96公顷新增建设用地指标（含金洞管理区20公顷新增建设用地指标），用地形势持续偏紧。县国土局密切跟进报批进度，加大申报材料整理和跟踪力度。对新增建设用地报批认真排序，重点保障重点工程、重要工业项目、重大招商引资项目用地需求。共完成年产1000万双运动鞋生产线、新型药机配套产品生产线等项目35个，批准用地面积3012.3亩，居全市第一，为省定指标的4倍，受到市里表扬，优先保障水利水电、交通基础设施、保障性安居工程、重大招商引资项目、新兴产业等一大批项目顺利落地。

【权益维护】 2015年，全县无一人因地灾伤亡。针对全县230处地质灾害隐患点，编制并落实12个重点地质灾害隐患点应急预案。组织地质灾害防治工作大检查4次。争取到全县中小型地质灾害隐患点实施工程等项目资金800多万元，涉及4个乡镇6个村100户，帮助300余人脱离地质灾害威胁。完成全县1比50000地质灾害详细调查勘查。征地拆迁有序推进。制订征地拆迁补偿安置工作规范性文件2个、实施建设项目征地拆迁13个，完成征地874.736亩、支付土地补偿费和安置补助费3020.557万元、安置农业人口764人，统筹到位社保资金2557.98万元。在白水、大忠桥、八宝、大村甸和茅竹等地开展空心房治理试点，通过政府奖补资金的引导作用，激发群众主观能动性，顺利推进“空心房”治理工作。

【资源保护】 全年共查处国土资源违法案件158宗，控违拆违48处，面积5500余平方米，申请法院强制执行31宗，移交公安机关追究相关责任案件11宗，刑事拘留8人，逮捕1人，网上追逃1人，移送纪委监察2宗。对21个违法用地地块进行立案查处。复垦复绿图斑面积总计677.7亩。全县违法占用耕地面积占新增建设用地占用耕地总面积的比例为2.53%。查处批而未供土地案件48宗，面积3232.54亩，已完成供地面积588.15亩。共清查出闲置土地38宗，闲置面积799.01亩，现均已处置到位。其中依法收回土地使用权115.8亩，延期开工建设面积416.32亩，督促动工建设266.89亩。清理整顿矿产资源开发秩序成效显著。出动人员达900多人次，制止矿产资源违法行为41起，联合执法23次，查处矿产资源违法案件23

件，移送公安追究刑事责任2件，刑事拘留7人，逮捕1人，网上追逃4人。追缴土地出让金近2000万元。对全县超小量面积房地产开发进行严查，立案98宗，全力追缴土地出让金1880万元，规范全县土地市场开发秩序。

【矿政管理】 全面完成采矿权年度检查工作。县级发证采矿许可证过期公告注销的免检矿山95个，省级发证过期采矿许可证免检的矿山14个。省级发证的年检矿山3个，实地抽查2个，抽查率67%；市级发证的年检矿山2个，实地抽查2个，抽查率100%；县级发证的矿山年检59个，实地抽查49个，抽查率83%。采矿权新立、延续、变更登记发证工作有序推进。办理完成6宗采矿权新立登记发证、2宗采矿权延续登记发证、14宗采矿权延续变更登记发证，收取采矿权价款120万元。因采矿许可证过期公告废止的免检矿山108个，对符合年检条件的64个矿山全部完成年检及数据录入上报。全县共有探矿权10个，其中两权价款项目5个，商业性探矿权5个，争取省厅专项资金，实现勘查投入1214.95万元。对全县省、市发证的矿山企业做好了储量检测工作并编制年度储量报告。

【土地市场管理】 实现土地出让总收入137023.7804万元，其中挂牌出让工业用地13宗，成交价款10876万元，挂牌出让商住用地17宗，成交价款114476万元。办理出让手续237宗，收取土地出让金11671.7804万元。

【专项工作】 土地利用总体规划调整获得省里通过，在省政府确定县中心城区总面积不超过26.8平方公里的总体原则下，把远期城市发展用地、未来发展潜力较大区域纳入有条件建设区，充实祁阳经济开发区、祁冷一级公路沿线以北、环城东路与北路沿线以南的区域用地空间，确保全县城镇用地总面积34平方公里不减少及县中心城区近5年用地需求。永久性基本农田划定工作通过省厅预审。与湖南省地质矿产勘查开发局共同编制矿产资源规划。基础性工作已基本完成，待市级规划出台后立即着手编制县级规划。完成全县1：2000航空摄影数字成图工作及“数字祁阳”框架建设项目的招标工作。农村集体土地确权登记发证工作已通过省厅初步验收。完成全县871个行政村、8527个村民小组、26991宗地、75479条权属界线的外业调查，地籍调查确权村数完成率为100%。已调核落实我县与祁东、冷水滩、零陵土地权属界线接边29处。

【作风建设】 全局抽调3名精干人员，专职负责纪检监察工作，在全县25个镇（办）站醒目位置设立举报箱。对每个月办结业务实行回访，回访率达80%。并按季度将回访结果在全系统通报。同时开展不定期督查。全年巡查210次，查实违纪人员30人、通报批评16人（免职2人、待岗三个月以上6人），警告12人，立案开除2人。

【依法行政】 充分利用世界地球日、国家安全月、全国土地日、测绘日等节点，组成若干宣传组，累计出动18台宣传车深入到全县25个乡（镇、场、所）、县城街道、集贸市场播放法律法规、国情国策录音，开展“送法下乡”巡回宣传活动。同时，辅之以发放宣资料、悬挂宣传横幅、现场咨询、广场文艺晚会等形式全方位宣传国土资源法律法规知识。积极推进依法行政。推行内部会审、集体决策等制度，把依法行政工作纳入各股室工作的重要考核内容，对土地审批、采矿权登记等重大许可事项及涉及人民群众切身利益的土地征收供应、耕地开发管理等重大决策，实行相关股室集体会审。认真办理行政复议、应诉和听证事宜。组织参加行政复议5起，组织参与行政诉讼3起，组织听证2起。

【环境保护】 高标准完成沿

江路、盘龙中路、东路和新兴路土地围挡工作。共围挡土地19处总面积为2600多平方米。帮助龙山街道办柿花园一小区清理菜地杂草300余平方米，清除卫生死角3处，平整路面1500平方米，硬化地面1800平方米。牵头帮扶王府坪社区，拟定社区路灯安装方案，实施小区“点亮工程”。

环境保护

【概况】 2015年，祁阳县环境保护局内设4个职能股室，即办公室、法制管理股、环境监察股、政工股，下设8个直属全额预算事业单位，即祁阳县环境监测站、祁阳县环境保护局浯溪、白水、黎家坪、羊角塘监理站、机动车尾气检测及建筑行业环境监管站、祁阳县环境监察大队、祁阳县主要污染物减排工作办公室。干部职工148人（其中离退休人员14人）。

【全面完成减排任务】 2015年，共实施主要污染物减排项目7个（其中结构减排1个，工程治理减排6个）。主要污染物二氧化硫削减528.49吨，氮氧化物削减110.52吨，化学需氧量削减23.23吨，氨氮削减5.31吨。

【建设项目管理】 全年共清理未批先建问题101个，责令补办环保审批手续57家，取缔关闭10家。全年共审批建设项目35个，否决不符合准入条件的项目2个。

【水污染和大气污染防治】 水污染防治方面，重点完成鑫利冶金公司含重金属废渣废水治理工程；大气污染防治方面，开展饮食业油烟专项整治，督查和指导18家大型餐饮店、21家中型餐馆建立排烟系统并安装了油烟净化装置，370家小型餐饮店自建不锈钢排烟管道至楼顶或下水道，规范油烟排放行为。

【危险废物转移监督】 指导凯盛鞋业公司、科力尔电机公司申请转移危险废物5.8吨。

【开展环保检查】 结合环境保护部华南督查中心对我县督查契机，对皓志新材料公司，东骏纺织品印染有限公司，科力尔电机公司三家违法情节恶劣企业依法处理到位，查处东骏纺织、宝达食品、佳瑞生物3家企业非法排污问题，罚款40万元，封堵直排口3处；组织公安、电力等部门和当地镇政府，对茅竹镇非法冶炼厂、观音滩镇非法洗矿场、白水镇非法小塑料加工厂等8家非法生产、非法排污企业开展联合执法，捣毁5处，查封3处，扣押非法生产设备5台（套），移送公安机关拘留案件8件，拘留8人。

【行政执法和环境信访工作】 2015年，共办理环境行政处罚案件27起，占全市的71%，较去年全年增加15起，增长125%，并在全县行政处罚案件评查中，获得了一等奖；罚款102万元，较去年增长28%。全年共接处信访投诉97件，及时处理和回复率100%；办理人大建议、政协提案12件。

【依法依规征收排污费】 根据相关规定调整建筑施工企业排污费征收标准，并针对页岩砖厂、采石碎石加工场、养殖场、搅拌站等重点行业，专门成立核定小组统一核定征收标准，排污费征收进一步规范。2015年，仅上述4个行业就增加排污费收入50余万元。

【推行主要污染物排污指标交易制度】 全年共征缴排污权费381381.32元，颁发排污权证37份，并完成祁阳东骏纺织有限公司、湖南科力尔电机有限公司等四家企业的排污权主要污染物指标的交易工作。

【县域生态环境质量考核工作】 年内，通过了2014年度考核，编制上报了2015年度全县生态环境质量状况报告。

【推进政府购买环境监测服务】 2015年，按照《湖南省人民政府关于推进政府购买服务工作的实施意见》（湘政发〔2014〕

20号）文件精神，全县通过和市环境监测站合作，实现地表水和饮用水源地水质的全指标分析。

【完善环境保护责任体系】成立祁阳县生态环境保护委员会，出台《祁阳县环境保护责任规定（试行）》和《祁阳县一般环境问题（事件）责任追究实施细则（试行）》，明确政府、各镇乡办场和32个相关部门的环境保护工作责任，细化企业和其他生产经营者的主体责任，规范公民和其他社会机构的环保责任，并规定对涉及六类环境问题（事件）依法严厉追责，真正在环境保护方面实施源头严控、过程严管、后果严惩。

【环保宣教工作】 2015年，主办六五世界环境日主题宣传活动，配合县人大开展了祁阳环保世纪行活动；召开《祁阳县环境保护工作责任规定（试行）》制订听证会，收到各界代表意见建议19条。

【环境行为信用评价工作】2015年，组织15家重点规模企业参与环境信用评价，其中被评为环境合格企业13家，环境风险企业2家。

【农村环境综合整治】 全年共完成全县889个行政村的环境污染状况调查，并委托湖南师范大学编制完成祁阳县农村环境综合整治整县推进项目政府工作方案和项目实施方案。

【生态创建工作】 2015年，茅竹镇创建成为省级生态镇，滴水、肖家、茶园、尹家和老山湾5个行政村创建成为市级生态村。

【环境统计工作】 完成2014年度环境统计工作，共统计工业源43个，农业源170个，集中式污染治理设施1个；规范排污许可证管理，依法依规发放排污许可证共36个。

（敖猛　黄勇）

住房和城乡规划建设

【概况】 2015年，祁阳县跻身国家智慧城市试点县，并成为全省15个新型城镇化试点地区之一，县住建局领导班子团结全局干部职工，按照县委、县政府的工作部署，突出规划龙头作用发挥，突出规划建设监管执法，成绩斐然，城乡面貌发生较大变化，县城城市人口达26.75万，县城建成区面积达25.1平方公里，城镇化率达47%，荣获永州市2015年新型城镇化工作和建筑工程安全生产工作先进县。

【强化规划引领】 2015年完成规划投入1500万元。全年共核发《规划选址意见书》14件。投资328万元，完成城市总规（第四轮）修改，到2020年城市人口控制在33万、建设用地规模34平方公里，2015年9月永州市人民政府批准加快编制专项规划。完成县城道路交通、消防、公共交通、燃气工程、旅游发展、农村生活垃圾专项治理、县城给排水、棚户区改造、排水防涝、园林绿化专项规划等专项规划和浯溪风景名胜区总体规划、经开区建设规划。完成县城控制性规划35平方公里；镇、村规划编制重点突出，完成黎家坪、白水、观音滩、三口塘等四个镇的总规，完成龚家坪云排岭村等15个新农村示范点建设规划设计。

【规划管理与执法】 规划管理精细化。通过规划公示栏和祁阳县规划信息港，对审批项目全部进行批前公示和批后公布，实行“阳光规划”；加强批后跟踪管理和日常巡查。全年共核发《建设用地规划许可证》62件，用地面积23.8万平方米，核发建设工程规划许可证副本199件，建筑面积83.3万平方米，规划核实285件，建筑面积80.3万平方米。遵循法制规划，加强规划执法。以创建示范性小区为突破口，对违规建设行为进行立案查处共151起，召开案审会7期，处理案件135起，制止或拆除新增违章建筑163起，拆除面积5052平方米，罚款430万元。对蒋家园小区、宁安小区等7个住宅小区的所有违章建筑（杂房、车库、围墙等）统一实施拆除，共拆除违章建筑198处，面积4052平方米。采取发布电视公告、采取停水、停电、停止销售商品混凝土、劝拆、强拆等措施，严控新违，共拆除163起，拆除面积4870平方米。始终把建筑安全管理工作作为建筑管理工作的中心工作，贯彻《中华人民共和国建筑法》和《中华人民共和国安全生产法》，落实责任主体负责制，加大监管力度，开展季度安全大检查、日常巡查和专项整治，全年共下达整改通知书72份，停工通知书8份。加强有形市场建设，全年共招投标工程77个，招投标率和报建率均为100%，建筑面积约434011平方米，总中标造价31041万元。

【城乡一体化】 城乡基础建设步伐加快，城乡面貌日新月异。全年完成基础设施投资7.204亿元，其中县城6.352亿元。突出县城发展，提质扩容。加快了旧城改造，完成民生路、盘龙路、新兴路和平安路的改造；供水工程、浯溪水厂扩建已完成，新埠头水厂开工建设，供气工程、管网辅设、供气站场建设进展顺利，污水治理和垃圾治理全面升级，海创垃圾焚烧处理工程投产使用，黎家坪污水处理厂开工建设等。各建制镇完成基础设施投资8520万元，新修下水道16200米，硬化道路12500米，新建垃圾处理场一处，垃圾中转站一处，自来水管网改造15600米等。农村危改整体推进，全年全县完成2500户危改任务。开展传统村落保护，建设美丽乡村。完成潘市镇龙溪村、柏家村、侧树坪村；大忠桥镇双凤村、蔗塘村；白水镇竹山村；肖家村九泥村，观音滩镇八尺村，下马渡镇元家庙村，进宝塘镇陈朝村等13个传统村落档案制作及系统录入工作，其中龙溪村已通过国家级评审，有望列入国家级传统村落保护中央财政预算范围内；柏家村等12个村通过省级专家评审，申报争取列入国家级传统村落保护名目。观音滩镇八尺村被省建设厅命名为美丽宜居乡村。完成智慧城市顶层设计，开展“智慧祁阳”建设，启动智慧教育、平安祁阳、电子政务平台、社区网格化、智慧交通、智慧城管、智慧安监、地理框架结构、智慧政务等建设。

（李湛源）

【城乡总体规划】 全力推进城市总体规划修改。城市总规已完成第四轮修编，省住建厅核定祁阳县城人口与建设用地规模为：2020年控制在33万人、34平方公里以内。2015年9月7日市政府批复同意。

一是围绕基础设施、公共服务设施配套，加快各类规划编制。基本完成消防专项规划、县城旅游发展、公共交通专项规划、燃气工程专项规划。正在编制的有浯溪风景名胜区总体规划、经开区建设规划、海绵城市建设总体规划、县城给排水专项规划、县城棚户区改造规划、道路交通专项规划、排水防涝、园林绿化专项规划，祁阳县城市燃气工程发展规划编制，将报县规委会、县政府常务会审议和县政府批复。

二是围绕转型发展，加快城市重点功能区规划。基本完成县城西片区、县城西区南部、浯溪两厢、经开区片区控制性详细规划；县城南区、县城老城区、东江片区控规等已与省设计院衔接，并完成初审。

三是优化城镇空间布局，积极开展建制镇总规修编及控规工作。已开展县域、各镇域村庄布点规划编制工作；已完成黎家坪、白水、观音滩、三口塘等四个镇的总规成果；完成羊角塘、八宝、大忠桥三镇总体规划修编工作；完成龙溪村、柏家村、八尺村、竹山村4个村传统村落保护及发展规划。

全年共完成规划投入1500万元，共核发《规划选址意见书》14件，审批规划项目79个、共932417.1平方米，审批建筑单体方案153个、共729672.2平方米；组织并召开规委会2次，城建领导小组会议2次及预备会1次，局技术初审小组会议5次以及创建海绵城市、地下综合管廊、园林城市专家评审会。

（贺少涛）

【省新型城镇化试点建设】 2015年，坚持以创建国家卫生城市为抓手，大力实施城区、景区、工业园区和农业示范园区联动城乡一体发展战略，注重基础设施配套，改善人居环境，全力推进全县新型城镇化工作。县城建成区面积达28平方公里，县城人口约26万，全县城镇化率达47%、绿地率35%。完成城市总规修改，基本实现城市控规全覆盖，完成黎家坪镇等四个镇的总规及控规和龚家坪镇云排岭村等新农村规划。全年完成基础设施投资7.204亿元，其中县城6.352亿元，突出县城发展，提质扩容。加快旧城改造，完成民生路、盘龙路、新兴路和平安路的改造。供水工程、浯溪水厂扩建已完成，新埠头水厂开工建设，供气工程、管网辅设、供气站场建设进展顺利，污水治理和垃圾治理全面升级，海创垃圾焚烧处理工程投产使用，黎家坪污水处理厂开工建设等。同时，依据全县生态特色，倾力打造县城绿化、通道绿化、山上绿化、乡（镇）村绿化等精品工程，重点抓好祁阳大道、祁冷快速公路、浯溪路、灯塔路等中心城区主要街道及3个入城口的绿化提升等生态亮点工程建设。

（陆悦婷）

【建筑安全管理】 坚持“安全第一、预防为主、综合治理”的方针，认真贯彻《中华人民共和国建筑法》《中华人民共和国安全生产法》和《建设工程安全生产管理条例》等有关法规，采取多项措施，落实责任主体负责制，加大监管力度，实行定期季度安全大检查和不定期的日常巡查，以及春节、“五一”“十一”及两会期间等特殊时期安全生产大检查，确保全年建筑安全生产无事故。2015年，全县在建工程项目23个，开工建筑面积约32万平方米，其中新开工工程16个。全年完成建筑面积约35万平方米，完成房屋建筑工程建筑业总产值约4.5亿元。全年开展专项整治检查项目80余次，下达整改通知书72份、停工通知书8份，发现隐患185条，现场整改173条，限期整改12条。受理施工许可申请42份，审核发放施工许可41份，其中汀兰华府11号楼获湖南省芙蓉奖。

（唐国民）

【法制工作】 2015年，共组织规划审批许可听证2次，规划审批行政复议1次，规划审批行政诉讼1次，组织调解规划建设领域矛盾纠纷10余次，为建房户提供法律服务50余次，共参与规划建设执法案件审查100余起。全年共审查核批行政处罚案件121起，其中拆除违法违章建筑163起，依法收缴违法违章建筑罚款354万元。开展年度无纸化普法工作。向县法制办及各新闻媒体报送法制信息宣传稿件6篇。全年共组织3次大型法制宣传活动，主要向群众宣传规划建设方面的法律法规和相关知识，累计出动宣传车30余次，印发宣传资料5000余份。

（颜家群）

【规划管理工作】 加强规划日常管理。对在建工程的过程严格查验，突出抓好验线、验槽工作，尤其是正负零阶段对地下室部分的竣工验收工作，全年验线验槽180余处，核实测量大型建筑地下室5处；严格建设工程规划竣工复核，共组织19起重点工程联合规划核实，复核建筑面积超60万平方米。严格依法行政，加强规划审批管理。全年共核发《建设用地规划许可证》62件，用地面积23.8万平方米，核发《建设工程规划许可证》副本199件，建筑面积83.3万平方米；建立违建联动查处机制，建立规划管理股与稽查队（规划执法）信息互通制度，加大对在建工程的规划巡查力度。

（唐刚生）

【规划建筑设计工作】 县设计院秉着“精心设计、不断创新，优质服务，向顾客提供一流产品的质量方针，致力于技术创新，始终以设计精品工程和保持技术领先为己任，全年共完成建筑规划设计项目达800余项，包括办公建筑、商业建筑、医疗建筑、居住建筑、教育建筑、工业园区及城市规划、市政工程、道路设计、总体规划、可行性研究报告等。全年共完成建筑规划总收入达620万元。完成各镇学校教师公租房、职业中专教师公租房、鼎城新都、龙山街道社区服务中心、祁阳一中公租房、三口塘卫生院食堂、时代名城、新田县枧头特色小城镇等建筑设计360个项目，总建筑面积达50万平方米。完成祁阳县职业中专校园规划、三口塘卫生院新址规划、科技工业园公租房规划、县卫生局19个镇卫生院公租房规划、县教育局19所中学公租房规划、祁冷快速扩宽部分道路设计、祁阳县消防总体规划、祁阳县黎家坪镇海创路道路设计、祁阳经开区阳明路安置规划、长虹办事处、龙山办事处8处村庄整治规划、各社区创卫规划设计100个等规划设计项目达260个。

【勘察测绘工作】 完成复兴路、人民西路、栖霞路延伸，熊飞路、中兴二路、金枣路、枫林路等道路放线及纵、横断面测量，望浯园社区、金门山小区、龙山社区、白竹湖社区等示范小区地形测量，富贵世家、金沙湾、汀兰华府、乐活美域、北鼎名府等商住楼盘竣工验收地形测绘，县新埠头四水厂地形测量及潘市镇老司里村规划测量，黄泥塘镇、肖家镇、观音滩镇等6个乡镇卫生院地形测绘，县经开区工业园自然韵黑茶、华庆泡绵等园区招商企业规划指标验收测量，县城建投资有限公司县城西区工程项目土石方工程测量验收和全县15个乡镇合格学校建设的规划测绘放线工作。

【建设工程质量安全监督工作】 2015年共受监工程项目54个，建筑面积1407627平方米，竣工工程20个，建筑面积119025平方米。安全施工开工条件审查率100%。受理质量安全投诉12起，完成起重机械设备备案登记90台，使用登记77台。建立动态监管台账，狠抓企业诚信和市场准入管理，健全建设工程质量保证体系。其中，县汀兰华府11号楼工程获得第二批湖南省建设工程芙蓉奖，华信铂金时代获得第二批湖南省优质工程。全年共开展5次大检查，检查工程130项，共下发停工整改通知书8份、隐患整改通知书105份，下发不良行为告知书5份。

【品质活力乡镇建设】 2015年，祁阳县加大品质活力乡镇建设工作力度，投入2.1亿元，从治理脏乱差入手，深入推进黎家坪、观音滩2个镇品质活力示范乡镇建设。3镇共拆除各类违章棚子3968个，水牌527个，硬化人行道9200米，修建下水道5600米，路灯715盏，街道两旁种树23500株，城镇环境面貌焕然一新。黎家坪品质活力示范乡镇建设全面启动，投入资金1.6亿元，其中城镇基础设施建设投入1700万元；在城区街道两旁和绿化地种植大型树苗近20000株，其中银杏树2000株；该镇还以本镇上市企业祁阳海螺为依托，投资近2亿元。新建日处理垃圾能力300吨垃圾焚烧处理站，为县城3个街道办事处及黎家坪、文明铺、文富市、龚家坪、大村甸、七里桥、下马渡等7个镇40万人提供了垃圾无害化处理服务。

（李平华）

【农村危房改造】 2015年，全县完成危房改造2500户，其中特困户、重点扶贫帮困实施危改963户，占危改指标38.5%；新建五保之家48个，756户；通过危改，优先保障了农村住房最危险、经济最贫困农户的最基本住房问题。突出亮点，整合资源做好结合文章。坚持农村危房改造与传统村落保护发展，精准扶贫、集中养老、小康示范村建设相结合，龙溪、柏家、老司里、八角岭、侧树坪、董家铺、九泥、元家庙、双凤、蔗塘等10个传统村落已修缮一新；梅溪镇城墙村五保之家和贫困户集中建房已成为全村新农村建设一道美丽风景；潘市镇三居委会，观音滩镇双龙村、东木村，文富市镇书林寺村，肖家镇下白莲村，大忠桥镇五保之家成为全县示范；竹山村、八尺村小康示范村建设已成为市、县典型；真正做到了“改造一片、优化一片、小康一片、亮丽一片”。全年先后迎接省涉农资金检查验收，省委巡视七组巡视，市审计局“两房两棚”资金专项审计三次大检查。省巡视七组2015年11月以《好事办好，实事办实——祁阳县农村危房改造工作经验做法与主要成效》向永州市、省住建厅、省巡视办推介，省电视台来祁阳专题采访、播放新闻。

【传统村落保护】 2015年，祁阳县传统村落保护工作取得新进展。一是申报国家级、省级传统村落有新突破。县潘市镇龙溪村被住建部批准列入中国传统村落名录；县住建局、各相关镇村领导高度重视申报工作，精心制作申报资料（宣传资料、上报电子文档和书面材料），全县12个村申报国家级传统村落全面通过湖南省级专家、学者评审，已上报住建部参加国家级传统村落评审。新增潘市镇老司里村、八角岭村、董家埠村，观音滩镇八尺村，肖家镇九泥村，下马渡镇元家庙村，进宝塘镇陈朝村等7个村被列入湖南省传统村落保护名录。二是结合危房改造项目资金加强对传统村落保护有新成效。通过实施危房改造项目资金，对13个国家级、省级传统村落古建筑危房、旧房进行加固、修缮、翻新和人居环境整治，使传统村落古建筑得到保护，重新焕发历史文化光芒。三是编制传统村落保护发展新规划。已委托省建筑规划设计院编制了龙溪村、竹山村、柏家村、八尺村四个村传统村落（2015—2030）保护发展规划。

（桂钦　郑小平）

【生活垃圾处理工程】 为贯彻落实《湖南省人民政府关于推进城镇生活垃圾资源化利用的意见》（湘政发〔2014〕26号），改善祁阳农村环境，结合黎家坪镇海螺水泥的技术条件，建设海螺水泥窑协同处理城乡生活垃圾工程项目，工程共投入资金8650万元，年处理生活垃圾10万吨，并配套建设县城3个街道办事处及黎家坪、文明铺、文富市、龚家坪、大村甸、七里桥、下马渡等7个镇垂直式垃圾中转站，为祁阳县40万人提供生活垃圾无害化处理服务。

（李湛源）

【县城供水】 2015年，共完成供水5160万立方米，完成水费收入1536万元，新增用户1947户，新铺管网16417米，完成县城金盆路、滨湖路、椒山南路3条主干道等供水管网改造15327米，完成安装收入485万元，跑项增资成果丰硕，已到财政资金3062万元，经国家城市供水水质监测株洲监站监测，水厂出厂水水质96项指标全部达标。2014年下半年（收购浯溪水厂后），投资8000万元，扩建浯溪水厂7万吨，提质改造浯溪水厂3万吨，使其供水能力提高到供水能力10万吨/日，2015年2月9日竣工投产，保障全城基本用水需求。

（邓国强）

【新埠头水厂建设】 为完善祁阳经开区公共服务体系，改善生产生活条件，县委、县政府决定在浯溪街道办新埠头村建设新埠头水厂。2013年7月市发改委批准，水厂建设总规模16万吨/天，配套管道建设71589米，项目分三期建设。第一期建设规模为8万吨/天，主要建设内容包括：16万吨/天规模的取水泵房、取水头部、原水管道和送水泵房和8万吨/天规模的格栅配水池、絮凝沉淀池（同清水池叠合）、气水反冲洗砂滤池等水处理构筑物以及技术中心、加药间、机修仓库等附属建筑，建设管道 20141 米，总投资约 1.5 亿元。2015 年完成征收土地 257.89 亩、8 栋房屋拆迁安置和 1 座机砖厂等；完成水厂厂区、真卿路、新埠路、安置小区土石方挖、填、清淤换填总量 50 余万立方米；完成技术中心、清水池基础工程。累计投资 8000 余万元，计划 2017 年 6 月水厂竣工通水。

（邓国强）

【经开区规划建设工作】 2015 年 11 月，完成县经开区总体规划（一区两园：县城经开区，黎家坪工业园，白水科技工业园）程序报请审批工作；完成灯塔路公租房小区（390 套）和长流路公租房小区（382 套）等保障性住房建设；完成园区供排水专项规划，经开区新埠头水厂，完成“三通一平”，已建设厂房；完成白竹污水处理厂建设前期工作，正以 PPP 模式招标；全年勘察测绘、放线大型公建企业 12 处，面积 62 平方公里，村民建房 268 户，全年共联合执法 6 处违章建筑。

（蒋意中）

【市政管理】 2015 年，全县市政工程实现产值 640 万元。完成《祁阳县城排水防涝规划》（2015—2020 年）编制批复；抓好对县城 11 条道路中民生路、盘龙路、新兴路、平安路等提质改造工程的施工现场管理、安全生产管理和质量监督管理工作。完成人民小学老石方拱涵垮塌改造成钢筋混凝土拱箱涵工程，完成大井路、椒山路、金盆东路、桃源路、沿江路两侧污水管网改造工程共计 7837 米，维修检雨井 256 座。完成大井北路、金盆东路、椒山北路、甘泉路、新兴路、浯溪北路等道路雨污分流管网改造工程及施工现场管理工作；做好申报 2015 年祁阳县海绵城市试点县城工作；积极参与做好了“十三五”县污水处理项目规划论证和申报，农村污水治理示范县项目的申报。

（聂金凤）

【城乡建设档案工作】 一是加快馆内档案数字化步伐。全年完成馆内重点档案数字化扫描 2 万页和馆内 80%永久档案级目录的录入工作。二是城建档案利用与服务能力增强。2015 年接待档案查询人员 97 人，查阅档案 380 余卷，为城市规划、建设、房产办理以及案件查处等提供了第一手资料。三是做好档案的接收与审核，全年接收民用建筑工程工程 620 卷，签订建设工程档案责任书 15 份，接收业务和业务技术档案 1422 卷，文书档案 213 件，共著录、审核入库档案 1422 卷。

（刘金元）

【道路提质改造工作】 截至 2015 年 12 月，共完成新兴路、平安路、滨湖路、甘泉路、椒山路、金盆东路等道路自来水管网改造 6.881 千米；完成甘泉路、金盆路、椒山路等道路雨污水管网改造 7420 米；新建盘龙路、新兴路、平安路、滨湖路、椒山路、金盆东路等道路弱电综合管沟 7.1 千米；新建新兴路、平安路、滨湖路、兴吾路、椒山路、金盆路等道路燃气管网 7.65 千米，完成道路绿化投资 90 万元；完成民生路、平安路、新兴路、盘龙路、滨湖路、金盆路等人行道铺装改造 12.9 万平方米，完成民生路、盘龙路、新兴路、平安路等 4 条道路机动车道“白改黑”14.3 万平方米。全年完成工程建设总投资近 6060 万元，完成税收 300 万元。

（彭鑫之）

【信访维稳】 严格规范信访办理程序。将信访事项受理办理分为来访登记、审查接谈、分类告知、调查情况、研究协调、书面答复、送达疏导七个环节。对群众来访、诉求，要 100%登记、告知；对受理的信访事项及书面回复，要 100%书面回复和送达。深入调查研究。摸清群众上访的真正原因，针对信访人诉求，严格依照有关法律政策，就地解决信访问题，有效防范越级上访、缠访闹访和群体集访。实行信访工作责任制。对各责任单位要求限时办结，因工作不力而造成不良后果的进行处罚。全年共接待来访群众60余批400余人次，解决信访问题50余个，通过网上登记信访事项20余件，按期办结47件。

（陆悦婷）

【污水处理工程】 2015年，共投资4500万元新建污水配套管网和旧城区雨、污分流管网38.8公里。浯溪区污水处理厂扩建工程开工建设。完成白水镇、白竹（城南）污水处理厂地灾、压矿、地勘环评和选址以及初步设计；完成白竹（城南）污水处理厂厂区征地（112.56亩）和白水污水处理厂厂区用地（27.18亩）；黎家坪污水处理厂工程开工建设，完成厂区办公大楼、氧化沟、二沉池等土建基础工程等。对县城排水防涝管网等设施的普查，共调查探测地下管网101.8公里，完成排水防涝规划编制和修订暴雨强度公式。

（伍晓）

【创国卫工作】 统一思想，把创国卫当做头等大事来抓，成立专门班子，一月一例会，一月一调度，签订工作责任制，将任务层层分解，逐级落实。开展机关卫生宣传和检查、街道卫生巡查和小区帮扶整治工作，完成蒋家园小区、邵家岭小区、盘龙小区、滨江花园小区等小区的整治规划。编制《祁阳县城改造提质三年行动计划》（2015—2017），涉及大小项目139项。切实抓好规划设计，为创国卫项目的实施提供了技术保障。全年共完成110个规划设计，完成红星美凯龙商业中心、西区农贸市场、综合汽贸城等项目的选址，完成了嘉园公租房小区、微小企业创业园、民生路立面改造、白竹湖广场戏台、王府坪市场改建等项目的规划及建筑设计。开展建筑工程围档等工作，严格审查在建工程的安全和卫生措施，重点检查施工围档、临时设施是否按要求搭设，对达不到安全和卫生要求的坚决禁止施工。

（李湛源　江文文）

房产管理

【保障性住房建设】 2015年，争取中央、省、市资金17738万元，落实城市棚户区改造1600户，公共租赁住房2685套，建筑面积共计14.0179万平方米。嘉园公租房756套、县教育局教师公租房1261套、县卫生局卫生系统公租房286套、经济开发区公租房382套均已开工建设。原种场、唐茹冲、六合岭棚户区改造1600户，正逐户签订征收补偿协议。全年共发放租赁补贴2025户，补贴资金约140万元；完成保障性住房分配入住1552户。有效解决了部分中低收入家庭住房困难问题。开展对保障性住房的后续管理，停止发放73户租赁补贴，清退不符合配租条件的77户。

【房政管理】 2015年，共完成房屋所有权登记3652件，他项权登记1182件，商品房在建工程抵押3件，预告登记1931件，出具房产证明6317份，接待公安、检察、法院、律师及其他人员查阅档案963人次，出具查询结果119份，接受法律文书77件。成功举办祁阳第二届房地产交易展示会。吸引金沙湾、鑫利8号等11家房地产开发企业及其楼盘积极参展，房交会共成交585户，成交面积75847.52平方米，成交金额共计2.67亿元，其中县财政发放补贴资金435.94万元。

【房屋安全监管】 2015年，共签订《白蚁预防合同》142份，《白蚁灭治合同》20份，预防、灭治面积达30.5万平方米；对全县中小学校舍、城镇老楼危楼、直管公房、自管公房、宾馆、保障房、超市和城镇危旧房屋进行定期和不定期排查，特别对苏油坪村建房开挖基础安全隐患问题，白水镇一中食堂木架坍塌问题、新桥街房屋受暴雨侵蚀问题都一一进行排查，共检查房屋2876栋，建筑面积约47万平方米。全面检查装饰、拆除施工作业中存在的严重安全隐患，及时责令业主和施工企业整改，化解危险房屋3栋，面积约1050平方米，化解房屋拆改纠纷20起，下发责令整改通知书80份。完成公房维修78起，维修面积达1800平方米。

【物业管理】 及时研究出台《祁阳县住宅专项维修资金管理办法》，对住宅专项维修资金的交存、使用、监管等工作作出了明确规定，为有序开展监管工作提供了政策依据。加强对房地产开发小区前期物业管理招投标工作，督促鑫利8号等8个项目，对82.36万平方米住宅小区前期物业管理实行招投标，规范住宅小区物业管理工作。同时，积极为房地产开发企业化解矛盾，解决了鑫利政中央交房前，未确定前期物管企业、业主持续上访、不交物管费等一系列问题，并责令开发企业完善基础附属设施，落实物业管理企业。

【房地产市场专项整治】 2015年，共受理房地产市场管理方面的电话投诉60件，信访投诉3件，接待来访31人次，群众满意率达90%以上。组织执法队等相关股室，对全县小商品房开发、无资质开发、拼凑开发、违规预售商品房等行为进行专项整治，严厉打击违法违规开发行为，共发放监察通知书60余份，责令改正通知书20余份，立案5起，发放行政处罚决定书5份。并集中力量对乡镇房地产开发进行专项检查，共检查开发企业或开发商9人次，涉及楼盘8个10余栋，共230套，商铺30余间，总建筑面积约33500平方米，对全县违规建房行为进行了处罚，有效维护了祁阳县房地产市场有秩序的发展。

【创卫及小区整治】 2015年，共投入资金6万余元对1个帮扶小区及两路段进行卫生设施改善。组织召开“创卫”推进会10余次，健康教育讲座4次。将小区整治工作融入到日常管理工作中，着力解决报建不规范、监管缺失、基础设施不到位等不规范问题，纠正房地产开发领域的违规行为，推动小区各项规范化、制度化建设，集中力量完成24个规模小区、318栋、4780套房屋的清查工作，清查总建筑面积达66.8万余平方米，查摆问题12类500余个，整治工作取得阶段性成效，整治成果惠及于民。

城市管理

【概况】 2015年，县城管局在县委、县政府的正确领导下，在县人大、县政协的关心支持下，按照年初“12345”工作思路（围绕“创国卫”这一个中心；突出集中整治和日常监管两大重点，做到“两手抓，两手硬”；推行日常管理网格化、巡逻检查常态化、督查考核“三铁化”三项改革；实现四个目标：做到主次街道无乱搭乱建的棚子、无占道经营的摊子、无乱贴乱挂的广告、无乱扔乱倒的垃圾；建立“五个一”机制：对重要工作实行“一名领导、一支队伍、一台车子、一个标准、一笔经费”的管理机制），用“三铁”措施（日常管理网格化、巡逻检查常态化、督查考核“三铁化”），精心组织，真抓实干，统筹推进，着重强化长效管理机制建设，实行城市管理常态化，实现了城区大变样子，为实现县委、县政府提出的“三至五年创国卫”目标打下了坚实的基础。现有干部职工共551人，其中局机关和执法中队在职人员152人，环卫处399人，路灯所20人。

【市容管理】 大力开展专项整治，城市面貌明显改变，城市管理水平显著提升。坚持“疏堵结合”的原则，主动与城区内“新疆人”进行接洽，安排合适地点，引导其规范经营，老大难问题有所突破。坚持“常态化”执法，突出日常管理，对占道经营和流动摊贩实行错时分班管理，同时每周开展两次高强度集中整治，共查处违规占道行为13068起，其中依法取缔458起，教育整改12610起。

广场管理规范整洁。2015年元月和7月，多部门联动，组织300余人依法取缔王府坪广场61个非法展销摊位和白竹湖广场非法展销会。合理安排夜班组，加强对陶铸广场、白竹湖广场的日常管理，坚决杜绝违规占道的商业促销活动，实现了陶铸广场、白竹湖广场全天无违法违规经营性活动的目标。城区“牛皮癣”得到有效治理。积极探索城区“牛皮癣”治理新模式，学习兄弟县区的先进经验，实行政府购买服务，采取公开招标，由冷水滩华诚和非凡两家公司中标，共同承担城区“牛皮癣”清理保洁任务。同时在项目运作过程中，加大对两家清理保洁公司的指导和管理力度，实施严格的考核办法，突出抓好“牛皮癣”集中清除和日常清理保洁，祁阳城区“牛皮癣”老大难问题得到有效治理，主次街道及居民小区面貌日新月异。洗车店基本达标。

对城区120余处洗车场所进行规范管理，制订部门标准，明确洗车场设置场地要求，共取缔屡教不改洗车店32处，对其余88处经整改达到要求的提供指导服务，强化执法检查。城区内洗车店全部建有专用冲洗平台。

在创卫办的精心组织和全县各单位的共同参与下，开动所有执法车带水巡查，安排所有环卫水车上街备勤，连续作战6天，全面制止中元节乱烧冥钱、冥纸现象。配合王府坪市场改造，抽调60人开展一个月的强力整治，同时安排早班组提前介入，严格管控，取缔了历时十多年“马路市场”。采取定时与不定时巡查相结合的方式，组织执法队员对龙山小学、祁阳二中、浯溪二中、椒山小学等校园周边环境进行整治，加强校园周边秩序和环境卫生管理，消除各类安全隐患，为学生开学营造了良好的学习环境。抽调精干力量成立的民生路精细化管理中队采取“白加黑、5加2”的管理模式对民生路实行精细管理，民生路提前达到“国卫”标准，样板示范作用进一步突显，坚定了全县人民成功创卫的信心和决心。

【拆违控违】 在上级领导重视和兄弟单位的配合下，科学制订全县拆棚工作方法，以宣传劝导为先，强制执法为主，按照“先劝导拆除再强制拆除、先难后易”的顺序进行开展，共拆除违章搭棚5478处，占拆棚任务的97%，违章搭棚基本拆除。

【夜市管理】 采用市场化运作，引进湖南重庆啤酒国人有限责任公司永州分公司建设乐堡夜市城，组织召开县城夜宵经营户动员大会，下发限期整改通知，要求所有占道经营的夜宵摊点全部入市或入店经营。同时坚持每月开展四次以上强力整治，由于宣传到位、措施有力，全县夜宵摊点秩序井然有序。

【渣土管理】 牵头制订出台建筑垃圾管理相关规范性文件，重新组建建筑垃圾管理办公室，安排环卫处负责清洗服务，机动中队负责渣土执法，加大建筑垃圾源头和运输过程的管理力度，坚决遏制随意撒漏现象，减少城区污染。

【广告管理】 开展户外广告专项整治，对主次街道占用人行道的水牌广告、灯箱广告、路灯或电杆路灯上非法发布的零散广告全部进行拆除。共拆除违规条幅415条，拆除各类破旧广告设施1026处，拆除大型户外广告20余处，1200余平方米。

【市政维护】 争取维修资金，顺应民心，主动作为，全年对县城兴浯路、浯溪路及县城背街小巷进行了沥青补修工作，共补修路面120处，计3200平方米，硬化陶铸路、沿江路、人民东路水泥砼路面1500平方米；全年共清理检查井、雨水井300多个，清运淤泥26方，疏通排水管道200米，更换砼管道92米，补缺检查井、雨水井盖共计55块，安装排水管320米。维修浯溪大桥混凝土面层200平方米。加强对县城陶铸广场、白竹湖广场及浯溪桥头广场市政设施的维护，共补修地面砖1200平方米，整修路沿石120米。深入窑背岭小区六次，为群众排忧解难，重新铺设下水道86米，解决了困扰10年之久的排水难、卫生差问题。

【公用事业】 全力护航管道燃气。华润燃气项目于2015年1月通气试运行，全年完成投资4000万元，创造税收近230万元。其中建设市政主管网22公里、庭院管网43公里，新装居民用户3000户、工商业用户10户，全年销售气量50万立方米。加强燃气行业安全管理，对全县四个液化气站进行跟踪管理和督办，坚持每月两次安全检查，及时督促隐患整改。文明铺益宏液化气站和八宝镇辉煌液化气站已获新证，钰鑫和湘粤液化气站通过安评，实现燃气行业安全发展。

（欧方兵）

城市建设投资开发

【基础设施建设】 2015年工程项目建设累计投资1400余万元。其中，万寿路（祁阳大道至复兴路）下水道投资完成122万余元，金盆路（栖霞路至长虹路段）给水管工程及土石方工程完成投资40万余元；栖霞路西侧给水管安装及土石方工程完成投资30余万元，县城西区新中医院人行道工程完成投资27万余元；长虹村给水安装工程完成投资21万元；长虹路给水管安装工程完成投资34余万元；栖霞路东西（银岭路至金盆路西路段）给水管工程完成投资20余万元；哈弗学校至鸽子厂给排水管安装完成投资29余万元；体育路人行道工程完成投资16余万元；大井北路土石方工程完成投资237余万元；小园路工程完成投资27余万元等工程，完成县城银盆路、栖霞路、万寿路，校园路的金盆路至金民路段、金民路、银岭路的硬化，完成盘龙路、新兴路、平安路的提质改造，启动金盆东路、椒山路、滨湖路的提质改造。

【征地拆迁安置】 2015年，开展征地1500亩大目标积极开展工作，共完成拆迁面积3400平方米。其中，2015年1月，解决了吴金山钢材加工专卖店的搬迁问题，确保校园路延伸和原种场桥头拆迁户的安置。5月，解决芹菜甸1组几个临时棚子的拆除和部分群众阻止武装部围墙建设的问题，确保武装部能如期搬迁。6月，处理好杨梅湖周边区域及原种场水淹的稳定工作，妥善处置4月3日的冰雹灾害损失问题。是年6月，处理好祁阳大道的阻工问题，确保祁阳大道创绿验收合格。10月，拆除影响民生小学建设的4栋房屋，建筑面积400平方米。11月，拆迁了影响廉租房工程建设的9栋房屋，建筑面积近1000平方米，并对影响廉租房工程建设的25棺坟进行了迁移。12月，已完成椒山11组10大户的拆迁，拆除房屋建筑面积2000平方米；推进芹菜甸村8组的房屋拆迁工作，签订拆迁补偿安置协议21份，涉及拆迁面积4300平方米。全年做好了县城其他重点项目建设遗留问题的处理工作。

【融资贷款工作】 2015年，全国金融贷款政策持续收紧，通过反复研究国家政策，调整了融资思路，多次与国开行、省农发行等银行衔接申请贷款，贷款资金到位共5亿元。其中，2015年1月，土地储备贷款1亿元全部发放到位，累计使用贷款资金1亿元。6月，以湘江河道治理项目向农发行申请融资2亿元，12月到位贷款资金1亿元；9月，以县城西区农贸市场向农行申请1.4亿元贷款，已组织了申报资料并上报；以原种场棚户区改造项目向长沙银银行申请融资3亿元，12月底3亿元贷款全部发放到位。夯实融资平台。2015年3月，启动资产移交，不断充实融资平台；其中，已将县农机局、县审计局、县住建局、县粮食局、县二轻局、县商业局、县民政局等12处共21000平方米的房产和8处土地共计18465平方米（约27.7亩）的土地资产过户到城建投名下；已将平安西路与复兴路交汇处的75亩土地与平安西路与祁阳大道交汇处46.2亩共121.2亩土地于2016年6月底摘牌过户到城建投名下；6月启动长虹安置小区、前丰安置小区、火车站“一场两路”建设用地、车站物流中心等处土地摘牌过户到城建投名下。

【重点项目建设】 2015年，县委、县政府的安排启动了杨梅湖综合开发工程、城市综合体项目、红星美凯龙家具商业城市项目；新建项目有原种场开发工程、民生路建筑立面提质改造、县城西区综合市场建设工程、县城货运停车场建设工程、绕城路建设；续建项目有祁阳大道建设工程、国有农林场危旧房改造工程、县城区道路提质改造工程、“金沙湾”高档住宅区建设项目、县人民医院综合大楼项目等。

杨梅湖项目开发顺利推进。根据县委、县政府领导安排，由县城建投成立应子公司，即祁阳县开元城建投资开发有限公司，专门负责该项目的运作。截至年底，完成杨梅湖片区开发宣传工作，重点做好杨梅湖周边村组群众的征地拆迁安置等思想动员工作；完成了概念性规划和控制性规划。

县城货运车辆停车场建设推进有效。根据县委、县政府领导的安排，成立了县城货运停车场的工程建设指挥部，由县政府主管副县长任指挥长，相关人员已到位开展工作。截至年底，该项目已完成了初步选址、规划已通过规委会审查，征地拆迁、融资等工作已全面展开。

县城弱电管网建设全面推进。全县除经开区和火车站的弱电管网建设外，配合县城11条道路改造，已全面启动全县的弱电管网建设。年底，已完成了规划、调研、立项、审批、招投标，采取BOT的融资模式，与外商湖南中南人防通信工程有限公司合作建设，正在全面组织实施。

县城西区农贸市场建设有效推进。根据县委、县政府领导的安排，成立了县城县城西区农贸市场建设指挥部，由县政府主管副县长任指挥长，相关人员已进场开展工作。截至年底，已完成了该项目选址、规划已通过规委会审查，征地拆迁、融资等工作工作正全面展开。其中，征地现已完成项目区域内近70%，约80亩的土地征收工作。以此项目向农发行贷款1.4亿余元，已完成招投标，准备开工建设。

原种区域开发建设有效推进。在2014年积极配合原种区域开发建设指挥部搞好了原种场征地拆迁工作的调查、思想动员、踏界、征地拆迁补偿安置方案意见的征求，积极完善相关方案的基础上，2015年来主要对原种场的征地拆迁安置方案进一步征求了群众意见，并处理原种场的各类问题。

环卫绿化管理

【概况】 2015年，县环卫绿化管理处共有干部职工399人，内设办公室、政工人事股、清扫股、清运股、绿化股、财计股、督查考核办七个职能股室，下设渣土管理办、环卫有偿服务收费站、广场管理办、垃圾无害化处理场四个单位。

【环卫作业精细化管理】 根据城乡环境综合治理要求，以争创国家卫生县城为目标，以清扫保洁工作为重点，立足精细化管理，成立“三片两区”（长虹片、浯溪片、龙山片、西区、经开区）五个环境卫生责任区，管理职能和人、财、物全部下放，将日常工作精细管理到每一天、每一条路、每一座垃圾中转站、每一个环节，做到主街每天4扫6洒、16小时保洁，金盆路、浯溪路、人民路、民生路每天冲洗1次，其他主街每周冲洗2次；次街做到每天2扫3洒、12小时保洁。垃圾收集实行上门服务，做到街道垃圾不积压、垃圾装载不膨溢、沿途运输不撒漏。精细化管理重点是抓好"四化"。管理职责清晰化。实行"五定"，即定人员、定地段、定责任、定标准、定奖罚，明确职责，落实责任。将工作重心下移到作业一线和一线岗位，突出对各作业岗位和作业班组作业情况的监管，全面消除管理盲点，形成管理、作业、督查的一体化管理格局。检查制度化。抓好"日巡查、周抽查、月检查、季普查、年考查"工作，加强各项工作日常监管，确保问题的整改和各项工作的落实，实现管理手段精细化。质量数字化。利用数字化表述工作指标，数据化反映工作绩效，及时掌握工作进展情况、工作完成情况，并根据数据对比、总结、分析，找出工作和管理的薄弱环节，有针对性的采取措施，加以整改。要求标准化。每月组织集中评比，以安全生产、工作任务完成情况和质量情况等方面指标为主，结合日检、周检情况，对各单位工作综合完成情况分"优秀、良好、合格、基本合格、不合格"作出考核等级评定，作为年度评先创优的重要依据。

【创国卫工作】 2015年是祁阳县创建国家卫生县城的攻坚之年，在县创卫工作年度考核评比中，以县环卫绿化管理处为牵头单位的市容环境卫生专业组、环卫绿化管理处分别获得了专业组和县直单位A类职能部门两个第一名，出色完成了县委、县政府交办的创卫工作任务。

【园林绿化】 2015年，县环卫绿化管理处以创建国家卫生县城工作为目标，着重抓好广场绿化和重点街道绿化带日常管护工作，及时对广场和街道树木花卉施肥、修枝、杀虫抗旱，补种陶铸广场、金盆路、浯溪路、桥头广场等花卉苗木2000平方米，补种天竺桂、樟树250株。截至2015年年底，建成区绿化覆盖面积1073.5公顷，其中广场绿地面积19.8万平方米，县城人均公共绿地面积11.89平方米，建成区绿地率37.1%，建成区绿化覆盖率42.77%。

【环卫设施】 县政府加大对环卫基础设施建设的投入，先后购买专业街道清扫车、洒水车、高压清洗车，更新全部垃圾转运车和垃圾收集车等，使设备完好率和机械化作业程度大为提高。全年投入526元，先后购置垃圾收集车、垃圾转运车、清扫保洁车、吸污车等22台；添置不锈钢保洁斗车300台；安装可卸式垃圾箱30个、移动式公厕3座；建设垂直式垃圾中转站3座、水冲式公厕2座、环卫停车场一处；改造旱厕4座、垃圾中转站1座。

【建筑渣土管理】 出台《祁阳县建筑垃圾管理规定》，加大建筑渣土的管理力度，对县城建筑工地和施工场地实行跟踪监管、跟踪服务，力求在源头上控制渣土污染街道。委托县住建局代收建筑工地押金，严格审批和监管制度；加大巡查力度，做到渣土装运沿途不撒漏、街道不污染、群众不投诉，县城渣土管理状况有所改观。

【统筹城乡垃圾处理】 购置垃圾压缩车4台、转运拖车1辆、垂直式垃圾压缩机1台，对黎家坪、白水、观音滩、七里桥、下马渡5个重点镇生活垃圾实行转运工作，每天安排转运车辆到各镇收集垃圾，然后转运到县垃圾处理场进行无害化处理，全年转运乡镇生活垃圾13000吨。

（唐致樱）

交通·通信

交通运输管理

【交通重点项目建设】 2015年，祁阳县交通运输建设项目共7大项、15小项，全县交通运输基础设施建设年内实际完成投资2.98亿元。衡永高速、湘桂运河、湘江千吨级航道建设，积极配合市做项目前期工作。祁阳千吨级港口码头建设，完成工可报告、港口总体规划报告和附属报告（初稿）。祁阳县城至冷水滩一级公路（祁阳段9.12公里），1月13日全线建成通车。G322绕城公路项目（8.95公里）：南段1.4公里、北段2.5公里建成通车，中段2.5公里完成路基，征地拆迁工作和高架桥的设计变更有序推进。木金公路祁阳段项目（9.75公里）：匝道桥梁全部完成，路基完成95%，地面道路完成80%，交安及附属设施完成60%，完成投资1800万。祁阳黎家坪—黄阳司—冷水滩马坪公路（祁阳段11.7公里）：完成工程招投标、土地报批和征地、拆迁政策资料准备工作。上岭桥大忠桥公路（祁阳段5公里）：完成了项目前期工作。S231祁阳龚家坪至白竹塘公路（46公里）已纳入了省干线公路建设"十三五"发展规划，正做项目前期工作，其中S231祁阳长虹至白竹塘一级公路（15公里）做好了项目前期工作。

【农村公路建设与养护】 2015年，全县农村公路建设完成123公里路面建设，总投资9739.6万元。全县纳入农村公路建设规划的854个建制村，全部完成水泥路面改造任务，实现"村村通水泥路"，通畅率达100%；危桥改造续建完工3座，新开工8座：羊角塘镇大安桥、剑弓嘴桥，潘市镇幸福桥，挂榜山林场赖家桥，白水镇横塘二桥，下马渡镇新桥等。渡改桥2座：八宝镇李家渡和平桥、株林山桥，和平桥完成桥下部结构建设，株林桥开展勘查等基础施工。争取立项渡改桥项目2座：荷花红渡口桥和黄泥山桥。农村公路养护完成投资617万元。

【道路运输】 2015年新增农村客运班线6条，淘汰老旧客车21台，更新客车24台，全县行政村通班车率达100%。新建农村客运招呼站20个，全县累计建成农村客运招呼站80个，基本形成以农村客运站、招呼站为依托，通达全县100%行政村的农村客运网络体系。发放道路客运车辆燃油补贴478辆、1472万余元；发放城市公交车燃油补贴95辆、486万余元，发放城市出租车燃油补贴200辆、295万余元，使车船主及时充分享受了国家燃油补贴政策。

【水上交通建设与管理】 2015年，发放船舶燃油补贴3252697元。完成黄泥塘、河埠塘、观音滩3处渡口的改造。完成36艘老旧渡船的标准化改造。全县现有渡口45处、非标化渡船63艘（非机动船11艘）、客船76艘、采砂船20艘（湘江标段）、运砂船70艘。2015年，祁阳县地方海事局开展打击非法造船行为和整治"三无"采砂、运沙船舶工作，年内共检查渡口600道次，纠正水上违章行为

158处，整改渡运安全隐患61处，取缔非法造船行为8处，查处非法营运船舶62艘次。对40米以下的运砂船（30艘）全部办理了证照，结束全县运砂船舶无证照的历史。

【城市客运建设】 2015年，新增投放公交车10台、出租车100台。现有公交线路10条、公交车辆134台，出租车300台，公交车营运里程108.7公里。完成县城157个公交候车亭的现场勘察和规划设计，结合县城道路提质改造工程，完成60%的交叉口及港湾式车站改造，完成民生路公交候车亭建设。

【春运】 2016年春运，道路客运投入营运客车547辆，城市客运投入公交车134台、出租车280台。投入客运船舶69艘、渡船48艘。完成道路旅客运输量140.3万人次、水路旅客运输量24.5万人次、城市客运量241.32万人次。对全县道路客运、水上交通、城市客运、乡镇办场的春运工作，采取领导包片、源头监控、定点监督、流动稽查四项监管措施，形成从点到线、从线到片、从片到面的三位一体、全县上下三级联动的保障系统，保障了全县春运工作安全有序的开展，实现了零事故、零死亡，全县春运工作做到了安全优质、平稳有序，圆满完成“平安春运、和谐春运、有序春运”工作目标。

【依法行政】 组织开展基层执法队伍职业化、基层执法站所标准化和基础管理制度规范化“三基三化”建设。加快行政审批制度改革，先后完成行政审批事项五轮清理，所有行政审批事项全部进驻县政务中心，实现受理率和集中办理率100%。规范行政执法行为，梳理规范6项基层站所管理制度，明确处罚工作职责、理顺审批流程，严格站所受理调查、法制部门审查等环节，实行行政审批承诺期限制度，审批提速30%以上。2015年12月，祁阳县交通运输局被省交运输厅授予“湖南省交通运输行政执法评议考核优秀单位”荣誉称号，尹双祥同志被评为湖南省交通运输行政执法先进个人。

【党建工作】 2015年，交通运输局党委以学习党的十八届三中、四中全会和习近平总书记系列重要讲话精神为重点，加强思想政治建设；以严格党内生活为重点，落实“三会一课”、领导班子成员双重组织生活、主题党日活动、民主评议党员等制度，加强基层组织建设，督促落实2个到届党支部换届工作，严格程序、创新方式发展党员3名，全系统现有基层党组织11个，其中党总支1个、党支部10个，党员201名，其中大专以上文化程度党员106名，女党员31名。县交通运输局党委被县委授予“全县组织工作先进单位”荣誉称号，李琼同志被评为全县“十佳”优秀共产党员。以深入整治“四风”为重点，加强党风廉政建设。推动党风廉政建设党委主体责任和纪委监督责任（即“两个责任”）的落实，制订本年度党风廉政建设和反腐败工作计划、任务，并强化责任分解，层层签订了党风廉政建设责任书，有力促进全局系统抓党风廉政建设工作的落实。加强警示教育，加大对党章、宪法等党纪国法学习宣传力度，组织观看警示教育片，印发各地违法违纪典型问题查处情况通报，将新修订的《中国共产党廉洁自律准则》和《中国共产党纪律处分条例》印制成“学习卡片”500份分发给全体党员学习，准确把握党的这把“党纪戒尺”。加强重点部门、重点事项和重点对象监督力度。

【廉政建设】 2015年局系统提拔和调整8名干部，全部按照有关程序办理，并事前征求局纪委监察室意见；坚持新增人员“凡进必考”制度，局下属单位县城市客运管理办公室2015年新增编制人员3人，全部纳入了全县事业单位统一招考；对局属单位县公路管理所渡改桥、公路养护、公路防护的6个工程建设项目，分别按照有关法律法规和程序，统一纳入县公共资源交易中心进行公开招标投标，持续保持了招投标零投诉的良好效果。加强纪律约束，深入开展监督检查。年内先后对局系统违反作风建设规定的8名工作人员在全局进行了通报批评。加强案件投诉受理，全年共受理各类投诉19件，其中县长热线交办件10件、群众来电来访4件、红网论坛舆情信息3件、上级交办件2件，确保每一件投诉调查处理到位，回复率达到100%。同时，配合县纪委、县监察局对县渡口管理站2名同志违反财政纪律问题进行立案查处并进行纪律处分到位。此外，按照市纪委和县纪委安排，派出局纪检监察人员参与市纪委办案1次。强化队伍建设，聘请基层单位兼职纪检监察员9名，拓宽基层单位党风廉政建设的监督渠道，这种做法得到了县纪委、市纪委的高度肯定和推介。2015年2月被县委、县政府授予“2015年全县党风廉政建设先进单位”荣誉称号。

【共青团工作】 积极开展参加“助学一日捐”“文明劝导”“创卫知识竞赛”“单身青年联谊相亲”等多项活动，积极完成了团县委交办的各项工作任务，5月4日，县交通运输局团支部被共青团市委授予“永州市红旗团支部”荣誉称号。

【安全生产】 坚持“安全第一，预防为主，综合治理”的方针，加强领导，强化监督，督促运输企业落实安全生产主体责任，落实监督责任。在元旦、春运、两会、清明、五一、端午、汛期、中秋、国庆等特殊时段，落实领导干部带队检查安全制度，分道路运输、水上交通、城市客运、公路工程4个组，积极开展安全检查督查，确保了节假日特殊时段交通运输安全。加大安全隐患整改力度，年内整改道路交通安全隐患23处，全系统没有发生一起较大以上事故，全县交通运输系统安全生产持续保持平稳态势，被市交通运输局和县人民政府授予“安全生产工作先进单位”称号。

【路政管理】 2015年，积极响应县委、县政府创建“国家森林城市”的号召，加大农村公路绿化种植，重点在肖家村至大江林场公路沿线种植8000株杨树，打造近20公里的绿色通道，受到当地群众好评。积极开展路产路权维护，年内纠正、查处公路控制区内违章建筑6起、清除路障48处计150余方。加大治超力度，检查超限车辆76台。完完善路政设施，对大江林场龙凼村山区道路设置标识牌270块，拆除非公路标志103块。

【交通战备】 精心组织交通战备应急连人员参加应急演练和军事演练。推选部分形象好、素质高的同志参加广州军区的军事集训。进行重点动员潜力统计调查，采集、收集和汇总基础设施、运输工具等方面动员潜力数据，录入到信息管理系统，做到数据准确、全面、详实，为民用运力国防动员做好动员准备。精心组织交通战备现代化建设工作，建立健全各项规章制度，组织交通战备人员加强政治理论、业务知识、相关法律法规学习，推进交通战备现代化设施建设，在2015年全市交通战备现代化建设目标考核中荣获第一名。

【精神文明建设】 践行全民健身活动，开展丰富多样的文体活动。认真组织全局干部职工开展庆“五一”气排球赛、庆“十一”气排球和拔河比赛，积极参加全县庆“十一”气排球和“庆国庆”男子篮球运动会，组织退休老同志参加市、县门球比赛，开展庆重阳节纪念活动，增强了交通队伍的凝聚力、战斗力。开展文明优质服务竞赛，提供文明优质服务。高考期间，县城市客运办组织30台出租车在城区主要地段开展“爱心送考”活动。在城市公共客运和道路客运行业开展文明公交车、文明班车活动。县公汽公司龙蒙祁同志被评为2015年度永州市“十佳”公交车驾驶员，蒋明龙、刘伏生同志被评为2015年度永州市“十佳”出租车驾驶员。开展“文明窗口”创建和群众满意客运站建设，加强文明卫生单位的创建工作，荣获省“文明卫生单位”和县“文明单位”荣誉称号。

（谢文君　欧阳达）

公路建设管理

【路桥改造】　2015年，县公路局实施干线公路改造项目2个，国道G322线K96+850至K98+000，里程1.15公里水泥路面改为沥青混凝土路面大修工程，完成投资320万元；省道S320线K238+000至K241+000，K242+000至K250+312，共计完成11.32公里水泥路面改沥青混凝土路面大修工程，投入改造资金2274.27万元。实施危桥改造2座，省道S320线白水大桥；县道X004线（白水至肖家）两江口大桥，共完成投资644万元。除危桥改造进入扫尾外、路面改造工程被评为全市公路系统工程建设质量第一名。

【迎国检】　根据省、市局“迎国检”工作的统一安排和部署，县局积极准备，全力备检，圆满完成迎接全国公路检查工作任务。成立局长任组长的迎国检领导小组，按照“全面准备、突出重点、深挖潜力、展现亮点、再创佳绩”的总体要求，认真制订迎国检实施方案，做到目标明确、措施到位、狠抓落实，使迎国检在实施过程中“一张路线图”抓到底，“一个实施方案”抓到位，“一个工作目标”抓落实的工作目标；部门配合到位，干线公路建设提前完成，国省干线公路白改黑路面改造工程于7月10日正式开工，为迎接全国公路大检查，工程技术人员优化施工方案，于9月30日全部竣工，比原计划提前15天完成工程任务。路政管理向一线推移，实施管、养联手，建立路政信息平台，及时查处路政案件，巩固公路整治成果，维护公路畅、洁、绿、美。全县国、省干线迎国检共投入迎检经费30万元。国检组对永州养护管理路网服务与应急、技术保障等七类内业资料进行祥细检查，实现国、省干线综合好路率92%的成绩为湖南公路做出贡献。

【路政管理】　路政工作围绕全省“干线公路路域环境建设年”目标，实行标准、职责、考核挂钓的百分制办法。国道G322线祁阳段通过省级“文明样板路”创建验收。到10月底止清除公路路障1669处，拆除公路“非公路交通标牌”3087块，取缔公路边洗车加水点4处，拆除临时厂棚1处，制止违法建筑5处，路政处罚案件1起，处理案件11起，路政案件立案率、结案率均为100%。坚持“人本路政”做到宣传为主，加强同沿路镇村、涉路单位、企业沟通联系和宣传《中华人民共和国公路法》等法律法规，促进路政执法、管理和服务的“三位一体”；加强公路巡逻和打击力度，严格控制违法建筑和损坏公路设施的行为，掌握好时间节点，加强监管和取证，做到公正、文明执法；严格制止建筑垃圾在公路上乱倒、乱卸和飘洒行为，维护公路环境。

6月至10月底，省治超办三次对县治超工作进行明查暗访检查验收，分别以超限率0.8%、0.4%和0.133%的成绩，超额完成省政府下达的车辆超限超载率1%以下的工作目标任务。主要做法是：县治超办高度重视。按照以往做法强势推出治理公路超限超载“严把三关”（严把车、牌、证照关；货运源头关；车辆改装关）、“四个禁止”（禁止车辆非法改装行为；禁止道路货物运输源头超限超载行为；禁止非法改装车辆上路行驶；禁止车货总重超过55吨的非法超限超载货运车辆上路、过桥行驶）、“五个不准”（不准为无牌无证车辆装载，不准为证照不全的车辆装载，不准为非法改装车辆装载，不准为车辆超标准装载，不准为超限超载提供虚假装载证明）、“六个一律”（非法超限超载运输车辆、车辆所属单位、运输企业、驾驶员一律依法处理；非法改装车辆上路行驶一律依法查扣；非法车辆改装窝点一律依法取缔；货物源头违规超限装载的一律停业整顿；妨碍国家机关工作人员依法执行公务的一律依法拘留；治超工作开展不力、治超行为违反规定的一律依纪问责）等措施，为全县治超工作提供了制度保障；全方位宣传营造治超氛围。利用媒体、宣传栏、牌，积极宣传治超工作的重要意义，召开全县治超工作会议，专门布置治超工作，在全县各级、各部门形成治超工作的舆论网，强调当地政府相关部门的工作职责，使治超工作宣传到村、组，做到家喻户晓、深入人心；排查摸底，严格源头管控。吸取过去在治超工作中办法单一、效果不佳的经验，立足实际，采取从源头抓起，将治超工作从路面治延伸到厂矿企业，建立源头管理台账，建立镇派员治超包保责任制，促进源头企业规范装载，做到治超工作在源头上提前介入和预防；联合执法、集中整治。根据《祁阳县车辆超限超载集中整治方案》和市治超办“统一规定、统一标准、统一行动”的原则在全县形成了“源头堵、站上查、点上测、路上巡、面上治”的工作格局，开展同兄弟县治超人员联合整治4次，县内同交警、运政等单位联合执法10次。到10月底共检测车辆99166台次，处罚950台次，扣分处罚10人，卸载56台次共497.29吨。

【日常养护】 以迎“国检”为契机，按照省、市提出的养护标准，定方案、定措施、抓落实。对一线公路站实行计划管理、月度验收，工作业绩与工资挂钩。下达月度生产计划12次，验收12次，完成计划100%，下达日常养护巡查通报20期。全年共铲挖路肩110400平方米，铲挖水沟133100平方米，路面保洁248天，巡路496次，桥涵检查48次，行道树刷白14005株，标志刷新80块，更换标志40块；实行预防性养护，对水泥路面板底灌注乳化沥青和清灌缝措施，防止路顺病害扩展，全年共灌注乳化沥青1362平方，清灌缝2公里、整缝处治1840米；对国道G322线K91+285至K102+400计11.115公里，水泥路面破板进行换板处治，共计完成换板5000平方米，投入破损板修复469.04平方米，投入经费90万元；绿化通道、打造亮点。以国、省道沿线补植补造，提高质量为重点，以县城进出口的主要通道绿化为亮点，采取乔木与灌木相结合、常绿树种与落叶树种相结合、乡土树种与速生树种相结合等方式，栽种行道树8000株，提升通道绿化档次和水平，创造良好的路域环境。

【安全生产】 按照“自我排查、自我整治”的要求，完善公路安全设施，维护人民群众生命财产安全。完善机制，明确责任。成立以局长任组长的安全生产领导小组，实行“一岗双责”，结合目标任务，对照实施标准，层层分解责任，制订工作方案。做好技术指导、工作培训、监督检查、工作调度，切实做到制度保障上严密有效、技术支撑上坚强有力、监督检查上严格细致，确保处治到位。全面摸底，建立台账。4月份联合安监、交警和乡镇对管养的9条干、支线公路进行全面摸底调查，摸清安保设施安全隐患底数，完善和建立隐患基础台帐，落实重大安全隐患挂牌督办制、整治销号制，实现管养公路安保设施隐患管理制度化、常态化。严格标准，夯实基础。强化中心养护站养护、应急、服务“三位一体”的职能建设，完善应急预案，加强对预案的动态管理，提高应急预案的科学性、可行性和可操作性，增强应急预案的针对性和实效性；严格落实一座桥梁一名养护工，一名技术员，一名领导负责的“三个一”责任制，通过经常、定期、特殊三项安检；严格落实安全信息报送工作制度，确定专人负责信息上报工作，提高应急反应的能力；实行安全生产绩效考核，将安全责任的落实作为单位和人员绩效考核的重要内容。县安委、县交安委交办的安全隐患整改事项，按照部颁《公路安全生命防护工程实施技术指南》规定，精心设计，精心施工，精心管理，确保安保工程建到位、治彻底。截至10月底，县安委、县交安委交办共32件公路安全隐患已全部整改到位；投入整改经费179.97万元，设立急弯、陡坡、出口路段公路警告、指示标志、标牌120块，道路标线3000平方米，修筑和新增临崖、临水危险路段铁制波形护栏7044平方米，砍伐沿线公路枯死树木56棵。

【文明创建】 以“筑心中梦想展精彩人生”活动为引领，调动干部职工的积极性。组织干部职工观看历史文献纪录片《筑梦中国》开展精彩人生活动大讨论，用以路为家、敬路为荣，实现公路职工的精彩人生。在工作中以关心、团结、爱护为载体调动工作热情，唤发正能量；发起“读书月”活动，陶冶干部职工情操，完成学习心得100篇；对机关7000多平方米不规范坪地进行了沥青摊铺和标线，绿化区新种植了桂花树、铁树、樟树等绿化树木20株，铺植草皮300平方米，标注了3个停车区和一个禁停区，增加标准停车位13个，硬化坪地300平方米，新建职工家属休闲区一个，改造了机关面貌；关爱妇女、儿童、退休老同志，定期对女同志进行健康体检，鼓励儿童读书，对有困难的家庭小孩上学进行帮扶；召开老同志座谈会，开展门球邀请赛等专项活动，为老同志有所乐、有所学、有所为提供环境，探望职工因病住院，对困难职工慰问21人次，投入专项经费2.1万元，郑智慧同志被评为全省公路系统“十佳工会工作者”荣誉称号。

（邹德生）

铁路运输

【运输生产】 2015年，祁阳站日均办理客运营业的客运列车24对（48趟），其中动车组列车12趟。年初，车站积极与上级主管部门协调，争取永州至深圳北高铁在祁阳站办理客运业务，极大地方便了祁阳人民出行。2015年，祁阳站共计发送旅客859250人次，日均发送旅客约2355人；全年运输进款4443.1万元，日均运输收入为121729元。各项运输生产数据全面超越2014年。

【安全与服务】 2015年，车站始终把安全工作放在各项工作的首位，秉承团结拼搏、精细管理的理念，按照管理规范化、作业标准化、检查整治常态化的要求，为旅客安全出行、方便出行、温馨出行打造一流的软硬件环境。为全面提升服务质量，2015年，车站采取多项举措精心打造“浯之家”服务品牌。如售票厅常年开展微笑服务，候车室全天候开展满意活动等，全心全意为旅客排忧解难，受到旅客的广泛好评。全年共为旅客做好人好事70多起，共收到各种感谢信好和锦旗40多件次。

（谢培忠）

【铁路货运】 2015年，祁阳北站配有专用机车一台，装载机3台，实现24小时作业，日均办理货运列车58趟，装卸20辆，到达和发送货运量达43.8万吨。实现安全生产7000天实现2015年货运量同比增长5%，完成上量增效目标。

（彭炳云 彭新民）

邮 政

【概况】 2015年，祁阳邮政分公司认真贯彻落实省、市邮政工作会议精神，主动适应新常态，抢抓新机遇，积极落实“一体两翼”经营发展战略，加快转型发展和经营创新，各项工作实现新的突破。现有员工250人。

【业务收入稳步增长】 2015年，全县邮政实现业务收入5760.78万元，收入增加绝对值761.13万元，收入规模排全市邮政第1位，收入增幅达15.22%。全县代理金融业务完成收入4775.53万元，增幅13.67%，增加绝对值574.35万元。电子商务构建“商超+便民服务+快包揽投+电商服务”的建点模式，全县邮政便民服务站达247个，代收代缴各类资金达1541万元。

【加快网点建设】 2015年，为解决当地百姓用邮条件，全县装修和改造八宝、三口塘等2个支局，维修观音滩、大忠桥、金洞、进宝塘、黄泥塘等5个网点，新建邮件处理场地和机要场地，对观音滩等14个支局、所进行自助设备机房改造，新增自助设备31台。更新13台投递车辆，为邮政“一体两翼”战略提供了有力支撑。

【抓党风建设】 “三严三实”专题教育工作扎实推进，切实加强企业党建工作。领导班子带头开展学习研讨，认真查找并突出解决谋事不实、管理不实、服务不实、执行不实等“不严不实”问题。有效加强党风廉政建设，加强理论学习，组织学习《习近平谈治国理政》《习近平关于党风廉政建设和反腐败斗争论述摘编》等一系列廉政新规定。强化作风建设，各级党员主动下基层，跟邮路，挂点督导。

【民生关爱工程】 民生关爱体系全面建立。稳步推进职工小家建设，给支局所雇请炊事员，对职工小家进行补贴。开展“两节”送温暖活动，全县共走访慰问职工18人，发放慰问金1.1万元。将职工生日慰问金从100元提升到200元。对年满70、80、90岁整寿的职工父母进行登门祝贺。恢复金秋助学项目，全县共有3位职工子弟受益，分享助学金3000元。增加员工“生育关怀慰问金”，凡是符合国家生育政策的员工，由工会当面祝贺，并给予慰问金。精神文明创建取得新成果。全县以“关爱劳模生活、弘扬劳模精神”为主题，开展一系列劳模座谈、慰问等活动，较好营造了学习劳模、尊敬劳模的良好氛围。

电　信

【概况】 2015年，中国电信祁阳分公司营业收入完成年度预算的100.01%，较2014年完成数增幅9.09%，全年净增移动用户3199户，期末数达到63158户，全年净增宽带用户3143户，期末数达到24028户，较2014年底用户数增幅10.19%，固定话用户流失2856户，期末数用户数达到28424户。

【设施建设】 2015年，共完成建设投资950多万元，新增移动基站25个，达到131个（其中4G基站65个），现有450基站8个，县城FTTH新建、改造区域已全部完成，县城FTTH覆盖区域新增光分纤盒2349个，农村有305个行政村完成了光网改造，新增光缆1309皮长公里。2015年荣获“湖南电信天翼先锋双提升”奖。

移动通信

【概况】 2015年，县移动公司在岗员工80人，其中在职合同制员工74名、劳务派遣员工6名。县分公司设三部、三中心，分别为综合部、市场部、网络部，政企中心、渠道中心、全业务中心，另建城郊、黎家坪、白水、潘市、金洞五个乡镇营业部。

【市场营销】 2015年底，全县移动客户规模达28万户，收入1.54亿元，全县各级社会渠道260个，遍布各个大小乡镇。建设移动基站521个，2G、3G、4G信号基本覆盖到全县每个行政村，全县网络满意度达88.26%，客户服务满意度达 85.57%，取得了良好的社会声誉。

【流量经营】 以场景精准化营销、套餐升档为抓手，推动流量客户结构优化、价值提升。全年完成 4G 客户净增 52853 户，累积完成价值流量用户规模 19.6 万户，移动数据流量月均用户渗透率为 67.78%，同比增长 11.72%，充分发掘客户流量需求，培养客户流量使用习惯，刺激户均流量稳步提升。

【4G 网络建设】 全力打造 4G 精品网络，增强 4G 客户使用体验，确保 4G 网络全面覆盖。加强计划建设全生命周期管理，扎实推进管理提升，确保项目“效益、工期、成本、质量、安全”目标达成。开展 4G 网络深度与广度覆盖提升工作，通过多种优化手段，有效提升 4G 网络在城区深度覆盖和农村广度覆盖的能力，确保 4G 客户感知。深入开展 LTE 网络结构调整等专项工作，不断完善不同场景、不同环境下的参数设置规则，建立针对集团单位等重要场景的高效维护优化体系。要通过对比测试和分析，解决 LTE 网络在规划建设、网络优化等方面的问题。强化小区监控性能劣化处理，大力整治结构与干扰、高拥塞及零流量小区、室内覆盖较差问题，切实提升 4G 网络用户使用体验，确保祁阳移动 LTE 网络质量达到全市优秀水平。

【宽带建设】 全面推进网络工程建设项目，重点推进有线宽带网络建设速度。精细规划、科学开展家庭宽带网规划建设，全年新增宽带小区 99 个，全县小区移动宽带覆盖率达 40%，全年累计开通端口 2.8 万个。2015 年移动宽带净增宽带收入 400 万元。同时，狠抓网络质量基础管理与关键问题解决，网络质量持续优化。

【窗口服务】 秉持“客户为根，服务为本”理念，践行“为民服务，创先争优”活动号召，努力提升客户服务质量，彰显社会责任形象，传承企业感恩文化。定期开展“为民服务”客户接待日活动，聆听客户的心声；为提升客户服务感知，推出星级服务体系，设立星级服务专柜，其中涵盖 20 余项服务关怀和优惠活动，相较原本的全球通 VIP 服务，新推出的星级服务评定标准更科学，覆盖客户更广泛，服务举措更丰富；参与各项服务质量提升竞赛活动，通过应用新技术、新设备等措施，进一步加强新入网客户身份证信息核验，对于非实名老客户，必要时将根据国家法律法规和有关部委工作要求采取限制通信、业务的手段，严格依法履行实名登记制度。

【信息化应用】 推进“宽带中国”战略在祁阳落地，加快祁阳信息化进程。为祁阳县纪委打造“保密手机”平台，金洞管理区财政报账专线系统；为公安、交警打造基于视频监控的“平安城市”电子眼项目；为公安干警打造警务通平台，实现综合查询、刑侦信息、交通管理、社区警务等警务功能；利用移动位置服务技术，为司法局打造数字化，智能化的管理系统—社区矫正信息管理系统，有力的推动司法矫正工作的改革步伐；利用“移动通信网+物联网”技术，服务于电力、水利水文、出租车等多个行业。

【队伍管理】 加强作风与企业文化建设，提升队伍执行力优化激励机制，打造高绩效团队。注重薪酬、福利、培训等多种激励方式并用，持续深化一线员工量化薪酬，强化干部队伍建设，提升队伍执行力。不断强化风险意识，加强对各环节风险点的控制，把各类风险发生的可能性降到最低，做到风险可控。持续推进企业文化建设，将优秀企业文化融入公司发展、运营管理全过程，以优秀企业文化凝聚人心、鼓舞士气，引领发展、争创一流。

（刘军）

联通通信

【概况】 2015年，中国联通祁阳县分公司紧紧围绕：“公众市场要‘稳’、行业信息化市场要‘特’、互联网市场要‘活’、存量市场要‘准’”的四字方针，不断提升营销力与竞争力，渠道规模不断扩张、市场份额不断提升。用户规模超过12万，收入规模达到6100万元。该公司荣获中国联通永州分公司先进集体、收入贡献优秀奖等荣誉称号。

【分类市场营销】 2015年，祁阳联通公司按照省、市公司分类市场营销策略，逐步推进专业化管理与专业化运营，渠道稳盘，实现3G向4G业务全面转型；深化政企合作，成功签定祁阳平安城市建设项目。深化存量经营、提升用户满意度；结合互联网营销思维，线上线下同步发力，推进固带业务提带降费，实施乡镇、农村宽带进村工程。

【渠道稳盘】 2015年，祁阳联通积极面对市场竞争，一方面加强营销部团队的能力培养，另一方面将抢增量经营转型到抓存量经营，进一步深化号卡向终端销售的转型。

【存量经营】 围绕“目标、人员、动作”三个关键点，祁阳分公司通过存量中心团队联动营销部、渠道聚焦6S场景营销、3S+场景营销，紧盯存量用户的保有率与收入保有率，保持各类存量经营指标全市排名前列。

【集团项目拓展】 聚焦法治E本、沃教通、十户联防，落实三项工作：一是持续抓实集团队伍基础管理；二是以行业产品为切入点，以移促固、以固带移；三是加强名单制单位的拜访与拓展，盯紧客户经理每天拜访动作，2015年成功签订《祁阳平安城市项目》。

【项目建设】 2015年，祁阳城区以自有资源新建与合作项目网为中心，扎实推进固网网络覆盖；乡镇以名单制村组资源延伸，扩张区域市场。加强移固渠道复用，大力推广智慧沃家，解决城、乡、村组的“电脑屏（联通极速宽带业务）、电视屏（联通沃家电视业务）、手机屏（联通4G流量应用）”的三屏应用需求。

【团队建设】 坚持“以人为本”的工作理念，一方面加强员工队伍培养，开展多形式业务培训、专业技能培训；另一方面不断优化员工评价体系，鼓励员工勇于担当、不断创新、创优争先的精神风貌；不断强化员工的执行力。

【廉政建设】 严格按照民主生活会与党员群众路线要求、坚持员工绩效公平公正公开，常态化召开骨干成员会议决策重大事件，严格按照相关财务制度收支两条线管理，控制年度预算，营业款收缴管控，各类物资管理帐实系统三方面相符。严格按照党员“两学一做”，提升廉政建设与执政能力，建设风清气正的管理团队。继往开来，祁阳联通公司以祁阳平安城市项目建设为契机，不断提升企业品牌力，提升用户NPS满意度，提升市场博弈能力，承担企业社会责任，以模范带头作用配合本地政府开展各项工作，向用户、员工“双满意”型优秀企业迈进。

（唐红艳）

财税·金融

财　政

【概况】　2015年，祁阳县财政局在县委、县政府的正确领导和上级财政部门的关心支持下，按照“稳中求进”总基调，积极应对复杂困难的财政形势，认真组织财税收入，全力支持经济发展，积极落实财政改革，不断优化支出结构，全县财政运行呈现增长平稳、结构优良、支出有序的态势，为祁阳经济发展提供了坚实的财力保障。局机关现有干部职工162人，下设10个副科级单位和13个职能股室。

【组织收入卓有成效】　按照县委、县政府的决策部署，始终把组织收入放在首位，坚持“保增长”与“优结构”两手抓。严格目标责任制管理，实行局领导负责制，做到任务分解、措施到位、责任到人；多次深入税务部门了解税收动态，督促税收进度；深入重点企业了解经营状况，解决企业困难；与税务部门一起，加强征管，依法治税，堵塞漏洞；规范非税收入管理，加大监督检查力度，做到应收尽收。全年完成财政总收入129036万元，增加18930万元，增长17.2%。

【支持发展多头并进】　认真做好政策扶持、担保融资、财政奖励、创业助企“四大平台”建设，助力民营经济快速发展。安排专项资金2000万元，引导推进新型工业化；拨付企业科技创新和技术改造资金868万元，落实企业贷款贴息1018万元，降低企业融资成本；争取上级补助1亿元支持特色县域经济发展，壮大县域经济基础；调度资金4.7亿元，融通资金2.8亿元，全面支持园区发展和重点项目建设，有力推动了新型工业、现代农业、商贸物流等新兴产业的发展。打捆分装项目，多渠道融资支持项目建设，配合各融资平台公司向各商业银行达成融资意向和签订融资合同25.3亿元。

【民生保障逐步提升】　优化支出结构，压缩一般性支出规模，2015年全县“三公经费”预算4181万元，比上年下降14.8%。保障工资及津补贴的及时足额打卡发放，提高住房公积金财政缴存比例至12%。大力推进合格学校建设及校舍维修改造、乡镇卫生院、交通设施等民生工程。全面完善新型农村合作医疗、城镇居民医疗保障、城乡低保的提标扩面、五保户经费提标等社会保障事业。全年财政总支出完成41.23亿元，其中民生支出34.8亿元，占财政总支出的84.8%，确保了教育、科技、社保等重点领域得到优先保障。

【财政管理日趋完善】　围绕健全公共财政职能，积极创新财政管理体制机制，规范财政运作体系。全面统筹预算内外财力，切实加强预算执行力度，深化财政预算公开，进一步提高预算编制的科学性、完整性、严谨性和透明度。对乡镇试行“工资足额保障、经费整合打捆、协税奖励分成、预算自求平衡”还权于乡镇的财政管理模式。完善全过程绩效管理体系，有效提升项目资金使用效益。加大财政监督检查，开展盘活财政存量资金检查、涉农专项资金检查、党政机关公用经费检查、财政预决算公开检查以及全县重点项目和临时机构滥发补助和奖金清理，全年共清查单位283个，检查收缴违规资金3870.6万元，有效查处和遏制了挤占、挪用和截留资金行为，进一步提高了财政监管水平。

【队伍建设规范有力】 先后组织部分中层干部、业务骨干，参加学习培训，逐步在全局形成“崇尚学习、追求创造”的良好氛围，为领导科学决策提供了依据，推动财政工作的有效开展。积极营造遵章守纪、奋发向上、崇尚服务、清正廉洁、依法理财的氛围，引导和规范财政人的行为。按照“科学、品质、高效、和谐”的财政文化理念，积极发挥局工会、共青团、妇委会等群团组织作用，开展多项有益身心的文体活动，积极开展“志愿者献爱心、博爱一日捐、慈善一日捐，”等为主题的扶贫帮困和文明共建活动，初步形成人心在文化中凝聚，人才在文化中显现，事业在文化中兴旺的局面。

国家税务

【概况】 祁阳县国家税务局2015年年末在职干部职工176人，党员154人，内设15个科室局，下设浯溪、黎家坪、白水3个税务分局，负责祁阳县和永州金洞管理区范围内的税收征管，有纳税人4540户，其中一般纳税人315户，年入库100万元以上重点税源企业36户。县局曾获省“文明单位”“文明窗口单位”“模范职工之家”、依法办事示范窗口单位、“工人先锋号”“四星级办税服务厅”和“全国巾帼文明岗”等荣誉称号。

【税收收入】 2015年，祁阳县国税系统累计共入库各项税收收入39073万元（不含车辆购置税4667万元），比2014年同比增收3024万元，增长8.39%，比市局年度计划38900万元超收173万元，超收计划0.4个百分点。其中，祁阳县累计入库38839万元，比2014年同期入库35555万元增收3284万元，增长9.24%；金洞管理区累计入库234万元，比2014年同期入库减收260万元，下降52.63%。从分税种累计入库情况看，国内增值税累计入库25291万元（其中免抵调库增值税6976万元），同比减收1393万元，下降5.22%；国内消费税入库15万元，同期相比不增不减。企业所得税入库13766万元，同比增收4418万元，增长47.26%；个人所得税（蓄储利息所得）入库1万元，同比减收1万元，下降100%；车辆购置税入库4667万元，同比增收1094万元，增长30.62%。

【依法治税】 全面落实依法行政。按照岗责、责权相当的原则修订部分岗位职责和工作流程，并以此为依据进行执法质量考核评议。认真落实行政处罚听证、执法过错追究等制度，强化对执法行为的全程监督。全县继续保持“三无”，即无行政诉讼、无行政复议、无服务投诉。规范执法程序及执法案卷，做好税务行政许可文书、税务行政处罚案卷、税务重大案审等“三卷”评查。积极贯彻落实各项税收优惠政策，及时落实小微企业、增值税转型、涉农行业相关税收优惠政策，特别是严格执行总局〔2014〕57号公告关于对小微企业免征增值税和营业税的有关优惠政策，对小微企业享受优惠政策做到“零门槛”，全年小微企业免征增值税52万余元。

【落实各项税收优惠政策】 全面推行“全国税务机关出口退（免）税管理工作规范（1.0版），做好出口退税审批权限下放的工作衔接，出口退税管理成绩斐然，有力支持社会经济发展。2015年，该局在督促出口企业积极主动地做好退税单证的收集、整理和退税申报工作，在确保安全退税的前提下，努力提高退税工作效率。对企业申报的退税资料，在合法、齐全的前提下，及时受理申报和审批工作，快速办理出口企业免、抵、退税手续。全年共办理免抵退税5户次，金额9300万元，其中：免抵税4100万元、退税5200万元，无一差错。对出口备案单证进行专项检查工作，整改和完善工作中的不足之处，预防出口企业骗取国家出口退税行为的发生。

【税收征管】 精心组织，确保金税三期优化版顺利上线运行。按照省、市局关于金税三期优化版推广工作部署要求，将推广上线列入“重中之重”的工作，精心组织，集中专人力量，上下联动，在各部门配合支持下，多措并举全力推进金税三期优化版推广各项工作开展，确保了该局金税三期优化版顺利上线。通过实行多期多批次数据清理，严格按照省、市局要求逐笔逐项核对，共清理出CTAIS系统数据差错3454笔，其他9方面信息800多笔，对税收票证、发票、人员数据两次采集和录入1160笔，充分保障各项数据的准确性和完整性。加强纳税评估与税源管理部门的有效衔接。在评估过程中发现的问题及时反馈给管理部门，提出加强管理意见；同时注重提高纳税评估质效。对上级发布的预警信息进行清分归类和过滤，科学地整合，防止分散评估和重复检查，提高工作效能。2015年应完成市局发布的纳税评估预警企业30户，实际完成纳税评估30户，经评估，发现有问题户23户，查补增值税36.3万元元、企业所得税717.5万元，调减亏损额1306.2万元，加收税收滞纳金61.2万元，核补税款入库率和滞纳金加收率为100%。

【税务稽查】 以市稽查局和县局工作要求为导向，始终保持税务稽查对税收违法犯罪活动的高压态势，进一步整顿和规范税收秩序，依法严厉查处各类税收违法行为。2015年共开展各类检查和辅导企业自查入库税款1190.59万元，加收滞纳金82.66万元，罚款6.4万元，超额完成市、县局下达的稽查任务。其中立案检查26户，查补入库总额1135.8万元（其中查补入库税款100万元以上的案件3起）；企业自查入库总额54.79万元。

【纳税服务】 集中业务骨干对照《纳税服务规范》进行全面梳理，出台全市第一本《纳税服务规范业务对接流程表》，对所有涉及的195项业务进行了流程对接设计，确保做到了前后台业务无缝隙对接。探索实行“三单”制，更好地理顺各部门间文书流转和痕迹管理的关系，有效避免纳税人多头跑、效率低、效果差的问题。全年举办纳税人学校6期，培训纳税人近300户（次），培训内容涵盖小微企业和新办纳税人、增值税发票升级、纳税服务规范与征管业务规范、企业所得税汇缴等纳税人重点关注政策，办班方式采取联合办班、外包办班、点对点培训等，针对性强、效果较好。开展信用等级评价，加强纳税人分类管理。按照上级相关文件精神，联合地税部门开展2014年度纳税人信用等级评价工作，共评出纳税人341户，其中评为A级3户，D级1户。

（伍明亮　谢景　黄宁）

地方税务

【概况】 2015年，祁阳县地方税务局现有干部职工164人。其中：在职人员130人，内设行政科（室）7个，直属单位3个，下辖5个税务分局。负责全县1180余户企、事业单位和6000余户个体工商户的地方税收征管工作。县局荣获湖南地税系统地税文化建设工作先进单位、湖南省文明标兵单位、全国税务系统先进集体、全国文明单位等高规格荣誉称号。

【税收收入】 2015年，县地

方税务局紧紧围绕组织收入中心，勤征细管、挖潜增收，地税收入又创历史新高。入库总收入61131万元（包括国税代征310万），同比增收11128万元，增长22.25%，其中入库市局计划口径税收58899万元，为年初计划53115万元的110.89%，同比增收10613万元，增长21.98%。

【依法治税】 认真落实《全国税收征管规范》。及时成立推广领导小组，为落实《全国税收征管规范》工作提供了坚强有力的组织保障。5月7日举办征管规范推广工作的培训，力求每个干部都了解其内容，熟悉其流程。推动金三成功上线。迅速成立金税三期推广工作领导小组，由党组书记、局长任组长，其他党组人员任副组长，各税务分局、局内各单位负责人为成员；办公室设在征管和科技发展科，具体负责推广工作相关任务的组织实施，下设业务及培训组、技术及综合组。集中验证初始化配置、岗责配置、稽查业务流程等是否行得通，发票、票证仓库结构等是否合理；完成业务流程验证37个、可延续性验证40个、在预生产环境办理的业务笔数为111笔；清理异常数据7179条，清理率为100%；全面完成大集中系统导出的4938户正常纳税人的信息核对。在双轨运行期间，县局高度重视双轨演练工作，走完了所有的业务流程，为保证数据录入量，利用节假日、晚上加班加点，充分发扬“白加黑”“5+2”的工作积极性，共录入数据18945笔。开展全县范围的税收大清查。为规范全县地方税收秩序，促进税收及时足额入库，10月份开始在全县范围内开展为期2个月的大规模的地方税收大清查。共检查300余户纳税人，入库税款41340000元，加收滞纳金123800元；移动公安机关立案侦查3户，入库税款2705000元。

人民银行祁阳支行

【概况】 2015年，祁阳县金融运行总体平稳，存贷总量稳步增长，资产质量不断改善，经营效益持续提升。全县金融机构存款余额256.5亿元，贷款余额97.8亿元，分别比年初增加32.00亿元，12.62亿元，存贷较年初增长率分别为14.25%，14.81%，年终存贷比为38.12%，金融机构不良贷款1.88亿元，比年初增加0.28亿元，增幅度达17.5%，不良贷款率为2.01%，同比提高0.95个百分点；金融机构盈利3.23亿元。

【强化窗口指导作用】 年初，出台《祁阳县2015年金融机构加大信贷投入指导意见》，引导金融机构创新信贷产品，加大有效信贷投入，支持区域“三农”及小微实体经济发展。围绕“特色经济强县”开展金融创新，支持农业产业化企业转型升级：支持银光粮油与湘粮集团合作，做大做强银光粮油；引进广东农垦集团与祁阳特色农业龙头企业合作等等。针对“创国家卫生城市”开展金融创新，支持城区基础设施建设：支持县城修建排污管道、雨水管道，白改黑路面，改建人行道和公交车停靠点等基础设施。以“创金融支持现代农业发展示范县”为契机，创新金融服务方式，支持新型农业经营主体快速发展：县农商行开发“三权”抵押贷款、专业合作社贷款、福祥便民卡贷款等。县邮政银行开发专业大户贷款、专业合作社贷款，深受广大农户欢迎。截至12月底，各主办行新开发涉农信贷产品达13种，累计发放涉农贷款3.63亿元。继续贯彻落实普惠金融政策，支持特殊群体创业、带动就业，加大对下岗失业工人再就业、返乡农民工就业和妇女创业贷款的发放和利息补贴力度，加强对民贸民品生产企业贷款的利息补贴，做好安置房、经济适用房建设的金融支持工作。

【综合用好政策工具】 综合运用“差别存款准备金、支农再贷款、支小再贷款、再贴现、常备借贷便利”等政策工具，支持家庭农场、专业合作社、种养殖加工等“三农”企业发展。组织做好降息工作宣传，下调再贷款利率，引导金融机构降低社会融资成本，11月份全县金融机构贷款加权平均利率为7.02，同比下降1.39个百分点。积极搭建银企对接平台。2015年推动银企对接项目达52个，新增贷款授信金额19.67亿元，涉及城市基础设施、水利水电、农业开发、制造业等行业。全年有38个项目获得信贷资金，金额达9.68亿元。

【创新信贷服务方式】 一是有序推进“两支一扶”工作，探索完善“1+N”机制。支行成立领导小组，制订实施细则，把“二支一扶”工作与现代农业示范县创建工作、金融支持新型农业经营主体工作、以及农村信用体系建设有机结合起来，放大“N”的责任和作用。例如：切块农业担保基金、建立风险补偿基金、农村信用体系建设、土地确权颁证等。多次深入金洞管理区调研、摸底，在管理区召开协调会，探讨扶贫方案。通过瞄准贫困农户、瞄准种养大户、瞄准基础设施等三项措施，开展识贫、析贫、扶贫、脱贫工作。二是进一步加大民生金融服务力度，继续做好油茶产业、农村青年创业、妇女创业等金融服务，树立支持一批“大众创业、万众创新”典型；三是辖内各商业银行不断推出创新信贷品种，加大对县域经济发展的支持力度，如祁阳农商业在推广小额农户信用贷款的基础上，将信用贷款推广到家庭农场、农村专业合作社，加大对“三农”经济的支持力度，祁阳建行推出易税贷，加大对小微企业信用贷款的支持力度；祁阳邮政银行推出商户信用贷款，对中小商户发放信用贷款，加大对中小商户的支持力度等；四是大力推进跨境人民币业务发展，开展现场检查，摸清全县跨境人民币业务底子，引导银行支持和帮助企业开展有真实贸易背景的跨境人民币交易。

【创建现代农业发展示范县】 成立高规格领导小组，由县长任组长，常务副县长任常务副组长，相关的县级领导任副组长。将金融支持现代农业示范县创建工作写进了2015年政府工作报告，并作为2015年经济工作目标之一纳入年度全县重点工作。在永州中支的具体指导下，在县委、县政府的大力支持下，“创建”活动开展得有声有色。支行确立主办行、并加大对主办行的业务指导。各主办行根据县“三农”经济发展实际，开发一系列“适销对路”的信贷产品。截至12月底，各主办行新开发涉农信贷产品达13种，累计发放涉农贷款3.63亿元。县财政从中小企业融资担保中心切块1200万元，作为“三农”融资的担保基金，以满足“三农”和小微企业的融资需求。湖南农业信用担保有限公司祁阳县办事处挂牌成立，该办事处成立后，将着力满足“三农”和小微企业的融资需求。为配合支持“创建”工作，祁阳加大土地确权登记工作的力度，到6月底，全面完成958个行政村，34万户农户的80.5万亩土地确权登记工作。为土地流转、抵押贷款奠定了坚实的基础。“创建”工作已顺利通过“永州市创建办”的预验收。

【农村信用体系平台建设】 2015年，全县建立信用镇2个，信用村20个，评定一级信用户5000户，二级信用户2万户，三级信用户5万户，初步完成对全县15万农户的建档工作，对85户家庭农场按照信用信息库的要求建立了电子档案。

【金融改革项目】 稳步推进利率市场化改革，做好五次降息政策学习、宣传解释工作，完善市场利率监测分析机制。推进地方法人机构合格审慎评估工作，平稳推出存款保险制度，成立存款保险工作领导小组，开展存款保险知识宣传培训，加强辖内高风险法人机构存贷款和流动性监测，为全辖2家法人机构办理投保手续。密切关注农业银行“三农金融事业部”和农信社改革试点工作。

【金融统计监测与分析】 全年累计完成中小法人风险监测、物价监测、民间借贷监测、利率监测等12项28次监测任务，完成专题分析34篇。组织力量直接深入到各金融机构调查，走访企业、个体户、农户，广泛开展金融调研，收集资料，了解金融信息，及时向上级和地方政府反馈，累计完成专题调研16篇，完成各项信息反馈31篇。

【国库工作】 对国库部分岗位进行调整，充实一线人员的力量，确定“国债发行”为创新工作的工作思路。组织员工开展多种形式的岗位练兵和国家金库条例等业务知识竞赛，该模式被长沙中支《国库情况交流》推介。深入相关金融机构指导第三、第四期国债发行工作，消灭国债发行空白点。召开纪念《国家金库条例》颁布30周年座谈会。召开国库工作联席会，将支行的国库工作纳入县政府工作目标考核范畴。

【提升会计核算质量】 为提高ACS核算质量，确保业务凭证正确上传，减少业务差错，全行采取坚持交叉审核法，对业务凭证受理员审核无误后，再交由复核员审查，无误后再返回给受理员进行录入。对新业务坚持第三方审核，实行会诊法，由录入、复核及部门负责人共同审查，对照业务操作规程，并向上级行咨询确认无误后进行录入，下半年实现了ACS业务处理零差错。

【全面深化金融服务】 成功召开祁阳县第十二届银企洽谈会。6月初举办祁阳县第12届银企合作项目融资洽谈会，参会金融机构8个，企业53个，达成意向签约项目62个，签约资金19.5亿元。至2015年底，38个项目获得信贷支持，项目履约率61%，资金到位13亿元，签约资金到位率66%。项目履约率、资金到位率均创历史新高。组织开展“金融消费者权益保护日”“信用记录关爱日”“金融知识宣传月”等大型宣传活动，推动征信、金融IC卡、支付结算、人民币反假、金融消费权益保护等活动。

【依法行政】 落实总行新的《执法证管理办法》，做好全辖执法证考核申领、行政许可和行政处罚信息公示等工作。强化法律事务职能作用，加强财务、人事等对外签订合同的审核把关。11月初，根据上级行的统一安排和部署，对辖区财政专户情况进行调查摸底，辖内财政专户（包括金洞财政）存量为143个，涉及8个金融机构37个网点。

【金融稳定创新试点工作】 开展非法集资风险专项排查工作。对担保、小贷贷款、投资公司、典当等信用机构、各类涉农互助合作组织、民办学校等组织，房地产开发、矿产品开发、中小企业等高风险行业融资情况进行全面摸底，开展规范整顿清理投资公司专项行动。加大打击社会非法集资宣传力度。

【反洗钱监管】 成立领导小组，下发文件，开展打击离岸公司和地下钱庄转移赃款专项行动，强化洗钱类型风险提示，切实防范区域性洗钱风险。现场走访农商银行和村镇银行的反洗钱工作，对反洗钱组织构架、内控制度、人员配备及系统建设、业务培训、风险等级、身份识别、尽职调查和大额及可疑支付报告等情况进行查验。

【存款保险工作】 根据《中国人民银行关于存款保险实施有关事项的通知》精神及要求，积极安排部署辖区存款保险工作。成立存款保险组织实施工作领导小组，加大宣传培训力度；组织辖区中小法人金融机构开展投保申报工作。6月上旬，配备专职人员组织辖区农商行、村镇银行相关人员开展业务会讨，认真学习各项制度，6月底完成投保工作，7月份完成首次保费缴纳。

【调研信息工作】 2015年，支行调研信息在中央级刊物上发表文章12篇，省级25篇，市级46篇。与上年相比，数量和质量明显增加。支行政务信息工作被评为永州中支第一名。

【加强制度建设】 完善《祁阳支行院内文明公约》《祁阳支行转变工作作风的规定》《祁阳支行劳动纪律考勤及休假管理》等7个制度，重点狠抓了落实。在实施过程中，规定凡是要求员工做到的，领导必须先做到，做出榜样、做出表率。制度化实施后效果显著：迟到、早退现象明显下降、服务态度明显好转、员工的工作责任心明显加强、工作积极性、主动性大大提高，班子的战斗力、凝聚力明显提高。

【加强内审管理】 开展“两个加强、两个遏制”专项检查自查工作，成立了以行长为组长，分管领导为副组长，内审专干、各股室负责人为成员的领导小组，组织各股室召开股室会议，对照文件检查内容在加强内部管理、强化外部监管、遏制违规经营、遏制违法犯罪四个方面进行认真自查，对自查中发现的问题逐项落实整改责任人，及时整改到位。开展严肃纪律、巩固行政审批制度改革成果的自查工作，在国务院规定之日起，停止贷款卡发放和年审工作，不再对金融机构在办理信贷业务时是否查验借款人贷款卡事项进行检查，及时清理相关制度和规范性文件，并做好对社会公众的宣传解释工作。开展非法集资专项排查工作，按照“谁主管、谁负责”的原则，在全行在职职工及离退休人员自查的基础上，支行按照规定采取有效措施进行全面核查。

【提升办公效率】 开展文件制度清理工作，组织“学制度、用制度”专项活动，建立“靠制度管人、按制度办事、用制度管权”的长效机制。加大重点工作督查督办力度，全面改进文风会风。党委会、行长办公会一般控制在每月一次以内，行务会每月一次。组织开展应急宣传，进一步规范和加强应急信息报送工作。加强信息调研，强化新闻宣传归口管理，做好重点敏感舆情监测工作。加强档案规范管理，开展“6·9国际档案日”宣传活动。组织开展节能减排知识竞赛和宣传周活动，安装启用能源监测管理系统，全行水电费同比减少12%。完成办公用房清理调整工作，推进职工食堂标准化管理，理顺职工生活区物业管理，提升后勤服务与保障水平。

【党风廉政建设】 层层签订党风廉政建设责任书，按照“一岗双责”的要求，做到有布置、有检查、有考核。同时，开展一系列倡廉活动，狠抓干部廉洁自律，严格执行中央“八项规定”，纠正行业不正之风，积极开展群众路线实践教育活动，推进民主管理；坚持从源头预防腐败发生，完成了党风廉政建设和反腐败工作的各项任务，实现了“零案件”的工作目标任务。

【松廉文化建设】 坚持以“扬‘松廉文化’，筑防腐‘大堤’”为主题，以廉政文化进机关、进基层、进家庭、进窗口“四进”活动为抓手，以喜闻乐见、灵活多样的文化活动为载体，全面开展廉政文化建设，营造“人倡廉、廉促人”的良好氛围，牢筑防腐“大堤”，党风廉政建设工作取得了显著成效。支行连续20年保持无案件、无投诉、无事故“三无”战果。11月5日，武汉分行纪委书记张鉴君在市中支行长李志杨的陪同下来祁阳支行调研指导工作。对祁阳支行工作特别是廉政文化建设给予充分肯定，并作了重要批示。

（周云青）

工 商 银 行

【概况】 2015年，中国工商银行祁阳支行全行辖3个营业网点：中国工商银行祁阳支行营业部、中国工商银行祁阳支行城关分理处、中国工商银行祁阳支行浯溪分理处。另外，在黎家坪镇设立一个市行直辖的二级支行，中国工商银行祁阳黎家坪支行。祁阳工商银行年末员工69人，全行在县城内设有2个自助银行网点，拥有15台自动存取款机。全行各项存款余额19.6亿元，各项贷款余额4.68亿元，实现账面利润2752万元。

农 业 银 行

【概况】 2015年，中国农业银行祁阳县支行面对复杂严峻的经营环境，坚持稳中求进，推进经营转型，严控经营风险，加强党的建设，业务经营“升级进位”。2015年年末，各项存款余额达到57.29亿元，比年初净增4.86亿元。其中个人储蓄存款余额为51.95亿元，四大行中市场份额排名第一，较年初净增3.85亿元，对公存款余额为5.33亿元，较年初净增7655万元。

【增效创收建设】 2015年，祁阳县支行实现中间业务收入完成548万元，代销基金业务收入为11万元，借记卡业务收入263万元，对私贵金属销售收入为6.7万元，对公人民币日均自主理财完成1362万元，三方存管业务完成三方存管业务1599户，机构中间业务收入完成129.83万元，外汇存款时点净增9万美元，国际结算量2706万美元，跨境人民币结算量2706万元，结售汇完成1167万元。

【“三农”服务】 2015年，祁阳县支行“三化三铁”创建工作成果显著，无不达标网点，内部控制监督、信贷风险管理案件防范机制、员工行为规范化等工作得以进一步提升。加大服务“三农”业务产品的宣传力度，让老百姓相信农行服务“三农”的决心，从心理上理解和接受农行服务“三农”的产品。

【基础管理】 2015年，祁阳县支行继续健全规章制度建设，完善执行、监督、检查机制。严格执行《中国农业银行祁阳县支行员工手册》，使全行养成遵章守纪的好习惯；加大监督检查力度。行领导每月至少应对基层网点检查一次，主管部门每月至少对基层网点全面检查二次，加强社会监督员的社会督查力度，把内部管理水平与效益工资相挂钩。

【党建工作】 2015年，县农行扎实开展教育实践活动，加强基层党组织建设，落实党风廉政建设，党风行风继续好转，全行为基层员工办好“六件实事”，开展基层机构“职工之家”和员工食堂建设，解决基层员工就餐和健身问题。同时开展员工各职业操守提升活动，对“在编不在岗”问题进行专项整顿。

建 设 银 行

【概况】 2015年，中国建设银行股份有限公司祁阳支行共有45名员工，下辖4个物理网点、5个离行网点。祁阳支行全口径存款281328万元，其中个人存款226498万元、较年初时点新增24685万元、日均新增30870万元，对公存款54830万元较年初新增8254万元，贷款余额55431万元，全年新增24840万元，实现中间业务收入991万元，账面利润3974万元。

【网点建设服务大众】 2015年，祁阳建行以《县域重点发展》为主线，围绕服务、客户、产品、渠道，加大存款及服务的推行力度，率先在全县推出“7+7服务模式”，支行被评为“E先锋优胜支行”，四个网点中有三个网点荣获“E动先锋网点”奖，3个网点负责人荣获“六佳网点经理”

奖。全年信用卡客户新增4550户、分期5565万、CTS8500户。各项电子产品在全市名列前茅。对三个网点进行装修改造，在原三个离行的基础上又新增加二个离行自助银行，自助银行总量达44台，更好地为广大客户提供全面服务。

【信贷投放支持县域经济发展】 2015年，向祁阳宏城建设投资有限公司发放基本建设贷款9000万元；向湖南科力尔电机有限公司授信5000万元；向祁阳县人民医院发放5000万元流动资金贷款；向祁阳县中医院授信4000万元；支持祁阳县中医院2000万元流动资金贷款；支持祁阳县人民医院5000万元流动资金贷款，完成个人信贷投放8452万元。

【企业文化建设】 班子成员以身作则，重点抓观念的转变，抓企业文化建设，抓员工素质培训，抓工作执行力和落实力。严格财务收支管理，优化支出结构。坚持“婚”“嫁”“丧”“生日”等行领导到场送温暖活动。工作之余，组织员工开展趣味运动会、联谊晚会、心理课程减压、员工健身操、戏曲联唱、爬山，主动为员工减压。支行员工参与“我与建行共成长—职业生涯大家谈”演讲比赛，活跃员工精神生活。

【创建文明单位】 以创建“县级文明单位”为契机，全面落实科学发展观，围绕工作职能，不断深化创建工作，积极采取措施，把创建文明单位工作贯穿于各项工作中，扎实开展创建活动，使两个文明建设齐头并进，全行干部职工的思想道德素质、科学文化素质，以及业务技能等方面都有了明显提高，精神面貌焕然一新，两个文明建设取得了显著成效。

支行每季推行一个服务主题，每月举办一期道德讲堂，在网点专门开设“公众教育栏”。积极参与义工、学雷锋、金融知识宣传、志愿者服务、义务献血、下乡扶贫等活动，对于发生特大灾害事件，开辟赈灾绿色通道。近3年来，网点人员岗位交流轮换100%，先后有一名被提拔为市行副行长、四名优秀年轻员工被提拔为支行行长、一名优秀员工被提拔为支行副行长、三名柜员被提拔为他行网点经理和客户经理、二名员工被省行评为一级柜员、一名员工被评为省行五星级员工、一名员工被评为总行二代网点转型先进个人，推举支行员工邓康为“李红英”式道德模范，所辖四个网点中有二个被评为湖南建行“四星级网点”。

（杨红霞）

农业发展银行

【概况】 2015年，县农业发展银行坚持“稳中求进”工作总基调，扎实开展“争先创优、合规管理、队伍建设年”活动，推进全面从严治党和依法从严治行，攻坚克难，砥砺前行，有力地推动各项工作开展迈上新台阶。截至2015年年底，各项贷款62035万元；各项存款19780.14万元；实现利润1064.67万元。

【支持地方经济】 2015年累计发放各项贷款37238.7万元。其中：政策性指令性贷款4588.7万元；政策性指导性粮油调销贷款4800万元；龙头加工企业调销流动资金贷款17950万元；非经营性农村土地整治中长期贷款9900万元。营销中国农发重点建设基金项目5个，投资8310万元。

中国银行

【概况】 2015年，中国银行股份有限公司祁阳支行在职干部职工48人，下辖3个网点，分别为营业部、人民路支行及罗口门支行。现有自助银行6个，离行式自助银行分别设在鑫利大酒店、湖南凯盛鞋业公司、县中医院旁。随着总行对网点的大力投入，该行网点都是全功能型网点，可以办理银监局允许的任何业务。

【创新金融业务】 随着金融业的发展，为了不断满足广大客户的需求，该行近年来金融产品不断创新。一是传统的固定资产贷款、流动资金贷款、房地产企业贷款、法人账户透支委托贷款逐年上涨。二是全球统一授信银团贷款、出口买方信贷、出口卖方信贷、项目融资、可撤销贷款承诺函、不可撤销贷款承诺函、现汇贷款、授信额度企业发债担保等特色融资进展迅速。三是电子商业汇票转贴现、电子商业汇票贴现、财务顾问、企业短期融资券、企业融资评标、企业中期票据、结构性融资、中银国际投资银行、票据贴现、境外本外币融资等亮点突出。四是存款与账户、个人贷款、个人理财、个人汇兑、出国金融、惠民金融、私人银行、中银沪港通、个人银行等全面提升。

【增强盈利能力】 通过加强员工培训，既要技能高，又要业务专。让员工办理业务做到准确快捷。搞好文明优质服务，普及全网点评星，从服务中要效益、出效益。创新金融产品，做好优质服务，在新常态的经济环境中，盈利能力也有较快发展。截至2015年底，实现业务净收入3816万元，实现拨备前利润2617万元，实现净利润2483万元。

【企业文化建设】 坚持追求卓越，诚信、绩效、责任、创新、和谐的核心价值观，崇尚“爱国爱民是办行之魂，改革创新是强和之路，诚信至上是立行之本，以人为本是兴行之基”的办行信念，规范员工爱行敬业、勤勉俭朴、客户至上、诚实守信、依法合规的工作宗旨。以市场为导向，以科技为引领，创新发展、转型发展、跨境发展，将中国银行全球服务品牌提升到新高度。

（王迪）

邮政储蓄银行

【概况】 2015年，祁阳县支行坚持服务“三农”、服务中小企业、服务社区的定位，自觉承担起“普之城乡，惠之于民”的社会责任。年末，各项存款余额48.29亿元，全年净增5.29亿元，新增存款量再掀新高；各项贷款余额7.56亿元，其中个人贷款结余6.5亿元，小企业贷款结余1亿元，全年净增3.1亿元，信贷结余在各商业银行中列第三位，信贷增量在各商业银行中列第二位。

【做好客户服务】 祁阳县支行凭借同业唯一的“自营+代理”运营模式和数量多、覆盖面广的分销网络极大延伸了单位服务范围，利用先进科技手段，突出自助银行、电话银行、网上银行和手机银行构成的电子银行立体化服务体系，让客户真正体验到“银行在我家”的感觉。已形成个人结算业务、理财业务、对公业务、协议存款业务等金融服务体系。以代发业务为例，截至2015年年末，累计代发涉农补贴、新农保、养老金各类资金合计达8.64亿元，年净增3.08亿元，客户交易笔数达238.64万。

【突出信贷发展】 2015年，祁阳县支行坚持“阳光信贷”和“放款高效又省心”的服务原则，全力打造三个强有力的信贷团队，分别被评为总行级小企业特色支行、省行级汽车消费贷特色支行、小额贷款专营支行。在消费贷方面我行积极响应国家政策，支持地方消费环境，大力推进一手房贷、汽消贷，全年共发展1.5个亿，全县金融机构占比达56.2%。此外，通过突击综消贷、信消贷、网贷通，创新乡镇居民二手房贷、车信贷、优质单位职工保证贷等形式持续巩固发展；小企业及小额贷款方面，通过对接公立医院、水电协会，在创新产品助保贷、医院贷、小水电贷方面均取得了小企业贷款业务突破，全年放款量达3600万元；通过搭建再就业平台、农村淘宝电商平台、扶贫贷款平台，一轮接一轮扫街式综合营销，实现小额贷款新高，新增放款达到了5300万元。

【加快网点转型】 2015年，祁阳县支行加强渠道建设、网点改造工程，加大手机银行、网上银行、微信银行等电子渠道及自主设备的发展，现有手机银行、ETC客户数量达实现网点从原来简易的营业场所向自主服务型和客户关系型场所转变，各网点不断更新服务设备，现全县网点存取款一体机共计40台。同时，银行全面提升网点服务形象和水平，将规范化服务纳入日常管理范畴，推动网点服务质量全面提升。

【企业文化建设】 围绕全行中心工作，加强党的思想、组织、作风和制度建设，做好新党员的发展和培养，通过开展党员先锋队金融扶贫、对大江完小留守儿童助学帮困等活动，不断发挥党员模范带头作用，营造积极向上的氛围。积极开展形式多样的员工劳动竞赛、创先争优活动，选出各条线先进，在全行范围掀起“学模范、争先进”的发展氛围。2015年，祁阳县支行先后获得“2015年度一级支行争先奖”、“永州市2015年度农村支付环境建设先进单位”、“支持地方经济发展先进单位”等荣誉称号。

祁阳农商银行

【概况】 2015年，祁阳县农商银行设有13个部室，下辖57个支行，1个营业部，干部职工473人，各项存款74.09亿元，比年初增加11.95亿元，增长19.22%；各项贷款50.01亿元，其中涉农贷款49.35亿元，存款和贷款均居全市信用社系统和全县金融机构第一。实现财务收入5.52亿元，实现经营利润为22478万元，同比增加3065万元。2015年，被评为全省农村信用社“十佳创新示范行社”、全省农村信用社通信工作先进单位、全县统计工作先进单位、全县无偿献血工作先进单位等。

【信贷支农】 优化信贷结构，加大支农力度，围绕农业现代化需求，实施信贷“百千万”工程，为县域经济发展提供良好的金融服务。先后推出农户小额信用、股权质押、在建工程抵押、林权抵押、社团、小微企业联保、青年创业、下岗职工再就业、妇女创业、园林绿化、家庭农场、个体商户、便民卡等10多个贷款品种。贷款发放主要集中在生态农业、小微企业、家庭农场、农业合作社等新型农业主体。信贷支持有机茶园6800亩，家庭农场180户，养殖6000户。重点支持自然韵黑茶等30多家企业上规模、上等级，带动10万农民就业，通过金融产业扶贫，有效改善农村生产生活条件，带动城乡经济繁荣。全年累计发放各项贷款38.89亿元，比年初增加11.80亿元，增长30.90%，其中累计发放涉农贷款34.75亿元，涉农贷款余额为49.35亿元，占比98.69%。

【经营管理】 规范信贷管理和操作流程，实行客户经理等级管理；实行财务收支“双线”管理，抓好反假币、反洗钱等工作，严格执行大额现金支取、大额资金划转实行审批报备；做好资金营运，开展全国银行间市场资金业务，使富余资金得到有效运用；建立资金授权管理中心，大额资金支取、汇划等全部通过授权中心审核授权，有效防范资金管理风险。

【电子银行】 电子银行业务发展迅速，开通网上银行、手机银行、电话银行，开办“惠民一卡通”业务。累计发行福祥借记卡25.87万张；发行福祥便民卡1.56万张；累计开办手机银行15018户，新增9317户；累计安装自助柜员机58台，新增13台；累计安装商户POS机546台，新增197台；安装“ETC”2736台。

【内控管理】 全面落实案防责任制，实施案防保证金和案防积分制，加强案防教育培训，推行网点风险主管制，将案防风险的关口前移。开展非法集资风险专项排查活动，防范声誉风险，抓好安全保卫工作，加大设施投入，积极构建物防、技防体系，对网点营业、守库值班、ATM机等实行全程监控管理，确保安全无事故。

【队伍建设】 加大劳动人事改革力度。推行支行行长竞聘、员工组阁上岗制，建立后备人才库，强化技能抓培训，举办支行行长、客户经理、风险主管、“三行一通”业务、新员工上岗前、全员营销项目等多项培训。努力打造文明服务窗口，营业部和三吾支行被评为永州市三星级网点，同时，营业部被评为湖南省银行业文明规范服务“百佳示范单位”。

中国人寿

【概况】 2015年，中国人寿祁阳支公司有城区营销部2个，农村营销服务部6个，建立兼业代理窗口13个，拥有500余名营销员队伍。中国人寿祁阳支公司机关设有经理室、综合管理部、个险销售部、团险销售部、银保销售部、客户服务部等6个部门。全年总保费收入12534万元，其中满期给付8239万元。在祁阳寿险市场所占份额为50.33%。

【企业文化建设】 2015年，中国人寿祁阳支公司秉承“成己为人、成人达己”的核心经营理念，牢固树立“用专业和真诚赢得感动”的服务宗旨，将“始于客户需要，终于客户满意”作为全体员工的行为准则，将满足客户的需求放在第一位，不断建立与完善续期保险收取制度、住院慰问制度、理赔承诺制度、VIP个性化服务制度、“95519”二十四小时多功能服务、银行收付费服务等全新的服务方式，先进的管理理念、健全的服务网络、人性化的服务平台，为加强经营管理，提高服务品质提供坚实可靠的硬件保障，争取到广大客户与市民的好口碑，树立中国人寿品牌服务形象。

（陈海艳）

中华联合财产保险股份有限公司

【概况】 2015年，中华联合财产保险股份有限公司祁阳县支公司下设经理室、综合科、业务科、客户服务科、农险科，共有工作人员17人，其中经理室成员3人。

【保费收入稳步增长】 2015年，实现保费收入3600万元，其中商业险保费1831万元，同比增长19.77%；农险保费收入1769万元，同比增长4.18%。险种经营涵括机动车辆保险、责任保险、企业财产保险、农业保险、短期意外险及健康险等。农险经营险种扩展到能繁母猪、育肥猪、公益林、商品林等险种，是祁阳县政策性农业保险的主要经营主体之一。

【服务工作持续创新】 公司实行客户服务工作规范化、流程化，简化理赔手续，创新服务手段，理赔工作提质提速。2015年车险当期结案率达到92%，2000元以下小按结案周期1.98天，客户满意度迅速提升。在湖南省保监局制订的保险理赔服务指数考核中，中华保险理赔服务属于A类公司（理赔服务高于当期行业平均水平）。祁阳县支公司在内部正能量的推动下，积极开展“中华保险、理赔不难”“中华行、车险正能量”“中华好司机”等客户服务工程，优质服务获得客户的肯定，车险优质客户续保率达72%，位于全省前列。以合规经营为底线，广泛宣传，在每个乡镇制作墙体广告、宣传栏、印制宣传手册并发放到每一个农户，做到承保、理赔公开、公平、公正，受到广大农户的一致好评。

【大力开拓销售渠道】 开拓销售渠道，与育才代理合作开展平险学习业务，与各大车队进一步加强合作，获得出租车公司、专业运输公司肯定，开展“保险进社区，保险进学校，保险进农村”活动，拓宽经营范围，坚持细分渠道，服务广大车主。

【内控管理持续加强】 公司制订覆盖全业务流程、全管理线条、全管理层级的各项规章制度，员工行为都必须按照制度规定严格执行。定期开展内部检查活动，检查结果与员工绩效工资挂钩，坚持以制度管理为根本，着力打造合规经营文化。

科技·教育

科学技术

【概况】 2015年，科技对经济社会发展的贡献率达到54%。全县高新技术企业达9家。新增高新技术企业2家，复审高新技术企业2家，申请专利188件，授权127件。祁阳县是全省科技特派员工作先进县、科技成果转化示范县、湖南省可持续发展实验区、国家智慧城市试点县，继续保持“全国科普示范县”“全国科技进步先进县”称号。宏泰铝业荣获第四届中国创新创业大赛优秀企业奖、“全市科技工作”一等奖及市级5项科技奖。

【科技计划项目】 2015年，申报省级以上科技计划项目25个，其中国家级项目6个，争取项目资金781.24万元。以“统筹推进农业工业化和农业生态化，促进城乡发展一体化”为实验主题，申报祁阳县国家可持续发展实验区，制订实施可持续发展建设规划。该项目已顺利通过省级评审，正在部际评审中。同住建局一起成功申报国家智慧城市试点县。申报“湖南省县市区科技服务与创新能力提升专项特色产业类”科技项目4个，获省300万元的专项支持资金。安排县本级科技计划项目21个，安排项目资金60万元，围绕县工业园区建设，重点支持一批科技含量高、经济效益好的企业和一些技术潜能优、市场前景好的后备企业，促进企业科技创新和技术成果运用。

【科技成果】 继续实施“湖南省科技成果转化示范县”项目（2013—2016年）。湘江稀土和皓志科技通过高新技术企业认定，宏泰铝业和科力尔电机公司通过复审。全县高新技术企业达9家。宏泰铝业与湖南科技学院合作，组建企业创新团队，荣获第四届中国创新创业大赛优秀企业奖。获市级科技奖5项。其中天龙米业“优质稻‘天龙1号’的选育与应用推广”获市科技进步一等奖，皓志科技“氧化锆抛光液生产工艺研究与开发”获市技术发明二等奖。全年研发引进先进适用的新技术、新品种136项，重点推动转化自有科技成果技术10项，其中专利技术8项。金浩茶油、银光粮油、皓志科技、科力尔电机、宏泰铝业等规模企业通过成果转化和专利技术转化，极大地促进了企业发展。

【知识产权】 全年申请专利188件，授权专利127件，授权发明专利26件。在各种宣传活动中接受咨询500余人次，现场答复群众疑问200多条，发放宣传资料10000余份。采取集中授课、流动课堂等方式，逐企业现场指导和培训，大大地提高了企业专利意识。宇晖机电获省专利产业化项目。深入大型商场、药房等县内企业开展专利执法检查，查处假冒专利42件，专利侵权案件2件。

【防震减灾】 开展“5·12”世界地震日宣传活动，发放地震相关宣传手册和资料约5000份。在浯溪一中举办大型防震减灾紧急演练，全校3100名师生共同参与此次紧急疏散和宣传教育活动。

【科技特派员】 全县选派科技特派员31名（市5名、县26名），其中农业科技特派员19名，医卫科技特派员12名。实施科技开发项目16项，引进各类新品种12个，推广各类新技术10项。

【科技服务】 以技术转移综合服务平台为主要载体，在全县25个镇乡办场设立信息服务站点，提供科技信息服务，培训科技人才，联系科技项目，推动科技成果转化。帮助宏泰铝业与湖南科技学院、银光粮油与中南林业科技大学建立产学研合作关系。开展“世界知识产权日、科技活动周、地震宣传日、科普活动月”活动，组织相关单位和学会在民生路、白竹湖广场举行科技、知识产权、地震宣传活动，免费发放宣传资料2万余份。继续开展农村实用技术培训。5月和10月两次深入25个镇乡办场开展农村实用技术培训，免费发放农业科技资料，参训人员达5000人次，发放科技资料2万余册。

（杨芬丽）

教　　育

【概况】 2015年，县教育局机关内设19个股室，下辖各级各类学校（幼儿园）380所，其中幼儿园144所，小学（含教学点）193所，初中28所，九年一贯制学校7所，特殊教育学校1所，普通高中4所，中职学校3所，在校学生（幼儿）14.4万余人，教职工1.1万人。

【党政重教】 县委、县政府始终把教育作为最大的民生工程和品牌工程来抓，教育强县步伐更加坚实。出台《关于加快普职高教育发展的若干意见》《“名优校长教师激励工程”实施方案》等重要文件，为教育改革发展提供了前所未有的政策支持。召开县委议教会、政府常务会、教育表彰会、现场办公会等，及时研究解决国家级农村职成教示范县创建、县直高中办学经费及教师绩效工资、学校电力设施改造、中小学专职门卫配备等热点难点问题；力推联系学校制度落实，县级领导和县直部门全年为联系学校办大小实事160件，帮扶资金近500万元，大抓大办教育的氛围空前浓厚。2015年，全县预算内教育支出占财政一般预算支出的21.7%，支出总量较2014年增长15.58%，财政教育投入所有政策性口子均得到依法落实。一年来，教育强县建设取得重大阶段性成效，《中国教育报》《湖南日报》《湖南教育》《永州日报》等主流媒体以专版形式进行了宣传报道。全年共发放义务教育学校“农补”、农村偏远小学骨干教师特殊津贴、校长绩效津贴和乡村教师生活补助2360余万元，一线教师、骨干教师、农村教师有了更多的获得感。以庆祝第31个教师节为契机，启动实施“名优校长教师激励工程”，表彰奖励“十佳校（园）长”和名优教师，广泛深入宣传模范事迹，广大干部教师的职业成就感、幸福感明显提升。

【协调发展】 一是学前教育基本普及。启动推进下马渡镇中心幼儿园等5所公办园建设，创建普惠性民办园10所。全县在园幼儿2.4万人，学前一年毛入园率99.2%，学前三年毛入园率80.8%。县中心幼儿园顺利通过“市示范性幼儿园”评估验收。二是义务教育更趋均衡。投入1.5个亿，完成24所非完全小学合格学校建设，改造农村薄弱学校50所，启动推进1119套教师公租房建设，城乡办学条件差距进一步缩小。将164名新教师、110名特岗教师全部分配到农村边远薄弱学校，引导300余名教师交流到缺编学校，促进了师资均衡配置。同时，着力加强基层学校常规管理、特色创建的督查指导，有效提升了整体办学水平。全县中考平均合格率、平均优秀率、科平均分、单科合格率全市领先。三是普高品牌正在形成。2015年高考，全县一、二批本科上线2023人，其中一本上线631人，上线人数和上线率居全市第一，203人被全国十大名校、“985”院校和“211工程”院校录取；祁阳一中一、二本上线率保持全市第一，进入全省10强，3人被清华北大录取，1人被人民大学录取，6人被空军航空大学录取（居中南五省第一），2人分别获得全市文、理科状元。2015年下期高一全市统考，全县囊括全市前3名，全市前10名占7人，全市前100名占43人；高二联考和高三全市统考，全县优势明显。四是职业教育蓬勃发展。县职业中专数控实验室、绿化景观工程、教师公租房等项目建设顺利完成或有序推进；现在校学生突破7200人，对口升学率连续5年居全省第一，学生就业率100%，成功入围首批“省卓越中职学校”行列，创建“全国中职改革发展示范校”工作取得决定性进展。全县顺利通过“国家级农村职业教育和成人教育示范县”省级验收。五是民办教育渐具特色。着力在政策、师资、经费等方面支持民办学校健康有序发展。剑桥小学、伯爵小学、小哈弗幼儿园等一批民办学校和幼儿园相继开办。陶铸中学入围省级骨干民办学校，爱国幼儿园入围省骨干民办幼儿园，云龙中学、宏文学校被评为市骨干民办学校，哈弗中学在全市的影响力持续扩大。六是特殊教育稳步发展。支持县特殊教育学校适度扩大办学规模，惠及51名智障残疾儿童；鼓励引导轻度适龄残疾儿童随班就读，全县三残适龄儿童入学率达84.56%。

【德能并重】　积极搭建平台，全面加强教师队伍建设，教师整体素质全面提升。一是师德建设富有成效。广泛开展以“弘扬高尚师德，争做‘四有’好教师”为主题的师德教育实践活动，评选表彰县级师德标兵29人、最可爱乡村教师20名，通过树样板、抓示范、强引领，掀起了比学赶帮超的热潮，广大教师的敬业奉献精神明显增强。二是师资培训力度更大。依托国培、省培和市县培训，全年培训干部教师8000余人次。13人被聘为国培、省培课程专家，为县级全省之最。县教师进修学校被评为“省远程培训工作实施先进单位”。祁阳县跻身“省国培计划项目县”行列。建立10个县级名师工作室，名优教师的辐射带动和示范引领作用充分发挥。三是党风廉政建设跃上新台阶。抓牢抓实基层党建工作，开展党建承诺“排行榜”活动和党建网格“心连心”活动，基层党组织的凝聚力进一步增强。严格按照“两个责任”的要求，认真落实“一岗双责”。扎实开展“两条例一准则”学习教育活动和党风廉政建设教育月活动，着力抓好对财务、基建、招生、人事、采购等重点领域和薄弱环节的监管，系统内不敢腐的氛围基本形成。四是作风建设呈现新气象。巩固拓展群众路线教育实践活动成果，扎实开展“三严三实”专题教育活动，强力整治损害师生群众利益行为。全年共通报批评违纪干部教师10人，诫勉谈话和责任约谈违纪干部教师8人，处分违纪干部教师14人。在全县组织的群众满意度测评中，县教育局位居“满意单位”前列。

【推进改革】　积极稳妥推进各项改革，教育发展活力不断迸发。一是人事制度改革扎实推进。实行干部述职述廉和满意度测评制度，对17名满意度低于60%的干部进行了诫勉谈话或组织调查，责令辞职1人；扩大学校自主管理权，推行高中阶段学校中层干部由校委会公开遴选产生制度，让13名德才兼备、师生认可的优秀教师走上中层岗位；配合遴选15名优秀干部进入高中校长后备人才库，有效激发了队伍的干事创业热情。二是课堂教学改革纵深推进。重点在初中学校推进以小组建设为核心的课堂教学改革，培育了浯溪二中、陶铸中学初中部等7所市、县级课改示范校和一批课改标兵，课改对教学质量的贡献率大幅提升。三是质量评价改革稳步推进。完善初中学校教学质量分类评比奖惩制度，突出“平均合格率”这一关键指标，形成了旗帜鲜明抓质量，齐抓共管提质量的生动局面。哈弗中学、祁阳七中、浯溪二中、下马渡镇中学、大忠桥镇三中、龚家坪镇二中等学校的教学质量名列全县同类学校前茅。四是食堂管理改革广受好评。明确教管中心监督责任和中小学校主体责任，不定期开展食堂管理专项整治和“回头看”活动，学生伙食质量和安全得到有效保障，全年共清退学生结余伙食费423万元，全县学生食堂管理工作受到省市专项督查组及广大群众的充分肯定。

【内涵提升】 立足实际，着眼内涵，素质教育工作不断深入。一是德育工作亮点纷呈。各学校以“三爱三节”“学雷锋”等系列活动为载体，让学生在参与中成长，在实践中收获，营造了事事渗透德育、处处凸显德育的浓厚氛围。祁阳一中、县职业中专、浯溪二中、白水镇中学、民生小学、黎家坪镇荷叶塘完小等学校的德育工作主题突出、特色鲜明。二是“雏鹰争章”初成品牌。各小学因校制宜、创新举措开展“雏鹰争章”活动，在培养学生良好行为习惯和积极向上的阳光心态方面得到了群众普遍认可。椒山完小、进宝塘镇中心小学、文明铺镇中心小学、下马渡镇中心小学等一批学校堪称优秀代表。选送的《如何开展“雏鹰争章”活动》参加省少先队知识赛课获得特等奖第一名。代表湖南省参加共青团中央组织的少先队工作现场会作典型发言。三是国学教育蔚然成风。大力推进“国学经典进课堂”活动，学生人文素养和语文能力得到有效提升，语文学科成绩在全市高考、中考（合格率、优秀率超市平10多个百分点）中遥遥领先。浯溪二中、白水镇中学、西区明德小学、椒山完小、八宝镇中心小学等学校学国学、用国学氛围浓厚，成效显著。四是体艺教育再结硕果。成功举办第22届全县中学生体育运动会和首届教职工男子篮球赛，师生竞技水平普遍提高。县职业中专代表队参加全市中职学校男子篮球赛获得冠军。选送4个节目参加全市第5届中小学生艺术展演获得3个一等奖、1个二等奖。参加全市教育系统离退休教育工作者第18届门球邀请赛和全县首届职工全健排舞大赛均获得一等奖。五是文化建设有声有色。城乡一大批学校文化走廊、文化雕塑、文化标语随处可见，一草一木、一角一景独具匠心，充满了浓郁的文化气息，文化育人功能得到充发发挥。西区明德小学、人民中心小学、进宝塘镇中心小学等学校跻身全市校园文化建设样板校行列。六是创卫创绿有板有眼。各学校特别是城区学校将创国卫工作摆在突出位置，力促文明礼仪教育和健康教育进课堂、进家庭、进社区，营造了浓厚的创国卫氛围。县职业中专、县中心幼儿园、龙山完小、民生小学等学校基本达到创国卫示范校标准。广大师生爱绿、植绿、护绿意识明显增强。一年来，共美化绿化校园5万余平方米，祁阳一中、祁阳四中等4所学校获得全市“绿色美丽校园”称号。

【公平惠民】 凸显公平正义，教育惠民工程深入推进。一是学位建设加力加速。扩大浯溪三中、西区明德小学、陶铸中学小学部等6所学校办学规模，支持伯爵幼教集团创办伯爵小学，新增学位近2000个，城区学校“大班额”问题得到一定缓解。二是帮困助学广泛开展。全年共发放学前教育资助金、义务教育贫困寄宿生生活补助、中职助学金、生源地信用助学贷款、中央彩票公益金、县教育基金会资助金等各类资助金近5700万元，资助困难学生2.88万人，救助特困教师100余人。三是维安维稳扎实有效。印发安全和法制教育宣传单44万余份，排查整治学校安全隐患341处，开展学生用车专项整治4次，组织校园周边环境综合治理专项行动4次；及时排查化解信访矛盾130余起，妥善处置原民办教师等信访事件30余起，全县教育大局总体和谐稳定。四是教育管理效能提升。教学常规管理常抓不懈、常抓常新，祁阳一中、县职业中专、长虹街道教管中心、肖家镇教管中心、浯溪一中、浯溪三中、下马渡镇中心小学等就是其中的杰出代表。成功构建了管督分离、具有祁阳特色的督学责任区模式，第一、第二督学责任区的工作更加到位、成效突出。坚持依法治教，全年共办结人大代表建议、政协委员提案24件，解决了一批群众关心的热点、难点问题。

祁阳师范学校

【概况】 祁阳师范学校2015年被批准为省“两型”示范校、祁剧传承学校、中高职（学前教育专业）衔接等项目建设单位。全日制学生3900余人，成教类学生1000余人，教职员工182人。校园内绿树成荫，布局合理，教学、生活、活动设施齐全。小教是龙头（五年制订向与非定向），幼教是主干（五年制、三年制、对口高考），其他专业（航空服务、电子商务、祁剧表演等）枝繁叶茂。其中，学前教育专业是全省三所示范性特色专业学校之一。

【德育工作】 学校历来把德育教育摆在学校工作的首位，坚持“育人为本、质量为先、弘扬个性、全面发展”的办学理念，坚持育人工作人人有责的全员育人理念，坚持“教学育人”“制度育人”“环境育人”“活动育人”等四育，将育人工作融入到学生学习生活中，做到“教书育人于细微处”。坚持做好“三会”工作，即每两周一次主题班会，在班会开展活动中注意将传统美德融入其中；每学期举行两次班主任工作经验交流会；每学期进行一次德育工作研讨会。坚持每周一的升国旗仪式和国旗下讲话活动，每个月出一次黑板报活动。开展“师德师风伴我行”征文活动、“文明新媒体，责任你我他”活动、“三严三实专题教育”活动、“禁毒教育示范校”创建活动、“文明交通伴我行”主题征文活动，启动“文明交通示范校”创建工作。举行“创建森林城市，构建绿色祁师”签名活动等。

【教学工作】 2015年，学校教学常规工作常抓不懈。严格按《新课程设置方案》开齐上足每一门课程，不随意增减；进一步规范和强化教学常规检查管理工作，加强每天的课堂考勤，及时通报并处理违规教学人员，对在教学检查中优秀人员给予表彰奖励。

针对该校新教师多的现状，学校把提高教师队伍素质作为提高教学质量的一项重要工程来抓。搭建新教师成长平台，给教师的提高和发展指路子，提出目标要求，使他们明确努力的方向；通过实施“一帮一”结对子活动，以老带新，相互学习，相互促进，使青年教师尽快成长；组织新教师公开展示课竞赛活动，提高新教师的教学水平和能力；增派新教师参加（国、省、市）培训，增长了见识、开阔了视野。

突出师范特色，下大力气狠抓学生技能考核。学生的技能考核有写字（钢笔字、粉笔字）、普通话（朗诵、讲故事、演讲）、声乐、器乐、舞蹈、形体、绘画、手工等。技能考核要求人人参加，个个过关，对各项技能考核优秀的学生给予奖励，考核不及格必须要参加补考，在补考中出现2门不及格，不能及时毕业。同时，将技能考核的成绩纳入到班级考评、班主任考评、任课教师考评中，充分调动班主任和任课教师的工作积极性。由于该校十分重视学生的技能考核，学生的技能水平提高很快，毕业生具有能说会道、能写会画、能唱会跳、能弹会奏的鲜明特色而深受用人单位的欢迎和喜爱。

学校以“学生”为中心，在努力抓好文化知识的基础上，利用周日上午开展丰富多彩的第二课堂活动，开放而有序的兴趣小组的开展，充分尊重学生的个性，贯彻落实“全面+特长”的教育目标方针。年度运动会、广播体操比赛、班级排球赛、乒乓球赛、讲故事比赛、法制宣传、安全教育等活动的开展丰富了学生精神生活，活跃了校园气氛，优化了育人环境。

学校立足于为本地教育事业服务的基点，2015 年学生的教育见习实习主要安排在永州市内。采取集中见习和实习的方式，由学校统一联系小学、幼儿园等用人单位进行见习实习，见习实习期间学校领导老师深入到见习实习单位指导、督查、了解情况，促使学生在思想上、业务上得到全面锻炼，从而掌握实践技能，尽快适应工作的需要。

【培训工作】 祁阳师范学校是永州市中小学教师培训中心和永州市小学幼儿园教师培训基地。一方面学校狠抓本校教师继续教育，另一方面主动承担市级各项培训任务。2015 年度，开展了永州市中职学校公共课教师继续教育培训、永州市民办幼儿园骨干教师培训和普通话水平测试培训，三期共培训学员近 1000 余人。

8 月 5~9 日，学校承担了来自全市民办幼儿园骨干教师 90 人的培训任务，培训的内容为学前教育前沿知识和理论，尤其是幼儿园五大领域活动的开展，培训的形式有专题讲座、小组讨论、案例分析、实践操作和专家点评，培训的专家主要有，省内大学知名学前教育专家，优秀园长和一线幼儿园骨干教师。培训期间管理严格，学员学有所成。

8 月 1~10 日来自全市 11 县区中职学校语文、数学、英语、社会主义核心价值观等公共课 278 名教师在学校进行为期十天的培训，培训内容主要为公共课教材解读、教师职业道德和心理健康教育、课题研究等，培训形式有出版社主编的专题讲座、培训学员的说课。本次培训分班分学科进行，培训结束评选优秀学员和说课比赛一、二、三等奖若干名并由市教育局颁发荣誉证书和奖金。

【招生与就业】 在招生竞争日趋激烈的情况下，全校教职员工同舟共济，2015 年学校招收新生 1544 人，学生流失率控制在 10%以内。就业工作稳步推进，学校邀请有影响的企业家、教育专家等来学校讲课、培训，加强就业指导。学校举办 2 次毕业生供需见面会，为毕业学生提供岗位 1000 多个。全年有毕业生 1400 人，就业工作从 3 月份开始，8 月份基本到位，9 月份结束，学校统一安置 835 人次，自主择业 565 人，所有毕业生已全部就业，就业率 100%。在本地就业的 880 人，去珠三角等及其他地方就业的 520 人，安置的用人单位 280 多家，对口就业率高。特别是幼师、小教、航空服务专业的学生，直接进单位到对口的岗位就业，就业层次高。学校推荐安排的单位信誉比较好，质量高、规模大的单位，如东莞理想教育集团、广州友才教育集团、深圳聚豪高尔夫球会，邵永、永篮高速公路等，工资待遇高，学生实习就业的补助一般在 1800 元/月以上，沿海 2500 元/月以上，特别是在深圳聚豪高尔夫球会实习就业的航空服务班学生，人均月工资在 5200 元以上，社会反响好。

祁阳一中

【概况】 2015 年，祁阳一中有教职员工 357 人，其中特级教师 3 人，高级教师 112 人，一级教师 128 人，国家级骨干教师 2 人，省级骨干教师 7 人，市名校长 1 人，市级名师 2 人，市级学科带头人 14 人，市级骨干教师 19 人，在校学生 4000 余人。学校教学设施完备，多媒体教室、宽带网、有线电视网能满足现代化教学的需要，教学大楼、实验大楼、图书馆、体艺馆、教工宿舍、学生宿舍、塑胶田径场、标准足球场、篮球场、游泳池等设施一应俱全。曾先后荣获“湖南省先进单位”“湖南省绿色学校”“湖南省文明单位”“湖南省依法治校示范学校”“全国劳动技术教育先进学校”“国家基础教育实验中心外语教育研究中心实验学校”“空军招飞工作成绩突出单位”“教育部课题研究先进单位”等68项省级以上殊荣。中央电视台、湖南电视台以及《中国教育报》等多家媒体对学校进行过专题报道。

【学校管理】 学校实行校长负责制、教师聘任制，不断规范校务公开行为，充分发挥教职工民主治校的作用。中层干部都是通过2012年和2014年两次竞聘后分别上岗的，在每个学期末都组织全体教职工对中层干部进行量化测评。学校下设办公室、教务处、政教处、督导室、教科室、总务处、团委、三个年级部。人员配备合理，职能界定明确，运转高效。建立“分线管理、层层负责、以班级为管理基础、以年级部为管理层级”的教育教学管理体系。做好校务公开，建立健全教职工代表大会制和校务公开民主管理制度，每年定期召开教代会，听取报告审议学校重大建设与财务账目，明确学校校务公开的组织机构、公开内容、工作重点、校务公开途径与形式、校务公开程序等。成立校务委员会，并聘请宝塔社区负责人、法制副校长、家长代表等共同参与学校管理与监督。

【教育质量】 2015年高考，祁阳一中再创新高，一本突破400人，二本上线人数突破950人，一、二本上线率再居全市榜首，所有科目平均成绩居全市第一。奉琳、蒋慧玲分别获得全市文理科状元。蒋慧玲、郭志雄被清华大学录取，唐章富被北京大学录取，6人被空军航空大学录取；高二学业水平考试一次性合格率保持在99%以上；获得“全国招飞十强学校”“全国校园足球特色学校”“教育部课题研究先进单位”等多项荣誉称号。《中国教育报》《湖南日报》《永州日报》等多家媒体对我校进行了宣传报道。

【教改教研】 学校教研特色鲜明，形成以省市学科带头人为核心、全校教师积极参与的教研氛围，教师积极参与课题研究。有110余人次参与了课题研究，占教工总数30%以上。2015年7月，该校研究的省电教馆的《互联网与高中心理健康教育的研究》已经结题。目前，尚有国家基础教育发展中心的《高效课堂的有效性》和教育部课题组组织的《高效课堂与有效教学模式研究》、县级课题《如何增强语文教师的幸福感》等三个以上课题在研究中。

【特长教育】 2015年，把招飞工作作为推进学校发展的一项特色工程，在认真总结以往工作经验教训的基础上，重点在“选好苗、保好苗”工作上狠下功夫，招飞工作成效显著，学校获得“全国招飞十强学校荣誉称号，居中南五省第一。另外，学校每年举办科技周活动、校园运动会、校园艺术节，为学生提供一个施展才华，展示风采，锻炼自我的舞台。学校挂牌“全国校园足球特色学校”。

【文化校园】 学校一贯重视校园文化建设，以为师生创设优美的自然环境、舒适的生活环境、健康的心理环境和勤奋的学习环境为己任。学校书岩文学社先后荣获“全国写作教学优秀团体”“全国中学示范文学社”等荣誉称号。校报校刊《祁阳一中》《一中教研》在首届“梓桐杯”全国优秀校报校刊评选活动中，荣获综合项目铜奖。校园整洁美观，做到绿化、美化、亮化，绿化率达到了75%。步入校园，给人以美的熏陶和健康向上的启迪。

【自主管理】 学校充分调动学生自主管理的积极性，实行班级轮流值日制度，对学生的学风、纪律、卫生、礼仪等各个方面进行全面督查。学校开设专门的心理咨询室，帮助学生进行正确的心理调节。学校组织学生开展各种社团活动，合唱团、舞蹈团、文学社、美术组、书法组、科技组等社团极大地丰富学生的课余生活，使德育活动异彩纷呈，其中尤以足球队、乒乓球队最为活跃。

（冯杰）

祁阳二中

【概况】 2015年，祁阳二中在职教职员工319人，其中专任教师277人，高级教师94人，中级教师129人，初级教师45人。全国优秀教师2人，湖南省特级教师3人，省市级骨干教师22人，县级名师工作室2个。上学期有教学班59个，学生3785人；下学期有教学班58个，学生3932人。

【硬件建设】 2015年，该校多渠道筹措资金，进一步改善办学条件，加强学校基础设施建设，优化教育环境。暑假期间，运动场旁旱厕改水厕竣工，经验收合格交付使用；高二男生公寓供水设施整体更新；协助承包方进行临街铺面改造。引入民间资金近150万元进行电力扩容，安装变压器容量为800千伏安，为学生宿舍和教师办公室统一安装空调，极大地改善了办学条件。9月份食堂灶具及配套设施改造，各食堂添置了“三防”设施和电子灭蚊灯。在学生食堂安装电开水桶，24小时为学生免费供应开水。添置了1500套新课桌和500套铁床，为班主任办公室统一配置了书柜。10~12月，深圳校友捐资10万元修建的艺术长廊竣工，成为学校一道亮丽的风景。12月完成大礼堂古建筑整体加固及屋顶维修项目的立项设计。

【教学成绩】 2015年高考一二本上线人数81人，其中17人上一本线，圆满完成县教育局下达的高考任务，生源提高率再次雄居全县第一名。高二学业水平考试一次性合格率为87%。初中毕业班参考人数230人，全县前100名4人，前1000名36人。在全市高一期末统考中，永州市前30名3人，模拟上线人数居永州市示范性普通高中第一名。

【德育工作】 积极开展国家贫困助学，为全县教育发展基金捐款，为患重病的师生募捐献爱心等活动。加强法制教育和禁毒教育，举行“珍爱生命，拒绝毒品”和“崇尚科学，远离邪教”的师生签名活动。每个学期举行两次班主任经验交流会；每两周开讲一次健康安全课；每月开展一次收缴管制刀具的活动；举办一次学生应急疏散演练活动。该校与市消防支队联合举行消防、防震演习，使学生从“演习实战”中学会使用消防器材、自救逃生、互救等技能。举办交通安全宣传展览，对通学生骑车上学情况进行清查，与学生签订骑车上学安全协议书。利用学校广播、黑板报、横幅、标语等宣传工具及举行主题班会、讲座、安全征文与知识竞赛等形式开展丰富多彩的安全教育。开学初、放假前、节假日等关键时间，学校及时进行安全提醒，每周的广播会和周一升旗、活动课时间，政教处都小结安全工作，强调安全事项。学校安全规程操作到位，安全措施防范有力，形成全方位、多渠道、上下齐抓共管的安全网络，确保学校和谐稳定，全年未发生一起安全责任事故。

3月，校团委开展“青春与雷锋同行”系列活动。5月，举办首届校园歌手大赛。6月，进行环保作品竞赛，倡导环保行为，开展保护湘江母亲河调研等环保活动；组建了学生社团，社团活动开展有声有色。现场书画比赛、汉字听写大赛、“感动二中十佳学子”颁奖晚会等活动，全面展示了社团活动成果。

加强家校互动联系。学校通过校讯通等平台，加强与家长的沟通，就社会与学校一些大的事情多次印发告家长书。召开初一和高一学生家长会；

组织召开陪读学生家长会和通学生家长会；组织召开校外辅导员和行风监督员会议，增进交流、达成共识，收到了预期效果。

【教研成就】 在初中部全面深入开展课堂教学模式改革，大力推进“质量课堂”创建工作，向课堂45分钟要成绩。先后推出课改示范课、青年教师课改比武、课改评优等活动。12月在全县中小学课堂教学改革督导检查评比中，学校的课堂教学改革获得县一等奖和优秀组织奖。课题研究成绩斐然，有6个省市县级课题立项，其中桂红卫主持的《排解青少年心理障碍的研究与实践》、王玉成领头的《新课改背景下高中历史有效教学的研究与实践》尤为突出，影响颇大，反响特好。全学年在各级各类报刊发表或获奖的教育教学论文、教改成果85篇，其中国家级2篇，省级7篇，市级12篇。

【体艺教育】 在永州市中学生运动会上，女子篮球队夺得全市第一名。11月底，该校成功召开第20届田径乒乓球运动会。全校58个班共530名运动员参赛。12月底，我校成功举办第六届重华艺术节，文艺晚会和书画展览激发了学生的潜能，提升了学生的自信心，丰富了学生的精神世界。

【学科竞赛】 4月，参加全县“墨香”书法大赛取得骄人成绩。高二428班胡琳荣获高中组硬笔书法一等奖，高三420邓宇轩、唐浩铭荣获高中组软笔书法二等奖，刘惠、奉慧丹等获得三等奖。八年级1301班易慧艳、1304班卢霜青均荣获初中组硬笔书法一等奖。1204班的陈芷卉的小制作《LED夜光灯》等6位学生在祁阳县第十九届青少年科技创新大赛获二、三等奖。

【教师队伍建设】 实施“青蓝”工程。青年教师“推门课”“研讨课”“汇报课”，耳目一新；老教师言传身教，公开课、示范课，课课精彩。学校每期组织召开两次班主任、管理人员及青年教师德育经验交流会。加强技能培训。学校多举措助教师业务发展，2015年有260人参加了“高中学科教师远程研修培训”，65人参加了国培计划培训，124人参加了市培计划培训，129人参加学分补修培训，实现“十二五”全员学分达标的目标。学校按要求完成教师各种培训的学分登记和上报工作。2015年3月，该校荣获祁阳县2014年度教师培训工作考核二等奖，荣获祁阳县2015年度教师培训工作考核一等奖。

【名师工作室】 2015年10月祁阳县教育局在该校组建物理、地理名师工作室，分别由湖南省特级教师谭又平、刘朝晖担任主持人和首席名师。物理名师工作室集合了全县38名优秀教师，地理名师工作室集合了全县15名优秀教师。两个工作室均进行了卓有成效的教育教学研究工作，很好地发挥了名师的示范辐射作用。在这两个工作室的带领下，学校其他各科教师纷纷申请加入各自学科的名师工作室，据统计全校有43名教师参加了各级各类名师工作室。

【校园文化】 召开四次宣传工作专题会议。由校友捐资10万元兴建的艺术长廊集中展出了学校的办学特色、教育教学成果、优秀师生事迹、学生作品等。利用文化长廊发布了一系列专题内容。学校网站改版后更加美观大气，创建“祁阳县第二中学”微信公众号，积极宣传学校，学校网站全年共发布师生稿件568篇，向教育信息网上传优秀稿件122篇。

【人文关怀】 从7月1日开始，学校工会为每位老师都订购生日蛋糕，让老师们感受到了学校大家庭的温暖。为全体教职工购买了大病保险和价值50元的永州市职工医疗互助保险，为全体女教工购买了一份特殊疾病保险。“三八”妇女节组织了女教工活动，“十一”国庆节进行了教职工气排球赛，丰富教职工业余生活，反响较好。全年召开两次退休老师座谈会，走访老教师，慰问了患重病的教工李兴建同志。祁阳二中杰出校友唐金龙、赵承军发起成立的“祁阳二中教育基金”，每年各拿出10万元用于奖励祁阳二中的优秀师生及资助贫困学生。

祁阳四中

【概况】 2015年，祁阳四中现有高中教学班56个，初中教学班4个，在校学生4200余人，在职教职员工277人，专任教师202人，其中高级、中级教师150余人，省市优秀教师、明星教师、卓越教师、骨干教师、学科带头人共50人。

【高考成果】 2015年高考，该校本科上线569人，其中二本以上上线256人，继续领跑永州市高中。特别惊喜的是，该校有15人中考成绩在全县400~1200名的学生进入全县高考前400名；有30人中考成绩在全县1200~1500名的学生进入全县高考前1000名；有63人中考成绩在全县1500名以外的学生进入全县高考前1176名。生源提高率为142.5%。文科二本以上上线59人，上线人数在永州市所有高中排位第6名，文科上线率以绝对优势居永州市前列。传承了闻名遐迩的四中文科特色。

【学校特色】 一是全力打造人文气息浓郁的校园。该校处处彰显出“人文精神”的校园文化特色。学校利用优美的环境和文科优势，打造人文校园，在教室、走廊到处张贴名人名言、字画和学生手抄报。积极开展“读书沙龙”活动，举办书画展、诗歌朗诵会、文学采风活动、文化经典背诵比赛和征文比赛等多项活动。新叶文学社、枫叶电影制作社、梦冉话剧社、DH街舞社、象棋社、魔方社等社团组织开展得有声有色。从不同的方面体现人文校园特色，充分发挥学生个性特长。

二是着力培养学生良好的习惯。该校狠抓学生习惯培养，努力培养适应社会需要、具有四中特色的学生。学校重点实施“331计划”，主要内容包括：学习习惯“三个一”——坚持每天写好一篇日记，每天写一页好字，每天作一次演讲；品行习惯“三个一”——坚持每周一次国旗下的讲话，每周一次班团活动，每周一次仪表检查；健体习惯“三个一”——坚持每天一次跑步，每班成立一个体育俱乐部，每周一次班级体育比赛。这项计划的实施给学生的个性发展提供了良好的平台，让学生的个人潜能不断得到展现，使学生的综合素质得到了全面提高。

三是努力构建高效课堂教学模式。该校在高一和初中部进行课堂改革，开展“221”课堂达标活动，积极构建“高效课堂”。即：两个合理——合理安排教师的授课时间，合理安排教师授课内容；两个落实——落实课堂上的学习互动，落实现代化教学手段的运用；一个构建——构建和谐高效课堂。实践证明，实施高效课堂教学，有利于课堂教学质量的全面提高。该校的课堂教学改革模式得到了省市县领导和专家的赞誉。高三年级狠抓两个70%，实行推门听课，开展教学视导。三轮复习，重点突出，环环相扣，学生成绩稳步提高，从而保证了教学质量的全面提升。

祁阳七中

【办学条件】 祁阳七中启动《校园建设五年规划》，利用假期动工兴建预计投资200余万元10000多平方米的师生文体广场，拆除被鉴定为危房的学生食堂，报建的教师公租房建设项目顺利立项，各项拟建项目正逐步推进中，让师生们生活更舒心，学习更轻松，能力锻炼更有保障。

【办学成绩】 2015年，祁阳七中的教学质量稳中有升，各年级学业成绩全都跻身全县前两强。该校390余名同学参加中考，上祁阳一中录取分数线的有128人，还有146人考取祁阳四中，78人考上祁阳二中，22人考取陶铸中学，12名同学考上免费师范生，升学率达100%。在上学期期末全县教学质量统一检测考试中，初二和初一进入全县前1000名的分别有122人和129人，各科合格率、优秀率、生均分以及学校总体评价都稳居全县第二名。初二全市生地毕业会考，生均分、合格率和优秀率全都荣获全县第二名，遥遥领先于县内的其他同级同类学校。在全年中考教学质量综合评价中，该校名列全县第二名，全市第七名，被评为“2015年祁阳县中考教学质量综合评价先进单位”“2015年永州市教学质量提升和优质生源培养先进单位”等。

【办学特色】 2015年上学期，学校共组织了14位老师参加全国中小学校教师录播课比赛，参加评比的14节课有7节被评为县级优秀课，4节课被推荐为市级优秀课，邓仕贵老师的课更是被评为湖南省优秀录播课。9月，学校举行“磨课”比赛，集中组织20名教师上了20节“磨课”，学校行政领导和教师积极听课评课，整个活动共所有行政人员和相关科目教师听课400多节次，组织交流研讨活动10场次，该活动极大地促进了学校“高效能力”课改的推进，再次掀起了教研教改工作的高潮，有力地推进了学校课改的进程，10多位老师分别获得市、县教学竞赛的一二等奖，跻身市县优秀教师行列。在祁阳县2015年教改学校申报评比中，祁阳七中被评为祁阳县教学改革一等奖学校，蒋艳、金艳红和王久望老师被评为教改先进个人等。同年12月份组织的全县中学作文比赛中，16名同学荣获县一二三等奖，该校荣获得集体一等奖，县电视台也做了专题报道。

【师资水平】 2015年，学校共组织安排100多人次参加远程培训。在全县教师表彰中，石献忠校长被评为“县十佳校长”，钟志荣老师被评为“县立三等功人员”，杨忠贵老师被评为“县级优秀班主任”，奉中军老师被评为“县师德标兵”，邓仕贵、李硕、邓端生、刘力华、金艳红、付平、唐静、桂万春、胡小燕、黄海燕等18名教师被评为“县优秀教师”，其中邓仕贵老师更是被评为县级明星教师。在年底召开的2016年中考工作会上，又有杨忠贵、曹建银、邓仕贵、付平、李硕、钟志荣、桂万春等教师被评为优秀班主任，王小敏、陈凝冰等10多位教师被评为优秀教师，占全校表彰名额总量的十分之一；在2015年年度考核中，李朝军副校长被县委、县政府嘉奖，十多位老师被评为优秀等等。

祁阳县职业中等专业学校

【概况】 2015年，县职业中专围绕国示范校建设，大力提升内涵吸引力，成功申报为首批“湖南省卓越中职学校”。顺利通过“湖南省信息化教学试点学校”“电子与信息技术省级示范性特色专业”等项目验收，争取到市信息技术创新应用示范学校、市示范性特色专业群等市级重点建设项目2项。

根据学校发展需求，制订了新版规划，并经祁阳县委、县政府审批备案，新增校园面积80亩，新增建筑面积5.3万平方米。随着学校基础建设和校园景观工程各类项目的竣工，学校的校容校貌发生了日新月异的变化，全新版美丽职中华丽亮身。

教学质量稳步提升。对口升学高考取得“全省五连冠”大捷，学生就业工作稳步推进。近3年，获得国家级奖项6人次、省部级奖项22人次、地市级奖项150余人次。成功承办永州市第二届职教年会，永州市第三届中职学校男子篮球、女子排球赛和祁阳县第22届中学生运动会等活动。

学校声誉持续上升。一年

来，共有20余个省内外兄弟学校、单位来校参观交流，《中国教育报》、人民网、《湖南日报》、湖南卫视、数字湖南等国内知名媒体，先后15次报道学校。办学成果得到全社会认可，2015年共4700名初中毕业生填报本校，开学一天内招生新生3008人，成为湖南省在校学生人数最多的中职学校之一。

【市职教年会】 1月9日，永州市教育学会职成教分会2014年职教年会在该校召开，永州市教育局副局长刘安球，各县区教育局、各中职学校、永州高职院中职部等单位共60余人出席会议。大会选举钟端阳校长出任新一届永州市职成教育会长。祁阳职中、蓝山职中、新田职中等学校交流汇报了发展经验，全市职业教育呈现百花竞争、抱团发展的良好氛围。

【国示范校建设】 1月30日，县长周新辉率领“现场办公会议落实情况督查小组”来校，主持召开“落实国示范校建设工作现场协调会”。会上，钟端阳校长汇报了去年6月份县委书记、县长现场办公会议精神落实情况。县财政局、县国土资源局、县编委、县人事局、经开区管委会等部门领导亦就所负责的工作落实情况加以汇报。周新辉县长强调指出，各部门要协作统一，有力地落实会议精神，对于征地拆迁等难度较大的工作，必须革新思维，完善工作方法，确保国示范重点建设项目顺利实施。

【主编教材正式出版】 近期，学校电子、数控、服装等专业教师主编的《电子技术项目实训教程》《CAD/CAM项目实训教程》等7本教材由上海交通大学出版社出版。另外，编写《油茶良种繁殖》《服装生产实务》等校本教材15本。以上重点专业核心教材，均以生产过程导向，分实训项目编写，由学校教师与合作企业共同开发，具有岗位实用性强、可操作性鲜明等特点。

【经验推介】 1月7日，《中国教育报》发表题为《谱写职业教育新篇章》的文章，报道该校办学成果与发展经验。近年来，祁阳大力发展职业教育，学校在校企合作、教学改革、实习实训等方面扎实开展工作，成效突出，逐步形成独特的办学特点。5月8日，由《中国教育报》、湖南卫视、《三湘都市报》《潇湘晨报》、湖南红网等媒体组成的联合采访组，对该校服务地方经济发展的突出表现进行了深度采访，这是省主流媒体第二次采访报道学校。2010年以来，学校与县经济开发区30多家企业开展了务实、高效的校企合作，学生70%以上安排在园区企业顶岗实习。毕业后，约有1/3的学生留在园区或校办企业就业，满足了企业对技能人才的需求，提升了县域经济的吸引力和创造力，产生了广泛的社会影响。

【新版建设规划正式通过】 5月9日，县规委会2015年第一次会议召开，县职业中专新版规划获以通过。新版规划由县长现场办公会议确定基本架构，经专家反复论证。总占地256亩，建筑面积12.6万平方米，其中新增建筑面积5.3万平方米。周边浯溪小学、五里社区七组、植物园均纳入了规划控制区。规划中的教学区、实习区、运动区、生活区及工厂区等布局合理、功能齐全，一座现代化的中职学校即将崛起。

【教育信息化教学试点单位验收】 5月15日，该校顺利通过湖南省首批信息化教学试点单位项目验收，并被省教育厅推荐为全国信息化教学试点单位。校园主干网带宽1000M，节点数量1357个，实现有线无线全覆盖；建成多媒体教室/实训室143个、会议直播室2个，建好了OA管理、教师管理、学生管理和学生考试等四个平台；开发有数字化课程69门、网络课程35门，多媒体数字教学资源2.85TB，CAI课件4115个。

【对口升学高考大捷】 对口升学高考大捷，本线上线421人，连续十四年居全市第一，蝉联全省对口升学五连冠。7月19日，《永州日报》发表专题报道，称赞该校不仅培养出了奉继军、赵亚飞、王清平等拥有亿万资产的企业老总、跨国公司高管、技术精湛的企业骨干，在全省普通高校对口招生高考中也是一枝独秀。与此同时，该校中高职联合办学工作也有序推进，就业、对口升学、中高职人才衔接成为我校学生成才的立交桥，充分展现了职业教育人才培养多元化优势。

【教师信息技术培训】 7月15日，全省中职教师信息技术应用能力培训在我校举行。此次培训一个月，共有72名学员，来自省内各中职学校。学校信息化教学设施设备配置齐全，教学资源丰富，在教育教学中信息技术得到广泛应用，是湖南省教育信息化试点学校。

成功入围全省首批卓越中职学校。7月27日，省教育厅公示了2015年湖南省卓越职业院校建设项目入围学校名单。经过几年建设，学校现有在校学生6788人，教职员工465人，建有省示范性特色专业群1个，省部级以上示范性专业6个，具备“办学定位准确、专业特色鲜明、就业优势突出、社会服务能力强、综合水平领先”等省卓越中职学校入围基本条件。

【美丽职中全新展现】 8月2日，随着学校田径场的顺利竣工，学校校容校貌焕然一新。学校在完成教学楼、学生公寓、新学生食堂、田径场等重大基础设施建设项目后，启动校园景观工程建设，包括广场花坛、文化长廊、校园绿化、实训楼翻新工程等校园美化、绿化、亮化、文化建设。随着建设项目的陆续到位，一座现代化的中职学校全新地呈现在全县人民眼前。

【三千学子入校园】 8月20日，学校新生入学。一天内新生报到3008人。2015年共有4700余名初中毕业生填报该校，全部经过统一考试，实行划线录取。随着学校办学条件的持续改善和学校的声誉持续上升，学校办学得到了社会更广泛的认可，连续多年突破招生计划。

【省厅领导赞誉该校】 10月11日，省教育厅副主任督学李传荣率领省稳增长督查小组进驻祁阳，在深入考察和全面了解学校发展情况后，给予了高度评价。此前，省教育厅副厅长邹文辉调研学校后，在全省职教年会等会议上多次大力推介该校。省教育厅将该校作为农村中职学校发展典型案例推荐到教育部。

【体育盛会成功举办】 永州市第三届中职学校男篮、女排赛和祁阳县第22届中学生运动会分别于10月21～23日、10月25～26日，在学校隆重举行，学校在6天时间内成功举办了两大体育盛会。与会市、县领导高度评价运动会的胜利召开，永州市人民政府副秘书长唐社成认为运动会开幕式可与省级运动会相媲美。运动会充分展示了全市中职学校抱团发展、百花竞放的崭新局面，展现了全县中学生阳光自信、全面发展的的蓬勃生机，更是“魅力祁阳职中”的全新展示。

【观摩团队纷至沓来】 11月17日～12月5日，先后有湘阴县第一职业学校、桃江职中、新邵职中、永顺职中、茶陵职中、衡山职中等6所兄弟学校来校参观交流。2015年以来，来校交流的省内外兄弟学校达二十余次。经过“十二五”期间砥砺前行，学校得以脱胎换骨式的大发展，成功跻身全国中职学校1000强、湖南省前三十强，向着现代化的职业学校迈进。先进的办学理念，优质的管理模式，一流的办学业绩，快速的内涵发展，吸引来了络绎不绝的观摩团队。

【永州市首届名校长】 12月31日，经专家组严格的资质审核、业绩材料评审和现场答辩，校长钟端阳荣获“永州市首届名校长”荣誉称号。“十二五”期间，学校师生在以钟端阳为首的领导班子的带领下，锐意进取，大力推进职业教育现代化。在各级领导和社会各界的关心、支持下，学校工作蒸蒸日上，校园面积由100亩拓展到250余亩，在校学生数由3262人增至7296人，基础设施改建得力，校容校貌焕然一新，内涵建设大力提升，教育教学质量众品皆碑，学校已建设成为一所具有鲜明现代职业教育特色的中职学校。

教师进修学校

【概况】 2015年，县教师进修学校培训专家团队有本校专职教师18人，县内一线名师50人，县外常聘专家20人，授课教师有特级教师8人，高级教师45人，教授12人。

【硬件设施】 学校拥有多功能报告厅1间，多功能会议室1间，高标准配置的电脑教室2间，多媒体教室6间，现代化档案室1间，健身活动室1间，环保健康厨房1间，餐厅4间（可容纳220人就餐），学校设备设施日趋完善。

【教改教研】 由何新军主持的省级重点资助课题《县内教师全员在岗自修的干预研究》通过验收结题。由何新军主持的国家级重点课题《新课程下教师团队培训研究》于3月通过验收结题。3月湖南省教师发展中心聘请“2015年国培远程培训项目”课程专家永州市14人，学校何新军等9位同志入选。

【教师培训】 学校始终坚持以实施好基础教育新课程为主要内容，以满足教师专业发展个性化需求为工作目标，引领教师专业成长。学校按需施训，科学制订培训规划，精选培训项目，创新培训模式，优化培训方案，强化培训管理，提升培训质量。县教师进修学校2015年具体组织实施教师培训项目26个，其中远程培训项目10个，集中面授培训16个，培训班数58个，其中远程培训班36个，集中面授培训班22个。远程培训参训学员1800余人次，县内集中面授培训学员1500余人次，为广大教师提供了广阔的学习平台，为全县教师业务水平提升提供了有力保障。县已被确定国培项目县，借国培项目县平台，高标准谋划送教下乡，本年度完成了500人次的送教下乡任务（其中幼师100人次）。

【培训成果】 远程培训学员上线率100%，合格率100%，36个班中有20个班被评为省特优班级，14个班被评为优秀班级，34个班级管理员被评为省优秀管理员，34个班级辅导员被评为优秀班级辅导员，289人学员被评为优秀学员，各项考核指标均居全省前3名，雄居永州市第一。2015年被省中小学教师发展中心评为远程培训工作先进单位和远程培训工作优秀管理团队。集中面授培训合格率100%，培训贴近学员、贴近课堂，形式多、花样新，培训中气氛活跃，培训后QQ研讨热烈，微信长期跟踪，学员反响好，各级领导评价高。

（李秋萍）

陶铸中学

【概况】 2015年，陶铸中学以“为教师实现价值，为学生成就未来，为社会承担责任”为办学理念，大力打造“高效课堂、体艺特色教育、学生自主管理”三大特色。现有小学、初中、高中教学班共88个，学生5200余人，教职员工380余人，其中国家、省、市、县级骨干教师、优秀教师和学科带头人65人，高级教师39人，硕士研究生6人，全国优秀教师、特级教师1人。学校先后获得“全国民办教育先进集体”“湖南省骨干民办示范学校”“湖南省民办学校优秀举办者”“湖南省民办教育特色学校”“永州市骨干民办学校”“永州市民办教育优秀学校”“永州市教学督导评估优秀学校”“祁阳县教育教学工作先进单位”“祁阳县教育教学绩效考核评估A类学校一等奖”“2015年度工会工作考核三等奖”等荣誉称号。

【各部特色】 小学部实行40人以下的小班制教学，采取寄宿全托型封闭式管理模式，推行“阳光课堂”“幸福教育”，学生课余生活多姿多彩。在校学生的及格率达到了100%，优秀率提高到了80%，正在向“高品位、高质量、高规格”市县有名的小学迈进。

初中部一直走在全县课改前列，自创“快乐学习”高效课堂教学模式，教学效果显著，深受社会好评，并且成功经验不断推广，每学期接待县内外教师、专家观摩考察超过300人次。2015年中考，初中部七科总分600分以上多达224人，初1208班聂玉斌同学以七科总分726.5分获全县中考状元，该校毕业生谭瑾瑜在2015高考中以669分勇夺全县理科第三名。

高中部全力打造教学品牌——创新班，积极推行“活力课堂”。培养出了香港中文大学研究生陆誉荣等名校学子及李微平、文细阳等全县文科状元，首届创新班毕业生邓蕤、陈泽文分别考取了中国音乐学院和中央美术学院，连续三年实现二本以上升学超110人，连续十一年雄踞永州市同类学校第一名。

【特色德育】 学校各部实施一月一主题活动，通过文明礼貌月、感恩励志月、红五月、法制教育月、行为规范月、理想前途教育月、安全教育月等德育主题活动的开展，净化了学生心灵，陶冶了学生的情操，提高了教育的效果，丰富了学校的内涵。

【特色教育】 体艺特色彰显魅力。成立体艺中心，特聘全国优秀教师、湖南省特级教师、湖南省音乐骨干教师伍小艳负责体艺教学培训的组织指导。目前全校体艺培训科学有序，参加省、市、县各项比赛捷报频传，校园活动有声有色：跑操晨练、24式简化太极拳、校园足球联赛、师生卡拉OK擂台赛、演讲赛、校运会、艺术节书画作品展览及文艺汇演等等，一项项群众性文体活动精彩纷呈，活力四射，成为校园一道道靓丽的风景。

【教研成就】 在祁阳县第三届中国汉字听写大赛中，初中部刘志红老师指导的张思雨同学获县一等奖。在祁阳县墨香书法大赛中，高中部刘祥锋老师指导的邹威、郑培珂同学分获祁阳县硬笔、毛笔一等奖。在祁阳县第十届中小学生艺术节中，高中部许智欢、初中部胡艳红、小学部文晓指导的节目均获县一等奖。在祁阳县中小学生作文竞赛中，高中部李石清老师指导的王智玲同学获县一等奖。

【教师风采】 2015年，伍小艳被评为湖南省特级教师。伍小艳、李淑云老师被评为祁阳县首届卓越教师，刘志红、李湘桂、孙荣、邓雯、王睿等5名教师被评为祁阳县首届明星教师。易国旗、刘军老师被评为师德标兵和记三等功，胡亮、文晓、陈国保、曾峰、陈秀芝、柏爱玲、孙琳等老师被评为祁阳县骨干教师。

文化·卫生·体育

文化广电新闻出版

【概况】 2015年，县文广新局紧紧围绕县委、县政府工作中心，服务大局，着力提升文化馆、图书馆、县祁剧团、县电影管理站、县文物局的服务水准，做好全县文化服务，积极引导各乡镇文化艺术团体开展积极向上的文化活动，组织“欢乐潇湘”活动，建立覆盖全县的文化信息共享网络，突出艺术精品的创作生产，努力使全县文化工作登上新台阶。祁阳县被授予“2015年‘敬老山庄幸福园’杯全民电视广场舞大赛”组织奖。其中摄影作品《怀旧叙新》获省摄影组二等奖；书法作品《古文》获省书法组二等奖。小品《选择》获得湖南省艺术节曲艺类银奖，邓蕤获湖南省艺术节民族组铜奖。

【群众文化】 随着城市建设的推进，陶铸广场、脸谱广场、白竹湖广场、龙山公园等公共场所成为全县群众文化的大舞台，每月举办1场大型广场文艺晚会。2015年，举办春节文艺晚会、教师节文艺晚会、少儿音乐舞蹈大赛、全民广场舞大赛等文艺活动20场。欢乐潇湘如火如荼，全县25个乡镇场办、13个县直单位，在“欢乐潇湘”群众文艺汇演中，每年排练500多个文艺节目，举行40多场场大型演出现场，观看群众达30多万人，电视观众达40多万。

文艺创作结硕果，在永州市第三届少儿音乐、舞蹈大赛总决赛中，县文广新局选送的少年器乐《战台风》获金奖，少儿声乐《绿荫》获银奖，少儿独舞《水姑娘》、少年独舞《浮花恋影》、少儿独唱《爱在人间》、少年器乐《童年的回忆》、少儿器乐《采茶扑蝶》获铜奖；《俏皮奶奶喜洋洋》喜获市三等奖，

文化惠民扎实推进。两馆一站免费开放，县图书馆全年完成图书外借7.2万人次，计23.8万册，为读者免费提供科技信息资料526条次，开展送书下乡活动8次，送出图书2000余册。县文化馆开展少儿免费艺术培训课程，培训人次达200多人。县电影管理站送电影下乡达10536场次，惠及民众20余万。

【文化艺术团体】 全县共有36个文化艺术类社会团队，分布在全县25个乡镇办场及县城各个社区。县城共16个文化艺术类社会组织，文艺培训机构40多家，群众广场健身活动团队超100支。其中三新演艺有限公司、女子十二乐坊、文昌祁剧有限公司、竹山村农民艺术团等为全县文化活动起到了很好的带动示范作用。其中，文昌祁剧演艺有限公司是全县规模最大的社会组织，员工共51人，是祁剧表演及剧目创作的主力军。白水竹山村农民艺术团极具特色，为广大乡镇社会组织开展群众文化活动起到了极大的带头示范作用。元旦、春节期间，全县群众文化活动热火朝天，义工联新年戏剧音乐会、白水竹山村新年联欢晚会、校园文化艺术节等公益活动都有文化艺术团队活跃的身影。民众自发的舞龙舞狮等活动也为县城增添了一抹亮色。

【文物保护】 2015年，老窑村古窑、九房院、复兴亭等14处文物成功申报为永州市第二批市级文物保护单位。争取资金20多万对雷晋乾烈士故居进行了维修。浯溪文物管理处投入60多万元，对浯溪碑林进行了抢修。投入600多万资金对文化传统村落——龙溪村进行保护性建设（龙溪村2013年被录入第一批中国历史文化传统村落名录）。

【非物质文化遗产】 为更好地传承保护祁剧，针对剧团专业人才匮乏的现状，从43名祁剧班学员中招录22名祁剧小演员，充实祁剧团人才队伍。县祁剧团以地方文化品牌为优势，努力打造精品剧目，荣获全国优秀基层院团称号，生产大型传统戏剧目《北海归唐》和《状元与乞丐》。大型现代祁剧《浯溪兄弟》参加湖南第五届艺术节优秀剧目展演，受到各级领导及观众的好评。县祁剧团排练了一批祁剧优秀传统剧目为广大群众免费送戏下乡215场，在省文化厅又争取流动舞台演出通勤车一台，配合其他单位演出综合艺术节目5台，顺利完成送戏下乡演出任务。

【文化基础设施】 组织县文化馆完成第四次全国评估工作，以评促管，提高免费开放服务水准。白竹湖露天大舞台工程建设效果图已经出台，等待下一步建设进度。

【电影发行放映】 为丰富人民城乡群众的文化娱乐生活，2015年，在全县860个行政村全力实施一村一月一场电影，农村电影放映工程12场。成立职工放映队伍10个，农村放映队伍19个，公司流动放映队伍1个。完成农村电影放映10612场，观众人数达180万人次。

【农村广播系统建设】 2015年11月，召开全县动员大会，全县村村响建设实施方案已经获得省局批示，预计在2016年11月底前要完成辖区内886个行政村农村广播系统建设。

【文化市场管理】 贯彻全国、省、市“扫黄打非”电视电话会议精神，采取平时经常性查，节假日重点查，重大节假日轮流查，与集中整治相结合的办法，收缴盗版书526册，盗版学习资料及考试试卷586份，盗版音像制品135盒，有效地净化了全县文化市场。

文化市场综合执法

【概况】 2015年，全县共有网吧70家；歌舞娱乐场所8家；电影院3家；书报刊经营点8家；音像制品批发、零售、出租单位6家；小片网5个；印刷企业10家，复印打字店30家。县文化市场综合执法大队坚持日常监管与专项整治相结合，严厉打击文化市场各类违法违规经营行为，共开展专项整治行动10次，出动执法车辆230台次，执法人员1000人次，查处违规经营户75家次。

【市场日常监管】 2015年，加强文化市场日常监管，增加检查密度和频率，采用错时执法、“白+黑”“5+2”弹性工作制，在工作时间以外加强巡查，进行全方位监管，消除管理的盲区。共检查文化经营户340家次，填写巡查记录2200余份，进一步规范文化市场经营秩序。召开3次文化市场经营业主会议，学习培训文化市场方面的法律法规，并与200多位经营业主签订了《文化市场守法经营责任书》和《创建国家卫生县城责任书》，提高文化经营业主守法经营、文明服务的自觉性。

【校园周边文化环境整治】 6月中、高考期间，县文化市场综合执法大队开展校园周边文化环境整治，以校园周边网吧、娱乐歌舞厅为重点场所，以限时营业、环境噪声污染为重点对象开展专项整治，共出动执法人员120人次，检查经营户60户次，下发限时营业通知书42份，受理消费投诉2

件，为全县考生营造良好的学习考试环境。9月上旬，组织开展校园周边出版物整治行动，以清查校园周边图书、音像制品零售网点为重点场所，以查处非法向未成年人兜售有害出版物为整治重点。清查祁阳一中、陶铸中学、椒山小学、民生小学、人民小学、白水七中等学校的周边出版物，收缴含有淫秽色情、凶杀暴力、封建迷信等有害青少年身心健康的非法出版物40余册、音像制品130余张。9月下旬，开展以打击盗版教材、教辅读物为重点内容的专项整治行动，集中检查学校秋季订购并使用教材教辅的情况，重点打击学校私自印制教材和使用盗版教材行为。共检查学校17所，查缴盗版教辅教材100余册。

【专项整治行动】 全年县文化市场综合执法大队联合公安、工商、教育、文广新、电信等有关部门共开展专项整治行动10次，始终保持对文化市场违法违规经营行为的高压打击态势，保障和促进全县文化市场健康有序发展。在繁华街区闹市、城乡结合部、农村地区和校园周边等关键部位，针对“两会两节” “五一”“国庆”、寒暑假期等重要节点，以网吧、KTV、出版物市场、印刷复制企业、娱乐场所等为重点，深入开展网吧“利剑·2015”“扫黄打非”行动、“两会”期间文化市场专项整治、打击侵犯知识产权、安全生产工作专项整治、打击新闻敲诈行为和规范报刊征订专项整治和非法卫星电视广播地面接收设施集中整治等10余次较大规模的专项整治行动，有力打击了各类违规经营行为，文化市场经营秩序得到进一步规范。

【执法队伍建设】 开展党的群众路线教育实践“回头看”活动，着力解决队员在“四风”方面存在的问题，进一步增强全体队员政治敏感性和事业心，切实承担起维护文化市场秩序，保障文化市场有序发展的重要任务。落实年度文化市场管理执法人员培训规划，先后组织执法人员参加省、市、县举办的各项业务培训。受训执法人员20人次，提高执法工作能力和办案水平，树立良好的执法队伍形象。

（邓远明）

广播电视

【概况】 2015年，县广播电视台紧紧围绕县委、政府中心工作，按照“新闻立台、事业稳台、队伍强台、创新活台”的总体思路，奋发有为，真抓实干，圆满完成台党委研究的各项工作任务，在年终的全县工作目标管理综合考核中名列第一，被评为2015年度全县工作目标管理综合考核先进单位、创建全国绿化模范县先进单位、全县人口和计划生育综合治理工作先进单位、党风廉政建设先进单位、基层党建工作先进单位、综治民调工作先进单位等荣誉称号。现有干部职工493人，内设编辑委员会和八个职能科室：办公室、政工股、计财股、总编室、新闻中心（栏目部、新闻专题部）、广告监管中心和技术播控中心，镇乡站管理办公室（加挂农村广播电视中心牌子）；下属事业单位为有线电视台（湖南有线祁阳网络公司）、实验台、广播事业中心及25个乡镇场、街道办事处广播电视站。

【新闻宣传】 2015年，在新闻宣传工作中，牢固树立“宣传立台，栏目兴台”的理念，为建设美丽幸福新祁阳提供强有力的舆论支持。新闻宣传实现从形式单一到内容丰富、从单纯追求数量到全力提高质量的转变，把宣传工作的着力点放到落实会议精神的实际举措上，进而减少会议报道，避免空洞的说教，充实宣传内容，做到常规宣传工作及时准确，战役宣传效应明显，为县委、县政府全力实施“333”总体战略目标，营造良好的舆论氛围。电视新闻宣传全年共制作播出《祁阳新闻》360期，播发图像稿件2285篇，制作播出《政法在线》52期；广播电台自2月3日重新开播后，全年共制作播出《创卫第一线》70期，《整点播报》135期，编辑采用稿件1200余篇，播发创国卫宣传标语近6000条；同时，我台加快了新媒体规划与建设的步伐，开通了“祁阳新闻”微信公众号平台。这些卓有成效的宣传，为全面落实科学发展观，构建幸福美丽新祁阳，营造了氛围，凝聚了人心，鼓舞了士气。2015年，在《永州新闻联播》播出新闻稿件306篇，时长450分钟，在全市县级台用稿时长排名第二；在《湖南新闻联播》中播出新闻稿件42篇，在永州各县区排名前三；在中央新闻频道播出稿件三篇；在全市年度优稿评选中，选送的七件作品有五件获奖，其中消息《种粮大户项兆旺：田地+车间+互联网，“种田汉”巧念“网络经”》《祁阳种田新模式：公司推“套餐”，大户来“点菜”》获一等奖；消息《祁阳小鲵保护区：太阳能烧水、沼气做饭，林农齐心守护“生态家园”》、专题《守护村小》等三件作品分获二、三等奖，被评为全市广播电视先进通联集体、创优工作先进集体。

【广告创收】 2015年，受大环境及国家政策影响，虽然医药类和房地产类广告大幅下滑，但2015年仍完成广告收入270万元，比2014年增加20万元。

【有线网络】 2015年，随着国家三网融合政策的全面推广实行，电信IPTV不断渗透、抢夺市场，各网络运营商的竞争日趋白热化，湖南有线祁阳网络有限公司迎难而上、攻坚克难，按照“以市场运作为原则，开拓进取树形象；以确保收入为目标，与时俱进谋发展”的经营方针，紧紧围绕‘经营创收’这一核心开展各项工作，推出了有线电视免开户费、看高清电视“一天一元”、续费3年免费换高清、看电视送宽带、宽带续费2年送一年等各种促销活动，取得不错的成绩。2015年，完成经营创收1283.71万元，占全年任务的94.32%。其中，基本业务完成941.79万元，占全年任务的85.32%；增值业务完成341.92万元，占全年任务的132.94%，全年实现利润63.17万元，占全年任务的105.28%。公司全年基本客户新增1699户，宽带客户新增1102户，高清客户新增2346户，完成年度任务的111.45%；高清一体机销售569台，完成年度任务的284.50%。

【农村有线和无线】 面对农村平常在家人口的大幅减少和直播卫星的开通，用户流失的情况日益严重，该台紧紧围绕“巩固中拓展”的发展思路，狠抓服务和管理，努力优化全县农村有线和无线数字电视网络质量，提高数字电视的服务水平，不断巩固和扩大数字电视整转平移成果。2015年新发展无线数字电视用户3010户，无线数字电视用户达到2.5万户，新发展有线电视463户，有线数字电视用户达到1.2万户。累计杆路维护光缆干线里程16.5公里，抢修65次，新建、更换电杆35根，光缆改造里程9.8公里，光纤熔接568芯。启动农村有线电视数字化改造，目前已完成50%的乡镇站农村有线电视平移；顺利完成潘市镇广电站机房的搬迁及木金公路沿线的杆路改造工作。

【农村无线升级】 由于工信部将广电系统原使用频率（2599—2699MHZ）划给通信部门使用，全省广电系统正在使用的频率已不能使用，只有进行设备升级改造才能避免干扰，才能确保用户看到电视，维护地方稳定。按照县委、县政府2014年4月29日《关于农村无线数字电视专题会议纪要》的精神要求，台党委果断决定，要在3个月的时间内完成设备招标、系统安装调试和用户整体平移，以落实县委、县政府专题会议精神。5月开始做标书并送至县招标办.5月底，通过招标，确定使用国标-T系统传送信号。年6月，镇乡站管理办公室同厂家技术人员到全县的20个乡镇和4个发射基站进行频点测试，同时组织人员对原有的大华山、八角岭、梅溪、羊角塘4座铁塔进行加固。60天的时间里，镇乡站管理办公室经营班子及工程人员每天头顶烈日，冒着酷暑，抬送发射天线、设备、监督铁塔水泥加固，为尽快完成建设工程作出了艰辛的努力。经过2个月的加班加点，7月底完成国标-T升级改造的设备招标及大华山、八角岭、羊角塘的铁塔加固改造和机房前端、发射天线、发射机调试发射和测试。器材管理部负责联系订货、收货和入库。一切准备工作就绪后于8月6日正式启动原农村无线数字电视向国标-T系统整体平移，平移期间，客户服务部电话接听人员平均每天接听电话150个左右，平均每3分钟要接听1个电话，3分钟内要进行开卡和系统费用转换。2015年完成9514户，两年共完成2.7万户，圆满完成县委、县政府的目标任务；

【创卫争先】 自2014年12月祁阳县正式启动创建国家卫生县城后，该台一手抓硬件改造，一手抓软件建设，全力改善机关卫生条件，提升干部职工精气神，在全县各县直单位中率先召开创国卫动员会，率先在办公楼楼顶制作了高2米、宽1.6米的“创国家卫生县城、建设美丽幸福祁阳”的大型创国卫宣传牌，为单位干部职工开通创国卫彩铃，在机关、责任街道、小区推行严格的日常考核制度，倡议车主文明行车；全台三个LED电子显示屏24小时不间断的滚动播出创国卫宣传标语，台机关内制作创国卫宣传专栏；在电视和广播的黄金时段播放创国卫公益广告，并开辟创国卫专栏、健康教育专栏和创国卫曝光台，为全县“创国卫”工作营造了浓厚的氛围；同时，投入专项资金加大台基础配套设施建设和亮化、绿化工程的建设，下大力气开展对乱停乱放乱扔和环境卫生的整治，台里与所有部门、单位都签订了创卫责任制，全台所有干部职工也都签订了创卫责任制和创卫承诺书，做到责任到部门、落实到个人，做到一天一小扫、一周一大扫、不干净随时扫，一天一督查、一周一检查、一月一奖罚。

【工作亮点】 一是基础设施设备的数字化升级和改造工作顺利。2015，该台投入近百万元购买了非编数字化网络系统、高清数字摄像机、专业调频喇叭，对制作系统、直播系统、广播系统进行了全面升级和数字化改造。二是节目编排合理，宣传策划到位。多渠道拓展片源，精心选择内容，为观众提供内容精彩、画面清晰的电视剧和各类优秀节目。三是广告创收在重压下基本完成任务。随着新媒体的蓬勃发展及各类私人传媒广告公司的兴起，广告市场的竞争日趋激烈，加上相关监管部门的严厉审查，广告业务流失巨大。全台上下同心协力，想办法，谋出路，稳定老客源，拓展新客户，基本完成年初制订的广告创收任务。四是加强安全生产管理，确保广播电视安全播出。作为党和政府的喉舌，安全播出责任重于泰山。坚持以安全播出为中心，以科学管理为保障，通过抓制度建设，抓事故苗头发现，抓措施落实，确保广播电视安全播出。继续实施安全问题现场负责制和领导带班负责制，进一步完善《安全播出应急预案》，并强化应急演练，增强了播出系统防范干扰破坏和应对突发事件的快速反应能力。2015年，该台安全播出工作运行良好，全年实现零错播、零事故。

（高军　曾海波）

电视调频转播

【概况】 2015年，永州市大华山电视调频转播台（以下简称“大华山台”）现有干部职工32人，退休人员11人，下设办公室、技术部、电视机房、调频机房、无线数字机房、微波中继等6个部门。

【基础设施】 2015年，新建一栋638.8平方米框架结构的三层楼房，其中机房和监控室面积146.9平方米，其他为值班和生活用房。在中央和省市财政的大力支持下，利用“十二五”基础设施建设资金仍由京密中标生产，新建一座高度为85米的自立钢管四柱塔，能有效改善台内铁塔资源紧张的局面，更好的增加天线容量，提升转播质量。增加新旧机房电力地埋电缆线路，保证新机房用电需要。

【数字微波传输】 2015年，将原采用SDH技术的NEC牌DMR2000型改为流行的IP模式数字微波，用于传输湖南省电视台及中央地面无线数字覆盖等40多套清流节目信号源。

【数字电视】 数字电视是当前电视行业的发展趋势，一是湖南无线数字电视已在大华山安装调试完毕，如开播可让大华山台覆盖的人民群众免费收看收听到更清晰的数字电视节目；二是中央地面无线数字覆盖的12套节目设备也在采购招标中，大华山台将利用16、48频道两个频点发射，加上省市部分节目，预计共有16套左右，能有效缓解边远地区还没有有线电视的群众观看，丰富群众的文化生活。

浯溪文物管理

【概况】 2015年，祁阳县浯溪碑林风景名胜（陶铸故居）管理处紧紧围绕以开展“三严三实”教育活动为契机，以党建促工作，认真做好免费开放的各项服务工作，提升服务质量，不断改善环境和条件，加强文物保护措施，积极开展不同形式的爱国主义和国防教育活动，营造景区新气象。全年共接待党、团、队组织活动588批次，8.9万余人次，游客18.9万余人次，实现两个效益双赢，创造了免费开放首个新纪元，经济效益突破90万元大关，各项工作获得了县委、县政府的肯定，荣获全县综合考核目标、先进单位、综合民调工作先进单位、创卫创绿工作先进单位等称号。国家国防教育办公室第三批命名陶铸生平事迹陈列馆为国家国防教育示范基地。

【免费开放启动仪式】 元月16日，在浯溪碑林风景名胜陶铸铜像前举行陶铸同志诞辰107周年纪念活动暨祁阳县居民免费游览浯溪景区启动仪式。活动仪式由县委副书记、县长周新辉主持，政协主席郑弋致辞，县委常委、纪委书记庾庐山宣读《浯溪碑林景区对祁阳市民免费开放管理办法》，县委书记魏湘江作重要讲话，并宣布浯溪景区从今日起对全县居民免费开放。旨在满足祁阳人民日益增长文化精神生活的需求。

【樱花种植】 1月10日，由永州市金大园林工程有限公司设计与施工，在浯溪景区渡香桥以西灌木地面启动樱花树种植工程。工程设计景区与景观层次分明，古树与樱花争美、各类樱花品种争艳的原则，种植面积8840平方米，种植品种染井吉野、普贤象、关山樱、松月樱、绿樱、日本早樱等六类品种，共450株。工程于5月完工，共投入资金140万元。

【规划纲要评审】 由湖南省城市规划设计研究院负责编制浯溪碑林风景名胜区总体规划及浯溪碑林景区详细规划纲要（2015—2030）编制工作于2016年1月编制完成。3月16日，永州市住房和城乡建设局组织祁阳县住房和城市建设局及市、县相关部门专家对浯溪碑林省级风景名胜区总体规划及浯溪碑林景区详细规划纲要进行市、县两级评审，综合专家的意见，形成了专题报告，于6月底呈请省住房和城乡建设厅予以评审。8月14日，省住房和城乡建设厅委托湖南省世界遗产和风景名胜专家委员会组成专家组对浯溪碑林省级风景名胜区总体规划（2015—2030）规划纲要进行技术审查，仔细审阅《纲要》成果文件和图纸，并进行了认真讨论、评析，基本同意通过该纲要。

【国家国防教育基地】 自2006年陶铸生平事迹陈列室被评为省级国防教育基地之后，浯溪碑林景区积极努力改善环境，创造条件，申报国家国防教育基地，2015年在祁阳县人武部、永州市军分区的大力支持下，国家国防教育办公室国动教育〔2015〕11号文件将陶铸生平事迹陈列室命名第三批国家国防教育示范基地。

【陶铸故居修缮工程】 2015年5月起至7月底，先后对陶铸故居进行山体滑坡土方清理、屋瓦面检修、添置蚊帐、被、席；陶铸生平事迹陈列室瓦面检修、吊顶、柱子刷漆，投入资金42580元。为方便游客参观，从下山皂新修一条直达陶铸故居新路基，全长380米，宽8米，投入启动资金10万元。

【书法展厅工程】 10月10日，选址景区安防监控中心房屋侧面修建书法作品展示厅，要求设计单位祁阳建筑设计院按照园林建设工程标准设计，建筑面积90平方米。工程于2015年12月29日竣工，共投入资金32万元。

卫　生

【概况】 2015年，县卫生局下设县直医疗卫生机构6个（县人民医院、县中医医院、县疾病预防控制中心、县妇幼保健院、县卫生监督所、县农村合作医疗管理办公室），镇中心卫生院20个（含内下乡卫生院），3个社区卫生服务中心，镇防保站22个，民营医院9个。全县开设病床3417张，其中：县直医疗机构病床1933张，镇（乡）卫生院病床1484张。2015年年底，全县平均人口期望寿命达到75.87岁，每千人口（按户籍人口计算）拥有床位3.22张、卫技人员2.39名，全县医疗卫生总收入7.25亿元，其中县直医疗卫生机构总收入4.96亿元。

【医药卫生体制改革】 一是医疗保障水平稳步提高。2015年全县新农合参合人数达80.74万人，参合率达99.9%，共补偿参合患者97.74万人次，补偿医药费3.66亿元。积极推进新农合住院支付方式改革，支付方式由单一的按服务项目收费转变为按床日、按病种和按服务项目收费，在乡镇卫生院和县级公立医院推行“100+800（600）”模式，患者受益度明显提高，县级医疗机构住院实际补偿率达到70.2%，镇（乡）级医疗机构住院实际补偿率达到89.5%。二是医疗服务体系建设不断加强。“十二五”期间，争取中央、省卫生建设项目203个，专项资金8278万元。新建县人民医院、县中医医院医疗综合大楼，23所乡镇卫生院及173个村卫生室实现了标准化建设，新改扩建业务用房达4.95万平方米。全县医疗卫生机构现有病床4312张，比“十一五”末增加1230张，每千人口床位数5.4张。拥有执业（助理）医师2262人，每千人口执业（助理）医师2.76人，注册护士1629人，每千人口注册护士1.99人。卫生系统目前拥有副高以上职称186人、中级职称898人，全县医疗卫生队伍整体素质较“十一五”末大幅提升。三是县级公立医院改革成效显著。作为全国首批县级公立医院综合试点县，三年来，全县三所县级公立医院坚持把取消药品加成、调整医疗服务价格、创新补偿机制作为公立医院综合改革的突破口和主要抓手，认真落实“一减一调一补”综合措施，平均每月让利患者近210万元，门诊和住院次均药品费用分别下降14.48%、22.9%；创新医院管理模式、加强医院内部管理、优化服务流程、提高服务质量、加强临床路径管理、实行住院总费用包干制等一系列措施，进一步规范了临床用药，优化了医院收入结构；实行县级三家医院检查结果互认，减少重复检查，降低医疗服务成本，减轻患者医疗负担。

【公共卫生服务提质增效】 一是疾病防控能力切实加强。进一步强化人感染H7N9禽流感、结核病、艾滋病、手足口病等重点传染病防控，全县传染病疫情保持平稳态势。全年共及时有效处置大小疫情21起，继续保持全县无甲类传染病报告。全县共救治救助贫困重性精神病患者171人，改扩建精神卫生服务机构2家，超额完成省定重点民生实事项目。狠抓扩大国家免疫规划工作，推广普及巡回接种与定点接种相结合的模式，免疫规划疫苗接种率达到95%以上，乡以上预防接种门诊扫码接种覆盖率达到了100%。二是妇幼保健水平显著提高。全县产妇住院分娩率达100%，新法接生率达100%，5岁以下儿童死亡率降至5.49‰；继续推行农村孕产妇住院分娩基本医疗全免费工作，补助农村产妇7285人，补助金额218.55万元。开展农村妇女两癌普查，完成宫颈癌检查29033人、乳腺癌检查2643人。落实出生缺陷综合防控工作措施，开展新生儿疾病筛查7850人，筛查率91.03%，较2014年提高了21个百分点。免费补服叶酸9100人，增补率达92.3%。三是基本公共卫生服务逐步均等化。建立农村居民健康档案803225人份；规范管理高血压患者63392人，糖尿病患者34470人，重性精神疾病患者3995人；完成65岁以上老年人健康体检6.15万人；代表永州市接受省级基本公共卫生服务综合考核验收，取得优异成绩。

【提升医疗卫生服务能力】 一是强化医疗质量安全管理。各医疗机构以开展“医疗质量管理年活动”“创建群众满意乡镇卫生院”等活动为载体，促进医务人员“三基”知识牢固掌握、病历文书内涵提升、诊疗方案科学合理、诊疗技术规范精湛，不断提高医疗服务质量。县人民医院精细化管理办公室每月定期或不定期对临床业务科室进行督查抽查，查阅在架病历3000余份，查出医疗缺陷66项，并根据缺陷性质找相应的主任医生进行约谈，通过约谈沟通，临床住院医生医疗缺陷较以前明显减少；县中医院多次开展基本技能操作、病历书写、护理技能大比武，全年组织业务学习6场次，理论考试3场次，远程学习会诊30场次，提高了医务人员技能操作水平；文明铺镇中心卫生院大力开展“三好一满意”活动，加强医护人员医德教育，努力提高医疗服务质量，被国家卫计委评为“群众满意的乡镇卫生院”。二是加强人才队伍建设。面向医学院校及社会公开选聘各类卫生人才343人，其中县直187人、乡镇156人；选派90名中青年医护人员到湘雅医院、南方医院等上级医院进修学习，培训乡村医生2475人次。公开招考14名本科生到乡镇卫生院工作，推行“县管乡用”，与12名农村订单定向免费培养医学生签订了协议，为基层医疗卫生机构培养合格的全科医生56名，提高基层医疗卫生机构服务能力。三是加强医德医风考核。建立卫生系统行风工作考核评价体系，量化细化考评指标，强化考评结果运用，实行“一票否决”。推行医务人员医德考评制度，促使医务人员牢固树立以病人为中心的服务理念。加强卫生系统惩治和预防腐败体系建设，大力规范药品器械集中采购，全县医疗卫生单位基药使用率达85%以上，减轻患者经济负担近1000万元。联合县纪委、纠风办开展“无红包医院”创建活动，退还病人现金、礼卡达5万余元。

【各项工作稳步推进】 一是全力推进“创国卫”工作。充分发挥“创国卫”主力军作用，邀请市爱卫办对各专业组创国卫工作进行技术指导，每月定期召开专业组成员单位调度会。大力开展爱国卫生月宣传活动，组织县直医疗卫生单位开展“庆祝5.12国际护士节，创国卫天使在行动”大型义诊咨询活动，接受居民咨询、义诊达2000多人次。印制发放《健康教育知识手册》《中国公民健康素养66条》共计20万册。制作各类健康教育宣传光碟300余张。开展“爱卫月”环境卫生整治活动，清除卫生垃圾10余吨。举办健康教育与传染病防控培训班6期，培训基层专业人员累计达800人次。检查公共场所单位206家，供水单位3家，下达限期整改意见书209份。二是着力抓好无偿献血工作。认真贯彻《中华人民共和国献血法》，加大宣传力度，落实工作责任，并将献血指标完成情况纳入年度绩效考核重要内容，确保目标到单位，责任到个人。2015年全县共完成无偿献血2041人次，采血量达644500毫升，超额完成全年目标任务。争取市红十字会一座无偿献血屋落户县城白竹湖广场，推动我县无偿献血迈向一个新台阶。加强对全县医疗机构临床用血监督管理，特别是基层医疗机构供血服务和用血管理，开展临床合理用血病例评价工作，确保血液供应安全有效。三是大力发展中医药事业。县中医医院以中医特色专科建设为抓手，坚持中医做特做优，成功创建1个国家级特色专科和3个省级特色专科，该院唐柏平被列入全国中药特色技术传承人才培训对象。大力开展基层中医药服务能力提升工程，目前文明铺、黎家坪、观音滩等8个中心卫生院都建立中医馆，90%的乡镇卫生院和50%的村卫生室能提供中医药服务。

疾病预防控制

【概况】 2015年，县疾病预防控制中心较好地完成了第二届四次职代会确定的各项工作和县委、县政府交办的各项任务，先后获得湖南省“十二五”重点传染病监测先进单位、祁阳县2015年度社会管理综合治理先进单位和祁阳县2015年度创建国家卫生县城先进单位等多项荣誉，为加快全县疾控事业发展，保障全县人民身体健康做出了应有贡献。

【传染病防控】 坚持以人禽流感、手足口病、狂犬病、艾滋病等重大传染病防治为重点，其他传染病常抓不懈的防治策略，全面落实各项防控措施。强化疫情报告和管理，全年全县共报告法定传染病17种2979例，死亡11例（艾滋病），发病率与病死率分别为：281.04/10万与0.37%。与去年同期相比，全县法定传染病报告发病率下降4.03%，保持了全县疫情稳定，无甲、乙类传染病暴发疫情；无霍乱、非典、人禽流感等重大传染病疫情，无突发公共卫生事件。疫情和死因网报系统健全，网报质量在全市位列靠前。国家和省定死因监测任务如期完成，传染病漏报率控制在2.5%以内。突发公共卫生事件应急能力建设得到加强。及时上报3例出血热病例个案调查；报告2例手足口病重症病例，及时进行调查处置，共采集手足口病散发普通病例样55份；采集县城内活禽交易市场和批发市场环境样品30份，职业暴露人群血清样品20份，未检出H7亚型阳性的标本；5月份起，开展霍乱疫源检索：对自然水体、疫区、医院污水、海（水）产品等进行了采样检测，督促各镇及时开放腹泻门诊并做到“逢泻必登、逢疑必检”。

【救灾防病】 年内，湘江沿岸共发生两次重大洪涝灾害，中心出动救灾防病机动队200余人次，车辆30余台次，调拨“84”、漂白粉等消毒药品200余件，现场指导消毒100余处，实现大灾之后无大疫。

【卫生应急】 坚持节假期不休息，24小时应急值班，每2小时巡查传染病疫情网络一次，传染病预警信息响应及时率为100%，可疑传染病疫情判断基本正确率达到100%。

【业务培训】 全年对各镇防保站站长、各医院业务院长、传染病管理科科长及门诊部主任、防疫专干及网络直报员、县CDC专业人员开展了人感染H7N9禽流感、霍乱、手足口病、埃博拉出血热、登革热、中东呼吸综合征等传染病防控知识培训，并就传染病与死亡病例网络直报和应急处置实践技能展开现场培训。全年各类业务培训累计达1000余人次，全面提高全县基层专业人员的技术水平和应急处置能力。

【免疫规划】 继续在全县范围内开展免疫规划扩大免疫，保证每月一次冷链运转，全县免疫规划疫苗报告接种率达99%以上。按照省市要求，进一步对一类疫苗出入库进行规范化管理，做到账苗相符，市、县、镇一致。全年全县共下拨一类疫苗349600人份。9月份，开展2015年新入学入托儿童预防接种证查验工作，对全县166所小学和230所托幼机构开展了接种证查验，全县应查验儿童24608人，实查验儿童24513人，查验率99.61%，持接种证人数22343人，接种记录完整人数23096，应补证人数1299人，实补证人数1268人，补证率97.61%，应补种人数3725人，实际补种人数3543人，补种率95.11%。其中，甲肝疫苗、A+C流脑疫苗补种率均达到100%，扭转了加强免疫接种率长期偏低现状；全年加强对全县儿童信息录入工作开展专项督导，通过强化督导，上报信息质量较去年同期大幅提高，录入率为68.93%，其中，县疾控中心接种门诊录入率达到100%，成为全县样板；继续保持无脊灰状态，麻疹发病率仍然处于较低水平。

【食品安全与卫生监测】 2015年，共完成全县7个镇、3个超市、3个大市场、2个生产企业、35所学校食堂食品安全风险监测点监测任务。完成学生餐采样与蔬菜采样各50个，分别检测食源性致病菌与化学污染物镉和铅，各项数据及相关性分析工作圆满完成。与食药局、工商、技监、教育加强合作，全年共监测餐用具1050份，学校水样230份，开展健康体检4000人次，对宾馆、洗脚城、KTV等公共场所采集样品412份。

【农村饮用水监测】 9月1日，“祁阳县农村供水水质检测中心”在县疾控中心正式揭牌成立。根据水质检测中心布局需要，科学规划，统筹兼顾，中心于9月底前全面完成实验室理化操作间改造任务，年底前全面启动水质检测工作，为保障全县农村供水水质卫生安全做出应有的贡献。

【艾滋病防控】 重点开展防艾宣传和反歧视活动，继续落实综合干预手段和四免一关怀政策，整体推进一站式服务工作，检测、治疗、安全套推广等主要工作指标完成或基本完成上级规定指标。积极采取措施，巩固提高吸毒人员入组和持续服药人数。通过VCT咨询及检测、推广安全套、美沙酮维持治疗、病人流调、发放宣传资料等方式，全力推进艾滋病综合防治，取得了显著成绩。截至12月底，艾滋病存活348人，死亡253人，合计601人；2015年新发103人，祁阳检出76人，外省转入11人，湖南省及外市检出16人。年龄最大80岁，最小1岁。经性途径传播为主427/601、吸毒106/601、同性恋14/601、母婴13/601、其他41/601。

【结核病防治】 正确领会结核病诊疗转向政策，做到机构不撤、队伍不散、人员不减；积极采取措施全面完成市疾控下达的活动性肺结核病人发现任务；认真落实国家、省市卫生、教育部门联合下发的文件精神，在坚持知情自愿自费前提下，对城区义务教育阶段学生首次开展了结核病筛查工作。结核病网络专报质量提高，网报率和病人追踪率均达到100%。

【重点地方病防治】 2015年，顺利完成全县重点地方病防治“十二五”规划终期评估工作，按照评估方案要求采集居民食用盐300份，经检测碘盐覆盖率为100%，碘盐合格率大于90%。经评价，各项管理和技术均达到标准的要求，并通过市级业务部门考核，实现了消除碘缺乏病的目标。在全县范围内开展“三热”病人疟原虫血检732人次，未发现疟原虫阳性病人。3月底圆满完成全县723例重性精神病流行病学调查工作，配合县卫生行政部门开展重性精神病及其他慢性病人建档和管理工作，按照重点民生实事项目两项指标，完成重性精神病救治救助160人，协助市皮防科开展麻风病人及密切接触者调查随访工作，共完成随访调查26人次。

【学生免费驱蛔工作】 根据创建国家卫生县城需要，5~6月份，组织开展全县九年义务教育阶段1~7年级学生驱蛔工作，全县近8万名学生接受免费驱虫服药，为实现九年义务教育阶段学生蛔虫感染率控制在3%以内奠定基础。

【职业卫生服务】 职业卫生监测阵地得到巩固，重点企业监测工作实现全覆盖，承接了2起县外企业监测任务，县人事、劳动部门组织的招考体检、职中、师范学生毕业前夕上岗前体检，企业用工体检业务继续落户中心，全县重点企业监测工作实现全覆盖。对海螺水泥、凯盛鞋业等县域经济发展有着重大影响的企业，做好作业环境有毒有害因素监测及招工体检服务，全年开展工业园员工上岗前体检4932人。

【健康教育】 在创国卫推动下，全县健康教育机构不断完善，县、镇、村三级健康教育网络不断健全，形成了纵向到底、横向到边的立体化健康教育网络；健康教育范围不断扩大，健康教育内容不断丰富，一年来，共制作宣传栏200多块，发放《居民健康素养66条》10万余册。同时利用“4·25计免宣传日”“5·12护士节”“科普宣传月”“12·1艾滋病防治宣传日”等广泛开展健康教育活动，累计达26场次，开展以提高全民健康素养为重点的健康知识讲座80多场次，近伍千人参加了知识讲座；通过多途径的健康教育宣传，有效地提高了服务对象的预防保健意识。

【质量管理】 以实验室计量认证和食品检验机构资质认证复评为契机，及时修订完善《质量管理手册》《程序文件》《作业指导书》，强化了内审工作，规范了样品送检、检测报告出具等工作行为，“两证”复评审工作顺利通过。以申报县级疾控机构能力建设等级达标活动为动力，加强实验室能力建设，圆满完成实验室理化操作间改造，添置、安装了离子色谱仪，原子荧光仪等急需精密仪器，提升了检验检测能力，全省室间对比考核获得三个“优秀”一个“合格”好成绩；以内部绩效考核为抓手，强化了中心内培和外培管理，提升了部门工作质量。

【绩效考核】 在总结上年度内部绩效考核经验的基础上，坚持从粗到细，由简及繁的原则，修订完善内部绩效考核方案，突出工作质量、工作纪律、内务管理、机关卫生等考核重点，加大考核力度，完善考核机制，取得考核成效。一是顺利推行人面识别签到制，开了全县卫生系统先河，得到全体干部职工积极响应。二是有效规范下乡、出差、事病假、年休假行为，做到手续齐全，有据可查，公开透明。三是强化内务整理、机关卫生，营造了窗明几净，整洁卫生工作环境，经县创卫办抽查，每次获得最高分。四是加强票据管理，顺利通过物价、财政年度大检查和例行审计。五是加强了质量管理，增强了工作痕迹与程序意识，部门计划、小结、总结、预安上报及时，原始资料逐步完整。

【党建工作】 认真落实县委书记抓党建的有关要求，确定专人专门机构专抓党建工作，从而保证了抓党建力量。同时，建立了总支和支部党建信息微平台，完善支部党员目标管理责任制，开展了健康“暖心”活动，四个支部于“七一”前夕分别组织参观了陶铸故里和八尺村新农村建设现场，党内生活开展正常，总支和支部相继召开了高质量民主生活会和组织生活会，达到了“红红脸，出出汗”的目的。巩固了党的群众路线教育实践活动和“三严三实”专题教育成果，班子成员意识、党员意识不断增强，工作合力进一步形成。

【民生工作】 在总支领导下，工会开展一系列得民心、顺民意活动。“三八”前夕，组织女职工分两批开展户外踏青赏油菜花活动，陶冶了女职工情操。“五一”、端阳节前夕组织职工开展了卡拉OK比赛，唱出了疾控人心声；“国庆”中秋节前夕开展男、女乒乓球单打比赛，赛出了疾控人的风采。全年共为201名在职及退休职工生日送蛋糕；及时走访慰问住院职工，为169名职工办理了职工医疗互助，其中两名女职职工享受两癌补助；主动慰问困难职工及困难党员11名。年内，组织职工开展了丰富多样的文娱活动，如拨河比赛、跑步比赛、乒乓球比赛、羽毛球比赛等一系列活动，上述活动的开展，拉近了工会与职工人距离，让职工切身体会到疾控大家庭的温暖。

（尹德利　赵志江）

重点医院选介

祁阳县人民医院

【概况】 2015年，县人民医院共完成门急诊量为403660人次，比去年增长11.1%；出院人次达62180人，同期增长6.0%；全年业务总收入达3.25亿元，同比增长8.4%；其中医疗收入2.28亿元，同比增长13%，药品收入9694万元，占医疗总收入29.9%。医院被列入国家卫计委重点扶持500家县级医院名单；医院的呼吸内科、妇产科、儿科被列入湖南省县级医院临床重点专科建设项目；被授予“省级文明卫生单位”“2015年度妇幼健康服务工作先进单位”和“2015年度疾病防控工作先进单位”等称号。

【医院管理】 制订一系列制度规范医师行为，确保医疗安全，继续强化临床路径管理，实行持续监测和评价，2015年完成临床路径病例9900余份，合格率达95%。修订护理制度，开展形式多样的特色服务，各护理单元推行优质护理，优质护理覆盖率100%，超额实现了二级医院优质病房覆盖率50%的目标。实行专项治理，控制医院合理用药，加强对I类切口病例的督查，进一步规范抗菌药物使用行为和静脉专科用药行为，合理用药共督查住院病历7000余份、门诊处方8400余张。全面推行医院临床精细化管理每月对临床科室和职能股室实行“5S”、精细化管理量化评分，院周会进行质量汇总考评，院务管理日趋精细化。

同年3月对托管金洞管理区人民医院进行调研和实地考察，12月16日与金洞管理区卫生局、金洞管理区人民医院签订托管协议，托管后的金洞管理区人民医院（祁阳县人民医院第一分院）已开业运行，且社会效益和经济效益良好。同年10月医院临床科室和职能股室启用OA（办公自动化）系统，系统贯穿于医院所有管理之中，简化办事程序，提高工作效率。

【新技术开展】 医院在加强管理的同时，将新技术开展作为医院发展的一个重要议事日程，要求各学科制订年度计划，对新技术开展给予奖励。2015年在国内各类医学杂志发表论文21篇，其中国家级刊物6篇，省级14篇，市级1篇。开展了冠脉造影、急性脑梗塞静脉溶、腹腔镜下肠癌根治、皮瓣修复术+指再植术+神经、动脉吻合术、腹腔镜下子宫肌瘤剥除+子宫部分切除+成形术、自体血回输技术、单肺隔离、单肺通气、支气管内麻醉技术、经皮肺穿刺活检术、胎儿四维超声等二十项新技术。

【项目建设】 2015年，以省投资300万元为契机，自筹资金1000万元，面积6800平方米，楼高6层，以精神科为主，集门诊、口腔、肿瘤科于一体的精神康复大楼项目，9月份正式投入使用。县人民医院医疗综合大楼建设主体完工，大楼共15F+2层，总建筑面积49315平方米，总投资约人民币1.4亿元，此项目于2013年9月开工，现已完成工程总投资8600万元。

【人才培养】 2015年，医院通过到高等院校对毕业生进行现场面试、县人事局招考、医院自主招考三种途径共招聘93人（其中引进硕士研究生1名）。以多种形式进行人才培养，选派优秀医务人员外出进修深造以提高各科诊疗水平，共送出51名专业技术人员外出进修学习。积极鼓励在职职工参加各种继续再教育学习，倡导全院职工终身学习理念。积极推进医院干部人事制度改革，拓宽选人用人渠道，引入激励竞争机制，提高干部队伍素质，在全院组织副护士长竞聘选拔工作，竞选出4名科室副护士长。组织医、药、护专业技术人员三基考试8次，组织“祁阳县人民医院2015年急救技能大赛”，2015年选送的5名医师护士参加全县卫生系统临床医疗护理知识竞赛，夺取团体第一和个人第一的好成绩。

【医德医风】 根据中央“八项规定”和省、市、县有关文件精神，下发《祁阳县人民医院关于进一步加强医院行风建设的实施意见》，坚持各类人员挂牌上岗的制度，主动接受病员群众的监督，建立健全医师医德医风考评档案，制订各类以提高医疗质量，改善服务态度，为病人提供优质服务的制度。加强社会监督，定期向门诊、住院、出院病人发放征询意见表，随时听取病员对医院工作意见和建议。同时聘请了院外监督员，定期召开会议听取社会对医院工作的反映。

【农合支付方式改革】 2015年医院全面实施以病种付费同总额控制相结合的新农合付费方式改革。其中一般疾病患者住七天院只需交纳800元，医院让利于患者1600万元以上。

【公益服务】 2015年，医院与“黎家坪镇铁脚湾小学、金洞白沙凼小学、潘市镇陶铸希望小学”留守贫困儿童建立关爱农民工子女长效机制，资助小学生20多人，发放救助金及学习资料达8000余元。到社区组织开展健康教育、义诊咨询、关爱帮扶等志愿服务活动。开展各类志愿服务活动50余次，志愿者参与人数400余人次，服务近4000小时。在春节、中秋等各重大节日来临之时，对九塘冲20户特困群众进行了慰问，得到社区群众的赞誉。

祁阳县中医医院

【概况】 2015年，县中医医院总收入1.7亿元，同比增长16.43%；门急诊15.26万人次，同比增长9%；出院病人2.7万人次，同比增长12.5%；完成手术6872台次，同比增长11.3%；床位使用率92.35%；病人平均住院日7.12天；药占比31.86%，；入出院诊断符合率97.6%，住院危重病人拯救成功率92.7%。截至2015年年底，全院在职职工717人（含临聘人员215人），其中研究生6人、正高级职称3人、副高级职称72人、中级职称226人。2015年，医院被评为“全市中医药工作先进单位”“永州市五四红旗团支部（总支）”“全县消防工作先进单位”“全县组织工作先进单位”“全县无偿献血工作先进单位”；临床第一党支部荣获“全县十佳基层党组织”，医院获“全县创国卫知识抢答赛团体一等奖”。吴晓云获“永州市十佳优秀护士长”，王振获“全县无偿献血工作先进个人”，周桃元获“全县优秀共产党员”称号。

【三级中医医院创建】 2015年7月16日，县政府第32次常务会议研究决定：同意县中医医院创建国家三级中医医院；同意启动县中医医院新院区二期工程建设，初步规划建筑面积51000平方米，并将其列入全县重点建设项目；由县财政安排县中医医院新院区二期工程建设银行贷款贴息资金。7月20日，副县长雷秀新在院长李安清的陪同下，专程赴省中医药管理局汇报县政府常务会议精神，得到省局邵湘宁局长的充分肯定。8月19日，省中医药管理局副局长李国忠率领专家组来院指导三级中医医院的创建工作。至此，医院创建“国家三级中医医院”工作正式拉开帷幕，各项前期准备工作已有条不紊地按期开展，新院区二期工程建设也已进入图纸设计阶段。

【夯实基层党建】 2015年，院总支继续加强对党建工作的统领，在全院开展党的群众路线教育实践活动“回头看”和深入贯彻卫生行业九不准，通过两项活动的开展，全院干部职工凝心聚力，齐抓共管，彻底解决患者长期反映的一批热点、难点问题，患者就医满意度达到97.3%。6月30日。由院总支承办的“祁阳县庆七一暨三十佳颁奖广场文艺晚会”取得圆满成功；在表彰大会上临床第一党支部荣获“全县十佳基层党组织”，周桃元同志获“全县优秀共产党员”称号。11月23日，县委常委扩大会议研究决定：同意医院党总支升格为党委。

【公益服务活动】 2015年，县中医院120紧急救援中心出车7326次，救治病人7518人次。完成“科技下乡”“中医适宜技术推广”和对口支援乡镇卫生院工作。超额完成全年无偿献血任务。开展“党员志愿者医疗服务队”进乡村、进社区义诊活动16次，组织健康讲座8场次，免费发放药品价值达4.7万余元。

【技术队伍建设】 2015年，县医院公开招聘护理人员40名，西医临床专业本科生4名，中医临床专业本科生6名，医技人员2名，研究生1名。组织对53名新人进行岗前培训。年初，选送5名中青年技术骨干赴上级医院进修1年，6人赴长沙、衡阳的三级医院接受3个月的短期培训，16名正、副护士长轮流到省中医附一医院接受12天的短期业务学习。根据科室开展业务情况，狠抓“三基”（基本理论、基本知识、基本技能）训练，突出“三基”理论学习和技能考核，以“创三级医院”和“护士节”“医师节”活动为契机，开展技能大比武活动，不断提高业务水平，一批优秀医护人员脱颖而出，评选出优秀护理单元4个、优秀护士长4名和优秀护士22名。

【核心制度落实】 2015年，医院建立健全质量管理控制体系及规章制度。完善院科组三级医疗质量管理控制体系，院领导、科主任、班组长分别为本部门质量安全第一责任人。进一步完善相关制度，组织编写、完善各项工作制度与岗位职责。落实医疗核心制度，层层签订医疗质量、医疗安全、抗菌药物临床合理应用责任状。进一步落实护士分层管理，合理调整护理人力，实行弹性排班和包干责任制，包床到组，责任到人。各职能股室按照“三级中医医院”标准制订工作计划，不断的检查、反馈、整改直至符合标准。医院领导定期深入临床医技科室查房，及时进行一次全院性医疗质量、医疗安全督查结果点评，将检查结果与科室及本人绩效挂钩。

【院内感控】 2015年，医院定期开展院感相关知识培训，落实医院感染管理的各项规章制度，对医院感染管理实行目标管理责任制，规范医院感染监控措施。全年医院感染率为0.3%，感染漏报率为3.6%，均在国家卫计委规定范围内；各类环境监测合格率98%以上；传染病上报率100%。

【全面信息管理】 2015年，医院实现处方、病历、药品管理、物资管理、办公管理、各种检查申请报告等信息网络化管理。优化工作流程，简化就医成效，提高工作效率。

【行风建设】 2015年，医院结合本单位特点开展“门难进、脸难看、事难办”、“坚决纠正医院损害群众利益行为”、卫生行业作风建设“九不准”等专项整治活动，出台17条整改措施。建立医院廉洁风险防控信息系统，用“制度+科技+公开”的办法，组建信息平台，基本实现对医院管理权、医疗服务权、供应商诚信管理、患者满意度评价和医德医风等五个方面主要风险指标的实时监控。实行院务公开、党务公开制度，进一步增加“三重一大”事项和医疗服务工作透明度，让职工、患者享有知情权和监督权。继续做好药品、诊疗项目、收费标准及服务承诺的公示工作，自觉接受社会监督。全院职工主动拒退、上交红包、礼品86人次，收到锦旗、感谢信57封（面），医院综合满意率增至98.52%。

【医院文化建设】 2015年，医院投入大量资金，以文体活动为载体，寓教于乐。开展迎三八女职工爬山活动，全院职工五四歌咏比赛，庆5·12文艺晚会，迎七一、国庆气排球和兰球赛，以及离退休人员系列文艺活动。组织职工篮球队、文艺队、老年门球队积极参加县内比赛活动，并多次获得表彰和奖励。组织开展优质服务大讲堂和业务讲座大赛，持续加大创建市级文明单位力度。

（王振）

祁阳县妇幼保健院

【两个系统管理】 2015年，县妇幼保健院采取五条途径进一步加强孕产妇长系统管理。一是加强对孕产妇的摸底、建册管理，孕产妇建册达95%以上，并对筛选出的高危孕产妇进行专案管理。二是加强高危筛查力度。组建专门的高危筛查小组，进村入户进行高危筛查，对评分10分以上的283名高危孕妇进行了专案管理。三是加强督导工作力度。每季度对各镇孕产妇的摸底、建档、高危孕产妇管理、妇幼卫生项目工作等进行督导，对存在的问题及时提出了整改意见，并限期整改。四是强化危重孕产妇评审工作。对具有代表性的2例危重孕产妇进行评审，制订干预措施。五是倡导自然分娩，控制剖宫产率。据统计：2015年，全县产妇数11773人，住院分娩率为100%，高危孕妇2024人，高危住院分娩率为100%；其中剖宫产2804人，剖宫产率32.68%，比2014年下降3个百分点。儿童系统管理工作。一是加强健康建档和管理。加强0~6岁儿童保健管理及健康建档工作，定期开展儿童健康体检工作，对筛选出的体弱儿进行了专案管理。儿童健康体检15328人，较去上年同期增加2208人。全年举办新生儿窒息复苏知识培训班两期，共72人参加，人人考核过关。开展新生儿死亡评审。全年共开展4次新生儿死亡评审，针对问题，及时总结经验教训。据统计，全年5岁以下儿童死亡65人、死亡率5.49‰；其中婴儿死亡41人，新生儿死亡28人。

【妇幼卫生项目】 孕产妇住院分娩补助工作。2015年，全县农村产妇9694人，补助7285人，补助率75.14%，补助金额218.55万元。农村妇女“两癌”检查项目和宫颈癌监测项目工作。2015年，共完成宫颈癌检查29033人、HPV检查4005人次，乳腺癌检查

2643人，监测信息录入2159人；查出宫颈癌前病变60例，宫颈癌11例，对阳性病例都进行专案管理及追踪随访。预防艾滋病、梅毒和乙肝母婴传播工作。全县孕产妇HIV初筛8259名，孕期检测率96.26%，确诊HIV阳性孕产妇1人；梅毒筛查8128名，孕期检测率94.74%，确诊梅毒感染孕产妇2人；乙肝筛查8520名，孕期检测率96.26%，乙肝表面抗原阳性分娩836人，及时采取母婴阻断措施。婚前医学检查工作。2015年，结婚登记6989人，婚前医学检查6131人，婚检率92.3%；检出疾病692人，其中患传染病217人，严重遗传性疾病6人、有关精神疾病28人，婚检中心对上述对象进行了医疗保健指导。出生缺陷综合防控。2015年，新生儿疾病筛查7850人，筛查率91.03%，较去年提高了21个百分点；确诊G6PD缺乏症57人、先天性甲状腺功能减低症8人；新生儿听力筛查8096名，筛查率93.88%，较去年提高了15个百分点；产前筛查5301人，筛查率61.47%，其中，发现高危对象240人，转上级医院产前诊断的对象177人，自愿终止妊娠1人；地中海贫血表型初筛5382人，血红蛋白电泳检测240人，阳性对象1人；免费补服叶酸9100人，增补率92.3%；依从人数7328人，依从率80.52%。

【健康教育】 一是制作宣传栏及宣传手册。共制作《妇幼公共卫生项目宣传栏》2000块，统一制作《孕产妇健康知识100问》和《宝宝健康知识100问》共2万余本，发放到全县各村卫生室及防保站；二是开展各项义诊活动。利用“三八”“科普宣传日”“出生缺陷预防宣传周”和“7·11世界人口日”等深入乡镇开展6次义诊活动，发放各种宣传单及健康处方等1万余份；三是开展健康知识讲座。组织医务人员到11个乡镇开展健康知识讲座，全县共有1650人参加了知识讲座；通过多途径的健康教育，有效地提高了服务对象的自我保健意识。

【院内临床业务】 一是加大医疗核心制度的执行和落实力度，业务查房每周一次，共53次，科室业务督导每月一次，共12次。二是坚持业务学习制度。每月组织一次业务学习，包括手足口病、甲型H7N9等专题业务学习共14次；组织理论知识考试2次，组织新生儿复苏、成人心肺复苏等操作考核共3次。同时，派出5名医师分别到三甲医院进修药剂科、妇产科、儿科等，参加短期培训共58人次。三是规范医疗文书的书写。不定期抽查病历，重点督查病历书写的及时性、治疗计划的合理性等情况。在处方书写方面，年初组织全院所有医生及药剂人员重新学习了处方书写规范，对处方书写提出了新的要求；今年来，病历和处方质量明显提高。四是进一步拓展新业务。2015年下半年，开展仿生助产新技术，成功为60多名产妇实施此项新技术；11月份妇外科开设了乳腺专科，实施新的治疗方法。通过这些工作的扎实开展，业务能力和医疗质量得以明显提高。7月上旬，新生儿科成功救治一体重仅1.1千克极低体重儿，11月份又成功助产一体重仅800多克活婴儿。

【公立医院改革】 公立医院改革深入推进，群众医药负担逐步减轻。在公立医改革方面，县妇幼保健院通过两条途径，切实减轻老百姓医药负担。一方面，继续做好药占比控制工作，为达到院内年初制订的全院药品比不超过18%的目标，组织医生多次学习了抗菌药物的使用，规范了抗生素使用指征；并根据各科室的具体情况规定了相应的药品比例，制订了超药品比的处罚措施，全院药品比控得到有效控制，全年全院药占比16.7%。另一方面，我们积极推行临床路径，实行单病种包干。2015年，纵向比较，推行临床路径后，人均住院费用较前减少

300元左右；横向比较，相同病种在县妇幼保健院住院，自负费用平均要减少30%以上。

【医德医风】 2015年，结合党的群众路线教育实践活动“回头看”等，再次组织医务人员认真学习卫生行业“九不准”，组织党员干部认真学习《中国共产党廉洁自律准则》等，进一步提高队伍思想觉悟。同时，继续加强督查力度，由院领导带队，每天深入科室督查医德医风和劳动纪律。一年来，医德医风和劳动纪律明显好转，队伍综合素质明显提升；损害群众利益行为得以杜绝，迟到、早退现象得到很好地控制，职工拾金不昧12次，拒绝请吃23次，拒收红包礼品56次；7月上旬，医院为极低体重新生儿免除医药费，并组织全院干部职工为其特困家庭捐款1.6万元；此事在《湖南新闻联播》进行了报道。

【“创国卫”工作】 “创国卫”工作成绩斐然。2015年，我院将“创国卫”工作纳入重要议事日程。按照上级要求，及时制订《“创国卫”工作实施方案》，积极配合相关部门，认真组织“创国卫”工作。“创国卫”工作在全县组织的考核评比中，连续4个季度在卫生系统中排名第一，年度考核荣获卫生系统第一名。院内环境卫生也得到明显改观，再也见不到卫生死角、再也见不到垃圾到处乱扔现象、再也见不到公共场所抽烟的不文明行为等，就医环境彻底改观。

【公益文娱活动】 2015年，县妇幼保健院积极开展职工生日送蛋糕、职工生病住院走访慰问活动，并积极推行年休假制度，极大地保障了职工应有福利，很好地体现了人文关怀；多次组织青年职工与兄弟单位开展篮球、气排球友谊赛，并积极参加了全县气排球赛；10月份，按县委、政府要求，县妇幼保健院集中一个多月时间，积极筹办了广场文艺晚会，取得巨大成功。三八国际妇女节和六一国际儿童节当天，县妇幼保健院积极组织大型优惠义诊活动，共免费接诊796人次，发放宣传手册800余份，优惠金额6万余元，受到了广大群众的一致好评，为党和政府树立了良好形象；县电视台对此进行了新闻报道。通过这些活动的开展，更好地营造出良好的文化氛围，丰富了职工的业余生活，进一步增强了职工的向心力、凝聚力。

祁阳博雅医院

【概况】 祁阳博雅医院是一家经市卫生部门批准设立的集医疗、预防、康复、保健为一体的非营利性综合医院，以妇科、产科、男科、微创外科、泌尿系生殖疾病为专科特色的现代化综合医院。位于祁阳县白马花坛旁（原华天宾馆），营业面积11000多平方米，环境优美、交通便捷。医院坚持“技术制胜、规范操作、服务至上、立足长远”的办院方针，秉承“医泽天下、以人为本、和谐发展”的企业理念，致力于服务两性健康事业。

医院设有临床、医技科室近20个。设有妇科、产科、无痛人流中心、男科、泌尿外科、不孕不育专科、皮肤科、肝病专科、肛肠专科、胃肠专科、耳鼻咽喉科、心血管内科、消化内科、外科、碎石中心、疼痛科、中医科、心脑血管、健康体检中心等临床科室和检验科、影像科、药剂科、B超室、理疗室、消毒供应室等辅助科室。

医院拥有从全国各大医院精心选拔的医疗卫生技术人员100余名，并汇聚部分市内知名专家，他们在市内外均享有很高的知名度，为共同提升诊疗实力，祁阳博雅医院长期与长沙各大著名三甲医院保持医疗信息互动，资源共享。定期邀请各大三甲医院的数百余位权威专家进行学术交流，竭力把博雅医院建成为专家型综合医院。

【医院设备】 2015年，医院高度重视硬件设施建设，不断加大设备投入，积极开展新技术、新项目，提高综合服务水平。先后引进德国 WOLF 宫腹腔镜、西门子十六排螺旋 CT、美国 GE 四维彩超、钬激光碎石机、体外短波、不孕症诊断治疗仪、日本数码电子阴道镜、产后康复治疗仪、臭氧治疗仪、红光治疗仪、微波治疗仪、多功能麻醉机、全自动生化分析仪等一大批先进医疗设备。随着高精尖医疗设备的投入使用，有力推动了医院诊疗技术的发展，大大提高医院的整体医疗水平，为患者提供更为优质的医疗服务质量。

【医德医风和行风建设】 一是深入开展创先争优活动，优化软环境，提高软实力。坚决贯彻县委、县政府关于开展“创先争优”和“优化软环境，提高软实力”活动的总体部署和工作要求，统一思想，坚定信心，认真从理想信念，党员意识，事业心和责任心，思想作风和政治理论水平，工作作风和工作能力等各方面查找不足。针对民主评议政风行风暨优化软环境工作中存在的问题，成立院党支部、院办公室两个服务态度调查小组，每个月深入到门诊、临床科室、医技科室、病房发放服务态度调查表，月底将检查结果汇总，反馈到科室以提高服务质量。同时开展优秀护士评选活动，展现白衣天使风采；大大提高医务人员对软环境建设意义的认识。全院职工服务意识明显提高，医院各项工作进展顺利。

二是深入开展“三好一满意”工作。加强行风建设，大力弘扬高尚医德。坚持廉洁行医，门诊大厅设立投诉电话，充分利用群众举报等形式进行监督，未发生一起态度恶劣、破坏医院形象的不良行为。大力推行“合理用药、合理检查、合理治疗、合理收费”工作规范，加强培训教育，转变医院医疗服务观念，建立以医德医风、服务质量、患者满意度等为主要内容的绩效考核体系。实行惠民政策，为贫困患者减免费用，让患者做到少花钱、看好病，使群众真正感受到新医改带来的实惠。

三是加强质量管理，规范诊疗行为，持续改进医疗质量。认真抓好医疗质量安全各项制度落实，增强医疗质量安全责任意识。坚持以医疗质量为核心，切实加强医院内部管理和基础医疗质量管理，狠抓十四项核心制度，强化临床专科能力建设和医务人员“三基三严”培训。为促进医护质量进一步提高，保障医疗安全，提高医护人员专业素质，开展学术讲座，交流最新临床知识、医疗实践中的心得体会、常见病多发病的诊断及治疗、新技术新疗法等，从而提高医护人员的专业技能。加强医疗技术和设备临床应用管理，保证医疗质量安全和患者权益。建立严格的医疗技术准入和管理制度，对违规行为坚决予以查处。

【加强公共卫生服务】 2015年，完成居民健康档案的建档4996份，电子档案录入100%。65岁以上老年人健康管理1376人，高血压患者管理人数136人；糖尿病患者管理人数46人。健康教育深入人心。医院护理部、门（急）诊、内儿科、妇产科、外科及医技科室组成的健康教育与健康促进网络，开展宣传活动100余次，制健康教育宣传手册50000余份，发放宣传单20000余张，咨询服务7000余人次，累计受教育群众达1余万人次。

孕期健康教育宣传项目：成立孕妇学校，通过十四节课程内容的系统授课、现场实例模拟操作等授课方式，向准妈妈准爸爸普及孕期知识，帮助孕妇安全渡过妊娠、分娩和产褥期并掌握一定哺乳知识和技巧，养育一个聪明健康的小宝宝。

大力增强传染病的防控能力，指定专人每天两次到各科室收传染病报告卡并让值班医生签字确认，及时登记、统计及上报工作并对各临床科室进行监督、检查指导，传染病的上报率进一步提高，迟报、漏报率明显降低，加强卫生应急工作的处置能力。

加强急救工作，在医院成立急救站，有8名从事急救工作的医护人员，配置救护车并有相应的驾驶员。在各临床科室和重点功能科室配置急救、应急设施，开展临床急救技能培训。进一步加强急救队伍建设，强化医务人员急救基本技能训练，提高应急救治能力和水平。建立“三基、三严”培训考核制度，使医护人员能够熟练使用各种抢救设备，掌握急救技术。医院由医务科和护理部组织，开展急救技能演练，内容包括徒手心肺复苏术，呼吸气囊的使用，气管插管等。通过培训，大力提高医护人员的应急反应和处理能力，增强全院科室间协调能力，以适应复杂情况下应急抢救工作需要。

【健全医院服务体系】 实行“无假日”医院值班制度，对病人实行24小时接诊；开辟绿色通道，对老、弱、病、残人员给予优先诊治服务。分期分批选派20多名优秀人员到省级医院进修和学习，培养大批医疗骨干，吸取先进医疗技术和管理经验带回来，开展宫外孕、三镜一丝、宫腔镜取胚术、胆囊结石腹腔镜手术、肾结石腹腔镜手术、腹腔镜小儿疝气高位结扎、宫腹腔镜子宫肌瘤剔除术等项目。积极开展巡回医疗活动，先后组织医疗队到乡（镇）义诊、诊疗病人4000人次、健康咨询1000多人次、发放宣传资料20000余份，为全县特困户减免医疗费用近2万元，切实解决贫困山区的群众出行难、看病难的问题。

【加强质量管理与控制】 一是认真开展医疗质量管理与控制工作。近年来得到上级各部门的支持，该院在基础设施设备上下工夫，在医务人员培训上花精力，目的就是要提高医疗质量。院科两级质量管理小组专门负责制订质控方案，定期检查分析，持续改进，不断提高。二是病历和处方质量控制，按照《病历书写规范》和《处方管理办法》，医务科牵头成立病历检查组，负责全院的病历抽查、评价。每个科室由科主任负责，质控员落实，负责科室病历质量，不合格病历不得出科，病案管理室负责病历电子录入及保管，发现不合格病历，报医务科进行处罚。门诊处方每月一次抽查评议，对书写不规范的医师责令学习整改。三是加强感染控制，首先是对职工进行培训，全员学习《中华人民共和国传染病防治法》《医院感染管理办法》，学习感染防护和手卫生知识，树立感控观念。医院感控小组定期检查科室工作，对存在问题进行分析、处理。对手术室，治疗室等重点部门重点管理，严防感染事件的发生。配合疾控部门做好传染病的监测和防治，及时上报疫情。

【构建平安医院】 医院不仅是医疗场所，还是重多人员集中的社会场所。针对该情况，医院加强后勤服务管理。配备保安人员，24小时值班巡逻。整顿车辆停放秩序，加强环境卫生管理。定期检查水、电、火源情况，严防灾害事故发生，保障了医院安全生产。美化、绿化、亮化、净化成绩明显，得到广大患者及社会的一致好评。

祁阳中西医结合医院

【概况】 祁阳中西医结合医院创办于2005年12月，2007年3月正式对外营业。该医院是祁阳县委、县政府重点招商引资项目，由湖南省劳动模范唐益寿先生（中国远洋集团退休干部）独资兴办，是一所具有中西医结合特色的非营利性的二级综合性的民营医院。医院由原祁阳宾馆改建而成，占地12600平方米，业务用房8860平方米、核定床位200张，现有职工168人，其中高级技术职称9人，中级技术职称16人。医院设有两个内科、外科、妇产科、体检、麻醉、理疗等16个临床科室；有放射、特检、检验、药剂、血透、消毒供应等医技科室；有院办、医务科、护理部、财务科、后勤科、信息科、保卫科、设备科等职能科室；医院拥有螺旋CT、CR、C臂机、电子胃肠镜、全自动生化仪、血细胞分析仪、多功能麻醉机、呼吸机、彩超、心电工作站、宫/腹腔镜、狄激光弹导碎石机、输尿管软镜、新生儿复苏抢救台等大中型医疗设备，有标准化净化手术室、中心供氧、负压吸引和信息化管理系统。2015年门诊量约2万人次、入院7800人次、完成业务收入2200万元，被中共祁阳县委统战部授予全县统战工作“先进单位”。

【医院文化】 医院一贯重视文化建设，把医院文化当作思想政治工作的重要抓手，在院内显著位置标出一些具有感召力、约束力、影响力的口号，形成良好的政治文化氛围。如：践行党的群众路线“民有所呼，我有所应；民有所求，我有所为；民有所难，我有所助”。推行“六个一”：一张笑脸相迎、一把椅子让座、一杯热茶暖心、一颗真心相待、一腔热情相助、一个满意相送；落实“六颗心”：接待病人要热心、病人疾苦要关心、对待工作要细心、解答问题要耐心、听取意见要虚心、改进工作要诚心；提倡“六个办”：当天的事情当天办、紧急的事情迅速办、份内的事情主动办、份外的事情协作办、疑难的事情尽力办、所有的事情依法办；实现“六个好”：医患和谐关系好、爱岗敬业技术好、举止文明形象好、内外整洁环境好、增收节支效益好、全县人民口碑好。还组织编写了院歌、院训，研究制订了办院宗旨，发展目标、发展战略、服务理念和医院精神等文化内涵。办院宗旨：救死扶伤、保障健康、尊重生命、服务人民．发展目标：做祁阳最好的民营医院。发展战略：邀名医、建名科、创名院。服务理念：一切为了病人，为了病人的一切。医院精神：广德济世，博爱康民；院歌《爱的奉献》；院训：求精、至诚、厚德、仁爱、团结、拼搏、传承、创新。通过一系列的文化熏陶和思想启迪，员工精神为之一振，想有目标，做有干劲，工作热情明显提高，学技术，赶先进，争做新时代合格的白衣天使成为风气。2015年全院共收到患者送来的感谢信、表扬信、锦旗23件。医院开展的“创先争优”活动，评选出“优秀党员”1人，“先进科室”2名，“先进个人”20人，“最美护士”9人。

【医院管理】 医院职工发扬“团结、拼搏、务实、创新”之精神，围绕“做祁阳最好的民营医院”的发展目标，实施“项目兴院、人才强院、依法治院、廉价活院”的发展战略。2015年取得了好的成绩，在项目兴院方面先后投入800多万元，新增设了血透室、微创外科、泌尿外科、疼痛科和骨伤科。血透科新添置了15台进口血液净化仪和一批配套设备；微创外科新添置了宫腔镜、腹腔镜；泌尿外科新添置了体外冲击波碎石机、弹道碎石机、钬激光碎石、经皮肾镜和输尿管软镜；疼痛科新添置了C臂机、臭氧仪、射频仪、椎间孔镜，五官科新添置了内窥镜和等离子治疗仪，还更新了彩色B超、生化仪、CT、救护车等。在人才强院方面一是高薪聘请几名在祁阳有影响力的技术骨干作为学科带头人；二是花大力气培养年轻医生，采取送出去、请进来等方式，以老带新培养新手；三是充分利用医生多点执业的好政策，邀请了南华附一老教授李汉贤、衡阳附二脊椎外科专家曹奇、一六九医院泌尿科主任唐黎明、市中医院唐斌等多位知名专家教授来院带教执业。有效地促进了医院业务上水平、上台阶。2015年开展各类手术1381台，其中重大手术占40%以上。在依法治院方面严格执行国家有关医疗卫生方面的法律、法规和规章，制订完善各项管理制度370多项，健全管理机构落实管理责任完善管理流程，采取“日查、月评、季考”的方式，促进医疗护理等核心制度的落实，通过对事前、事中、事后三个环节的质量监管，有效地提高了医疗质量。在廉价活院方面，采取多项优惠措施让利于民，推出优质、优价服务项目，如门诊费用包干、救护车免费接诊、住院自负费用部分优惠等，并与凯盛鞋业等大型企业签订互惠、互助合同，扩大医院业务。

【社会组织统战工作】　为拓展新的社会阶层统战工作，探索统战工作的新载体和新方法。2014年5月祁阳县委统战部决定在祁阳中西医结合医院等三个民营单位实施社会组织统战工作试点。根据省委统战部印发的《湖南省开展社会组织统战工作试点实施方案的通知》的精神和要求，重点做好了以下四个方面的工作：一是层层宣传发动，摸清工作底子，院成立了试点工作领导小组，分别召开了党员大会、科主任、护士长会议和党外人士、技术骨干坐谈会。对党外人士中的少数民族、宗教信仰人士、台胞台属、侨胞侨属等统战对象进行了全面摸底，全院非中共党员工作人员155人，其中院领导3人，高级技术职称7人，中级技术职称13人，有宗教信仰人士5人（佛教4人、基督教1人）、台属台胞1人。二是精心安排部署，制订工作方案，在调查研究的基础上，经过反复酝酿讨论，几上几下精心制订了中共祁阳中西医结合医院党支部《关于开展社会组织统战工作试点实施方案》，明确了试点工作的指导思想、工作内容和工作步骤。三是结对联谊交友，扩大统战阵容，县委常委统战部长蔡富强同统战部的领导都在院里交结了党外人士朋友，院领导也交结了中层党外人士朋友。实行一帮一、一带一，了解他们的合理诉求，提供政策、法律、法规等方面的帮助和服务。四是坚持教育、帮助、引导，达到凝心聚力。开展了社会主义理想信念教育，增强了党外人士理论自信、道路自信和制度自信。达到了同心同德、同心同向、同心同行，凝聚人心、汇聚力量、集聚智慧的目的。经过近两年的工作实践，试点工作取得了可喜的成绩，省委统战部的领导来院考察指导，市县兄弟单位前来参观学习。其“同心”义诊进乡村、进社区、进企业和“同心·助学”“同心·助贫”“同心·助老”的经验材料在《中国统一战线》杂志上刊登。

【研发新技术】　祁阳是一个结石病的多发县，严重危害人们的身体健康。为解决结石病患者的病痛，该院投入大量资金，购进体外微波碎石机、输尿管镜、弹导碎石机、钬激光碎石和输尿管软镜。选送培养专业技术人员4人，并聘请中国人民解放军一六九医院泌尿科主任唐黎明、市中医院泌尿科专家唐斌为客座教授带教指导。根据不同类型的结石病例，分别采取体外微波碎石、经皮肾微创取石和经输尿管软镜取石。由于设备先进，技术成熟，不断有本地和外县患者慕名而来。2015年共做体外微波碎石683例，经皮肾微创取石86例、经输尿管取石183例、输尿管纤维软镜钬激光无创取石169例。结石科已成为该院的拳头科室，治结石病收入占外科收入的80%以上。同时，该院还购进了前列腺电切镜、椎间孔镜，治疗前列腺疾病和腰椎间盘突出症。2015年做前列腺电切手术10台，利用椎间孔镜施行介入手术33台，治疗效果良好。由于该院重视新技术的开发利用，大大提升了技术水平，为祁阳的医疗市场注入了新的活力。

（陈国强）

体　　育

【概况】　2015年10月，县体育局与县文广新局合并组建县文体广电新闻出版局，组建祁阳县全民健身服务中心，内设办公室、群众体育股、青少年竞赛训练股、体育产业彩票管理股。下设祁阳县业余体校、祁阳县体育中心。按照县委、县政府的总体思路开展体育工作，祁阳群众体育活动丰富多彩；竞技体育取得历史性突破；体育彩票销售实现新的飞跃，总销量达到1200多万元；体育馆作为县重点项目，完成了内外墙整体装修，累计投资达2600万元。

【全民健身活动】 2015年，祁阳县体育局举办了具有地方传统特色和大型的群众体育活动12场次，协办8场；县直各单位、各单项协会、社区举办各类群体活动100场次。组队参加全市全市太极拳（剑）比赛和体育系统运动会等。

【基础设施建设】 2015年，陶铸体育馆工程建设整体推进，完成内外装饰和声学处理等。县公共体育场改造工程12月底已完工并投入使用。此外，建成村级农民体育健身工程70个、社区健身路径项目30个，全年共投入资金200万元。

【竞技体育】 在2015年9月举办的市常年比赛中取得金牌2枚，银牌5枚，铜牌8枚。选拔优秀苗子80人，体育后备人才22人。

【体育彩票销售】 2015年，祁阳县体彩销售达到1200多万元。

社会管理与服务

劳动和社会保障

【概况】 2015年，县劳动和社会保障局紧扣“民生为本”工作主线，按照“服务全县经济和社会发展的主战场，服务全县所有企业和服务全县所有劳动者”三个服务总的指导思想，凝心聚力，开拓进取，争先创优，各项工作取得明显成效。该局宣传工作被人社部表彰为新闻宣传工作先进单位，目标管理综合考核、全面建成小康社会、党建、跑项争资、招商引资、社会综合治理、民意调查、人口计生、安全生产、创建全国绿化模范县、优化经济发展环境、就业和社会保障等12项工作被县政府表彰为先进，其中目标管理综合考核工作在政府工作部门中排名第一，优化经济环境测评在全县排名第一。

【民生实事项目】 全县城镇新增就业任务为6600人，实际完成6605人，完成目标任务的100.1%；全县职业培训总任务为7500人，实际完成8644人，完成目标任务的115%；全县失业人员再就业任务为3000人，实际完成3004人，完成目标任务的100.1%；全县就业困难人员再就业任务为1100人，实际完成1103人，完成目标任务的100.1%；全县新增农村劳动力转移就业任务为9500人，实际完成10060人，完成目标任务的106%。

【就业再就业局势】 认真贯彻落实省、市、县相关会议精神，围绕全县工作大局，大力开展“就业优先”战略，积极响应“大众创新、万众创业”号召，认真履行工作职能，圆满完成各项目标任务。

就业再就业：2015年，全县城镇新增就业6605人，失业人员再就业实现就业2601人，就业困难人员就业1103人。城镇登记失业率控制在4%以内。帮扶24户新出现的零就业家庭实行就业援助，零就业家庭动态援助率为100%。

社保补贴发放：开展社保补贴先缴后补认定工作，年末兑付社保补贴达到529万元，2965余人灵活就业困难人员得到了实惠。新增农村劳动力转移就业10060人。

职业招聘：积极开展“春风行动”、“民营企业招聘周”等招聘活动13场，开展大型专场各类招聘会13场次，60家省、市（含外省）企业参加招聘，提供岗位8000多个，参加应聘人员5万余人，职业介绍服务中心进行职业指导1.5万人，成功为园区企业新招录员工10450人，完成104.5%，有效满足了企业用工需求。

搭建信息平台：定期在电视台、网站、手机报、户外信息发布栏发布企业招聘信息。开通接送员工上下班专线包车，全年已开通接送园区员工专线5条，13720余趟，往返搭载员工28万余人次。

职业技能培训：全县开展各类职业培训8644人，其中企业职工培训3355人，农民工和农村劳动力预备制培训2259人，失业人员培训1870人，创业培训1160人。组织开展职业技能鉴定1286人次，职业技能鉴定取证1021人次。

职场招聘：积极开展“春风行动”、“民营企业招聘周”等招聘活动13场，成功为园区企业新招录员工10450人，完成104.5%，有效满足了企业用工需求。

小额担保贷款：扶持自主创业，共发放促进就业小额担保贷款608笔，4045万元，带动就业1500余人。

【社会保障体系】　社会保障基金监管得到进一步加强，社保资金管理运行规范，基础工作扎实，基金规范运作率和基金安全完整率均为100%。

企业养老保险：2015年，全县共有企业参保单位136家，参加城镇企业职工基本养老保险职工24287人，离退休人员19710人，完成养老保险费收入13000万元；完成市里下达目标任务的110%；完成同级财政配套320万元；发放养老金38000万元；养老金按时足额发放率100%；社会化管理率100%；养老保险基金规范安全率100%。

机关事业单位养老保险：全县参保单位337个，参保在职人员26095人，离退休人员9357人。全年收缴养老保险基金2.89亿元，基金征缴率95%，完成市里下达目标任务的130%，支付养老金3.15亿元，养老金支付率100%，社保基金累计结余3600万元。纳入社会化发放的离退休人员8394人，社会化发放率90%。

城乡居民社会养老保险：期末城乡居民登记参保53万人，征缴基金4056.78万元，完成118.62%，为15.09万老年居民发放养老金13561.74万元（含中央提高基础养老金补发1294.67万元），城乡居民待遇按时足额发放率和社会化发放率均为100%。为全县有14个乡镇112个村15877人办理了被征地农民社会保障，其中新增参保5198人，收缴生活保障费9304.85万元，发放基本生活费7303.08万元。

城镇职工医疗保险：全县参加城镇职工基本医疗保险单位499家，参保职工54949人，其中在职30049人，退休24900人，离休人员45人。城镇职工医疗保险征缴基金9830万元（其中统筹基金收入5390万元，个人账户收入3550万元，另大病互助费收入518万元，离休干部医保基金收入372万元）。城镇职工基本医疗保险支出9558万元（其中统筹基金支出5479万元，个人账户支出3186万元；大病互助支出619万元；离休干部医保基金支出274万元）。

城镇职工生育保险：全县参加城镇职工生育保险单位499家，参保职工30049人。城镇职工生育保险征缴基金234万元，支出59万元。

城镇居民医疗保险：年末全县城镇居民基本医疗保险参保缴费74706人。共征缴基本医疗保险基金2543.47万元，支出基金4633.20万元。

失业保险：全县失业保险参保25500人，共征缴失业保险金496万元，为390名失业人员，发放失业保险金及医保费等支出307万元。

工伤保险：参保单位510家，参保人数50013人，完成100%，征缴基金1150万元，完成126%。调查认定工伤事故139起，共支付各项工伤保险待遇585.7万元。

【劳动关系】　按照党的十八大提出的“构建和谐劳动关系”的要求，把日常巡查、举报专查和专项检查相结合，积极开展劳动保障监察。2015年共检查各类用人单位253个，接待群众来信来访200余人次，受理举报案件116起，调查处理114起，结案率达99%；为了建立规范的劳动管理制度，督促152个用人单位签订和鉴证劳动合同5800份，有效的保护了用人单位和劳动者的合法权益；取缔2所非法职业介绍机构；在打击非法使用童工的专项治理工作中，查处2个用人单位非法使用童工的行为，清退童工2人，并分别进行行政处罚；查外拖欠民工工资的用人单位73个，依法追讨民工工资780万元；督促7户用人单位参加社会保险，追缴社会保险费500多万元。积极开展劳动争议调解和仲裁工作，受理劳动争议案件56起，立案56起，调解结案54起，依法裁决8起，结案率96.4%，切实化解了社会矛盾，促进了劳动关系的和谐稳定。

【服务园区工作】 2015年10月，县经济开发区经市人社局、市财政局审核同意，成功争取到养老保险缴费费率过渡试点，全年共有19家企业经批准实行养老保险缴费费率过渡试点，参保职工2339人，成为永州市首家承接产业转移养老保险缴费费率过渡试点工业园区，可享受养老保险优惠558万元，预计在6年过渡期间至少可以优惠3000万元以上。

【跑项争资工作】 2015年共争取上级就业补助专项资金、企业养老保险缺口资金、城镇居民医保补助资金、新农保补助资金等共计3.2亿余元，完成目标任务的268%，较去年同期增长5000万元，为祁阳经济社会的发展作出了积极贡献。

【搭建基层服务平台】 2015年，县劳动和社会保障局建立就业岗位、人力资源信息数据库等公共就业服务体系和市场服务体系建设，在县城显著位置建立一个永久性大型就业用工广告宣传牌，另外拨付每个乡镇2万元用于制作永久性招工电子显示屏宣传栏。要求全县各乡镇统一公布劳动保障办事流程及管理制度，配备办公电脑，实现专人专抓劳动保障工作，做到“机构、编制、人员、场地、经费和设备”六到位，为劳动者提供就业指导、职业测评、政策咨询、求职登记、招聘服务等公共就业服务。

（卢启明　陈雄杰）

【行政区划】 根据《湖南省关于开展乡镇区划调整改革工作的意见》（湘发〔2015〕15号）和《永州市关于开展乡镇区划调整改革工作的意见》（永发〔2015〕19号）要求，为优化乡镇布局，深化农村改革，11月，挂榜山乡与七里桥镇合并成七里桥镇；内下乡与八宝镇合并成八宝镇；大江乡的九渡村和瓦屋村与大忠桥镇合并成大忠桥镇；大江乡的其他村与肖家村镇合并成肖家镇。合并完成后，祁阳县共辖3个街道办事处、19个镇（金洞管理区管辖的未计）。其名称分别是：浯溪街道办事处、长虹街道办事处、龙山街道办事处、观音滩镇、茅竹镇、大忠桥镇、三口塘镇、肖家镇、八宝镇、白水镇、黄泥塘镇、进宝塘镇、潘市镇、梅溪镇、羊角塘镇、下马渡镇、七里桥镇、大村甸镇、黎家坪镇、文富市镇、文明铺镇、龚家坪镇。共有808个村，79个社区居委会，其中主城区30个社区（详见附表）。

民　政

【概况】 2015年，县民政局围绕“以民为本、为民解困、为民服务”宗旨，服务大局、扎实工作，较好地完成了全年确定的目标任务。获得县委、县人民政府授予的“三八红旗集体”“巾帼文明岗”“先进基层党组织”等各种荣誉11项；获得省市及上级民政部门授予的“湖南省文明卫生单位”“2015届永州市文明单位”等各种奖项8个。

【城乡社会救助】 6月，组织各镇、街道办乡场民政所所长培训后，在城乡开展低保等社会救助突出问题专项整治，至9月结束。经过整治，取消未年检、不符合条件的、已故的城镇低保对象866名，新增216人；取消农村低保对象726名，新增657人；清理农村五保对象中不符条件，已故的186名，新增281人。城镇低保对象进出率为2.1%，农村为5.2%。

散居的农村五保对象供养标准由2014年的2640元提高到2900元。1~12月累计供养五保对象101676人次，发放供养金2335.201万元。

继续推行“五位一体”的

医疗救助体系，规范程序、压缩审批环节，最大限度地方便群众。全年发放大病救助资金1.5万余人次，1800余万元。

对生活出现突发性、临时性困难的家庭临时救助2295人次，发放救助金220.956万元。

全年新建黄泥塘镇第二敬老院和大忠桥镇敬老院，建设用地共40亩，配套设施齐全，有床位100张，2016年元旦已投入使用。

【区划地名管理】 第二次全国地名普查工作有序推进，全年有步骤地完成人员培训，普查宣传、收集资料、编写目录等工作。12月10日，得到来祁调研的民政部区划地名司司长柳拯的肯定。

行政区域界线管理顺利进行。5~8月，执行国务院《行政区域界线管理条例》和永州市民政局、郴州市民政局《关于联合检查永州市和郴州市行政区域界线的通知》，祁阳县民政局与零陵区民政局、桂阳县民政局、新田县民政局共同进行县与县（区）行政区域界线的联合检查，并分别写出联合检查工作报告，订立创建平安和谐协议书，恢复损坏界碑。

5~8月，由祁阳县民政局牵头与零陵区民政局的相关人员组成联合勘界组，对两行政区域界线全长52.63公里进行勘定；6~8月，由新田县民政局牵头，祁阳县派出相关人员组成联合勘界组，对两行政区域界线全长47.05公里进行勘定；6~8月，由祁阳县民政局牵头与桂阳县民政局的相关人员组成联合勘界组，对两行政区域界线全长11.7公里进行勘定。按要求完成此项工作。

参与县城网格化建设。根据祁阳县委、县政府的要求，对祁阳县城的路、街、巷、小区所有的地名标志进行一次彻底清查，并严格按国家标准更换地名标志，年底仍在进行中。

完成撤乡并镇的区划调整。10月~11月，完成撤乡并镇的区划调整工作，撤销了挂榜山乡、大江乡、内下乡。挂榜山乡和内下乡分别就近并入七里桥镇和八宝镇，大江乡的两个村并入大忠桥镇，其余各村并入肖家镇。因原内下乡的各村离八宝镇太远，为方便群众办事，在原内下乡乡政府所在地设置便民服务中心。

投入撤县设市工作。7月，祁阳县设立撤县设市领导小组办公室，县民政局派专人投入办公室工作。局长唐双喜任县撤县设市领导小组办公室副主任，该办公室设县民政局。

【民间组织管理】 2015年年底，经核准登记的社会组织共261个，其中社会团体92个（经济类32个、科研类15个、社会事业类28个、慈善类3个、综合类14个），民办非企业组织167个，基金会2个。

依法做好年检工作。年初，印发《关于做好2015年度社会组织年检工作的通知》，年检中重点检查社会团体和民办非企业单位执行法律、法规和有关政策情况，按照章程开展活动、财务规章制度、人员变动、业务活动等情况。对存在的问题及时提出并督促整改，对不按照规定未接受年检和长期未开展活动的社会组织依法予以查处和取缔。年内共下发催办年检通知书5份，经年检不合格的社会组织5个，注销社会组织3个。

推行社会组织直接登记。根据《社会团体登记管理条例》、《民办非企业单位登记管理暂行条例》，对新登记的社会组织把好审查关，坚持实地查看。凡名称不规范、场地、机构设置不符合条件的坚决不予审批。全年共直接登记社会组织15个。

创新社会组织登记管理办法。根据市局《关于开展全市社区社会组织调查与集中登记备案工作的通知》，对县城社区组织进行调查，开展登记备案工作，共有28个。年内对其中12个社会组织进行了集中管理和培训。此外，为培育和发展社区社会组织，资助王府坪社区社会组织服务中心2万元用于为社区内独居老人、空巢老人及三无对象家庭提供安全防火检查及消防设施更换。

按照《湖南省社会组织评估管理办法》，年内成立社会组织评估委员会及复核委员会，召开社会组织负责人、业务主管负责人及评估专家会议。年内已有8家社会组织申报参评。

【老龄工作】 敬老助老活动力度加大。春节和老人节前后，县委、县政府安排慰问走访离退休干部、三无老人、五保老人和在乡老复退军人2.3万余人次，发放慰问金1000余万元；在县电视台飞播字幕、点歌向老人问候和祝福。民政局老龄办组织参与白竹湖广场的“法治阳光温暖老龄”活动，向2014年获得“全国孝亲敬老之星”殊荣的刘菁颁发证书、奖章和奖金；组织民间养老机构负责人参加省第三届养老服务产业博览会；参观长沙市雨花区康乐年华老年公寓、学习创建养老服务信息平台和管理经验等一系列活动，还向局募捐办推荐10位行动不便的高龄老人，每人获赠轮椅一辆。

养老服务设施建设加快。全年获国家彩票资助建设基层老年协会进宝塘镇乐兴村老年协会项目一个；省级示范点观音滩镇沿沽村老年协会、潘市镇侧树坪村老年协会、浯溪街道沿江路社区老年协会、龙山街道宝塔街社区老年协会等4个；县本级建15个示范点；村老年人文化活动服务站4个，社区养老服务站1个，基层老年协会10个。配合社会福利股对全县各镇申办的108个幸福院项目摸底核实，按“两室一厅一场”标准完成国家和省资助的34个幸福院建设。配合社会救助局抓2所敬老院建设，新增床位100张。狠抓民办养老机构消防安全检查和消防安全知识的培训提高。全年没有发生消防安全事故。

特殊老年补贴工作加强。2015年，健在百岁以上老人31名，其信息已录入省老龄工作信息系统网，百岁以上老人的长寿保健金在县财政预算中得到落实。基本养老服务补贴实现全县全覆盖，年底覆盖目标人数9229人。在此基础上，年内新增90~99周岁老年人高龄补贴的发放工作。全年共登记符合条件老人3670人，补助标准为每人每月100元。

老年人意外伤害保险大力推进。经老龄办与国寿祁阳支公司联合呈文，县政府常务副县长，县长、县委书记批示同意后，12月2日，县民政局垫资612402元，为五类特困老人29162人购买意外伤害保险。另外，发动社会力量购买老年人意外伤害保险，年底已收缴保费3万余元。此外，全年办理老年优待证4103本，准确率100%；回复县人大代表涉老议案7份，县政协委员涉老提案4份；完成市政协下达的祁阳县社会养老机构建设调研任务，撰写一篇调查报告在《中国老龄》第5期刊发，获省老龄政策调研论文一等奖。

【婚姻登记】 祁阳县婚姻登记处坚持依法行政，提高服务质量，在办理婚姻登记的年轻人中推行签订《赡养家庭老人协议书》活动，得到社会的认同，新婚登记夫妻100%自觉签订《赡养家庭老人协议书》。11月，在婚姻登记处内，成立“祁阳县婚姻家庭纠纷调解委员会”，配备专职人民调解员。全年共调和离婚当事人27对，为创建和谐社会和维护稳定做出了一定的贡献。全年共办理结婚登记6091对，离婚登记1729对，补办结婚证1660对，补办离婚证112人次，办证合格率100%。

【救济救灾】 根据《湖南省自然灾害应急预案》，祁阳县拟发《祁阳县自然灾害救助应急预案》，落实救灾资金300万元、储备救灾帐篷20顶、棉被300多床、衣服100余件、棉衣500余件。“两节”期间，受灾户也受到了县、镇领导的走访慰问。此外，为全县80余万农村人口投保“自然灾害公众责任保险”。此项保险为：农村人口因自然灾害而死亡的每人可获赔偿5万元，因自然灾害而受伤的每人可获赔0.5万元医药费。梅溪镇华兴村村民刘某，2014年因山体滑坡，推塌房屋而亡，其家属获得该保险的赔偿。

11月11～15日，湘江上游和祁阳普降大到暴雨，导致祁阳县湘江两岸村庄、农田、菜地受淹。据统计共有390个行政村42380人受灾。农作物受灾面积25650公顷，成灾19830公顷（绝收9600公顷），还有5667口鱼塘被淹，成鱼走失，冲走家畜家禽110万余羽（只）、冲毁堤防122处、护岸180处、灌溉设施265处、机电井395口、电排站168处、路基200公里、输电线路1200米；淹没大小车辆106台、冲翻挖沙船2艘；倒塌房屋16户35间、1820户5300间严重受损、县城光明小区和白水镇农贸市场、黄泥塘镇的九洲村、潘市镇的中洲村受淹更严重。

灾情发生后，县委、县政府领导高度重视，靠前指挥。11月12日，县级领导全部深入一线参加抢险救灾；科学调度，及时掌握汛情。县人武部部长带领县武警中队、县人武部官兵50多人，出动冲锋舟3艘转移群众1000余人；电力公司对灾区及时断电供电；县交警大队在重要地段设立执勤点，疏导车辆；县交通局对全县渡口全程监控；县水电局领导带领民兵应急队员奔赴抢险前沿；各镇乡办场对每个地段灾害点、水库山塘安排专人值守，及时对险情地段群众转移安置。县民政局深入受灾村组，处理受灾群众生产生活问题，确保群众有吃有穿有地方住，维护灾区社会稳定，组织群众清除淤泥，打通交通要道，消毒杀菌。共发放救灾款物50万元，其中毛毯400条、棉被400床、方便面200件、纯净水100件。灾后，县委、县政府组建5个查灾核灾工作组深入灾区，进一步核实灾情，处理受灾群众生产生活问题，组织群众灾后重建。县民政局积极向省厅汇报灾情，获得省拨救灾款项目专项资金80万元，按受灾情况分发到各镇乡办场。

【慈善工作】 一是完善各类救助机制组织，全县共建立平安街社区、望浯园社区、白竹湖社区3个慈善超市，凡是优抚对象和低保家庭在这3家超市购买物品，可享受总商品价格的九五折；在县城建立邵家岭社区、王府坪社区、平安街社区3个慈善救助点，凡特困家庭经申请，可在这3个救助点免费领取大米和食用油；在全县建立龙山街道办事处、长虹街道办事处、白水镇、观音滩镇4个慈善分会，把慈善组织发展到基层。

二是救助对象范围扩大。全年共募集各类善款100余万元，积极开展救助活动，实现慈善宗旨。一是开展临时救助活动。对重大伤病患者、伤残军人、特困家庭进行临时救助1400余人次，发放慈善款40万元。二是开展“慈善助医”活动。对癌症患者、尿毒症患者、器官移植患者等因病导致医疗支出巨大的贫困家庭150户发放救助金8万元。

三是开展2次“爱心圆梦”助学活动。8月中旬，在市四中参加市慈善总会组织的“爱心圆梦”助学活动，救助40人，每人4000元，发放救助金16万元。8月下旬，在县民政局二楼会议室举行的“爱心圆梦”助学活动，救助30名大学生，每人救助3000元，共发放救助金9万元。

【优抚工作】 严格落实优待抚恤政策，提高优待保障水平。全年发放优待金669.3万元，为350名退役士兵发放一次性经济补助198.6万元。优抚对象的各项待遇落到实处，退役士兵安置改革稳步推进，安置城镇退役士兵46人。组织300名退役士兵进行职业技术培训，为他们创业提供技术保障。重大节日走访慰问重点优抚对象4600户，发放慰问金近100万元。第二个全国烈士纪念日，县委、县政府在龙山烈士纪念设施再次举行公祭活动，民政局负责承办。公祭结束后，向烈士家属代表发放了慰问金。

【募捐工作】 福利彩票销售上新台阶。全县有福利彩票投注站74个，其中县城52个、农村各镇22个，从业业主74户。销售福利彩票6659万元，比2014年增加359万元，其中电脑票4412万元，全省排名第7，即开票315万元、视频票1931万元，销售总量全省排名14位。共筹集公益金1993万元（其中县本级532万元），连续6年获“全省福彩发行工作先进县”荣誉称号。

公益活动有重彩。遵循“扶老、助残、救孤、济困”的宗旨，组织实施“福彩有爱·孤老不孤”“福彩·阳光天使”“关爱母亲·圆梦行动”等一系列活动。全年选出半失能生活困难的独居老人20名，免费发放轮椅等生活器具。1~8月，开展“福彩·阳光天使”公益活动，帮助患重大疾病的贫困少年儿童减轻其家庭经济负担。经过报名、调查、筛选出白血病患者兰某某进行资助。9~12月，参加省民政厅、省妇联等五家单位主办的“关爱母亲·圆梦行动”，寻找家庭贫寒却自强不息的母亲。祁阳募捐办从报名“阳光天使”活动中选取几位符合条件的母亲，经市民政局批准了兰某某母亲和另一位少年的母亲，并现场为她们送上福彩公益金和新年祝福。

【殡葬改革管理】 日常工作有条不紊进行。全年，由县民政局管理、民营的永晟潜龙观福园共火化遗体469具，其中已故行政事业单位工作人员143名，已故企业职工65名，已故民政服务对象98名。会同县相关部门对全县22例异地火化的已故祁阳县干部职工的火化证明进行核查，无一例虚假。清明期间，开展多种形式宣传殡葬改革，出动宣传车50台次，发放宣传资料1.5万余份。

殡葬管理工作纳入创国家卫生城市范畴。随着创建国家卫生城市工作的步步深入，殡葬管理工作2015年纳入创国家卫生城市范畴。农历七月十五前后，创国卫办出动宣传车，在县城宣传县城区禁止烧纸钱等祭祀品，禁止燃放烟花爆竹，得到了城镇居民的认同，燃放祭品和烟花爆竹的现象较往年大大减少。

12月，根据中央办公厅和国务院办公厅及省市的系列文件出台《中共祁阳县委办公室〈关于党员干部带头推动殡葬改革的实施意见〉的通知》（祁办发〔2015〕56号）和《祁阳县人民政府关于规范县城区殡葬行为的通告》（祁政发〔2015〕28号）。这个文件和通告发出，对环境和国土资源保护、创建国家卫生城市和撤县设市工作都有重要的意义。

开展殡葬管理服务专项整治活动。根据民政部和省市民政部门的部署，县民政局于5月下旬至9月底，对永晟潜龙观福园开展专项整治活动。通过整治，永晟潜龙观福园的殡葬服务有了新气象，杜绝了殡葬服务乱收费、丧葬用品质次价高等现象。

（雷驰凤）

人口与计划生育

【概况】 2015年是祁阳县实施人口计生“十二五”规划的收官之年。围绕“稳定低生育水平、统筹解决人口问题”中心，突出夯实基层基础和提高统计质量两大重点，着力攻克违法生育控制、社会抚养费征收和流动人口管理三大难点，切实强化督导检查、协调配合、专项活动、教育培训四项保障措施，人口计生工作稳步发展，人口数量得到有效控制，低生育水平继续稳定。据统计，2015年，全县共出生人口11234人，人口出生率为10.97‰，人口自然增长率为3.53‰，符合政策生育率为77.62%，出生性别比为106.66；避孕节育措施落实率为91.33%，继续保持了“全国计划生育优质服务先进县”

荣誉。被省市评为打击“两非”先进单位；县计生协会被省市评为“计生协会工作先进单位”；县人口计生委被中国人口报社评为“新闻宣传工作先进单位”；龙山街道办事处被评为“湖南省计划生育依法行政示范单位”；八宝镇隆兴村、黄泥塘镇闲亭村被评为“2015年全省计划生育基层群众自治省级示范村”。

【领导重视】 一是落实领导责任。坚持计划生育工作各级党政“一把手”亲自抓、负总责制度，县委、县政府召开专题会议，研究解决工作中的实际困难与问题。3月7日，县委常委第4次会议，专题研究人口计生工作。会议重申人口计生工作是“底线工作”，县委书记魏湘江强调“六不”指导思想，即“目标不动摇，红旗不能丢；纪律不松驰，追责不让步；政策不打折，服务不松劲”，坚定了“保国优、省先进、市模范”目标的决心和“一票否决”不动摇的态度。3月3日，县政府第27次常务会议，同意将县计生协会列入县财政一级预算单位；7月1日，县委常委第10次会议，专题研究计生协会工作，明确计生协会职能、机构、编制等事项。县委、县政府把计生工作与经济工作同安排，同部署。3月9日，全县经济工作大会，表彰2014年度人口计生工作先进单位和个人，对做得差的单位通报批评和“黄牌警示”。7月23～24日，全县经济工作半年形势分析会议，表扬半年来计生工作做得好的单位，并由排名第一的镇党委书记上台作经验介绍，对排名最后的镇，由镇长上台作表态发言。在日常工作中，分管计生工作的副书记、副县长坚持下乡专题调研，坚持定期听取计生工作汇报，并及时调度。二是落实单位责任。县委、县政府将人口计生（含计生协会）工作纳入“千分制”考核内容，加大考核权重，所占比例达5%。全面推行县镇村三级干部层级管理动态考核（祁办发〔2015〕32号），以“网格责任，量化指标，动态考核”为指针，“人人身上有指标，个个肩上有任务”，真正形成责任到位、动态管理、重心下移、奖惩明确的人口计生工作新机制。该制度的实施，使全体干部由被动去做计生工作转为主动抓好计生工作。三是落实督查责任。县人口计生领导小组督查组，督促2014年度被“黄牌警示”的3个村所在乡镇，是否按要求和程序对村支书和村计生专干进行处理。同时牵头组织3次计生综治成员单位工作督查，下发督查通报，对督查中存在的问题落实限期整改，对高度重视计生工作的人社局、民政局、卫生局等单位通报表扬。

【强化依法行政】 畅通计生信访渠道，变上访为下访，注重源头管理。2015年，计生信访15件，比上年减少6件，信访件均得到有效调处，全县无一例因计划生育违法行政导致的越级上访事件发生。县法院与县社会抚养费征收管理局组建的“计生非诉案件执行庭”，立案612起，司法拘留12人，社会抚养费征收到位率达97.45%。全县查处5例“两非”典型案件。培训计生法制员和专业人员3000多人次，提高专技人员的理论水平和操作能力，在“全市技能监督竞赛”中获得集体第二名。

【利益导向和优质服务】 计生综治单位对计生家庭优先优惠政策暖人心。县教育局对农村困难独生子女和两女户子女在义务教育期间，提标20%安排生活补助，2015年共发放金额23万元；移民局对特困两女户家庭的慰问金，比一般家庭多200元；民政局为825人独生子女家庭、379人两女户家庭优先解决城乡低保救助，为36户计生困难家庭户解决大病救助金11.4万元；工商联在引导非公有制企业创造就业岗位时，优先安置28名计生家庭人员就业。严格兑现奖励持助金。2015年度独生子女保健费按每人每月20元的标准打卡发放1461人；农村奖扶和特扶按新增标准打卡兑现，其中农村奖扶对象5214人，特扶对象277人（失独家庭对象176人，伤残家庭对象101人），合计金额586.5万元。深入开展“生育关怀”行动。全县共走访困难计生家庭693户，送去生育关怀慰问金55.4万元，组织实施计生“三结合”项目8个，累计投入项目资金49万元，帮扶计生对象613户。全县675人享受了独生子女中考加5分的优惠政策。扎实推进免费孕前优生健康检查项目，为6800名符合政策怀孕夫妇免费检测，为2.1万名育龄群众免费技术服务。为2户“失独”家庭免费提供“爱心助孕”服务。

【全员人口信息化建设】 高度重视人口计生信息系统和平台建设工作，全县形成了“搭建全县人口计生综合信息”一个平台，做好“全县育龄妇女信息和全员人口信息”两个系统，提升县、镇、村三级网络水平”的总体框架体系，县、镇计生服务机构“数字化工作平台”，实现了让数据“多走路”，让群众“少跑路”。以集中培训、岗位练兵等方式开展各类应用技能培训12次，不断提高基层计生工作者的信息化水平。积极核查更新育龄妇女信息平台，全县已婚育龄妇女覆盖率达100%，主要数据项完整率达99%，逻辑关系准确率、信息准确率达到98%以上。为提高信息准确性，与公安、卫生、民政、人社、统计、教育等部门完善信息横向通报制度，每月进行信息互通比对，实现了人口基本信息的部门共享。

【宣传教育】 在县广播电视台开辟《人口计生》专栏节目宣传计生新政；在祁阳火车站广场、候车室视频及站台的电子屏，每天滚动播放计生公益宣传视频和标语口号；在县政府门户网站定期发布并更新计生政策、法律法规、优生优育知识、办事指南等；在县电信公司成立计生信息平台中心，将政策法规以短信形式向广大干群发送，发送计生信息近50万条。“5·29”协会活动日，举办“青春接力”气排球联谊赛和“爱心相伴、相约回家”知识抢答赛、座谈会，社会反响较好。7月10日，市、县人口计生部门在县城白竹湖广场联合举办“7·11”世界人口日大型户外宣传活动，通过出动宣传车、设立咨询台、发放宣传资料、文艺演出、知识抢答、募捐等形式，大力营造了婚育文明和出生缺陷综合防控的舆论氛围。全县狠抓以镇村宣传阵地为主的基层基础工作，着力打造阳光计生。县财政拨款每个村400元，巩固宣传阵地，制作户外宣传牌24块，刷新永久性墙体标语613条，高标准建设宣传橱窗125块，确保了群众对计划生育政策及本村计划生育事务的知晓率达到90%以上，全县688个700人以上的村（社区）全部达到阳光计生阵地建设标准。

【流动人口计划生育管理】 2015年，围绕流动人口计划生育服务与管理，以采集信息为主线，以推进均等化服务为契机，不断扩展区域协作新领域和关爱关怀新亮点。全县采集流出人口308374人，其中跨省流出人口263573人，省内流出44801人，比上年增加7174人；采集流入人口9389人，其中跨省流入3262人、省内流入6127人。办理区域协作违法生育个案87件，征收社会抚养费199.11万元，出具计划生育证明（函件）167份，办理流动人口婚育证明161份，撤销纠错违规个案3件。建立流入人口健康档案8543份，制作传染病防治、健康教育等专栏（板）12期，免费为流入人口育龄妇女健康检查150余人次。印发流动人口办证须知、均等化服务宣传资料各1万份。

【药具工作】 科学合理编制2015年全县药具需求计划，加强药具计划执行、质量管理和随访服务，建立药具不良反应监测反馈制度。药具账表册资料齐全、上下一致、完整归档。全年举办12期业务培训班，通过培训考试，全县药具员合格率达100%。县药具站每月一次督查各乡镇，进一步夯实了药具基层基础工作。在流动人口聚集地、社区等公共场所，大力宣传药具免费发放政策，普及药具使用知识。狠抓了流动人口药具宣传发放服务，让流动人口充分享受到“市民化”的药具优质服务。把避孕药具的发放宣传，同婚育新风进万家、“三下乡”以及“预防性病、艾滋病”宣传日、“禁毒日”“人口日”“关爱女孩”等活动结合起来。2015年参加宣传活动13次，目标人群宣传面达90%，在各类活动中免费发放避孕药具12.3万盒。全县实现了计划生育药具优质服务均等化和全覆盖，县药具站继续保持全省县级计划生育示范药具站称号。

（邓方祁　赵谨）

旅游工作

【概况】　祁阳旅游资源丰富。有全国最大的露天碑林、国家4A级景区、全国重点文物保护单位浯溪碑林；有国家3A级景区、入选全国重点文物保护单位和中国历史文化名村的明清古民居龙溪李家大院；有国家非物质文化遗产祁剧和祁阳小调；有全省第一批30个重点红色旅游景区之一的陶铸故居及陈列馆；有当代中国十大名石之一的祁阳石；有文昌塔、潇湘楼、天主教堂、甘泉寺等10多处省市重点文物保护单位；还有龙囟原始次森林、三圣湖风光、八庙温泉、祁阳小鲵等人文自然景观。2015年，祁阳县实现旅游综合收入28.58亿元，接待国内外游客408.35万人次，拥有酒店、宾馆、招待所及家庭旅馆143个，客房4604间，床位8124张。

【旅游规划】　全县旅游规划体系全面完成。聘请湖南大学生态旅游规划中心编制《祁阳县旅游发展总体规划（修编）》《浯溪旅游小镇概念性规划》《祁阳湘江旅游风光带概念性规划》《陶铸故居旅游区概念性规划》，浯溪古镇纳入全省湘江旅游带重要节点8大古镇之一，并专门编制了《浯溪古镇旅游概念性规划》。湖南恒创建筑设计公司编制《龙溪李家大院古村落保护规划》，中南林学院编制《祁阳县白水镇竹山村乡村旅游发展规划》。省规划设计院编制的《浯溪碑林风景区保护规划》已通过专家组评审。

【景区建设】　2015年，全县旅游产业规模、城县品牌和市场影响力等已初具规模，逐步形成以生态休闲旅游和乡村旅游为主的“绿色旅游”，以陶铸故居和陶铸纪念馆为代表的“红色旅游”，以宗教、文化、古村落为特色的“古色旅游”三大板块。一是投资6000多万元完成观音滩八尺村鸭婆洲景区基础设施建设，鸭婆洲景区儿童游乐场、环岛游道建设和景区连接公路提质改完成，修复吴家大院，种植荷花200多亩，八尺村被评为湖南省四星级乡村旅游景（区）点，被指定为全市党政主要领导联系乡村旅游示范点。二是投资近800万元加快竹山村旅游建设步伐。完成腾龙岭游步道建设，能容纳600人会议的祁剧博物馆建设顺利完工，开办祁剧培训班，培养祁剧接班人。搞好绿化，种植苗木10000余株。竹山雅苑前种植荷花50余亩，并在荷池中修筑好木游步道，竹山村被指定为全市党政主要领导联系乡村旅游示范点。三是湘江沿岸香湖湾景区投入5000万元的主体工程建设已完成，并向湖南省旅游已是申报为全国自驾游露营基地；四是加大对等级景区的提质改造，全面完成AAA级和AAAA级景区的复核验收工作。

【市场营销】　按照“政府引导、节会联动、媒体引路、企业跟进”的模式，采取多种灵活方式，整合社会资源，全方位、多角度、大手笔宣传祁阳旅游。印制《祁阳旅游》《祁阳旅游指南线路图》及各景区的宣传资料近万册，制作《中国语溪》光碟近 1000 张，组织祁阳石、祁阳油茶、祁阳茶叶等祁阳旅游工艺品和祁阳特产在“湖南旅游商品博览会”上进行展示和促销。

【招商引资】 成立专门的旅游招商小分队，对重点旅游项目进行包装，并制作 PPT 宣传片参加对外招商推介。2015 年，招商小分队先后到长沙、北京、深圳、珠海等地招商，发放招商材料近 400 多份，全面推介祁阳旅游资源和招商引资优惠政策及良好的投资环境。通过前期洽谈联系，引资建设梅岭湖山庄和香湖湾旅游景区，跑项争资成效斐然，被评为招商引资先进单位。

镇乡办场概况

龙山街道

【概况】 2015年，龙山街道深入开展“三严三实”专题教育、贯彻落实县委“333”工作部署、抓党建强基础、创国卫美环境、抓民调促满意、抓达标强服务、惠民生保稳定，绩效考核和党建工作综合成绩排名全县第一，党工委荣获全县“十佳基层党组织”，市全面建成小康社会推进工作先进单位等。

【基层党建】 完成建湘等5个村活动场所和邵家岭等5个城市社区办公用房达标建设。集中整顿九塘冲和建湘2个软弱涣散党组织，在10个村推行了“135”管理模式，加强2个党建示范点建设。开展党员冬春训，入党积极分子及发展对象培训。千名党员上党课和“十八届五中全会精神演讲”，基层党组织书记党建述职等活动，强化党员积分管理和考核评议，并按要求处置不合格党员。街道以党建“234”为载体，深入开展破解“两个”（党员教育、党员管理）难题，开展“三个争创”【争创党员先锋岗、争创党员示范户、争创五星（创卫星、维稳星、文明星、服务星、践诺星）党员】，落实“四个保障”（阵地保障、经费保障、人员保障、机制保障）活动评选出“党员先锋岗”1个，“党员示范户”12户和“五星党员”25名。同时，开通智慧党建、微党建和街道党建工作群等。

【农业】 扶持壮大500亩种粮大户1户，落实粮食播种面积5860亩。开展“三个绿化”活动，绿化裸露荒山170亩，绿化通道4500米，绿化公共地1000多平方米。继续抓好建湘村400亩油菜示范片，完成建湘村乌龟塘水库除险加固，抓好百花、陶家岭和六合岭等村的山塘清淤和渠道三面防渗，光明、六合岭农村淘宝服务站开门迎客。

【工业】 2015年完成工业总产值33亿元，与上年同期相比增长12.9%，实现利润7439万元，增长12.4%，实现工商各税1.4亿元，增长6.4%，新型工业化考核排名全县第一，荣获市推进新型工业化工作先进单位。

【基础设施】 配合县有关部门做好了民生路、盘龙路、甘泉路等旧城道路提质改造。搞好县人民医院综合楼的建设；投资450多万元的青竹大桥动工兴建，县城东部最大的房地产项目——翰林御景加速推进。

【创国卫】 551成立创国卫工作领导小组和16个专业工作组，配备足够的人员，社区和街道相关部门也成立了相应的专抓机构和专业队伍。制作大型横幅标语10幅，喷绘墙体标语13条，投入20万元，制作安装高标准的创国卫宣传栏、卫生评比栏45块。印发“创国卫，当先锋”倡议书2万余份。5个社区和5个城中村聘请保洁员155名，加强日常清扫保洁。开展“大整治”行动，拆除违章棚1357个，违法建筑5座，清理菜地11000多平方米，清除积存垃圾380多车，建筑垃圾190多车，硬化路面6400多平方米，安装路灯135盏，建设一座1000多平方米的高标准小游园，完成湘江500米范围内9个养殖场搬迁工作，完成城中村的社区125个养殖场拆除和搬迁工作。

【民生保障】 全年为446人发放城镇低保金，为670人发放农村低保金，发放优抚款434万元。扎实推进精准扶贫工作，完成473户贫困户，1257个贫困人口的数据更新和信息化完善工作，在陶家岭新建一座幸福院，宝塔街成功创建省级小型养老示范社区。

【社会事业】 计生工作再上新台阶。连续五年保持全市模范街道称号并成功创建省人口与计划生育依法行政和便民服务街道。科教文卫稳步推进。建立龙山街道专项教育基金会，募集教育基金24万元。百花村成功创建省百岁健康示范村。人武工作荣获全县先进。全面落实好事实事，新增城镇就业人员2757人，帮助失业人员再就业1258人。

【综治维稳】 全力抓民调。通过大宣传、大走访、大调处、综合民调工作取得较好成绩。强力抓信访。加强领导力度，主要领导开门接访，主动约访和定期走访重点对象。加强摸排力度，加强积案化解力度。2015年成功化解重点信访积案8个。加强稳控力度，信访量比去年下降39.7%。竭力抓禁毒。加强宣传教育，加强动态管控，加强关怀服务，禁毒工作成效显著。倾力抓安全。落实安全生产责任，健全领导干部带队检查安全生产工作制度。加强宣传教育，组织学习新安全生产法，组织企业员工观看警示教育片，悬挂宣传横幅32条，发放宣传资料8000余份，召开安全生产工作谈心对话交办会，在威泰加油站、步步高超市等地开展消防应急演练，加强隐患治理。开展“九打九治”“安全生产百日大会战”等专项整治行动。共查处大小安全隐患106个。关停3个非法加油站，关停1个非法非煤矿山，关停4个非法烟花爆竹经营店，完成市、县交办的安全隐患12个，安全生产工作荣获市先进单位。

（苏建萍　袁牧）

长虹街道

【概况】 2015年，长虹街道坚持稳中求进工作总基调，主动适应经济发展新常态，以全面建成小康社会为总揽，深入贯彻落实县委“三个导向、三轮驱动、三城建设”的总体要求，着力强基础、实项目、兴产业、惠民生，综合经济实力显著增强，各项工作均取得较好的成绩。全街道完成地方生产总值18.23亿元，增长10%；完成全社会固定资产投资25.56亿元，增长25%。完成财税总收入3343万元，增长12%；城镇居民人均可支配收入26037元，农村居民人均收入12612元，分别增长10%、12%。被县委、县政府评为“全县工作目标管理综合考核二等奖”“全县人口和计划生育工作模范单位”“全县发展粮食生产先进单位”“为民办实事工作先进单位”“农业农村工作先进单位”“全县全面小康建设先进单位”“春运工作先进单位”“全县优化经济环境和机关效能建设工作满意不满意先进单位”“全县新型农村合作医疗工作先进单位”“全县基层党建工作先进单位”等。

【工业】 工业经济稳步增长，完成规模工业总产值19.32亿元，增长18%；增加值7.34亿元，增长20%。年产值过5000万元的企业10家，过亿元的企业2家。完成工业固定资产及技改投入3.4亿元。宏泰铝业获得全国第四届创新创业大赛优秀企业奖。招商引资到位资金2500万元，被评为全县招商引资工作先进单位。

【农业】 传统农业增效提质，通过早稻集中育秧、推广农机具、整治稻田抛荒等形式压单扩双，全街道双季稻种植率达

90%以上，被评为全县粮食生产工作先进单位。街道办挤出资金6万余元，建成了10处总面积达100亩的早稻集中育秧示范片，被评为全县早稻育秧先进单位。举办机插秧培训班、机械化农具培训班5场次。在春耕生产中，投入耕整机225台，插秧机20台，机耕面积达到8600亩。新增流转稻田达2500亩。巩固扩建了松柏苗木、优质葡萄、血橙、冬枣、油菜、芝麻、蔬菜等特色种植基地近2万亩。新发展和壮大养殖大户282户，动物防疫工作被评为全县一等奖。突出创森创绿，东风、官大岭、长益、苏油坪等村荒山造林600亩，东风、芹菜甸沿主干道线种植桂花树500株、红叶石楠2000株，长虹建好2.5公里公路绿化；芹菜甸兴建小游园一个。东风社区持续抓好新农村示范点建设，改善了电力设施，安装好路灯，硬化了社区广场，建好护栏和花坛，社区面貌焕然一新。全街道圆满完成农村土地承包经营权确权颁证。

【财税】 财税工作卓有成效，坚持强化征管，挖潜增收，完成财政总收入3343万元，增长12%。加强财政资金监管，“农业三项补贴”等惠农补贴直发到户，2015年共发放财政补贴农民资金178.43万元；继续加大信用社不良贷款清收和房地产租赁税收的清收。完成了“福祥惠民一卡通”试点工作。

【项目建设】 坚持紧抓项目不放松，竭力配合县里各个工程指挥部解决工程项目建设中遇到的各种困难和问题，护航全县重点工程快速推进。一年来，全力化解各类征地拆迁遗留问题80余起，制止项目建设区村民到县赴市进省群体上访4起，基本保障了项目建设的顺利推进。街道自筹项目建设风生水起，投资900余万元，在湘祁、新塘湾、苏油坪等村完成渠道三面防渗5.5公里、山塘清淤60口、水泥加固25口、新开山塘2口、电排维修6处、兴建机耕道1000米；完成道塘冲、乌泥塘、三角塘等3座小Ⅱ型水库病险水库除险加固。新塘湾、群力县级水利冬修示范片创建成效显著。白沙、白露甸、芹菜甸等村（社区）投资240余万元新修整修村级公路15公里，其中水泥硬化5.6公里。投入600余万元新建7个村级活动场所、改建3个村级活动场所。人民西路、新兴路社区新的办公服务用房加紧建设。永福、官大岭、爱国农网升级改造全面完成。

【民生事业】 坚持改善民生不懈怠，大力推进就业帮扶工程，新增城镇就业1800余人，为本县企业招工383人次。城乡居民社会养老保险参保率达90.72%。城乡低保扩面提标，强化阳光动态管理，全年共清退出城镇低保49人次、清退出农村低保66人次，新增农村低保97人次，促进了公正公平；135名五保老人和6名孤儿享受特别救助待遇，完成农村危房改建13户。救助大病医疗困难群众145人次。劳动保障工作荣获全县先进单位。

【社会事业】 城乡办学条件得到改善，争取香港黄大仙区爱心人士捐赠40万元、县财政配套100万元完成东风小学教学楼新建、改造和合格学校达标建设；争取资金1360多万元，新建浯溪二中塑胶跑道、启动西区明德小学第二期工程、搞好白沙小学油面跑道项目、建好苏油坪小学围墙和改厕、改厨、改水；街道辖区初中、小学各项指标均稳居全县前列，教管中心、浯溪二中、明德小学、白沙小学均被评为全县教育管理工作先进单位。公共文化服务体系进一步完善，农家书屋建设走在市县前列，湘祁村农家书屋被评为全省优秀农家书屋。宣传工作扎实有效。公共卫生服务体系不断健全，新农合参合率达102%；城镇居民参保比上年新增6000余人；加强了麻疹等流行疾病的预防控制，组织了无偿献血活动。科技工作有序推进，扎实开展农村实用技术培训和科普日宣传活动，被评为全县科技工作先进单位。人口计生工作荣获全县一等奖。统计站被评为全省第三批乡镇（街道）统计工作规范化建设先进单位。第三次全国经济普查和1%人口抽样调查工作圆满完成，被推荐为全市经济普查工作先进单位。减负工作扎实有效。人大、政协工作有序开展。工青妇、老年、档案、经管、残联、党务政务公开、依法行政、城乡规划、国土管理、打击“两违”、精准扶贫等工作正常开展。

【政法维稳】 加强矛盾纠纷排查调处，一年来，共排查出各类矛盾纠纷301起，其中大的矛盾纠纷40起，调处结案40起，调处率达100%，特别是协助处理了5起意外死亡事件、化解了4起群体事件。政法部门共破获“两抢一盗”案件33起，抓获犯罪嫌疑人41人；查处涉黄、赌、毒案件60余起，抓获违法犯罪嫌疑人280余人；追回逃犯5人。切实抓好民调工作。全年共召开各类会议70余次，走访居民33800余人次，发放宣传资料4.5万份。

【安全生产】 以巩固“省级安全生产示范街道”成果为抓手，深入开展“打非治违”“九打九治”等专项整治活动，投入资金近10万元制作300多块大小广告宣传牌，悬挂在10条主次街道两旁；开展联合执法行动，取缔关闭了无证无照的烟花爆竹经营网店8个，关停3个粘土砖厂、2个塑料厂；配合县里完成了城市客运秩序整治和非法营运车辆取缔工作，全街道无安全生产事故。明德小学、浯溪二中被评为全市“安全生产示范校”，全市校园安全生产现场会在明德小学召开，反响很好。街道被评为全县安全生产工作先进单位。

【城乡环境】 强力推进“创国卫”工作，抽调精干力量成立16个专业工作组，组建了300人的社区保洁队、老年文明劝导队和创卫志愿队。召开多层次会议28场次，组织了广场文艺晚会，制作宣传专栏213块、文化长廊220米、大型户外宣传牌10处，安装广播站点71处，利用电子屏100余处，悬挂宣传标语200余条，发放宣传单5万余份，形成了铺天盖地的宣传氛围，居民的文明意识明显增强，尤其是七月半禁止燃烧纸钱的效果初步显现。突出清扫保洁。实行小区全天候清扫保洁，小区“脏、乱、差”问题得到较好解决。突出拆棚拆违。全面启动新兴路、平安街辖区内所有主次街道、背街小巷以及居民小区的拆棚工作，全街道共劝导拆除违规搭棚786宗，居民自拆率达98%。平安街社区宁安西路小区率先启动全县居民小区砖体违章建筑集中拆除工作，街道统一调遣挖机、渣土车等，集中拆除砖体违章建筑38户、59宗，拆除面积达2980平方米，居民反响良好。突出示范建设。共劝导、纠正小区乱堆乱放行为400余起、清理居民楼道220多个，清运积存垃圾550多车，铲除菜地6000多平方米，硬化小区地面1.03万平方米，安装路灯78盏，改造下水道600多米，安装小区文明宣传牌200多块，小区面貌大有改观，创卫工作荣获全县一等奖。

【党建工作】 坚持加强党的建设不动摇，强化各项措施，夯实党建基础，以党建工作的新成效激发同心干事业、同向促发展的正能量。夯实基础，推进党建阵地标准化。全面实施村级活动场所“清零”计划，新建了永福、新塘湾、官大岭等7个村级活动场所，改建了东风、苏油坪等3个村级活动场所，使每个村的村级活动场所均达到500平方米以上，并做到一村一食堂。街道财政奖补25万元（每村2.5万元）为每个村级活动场配齐办公桌椅、电脑等配套设施，建立健全17个村（社区）远教点并进行升级达标，实现标准化党建阵地全覆盖。严培重管，推进队伍建设优质化。实施党员教育“能力提升”“骨干培养”“农民大学生培养”和“创业就业培训”四项计划，全年集中培训农村党员2000多人次；建立党员“三考四评”制度，在全街道开展基层党建考核、党员干部队伍执行力考核、部门及村（社区）干部分类定级考核三项考核，共认定不合格党员24名，末位淘汰基层党组织书记1名；下派23名年轻优秀机关干部担任第一书记和党建指导员。2015年全县非公党建现场会在街道召开，鑫利大酒店有限公司党支部荣获全省先进基层党组织称号。便民利民，推进服务载体品牌化。村（社区）建立便民服务站，推行干部坐班值班制和村民事务代理代办制，全年为民代办服务事项6000余项；开展“党建+项目建设”述职活动，由重点项目所在村的230多名党员围绕征地拆迁进行述职，邀请项目指挥部测评打分，有效激发了党员正能量，全年完成征地400多亩、拆迁136户、调处各类矛盾纷纷200余起；开展“一进两访”“党员联户”活动，组织街道部门7个党支部与村结对共建、组织街道机关46名党员与128户贫困户结对帮扶。创新机制，推进制度体系规范化。出台加强街道党建“3+7”文件，严格落实“双述双评”制度；整顿好1个软弱涣散党支部，并建立软弱涣散党组织认定机制和整改机制；完成1260名农村党员分类定级和积分管理；推行党务、村务“四议两公开”制度，建立村级责任清单22条；完善村级财务管理规定，规范村级权力运行。

（李功）

浯溪街道

【概况】 2015年，浯溪街道办事处大力实施县委“333”总体战略，认真落实街道提出的“123456”工作举措即：瞄准“一个目标”打造祁阳经济和社会发展的排头兵和桥头堡；贯穿两条主线（一要深入实践，“三严三实”专题教育，二要加强学习型政治建设）；落实“三项要求”（一是“为民”，二是“务实”，三是“清廉”）；坚持“四位一体”（一是新型工业园区，二是新农村市范区，三是新型城市社区，四是无公害蔬菜基地）；突出“五个重点”（一是服务重点项目，二是维护社会稳定，三是建设美丽浯溪，四是改善民事民生，五是提升党建水平）；完善“六条措施”（一是层层落实，二是加强督查调度，三是健全制度规则，四是激励干事创新，五是坚持学习充电，六是注重团结沟通）。2015年实现财政总收入完成4024万元，增长9.5%，规模工业完成2.3亿元，增长15%，农商行不良贷款清收完成680万元，居全县之首，城乡居民人均纯收入分别达到12120元、15600元，分别增长8%、10%。街道在全县绩效考核中荣获二等奖。

【人口民族】 2015年末辖区人口68108人，其中农业人口13414人，城镇常住人口54694人，城镇化率81%。总人口中，男性34428人，占50.55%；女性33680人，占49.45%。14岁以下12130人，占17.81%；15~64岁49521人，占72.71%；65岁以上6457人，占9.48%。总人口中，汉族67590人，占99.24%，少数民族有壮族、瑶族等，共518人，占总人口的0.76%。2014年人口出生率11.49‰、死亡率7.31‰、自然增长率4.18‰。

【农业】 2015年末有耕地7035亩，人均0.10亩，其中稻田3567亩。2015年粮食总产值达到13816万元，粮食作物以种植水稻为主。2015年粮食产量6517吨。主要经济作物有水果、蔬菜、大豆、玉米等。蔬菜种植面积4800亩，产量10356吨，主要品种有大白菜、萝卜、南瓜等，其中土轻、塔边、孙市等蔬菜基地绿色元公害蔬菜供应量占县城70%。2015年，境区水果种植面积3184亩，产量达4768吨。2015年畜牧业总产值18420万元，占农业总产值的60%。渔业以养殖经济鱼类为主，主要品种有草鱼、鳙鱼、鲢鱼、鲤鱼等。2015年，鱼类产量1012吨，渔业总产值3997.3万元。2015年，林地面积6400亩，植树造林20亩，森林覆盖率30%。

【教育科技】 2015年末有幼儿园21所，在园幼儿3153人，专任教师212人；小学6所，在校生7322人，专任教师388人；小学适龄儿童入学率100%；初中1所，在校学生416人，专任教师25人；初中适龄人口入学率100%，小升初升学率100%。

【医疗卫生】 2015年末各级各类医疗卫生机构3个，卫生院1所，其中卫生院有病床92张，其中执业医生护士106人。新型农村合作医疗参合人数13120人，参合率100%。

【社会保障】 2015年，农村最低生活保障户数764户，人数858人；农村五保供养82人，其中农村五保分散供养79人；城镇最低生活保障户数1767户，人数2876人。2015年年末，参加新型农村养老保险8176人，参加城镇基本养老保险2174人。

【工业】 2015年规模工业企业总产值24783.8万元，比上年增长8.5%，实现税金8082.2万元，增长率26%。工业固定资产投资及技改投入13200万元。

【项目服务】 围绕全市流动工业现场会的召开，推进经开区项目建设服务，2015年共完成征地1200亩，拆迁安置46户，化解矛盾纠纷39起，成功破解水亦香路和长流路多年拆迁难题，促使“梗阻”内循环道路贯通；新埠头水厂完成征地250亩，迁坟102棺，拆迁8户，如期开工建设；祁冷快线正式通车；祁阳大道浯溪段全面硬化；特殊学校和浯溪三中投入使用；积极配合县旧城改造指挥部完成民生路浯溪段的改造任务和公交站点建设；全力配合城建投完成椒山11组征地85亩，拆迁20户，打通了校园路接口，成功破解了横亘多年的“断头路”等等，长流、新埠头、灯塔等村，积极配合县相关部门，采取“5+2、白+黑、雨+晴”的工作方式，不怕苦，不叫累，有力确保重点项目优质高效推进，落地生根。

【创卫创森创绿】 2015年农村环境污染治理取得明显成效，城乡垃圾集中处理率达100%，小江、唐家岭成功创建为全县农村环境污染治理模范村，街道办事处被评为农村环境污染治理先进单位；322国道及三南路通道绿化，湘江堤岸绿化，荒山植树造林大大加强，小江村美丽村庄建设成效显著；如期完成浯园社区小游园及浯溪社区样榜示范一条街建设，规划新建三个小游园，街道荣获全县创森创绿工作三等奖；高效率完成拆棚1300个，搬迁湘江沿岸养殖场所21个、城中养殖场所14个，四个城市社区的10个文明示范小区全部创建达标，白竹湖社区全面完成创卫基础设施改造，成为全县示范社区，多次为县创卫示范提供现场。

【安全生产】 2015年投入20万元开展安全生产创建。完善基层安全监管、督查、汇报等制度，建立安全生产应急救援体系，各村（社区）安全监管能力逐步增强；深入开展隐患排查和道路交通、幼儿园校车、水上交通专项治理36次，治理安全隐患72处，取缔无证经营烟花爆竹4家，关闭17家，督促整改企业4家，市交办安全隐患重点整治单位椒山市场的改造全面完成，小江、五里、孙市等村的重点地段，新安装凸透镜12个，配套减速带7处。全年安全生产工作实现零事故、零死亡。街道评为县安全生产先进单位。

【社会治理】 大力开展社会

治安集中整治。河道采砂整治成果稳固；全年排查化解大的矛盾纠纷32起，主持调处非正常死亡事件11起，协助处理4起。化解疑难信访积案5起，化解椒山市场、原武装部仓库土地出让、小江10组财务、唐家岭村电杆厂出租、浯溪电站建设遗留问题、望浯园社区螺丝岭小区下水道改建等6起群体性矛盾纠纷。特别防护期间实现信访“零登记、零挂号”。信访工作考核获县先进单位；社区网格化管理试点有序推进，投入25万元，初步构建四个社区网格化管理，投入20万元完成浯园社区办公场所前期建设；打击“两违”（违法占地、违法建设）卓有成效，发现并制止22起，立案移送法院8起。

【全面小康加快推进】 2015年浯溪街道办事处城乡居民人均可支配收入分别增长9.5%、8.5%。小江、长流、土轻等小康示范村建设大步迈进，农村面貌明显改观；“一村一品”特色农业初具规模，土轻、塔边、孙市绿色无公害蔬菜基地迅速发展，并成立了蔬菜专业合作社，小江红提、西瓜、柑橘等产品闻名全县，年销售额达2000多万元，五里、灯塔、长流等经开区服务圈飞速发展；第三产业不断壮大，全年新增商贸、物流、餐饮36家，工商网点达到3563个，解决劳动力就业13780人，各项社会事业取得新成绩，社会大局和谐稳定。

【民生优先发展】 2015年积极抓好就业、医保、教育、文化等民生问题。计划生育工作全面落实目标任务，取得较好成绩，计生工作服务管理新变革稳妥推进，继续获得县模范单位称号；教育工作有新发展，新成立的浯溪三中教育质量好，受到县教育局和学生家长的充分肯定；大众完小整体搬迁至县公安局老办公区方案正式确定。社区广场文化蓬勃发展，白竹湖社区文艺队荣获2015年祁阳广场舞比赛特等奖；阿里巴巴农村淘宝事业得到发展，浯溪有了唐家岭和五里两家农村网购站点；农民文化知识和技能培训稳步推进，全年举办农民专业技能知识培训班三期，2000多农民受惠，致富本领大为增强；科普宣传深入社区，望浯园社区被评为全省科普示范社区，白竹湖社区结合创卫，扎实开展了文化进社区活动；为民办实事，按照县定要求全面完成（列出具体实事）；社会保障不断改善，城乡医疗，养老保险全面覆盖，完成农村居民养老保险5852人，农村合作医疗100%完成，为810户申请临时救济金16.5万元，为310人提供医疗救助金96万元；企业招工超额完成任务指标，完成企业招工796人；社会救助体系初步形成，特困群众的生活困难得到有效缓解。

【党建工作】 始终坚持“党要管党，从严治党”的原则，把加强基层党建作为第一要务来抓。创新工作思路，大力推行334工作法，即加强街道领导班子“执行力、带动力、团结力”为主要内容的“三力建设”，对机关干部实行以“实绩登记卡，实物工作量登记卡和执行力登记卡”为主的“三卡”管理模式，在党员中开展以“承诺、示诺、践诺、评诺”为主要内容的“四诺”活动，党员干部执行力进一步增强，工作经验在全县得以推介。组织15个村、社区支部书记开展履行基层党建工作责任述职，基层组织堡垒的凝聚力、向心力、战斗力进一步巩固提升。筹集资金15万元，在全县率先成立了党员互助基金，帮助5名困难党员解决燃眉之急。村级活动办公场所全面清零，采取街道补一点，村（社区）筹一点的方式，在10底前，按标准解决了塔边、灯塔、五里等6个村（社区）的村级办公用房难题，让基层党组织有“家”可归。同时严格党员教育管理，严把党员入口，全年发展党员11名，无一违规违纪，拓宽党员出口，年内处置不合格党员6名，延期转正2名。在塔边、孙市两个村试行届中选聘群众服务专干的做法，促进了村级后备干部的培养。2015年街道基层党建工作被评为全县先进。

观音滩镇

【农业】 粮食生产：2015年，观音滩镇积极发展粮食生产，建立目标考核制度和驻村干部包片包村负责制度，切实制止稻田抛荒，确保全镇2.3万亩水稻种植面积，大力“压单扩双”，双季稻面积比例逐年提高。充分挖掘土地资源，稳定种植油菜1.3万亩、蔬菜0.2万亩，集中育秧、油菜连片在全县名列前茅。着力推进万亩油菜示范片创建工作，在双同、双合、花山等11村连片种植油菜10800亩，2016年初可实现经济效益1000万元。

农业生产基础设施：2015年，全镇共开挖骨干山塘25口，新建渠道2000米，渠道整修和三面防渗6000米，争取到国家项目资金600万元，加固叶家井水库、畔塘水库、金台水库，渠道清淤7000米。

农业结构调整：2015年，观音滩镇已建成以天堂村、钢铁村为中心的红心火龙果种植基地；以任塘村葡萄、联兴村草莓为中心的特色水果基地；以八尺村为中心的休闲观光农业、特色蔬菜基地；创建由双同、双合、花山等11村构成的万亩油菜示范片。全年完成土地流转10000亩，通过各特色种养基地和养殖大户的带动，全镇农村种养殖业有了较快发展，有力地促进了农民增收。

农民增收：劳务经济是一项特色产业，是增加农民非农收入的一项支柱产业。2015年，组织农民参加县企业招工4场，达成就业意向385人。为务工人员提供维权服务，保护农民工的合法权益不受侵害。鼓励农民工回乡创业，为创业者提供优惠政策，帮助解决困难和问题。据镇劳动和就业保障站的统计，2015年，全镇通过各种渠道外出务工经商的农民工达14000人，外出务工已成为观音滩镇农民一项重要收入来源。完成土地确权颁证。通过户外勘察、制图、公示、颁证等工作，于2015年6月份全面完成。

新农村建设：2015年，观音滩镇坚持以新农村建设为主线，大力建设美丽乡村。八尺村引资建设集度假旅游、户外拓展、娱乐餐饮、生态保护等大型项目15家，总投资已达4000万余元。整合八尺湾吴家大院，打包申报国家传统院落，积极打造国家AAAA级旅游景区。沿沽村将产业建设与美丽乡村建设有机结合，被评为“全市秀美乡村”，并整体带动周边云峰、群丰、永安、梅花等村建设。钢铁、天堂等村充分发挥台湾火龙果产业园优势，成功地争取了全县秀美村庄示范片。

【工业】 观音滩镇工业呈现出“大众创业，万众创新”的态势，形成稀土、电子、铸造等三大主导产业。一是大力支持园区建设。园区内白竹、龙井两村引进企业达9个，千山药机、自然韵黑茶、湘妹食品、鑫利生物等均成园区骨干企业。二是加大升级改造力度。湘江稀土投入技改资金1.2亿余元，对厂内设施进行全面改造，改造后，厂内技术生产达到国际领先水平。支持湘南铸造厂延伸产业链条，引资1000余万元组建湘南重机。三是加大服务企业力度。想企业之所想，急企业之所急，积极主动地为企业排忧解难，努力为企业提供优良环境，观音滩镇连续五年被评为“全县推进新型工业化先进单位”。

【计划生育工作】 2015年，全镇已开展孕检4次，孕检20594人次、结扎24例、上环312例、流引产39例，落实计生奖励扶助对象256人，特别扶助对象23人，新增城镇独生子女奖励113人；落实计生宣传资料3万余份，发放避孕药具6000余份；为700余人免费提供孕前优生健康检查；计划生育政策更加深入人心。

【民生事业】 2015年，全镇解决农村低保2650人，城镇低保341人，五保户330人，镇敬老院现有25名老人入住。举办农民实用技术培训5次，培训人数450人，通过培训农民的致富本领得到提高，有效促进了农民就业。农民工城镇就业人数新增125人，残疾人居家灵活就业人数158人，就业因难人员再就业35人。扶持农村扶贫对象65人，扶持农村贫困残疾人发展生产26人，为贫困残疾人适配亟需的基本辅助器具19人。积极开展城乡居民社会养老保险工作，参保人数1.9万人，较好解决了城乡居民的养老问题。城乡居民社会养老保险全面推行，全镇60岁以上居民都享受到农保补助，老有所依、老有所养机制逐步健全。至2015年年底，共有17个村完成村级活动中心建设，全镇村活动中心覆盖率达到100%。

【科教文卫事业】 2015年，全镇共有文艺表演队13支，全年演出达300场，观众累计达1万人次，极大地丰富了农村的文化生活。镇卫生院硬件在祁阳县乡镇卫生系统中已达到现代化标准，全面实行基本药物制度，药品实现零差率销售，住院病人实行“1+6+8补偿模式”，报帐比例逐年提高，有效解决了老百姓看病难、看病贵的问题。完成村级卫生室的标准化、规范化建设，新建标准村卫生室7个。进一步完善农家书屋建设，每个农家书屋存书达2000余册，另外配备了部分音箱及电教设备，农家书屋覆盖率达到70%，有效的解决了农民群众“买书难、借书难、读书难”的问题，营造了良好的农村文化氛围。完成了镇中学综合楼的搬迁和镇中学田径场围墙及田径场跑道等配套基础设施建设；完成了花山完小、新铺教学点的合格学校建设任务，学校面貌焕然一新，基础设施配套到位，已全部投入使用。镇一中教学质量不断提升，中考成绩在全县同类学校评比中名列前茅。

【基础设施建设】 东泉片区新建通组公路5.2公里，欧塘村道路加宽1.5米共2公里，为几千人的出行提供了便利；着手“双长”公路建设，以缓解进出观音滩城镇交通压力。积极响应县委创国卫号召，努力解决环卫设施，改善村容村貌，沿沽村通过跑项增资为每户村民配置了垃圾收集桶、配备焚烧炉，扭转了“垃圾靠风刮、废水靠蒸发”的局面；任塘村创新筹资渠道，采取老百姓自己筹一点、上级政府拨一点，积极动员老百姓参与环境卫生综合治理，投入资金5万元，添置必要的环卫设施，目前任塘村环境卫生大为改观，老百姓幸福指数明显增强。镇投资30万元，购置垃圾车一辆，垃圾箱14个，城区卫生状况进一步好转。

【城乡环境整治】 开展城乡环境综合治理提升城镇品质的“六个一工程”，对S320沿街20多户乱搭摊棚和30余块乱建广告牌进行拆除，沿路按照“分段统一、灵活调整”的策略种植80株大直径桂花树，对临街铺面铺设高质量的道板砖5000平方米，新挖下水道1000米，新砌护坡300立方米，同时对城区13处垃圾点进行了彻底清除，在综合市场对面区域开辟了20余个停车位，缓解停车难的问题，支持三个居委会老街道改造，改建下水道1.8千米，安装路灯130余盏，提高老城区居民的生活品质。完成观音滩农贸市场改造和客运站场建设，城市功能日益完善。城区环境得到了极大改善。

【新自来水厂建设】 2015年，观音滩镇新自来水厂已进入全面建设阶段，厂房主体已经建成，竣工后的水厂日产800吨自来水将惠及全镇城乡近两万居民的日常饮水，扰百姓多年的用水老大难问题将得到彻底解决。

【通信】 全镇建有卫星地面接收站8个，村村组组通电话，2015年全镇固定电话2300门，手机1.55万台。城区居民全部安装高清数字电视，12

个村安装有线电视，其他村均开通了无线数字电视。

【综合治理】 2015年，观音滩镇调处矛盾纠纷236起，信访案件30起，派出年充分发挥打击犯罪、维护社会治安的职能作用，共刑事拘留18人、治安拘留56人，强制戒毒10人，有力地维护了观音滩镇的平安稳定。继续实行党政领导挂牌接访制度，坚持定期开展矛盾纠纷排查工作，确保矛盾化解在基层，切实做好上访户工作，维护其合理诉求，保证社会安定。

【党建工作】 深入开展“三严三实”（严以修身、严以用权、严以律己，谋事要实、创业要实、做人要实）专题教育活动，扎实推进党务政务公开，做到规定动作不走样、自选动作创新意，达到了干部受教育、工作有促进、群众得实惠的目的，确保了活动顺利完成，受到了上级好评。全面落实党风廉政建设责任制，积极推进政务、村务公开，接受群众监督，使党的建设各项工作得到了有效提升。持续大力培养党员队伍和村干部后备人才，全年共新发展党员15名。各支部积极开展灵活多样的活动，切实提升党组织的凝聚力和战斗堡垒作用，八尺村、沿沽村通过加强自身建设，荣获2015年市先进基层党组织。

茅竹镇

【概况】 2015年，茅竹镇工农业总产值9.82亿元，较上年增长14%，农业总产值2.44亿元，增长1%；农民人民纯收入10062元，增长11%。

【农业经济】 按照“抓规划，形成特色；抓基地，形成规模；抓品牌，形成优势”的农业发展思路，突出抓好稻、油、养殖、苗木、蔬菜和新兴渔业等主导产业，巩固和发展尹家、容驷等村优质水稻1.2万亩、吉庆等村亩高产油茶基地6.3万亩、上升等村1万头猪场、泉塘等村花卉苗木基地500亩、肖家村无公害蔬菜基地6000亩和向家等村休闲渔业800亩，为全镇2万农民人均增收800余元。着力培植一批专业合作社和家庭农场，依托合作社+基地+农户的发展模式，加大土地流转力度，促使土地向合作社、家庭农场、种养大户流转，全年共流转耕地面积10000亩，流转山林面积1.5万亩。完成吉庆、富里油茶品改1000亩，油茶低改6000亩，促进油茶的优质高产。完成“三边”造林480亩。

【工业企业】 充分依托优势，大胆抓住机遇，将发展工业企业作为振兴农村经济和富民强镇的重大举措来抓。引进外商投资3500万元新建智昇页岩砖厂，并投产使用，华泰烟花爆竹投资300万元，完成技改项目，有力地促进镇域经济的发展。

【基础设施建设】 着重抓好水、电、路、讯等建设，全镇的基础设施得到进一步改善。投资1200余万元，投劳1.9万个，完成各类水利工程85处，其中，对梅子塘、芒冬塘、铁丝井水库进行除险加固；十三支渠治塌治垮1300米；整修骨干塘、山塘30口；投资80余万元，新修皇福、吉庆小渠道3.5千米，维修向家、茶园、老鸭机电排3处；协助永州市敬老山庄项目指挥部完成征地，矛盾调处等任务。完成坦坪、杨司桥、容驷、茅滴路公路硬化9.2公里。推行双向网改，全面完成村有线电视改造，实现电视“户户通”。

【社会事业】 财政保障供给有力，全面完成税收任务，全面完成人口与计划生育工作各项指标任务，奖励扶助资金100%发放到位，计生基层基础工作得到进一步加强。科技工作日趋进步，引进并推广新技术、新品种4个，兴办科技示范点22处。卫生事业进一步发展，投资30万元，新建村卫生室3个，改善医疗环境，新农合参合率达99%，对全镇60岁以上老人进行健康体检，对全镇妇女开展“两癌”筛查、防治，印发健康知识宣传资料70000余份。积极参与安全生产示范乡镇创建工作，结合“打非治违”，全面落实安全生产责任制，确保“零事故”，2015年被评为全县安全生产先进单位。进一步加大教育投入，推行素质教育，教育文化事业取得蓬勃发展。镇中心小学成绩稳中有升，在全县同类学校中处于前列，镇中学在全县毕业会考中，取得骄人成绩。民政、祁会求助事业取得长足的发展，投资20余万元，完成五保之家改建维修；完成农村危房改造55户，提高五保户分散供养标准，确保五保老人的生活保障；实现低保对象扩面，做到应保尽保；走访慰问困难户、低保户和退伍军人345人次，发放棉被、衣服共70件，开展“情系贫困大学生”和“春节送温暖”活动。新农保、企业招工、再就业工作均取得新的突破，农村环境综合治理取得新进展，创建茅竹、道塘两个环境卫生示范村，新建污水处理管道2公里，添置垃圾桶150个，全镇生活垃圾实现垃圾车清运集中处理。

【民主法制建设】　坚持人民代表大会制度和政治协商制度，充分发挥人大、政协的职能作用，加强对政府职能部门工作的监督和评议。全年开展代表评议和委员视察活动9场次。进一步强化社会治安综合治理，认真做好对抗美援朝、七九届退伍军人等不稳定因素的稳控工作，依法推进逐级上访，严厉打击惩处各类刑事犯罪和经济犯罪活动。认真做好调纠和信访工作，积极化解各类矛盾纠纷，有力地维护社会大局稳定。突出抓好尹家村、占家村祁冷公路征地拆迁、滴水村自来水厂征地矛盾纠纷等，防止群体性事件的发生。进一步改善村两委班子结构，提高村干部素质。

【党建工作】　进一步抓好“基层党建示范点”创建活动，党的基层组织建设得到进一步加强，全面完成29个村级活动场所的新建，整顿软涣散支部6个，加大对村干部绩效考核力度，积极探索将村民小组长纳入镇考核，宣传思想工作力度加强，全面完成县下达的党报党刊征订任务。认真落实党风廉政建设责任制，大力查处违法违纪案件，并对全镇29个村和镇属涉农收费部门进行全面、彻底、细致的财务清理，认真落实财务公开、政务公开，各级党组织的凝聚力和战斗力得到进一步增强。

三口塘镇

【概况】　2015年，三口塘镇工农业总产值5.6亿元，比2014年增长12%，其中工业总产值2.1亿元，增长15%，农业总产值3.5亿元，增长8%；农民人均纯收入8930元，增长10%；财政总收入50.2万元，比上年度增长8%，财政协税护税任务超额完成10%；人口自然增长率继续控制在8‰以内。

【农业】　2015年，实现全镇抛荒稻田控制在3%内，新增本地1000亩以上的大户1人，新培育100亩以上种植大户3户，流转土地面积8000多亩。投入资金30多万元，建立冬种示范点三处，三口塘村和沙子铺村建成连片3000亩的油菜示范基地；上马村、古木村建成1500亩的绿肥示范基地。丝塘村唐家山油茶基地投入资金22万元，完成土地平整工作并新造油茶2000亩。湘之源公司已租地并平整土地1800亩，打造集生态观光，乡村旅游、科普教育于一体的高档苗木花卉基地。新种植桂花树2000多株，成活率98%以上，种植国外松绿化荒山300余亩。积极对接温氏集团，做好5000头种猪场的选址工作。嶷山村新发展年出栏8000头以上的养猪大户1户，楠木村新扩建养猪场4户，每户年出栏可达500头以上。里塘村新增出栏50头以上的养牛大户1户及万羽养鸡场1户。楠木村新扩建养猪场4户，每户年出栏可达500头以上。丝塘村棉花皂在省水利厅成功立项，新建一座400万方水库，现各项测量准备工作全部完成，建成后可解决7个村5000多亩稻田灌溉问题。实施“百库工程”，9座病险水库腾库工作已全部落实，维修工程队已进场开工。里塘村的机耕渠工程已完成2000多米。动物防疫、森林防火、防洪度汛等各项工作都部署安排到位，全年没有发生疫情、险情、灾情。

【工业】 引进安邦农业投资5000万元新建日烘干500吨的大型谷物烘干仓储加工中心，正式投产并列为全县规模企业统计口径；在鸿鑫矿业拥有砖瓦用炭质页岩开采权基础上，引进外资1.2亿元，一期新建年产2亿块节能页岩砖生产线。金鑫冶炼公司将土地调规为三类工业用地，内联引资6000万元建设危废处理中心，谋求转型升级，新建可提炼尾矿渣的环保再利用生产线。建成的一座35KV变电站即将投入使用，有力地促进了镇域经济的发展。同时，积极发展微小型企业或个体工商业，完善经济结构体系，实现农村富余劳动力再就业。

【基础设施】 2015年，争取省国土厅对全镇土利用总体规划进行调整；争取到省发改委祁阳煤矿棚户区改造项目，计划投资4000万元，并配套建设过境路和客运站场。立项建设的三口塘镇中心幼儿园已完成主体，中心卫生院整体搬迁项目已完成土石方工程，正在招标建设。总投资1000多万元能够解决5000户农村居民安全饮水问题的自来水厂建设顺利完成。自来水移交管理和入户工作进展顺利。创建一个小游园。绿化2条主要街道。投入26万元对1000多米旧城区下水道排污系统进行改造。投入12万元用于集镇污染治理。全镇各村都有垃圾池、保洁员、宣传标语和卫生宣传栏。

【社会保障】 2015年农村低保新增162人，取消不符合条件人员172人；城镇低保206人，新增2人；农村五保299人，新增14人；大病救助95人，救助金额35万余元。享受重度残疾人护理补贴313人，新增34人；享受老年人护理补助161人，新增30人；落实90岁以上老年人高龄补贴51人，发放各类优抚款71.3092万元，发放救灾款9.0399万元。城乡居民社会养老保险参保缴费10399人，共缴保费114.87万元，参保率为90.3%。农村危房改造工程申报35户。投入12万元改造敬老院的道路，投入6万元用于院内绿化、硬化、美化，新建水池、打水井。投资8万元建成镇退伍军人之家和农科村退伍军人之家。投资3万元建成堡头村幸福院。

【综治维稳】 全镇配备综治信息员、兼职治安员和义务调解员。签订综治维稳工作目标管理责任状。全年共立刑事案件18起，破案11起，刑拘、起诉14人，立行政案件19起，行政拘留24人，强戒3人。调处民事纠纷200多起，调处率96%，成功率95%以上，镇群众服务站接待来信来访56件，办理53件。组织安全检查活动35次，出动人员125人/次，开展非煤矿山，道路交通安全，校车安全，消防等整治工作，共排查隐患65次，并全部整改到位。治理摩托车非法运营45辆。

大忠桥镇

【概况】 2015年，大忠桥镇认真贯彻中央、省、市、县经济工作会议精神，紧紧围绕“四个全面”战略，严格落实县委、县政府年初下达的责任目标和工作任务，把握机遇，顺势而为，奋力攻坚，全镇农业产业结构得到进一步优化，农民增收渠道得到拓宽，新农村建设呈现新亮点，民生和社会保障事业得到加强，干部队伍能力得到显著提升，在不断提高辖区群众幸福感的同时，确保全镇社会的持续稳定，全面完成县委、县政府安排的各项工作，经济和社会各项事业继续保持良好的发展势头。

【经济】 2015年，全镇完成农业总产值1257万元，增长6.1%，完成规模以上工业总产值2361万元，增长28.9%，完成固定资产投资1203万元，增长26.5%，镇财政收入830.54万元，增长17.38%，农民人均收入6853元，增收360元。全年财政收入830.54万元，比去年增长7.38%。

【农业】 发展粮食生产，整治稻田抛荒面积500亩，创建集中育秧基地18处，工厂化育秧基地一处，集中秧面积121亩，其中机插秧田面积30亩。完成机插秧面积3200亩，新增30亩以上种田大户5户，100亩以上2户。新增家庭农场5个；大兴农田水利建设，投入资金10000元，完成双牌十一支渠清淤扫障13500米，争取项目资金1200万元，维修机电排1座，新修灌溉管道1000米，电排渠道1300米，排灌两用渠道600米，山塘防渗加固2座，小二型水库除险加固8座。小一型水库除险加固1座，河坝维修1座，完成胜利至黄溪河小泥河治理立项申报前期准备工作，完成4口山塘升级小型水库前期申报测量工作，利用国土整治项目，对深滩、星星、江边河堤护砌2000米，完成“一事一议”项目18个，安全饮水工程2个；创建3000亩县级油菜示范基地1处、1000亩县级绿肥示范基地1处，400亩镇级油菜示范基地2处，全镇落实油菜种植面积12000亩；新发展芋头生产大户2户，面积300余亩；种植油茶600亩，林木新造1200亩；全面完成春秋季动物防疫工作；种植桂花、杜英、红叶石楠、樟树等大苗2000余株，完成了双凤村秀美村庄建设任务，并对杨家冲村秀美村庄建设进行了规划，三边造林5000亩；8个村的全面小康村创建工作已进入收官阶段，准备迎接上级的考核验收；土地确权规划、勘测、绘图、资料收集及农村土地规划前期准备工作全面完成；建农村沼气池60口；农业三项补贴核实工作基本到位；落实农机购置补贴120万元，检修农机具800台套。

【民生和社会保障】 投资600多万元新建一座敬老院，目前，第一期工程的住宿楼已完工，建筑总面积1500平方米，新增床位50张；按时完成农村低保、五保年检年审工作，共清除不符合政策对象200人；发放优抚金150万元；为325名失能半失能老人办理基本养老服务补贴，108名90~99岁老人办理高龄补贴，3名百岁老人办理高龄补贴，为555名一二级残疾人办理重度残疾人护理补贴，对全镇170名大病对象发放大病救助资金100万元，走访慰问困难群体，发放各类救助金20多万元。新型农村合作医疗和新型农村养老保险覆盖率都在95%以上。鼓励和引导农村剩余劳动力进城务工经商，发展现代商贸业，新增个体工商户20余户，申请农村淘宝合伙人54人，转移农村劳动力10983余人。

【招商引资】 完成招商引资项目14个，其中工业项目10个、服务项目4个，内联到资3770万元。

【计划生育】 2015年，全镇共出生569人，计生率为76%，比同期下降2个百分点，落实四种手术767例，进一步整理和规范了全镇54个村（社区）的计生台账，村级计生阵地建设上了新台阶，优化奖励扶助服务，为111人发放奖励扶助金，为105人发放了农村独生子女保健费，征收社会抚养费41万元。

【小城镇建设】 引进建设资金500万元，，完成白鹤东路至梅大路的路面硬化、桥梁建设及下水道建设；投资336万元的镇公租房前期准备工作包括设计、图审、平地、地勘、申报等都已全面完成；投资20万元建成一个2000平方小游园和一条2公里长标准绿化示范街；镇城区实现统一供水，有效保证群众的饮水安全。

【城乡环境同治】 投入资金100万元，新建大型综合垃圾处理场一座，新建垃圾池25个，新增2300个环保垃圾桶和32辆垃圾拖车，清除乱贴乱画、三乱小广告860处，拆除旧棚13处，取缔5家排污养殖场，清理生活垃圾1640吨，清运建筑垃圾3200多立方米，清理河道垃圾4.2公里，淤泥190吨，城乡环境治理成效明显。

【人大政协工作】 对71名镇人大代表、14名县人大代表和6名县政协委员进行了全面走访，及时解决选民反映的矛盾纠纷，成功选举产生了新的人民政府镇长，认真开展对县直单位评议，走访调查选民、人大代表和政协委员63人次，座谈会7场次，征集意见45条，并在县公开审议大会作典型发言。

【社会事业】 硬化永星、梅泉、茶山等村级公路8.5公里；全面完成大忠桥镇"十三五"公路建设规划，对54个村（社区）进行了全面摸底绘图。扎实开展道路交通安全排查和整改工作，全面整治三轮摩托车载客现象，全面建立非法营运车辆整治台帐，共查处59台三轮摩托车非法载客，对44台摩托车进行了割棚子，对15台摩托车进行了扣留处理；扎实完成2015年春运工作，科学调度，值班防范，确保春运秩序井然，安全高效，荣获2015年春运工作先进单位。完成科技培训4批220人次，培养科技示范户2户，2014—2015年科技工作荣获先进单位。共投资500多万元中心幼儿园、大忠桥镇三中薄弱学校改造、梅湾小学合格学校等工程建设；认真处理好蟠龙小学遗留问题2个，办理好相关招投标前期工作。完成创建国家成人教育示范县有关工作，培训农民人数500余人次，建立完善54个村（社区）成人教育教学点创建工作；完成投资380万元的中心卫生院和镇一中公租房建设。圆满完成2015年新农合参保人数和资金收缴，共计收缴44530人，完成比例102.3%，荣获2015年县新农合工作先进单位；投入10万元资金加强双凤、蔗塘等传统村落保护，改造2000平方米的前门、横梁等房屋设施；新增配置54个村（社区）文化农家书屋图书，每个村配送价值4000元左右的图书。

【信访维稳工作】 连续四年进京非正常上访零挂号、零登记，信访总量在全县排名下降了三位；全年未发生一起群体性案（事）件及民转刑案件，推行农村社会治安联防联治，有16个村、社区成立了义务巡逻队，增强了群众的安全感；民调得分在85分以上，排名在全县中上游；坚持矛盾纠纷排查制度，做到"一旬一排查、一月一上报"，全年共排查各类矛盾纠纷289起，调处281起，调处率为97%。

【安全生产工作】 突出抓好网络建设，54个村（社区）成立安全生产联组，并逐村、组、学校、企业确定了安全监管联络员，坚持"党政同责、一岗双责、失职追责"，全年共召开专题会议8次，下发专题文件80多份，明确责任，做到五级五覆盖，五落实五到位，党政领导亲自带队到企业排查安全隐患，每月不小于一次；发放各种安全常识宣传册子15863份，宣传栏76处，书写永久性标语87条，形成了强大的舆论宣传声势。

【基层党建和党风廉政建设】 全镇26个村（社区）建成村级活动中心，圆满完成上级交付的村级活动中心清零任务；整顿软弱涣散党支部5个，通过选优配强村党组织书记和"第一书记"，5个村党支部又恢复了"战斗力"；配齐"五小设施"并交付使用；三会一课、四议两公开和自创的六零工作法得到了上级的肯定；大力进行党风廉政建设，共计查处20起纪委信访案件，解决遗留问题3个，查处处分党员6名，收缴违纪资金3.4万元；配合县检察院查处原大忠桥国土所长肖光明一案，对54个村（社区）进行了全面走访调查，共计调查当事人1200人次；共组织23名支部书记进行述职述廉活动。全面完成烟塘、茶山、丛山、洪家洞、两塘、梅湾、双凤、五里山、祝山、中华、茅坪坊、广福等12个信访交办件，查办、处分村干部10人，收缴违纪资金4.9万元。

【“一进二访”活动与精准扶贫工作】 全面核实扶贫对象，通过入户走访、查阅资料、座谈访谈等方式精准识贫，全镇确定金旗、和平、日晖塘三个村为重点扶贫村，2000户为扶贫对象；制订完善脱贫计划，逐户明确具体帮扶措施，做到精准施策、对症下药。帮助贫困户解决突出问题，既帮其需、助其急，又扶其所长。扎实开展结对帮扶，与贫困户“结穷亲”，镇领导班子成员与27户贫困户“结对子”，全体镇机关工作人员与各驻点村一户贫困户“结对子”，扶真贫、真扶贫，稳步推进全镇的扶贫脱贫工作。

肖 家 镇

【农业】 农业经济持续发展，耕地面积3.56万亩，人均0.82亩。粮食作物有水稻、玉米、荞麦，人均820千克，其中产水稻24800吨，其他作物产量3100吨，其中花生、大豆480吨，油菜2620吨；经济作物有水果、中药材、茶叶、蔬菜四大类。2015年全镇水果种植面积2.6万亩，产量50000余吨，以柑橘、葡萄、冬枣等果树为主。新增茶叶种植面积3000亩，茶园总面积达到6500亩，药材主要有喜树，面积1000余亩。蔬菜种植面积0.5万亩，产量3300吨，品种主要有红萝卜、香芋、白菜、辣椒等。畜牧业以生猪饲养为主，2015年生猪饲养量达到5.2万头，年末存栏数达3.8万头，总产值1.48亿，占总产量22%。鸡鸭家禽2015年年末达到8.3万羽，产蛋量达25.吨。渔业以鱼塘养殖、水库养殖为主，2015年水产的总产量3215吨，总产值1.83亿元，占总产值的23%。

【教育】 2015年年末，全镇有中、小学9所（含教学点），在校学生4225人，在职专任教师234人，其中中学1所，学生991人，专任教师86人；小学8所（含教学点），学生3234人，专任教师148人。有标准幼儿园7所（其中公办1所），简易幼儿园14所，在园幼儿1122人（其中大班677人、中班313人、小班132人），专任幼师55人。小学适龄儿童入学率100%，初中适龄儿童入学率100%；小升初升学率100%；全年教育经费1851万元，比2014年增长28%。2015年4月，成立肖家镇专项教育基金；镇人民政府被县委授予“祁阳县推进教育强县先进单位”；镇教育管理中心被县委评为“教育教学先进单位”；镇教育管理中心被县教育局评为“绩效考核先进单位”。

【村镇建设】 2015年，饮水工程投资400多万元，日供水量800立方米，解决不安全饮水人口15000人。农村危房改造76户，城镇道路改造建设6000余米。

【医疗卫生】 2015年年末，各级卫生机构45个，其中镇卫生院1个，医疗点6个，村级卫生室38个。镇卫生院专业卫生人员44名。其中：执业医师8人，执业助理医师30人，中级职称4人。有病床40张，全年完成诊疗25000余人次，新型农村参合率96%。镇中心卫生院固定资产300万元。2015年全年进行20000余人次的预防接种。安全饮用水普及率达到99%。农村卫生厕所普及率达到60%。

【水利】 病险水库维修加固两处：唐家冲小一型投资400余万元；火塘冲小二型投资80万元。

新建电排一处，装机20千瓦，投入6万元。新修骨干塘2处，投入30万元，河坝10处，投入25万元。新修混凝土三面防渗灌溉渠道共13处，总长7500米，投资120万元。整修山坪塘65口，投资40万元。全镇水利建设共投资1011万元，改善灌溉面积1450亩，新增灌溉面积860亩。

【广播电视】 2015年年末，有线电视网络1个，成立于1996年，可收23套节目；有线电视用户达150户，无线电视达350户，电视拥有率95%以上。

（邓青梅 刘卓）

八 宝 镇

【概况】 2015年，八宝镇获“计划生育工作市模范单位”、“全县工作目标管理综合考核三等奖”“县办公室工作先进单位”“全面建成小康社会推进工作先进单位”“新型城镇化工作先进单位”“农村环境污染治理工作”“组织工作先进单位”“宣传思想工作先进单位”“统战工作先进单位”“关心下一代工作先进单位”“纪检监察工作先进单位”“信访调解工作先进单位”“综治民调工作先进乡镇”“禁毒工作先进单位”“县2013年—2015年度推进教育强县建设先进单位”等多项荣誉称号。

【产业发展】 2015年，八宝镇党委、政府坚持以经济建设为中心，以“稳中求进，改革创新”为核心，八宝镇经济社会得到又好又快发展。大力推进农业产业化，促进农业转型升级。积极引导农民按照依法、自愿、有偿的原则，通过承包、租赁、转让、股份合作等形式，充分发挥村干部、党员及种田大户，致富能人主体作用，大力推行“双培养、双转移”模式，着力打通土地流转难瓶颈，有力促进农民增收和农业增效。全镇土地流转面积5.9万余亩，其中稻田流转11500亩，林地流转48400亩。新培育500亩以上的种田大户5户，100~500亩的种田大户13户；其中古桥、下龙、坪山、天星、金江、和平、田岭、新建等8村实现了耕地整村流转。镇内共创办种养殖合作社18个。八宝油茶专业合作社油茶新造油茶1600亩，大自然蔬菜专业合作社新流转土地200余亩；引进6家外地规模种植公司，创办专业合作社11个。投资2600万元的宏茂园林流转土地650亩，二期工程进展顺利，瞄准大城市的高端苗木市场，带动了周边群众就近创业、就业，实现了群众增收；投资600万的大自然蔬菜专业合作社，种植面积达500亩，各种蔬菜供不应求，实现了与连锁超市的无缝对接；种植面积达1万余亩的油茶专业合作社，公司加农户的种植模式被省市媒体进行了报道和推介。百里洲万亩稻田基地被定为“种三产四”示范基地，双季稻率达99%。积极推进新型工业化，主推木材加工业，浦塘工业园木材加工业规模不断增大、效益不断增强，实现了产品转型升级和更新换代。2015年全镇实现地方生产总值增长11%，固定资产投资增长25%，财政总收入增长13%，城乡居民收入增长12%。

【民生工程】 2015年，镇党委、政府坚持以人为本，增强服务观念，加大民生投入。完成十大民生工程：完善投资900万元的牛冲农村安全饮水工程建设项目，解决15个村的1.6万余群众的饮水安全问题；山背村和火田村安全饮水工程顺利完工，铺设主管6500米，装表380块；完成百里完小合格学校建设和镇中学、中心小学、卫生院公租房动工新建，进一步改善教职生及医护人员居住环境，提升中小学教学水平和卫生院医疗水平；公办幼儿园二期工程完工并于下半年顺利开学；完成县定“五小”水利工程建设任务，特别是3座小二型水库的除险加固工作；完成31户困难户危房改造工作，彻底改善贫困户居住条件。天星小学异地新建前期工作就绪；开工建设财源、龙华、龙桥3村的国土整治项目，从根本上解决3000亩稻田的旱涝保收；投资 9000 万元的木金公路建设项目顺利推进并逐步完工；和平村渡改桥前期工程已全面启动。

【社会管理】 2015 年，镇党委、政府积极加强社会管理创新，全心打造服务型政府，切实增强群众的安全感和满意度。完善“3+X”联动调纠工作机制，拓宽社会治安主体监控平台覆盖范围。“3+X”联动调纠模式即整合镇政法办、派出所、司法所与相关部门力量，及时化解矛盾纠纷，充分发挥“资源整合、分流指派、现场联调、效力对接”优势，逐步形成了“党委政府总揽、分管领导牵头、部门协调参与、各方协力配合”的大调解工作格局，大量的社会矛盾纠纷通过“3+X”联动机制得到化解。2015 年，排查各种矛盾纠纷 156 起，成功调处 152 起，成功调处率达 98%，有效处置非正常死亡事件 3 起，预防和化解群体性事件 4 起，防止民转刑案件 1 起，化解信访积案 1 起，没有发生赴省进京信访事件。继续加强技防设施建设，在城区的主要路口路段，安装了电了监控设施，形成了以镇总控室为中心、技防监控探头为终端的“社会面治安监控信息系统”，实现了全时空、全方位立体化监控。2015 年全镇新增黄家渡、天星、四木、砖塘等村电子监控点 16 处，全镇共有监控点 76 余处；建立应急处突中队和片区群众联防队，夜间巡逻常态化。特别是黄家渡安全巡逻队，建立了正常值班制度，配置专用摩托 2 台，对讲机 16 个，监控点实行白晚班轮流值守，黄家渡经验在全县予以推广。2015 年破获刑事案件 170 余起、串案 3 起、打掉团伙 5 个，刑事拘留 27 人、行政拘留 44 人、强制戒毒 7 人，处警 300 多起。严格落实民调责任，确保民调保类进位，有效提升了全镇人民的安全感和幸福感。计划生育创市级模范单位，严格落实计生政策，坚决维护妇女权益，无行政侵权行为。信息上报及时准确率 100%，奖扶对象及独生子女家庭死亡伤残对象资金发放核对及时，镇村阵地建设面貌一新。安全生产创省级安全生产示范乡镇，始终坚持安全生产第一，健全“党政同责，一岗双责，齐抓共管”责任体系，完善安全制度，认真开展安全生产隐患排查，重点加强对烟花爆竹行业销售点进行隐患排查，对无证和到期未换证的销售点坚决进行了取缔。同时加大力度对三轮摩托车载客、校车、渡口、道路和消防安全隐患进行排查和整治，整治载客三轮车 56 台。完成百里小学合格学校建设，镇中学、镇中心小学、卫生院公租房建设全面启动，教学、医疗环境得到明显改善。中小学校教学质量逐步提升，卫生院的设施、医疗、服务在全县居前三名。新农保、新农合参保参合人数达 98%以上，形成了看病有医保，困难有低保，老来有社保的社会保障体系。社会救助工作逐步走上正规，五保低保达到应保尽保。加强困难群众危房改造工作，改善了 31 户困难群众的居住条件。广泛开展扶贫工作，全镇 772 户，3039 名贫困户纳入扶贫对象，大坪、清塘、新建 3 个村纳入重点扶贫村，深入开展“一进两访”活动，实施一村一策，一户一计，进行精准扶贫。扎实推进新农村建设，城乡一体化进程加快。全镇 46 个村（居）委会全部修通水泥路，电力改造全部完成，升级改造逐步推进。28 个村（居）委会建成自来水工程。建设新农村示范村 6 个，全面建成小康村 11 个。其中大源统一规划建房建立了大源新村，天星村为率先改水改厕第一村，古桥村拆除空心房建房成全县新农村建设典范。网络工程也逐步推进，全镇所有村（居委会）已建成村级远程教育点，城乡有线电视网络拓宽，入户率达 30%。

【城镇建设】 2015 年，镇党委、政府坚持走新型城镇化道路，彻底改善镇容镇貌和人居环境，打造绿色、文明、和谐的新型城镇。加强集镇提质改造。八宝片区新安装160盏LED路灯，黄家渡片区、星燎、四木等10个村新安装路灯128盏，结合木金公路改扩建工程，在八宝、黄家渡两个城区铺设沥青路面和下水道维修改造2000米。投资12万元，新建中仁小游园1个，休闲娱乐为一体，使群众健身有广场，休闲有游园。扎实推进农村环境污染治理。镇投资60万元新建一处垃圾填埋场，实现小城镇垃圾清运市场化、社会化运作。发挥两个集镇和三个示范村的农村环境污染治理引领作用。推进环境污染治理全区域片区作业和党建示范工程，充分整合各项资金100多万元，修建垃圾焚烧炉1座，镇统一购买垃圾收集车150辆，垃圾桶12000余个，每个村（居）委会聘请3名保洁员和文明劝导员，实行“户扫、村运、镇中转、县处置”模式，建立农村环境污染治理的长效机制，营造全镇上下协力抓环卫的氛围，打造洁净宜居八宝。完成移民小区建设。完成晒北滩电站二期移民小区建设，“三通一平”及配套设施全部完工。完成三期移民征地工作，为移民户提供安居乐业宽松环境。

【党建工作】 2015年，严格按照“三严三实”的要求，把巩固教育实践活动成果作为重大政治任务来抓，着力推进好作风落地生根，积极开展“纠四风、治陋习”活动，推进作风建设常态化，持之以恒加强作风建设。紧扣“为民务实清廉”这个主题，聚焦解决“四风”突出问题，以严的标准、严的措施、严的纪律，精心组织实施，扎实做好党建工作。积极开展“先进基层党组织”“十佳党支部书记”评选活动。完成25个村级活动阵地建设，办公用具一应俱全。46个村达到村村有场地，标准化、规范化建设程度高。严格执行了“三会一课”“四议两公开”制度，推行村党组织规范化建设“135”模式。支部活动正常开展，红星视频培训质量高。完善便民服务“123”制度（完善1个政务服务中心职能，制作发放2张卡——便民服务联系卡和村民意见办理反馈卡，编印发放3本书——《镇村干部日常工作简明手册》《八宝镇便民服务手册》《村情一本通》）。奉行为民、务实、清廉、高效办公，为群众办事打开绿色通道，做到办事无阻隔，服务零距离，充分调动了党组织、党员干部群众的积极性，确保活动取得实效。在党员管理方面，大力加强了党员的管理工作，推进了党员管理规范有序。在对困难党员的帮扶方面，镇党委成立“八宝党员爱心基金”，发动党员和入党积极分子献爱心，全年筹集资金56000元，为贫困党员家庭送去了党的关怀。注重督查考核。镇加强督查考核力度，成立了专门办公室，对全年及阶段性工作做到“有安排、有落实、有督查、有通报奖罚”。全镇共印发“八宝督查”12期，有力地推进了干部作风好转，工作落实。

白　水　镇

【产业发展】 2015年，白水镇充分发挥农产品深加工、轻纺、机电、能源四大主导产业效应，实现工业经济总量迅速提升。依靠本镇资源优势，加大招商引资力度，以祁阳县科技工业园为平台，通过以商招商、以企引商，做强了东骏印染、宝达食品、皓志稀土、丰达机电、凯迪生物发电等7个核心企业；支持宝达食品等企业发展原料基地；引导丰达机电等开发新产品，增强竞争力。到2015年年底，工业总产值达30个亿。全镇369家中小企业和22家规模企业加快发展，带动城乡就业和商贸服务业的迅速发展，社会效益显著。依托区位和交通优势，加快发展新型服务业。2015年金泉商业广场和果蔬交易市场的运营有声有色，繁荣了白水的市场经济，祁阳县南五镇商贸物流中心效应显现。同时，大力引导发展农业专业合作组织，培育农村经纪人和农村淘宝电商，搞活农产品流通。农村劳动力转移就业培训力度不断加大，外向型劳务经济迅速发展，白水正迅速成为现代企业劳务输出基地。

【农业发展】 农业经济稳步发展。全面发展春耕冬种，制止稻田抛荒，全镇早稻集中育秧示范点达21处。全镇实现稻田翻耕率90%，插秧覆盖率达95%。建立新中、廖塘等村为核心的万亩超级稻高产创建示范片及冷水村200亩超级稻示范点，在福田、两江、联江、火冲、石龙等村创建3000亩油菜连片种植。2015年全镇新发展种植面积在100亩以上的种粮大户8户，全镇双季稻种植比率在92%以上，主要公路沿线双季稻种植率达到98%。台湾仙草公司1000亩种植项目建设，烟塘国平农庄千亩脐橙标准化基地建设，到福桥5000亩天子龙蔬菜标准化基地建设，龙塘新农现代农业蔬菜基地，三湾头等村远晖农业千亩仙草基地，湘湖村千亩刺儿茶基地，柴塘、双峰、刚强等村万头生猪基地，规模大、档次高、集聚效益好、辐射影响力强，全县第一家鑫丰生物农业育秧基地落户湘湖。

加大农业水利基础设施建设力，完成病险水库的除险加固；全年清淤、整修小山塘91口；新、改建小泵站6个；改造小渠道2000米。对全镇现有防汛设施进行了全面检修，设备运转率达到100%；太和河坝整修项目顺利开展。大大提高了抵御自然灾害能力，确保粮食生产旱涝保收。

新农村建设成效显著。竹山村在竹山雅苑的带动下，旅游经济效益进一步突显，新建成竹山祁剧博物馆促进了祁剧文化交流，各项旅游基础设施也逐步建成，村党建工作不断提升。毛家村的新农村建设正积极推进，完成变压器增容改造，完成4.1公里通村公路加宽，完成沿路房屋墙面翻新，完成改厕。村活动中心，饮水工程，村卫生室、图书室等项目已建设完成，村民主生活测评会得到了市委书记的高度评价；两江村统一规划，统一建设取得显著成效，多功能音乐牌楼和客运招呼站成为全市典型，投资70余万元的绿色文化长廊工程正有序推进。

【社会事务】 社会事业全面推进。2015年，投资近1000万元的受益群众达2万余人的三江水厂第一期工程接近尾声，竹山、杨桥、毛家、唐家、火冲等村实施人畜安全饮水工程，使6000人喝上了干净清澈的自来水。石龙村农网改造升级全面完成；新中、三丰、杨桥等六个村投资1000余万元中小河流综合治理顺利推进；一、二居委会及东川等村护岸工程全面完工；白水完小、七里坪完小义务教育合格学校建设顺利完工；三江完小、竹山幼儿园已开始教学；农村低保户及五保户供养实现应保尽保。镇敬老院提质改造如期完工，农村五保之家建设有效解决五保户基本生活所需；农村危房改造顺利推进。严格落实计生政策，坚决维护好妇女合法权益，无行政侵权行为，全年共出生769人，计划生育率达到72.8%，“三查”到位率100%，落实上环手术446例，结扎手术137例。卫生医疗事业取得成效，全镇农户参合率达85%。文体事业蓬勃开展，农家书屋基本达到全覆盖，竹山书屋被评为全国农家书屋，已建设农村标准篮球场16个，市民休闲健身场所20个。以群众喜闻乐见的方式，策划组织了丰富多彩的文化活动，达到寓教于乐的效果，在全镇上下营造了健康向上、文明和谐的浓厚氛围。进一步加强民族宗教事务的管理，全镇民族宗教领域和谐稳定。

社会环境和谐稳定。高度重视安全生产工作，加强“打非治违”的领导，规范矿产资源开采秩序，全年共打击非法开采14人次，配合县有关部门处理违法行为6起。对全镇所有涉及安全生产方面的各种行业，重点领域，区域等制定安全生产工作实施方案，层层签订责任制。积极开展城区交通秩序大整治和社会秩序综合治理工作，排查道路安全隐患100余处，桥头市场秩序得到有效整治。信访维稳工作扎实推进，全年共调解各类矛盾纠纷180余件，聘请了4名法律顾问，配合政法办开展群众调纠纷工作，效果明显。着力市容市貌整顿，确定委托市管站城管执法，组织5—7名人员专抓，并配备1台综合执法车。加强社会治安综合治理，大力实施“天眼”工程，加大打恶降黑力度，吸毒贩毒、赌博、卖淫等社会不良现象得到有效遏制，治安形势明显好转，人民群众安全感明显增强。

【城镇建设】 城镇建设日新月异。城镇建设一直是白水的一张亮丽名片，近年来，按照“打造品质活力乡镇”的要求，白水投资4500万元，建成了占地100亩的果蔬批发市场；投资2.5亿元，建成了金泉商业中心和华泰购物广场；投入1.8亿元，建成了志远家园、玲珑小区等一批高层电梯房住宅小区，白水房地产业和商贸业迅速发展，使白水成为永州市第一个也是唯一一个拥有高层建筑、商业小区和城市综合体的建制镇。

2015年，白水镇作为全国小城镇建设重点镇，掀起了城镇建设新的高潮。一是精心规划新型城镇格局。着力打造“工业集聚区、商业贸易区、生活住宅区”三区合一的新型城镇格局，充分利用自身发展优势，灵活运用各种融资渠道，整合大批民间资本，融通大量小城镇建设资金，累计新开发商品住房面积达3万平方米，实现农村人口转移为市民2000人，城镇化率提高2个百分点。二是大力推进项目建设。大力开展美化、亮化、绿化“六个一”标准化一条街工程建设，先后投入资金2600万元，栽种桂花大苗6870棵；铺设混凝土管道7062米，弱电管道3531米；修砌下水道检查井95个、雨水进水井202个；安装人行道侧石7443米，铺设道板砖6.8万平方米、麻石19038万平方米；安装路灯182盏；添置果皮箱132个；统一制作铺面招牌3531平方米。三是优化城镇管理机制。组织各职能部门开展6次大型交通秩序整治和市容市貌专项整治，发放宣传单页10000余份，制作宣传标语和横幅100余条，发放制订“门前三包”责任牌5000余张。为了实现城镇管理常态化，形成城镇管理长效机制，制定《白水镇城区管理细则》，并聘请了市容市貌协管员8名。

城乡环境显著改善。按照建设绿色、卫生、和谐新白水的要求，采取先城区、后乡村，逐年分梯次推进城乡环境污染治理工作的方案，成效显著。全年城区共拆除广告牌576块，拆除钢架雨棚489个，清除摊点137个，清除牛皮癣200多处，规范车辆停放点20处，农村拆除影响湘江水源的养殖场19个，清理水源污染的山塘86口，治理农村水污染21处，实行农村生活垃圾分类处理回收达22个村。城乡环境卫生硬件设施条件方面逐步完善，全镇72个村都设立垃圾分类处理站，添置了1台洒水车、1台勾臂式垃圾收集车及33个环保垃圾箱，建立城乡环境卫生长效管理机制，城区设立环卫所，有固定保洁人员16人。镇政府与保洁公司签订合同，采取公司化模式清扫保洁，并从镇财政安排50余万元专项资金作为经费保障，确保城乡环境污染治理常态长效。

【党建工作】 组织建设突出成效。继续落实基层服务型党组织文件精神，强化基层组织建设，加强对“软弱涣散”党组织的整顿，提升村“两委”班子的整体合力。进一步找准党建工作与经济工作的结合点，狠抓项目建设、土地流转、畜牧养殖、蔬菜种植、发展农业合作社等工作，努力巩固农业基础地位，实现全镇经济社会又好又快发展。群教活动着眼长效。严格按照上级的统一部署和安排，深入开展党的群众路线教育实践活动，做到周密部署行动快、以上率下学习透、开门纳谏覆盖广、立行立改效果实、整章建制效率高，通过深入群众，听取意见，多渠道收集意见、问题，对党委领导班子的15条整改措施全部落实到位。队伍建设提质增效。健全绩效考核制度、村级组织工作制度、机关干部出勤考勤管理制度、村干部管理办法，更加注重简便易行，有效遏制干部“走读”，干事创业的氛围日益浓厚。

进宝塘镇

【概况】 2015年，进宝塘镇地方生产总值7.5亿元，比2014年增长10%；财税总收入360万元，增长11%；农业总产值2.61亿元，增长12%，农民人均收入8470元。被评为“祁阳县文明单位”，“县综治工作先进单位”。

【农业】 大力发展粮食生产。坚持稳总产、扩指数、保面积、调结构，坚决制止耕地抛荒，大力推进土地流转，积极培育种粮大户，推广新品种、新技术，新发展种植500亩以上大户5户、100亩以上大户11户，成立农村合作组织11个，新申报家庭农场4个。订单农业、特色农业不断发展，落实优质稻种植面积2.5万亩，新种植湘莲1000亩，扩种甜玉米1000亩、蔬菜面积500亩、名优花卉苗木500亩，以藏香猪、宁乡花猪和锦鸡、野鸭为重点的特色养殖不断发展。农田水利设施建设持续加强。投入资金1200万元，实施西冲、农民、里仕国土整理项目，完成农民、西冲、石云、井边渠道防渗30公里。维修改造大江渠道进宝塘境内段6.5公里，对11座小二型水库进行除险加固，完成山塘清淤防渗护砌200口，维修机埠、电排11处。引进永州苋草科技有限公司，带动本镇土地流转3000亩，项目区内群众可人均增收600元，发展特种湘莲种植2000亩，成功与广垦集团签约落实油茶种植2000亩。

【工业】 坚持把发展工业作为振兴经济和富民强镇的主抓手，坚持上争、外引、内联，形成个体私营、合伙联营、股份制经济共同发展格局。2015年底，各类企业总数达到165家，其中民营企业125家，分别比2010年增加38家和33家；新增规模工业2家企业，实现工业总产值3.64亿元，增加值8000万元，分别比2010年增长23.5%和34.1%。

【基础设施】 2015年，九座小二型水库病险加固全面完成；河埠塘应急水源工程全面完工；新岭至金马3公里道路加宽完成；农民、西冲、石云、井边渠道防渗30公里；维修改造大江渠道进宝塘境内段6.5公里；完成山塘清淤防渗护砌200口，维修机埠、电排11处；全面完成农村土地确权发证工作，实施并村改革方案，行政村由31个减少到18个。

【城镇建设】 科学编制城镇规划，完成城镇总体规划修改。城镇面积达到1.5平方公里。加大城镇提质改造力度，城镇基础设施不断完善，共投入资金220万元，硬化道路2000米，修建下水道3000米，安装路灯60盏；绿化、美化主街1.2公里；加强电力、市场设施改造，加强环境卫生整治，“脏乱差”问题得到有效改观。

【社会事业】 人口自然增长率2015年下降到7.8‰；新培植市级科技示范户5户、县级科技示范户18户；进宝塘中学在国学经典进校园活动中获全县优秀组织奖，有2名教师进入全县“名师工作室”序列；进宝塘中心小学斩获“全省优秀少先队组织”殊荣；中心小学60套、2700平方米教师公租房建设项目、石梓塘完小1600平方米的食宿综合大楼建设项目进展顺利。新建镇中心卫生院办公楼，新农合参合率达到98%；完善敬老院和五保之家，五保供养费逐年增加；城镇、农村低保不断提标扩面。救灾、救济能力不断加强，发放救灾资金 60 万元以上。

【新农村建设】 实施“四清四改”工程，完成改厕 800 口、改厨 1000 户，拆空心房 5 万多平方米，新建沼汽池 265 口；解决 3000 人的不安全饮水问题。完成湘江进宝塘段两岸 500 米内生猪养殖场搬迁。大力开展植树造林，完成“三边”造林 500 亩，生态环境进一步优化。

【精准扶贫】 新岭、鸟窝塘、木瓜三个贫困村水、电、路、讯等基础设施和产业建设得到加强，共实现脱贫 762 人。新岭村的苋草种植、木瓜村的牛羊综合养殖、鸟窝塘的莲藕套养小龙虾等三个项目进入县级扶贫开发项目行列。

黄泥塘镇

【概况】 2015 年，黄泥塘镇成功创建省级安全生产示范乡镇，被县委、县政府授予新农村建设先进单位、为民办实事先进单位、森林防火先进单位、水上交通安全先进单位、标准化产业建设先进单位、城乡同治先进单位、推进油菜基地建设先进单位、水利冬修先进单位、1%人口抽样调查暨统计工作先进单位、创森创绿标准街建设先进单位、农商行不良贷款清收先进单位，被县人大评为代表小组活动先进单位、提建议、议案先进单位。全镇经济社会发展呈现出提速、提质、民生改善、和谐稳定的良好局面。

【农业】 以产业结构调整为目标，引导农民发展种植优质水稻、油菜、茗头、百合、生姜、绿色无公害蔬菜、西瓜、葡萄、油菜等经济作物。加速推进土地流转，禁止土地抛荒，农业机械化水平不断提升，特色农业效益跃上新的台阶，全年新增水稻种植大户 2 户（百亩以上），新增水果种植基地 3 个，总面积 2000 亩以上；新增养殖大户 5 户，发展特种养殖（孔雀、蛇、野鸡养殖大户各一户）。全面完成石兰、下埠头两个 200 亩油菜集中连片种植，九洲 1500 亩冬种蔬菜基地。加快土地流转，与广东农垦集团签订租赁荒山 8000 余亩；石兰村百合种植协会荣获全国先进农村技术协会，鑫鑫农产品种植专业合作社荣获“全省示范合作社”。九洲村顺利通过美丽乡村验收组验收，被省人民政府评为全省美丽乡村示范村，石兰村被正式确定为“十三五”新农村建设示范暨美丽乡村。

【工业】 积极招商引资，充分利用现有资源和传统优势，向工业倾斜，向项目倾斜，收效明显。寨岭采石场投入 300 多万元进行技改扩产，成为全县标准化采石场。石兰百合加工厂通过技术改造，扩大加工规模，全年加工干百合 10 余吨，提高了产品的附加值，增加了农民的收入。2015 年，全镇工业总产值 3.5 亿元，比上年增加了 15.6%。

【基础设施建设】 2015 年，全镇农业基础设施进一步完善。老塘冲、大塘冲、泉塘三座小型水库全部开工除险加固，搭洲村五小水利工程全面竣工通过验收，总投资达 1100 万元的湘江治理工程杨梅塘、下埠头段顺利开工建设。加大农村环境污染治理，投入 20 多万元新建焚烧炉一座，新添置垃圾桶 1500 只，修建垃圾池 25 各。镇容村貌大为改观。卫生院新住院楼建成使用，搭洲、桐木完小改建工程成功完成招投标，三联卫生分院纳入规划，已完成选址工作。

【民生保障】 2015 年，全镇人口增长得到有效控制，自然增长率在 6.5‰以内，计划生育率达 89%。九洲村“第二敬老院”建设，龙口冲、搭洲、前程三个村“幸福院”建设全部完成。全镇改造危房 60 户，改造其他危房 16 户。完成观马、下埠头等村公路扩改建设 7.5 千米。全镇新农保完成 91.7%，劳动保障服务平台建成并正式投入运行，新农合完成96%。全面落实惠农政策，政策性补贴100%发放到农户手中。城乡低保年检年审取消农村低保107人，全镇现有城镇低保356人，农村低保2908人，低保基本实现应保尽保。

【商贸业】 镇新农贸市场建设已全部完成。2015年年末，全镇商业网店106各，全年社会商品销售总额6.2亿元，比上年增长11.8%，城乡集市贸易额3.2亿元，比上年增长14.2%，安置社会劳动力461人。

【综治维稳】 加大社会治安整治力度，开展社会治安集中整治行动，全年共刑事拘留13人。加大技防设施投入，在城区街道和主要路口安装电子眼3个。推进依法逐级信访，信访量大幅度下降，累计妥善协调处理各类案件56件。“打非治违”专项整治活动成效显著。2015年，全镇未发生一起导致死亡的安全生产事故，未发生一起重大刑事案件。成功创建省级安全生产示范乡镇，群众安全感和满意度进一步增强。

【党建工作】 狠抓党的组织建设，加强农村基层党组织建设，2015年，全镇各村全面完成了村级活动场所“清零”行动，硬件设施得到全面改善，逐项建立健全“三会一课”、党建园地、四议两公开、村干部值班、党员积分制管理等各项制度，党建工作有章可循，扎实开展“庸、懒、散”专项治理活动和集中整治经济社会发展环境活动。干部、党员转变了观念，提高了工作效率。加强后备党员的培训，全镇培养入党积极分子31名，平均年龄35.6岁，大中专文凭以上6人，党员队伍得到壮大。2015年，全镇共处理6名违法违纪党员，其中留党察看1人，党内警告5人，维护党在人民群众中的光辉形象。开展“七一”系列庆祝活动，表彰一批先进基层党组织和优秀党员。

羊角塘镇

【概况】 2015年，在县委、县政府的坚强领导下，羊角塘镇紧紧围绕“狠抓工作落实，全面“创先争优”的工作目标，立足“四基”（加强基层党建，狠抓基层队伍，完善基础设施，强化基础保障），打造“四镇”（工业强镇、农业大镇、边贸重镇、旅游新镇）实现“四升”（社会正气上升、创业气势上升、发展速度上升、镇域形象上升）的工作思路，全镇上下齐心协力，攻坚克难，经济社会等各项事业呈现出良好的发展势头。

【经济发展】 2015年，全镇实现工农业总产值16.25亿元，较上年增长8.5%，完成财政收入826.3万元，为年初预算的94%。城镇居民人均可支配收入20824元，农民人均纯收入9127元。全镇有烟花爆竹生产企业59个，其中烟花厂1个，炮竹厂47个，引线厂11个。生产鞭炮、烟花30多个系列，90多个品种，年产值达8.5亿元，产品远销广东、广西、山东、河南、云南等20多个省和地区。造纸业、采石场、碎石场、红砖厂初具规模，全镇各类大小企业达300多个。

【农业工作】 2015年，全镇9座病险水库进行除险加固，兴修三面防渗渠道15000余米，山塘200余口。通过政策争、社会捐、群众筹、政府补等形式多方筹措资金，加强对农业基础设施建设，夯实农业发展基础。重点抓好黄坪、雪里红、清江、高槐、大塘、牛坪坳等农村安全饮水工程的实施，重点完成老塘、腰子冲、竹鸡岩等九座小Ⅱ型病险水库除险加固工程。积极发展现代农业。按照高产、优质、生态、高效、安全的要求，加快转变农业发展方式，在调整农村产业结构上有新突破，城山片优质稻和双季稻种植率达到了95%。进一步促进农业增效、农民增收。抓好土地有效流转、壮大农民专业合作社，致力发展家庭农场，新增农村专业合作社5个，种粮大户发展到30户。打造农业基地。引导扶持城山、羊角塘片1万亩优质水稻生产基地、塘冲2000亩花卉苗木生产基地、金竹、大安2000亩良种油菜生产基地、平安片1万亩药材生产基地等特色农业生产基地成长、壮大。

【企业“三库四防”建设】 羊角塘镇有300多年的烟花爆竹生产历史，素有“烟花爆竹之乡”的美誉，烟花爆竹生产已成为传统产品、支柱产业，在经济发展中起着举足轻重的作用，基本形成鞭炮生产及其原材料生产本地化。2015年有生产企业59个，其中烟花厂1个，鞭炮厂47个，引线厂11个。全面加大烟花爆竹企业“三库四防”建设，引导企业加大科技投入，提升安全系数和抵御风险能力，全镇49个烟花爆竹企业里，有45家完成了“三库四防”建设。

【民生事业】 进一步改善交通条件。公路加宽改造50公里，延伸硬化村组道路20公里，打通断头路5公里，整修公路20公里。进一步改善教学条件。完成福和小学合格学校改建、镇二中食堂新建和道路改道建设，镇中心小学新建全面起动。进一步改善电力电讯条件。加强农网改造升级力度，完成了新华、四院等2个村的无低压建设；完成1200户农村“户户通”工程。不断推进城乡居民养老保险和医疗保险工作，实现参保全覆盖，进一步完善基本公共卫生服务，加强社会救助体系建设，努力解决困难群众就医、就学、住房等问题。全面落实城乡低保，做到应保尽保。妥善解决“五保户”和特困户的生活困难问题，深入开展扶贫济困和“送温暖”活动，切实做好弱势群体救助工作。精准扶贫工作有序推进。光景、太白、金竹等7个贫困村制订了完整的运行机制、有职责、有档案，严格按照初选对象、公示公告、结对帮扶、制订计划、数据录入、联网运行、数据更新等步骤，全面推进精准扶贫工作。

【秀美乡村】 充分发挥羊角塘与本县两镇一场（潘市镇、梅溪镇、挂榜山林场）、祁东两镇（归阳镇、过水坪镇）毗邻的区位优势，致力发展边贸经济，促进羊角塘镇成为周边五镇的旅游、经济、文化交流中心。以建设新农村示范镇为目标，以“美好乡村”建设为主抓手，深入开展以“绿化、美化、净化、亮化”为核心内容的农村环境综合整治和新农村建设活动，改善环境卫生条件，提高群众生活质量。进一步加强城镇建设。加大投入力度，抓紧规划、建设污水处理设施和增添环卫设施，切实解决基础设施、市政设施建设滞后问题，为纵深推进治理工作提供必要的物质保障。新增垃圾池、桶200余个，架设路灯180余盏。

【安全生产】 强化企业主体责任，加强对企业生产员工的教育和培训，提高企业主和生产员工的业务素质、责任意识和安全意识，举办各类安全生产培训班三期，培训企业主、安全员及企业专员1600余人次。强化行业监管和属地管理。建成了安监队伍指导抓、镇村干部驻厂抓、打非队伍天天抓、政法队伍打击抓的四轮齐驱、全程监督管理体系，确保隐患排查无死角，专项整治无盲区，依法打击无特例。强化风险保障，严格执行企业员工持证上岗、挂牌上岗，企业务必为从业人员办理工伤保险、安全责任保险。鼓励企业为员工购买商业保险，增强企业防范事故风险能力，全年安全生产形势进一步好转。

【社会管理】 完善群防群治体系建设。倡导全镇各村组和学校建立联防队、护院队、护校队。盯紧特殊人群和重要治安问题，深入开展社会治安集中整治行动，加大对黄赌毒打击处置力度，全年共刑事处理

15人。开展专项整治行动，继续开展“打非治危”行动，在重大节假日开展联合昼夜巡逻打击行动，对群众举报的“黄赌毒”窝点发现一处，打击一处，确保人民群众安居乐业，进一步实现社会治安大改善，公众形象大改观，民调排位大提升。按照属地管理的原则，将矛盾纠纷化解在村组，消化在萌芽状态，切实做到抓早抓小抓了，镇里成立群众接待室，接待群众来信来访350余人次，化解矛盾纠纷83件。重抓责任，实现台账式管理。对各类矛盾纠纷、信访案件实行包干负责，跟踪管理，奖惩兑现。严抓打击，对信访对象宽容不包容，关心不放纵，严厉打击非法信访和无理缠访行为，狠刹信访歪风，确保信访管理上台阶。

（赵礼民）

梅溪镇

【党建扶贫工作】 2015年，梅溪镇推动党建工作责任“落地生根”，全面推行党建述职评议考核，强化抓党建的主角意识和主动精神，明确责任清单，细化到人、量化到岗，上下联动、齐抓共管，把抓好基层党建作为最大的主业、最大的政绩，使管党治党责任得到进一步落实。列出全镇农村基层党建4个方面12个突出问题，明确解决时限和责任主体。全面推进“四议两公开”工作制度，切实增强农村基层民主决策能力，办成一大批群众乐见的实事好事，进一步夯实村级基础，改善群众生产生活条件。

【扶贫攻坚工作】 2015年，积极落实中央、省市县精准扶贫精神，从县委办、县畜牧局、县物资局请求选派三名优秀党员干部分别到镇三个重点贫困村任党支部第一书记，着力解决“软、散、乱、穷”等突出问题，贫困村不“摘帽”、贫困户不脱贫，第一书记不撤出。全年贫困村道路硬化增加13.1公里，新增藏香猪养殖基地、黄花菜种植基地2个，为247户贫困户、665人增加了收入。全镇2个易地扶贫搬迁安置点、3个分散安置点工作有序、稳步推进，计划实现54户、133人住有所居的目标。全年共完成210户，632人脱贫任务。

【美丽乡村建设】 梅溪境内山清水秀，山峰、溶洞遍布，城墙岭山脉气势雄伟、壮观。奇峰怪石随处可见，山中自然人文景观众多，正在开发的城墙美丽乡村，面积达8000余亩。冬暖夏凉的黄桂洞，全长0.4公里，洞底平坦，有地下河水顺洞而出，可媲美桂林七星岩；三人围抱、高耸云天的千年公母银杏树；宋朝宰相、文学家路振墓园；辽阔的石林佛殿，巍峨壮观的仙神城门；驻足眺望，湘江美景可尽收眼底的灌峰观景台；观音盘座峰的后峰，三峰起伏连绵，形似仙鹅抱蛋，流传着仙鹅孢蛋的神话；建于清朝嘉庆年间的犀牛望月古石拱桥，古藤垂挂，小桥流水，相映成趣，浑然天成，如诗如画。包含金槐，苦参，油用牡丹，野生樱桃园，映天红等十余种经济性兼具观赏性极佳的现代农业种植园。独特的自然景观和海拔气候，赐于了独具的资源禀赋，是集观赏、游玩、休闲等于一体之绝佳旅游胜地。

【特色农业】 2015年，农业结构调整强力推进，在稳定粮食种植的基础上，种植养殖等特色产业规模迅速扩大，完成优级稻推广面积3500亩，落实农业三项补贴改革，积极促进土地流转，有效制止耕地抛荒，减少耕地抛荒50亩。逐步发展壮大了8个基地，即杨华、中荷、华塘500亩蔬菜基地；大伍100小龙虾养殖基地，大伍、龟山1000头藏香猪基地，龟山1000亩黄花菜基地，2000亩油茶基地和500亩苗木基地，龟山、大伍、城墙黑山羊基地，绍江、大泉、广歧500亩稻田养鱼基地。

【民生工程】 2015年，共投入基础设施建设资金800万元，完成了镇便民服务中心、网格化管理系统、镇中心小学教学楼、镇楼梯完小教学楼等建设；新建了28个村级活动场所，搞好两个党建示范村建设；投资300万元的城区供水工程建设竣工；农田水利基础设施建设投入不断增大，共争取资金60万元，修缮病险水库3座，整修山平塘10余口，渠道三面防渗800米；共投入资金150万元，完成了2条，4公里村组级公路水泥硬化，所有的行政村和95%的组通上了水泥路。

【科教文卫】 加强教育投入，整合教育资源，教学条件不断改善，教育水平创新高，在全县同类学校中名列前茅。新型农村合作医疗稳步实施，2015年新农合参合作医疗农业人口26780人，参合率96.5%。社会保障体系进一步完善，低保、五保基本实现应保尽保，制订并实施农村困难家庭医疗救助、农村基本养老保险、非国有企业职工及个体工商户灵活就业人员基本医疗保障金办法，社会救助体系不断完善。城乡环境治理工作有序、稳步推进，增加环卫工人，添置垃圾桶，修建垃圾池，加大清扫频率，修缮镇机关“五小”设施，镇村面貌有所改观。群众文化活动丰富多彩，广场舞村村活跃，早跑晚步人员蔚然成风。

【工业】 2015年，工业化进程不断加快，着力解决产业“低小散”难题，工业经济稳中求进。新增固定资产投入500万元工业项目一个，50万小微型企业6个，新建了液化气站和加油站，对全镇6家鞭炮厂进行了三库四防改造，将镇鞭炮厂打造成高标准厂家。三次代表市、县迎接省、市安全生产专项检查。目前，我镇共有个体、私营、股份制等各种形式的经济实体420余家，其中工业企业30家，工业产值达6.5亿元。

（于志华　申文波）

潘市镇

【概况】 2015年，潘市镇国民生产总值12.75亿元，其中工业和服务业产值6.320亿元，农业总产值2.88亿元。农业产值中，种植业产值1.4亿元，林业产值0.52亿元，畜牧业总产值0.51亿元，渔业总产值0.48亿元。全镇财政总收入916.17万元（含转移支付资金），财政总支出916.17万元，农民人均年纯收入9200元。

【农业】 粮食作物以水稻为主，生产粮食3.03万吨，其中水稻2.29万吨，主要经济作物有水果、蔬菜、全年生产水果1.09万吨，生产蔬菜3.4万吨。畜牧业以生猪为主，年均养量4.94万头。生产肉鸭146万只，肉鸡145万只，禽蛋149吨，渔业产量750吨，确保双季稻种植面积80%，完成油茶垦复3500亩，油茶低改1500亩，种植油菜6000亩。

【工业】 积极招商引资，投资2100万元新建祁阳永康林化有限责任公司，投资1100万元新建祁阳县浩森生物科技有限公司。2015年全镇工业总产值2.87亿元。其中，市级农头企业永州市冠农牧科技有限公司产值1.81亿元。

【商贸业】 境内主要农贸市场2个。2015年年末，商业网点136个，全年社会商品销售总额8.5亿元，城乡集市贸易成交额5.8亿元，安置社会劳动612人。新建4个农村淘宝商业网点。

【基础设施建设】 抓好马鞍岭高标准农田建设项目。柏家村、新民村等11个村共完成渠道防渗、护砌47千米，整修机耕道20千米，护砌排洪圳5条共15千米，总投资1880万元。完成湘祁水电站移民新建14户。公路复建1200米，抬填水渠6.6千米，修建人行桥2座，完成浆砌石4000立方米、混凝土1200立方米，修建硬化村组公路29千米。全镇59个村居委会村级公路全部硬化畅通总里程达1850

千米。完成村级活动场所建设10所，新建环保垃圾池150个，购置垃圾清运车24辆，聘用常年清扫人员246人，开展环境综整治、乡村面貌和村民卫生习惯发生根本改变，投资近500万元新建机关办公场所，全面完成整体搬迁。

【科教文卫】 2015年年末，文化艺术表演团体5个，演职人员80余人，公共图书馆2个，村级图书室45个，藏书近7万册。幼儿园20所，在园幼儿976人，专任教师52人；小学6所，在校学生3700人，专任教师196人，小学适龄儿童入学率100%；初中1所，在校学生1136人，专任教师84人，初中适龄人口入学率100%，小升初升学率100%，有中心卫生院一所，分院三所，病床80张，村卫生室48个。职业医师18人，注册护士10人，卫生防疫站1所，专业卫生人员52人，农村安全饮水普及率为100%，农村卫生厕所普及率为70%。新型农村合作医疗参保人数43437人，参保率为97.4%，全镇建有标准化运动场2个，篮球场16个，乒乓球室10个，体育健身器材室2个，龙舟赛船6条，端午节举行一次龙舟赛。

【邮政电信】 2015年年末，有邮政网点2个，投递点59个，乡村通邮率100%，电信网点6个，固定电话总用户2800户，移动电话用户16850户，互联网宽带接入用户宽带接入用户356户。

【社会保障】 2015年城镇最低生活保障户103户，123人，支出4.4427万元，月人均300元，农村最低保障户3063户、3400人、支出412.48万元，月人均102元。

【旅游业】 境内旅游景点有龙溪李家大院、陶铸故居、八家岭风景区、柏家古民居、杨家祠堂、非物质文化遗产老司里舞龙队。旅游业近年取得突破性进展，龙溪李家大院成功创建为国家AAA级景区，并争取评为国家重点文保单位、中国历史文化名村，陶铸故居评为省级文保单位、红色旅游景区。

（陈美君）

七里桥镇

【概况】 2015年，原挂榜山乡7个村并入七里桥镇。全镇总面积113平方公里，耕地面积28396亩，其中水田面积25823亩，旱土3573亩，林地87568亩，水面8071亩。总人口44689人，辖44个行政村，2个居委会，454个村民小组，全镇现有1个党总支，62个支部，党员1391人。

随着环城东路、灯塔路大桥等项目的建设，七里桥镇区位优势将全面提升。镇党委、政府将坚持以党的建设为引领，以全面小康为目标，以“东部商贸城、白茶产业园、乡村旅游业”为重点，努力打造商贸重镇、文化名镇、旅游强镇，把七里桥建设得更具实力，富有魅力，充满活力，成为祁阳经济发展的增长极，市民休闲的后花园。

【现代农业】 引进油菜、白茶、油茶等新品种1.8万亩，形成了油茶、白茶、油菜、席草、水果、蔬菜等六大特色产业；农业机械化应用水平提升，鼓励农户购买大中型耕整机、收割机22台，实现机耕作业面积1.5万亩，机收面积14000亩，机插秧3650亩，提灌设施维修完成68套、850千瓦。鼓励农村土地流转，激发种养大户，创建12个早稻集中育秧示范点、3个机插秧示范点和祁羊路万亩双季稻高产示范区；做好三边造林、荒山造林、封山育林工作，被列为全县特色农业示范园，被评为农业农村工作先进单位。

【规模工业】 完成招商引资项目5个，引进资金1.5亿元；规模企业6家，规模工业产值达到8.5亿元，年均增长30%；规模企业累计完成固定资产投入9.8亿元，年均增长32%；规模企业累计完成技改投入8.4亿元，年均增长36%，产业结构更加合理，形成大米、竹木、草席、白茶、建材、食品、轻纺等主导产业，被县授予推进新型工业化先进单位。

【城镇建设】 启动东部商贸城项目建设；投资1200万元，新建城区下水道2500米，铺设通信网络2.8千米，完成通信基站建设5座，硬化道路2200米，宽14米；新建小游园1个，完成沥青路面4000平方米，街道绿化植树805株，安装路灯350盏。被评为推进新型城镇化先进单位。

【城乡面貌】 一是水利设施基本完善。投资300万元的“一事一议”十村连片项目，覆盖全镇39个村，筹资筹劳完成骨干山塘整修80口，渠道防渗12公里，堰坝1座，机电排15座，机耕道5.5公里，便桥60座，过水闸20处；金竹山、曾家湾、湖塘湾、夭塘、井塘等村水库除险加固项目全面完成，农田水利设施大变样，为全市“五小”水利现场会召开提供会场和现场。二是村级公路全面贯通。完成虾蟆湾村5千米公路高标准建设，完成白竹塘—三门滩—排楼湾、乌山冲、枣树园—白竹塘、竹山口—吊楼湾、豪爽口、井塘等村公路硬化及拓宽20千米，乌山冲村完成水库至曾家岭村公路铺沙3.5千米，全镇公路实现村村通。三是环卫整治率先推行。采取户收集、村转运、镇处理的模式，建设垃圾焚烧炉6座，新建垃圾中转站1座、垃圾池92个，购置垃圾车6台、垃圾桶5000余个，开展卫生评比活动，做到村村有队伍、有设施、有投入、有制度、有考核，农村环境污染得到全面治理，成为市县样板，获评县先进单位。四是小康进程步伐加快。金竹山、乌山冲、长寿亭、接龙桥、蛟龙岭、三门滩、早禾冲等村，发展蔬菜、水果基地1000亩，完成饮水工程3处，改水、改厨、改厕率达90%以上，安装路灯260盏，种植树苗10万株，完成小康村达标任务，获评县全面小康先进单位；全面实施精准扶贫，补齐小康短板，2015年有256户816人脱贫。

【民生事业】 一是计生服务全面推广。政策内生育率达到92%以上，开展关爱女孩、免费生殖健康检查，加强流动人口管理，落实计生奖励扶助政策，计生服务工作再上新台阶。二是民生保障全面覆盖。坚持应保尽保，全镇共有城镇低保63人，农村低保2732人，五保户426人。顺利实现挂榜山乡成建制合并至七里桥镇工作。新增乌山冲、早禾冲、长寿亭、丁庙湾等村幸福院10座，农村基本养老服务补贴覆盖率达55%，村民依法自治达标率100%。新农合参合率100%，报账比例达75%以上；新农保参保人数达2万余人，参保率95%以上。三是社会事业全面发展。完成白竹塘完小、中心小学、镇一中三所合格学校建设，改造文家冲完小、龙口源完小两所完小；中小学统考成绩稳步上升，祁阳一中上线人数逐年递增；镇中心卫生院新建住院大楼一座，为全镇3000余名60岁以上老人建立健康档案，定期开展免费健康检查；镇防保站积极做好卫生保健、儿童免费疫苗接种工作；安装有线电视天锅1400多个，消除有线电视盲区，实现“户户通”。统计服务作用突出，获评县统计、企业联网直报工作先进单位。

【社会稳定】 积极化解白竹塘综合市场、镇综合市场开发用地矛盾，消除多年历史遗留问题。解决一批重点信访老户反映的合理诉求，有效维护信访秩序。积极创新综治民调工作方式，综治民调工作在省市县排名靠前。大力打击处理违法案件，加大社会治安拘留、刑事拘留力度，做好禁毒宣传、强制戒毒和反邪教工作。全面加强社区矫正，创新社会管理新机制，获评市综治先进单位、县平安乡镇。公共安全网络健全，认真落实“党政同责、一岗双责”制度，深入开展安全生产大检查；做好工业企业、道路交通、水上安全、食品卫生安全、消防安全等各个领域安全监管，确保全镇连续八年实现零事故、零死亡“双零”目标，成功创建省级安全生产示范镇，获评市县先进。

【党建基础】 一是专题教育有声有色。扎实开展党的群众路线教育实践活动和“三严三实”主题活动，反“四风”、转作风、正党风，提振干事激情、密切党群关系。深入学习十八大及各次全会精神、习总书记系列重要讲话和“二条例一准则”，将党规党章党纪挺在最前面，自觉遵守、主动践行，树立忠诚、干净、担当的良好形象。二是基层党建创新创优。建立健全基层党建工作责任制，认真组织民主评议、双述双评工作，提高党建考核权重，树立书记抓、抓书记的基层党建常态化工作机制；推进135模式，村级议事决策、值班处事步入规范化和制度化轨道；落实“三推一定”制度，发展党员12名，转正党员18名，培训入党积极分子6名；加大村支书学习培训力度，通过微党建、远教平台，加强流动党员教育管理；发挥互联网+，开通鹅颈石村、吴家坪村农村淘宝店，带动村民致富。镇班子成员深入各村指导规划设计，协调矛盾纠纷，督查工程质量，打包项目资金685万，从镇财政挤出11万奖扶，新建和改建22个村级活动场所，在全县第一个实现清零。全面加强党管武装工作，切实抓好民兵干部的选拔和业务培训，发挥好民兵整组作用，圆满完成征兵工作任务。三是党风廉政建设加力加压。全体班子成员以身作则，认真践行《条例》和《准则》，勤恳工作、踏实做事。各单位、部门牢固树立为人民服务的宗旨，行业行风得到有效规范。专项治理卓有成效，对省委巡视组交办的案件进行专项查处，对5名村干部给予党纪处理。对23名同志因不讲诚信、组织纪律松散，定为不合格党员，限期改正1年，开除党籍4人。

下马渡镇

【概况】 2015年，下马渡镇辖55个村委会和2个居委会，503村民小组，总人口5.31万人，财政收入496.21万元，农民人均收入6000元。

【水利建设】 境内有小（1）型水库1座，即东溪源水库。小（2）型水库15座。2015年，下马渡镇重点水利建设分别是司马源、大湖塘、黄茅冲村等三村，全镇共完成三面防渗水渠8000米，堰坝1座。病险水库除险加固8座，争取国家水利项目共投资600余万元。

【农业生产】 镇内素以种植水稻为主，其次是蔬菜、红薯、小麦、黄豆、花生等作物。2000年以来，镇内开始进行农业结构调整，并陆续依法进行土地流转，创办农业专业合作社和家庭农场，实行“公司+基地+农户”的生产经营形式，大力推行“一村一品”逐步实现农业产业化。如：森源苗木合作社以团山为圆心，现已辐射栗山、水冲、双联、石湾、大桥湾等数村。2015年，全镇粮食播种面积4759公顷，粮食总产量31089.3吨，农业总产值2.898亿元。

镇内畜牧业以养猪为主，养牛、羊、鸡、鸭为次。2015年，全镇存栏生猪3.75万头，出栏生猪7.5万头，有养猪大户45户。羊存栏0.71万只，出栏1.6万只，鸡210万羽，鸭180万羽。畜牧业总产值1.023亿元。

【工业商贸】 2015年年末，现有紫色页岩砖厂8个，年产值4500万元。镇内有规模企业全宏农牧科技有限公司、盛发食品厂。集市有下马渡、大桥湾、云盘町、汤家岭等四个农贸市场。异地新建云盘町农贸市场，既解决了马路市场问题，又促进了商贸基地扩容提质，既保证居民生活需求，又促进经济发展。

【社会事业】 2015 年年末，全镇有幼儿园 8 所，在园幼儿 610 人，专任教师 30 人；小学 6 所，在校生 650 人，专任教师 120 人，小学适龄儿童入学率 100%；初中 1 所，在校生 1186 人，专任教师 75 人，初中适龄人口入学率 100%，小升初升学率 100%，九年义务教育覆盖率达 100%。镇中心卫生院有病床 60 张，现有职工 62 人，具有本科及以上学历 6 人，具有中级及以上职称 21 人，执业医师 14 人，执业助理医师 14 人，注册护士 10 人，药剂人员 7 人，医技人员 4 人，临聘人员 3 人，返聘 2 人。有村卫生室 55 个。有五保供养对象 578 人，其中集中供养 15 人；享受农村低保 2576 人，城镇低保 105 人；参加社会养老保险 25900 人，新型合作医疗参合 49567 人，参加城镇居民医疗保险 568 人；实施安居工程 57 户，补助资金 42.75 万元；有残疾人 1146 人，年内发放残疾补助 13.75 万元；计划生育奖扶 258 人（其中：特扶 8 人），奖扶资金 25.44 万元。累计发放其他救助资金 16 余万元。

【文化体育】 2015 年年末，全镇建有文化站 1 个，配站长 1 名，建筑面积 210 平方米；图书室 1 个，使用面积 26 平方米，藏书 1200 册。龙舟竞赛是下马渡的传统体育项目，曾多次在竞赛中夺冠。

全镇 57 个村（居）委会，建有办公楼，绝大多数村（居）委会有篮球场和各类健康器械，新建小游园 10 个，尤以镇机关、中渡町、大湖塘、汤家岭、六合堂等小游园颇有特色，深受当地居民喜爱，是当地居民休闲娱乐的好场所。

【基础设施】 全镇硬化村组道路 143 条，长 285 千米。有邮政网点 1 个，投递线路单程总长度 180 千米，投递点 3 个，乡村通邮率 100%，业务收入 210 万元。电信企业 1 个，服务网点 4 个，2015 年年末，固定电话用户 1000 台；移动电话用户 12000 户；宽带接入用户 3000 户，全年电信业务收入 300 万元。拥有农商行和邮政储蓄银行金融机构 2 个。良基滩、荷叶渡两处河坝发电站，年发电量 160 万度。全年街道硬化 3500 米，街道排水管道 3500 米，在街道两旁种植桂花树 200 株，在白尼庵街和小康示范村安装路灯 1200 套，自来水厂铺设干线水管 28 千米，居民自来水普及率达 60%。

（曾巍）

黎家坪镇

【概况】 2015 年，黎家坪镇下设 12 个居民小组和 415 个村民小组。总人口 6.65 万人，其中城镇常住人口 3.6 万人，城镇化率 38%，城镇暂住和流动人口 1.2 万人。人口自然增长率 7‰，人口出生率 10.2‰，人口死亡率 7‰。2015 年被荣获获永州市文明单位。

【农业】 全镇有耕地 29760 亩，人均 0.53 亩，林地 5.1 万亩，2015 年农业总产值 3.8 亿元，比 2014 年增加 6.9%。农业增加值占国内生产总值的比重 15%。粮食作物以稻谷、红薯、大豆等为主，粮食播种面积 4576 公顷，生产粮食 25348 吨，人均 482 千克，其中水稻 25223 吨。主要经济作物有棉花、蔬菜等，棉花种植面积 84 公顷，产量 90 吨，油料作物种植面积 2050 公顷，产量 3205 吨；蔬菜种植面积 785 公顷，产量 24242 吨，主要品种有白菜、萝卜、黄瓜、土豆等。2015 年生猪饲养量 11.5 万头，年末存栏 4.26 万头，家禽饲养量 58 万羽，畜牧业总产值 1.12 亿元，占农业总产值的 23.9%。全年造林 2500 亩，全镇拥有国家生态公益林 1.7 万亩，经济林 1.5 万亩，竹林 1.2 万亩，林木覆盖率 56%。2015 年渔业总产值 0.65

亿元，占农业总产值的24.6%。农民人均纯收入12600元。

【工业】 2015年工业总产值250419.4万元，比2014年增加2.7亿元。规模以上工业企业9家，职工4800人，实现工业增加值8.2亿元，增长30%，占国内生产总值的80%。2015年5月海螺水泥第二条生产线建成投产，年产水泥将达500万吨，年产值将达10亿元，年利税1.5亿元，成为祁阳最大的工业企业。

【商业金融】 年末有规模商业网点4个，社会商品销售额达3.6亿元，比上年增加6.8%，城乡集中贸易成交额达2亿元，比上年增加7.2%。金融产业实现增加值1.56亿元，比上年增加17%。银行各类存款金额10.87亿元，比上年增加17%，人均储存19000元。2015年财政总收入1.2亿元，比上年增加15%。

【社会事业】 2015年年末有幼儿园6所，在园幼儿1250人，专任教师58人，小学10所，在校学生3766人，专任教师145人，小学适龄儿童入学率100%，初中3所，在校学生2580人，专任教师248人，初中适龄人口入学率100%，小升初升学率100%，九年义务教育达标，普通高中1所，在校学生4100人，专任教师230人。科普图书室25个，农村专业合作社2个，培育发展各类科技示范户120多户，科技致富能手287户。有放影队1个，腰鼓队2个，年放映160场次，观众达8236人次。有各级各类医疗卫生机构31个，中心卫生院1所，床位120张，固定资产总值2000万元，专业卫生人员152人，平均每千人拥有卫生技术人员1.7人，医疗机构完成诊疗15万人次，住院手术400台次，出院病人8000人次。2015年法定报告传染病发病率为7/10万，农村安全饮用水普及率100%，农村卫生厕所普及率98%，新型农村合作医疗参保人员数36525人，参保率99.01%。有线广播电台有85套电视广播节目，有线电视用户4900户，其中农村数字电视用户1200户，电视综合覆盖率60%。2015年城镇最低生活保障户数851户，人数1410人，支出385万元，城市医疗救助180人次，救助金额42万元。农村最低生活保障户数2146户，人数2448人，支出296.5万元，农村五保户集中供养30人，支出18万元，农村五保分散供养265人，支出69.96万元。民政部门资助参加合作医疗734人次，共支出6.6万元。农村临时救济755人次，支出15.09万元。自然灾害救灾支出2.6万元。国家抚恤、补助各类优抚对象369人，支出153.2万元。

【基础设施】 湘桂铁路线境内长4千米，设1个县级站；2015年年末年货运吞吐量800万吨。322国道境内长7千米，有县级公路1条，总长15千米，发往祁东白地市、祁阳县城、文明铺、大村甸、龚家坪等镇各方向的客运车辆达100辆，日客运量1200人次。有邮政网点2个，投递路线单程总长度124.43千米，投递点389个，乡村通邮率100%，业务收入140万元。移动、联通、铁通、铁塔等电信企业4家，服务网点11个，固定电话用户5890户，普及率达到96%；移动电话用4750户，普及率为93.1%，比上年提高9个百分点，光缆线路总长达56千米，宽带接入用户3389户。全年电信业务收入近560万元。有陶家冲、石堰脑等小（二）型水库8处，山平塘和骨干塘4657口。机电排56处，装机容量1840千瓦，有效灌溉面积25378亩；灌溉渠56.5千米，水闸5处。冷水江和老屋冲河坝小水电站2个，装机容量750千瓦。有木马山天然气（煤气）供气站1座，2015年供（加）气（煤气）用户5325户，其中工业用户38户，居民用户5284户，燃气普及率63%。

【城镇市政建设】 2015年，城镇规划区面积达9.46平方公里，建成区面积达到6.24平方公里。城区道路总长度26千米，人均拥有道路长度2.5米；道路铺装面积0.66平方千米，人均拥有道路面积0.03平方千米。年末城区规划新开通校园路、中山路和海创路，全长2.2千米，新建海创工业园和大型铁路物流，总投资25亿元。城区有自来水厂1座，铺设干线水管52千米，生产能力2.2万吨/日，年工业用水120万吨，生活用水96万吨，居民自来水普及率100%，年人均用水45.7吨；排水管道32千米，污水治理工程1项，投资6000万元新建黎家坪污水处理厂1座，日污水处理能力5000吨，工业废水处理率95%。将环卫工作推向市场，成立佳宝环卫保洁公司，新购大型洒水车、垃圾收集车，新建垂直压缩式垃圾中转站和全省首家新型垃圾焚烧站，日处理垃圾可达300吨，全县垃圾可集中处理。有35千伏以上麻吉塘和响水岩变电站2座。座落在镇内麻吉塘和石子岭村，主变压器26台，高压输出线路2条，总长度13千米。年售电量累计完成0.24亿千瓦时，综合电压合格率19.89%，供电可靠率99.98%。城区绿化面积32公顷，其中公共绿化地面积16.27公顷，绿化覆盖率6.5%，人均绿地15.24平方米。

文富市镇

【概况】 2015年，文富市镇地方生产总值64013.1万元，财政收入309万元，比2014年增长8%。境内拥有中国农业科学院祁阳红壤实验站一个，属农业部在南方土壤研究的重点单位，2015年年末在职人员26人，其中研究员2人，享受国务院津贴1人。铁路湘桂线横穿全镇8个村，镇内长达5公里，在境内南河岭村设立南河岭车站。322国道与湘桂铁路平行横穿而过，交通便利，区位优势明显。

【农业】 境内河道属祁水流域，系湘江一级支流，境内流长16公里，从祁东县的长滩桥进入境内。另有支流2条，境内长分别为4千米、5千米，河道流域横穿60%的村组。有小（1）型水库1座，小（2）型水库3座，总库容量263.9立方，其中丁源冲小（1）型水库库容量216立方，河坝两座，水资源丰富，适宜农作物生长。2015年，全镇新增育秧示范点56个。分别建成了以官山坪、书林寺等村为中心的1000亩高产玉米集中种植示范片，官山坪、书林寺、双湾、成家台、香花桥等村连片2000亩高产油菜集中种植示范片。三是积极招商引资创建特色养殖基地，幸福桥村刘元生投入200万元新建了年存栏50头黄牛、100只非洲鸵鸟养殖示范基地，黄泥山村高黎明投入100万元新建了标准化养猪场一座，黄泥山村陈骏投入50万元新建了大型养猪场无公害粪物治理项目。完成生猪出栏25200头，家禽出栏203500羽。农牧渔业总产值达19450万元，年均增长15%。四是大力组织实施农业重点工程项目，投资达480万元的新增粮食产能田间工程、投资约200万元“五个三”工程水利项目、投资约300万元窦镇线10千伏线路提质改造工程及建设村省级粮食产量监测点。全面完成创建“大屋、平阳甸两个村双季稻高产千亩示范片”“平阳甸村省级申报省级粮食生产标兵村”和“1000亩高产油菜示范基地”任务，高产优良品种与新型栽培技术得到广泛推广应用。同时，认真落实执行种粮大户直补、种粮综合直补等政策，制止稻田抛荒，完成粮食播种面积1.9万亩，粮食总产1.4万吨，增长10%，实现了粮食增产、农业增效、农民增收。

【教育卫生】 教育事业发展迅速。年末有幼儿园6所，在园幼儿995人，小学专任教师100人，在校学生1756人，小学适龄儿童入学率100%，初中1所，在校学生708人，专任教师78人，初中适龄人口入学率100%，小学升初中升学率100%，九年义务教育覆盖率达100%，主要学校有文富市一中、文富市中心小学、黄塘完小。2016年共发放资金112万元，资助贫困学生285名、资助金额27.8万元；合格学校建设稳步推进，完成文富市中心小学、黄塘完小、香花桥完小义务教育合格学校建设以及忠诚完小改造工作，加强基础教育创造条件；奖励获取全国中学生奥数一等奖师生；继续巩固“两基”成果，小学和初中入学率均达100%。文化惠民卓有成效，文化站和“农家书屋”实现全覆盖。有卫生院1所，病床27张，其中公立卫生机构床位27张，专业卫生人员18人。

【民生保障】 全镇2015年共争取上级项目资金3500余万元，建设项目涉及工业、农业、三产、基础设施、社会事业、新农村建设等6大类，镇自来水厂、中心小学合格学校等项目陆续投入使用。农村道路交通工作实现村村通畅工程，全年新增断头路、连村路6千米，建设、排林等村建成湘桂铁路框架涵。财政、民政、企业招工、新农合、新农保、武装、统计等工作更上新台阶。2015年，全镇新农合参合率达98.2%；农村卫生保健覆盖率100%；全镇新农保参保18849人，参保率达86%，5931余名60岁以上老人按时领取养老保险金；五年来，投入资金230万元，进行农村危房改造，300户困难群众住房问题得到妥善解决；投入220万元新建农村幸福之家11个，惠及农村老人2000余人；积极开展农村富余劳力再培训，转移农村劳动力就业1600余人；城乡低保实现扩面，补助标准提高近一倍，社会保障不断完善。

【城乡环境】 2015年，镇政府积极创森创绿，城乡环境同治深入推进，对集镇区域实施“美化、绿化、通畅”三大工程，通过成立集镇区专业保洁队伍、加大卫生工作评比考核力度等方式，全面提升我镇城乡环境整治工作水平，积极创建了排林、大屋、桥塘村、香花桥村、农科居委会五个示范村，农村环境污染治理率达80%以上，彻底改变了农村“脏乱差”的面貌。

【社会管理】 2015年，全面开展“黄赌毒”“两抢一盗”“网络犯罪”等专项整治活动，全年完成行政拘留27人，刑事拘留12人，强制戒毒3人，社区戒毒12人。加强社会治安防控体系建设，新增摄像头5个；认真落实民调责任制，确保民调成绩排全县前10名；依法惩处帮教邪教人员，维护社会稳定；深入开展“六五”普法，增强群众法治意识。完善矛盾纠纷调处机制，全年矛盾纠纷调处率达98%以上。落实依法逐级走访机制，确保进京零挂号。

【社会事业】 镇党委、政府狠抓社会管理，营造安居乐业环境。人口和计划生育工作取得新进展，全年计生率85%，人口自然增长率6‰，女扎277例，上环406例，流引产155例。计划生育奖励扶助对象和特别扶助对象落实率和及时100%。2015年末，镇内有9450千伏变电站一个，在全镇27个行政村公路全硬化的基础上，完成25公里农村公路提质改造和5个行政村农网升级改造。

（周文雍）

大村甸镇

【概况】 2015年年末，大村甸镇辖行政村34个，居委会1个，336个村（居）民小组，总户数9801，总人口38519人，其中城镇常住人口340人，流动人口1339人，总人口中，男性20172人，占52.2%；女性18407人，占47.8%，除异地婚入的极少数外，都是汉族。人口出生率为12.5‰，人口死亡率为6.6‰，人口自然增长率为6.2‰，参加生育保险800人，比上年增加50人。

【农业】 积极发展粮食生产，制止稻田抛荒。实现全镇抛荒稻田控制在3%内。大力培养种植大户，搞好土地流转。2015年，新增500亩以上的大户唐新平、罗根生，新培育100亩以上种植大户16户，全镇共流转土地面积3000多亩。全年植树造林面积1200亩，其中防护林200亩，经济林200亩，四旁绿化800亩，林木覆盖率75.6%，活木蓄积量为8.95万立方米，水果种植面积715亩，产量31.5吨，油茶林面积5.6万亩，年产油茶45万公斤，产值320万元，故有“油茶之乡”。畜牧业以牲猪为主，全年牲猪饲养量4.2万头，存栏2.3万头。山羊饲养量2150头，饲养牛1050头。家禽饲养量为12.3万羽，其中上市8.6万羽；同心村漆和平养鸡场占地30亩，年产肉鸡4.2万羽，上市3.5万羽，年产值105万元。渔业以山坪塘、小二型水库为主，养殖水面5800亩，年产鲜鱼870吨，总产值6960万元，境内大堰水库承包人高永升，年产鲜鱼6万公斤，产值48万元。2015年大力发展四冬生产。冬种。投入资金50多万元，建立冬种示范点两处，油木岭村建成连片3000亩的油菜示范基地；新铺子村、显塘村、进步村、黄岗铺村、建成5000亩的绿肥示范基地。冬造。五塘冲村油茶基地投入资金22万元，完成土地平整工作并新造油茶2000亩。在创森创绿工作中全镇新种植桂花树、桉树2000多株，成活率90%以上，种植国外松绿化荒山300余亩。冬修，实施“百库工程”，13座病险水库腾库工作已全部落实，维修工程队已进场开工；黄岗铺村及罗丫塘村的机耕渠工程已完成2000多米。冬防，动物防疫、森林防火、防洪度汛等各项工作都部署安排到位，全年没有发生疫情、险情、灾情。

【工业】 2015年，实现工业总产值73525.7万元。同比增长31.9%，实现税收330万元，同比增长12%，固定资产投资完成58500元，同比增长25%；全镇工业外贸出口总额430万元。主要为玻璃仪器及玩具。社会商品销售额为9800万元，比上年增加8.1%，城镇集市贸易成交额6700万元，比上年增加7.2%。其中规模以上企业完成8200万元，新增规模以上企业为翔基商砼。培育主导产业为玻璃仪器规模以上的厂家达8家人驻大村甸工业园，厂房面积达3万平方常年在岗职工218人，年产值达208亿元。产品有12大类，1800余种畅销全国各地，全年上交国家税收6450万元，故有玻璃重镇之称。年产规模超亿元的湖南省银光粮油有限公司。全年完成工业产值7.8亿元，增速7.2%，投资8000万元进行技改产能提高40%，与湘粮集团成功对接，年新增产值2000万元。该公司共获专利42项，荣获中国名牌产品和绿色食品称号，被列入全国大米加工250强。。同时，积极发展微小型企业或个体工商业，完善经济结构体系，实现充分就业和农村富余劳动力。

【基础设施】 基础设施硬化乡村公路16千米，实现全镇村、组通公路总里程230千米。开通县乡镇公路4条，营运总里程59千米，营运公交客车22辆，万人拥有量0.6辆，年客运量为8万人次。湘桂货运铁路横贯全镇，全长1003千米，设有大村甸、白塘两个货运车站，另每日有往返冷水滩—衡阳客车两趟停靠。2013年底开通运营的湘桂客运复线，横穿该镇前锋、凼桥、五爱、崇山等村，全长6千米。年末城镇道路长度2.8千米，人均拥有道路为0.3米，道路铺装面积4平方米，人均拥有37平方米。建有城区自来水厂一座，铺设干线水管4.6千米，日生产能力260吨，年人均生活用水45吨。污水处理厂2座，日处理污水能力200吨，工业废水处理率90%，自来水受益村16个。创建一个小游园。绿化2条主要街道，投入26万元对1000多米旧城区下水道排污系统进行改造。投入12万元用于集镇污染治理。投入资金各村都建了垃圾池，聘请村保洁员，做到村村有宣传标语、村村有卫生宣传栏。

【社会保障】 农村低保动态管理扎实推进。全年共取消不符合条件人员138人，新增120人，城镇低保15，新增8人，农村五保358人，全年新增20人。大病救助共108人，救助金额35万余元。享受重度残疾人护理补贴286人，新增28人；享受老年人护理补助161人，新增30人；落实90岁以上老年人高龄补贴65人，发放各类优抚款71.3092万元，发放救灾款9.0399万元。城乡居民社会养老保险全年共参保缴费19399人，共缴保费230.62万元，参保率为93.3%。农村危房改造工程全镇共申报35户，现已全部完成。投入12万元改造了敬老院的道路，投入6万元做好了院内绿化、硬化、美化，新建水池、打水井。投资8万元建成镇退伍军人之家和农科村退伍军人之家。

【综治维稳工作】 全镇配备综治信息员、兼职治安员和义务调解员。签订了综治维稳工作目标管理责任状。按照“属地管理”与“谁主管，谁负责”原则，建立“联防、联调、联动”工作机制。今年我镇共立刑事案件16起，破案10起，刑拘、起诉12人，立行政案件16起，行政拘留22人，强戒2人。调处民事纠纷200多起，调处率97%，成功率96%以上，仅镇群众服务站接待来信来访56件，办理53件，还有3件正在办理中。民调发放宣传资料，摸底登记电话号码入户率100%。按照安全生产“九打九治”的要求，以“四大三基”为重点，全镇共组织检查活动39次，出动人员128人/次，积极开展非煤矿山，道路交通安全，校车安全，消防等整治工作。通过大检查、大排查，全年共排查隐患68次，并全部整改到位。治事摩托车非法运营35辆。确保全镇“零事故”“零死亡”。着力宣传和防范森林火灾。

（蒋喜平　彭发杭　伍冬升）

文明铺镇

【概况】 2015年，文明铺镇实现社会总产值6.2亿元，比2014年增长24%；完成全社会固定资产投资1.0亿元，比2014年增长11%；完成财政收入365万元，比2014年增长65.6%；农民可支配收入达到10861元，年均增长11.5%。

【农业生产】 大力调整农业产业结构，着力实施特色农业、订单农业和规模农业的发展战略，大力促进农业提质增效。特色产业初具规模。全镇已初步形成优质稻、生姜、槟榔芋、油茶、生猪、淡水养鱼等主导产业。其中，以天龙米业为依托，在八甲湾、碧芝塘等村发展上万亩无公害优质稻示范基地。以传统种植为依托，在新塘角、峦山、丝塘冲等村发展了近2000亩生姜、槟榔芋生产基地。以养猪大户为依托，在青云、三角湾、八甲湾等村发展了年出栏3万头瘦肉型生猪基地。以山林资源为依托，在桥梓塘、同德堂、大泉湾、岩塘冲等村发展了3000亩优质油茶品改基地；以小型水库、骨干山塘为依托，在净龙庵等村发展5000亩淡水养鱼基地。7月，“祁阳槟榔芋”申报国家地理标志保护产品已顺利通过省初审，槟榔芋已成为文明铺的一张闪亮名片。经营模式不断创新。积极培育和发展农业新型经营主体，引导农村土地经营权有序流转，推进农业规模适度经营，新增农民专业合作组织37个，新发展家庭农场11个，新发展种田大户140户，通过“政府推动、示范拉动、大户带动、效益驱动”的发展模式，全镇土地流转面积达2.6万亩，其中农业合作社流转土地面积1.8万亩。营销网络逐步拓宽。在发展好订单农业的同时，大力发展电子商务，新发展3家农村淘宝店，在淘宝网成功注册并开通“文明铺特产”网店，让全镇农副产品通过电商平台走向更大市场，提升产品影响力和美誉度。2015年，全镇农业农村工作综合排名全县第一，粮食生产持续保持为一类镇，土地流转、冬修水利、畜牧水产工作获全县第一名。

【新型城镇化建设】 先后投入1200万元，打造黎石路、文明大道等主要道路，完成黎石路进城段的标准化改造，启动两条绕城断头交通干线的前期论证和基础工作。投入300万元，完成城镇管网改造950米。新修、扩宽农村公路70公里以上。积极推进绿色乡镇建设，完成镇机关绿化美化，推进八甲湾、三角湾等秀美村庄建设，黎石公路主干线及各乡村干道植树12000余株，干道两侧可视范围内荒山造林2100亩。城镇新增安装路灯110多盏，城镇街道亮化基本全覆盖。城乡环境整治不断加强，新建高标准垃圾中转站一座，城镇主要街道、主要公路干线垃圾清扫保洁、收集转运井然有序。八甲湾、三角湾等村城乡同治试点工作态势良好。城镇市场秩序整治常态化有力推进。整修骨干山塘1100多口，渠道防渗28公里，建设匡家堰应急水源，全面完成小一型、小二型病险水库除险加固，完成龙江桥灌区渠系改造22公里，持续加大自来水厂投入，实施镇自来水厂二期项目改造工程，居民生产生活用水逐渐得以缓解。

【社会事业】 全镇牢固树立抓民生就是抓发展的理念，力促各项民生事业上台阶，提升人民群众幸福指数。完成村级安全饮水工程建设11处，完成农村电网改造23个村，完成基站建设4座，建设农村五保之家10处、村卫生室15个，完成农村危房改造318户。累计实施政府实事工程60余项，真正让群众共享发展成果。积极开展产业扶贫，在新塘角、牛筋塘、桥梓塘、豪冲四个贫困村发展生姜、槟榔芋、葡萄等特色种植；同步实施教育扶贫、金融扶贫等，对接小额扶贫贷款847万元，纳入易地扶贫搬迁119人，已实现脱贫人口1202人。城乡居民养老保险参保人数为2.2万人，缴费率提高到40%。新型农村合作医疗和大病保险参保人数为4.72万人，参保率达99%。新增农村劳动力转移就业3000余人。认真落实城乡低保、孤儿和农村五保补助水平提标政策，足额兑现各项惠农资金，使困难群众和社会弱势群体得到有效救助和关爱。

【安全维稳】 全镇始终把社会建设摆到经济社会发展的全局中去谋划和推进，坚持把稳定作为第一责任，充分发挥职能作用，努力营造和谐稳定的发展环境。领导班子成员认真落实安全生产“一岗双责”的责任，从实开展安全生产大检查，从细抓好安全隐患整改，各类隐患整改率达100%，全镇安全生产形势持续稳定，继续保持全省安全生产示范乡镇荣誉称号，被评为全县安全生产先进单位、消防工作先进单位。加大社会治安防控体系建设，镇财政投资近20万元在镇主要街道及交通要道安装了监控摄像头。政法办、司法所积极应对社会管理的难点和热点问题，用心疏导群众情绪，化解社会矛盾和纠纷，全年成功处置非正常死亡6起，调解处置疑难纠纷及上访案件67起。派出所重拳打击各类违法犯罪活动，破获两起命案，打掉一个盗窃团伙，立刑事案件65起，群众安全感增强。计生办着力抓基层打基础，计生基础工作不断完善，二季度集中服务活动在市计生委督查中受到全市通报表扬，2015年，人口计生工作在全县考核中荣获二等奖。

【基层组织建设】 全镇始终把“抓好党建作为最大政绩”，将党建工作融入到发展之中，党建引领作用明显加强，被评为全县基层党建工作先进单位。实施“党建+”工程，建立文明铺党建“360”模式，此经验被《党建文汇》推介；1月6日，镇党委书记李政在市委经济工作会议上作了《以“党建+”引领基层工作新常态》的典型发言。选派农村第一支书50名、党建指导员13名。积极开展基层党建示范点创建活动，新塘角村党支部被评为“全县十佳基层党组织”；全县社会组织党建工作现场会在镇宏文学校召开；文明铺卫生院被评为全国“群众满意卫生院”。全面启用“祁阳智慧党建”终端，“文明铺微办公”微信公众号成功注册并投入使用，充分发挥网络管理和舆论导向作用。加强党建投入，村级组织活动场所实现“清零”。完善机关“五小”设施，改善了机关干部办公环境、食宿条件和运动场所，机关先后开展5次工会活动，提升了机关活力和干部凝聚力。人大、政协、武装、统战、群团、统计、老干部、关心下一代等工作取得新进展。

龚家坪镇

【概况】 2015年，龚家坪镇总人口38039人，其中城镇常住人口2890人，城镇化率8%，有流动人口2100人。

【经济状况】 2015年，GDP达3.5亿元，同比增长13.5%，完成财政收入580万元，同比增长12%，完成固定资产投资1.1亿元；农民人均纯收入7550元，同比增长14%，其他各项经济指标也有显著增长，综合实力实现新提升。有工业企业6个，工业总产值1.2亿元。其中个体采石场1个，机压砖厂1个，年销售总额0.8亿元，固定产800万元。有商业网点6个，职工75人，社会商品销售总额8000万元，比上年增加8%；城乡集市贸易成交额1亿元，比上年增加8%。

【农业发展精准扶贫】 立足农业镇的基本镇情，大力发展现代农业和家庭农场，全力遏制稻田抛荒，在稳定水稻、油菜、黄豆等传统农作物种植面积和产量的基础上，发展基地建设和农村经济合作组织，今年新增农产品生产基地2个、九曲河樱桃等农村经济合作组织4个，种养大户67户。特别是秋冬农业生产取得了新成效，办好了三个示范点：碧莲、财神塘、沟山塘等村连片80口山塘清淤、2500米渠道改造水利示范点，窑头铺连片1000亩油茶种植基地和香塘铺大型牛羊养殖基地。精准扶贫工作有序推进，按照“摸好底子、出好点子、结好对子、筹好票子”的工作思路，强力推进石山湾村等5个扶贫村的精准扶贫工作，目前以100亩黄花菜基地、100亩黄豆生产基地、100亩经济林基地等为重点的“产业扶贫”和以电视村村通、组建萝卜塘村文化腰鼓演出队为重点的“文化扶贫”和以100口山塘清淤为重点的“基础设施扶贫”工作有力推进。同时，正在积极跑步进厅，全力衔接争取国家扶贫项目资金。

【社会事业】 始终坚持把保障和改善民生作为一切工作的出发点和落脚点，抓争取、抓投入、抓落实，统筹推进各项社会事业，不断改善群众生活质量。城镇新增就业145人，城镇失业人员再就业54人，帮助城乡残疾人居家灵活就业217人；农民工在岗培训400人，农村劳动力技能培训10人。因生活改善和其他原因，共清退低保户150人，新增低保78人。截至2015年12月，全镇共有低保户3189人，其中农村低保3068人，城镇低保121人；农村居民养老保险参保16300人，城镇居民基本医疗保险参保80人，领取农村养老保险待遇6639人。完成劳动力就业信息采集工作，采集信息27128条。教育教学工作稳步推进。有幼儿园3（所）所，在园幼儿220人，专任教师10人；小学5所，在校生2200人，专任教师105人，小学适龄儿童入学率100%；初中3所，在校生1100人，专任教师95人，初中适龄人口入学率100%，小升初升学率100%，九年义务教育覆盖率达99%。投入教育经费334.8万元，比上年增长6%。武装征兵工作圆满完成任务，上站体检人数38名，送走合格兵员15人，圆满完成县下达的目标任务。计生基础更加稳固。全镇人口出生427人，其中计内318人，计外109人，计生率74.47%，出生率0.9‰。各级各类医疗卫生机构3个，其中卫生防疫站1个，卫生院2所，村级卫生站38个；病床50张，其中，公立卫生机构床位33张，每千人拥有医疗床位1张，固定资产总值200万元。专业卫生人员20人，其中执业医师6人，执业助理医师10人，注册护士4人，平均每千人拥有卫生技术人员1人，平均每千人拥有执业（助理）医师1人。医疗机构（门诊部以上）完成诊疗26000人次，住院手术1865次，出院病人1865人次。2014年3月在云排岭村一组开工建设新住院部，建筑面积2560平米，总投资为400万元，设置病床位69个，配备了相应的医疗设备，建成后可接待日门诊量120人，力争于2016年元月份投入使用。新型农村合作医疗参保人数3.4万人，参保率98%，参合农民的广泛受益，充分体现新农合制度的优越性。镇有电影放映队1个，文化站1个，建筑面积300平方米；公共图书室1个，建筑面积80平方米，藏书3000余册。村图书室38个，藏书14200册。

【基础设施建设】 2015年，共投入1000余万元，有效地改善了全镇的基础设施条件。镇公办幼儿园、云排岭学校公租房、新卫生院配套设施及公租房、客运站场建设、镇机关公租房等项目相继开工建设；四角丘至祁东紫云桥3.5公里跨县公路、云排岭至四角丘公路、黄梅公路等扩宽硬化工程已基本完成；古木榧等村“五保之家”、萝卜塘等村卫生室已建成并使用，建立了教育基金。有邮政网点1个，投递路线单程总长度120千米，投递点3个，乡村通邮率100%，业务收入140万元。电信企业1家，服务网点2个；固定电话用户2500户，电话用户普及率达30%；移动电话用户26500户，移动电话普及率为68.2%，比上年提高4%；互联网端口总数1400个，宽带接入用户700户。全年电信业务收入80万元。全镇有小（二）型水库2处，山平塘和骨干塘4108口。机电排13处，装机容量106千瓦，有效灌溉面积3100亩；灌溉渠10.5千米，水闸9处。

【城镇建设与管理】 2015年，镇制订（场）镇总规修编及控制性详规工作方案，做好城镇发展规划。（场）镇开发实现新增住房面积125,000平方米，新增（场）镇人口800人。投入15万元新建垃圾库1个，新购斗车25个，垃圾桶100个；投入12万元，清扫、运走场镇垃圾220车。推广城乡垃圾“垃圾分类、村收集、镇运输”模式，提高了城镇生活垃圾无害化处理率，加大对城镇、农村居民集中饮用水水源保护力度，为人民群众创造清洁、优美的人居环境。老城区基础设施改造和具有徽式建筑风格的中心村建设同步实施，投入70万元用于城区“亮化、绿化、美化”工程，新安装城区路灯80个，城区绿化种植一千株桂花树，新增一批垃圾箱，环卫排名全县前列。

【平安建设】 2015年，举办禁毒、“打非”宣传教育活动10次，投资12万元建设社会治安视频监控系统，安装探头19个，铺设线路约3千米。立刑事案15宗，破6宗；立治安案30宗，破24宗，抓获违法犯罪嫌疑人45人。破获抢劫、抢夺、盗窃“两抢一盗”等各类侵财性案件1宗1人，挽回经济损失5万元，查处吸毒人员8人，强制戒毒2人。全年镇组织矛盾纠纷排查15次，排查突出矛盾纠纷5宗。受理调解各类纠纷60宗，成功调解59宗，其中道路交通事故纠纷23宗、邻里纠纷10宗、合同纠纷9宗、损害赔偿纠纷8宗、劳动争议5宗、婚姻家庭纠纷1宗。党委领导接访、约访群众30批共185人次。举办专门针对普法工作人员的法制修身教育培训班。在9所中小学举办“六五”普法法律知识进校园、预防青少年犯罪及校园安全专题讲座，有2000人次参加。

【安全生产】　镇开展安全生产月和安全生产基层服务等活动，举办安全培训班3期，全年无一例重、特大安全事故发生。全面落实镇到村、到各单位、企业安全生产责任制，签订安全生产责任书，确保横向到边，纵向到底，不留“空档”“死角”，确保安全生产的认识到位、责任到位，并实行定期检查与经常检查、全面治理与专项治理相结合的工作机制，进行道路交通专项整治，对无牌无照的车辆进行清理，取缔两轮、三轮载客，经常性地对场镇烟花爆竹、地质滑坡等高危行业（地段）进行清查，排除安全隐患。

【党建工作】　始终把加强基层党建工作作为首要任务来抓，通过硬化责任，多方筹资，优化方案，倒排工期，共筹资385万元，9月底高标准全面完成了19个村的村级活动场所建设改造任务。切实加强党建工作领导，制订基层党建工作责任制和年度党建日程安排，突出问题导向，层层传导压力，狠抓县委“9+1”一揽子文件的落实，健全和严肃基层组织生活。强化镇、村干部队伍管理，加强作风建设，优化村级班子结构，完成3个软弱涣散村整治，认真治理镇、村干部“走读”现象。年初，镇要求村主干和党员层层签订《禁赌禁毒承诺书》，出台《村级涉农项目资金使用管理办法》，严格处置不合格党员，对3名党员给予了开除等党纪处分。大力创新党建平台，积极开展“四好两提高”特色党建活动，立足偏远农村，大力挖掘宣传先进典型，向市县推介表彰了一名全县“十佳党员”、一名“孝心少年”和一个“五好家庭”。狠抓党风廉政建设，牢固树立正确的政绩观，切实解决个别党员干部作风漂浮、纪律松懈、效率低下、不在状态、行为不轨、形象不良等突出问题，从而增强全镇党员、干部拒腐防变能力。全镇无一名党员干部有违法违纪行为，无一人因不廉洁行为受到纪检、监察机关查处，从而密切党群、干群关系，树立党和政府在人民群众中的光辉形象。以建党94周年为契机，开展“七一”系列庆祝活动，表彰一批先进基层党组织和优秀共产党员。

（郑正　唐文洁）

内　下　乡

【概况】　2015年，内下乡始终坚持“强基础、兴产业、惠民生、保稳定”十二字方针，攻坚克难、砥砺奋进，各项目标任务圆满完成，经济建设和社会各项事业实现新的突破，综合实力不断增强。

【农业产业发展】　2015年全乡炼山整地2500亩，营造杉树2000亩，抚育中幼林4000亩，套种山苍子1000亩，红薯800亩，玉米300亩；完成“三边”造林100亩，义务植树3000株；高标准建设乡机关示范林，共种植红叶石楠500株；完成林业采伐指标2500立方米。通过政策、资金、渠道等各方面的扶持，内下的木材加工业在八宝镇、白水镇一带形成规模，共有木材加工业主33户，全年创造木材加工产值1790余万元，解决全乡200余名闲置劳力就业。鼓励养殖户扩大养殖规模，增加牲猪存栏量，2015年全乡出栏牲猪600余头，存栏300头；大力发展黑山羊养殖，年出栏肉羊500余头；以内下渔业公司为龙头，大力发展特种水产品养殖。

【加大基础设施建设】　投资60万元完成水库左岸乡道提质改造和防护栏设施建设；水库

左岸内下村孝中皂至河上江村盘木坑的公路9公里连接线已贯通，实现了水库道路交通内循环。完成内下乡城镇饮水工程项目建设，解决了2000人的饮水困难。新建河上江村客运码头3座，保障了两岸群众安全出行。完成新屋场村村级活动场所的改建、防渗、加固、装修工程，前坪实现了全面硬化。全面实施村庄环境整治工作，配置垃极焚烧筒310个，发放垃圾分类桶1200个，发放各类扫把200把，新增轮式垃圾收集桶80个，新增钢木果皮箱10个，村庄环境大大改善。

【民本民生保障】 全面落实各项惠农政策，改造农民住房30余户，3000平方米，完成贫困人建档立卡工作，全乡814人纳入全省贫困人口库；投入86万元，建设内下村孝中皂教学点，完成内下小学合格学校建设，恢复村级教学点3个，解决50余名适龄儿童上学难问题。乡卫生院主体工程完工，群众就医条件得到全面改善。积极落实计生优抚政策，为16户独生子女分配双份额林权，落实13户独生子女保健费发放，为54户独生子女户和两女结扎户购买家庭幸福保险。全年开展优生知识培训200余人次，发放宣传资料700份，免费生殖健康检查400人次，计生监测2019人次。

【加强基层组织建设】 全面完成村支两委换届工作，出台了《内下乡2015年村级工作绩效评估考核实施方案》《内下乡村干部工资报酬评估考核暂行办法》等一系列制度。加强乡机关干部出勤管理，实施乡机关干部去向公示制，乡领导班子成员带头到办公室值班值勤，机关干部到岗到位及作风懒散问题得到有效解决。在农村党员队伍中深入开展“五带头五不准”活动。印制发放1000份“惠民便民服务卡”，服务卡上涵盖18项惠民便民政策的主要内容、办事程序、联系人及电话号码。强化党员队伍建设，2015年共转正党员2人，发展新党员3人，一批年纪轻、能力强、群众信任的同志充实到党的队伍。

大 江 林 场

【农业农村工作】 2015年，大江林场共完成双季稻种植面积2600亩，油菜580亩，荞麦600亩，蔬菜1510亩。粮食总产量突破26万公斤，油料1000斤。全场年出栏100头以上生猪养殖户16户，黑山羊规模养殖户6户，竹鼠特种养殖户8户，土鸡养殖户11户。

【基础设施建设】 2015年，投入460万元完成大院、彭家湾、唐家冲、百岭村路面扩宽工程24.5公里；投入200余万元完成九渡村6.1公里通畅工程，方便群众出行；投入130余万元完成三圣湖至水库大坝3.1公路水泥路面硬化。完成塘岭村硬化各组公路2.4公里。投入130万元建成靠山临水全县最好养老中心，已全部纳入使用。义务教育合格学校，新建综合教学楼1200平方，装修更新旧教室650平方，投入150万元。完成塘岭村、黄沙村老年活动中心建设。机关建设日新月异，新投入150万元兴建职工宿舍楼，投入7万元完成两处扶坡，投入9万元硬化小游园建设，为机关办公、休闲进一步改善了环境。

【林业工作】 造林抚育有序开展。全年种植大苗桂花树、红叶石楠、樟树、峦树、楠木等2300株。完成集体造林4970亩110万株，完成中林修山抚育5000亩，完成幼林抚育面积17670亩。林下经济亮点纷呈。加快发展林下经济，采取“三种模式”并进的发展方式。一是林药模式。继续与湖南天江生物科技有限公司合作发展林下经济，采取“树上种石斛，树下种重楼”立体套种模式，让“树站着也能生钱”。至今已种植珍贵中药材石斛、重楼1500余亩规模，其中种植铁皮石斛、金钗石斛、球花石斛等5个品种400亩，滇重楼800亩，黄精250

亩，黑老虎100亩，发展育苗基地28亩，已累计投入资金2300万元。形成了全市最大、最有特色的林下经济模式，2015年1月，全市国有林场林下经济工作现场会在大江林场召开，大江林场成功经验向全市予以推广，并取得了全市国有林场综合工作一等奖殊荣。同时，得到了省市领导高度重视，省林业厅和市局多次派人进行现场参观指导，加挂国家林下经济示范园招牌。二是林禽模式。主要发展林下养羊、养牛、养芋根猪和林下养蜂。目前发展林下养殖面积3万多亩，养殖黑山羊、毛根猪、花猪、黄牛等，年出栏黑山羊6400多头，毛根猪4200余只、花猪、黄牛1000余头，养蜂3000多箱。三是生态旅游模式。林场地处阳明山脚下，地形地貌多样，开展森林旅游得天独厚，我们重点挖掘和开发了龙凼瀑布群和生态峡谷游，通过“挖景点、造声势、引重视、成热点”四步曲，迅速掀起了生态旅游热潮，祁阳、冷水滩、零陵、衡阳等地组团来林场休闲渡假，全年接待游客超4万人。并争取县委、县政府重视，2016年计划投入1300万元将黄沙至龙凼公路扩宽为4级公路，7米路基6米路面，彻底解决龙凼生态旅游发展的瓶颈问题，为大江旅游发展和规模壮大奠定基础。资源管理成效显著。林场对工区人员调整使用，选拔工作能力强、责任心重的工作人员，对护林人员加强制度化管理和指拇机考勤，实行分片分山头包干负责制，谁管理谁负责，谁损失谁负责，损失林木按多少直接从绩效工资中扣除。与森林公安派出所处理盗伐案件4起，挽回经济损失5万余元，严抓森林防火及森林病虫害防治工作，加大宣传和投入。出动宣传车、组织防火宣传全年400余人次，发放宣传资料2000余份，新增永久性防火宣传牌、碑130块。

【人口计生工作】 2015年，全场通过上下联动、齐抓共管、突破死角，年内共完成结扎64例、上环70例、流引产21例，收取社会抚养费7万余元，超额完成年初目标任务。

【社会保障体系】 2015年年底，农村养老保险及农村合作医疗是群众生活的基本保障，林场积极宣传政策，早部署、早安排，今年参保人数明显增多，参保人数3350人，上交金额35万元，参保率85%。参合人数5541人，上交金额49.9万元，参合率达到了98%。全年五保供养56人低保户供养321人，大病救助及临时性救助24人，全年向祁阳县工业园区输送劳动力53人。

【文化体育事业】 全场12个村全部建立文化书屋和村级活动中心，其中九渡、瓦屋、青石、白竹共投入80余万元新建村级活动场所，各村配备现代化办公用品。做好征兵工作，筛选出4名优秀青年到部队入伍，超额完成任务。重视妇女儿童工作，参加县以上妇女培训班4次。

【社会管理机制创新】 两项改革顺利推进。2015年是国有林场改革年，从5月开始全面启动改革，9月份完成改革验收，国有林场转为公益性事业单位，即将于12月份全面落实编制到位。乡镇机构改革平稳推进，11月份，由林场代管的塘岭、大院、彭家湾、唐家冲、赵家棚、百岭、黄沙、青石、白竹、龙凼等十个村并入肖家镇，九渡、瓦屋两个村并入大忠桥镇。

【信访维稳】 每月开展矛盾大排查，将不稳定因素，矛盾纠纷全部进行排查登记。全年排查矛盾纠纷67起，调解到位67起。认真办理信访案件，稳控重点人员，接县转交信访件2件，办理回复2件，办理回复率100%。针对一系列历史遗留和重复访问题，先后开展4次“信访专项整治”活动，确保全年无一例赴省进京。深入开展普法工作，全场干部职工都进行网上学习和考试。民调工作，成效显著。采取分管领导包片、驻村干部包村、村干部包组、组干部包人的层层包保责任制，加强责任落实。采取提前模拟民调的方式，进行调查了解，掌握情况，林上半年民调工作在县抽调中排名第8，下半年县抽调中排名第4。

【安全生产】 与村、部门签订《安全生产目标管理责任书》、《消防安全责任书》。开展道路交通安全、学校安全、危险化学品安全、“打非治违”等9项安全生产专项整治31次，农村消防隐患排查130余户。在全场各危险路段重新统一制作安全警示牌25块，各村书写永久性宣传标语115块，各明显地段安装森林防火宣传标语100块。

【城乡同治】 书记、场长办点示范，共书写永久性宣传标语36块，购买垃圾桶340个，修建垃圾池15处，开挖一个80余立方的垃圾填埋场，安排专人每月定期进行垃圾清理填埋。

【生态旅游】 2015年，林场境内龙凼村，地处阳明山脚下，山高林密，空气清新，林翠水绿，四季如春，自开办风格独特的农家乐、休闲山庄以来，年内共接待县内外游客6万人次。

挂榜山林场

【概况】 2015年年末，挂榜山林场历经国有林场改革、乡镇区域调整，将林场的原代管的七村全部划归七里桥镇管理，剥离了林场的全部社会职能，目前林场划为公益性一类事业单位，核定全额事业编制为46人。现有干部职工127人，其中在职职工62人（在职干部22人，在职工人40人），退休人员65人。

【综治维稳】 在县综治委、县创平办的指导下，林场开展“平安校园”“平安卫生院”“平安敬老院”“平安村居”活动。全年未发生重大群体性事件、重大公共安全事件、重大治安和刑事案件。平安创建工作取得显著成效，为林场创建“平安和谐社会”踏入了新台阶。深入开展“大接访”活动，书记、场长接待日为每月9日；其他班子成员接待日为每月15日，切实听取和解决群众的合理诉求，进一步密切党和政府同人民群众的血肉联系。严抓综治维稳工作，2015年，林场共受理综治信访案件3宗，办结3宗。坚持“一旬一排查，一月一上报”和“零报告”矛盾纠纷排查制度，主动排查矛盾。着力解决群众基本生活和基础设施等民生问题，切实夯实综治民调基础工作。2015年，林场综民调工作仍保持着在全县乡镇场排名靠前的好成绩。

【安全监督】 林场与七个村及境内的小学、敬老院和商店等签订食品安全责任书，大力开展食品安全专项整治行动，确保食品安全日常监管工作责任到位。配合上级查处食品、药品安全工作，加强对伪、劣、假的食品、药品的打击力度。2015年，全场没有发生一起食品、药品安全事件。

【人口计生】 林场坚持把人口计生工作放在统筹社会发展的首位，立足以人为本，积极转变工作理念，不断创新工作机制，创新宣传教育模式，创新工作服务方式，坚持依法行政，狠抓各项工作的落实，积极营造稳定低生育水平的良好社会环境，有力地推动人口计生工作的持续稳步健康的发展。2014年10月到2015年12月，林场出生人口数为43人，死亡人口为40人，人口自增率为0.66%，政策生育率为83.33%，性别比为115%，全面完成人口指标任务。

【社会保障】 加快完善社会保障体系，全面提高社会保障水平，新型农村社会养老保险总参保1110户3935人，参保率98%。农村养老保险参保人数达1973人；加强五保、低保的动态管理，完成五保、低保联合评审及系统数据更新工作，做到应保尽保。

【全面小康社会建设】 提高城乡居民生活水平和生活质量是全面建设小康社会的出发点和落脚点。2015 年林场围绕富民优先战略，启动和实施多项惠农、富民工程，千方百计提高城乡居民生活水平，2 个村纳入公益事业性“一事一议奖补”，共补助资金 4 万元；3 个村纳入环境综合治理“一事一议奖补”，共补助资金 13 万元。充分利用林区丰富的自然资源，田家冲、高照两村内的饮用纯净水厂均通过了质监局的 QC 认识，两水厂年收入突破 60 万元。以田家冲村、邓家岭村为代表的全面小康示范村建设取得了新成绩，村内基础设施不断完善，生活环境不断改善，生活水平不断提高。

【精准扶贫】 2015 年林场结合开展“一进二访”活动，通过领导干部深入基层、深入群众、深入一线，宣传中央和省委关于扶贫开发的重要精神，传导扶贫开发的责任和压力，摸清扶贫开发的“底数”，查找扶贫开发面临的问题，有针对性地指导扶贫脱贫工作。全场在册贫困户已全部落实了干部职工挂钩帮扶。6 个村开展驻村帮扶工作，其中龙塘村为市级驻村帮扶村，其他 5 村为县级帮扶村。通过一年来的帮扶工作，各村在村级道路畅通、危房改造、文化建设等方面都取得了很大的成绩，龙塘村修建两幢警民房，让困难群众居有定所，龙塘村、挂榜山村、高照村村级活动场所都已通过检收，各村均有各自办公场所。

【基础设施建设】 2015 年，共完成硬化公路 8 公里，完成白鹤观到云仙观工区林道 5 公里硬化，龙塘村 3 公里通组公里硬化。这些林区道路的建设为林场资源保护、促进林区经济发展起到了很大的推动作用；为美化林场机关将机关前、后坪铺上草皮，修建小游园一座；机关及附近村民的安全饮水工程已完全竣工，彻底解决了机关及附近 400 多村民多年来饮水难的问题。

【资源保护】 林场作为全县林业的主导区，保护森林资源的稳定性和连续性是一项十分重要的工作，采取一系列资源保护措施。一是对保护区实行分类管理；二是开展栖息地保护、限额采伐、执法监管等工作，开展生态湿地恢复及保护工作。目前小鲵栖息地环境逐步得到改善，小鲵种群呈现良好的发展态势；三是 2014 年规划的 2000 亩森林抚育今年已圆满完成；四是以“建设生态挂榜山、改善生态环境”为目标，大强度、高标准推进林场创森创绿工作。以宜林荒山荒地绿化为主战场，完成珍贵树种造林 120 亩，以大力开展村庄绿化、美化工作，美丽机关创建设为主抓手，全面提高林场机关及下属单位的绿化水平，增绿扩绿、见缝插针，营造宜居、利居、乐居生态环境；五是强化森林病虫害防治、植物检疫和有害生物防治工作；六是合理利用林地，发挥林地综合效益，开展林地有偿流转，完成流转林地面积 2987 亩。

【森林防火】 坚持“责任状制度”，推行“谁主管谁负责”、“纵向到底横向到边”的制度。成立森林防火工作领导小组和 5 个专业化扑火队，由林场统一定期进行了培训、演练并安排了专门的工作经费。加强护林防火宣传工作。制作永久性护林防火牌碑 15 处，张贴、书写安全标语 320 多条，出动宣传车 27 台次，每月专门召开一次护林员会议，学习森林防火、安全生产等知识。加大查处消灭隐患。安全检查工作是一项预防性工作。多次突击检查各工区、各村的安全情况，发现隐患，立即勒令整改，全年无一起安全事故。

【国有林场改革】 2015 年，按大力实施以生态建设为主的林业发展战略，林场围绕保护生态、保障职工生活两大目标，推进政事分开，事企分开，实现管护方式创新和监管体制创新，推动林业发展模式由木材生产为主转变为生态修复和建设为主、由利用森林资源获取经济效益为主转变为保护森林提供生态服务为主，建立有利于保护和发展森林资源、有利于改善生态和民生、有利于增加林业发展活力的国有林场改革新体制。国有林场改革已通过省考核组验收通过，各种改革后续工作正在不断完善。

（伍春天）

畜　牧　场

【概况】 2015 年，祁阳县畜牧场辖 4 个工区，328 户，1208 人，现有国家干部 23 人（在职 16 人，退休 7 人），农工 277 人（在职 192 人，退休 85 人），有土地面积 1530 亩，其中稻田面积 100 亩，水果占地面积 500 亩，猪场占地面积 635 亩。场部机关下设“四股一室一场一站”，即畜牧股、园艺股、政工股、计财股、办公室、种猪场、水电站。全场职工群众主要从事生猪养殖业，兼带水果（主要是柑橘、葡萄、西瓜）种植业。全场现有生猪养殖户 328 户，常年存栏 300 头生猪以上的规模养殖户 42 户，年生猪饲养量 10.5 万头，出栏 8 万头，向社会供应良种猪种苗 3100 余头，水果产量 100 万公斤，2015 年全场社会生产总值达 1.2 亿元。

【产业发展】 全场主要从事生猪养殖业，兼带水果（主要是脐橙、葡萄、西瓜）种植业。产业发展体现在：一是大力推进农场主导产业生猪产业发展，因势利导组织开展生猪品改，开展春秋两季动物防疫工作，提高生产率，降低生产成本，并组织各养殖户开展生猪保险工作，以提高抗市场价格波动风险能力。2015 年全场有生猪养殖户 328 户，生猪饲养量达 10.5 万头，出栏 8 万头，向社会供种 3100 多头，常年存栏 300 头以上的有 42 户。二是积极推进农场种殖业的发展，主推葡萄和脐橙产业发展提质。2015 年葡萄产量达 60 万公斤，脐橙产量达 50 万公斤。全场社会生产总值达 1.5 亿元，人均收入 1.4 万元，比 2014 年增长 11%。

【环境整治】 一是推广生态清洁能源。已经正式立项新建沼气池 20 口，以减少猪粪尿对环境的污染，为养殖户提供了方便洁净的能源，建立猪—沼—果、猪—沼—菜的立体生态农业模式，优化全场干部职工生存环境。二是搞好全场环境卫生整治工作。场里成立环境卫生整治工作领导小组，对职工积极宣传、广泛发动，在全场二工区建立环境示范小区，配备保洁员 2 名，种植绿化树树木 300 余株，兴建绿化带 200 米。三是加大养殖排污设施投入。争取县政府及主管部门重视，共争取资金 100 余万元，在一工区兴建面积达 200 平方米日处理量为 2 吨的病死猪无害化处理中心，并在 5 月初已经正式投入运营，解决了病死猪乱扔、乱丢的老大难问题。新建三面防渗排污渠 700 米，搞好了串塘（8 亩）清污泥工作，总投资 30 万元，使全场一部分污水得到了整治，有效地缓解了因生猪生产给环境带来污染的压力，取得了良好的经济和社会效益。

【国有农场危旧房改造项目】 场部派驻专员与县农林场危旧房改造办公室积极沟通协调，2011 年的农垦危房改造项目 124 套指标房主体工程已完工，目前工程进展顺利，开始启动配套路网及下水排污渠工程建设，预计在 2016 年底能交付职工使用。

【社会管理】 一是干部联系工区，指导协助各工区开展好各项工作，促进工区经济可持续发展。二是积极开展机关干部与贫困职工“一对一帮扶活动”。全年无群体性事件、上访事件发生，民调工作成效显著，社会稳定，经济稳步发展。

金洞管理区

【概况】 金洞管理区位于湘江支流白水河上游，与7县区交界。金洞管理区与金洞林场实行“两块牌子，一套人马”管理，行政级别为正县级，全面负责管理区域内的经济社会事务。管理区辖3乡1镇73个行政村（居委会），林场辖8个分场。全区总面积635平方公里，人口6.8万人，干部职工2300多人；山林面积76万亩，森林覆盖率88.5%，森林蓄积量280万立方米，是中国楠木之乡、全国绿化模范单位；空气中负离子含量1.1万个/立方厘米，金洞漂流、睿击射击俱乐部等旅游品牌驰名省内外。

2015年，完成地方生产总值10.1亿元，同比增长11.2%；完成地方财政收入4076万元，同比增长15.73%；完成社会固定资产投资15.4亿元，同比增长27.3%；实现规模工业增加值1.07亿元，同比增长12.2%；社会消费品零售总额完成4亿元，同比增长13.5%；城镇居民人均可支配收入和农民人均纯收入分别达到25300元、7936元，同比增长10.2%、13%；全面小康总实现程度达到84.2%，比2014年增长11.3个百分点。

完成造林2万亩，抚育10万亩次，封山育林1.6万亩，裸露山地复绿0.5万亩。新建1.1万亩速生丰产林基地和1.5万亩国家战略木材储备基地。凤凰茶花园、小金洞楠木园、金洞樱花园以及白果市红色旅游园等项目都呈现出强劲的发展势头，金洞漂流、睿击俱乐部持续发展。确定马蹄口、小金洞2个乡村旅游示范村，成功创建楠木第一村、红色旅游园等8个星级乡村旅游景点。农业经济持续增长，水稻播种面积4.11万亩，其他粮食作物2.85万亩，粮食总产量达2.55万吨。特种养殖渐成规模，现有特种规模养殖场近50个，年产值超1500万元，楚旺农牧顺利投产。经济作物产业持续壮大，新增茶叶基地2000亩，新增药材种植基地1000亩，新建花卉苗木基地1350亩。金洞镇“绿野源”、白果市“旭日洞”等绿色有机食品生产示范基地和品牌兴起。

木金二级公路建设进度加快，桥梁完成95%的工程量，路基拉通25.1公里，龙潜凼路段近期进行硬化；农村公路及公路安保工程加快建设，完成农村公路建设24.3公里，完成安保工程92.96公里，完成危桥改造2座；2015年保障性住房第一批8000平方米完成基础工程，第二批完成招投标；城区供水改造项目进展顺利，管网改造完成第一期工程，自来水厂和水源工程正在进行施工设计；实施农村安全饮水工程项目，解决饮水不安全人口6374人；“五小”（小水窖、小水池、小泵坎、小塘坎、小水渠）水利建设全面完成，累计完成投资460万元；小金洞乡中心小学“省合格学校”建设稳步推进，硬件设施投入近460万元；凤凰乡、石鼓源乡两所中心小学教师周转房建设正在施工；年内投资200万元，新增2个村土地整理项目1045亩；11个村土地开发整理项目正进行扫尾工程，新增耕地面积900余亩。

稳妥推进金洞林场改革，改革后核减45%的人员，剥离林场办社会职能，大幅减轻林场负担。推进乡镇区划调整改革，乡镇由8个合并为4个，合村工作正式启动，行政村将由70个合并为42个。启动管理区党政机关及事业单位改革。农村土地确权工作基本完成，全区耕地流转7500亩，林地流转10.1万亩。推行乡财区管财政体制，建立会计集中核算制度，严格执行政府采购制度，提高财政资金使用效益。完善各种融资平台，完成融资金额近1亿元。争取政策性项目等各类资金1.5亿元；加强对外招商，接洽客商30余批90余人次，招商引资到位资金1亿元。

“创卫”工作成绩斐然，对城区环卫保洁工作实行市场化管理，保障市容市貌的整洁和靓丽。“创森”工作成效显著，种植苗木73720株，新增绿地面积达3万多平方米。完成通道河岸绿化115公里，完成乡村道路绿化294公里，完成重要河岸和晒北滩水库周边绿化1135万平方米。打造秀美村庄，在庭院、房前屋后栽植绿化大小苗、球灌等花卉苗木20余万株。金洞森林生态科普基地成功申报为省级科学技术普及基地。被评为“绿色永州”建设先进单位。“创湿”工作取得突破，被国家林业局正式确定为国家湿地公园试点范围。

开展医疗卫生工作，新农合参合率达100%；新开工3所乡卫生院改扩建工程，完成5家村级卫生室改造，成功实现祁阳县人民医院托管金洞管理区人民医院。人口计生工作保持良好态势，人口自然增长率为4.53‰；社会保障体系进一步完善，城乡低保对象、五保供养对象、残疾人、孤儿等得到全面生活保障。完成新增城镇就业702人，实现全区农村劳动力转移就业总数19260人，城镇登记失业率控制在3.5%以内。省政府正式认定为“革命老区”，扶贫开发力度加大，对全区24个贫困村、2万多贫困人口全面进行对口帮扶，落实扶贫资金700余万元，指导帮助贫困村、贫困户落实发展项目近1000个，脱贫3000余人。

加大对信访积案的化解力度，确保各种信访敏感期和特别防护期无重特大群体访、越级访事件发生。高度重视安全生产工作，狠抓安全措施落实，全年未发生安全生产事故。开展“三强”“四霸”百日大会战专项行动和“严打整治再升温”专项整治行动，破获一批具有社会危害的案件，扫除“黄赌毒”等社会丑恶现象，群众安全感和满意度不断提升。全面推进党的建设伟大工程，切实加强思想建设、组织建设、作风建设和廉政建设。

（李露青）

金　洞　镇

【示范点创建】　2015年，全镇落实管理区规划的新开滩一河两岸、仙人岭、渔窝湾重要节点的创森任务外，规划建成马蹄口包家冲、马蹄口四组、楠木坳盘家湾与李家湾、枣树坪四个示范节点、金白河及公路沿线、和平路至源头冲沿线、钗江河公路沿线、下古河公路沿线四条示范线路。国家级生态镇创建工作已通过国家级生态乡镇省专家评审小组的评审，完成公示并上报国家环保部。

【重点项目建设】　抓好二级公路重点项目征地拆迁和建设，抽调素质高、工作经验丰富的人员专职参与项目征迁工作，集中开展专项打击行动，从严整治乱作为及“三强”等影响经济发展环境的典型案例、移送政法机关打击处理6人。镇纪委停职立案调查1人，党纪处理4人，政纪处理6人，促进施工环境好转，征地拆迁严格做到“三个一”：即执行一个政策，实行一个补偿标准、坚持一视同仁。通过一系列工作，圆满完成了境内二级公路拆迁任务。

【民生保障工作】　2015年，全镇落实440户1046人享受国家低保政策，发放农村低保金近130.644万元，城市低保金近30.324万元，走访慰问特困户、残疾人及优抚对象68户，困难患者大病医疗救助15人次，发放大病医疗救助金4.5万元，较好地完成了社会保障各项任务。

【安全生产工作】 始终坚持把安全生产工作作为各项工作的重中之重来抓。制定了安全生产“一岗双责”实施方案，做好日常安全生产和检查工作，组织开展安全生产大排查和生产安全月宣传工作，共排查整解包括镇前D级危房、白泡廻山体塌陷滑坡在内的重大安全隐患5起，2015年未发生任何安全事故。

【基层党建工作】 一是突出党委班子核心作用，以争创“五个好”为目标加强党委班子建设，班子成员以身作则，深入一线，充分发挥党委核心领导作用。二是强化基层组织战斗堡垒作用。各支部以争创“优秀党支部”为目标，结合各单位和党员的岗位实际，明确活动主题，开展时间活动，提高基层支部班子的战斗力、凝聚力。三是发挥党员队伍先锋模范作用。通过宣传栏、工作简报等形式，及时推介各个岗位的典型事迹，营造全镇党员个个争做“优秀党员”的良好局面。

小金洞乡

【概况】 2015年，小金洞乡实现财政收入618.4万元，占年度任务590.9万元的104.6%，财政支出完成604.25万元，占年度任务582万元的103.8%。2015年人均纯收入为8136元，同比增长12%。

【强化林业根本】 一是造林抚育全乡共完成国有造林1357亩（自造541亩，流转816亩），集体造林1210亩。国储材改培面积共436亩，网形山281亩、柳术廻125亩、铁路源30亩。二是发展楠木等珍贵树种打造“中国楠木之乡”。三是护林防火，通过强化管理，规范林政、加强巡查、严惩违法、齐抓共管等举措，年初人大例会上表决通过建立防火基金的决定。针对清明期间的防火工作，全乡采取设立防火检查站、张贴标语、悬挂文幅等方式，加强居民和流动人员的防火意识，做到宣传、措施、管理三到位，林政管理秩序井然有序。

【搞活旅游事业】 一是抓好规划，打造好品质活力乡镇，以江口村省级新农村建设为点，着力打造好旅游沿线村庄。配合做好牛头山生态农庄、小金洞垂钓园、桐车湾休闲度假村工程建设。二是抓好“金洞漂流”旅游项目的提质，进一步完善设施，提高经营水平，年接待游客达3万余人。三是对桐车弯“知青点”进行翻新和维护及“楠木王”重要节点进行景点打造，移植楠木大苗200株、白果49棵、红豆杉50株、枫树300株、花玫瑰140平方、山茶球灌67丛、小苗9500株、春夏两种杜鹃49400株。同时，在六月上旬至七月上旬市委宣传部和市摄影家协会共同举办的“锦绣潇湘，永州发现”100处最佳影点投票活动中，“楠木王古群落”景点，获全市得票第一，大力提高金洞管理区和小金洞乡对外的知名度和美誉度。四是提升接待能力，以金鑫、富丽、江口旅店等15个家庭式旅馆和农家乐的兴起弥补了金洞漂流公司硬件接待的不足，促进和带动了第二、三产业的发展。

【发展农村经济】 制止耕地抛荒，引进新品种。在年前对90%以上耕地进行流转。发展林下经济，全乡扩大了百合、方竹笋、优良蔬菜等品种的种植面积，土坳村、东安村的方竹笋基地发展迅速，销售干笋年收入达500万元。畜牧业发展势头良好，乡动物防疫站重点加大春季动物防疫免疫力度，安排足够经费、专业人员，做好动物防疫工作。全乡共新增养土猪专业户16户、养土鸡专业户（10000羽）1户、欧菜河水面养鱼26亩。东安油茶80亩、白沙源黄花40亩。东江、小金洞、江口村的黑山羊繁养基地，规模也在扩大，存栏数最多1户近500头。同时，江口村的梦缘蛇场繁养规模逐步扩大，蛇存栏最高达到15000余条。精准扶贫取得积极进展。三个省级贫困村，都派驻了强有力的工作班子，制定脱贫规划，确定欧菜河村为2015年的扶贫攻坚重点村，引导全乡1600多个贫困人口找准各自脱贫项目，在资金、技术、服务、信息、销售等方面给予关心和支持。新增劳动力就业。乡政府积极主动联系当地企业，为当地300余人提供就业岗位。新发展农民合作社三个、农民协会二个、生态农场一个；成立帮厨队十个、抚育队五个、运输队一个、建筑队二个、装修队二个。可解决近200人的劳动就业难题。

【生态文明建设】 打造全国生态山水乡镇，小金洞村秀美村庄建设已按总体要求在抓紧进行扫尾工作。江口村已申报国家级生态示范村。开展河道采砂等专项整治活动21次，全面关停河道非法采砂6处。抓好农村环境卫生整治，结合创森工作，彻底解决农村“脏、乱、差”现象，全乡10个村实行垃圾统一清运焚烧，各村确定专职保洁员，农村环境卫生得到整合整体推进。抓好野生动植物保护。严禁狩猎、捕蛇、打鸟、挖毛根猪、捉石蛙、电鱼等行为。召开村民代表大会讨论研究，制订村规民约，签订承包合同。既保护生态资源，又增加集体收入。

【夯实基础设施】 健全交通网络。乡境内二级公路项目建设正在全面施工阶段，全线已基本贯通。加强公路的维护和改造力度，完成欧菜河、东江、东安等村公路的损毁维修保养，配合区交通局搞好辖区内乡道的维修管护，并指导各村做好了村级公路的养护。建好4个招呼站及安保设施。维护水利网络。白沙卤村的1200人安全饮用水工程、已全面完成并投入使用。完成了白沙卤黎树下引水大坝建设。抓好江口村污水处理建设工程。为提高农业生产综合能力。春耕生产前，督促各村畅通现有水渠4500米（其中大同村1500余米、白沙卤村2000余米、大竹源村1000余米）、排灌设施6个，保证全乡大部分稻田的正常耕作。完善能源网络。配合做好江口电站项目可研论证工作，力争年后开工建设。抓好白沙源电站改造提升。完善信息网络。建立了欧菜河通讯站，实现全乡网络信息全覆盖。提升乡镇集聚能力。建立江口村农贸市场，统一制作江口集镇内广告牌46块，并整治了江口街道乱摆、乱放、乱搭、乱建、乱倒行为，消除了“脏、乱、差”现象，确保街道整洁干净卫生。努力打造商贸一条街，农贸一条街。

【改善民本民生】 教育：2015年，乡党委政府继续把教育工作摆到重要议事日程。教育捷报频传，成绩突出。小学一至六年级在全区获得第二名，周盼盼在小学六年级毕业考试获全区第一名。高考生中，有三个考上了全国十大名校，其中奉恒纬考上北京大学，永州市文科状元奉琳考上北京人民大学，刘准考上华中科技大学。合格制中心小学学校建设已完成征地及苗木补偿、规划设计、图审、评审工作、招投标工作，现已进入施工阶段。卫生：2015年，基层卫生服务体系建设进一步加强，基本药物制度覆盖面持续扩大，基本药物实行零利率销售，食品药品监管力度进一步提升。在全乡开展对60岁以上老人健康建档，以户为单位进行签约服务，主要针对性测血糖和血压，反响非常好。卫生院改扩建已完成旧房拆除、规划设计、图审、评审工作，施工队伍已进场施工。计划生育：全乡出生人口为60人，计内49人，符合政策生育率

80%；落实结扎长效节育措施18例，上环59例，流引产11例，征收社会抚养费18.5万元。继续保持省、市计生先进行列。安全生产：大力开展道路交通、易爆物品、食品药品、建筑施工等专业领域安全检查17次；开展校园安全隐患排查15次；开展非煤矿山；启动安全生产月活动，实行“五个全覆盖”抓安全生产的格局，全面摸查并整改了各类安全隐患16处，有效消除了各种安全隐患。社会保障：农村新型合作医疗参合率达到100%；新农保参保率100%；已完成全乡城镇低保25户27人，农村低保263户435人，五保36人，孤儿11人，生活费全部打卡发放。完成残疾人无障碍改造项目2个和大同村“幸福之家”建设管理工作。

【基层党建工作】 制订工作计划。乡党委研究出台《小金洞乡2015年党建工作计划》，从基层组织建设、党员教育管理、软弱涣散党组织整治、发展集体经济、提高服务能力等方面为全年党建工作提供基本遵循。坚持每月研究一次党建工作，及时把握基层党建形势，及时解决党建工作中存在的问题及不足，以部署管全面、以部署促落实。抓实教育管理。扎实开展党员冬训和建党94周年系列庆祝活动，组织党员进行政治理论、政策法规、党风党纪、适用技能培训，有效提升了党员的党性意识、法纪观念和致富能力。严格党内政治生活，以召开组织生活会的形式严格按要求、按程序开展党员民主评议，并对评出的三个不合格党员进行了“限期改正”处置，按党章规定，处理了6个违法党员。严格落实制度。认真执行党建工作目标管理责任制，年初与各基层党组织签订了党建工作目标管理责任制。落实党建工作督查制度，坚持每季度对基层党建工作开展情况进行一次督查，并对督查情况进行及时反馈、研究、通报。落实村干部轮流值班、党代表值班制度，规范便民服务中心和村级便民服务站点、党代表活动室运行管理，为群众提供更多更好便捷服务。落实“双述双评”制度，组织基层党组织书记开展抓党建述职测评活动，让支部书记在“同台竞技”中感知差距、感到压力、感受民意，有效提升了基层支部书记的岗位意识、责任意识和工作积极性。狠抓作风建设。严格执行机关工作人员日签到、财务管理、车辆管理、岗位考核、公务接待管理办法等管理制度。严肃工作纪律，严格执行“中央八项”规定、省委“九项”、市委“十项”、区党委“十项”规定等制度纪律，严肃查处干部职工“走读”、“网游”、打牌、工作日中餐饮酒等违纪违规行为。

晒北滩瑶族乡

【经济总量平稳增长】 2015年，晒北滩瑶族乡政府以“富民强乡”为总体目标，着力抓经济建设，抓争资立项工作。全年国内生产总值达到9190万元，农业生产总值达到3695万元，年增长8%；乡财政总收入达到382万元，年增长8%；农民人平纯收入达到6523元，增长11%；人口自然增长率控制在7‰以内。

【林业管理秩序井然】 2015年，全乡实行人员工资与山头、地块相挂钩，一月一考核，一月一兑现。强化督查考核机制，由乡主要领导牵头，相关成员深入山头哨所督查考核，内容涉及考勤考纪、林政管理，严格奖惩。完善林政管理检查方式，建立“专门班子常查，临时班子灵活查”的有效方法。全年共查处干部职工违规违纪行为11人/次，核扣工资津补贴19000余元。坚持加大防火宣传力度，寓特别防护期宣传于日常工作中，全年共巡回宣传40余次，共刷新永久性防火宣传牌2块，书写临时性标语600余条，下发各类戒严通知300余份，发送《森林防火入户通知书》3000余份，悬挂宣传横幅20余条。

完成国有伐区设计16881立方米，炼山整地造林5731亩，中幼林抚育8880/亩次，集体伐区设计10000立方米。

【“创湿创森”稳步推进】 2015年年初，乡政府人民代表大会正式通过《关于创建生态瑶乡的决定》决议，为开展拆除违章违规建筑，治理脏、乱、差营造了良好氛围，变强制行为为全乡自觉行为。公路沿线的围栏菜园已全部清除，空心房已基本拆除，拆除厂棚共600余座，对库区内垃圾及漂浮物进行了3次彻底打捞。完成绿化面积约400余亩，栽植白果树、香樟、丹桂、桂花、红叶石兰、杨柳、竹柳等苗木树种以及西洋杜鹃、玫瑰、月季、茶玫、红桎木、爬山虎等多品种花卉苗木70000余株。同时，加大生态保护工作力度，严禁在非采伐山及沿河两岸、公路两旁砍柴、烧炭等行为，严禁采伐薪炭林、生态公益林，严禁擅自移植古树名木和山上野生树种；继续加大禁渔禁猎工作力度，禁止在水库及全乡溪流区域电鱼、炸鱼、毒鱼，禁止在全乡境内狩猎、打猎，生态得到有效保护，国家湿地公园创建已顺利通过评审验收。

【基础设施不断完善】 投资2万元完善乡中心码头建设；筹资近30万元完成乡集镇街道、晒北滩村的亮化工程建设，新增照明路灯90盏。烟竹山村的美丽乡村建设成效显著，护砌河道360余m3，晒北滩村的美丽乡村建设已初具雏形。投入资金3.8万元完成了乡机关便民服务中心建设。

【产业结构上新台阶】 积极引导群众利用山地资源做文章，大力发展规模种养业、生态养殖业。罗汉果基地、花卉苗木基地形势喜人。山羊养殖项目不断扩大。竹鼠养殖场初具规模，投资40万元的石蛙养殖场丰收在望。完成了红心猕猴桃产业示范基地的选址勘查工作。

【旅游产业蓄势待发】 完成旅游度假区建设的初步规划，启动“红豆杉王”的景点建设，共种植红豆杉20余亩。

【社会事业全面进步】 计生工作持续保持良好态势。加大计生工作集中服务活动力度，2015年，全乡共出生人口85人，其中计内69人，符合政策生育率达到81.2%，各类节育手术落实率达97%，其中落实女扎33例，流引产9例，上环85例。2015年，计划生育工作顺利通过全市年度抽查并被评为全市先进单位。为民办实事成效显著。社会救助及民生保障工作稳步推进。完成858人的农村低保评议及上报，落实农村五保待遇21人。完成38户农村危旧房改造摸底上报工作任务，已落实25户。积极开展献爱心捐助活动，为患病学生筹集爱心善款14700余元。综治维稳持续加强。扎实开展矛盾纠纷调解、信访稳控工作，无群体性上访和异常越级上访现象，确保全乡社会大局的稳定。2015年，共接待处理群众来访202起，回复率100%。同时，加强社会治安综合治理工作力度，严厉打击各种违法犯罪活动。共接警217起，处理社会治安纠纷21起，治安行政案件8起，刑事案件3起，林政案件9起，行政拘留15人，刑事拘留8人。严抓安全生产。始终坚持“安全第一，预防为主，综合治理”的方针，把安全生产工作作为农村经济发展、维护社会稳定的一项大事来抓。制订活动方案，加大宣传力度，为全乡经济发展创造了良好的安全环境。文教科卫长足发展。改善乡中心学校的教学条件，强化师资力量，教育质量明显提高。乡卫生院危房改建工程项目已经完成并投入使用。组织25人参加无偿献血活动。加大农村环境整治工作力度，乡村环境卫生极大改善。

【基层党建不断夯实】 以“转变作风，解决问题，提高效率，促进发展”为总抓手，不断夯实基层基础工作。投入资金5万余元，完善村党代表室建设，完善党员管理等一系列规章制度，一些突出问题得到了解决，党员干部作风明显改善，服务意识，服务能力，服务水平逐步提升。

上司源乡

【农业农村工作】 2015年，上司源乡党委、政府高度重视发展粮食生产工作，多措并举，把制止耕地抛荒与村干部年终考核奖金挂钩、与低保、危旧房改造等国家优惠政策挂钩，有效遏制耕地抛荒，宜耕耕地种植率95%以上。大力发展水利设施建设。投入资金3万元，对高枧、蒋家冲两个村2000余米河道进行清淤治理，保障沿河稻田灌溉用水。大力发展特色种养。投入资金150万元，新成立双河种养专业合作社和五峰种养合作社，大力发展娃娃鱼、豪猪、牲猪、山地鸡、野生河鱼、黄姜、粟米等养殖种植，进一步巩固和提升“一村一品”农业产业规模和品质，积极引导带动周边群众脱贫致富。投入资金近20万元，整修上司源、鸭婆凼两村的村级阵地，为农村基层组织建设打下坚实的硬件基础。投入资金130余万元，完成南冲源、双河两个村安全饮水工程，解决近2000群众饮水困难问题。投入资金40万元，整修乡卫生院，切实改善群众就医条件。投入资金40余万元，完成南冲源、双河、高枧、蒋家冲四个村的三网合一工程，初步实现互联网进村全覆盖。启动小金洞—上司源—南冲源段公路的重点安全隐患整治工作。争取资金200余万元，新建五峰山通讯信号塔，彻底解决鸭婆凼、农胜、高枧三个村的通讯信号死角问题。

【“创森”工作】 成立“创森”工作领导小组，制订《上司源乡创建国家森林城市实施方案》，把“创森”工作纳入各村年度综合绩效考核，签订“创森”单项责任状，严格责任落实，重奖重罚。加大“创森”工作宣传力度。投入资金2.5万元，树立永久性大型三面宣传牌1个，宣传栏2个，悬挂横幅40条，刷墙体标语40条。投入资金20万元，重点对乡机关和中心校进行布景。打造乡机关至梨树源沿河800米扬柳溪，种植垂柳320株。购买盆景520盆，完成“绿色办公室”创建和乡机关操坪绿化点缀任务。在中心校门前打造了一个面积1100平方米的绿化广场，中心校内建花坛7个，种植各类苗木、花卉11650株。四是完成面上造林任务1672亩，其中国有1145亩，集体527亩；完成中幼林抚育10564亩次。完成通道绿化任务，种（补）植楠木、桂花、红叶石楠等1190株。五是护林防火工作始终坚持预防为主，切实做好特别防火期的防火宣传和山头巡查，严格火源管理和生产性用火审批制度，有效地防止了火灾发生，今年以来，没有发生一起火灾。

【环境卫生整治】 一是加大宣传力度。充分利用横幅、标语、召开党员组长代表会议等形式开展环境卫生整治宣传教育活动，增强群众的环保意识。同时，与村签订目标管理责任状，将开展环境卫生整治工作与村干部绩效工资挂钩，有效推动整治工作落实。二是投入资金5万余元，购置扫把200把、垃圾桶300余个，组织人力600余人次，清理河道16千米，清理垃圾堆积地、垃圾死角80余处，共清运垃圾170余吨。同时，设立警示标志，督促各村制定村规民约，严格奖惩措施，基本实现垃圾定点收集装运，杜绝垃圾乱倒乱堆现象。三是全面启动南冲源、双河、上司源、鸭婆凼、农胜五个村的生活垃圾定点收集、集中焚烧处理，对高枧、蒋家冲两个村的生活垃圾，以村为主实行分类整治，做得好给予适当奖励。四是狠抓乡集镇卫生，将机关干部职工分成两组，由主要领导带队，每周二上午集中力量对乡集镇周边街道进行一次大清扫，乡集镇面貌焕然一新。一年来，全乡的整治工作初见成效，乡容村貌大为改观。

【社会保障工作】 全面完成2015年度城乡低保动态管理工作，按照应保尽保的原则，以公开公平公正的方式，共评议出城镇低保户9人、农村低保户550人，五保户49人，孤儿18人，所有救助资金全部实行打卡发放。扎实做好农村新型合作医疗参合工作，全乡参合人数5188人，参合率达100%。认真搞好冬春生活补助发放和困难党员群众慰问工作，发放各类困难补助和慰问金共计5万余元。

【计划生育工作】 乡党委、政府高度重视，以创建先进单位为目标、进一步夯实基础工作，深入开展计生集中服务活动，加大对“三查四术”的落实力度。2015年，全乡共出生人口59人，其中计划内生育46人，计划外生育13人，符合政策生育率为77.93%，出生婴儿性别比为113：100，落实结扎（26）、上环（61）、流引产（13）等节育措施共计100例。

【安全生产工作】 认真贯彻市、区安全生产工作会议精神，加强领导，严格落实党政同责，一岗双责制度，确保我乡安全生产工作落到实处，减少安全生产事故的发生。组织安全生产相关部门，每月开展一次安全生产隐患大排查，对排查出来的隐患，明确责任人和整改时限，确保安全隐患及时整改到位。大力开展安全生产月宣传活动，切实提高全乡人民群众的安全意识和自我防护能力，确保我乡安全生产形势稳定。2015年，全乡未发生一起安全生产事故。

【信访维稳工作】 实行领导干部公开接访和包案处理信访问题制度，切实抓好元旦、春节、两会等重点时期、重点人员的稳控工作，确保全乡大局和谐稳定。加大矛盾纠纷排查化解力度。定期组织人员进村入户，开展矛盾纠纷排查，发现矛盾隐患和苗头及时化解消灭，确保矛盾不出村。及时处理已出现的矛盾。通过各种途径，千方百计及时化解已出现的矛盾和突发事件，将矛盾消化在基层，确保矛盾不出乡。2015年，全乡未发生一起越级上访和群体性事件。

石鼓源乡

【农业】 2015年，石鼓源乡紧紧围绕科技兴民、养殖富民、产粮安民、调整强民的指导思想，以优化推广新品种为切入点，不断加大结构调整力度，使农业产业化进程加快。稻田抛荒治理工作成效明显，年内无稻田抛荒现象，种田大户不断涌现，新增100亩以上种田大户3户。继续巩固以三满房、石鼓源、大岭下、西岭坳、芳塘等村为主要种植点优质超级稻种植面积3000余亩，亩产达1500斤；三满房村、石鼓源村、西岭坳村完成油茶新造低改示范片300余亩，年内全部完成全乡油茶林低产改造，油茶产量翻一番，农民人平单项增收100元以上；农华苗木专业合作站在借古岭村建设200亩花卉苗木基地，形成了以农华为龙头带动全乡苗木种植达1000亩；全乡油菜大丰收，亩产收益达1100元；借古岭村紫晶葡萄基地葡萄喜获丰收，创收显著。

【林业】 2015年，全年完成造林任务169亩，抚育16000亩次，全面落实下达的任务，乡林业站从苗木质量和规范造林工序上着手，严格把关国有、集体山地造林，确保造林成活率达到98%以上；林业工作人员加强巡查和宣传，全年没有发生一起偷砍盗伐和森林火灾。为确保全面完成永州市创建国家森林城市的任务，投资50余万元完成五房集镇、乡主干道、村主干道绿化提质，鼓励全民植树。开展增绿活动，广泛开展宣传教育，绿化住宅庭院，改善居住环境，提高生活质量。

【创森创卫工作】 2015年，

为改变环境卫生脏、乱、差现象，乡财政出资5.5万元，11个村出资8万元，启动垃圾焚烧处理系统。乡干部职工每周一义务进行卫生清扫，对村级卫生实行不定期检查评比。通过一系列举措，全乡“创卫”成效显著，消化了乡多年库存的生活、生产垃圾。此外，乡投入20余万元，打造4各节点，点线面整体推进“三边”绿化，乡绿化工作再上新台阶，继续保持全市“绿色乡镇”称号。、

【安全生产】 2015年，为确保道路交通安全畅通，乡制定交通安全应急预案，成立应急队伍，组建五个应急小组对全乡路段进行路障清理、路肩陪护、杂草清除、垃圾清扫和交通疏导等，扎实做好路段保畅工作，方便过往车辆出行。

【社会保障】 民生工作保障有力。科教文卫长足发展，计划生育在全市保类保位。对惠农资金始终坚持“五不”政策：不截留、不挪用、不挤占、不走样、不做文章。农贸市场繁荣发展。全乡继续认真抓好农村城乡化建设，积极引进支持投资商的工作，五房村农贸市场运行良好，群众日常购物方便，市场经济呈现一片繁荣的景象。护林防火“防”字当先。建立扑火突击队2个30人，预备后勤队2个计36人，购置必要的防火物资，11个村、学校、企业组建业余扑火队伍，400余人加强业务知识学习，全年共举办业务培训班防火防灾实战演练6场次，杜绝山体滑坡、踩踏事件和火灾发生。

【结对帮扶】 乡机关领导班子成员分别带一名部门负责人驻点一个村，并在每个村“结对帮扶”二名困难群众，全乡帮扶四十六名困难群众，对帮扶对象要求驻点干部逐户制订帮扶内容、帮扶措施、帮助目标，并在乡、村政务公开栏公示，接受帮扶户和群众的监督。对于软弱涣散村党组织借古岭村党支部，选派第一支书，制定整顿方案。

【党建工作】 石鼓源乡有13个党支部，共391名党员。年初，对教育实践活动整改落实情况进行“回头看”，对班子整改各项承诺全面兑现落实。通过此次学教活动，深化“四风”整治，巩固和拓展了教育实践活动成果，党员受到教育，群众得到实惠，干部作风实现大转变，经济社会实现大发展。3月30日~31日，对全乡党员进行党员春训，乡党委书记带头上党课，村支部对党员进行了党员民主评议，评选出了38名优秀党员。6月，乡党委对5个支部推荐的6名优秀入党积极分子组织了笔试和面试，按照坚持标准、严格程序、控制总量、优化结构，择优4人为发展对象。“七一”前夕，对入党四十年以上的老党员，乡党委进行慰问走访，发放每人慰问金400元。对困难党员由驻村干部、村支部进行“一对一”帮扶，乡党委研究给予项目、政策和资金支持，对无生产能力的困难党员，乡党委每年春节进行慰问走访。7月1日，喜迎建党94周年，乡党委副书记、乡长作“讲信念、讲带头、讲大局”报告，组织上党课，表彰优秀党员。各村支部制作流动党员名册及通讯录，及时掌握在外流动党员工作生活情况。

【“135”治理模式】 2015年，全乡各支部推行“135”治理模式（一核心三组织五基本），以村党组织为核心，发挥村民委员会、议事会、村务监督委员会作用，实行岗位承诺制、村干部值班制和周例会制、为民服务全程代理制、党员管理积分制和“四议两公开”等五项基本制度。全年低保户、贫困户、五保户、危旧房改造户的评定都按“四议两公开”的要求加以落实。市政府先后对全乡低保评定和一事一议等工作进行抽样检查，给予高度评价。各村进一步完善村级财务管理制度，由村级财务监督小组跟踪监督，乡财政所、经管站对村级财务半年审

结一次，公布一次。

【严肃不正之风】 开展整治乡村基层干部违法违纪行为专项行动，从严整治乡镇干部“走读”。乡机关每天坚持两次考勤，加强干部职工作风建设，乡纪委牵头组织问责等措施，通过严查惩治，违纪违法行为明显下降，全乡村干部违法一起，惩治一起。

【重点项目选介】 浯溪百草堂中药饮片有限公司 2015 年，湖南浯溪百草堂中药饮片有限公司中药饮片加工厂开始投资建设，车间总面积约 2100 平方米，厂办公楼、生产厂房、中药化验室等基础设施齐全。目前中药饮片加工厂有中药生产线 1 条，生产设备安装已完成，现已进入试产阶段。原材料来自公司种植基地的药材，经加工厂洗刷、烘干、检验等多个流程后制成为成品出售。

永州市楚旺发展有限公司在石鼓源西岭坳村黄家山建设标准化规模养殖场建设基地——楚旺农牧有限公司，是集有机肥厂、饲料厂、育肥场等于一体的大型养殖场，可常年存栏 2500 头基础母猪，年出栏 8 万头仔猪。现已投资近 1 亿元，其第一期工程已经完工，2015 年 11 月正式投产，现已引进了 300 头母猪，年底可达到 1200 头。初步形成“楚旺”模式，并以此为龙头、带动林区其他生猪养殖业的发展。

凤　凰　乡

【概况】 2015 年，凤凰乡实现地区生产总值 1.54 亿元，比上年增长 13.5%；完成固定资产投入 114 万元，比上年增长 13.6%；社会消费品零售总额 6624 万元，比上年增长 21.9%；农村居民可支配收入 11605 元，比上年增长 11%；农民人均纯收入 6737 元，比上年增长 10%；财政收入 169 万元，比上年增长 12.8%，经济增长平稳。

【农业产业化】 积极落实国家强农惠农富农政策，引进、培植农业种植、养殖能人大户，通过农村土地流转成立农业专业合作社，以“公司+合作社+基地”模式发展现代农业，新流转土地 3000 余亩，成立农业专业合作社 16 家，实现农业总产值 6736 万元。规模养殖大户越来越多，1000 羽以上的养鸡场 4 个，特种养殖场 10 个；扩大富硒水稻、瓜果种植面积，提升质量，创建品牌，形成特色产业、优势产业。2015 年，凤凰乡送展的罗汉果在“第一届中国（湖南）富硒食品研讨暨博览会”上，被评为“全国富硒名优产品”。

【“创森”工作】 2015 年，全乡紧扣“创森”要求，重点突出“点、线、面”绿化。乡政府机关及学校、卫生院等单位新建花坛 8 个，新铺草皮 400 平方，新栽种茶花树 14 株、西洋杜鹃 650 株、海藻 4 株、老人葵 3 株、红桎木球树 11 株、红继木小苗 15000 株、桂花大苗 30 株、桂花小苗 5000 株、黄杨木小苗 12000 株，每个办公室办公桌上摆放一盆绿色植物和一盆花卉盆景，机关绿化质量进一步提升。在蔡凤公路凤凰段沿线栽植黄花槐 3000 余株，补植桂花 70 株、楠木 200 株，播种花卉种子 20 余斤，打造沿路风光带，收效较好。隐塘村在长塘塘堤、公路旁新建花坛 4 个，花筵村在沿渠栽植茶花树 1500 株、垂柳 1200 株，秧田村在新建村级活动中心的基础上，栽植楠木大苗 20 余株、白果 3 株、金边黄杨木 5000 株、大叶桅子花 5000 株、金叶女贞 2500 株、大叶黄杨 2000 株、常青石竹 1000 株，还有枇杷、海藻、垂柳、桅子花等，村庄绿化成绩斐然。

【美丽乡村】 中荣、隐塘、花筵、长吉、凤凰等 5 个村是全乡的“秀美村庄”建设示范村，按照“五化”要求扎实推进“美丽凤凰、秀美村庄”建设。中荣村对村级公路进行扩宽硬化和植树绿化、美化，村庄绿化、道路绿化率达到了90%以上，家家户户基本上种有苗木，苗木基地成片达2000亩。80%以上的农户拥有私人苗木庭院，大多数农户还想法设法搞简易盆景放在屋内廊外。村集体有公共绿地800平方米，村委会进行修缮改扩建，大力开展废弃危旧房拆除改建工作，新建篮球场，建成休闲场所小游园，添置健身器材；花筵、凤凰、江洲等3个村继长吉村和隐塘村陆续实施亮化工程，目前全乡在村主干道及村级公共活动场所已安装路灯463盏，给居民营造了一个亮堂、安全的出行环镜，基本实现了蔡凤线凤凰段全线亮化；长吉村新建3处花坛和小游园休闲场所；秧田村新建村级活动中心，各村都在村级公路两旁栽植、补植桂花、楠木等景观树种，全乡绿化水平大幅提高，人居环境不断改善。

【社会事业】 开展农村危房现状调查，建立农村人居环境信息系统，有力促进农村危房改造工作。便民服务中心正式挂牌运行，方便群众办事，提高工作效率。积极做好救灾救济、农合农保、优抚帮困等工作，特别是精神病人的救助，实施重性精神疾病患者救治救助工程，全年申报救助2人。积极申报农村幸福院建设项目和敬老院安全隐患整改项目，进一步改善农村养老服务设施，推进农村养老事业发展，从而实现农村老年人老有所养、老有所为、老有所乐目标。完成乡卫生院维修工作，改善卫生院办公住宿及医疗条件。争取水库除险加固项目，将陶家水库和秧田月月塘水库纳入计划，现已开工建设。陆续完成隐塘村、长吉村、花筵村、凤凰村、江洲村的路灯建设，实现肖白公路凤凰段沿线亮化。启动公租房建设，新建乡机关公租房1栋50套，学校公租住房1栋16套，解决干部职工和教职工住房问题。大力开展农业保险和农机具购置补贴工作，提升服务“三农”水平，及时准确足额发放各类涉农补贴资金78.1万元。

【人口计生】 面对全乡人口计生工作“黄牌警示”的严峻形势，痛定思痛找症结，齐心协力抓整改，以求真务实的态度，摸清家底，配齐人员，扎扎实实抓好各项基础工作，特别是计生统计工作，确保计生统计合格率达到规定的要求。严肃工作纪律，落实责任追究，实行驻村干部包村、村干部包对象的包干制，乡村干部与乡政府签订了风险金责任制，齐抓共管，攻坚克难，切实扭转全乡计生工作被动局面，努力打赢人口计生工作翻身仗，一举摘掉“黄牌警示”帽子。

【社会和谐】 依法治国理念不断深化，司法所建设全面加强，逐步将人民调解、法制宣传、法律服务、法律援助和社区矫正、安置帮教等进行整合，派出所积极开展“百日会战”专项行动，加大对犯罪分子的打击力度，开展对流动人口与出租房屋、网吧和休闲娱乐场所的清查整治，社会治安出现明显好转，促进了社会和谐稳定。安全生产工作一刻也不放松，牢固树立安全发展理念，落实安全生产“党政同责、一岗双责”制度，建立领导干部带队检查安全生产工作信息档案，始终把人民群众生命安全放在第一位，认真排查隐患、打非治违、专项整治，安全生产形势保持了总体稳定、持续好转的发展态势。教育、文化、卫生等社会事业蓬勃发展，民政优抚、扶贫开发、新农保、新农合、人武民兵、工会、群团妇联等各项工作开展有声有色，均取得了长足发展与进步。

【作风建设】 一是下功夫。加强学习教育，采取自学与集中学习相结合，认真学习中央八项规定六项禁令，省委九项规定，市委反“四风”、改作风九个方面不能做的99件事、管理区十项规定及相关文件，观看警示教育片和镜鉴图片展，强化理论武装，坚定理想信念，纠正思想上和行动上的偏差，增强改进工作作风的主动性、坚定性。二是出实招。解决突出问题，为严肃上班工作纪律，防止“走读”现象发生，分别在乡机关及7个林业工作组安装了指纹考勤机，并规定每天按指纹签到两次，乡纪委组织不定其抽查。三是动真格。从严问责处罚，严格按制度和程序办事，不怕得罪人，以事实为依据，查实后，不管是什么人，都一视同仁严肃处理，以维护制度的严肃性和权威性，发挥好法纪的强制性监督制约作用。全年共查处工作人员6名、村干部1名，开除党员1名。四是争实效。紧密联系实际，坚持两手抓，做到两不误、两促进，统筹兼顾，结合实际，把改进作风建设的具体措施落实到推动事业发展的实际行动上。

白果市乡

【为民办实事】 2015年，白果市乡结合管理区环境整治工作，加大公路沿线茅房等的治理力度，共拆除房屋2栋、拆除杂房12座、清理路面14公里、清除河道、街旁等垃圾10余吨，乡村美化工作取得新进展。凤白公路是全乡通往外界的唯一硬化公路，全长有21公里，为加强绿化带建设，2015年共投资8万余元购置白果树大苗对公路沿线进行绿化。投资20万余元对烈士墓和“白果王”树区域种植白果大苗600余株，并投入资金6万元修建“白果王”树观光小道及安装监控摄像头，着力打造红色旅游品牌。投入资金400余万元完成乡合格中心小学建设。进一部完善教育设施建设。投入资金300余万元，对仁光村拐子塘公路和柏福村陶家岭公路进行硬化。投入资金50余万元对大步岭公路进行提质改造。成立两个农村合作组织和一家农业发展有限公司，承包土地1000余亩，解决劳动用工达60余人。加快罗汉果基地建设，种植面积达220亩，解决劳动用工30人，可为农民创收劳务工资15万元。组织森工采伐队3个，抚育队3个，共计200余人，可创劳动收入200万元。投入资金10万元在各林业工作组及乡机关安装监控摄像头。

【农业】 积极引导农村土地承包经营权有序转包，建设仁光村生态大米种植基地，基地前期承包稻田达200余亩。推广科学种田技术，推广优质品种，加强农资供应和农业技术指导，坚决制止耕地抛荒，粮食种植面积稳定在2600亩以上。大力兴建农田水利设施，改善灌溉条件，投入水利设施建设资金20余万元，分别建设波罗源、大坝头等村灌溉水渠达3000余米。

【林业】 2015年，全乡春季共造林2160亩，抚育4300亩，造林成活率稳定在95%以上。对国营楠竹山林继续实行承包经营，引导农民开发楠竹系列产品，抓好对楠竹的精细加工，全乡形成原竹、竹垫、鲜笋、冬笋四大竹系列产品。

【社会事业】 全乡集中开展清理整顿农村低保工作，及时纠正错误，使真正贫困的群众享受到低保救助，全乡低保管理工作日趋合理。春节发放慰问大米及油料等100余袋，棉被20余床，慰问困难群众100多户。对贫困大学生进行了救助，救助总资金达2万元。全面完成2015年新农合、新农保任务，全乡农民获得农村合作医疗补助48.5万元，农民群众广泛受益。柏福扶贫移民工程正式启动，将柏福村5、6组部分村民移民至本村的小江背，现移民户的房屋建设已基本完成，各项附属工程建设也完成并有部分移民群众入住。

【党建工作】 加强党员教育管理，开展农村党员“党性”和“三严三实”教育等专题活动。全乡党员干部参训人数达220余人次，并积极自觉参与到打击“三强四霸”的行动中来。基层党建考核实现常态化，实行“月积分、月考核、月整改”，考核成绩纳入年终评分依据。全年共对涉及打牌、赌博的3名党员给予批评教育、治安拘留等处理。

切实增强村“两委”班子战斗力、凝聚力，为落实“一村一策一品”政策打好基础，充分发挥农村党员带头致富的模范引领作用。

万宝山乡

【经济发展】 2015年，万宝山乡主要指标都实现了预期目标，与上年同期相比，社会消费品零售总额增长明显。城镇登记失业率为0，人口自然增长率控制在7‰以内。制定了“十三五”规划。全面推进国有林场改革，成功选举职工代表，全乡7人落实提前退休政策。

【工作亮点】 一是二级公路征地拆迁工作进展顺利。征地拆迁户10户签订拆迁合同并安排了宅基地。二是“创森”工作稳步推进。共计全乡创森总投入资金约200万元。打造好乡机关及周边的绿化美化、金晒公路主干道风景带及桐子山小游园及美丽乡村建设。完成主干道到乡机关大院公路开挖平整工程，公路两边景观带及花坛建设；乡机关大院完成休闲观光亭一座；标准篮球场建设；小游园农民健身工程器材的安装；乡机关节点4000余平方米空地的整理平整，种植大小苗木8万余株，铺设草皮1000余平方米；在金晒路主干道樱花栽植3000余株，花卉小苗2万余株，撒种花种20余公斤，所有主干道大苗进行修枝整形；完成了油榨铺小游园及桐子山村秀美村庄建设。三是基础设施建设逐步完善。乡卫生院建设工程已经全部完成并通过区卫生局及相关部门验收，即将投入使用，卫生院附属工程已基本建设完成。下司口祖背岭安全饮水工程建设完成，新解决300人农村人口安全饮水问题。油榨铺、下司口、胜利、中棚4个村完成了新一轮农网改造。油榨铺村、中棚村、桐子山村共完成安保工程4公里，为群众出行安全提供保障。文明卫生创建工作。油榨铺村、下司口村及乡机关的生产生活垃圾处理焚烧工作正常运行。关闭养猪场三家、拆除金晒路沿路垃圾池十余口、杂房40余间、搬迁杂物60余处，营造干净整洁风景秀丽的宜居环境。四是社会大局和谐稳定。“两会”、清明、端午、“9.3”阅兵等节假日的重点防护期，没有出现赴省、进京的上访事件，民意查在全市排位名列前茅。五是农业产业提质增效。胜利村华源特种养殖场基地规模逐步扩大，新增猪舍500平方米，投资40多万的山香有机蔬菜专业合作社办公大楼已经落成。针对四个贫困村下派的第一书记全部到位，驻村干部与村户进行结对帮扶工作顺利展开。农村扶贫工作进展有序。

领导名录

管理区领导

党委书记	王小波
党委副书记 管委会主任	邓扬中
党委副书记	何永明
党委委员 管委会常务副主任	肖铁山
党委委员 管委会副主任	夏铁桥　邓　彪 黄守成
党委委员 纪委书记 工会主席	陈四春
党委委员	何　锋
管委会副主任 公安分局局长	沈　林
副调研员	肖申华　周旺生
副处级干部	孙国庆　汪桂林 蒋　琼
管委会主任助理 党政办主任	奉付成

区（场）直单位主要负责人

纪委监察局副书记 局长	奉青林
党委工作部部长	邓秋实
发改委负责人	徐天柱
人事劳动和社会保障局局长	奉新国

财政局局长 周国平
工会负责人 唐金林
交通局局长 赵子勇
国土资源局局长 刘保国
农村工作局局长 段建华
城建规划房产局局长 陈建军
社会事业发展局局长 邹广贤
社会保障与救助服务中心负责人 蒋 琳
经贸局负责人 杨 茜
林业局负责人 周光卓
民政局局长 赵兴国
政法委司法局负责人 张治国
计生委主任 奉晓梅
卫生局局长 蒋 琳
教育局局长 张福生
水利局局长 赵立新
旅游局局长 黎树林
审计局局长 袁 波
林业检察科科长 李传发
金洞人民法庭庭长 蒋鹏飞
计财科科长 袁小燕
林业生产科负责人 肖青发
经营管理科科长 周爱民
森林保护与开发利用服务中心主任 雷乾军

乡镇党政主要负责人

金洞镇	党委书记	邓文辉
	镇　长	周中心
晒北滩瑶族乡		
	党委书记	奉荣华
	乡　长	赵和平
石鼓源乡	党委书记	李宁信
	乡　长	刘富春
凤凰乡	党委书记	刘能华
	乡　长	苏刘振

人　物

县委书记、副书记、常委简介

周新辉

周新辉，男，汉族，湖南省东安县人，1968年8月出生，1992年6月加入中国共产党，1993年7月参加工作，中共中央党校经济管理专业毕业，研究生文化。

1993年7月从中南林学院毕业后，被省委组织部选调到道县工作，任道县仙子脚镇宣传委员。1994年8月任道县县委组织部干部。1996年3月任道县县委组织部副科级组织员（期间：1995年10月至1996年4月在湖南省计委农林水计划处跟班），1996年6月任道县梅花镇党委副书记、镇长（期间：1994年8月至1996年12月在中共中央党校函授学院经济管理专业本科学习）。1997年5月任道县白芒铺乡党委书记。1998年1月任道县寿雁镇党委书记。2001年1月任道县县委办公室主任。2002年10月任中共道县县委常委、政法委书记。2006年6月任中共道县县委常委、县人民政府副县长。（期间：2003年9月至2006年7月在中共中央党校研究生院经济管理专业研究生学习）。2010年6月任中共道县县委副书记。2012年3月任永州市经济和信息委员会党组书记、主任。2014年1月任中共祁阳县委副书记、县人民政府县长。2016年7月，任中共祁阳县委书记，8月当选为中共祁阳县委书记

金　彪

金彪，男，汉族，湖南省永州市零陵区人，1976年5月出生，1996年1月加入中国共产党，1997年7月参加工作，中共湖南省委党校法学理论专业毕业，研究生文化。

1993年7月从零陵师范高等专科学校毕业后分配到新田县新圩镇工作（期间：1998年8月至2000年12月在中共中央党校经济管理专业本科学习）。1999年12月任新田县新圩镇党委副书记。2000年4月任新田县委办公室副科级秘书。2001年9月任冷水滩区团委书记、党组书记。2004年3月任冷水滩区团委书记、党组书记、竹山桥镇党委副书记（排第一）。2004年12月任冷水滩区竹山桥镇党委书记。（期间：2005年9月至2008年7月在中共省委党校法学理论专业研究生学习）2006年2月任冷水滩区黄阳司镇党委书记。2008年1月任冷水滩区人民政府党组成员，区人民政府办公室主任、党组书记。2010年6月任冷水滩区人民政府副区长。2011年2月任蓝山县委常委、纪委书记。2013年12月任永州市城市建设投资发展有限责任公司董事长、总经理、党委书记。2015年11月任永州市城市建设投资发展集团有限责任公司董事长、党委书记。2016年7月任中共祁阳县委副书记、县人民政府县长候选人。2016年8月任中共祁阳县委副书记、县人民政府副县长、代县长、党组书记。同月当选为中共祁阳县委副书记，11月当选为祁阳县人民政府县长。

黄赞校

黄赞校，男，汉族，湖南省东安县人，1969年2月出生，1994年8月加入中国共产党，1990年7月参加工作，中共湖南省委党校经济专业毕业，研究生文化。

1990年7月从湘潭大学毕业后分配到零陵地区统计局工作。1993年8月任零陵地区统计局电子计算站副站长。1997年4月任永州市统计事务所所长。1998年5月任永州市农调队队长。2003年12月任永州市统计局综合科科长。2007年12月任永州市统计局总统计师。2009年8月任永州市人民政府常务会秘书。2012年2月任新田县委常委、纪委书记。2015年4月任中共祁阳县委常委、县人民政府常务副县长。2016年8月任中共祁阳县委副书记候选人、县人民政府常务副县长。同月当选为中共祁阳县委副书记。

唐晓波

唐晓波，男，汉族，湖南省永州市零陵区人，1972年9月出生，2003年12月加入中国共产党，1995年7月参加工作，中南大学工商管理专业毕业，研究生文化，工商管理硕士。

1995年7月从湖南师范大学毕业后分配到永州市四中工作。1999年8月至2002年7月在中南大学工商管理专业研究生学习，获工商管理硕士学位。2002年7月任湘潭工学院教师。2003年8月任江永县人民政府副县长候选人。2003年11月任江永县人民政府副县长。2005年3月任江永县人民政府副县长、党组成员。2010年1月任中共双牌县委常委。2011年6月任中共双牌县委常委、纪委书记。2015年4月任中共新田县委常委、县人民政府常务副县长。2016年8月，任中共祁阳县委常委、县人民政府常务副县长候选人、党组副书记。同月当选为中共祁阳县委常委，11月当选为祁阳县人民政府常务副县长。

郑国荣

郑国荣，男，汉族，湖南省永州市零陵区人，1968年10月出生，1997年7月加入中国共产党，1989年8月参加工作，中央广播电视大学金融学专业毕业，大学本科文化。

1989年8月从沈阳第一工业学校毕业后分配到零陵地区教学仪器站工作。1994年4月任零陵地区教委计财科干事。1996年4月任永州市教委计财科干事。1997年6月任中共永州市委组织部干部科干事。1999年12月任中共永州市委组织部副科级组织员。（期间：2002年12月国防科学技术大学计算机应用专业自考本科毕业）2002年12月任中共永州市委组织部干部一室副主任。（期间：2004年8月至2007年6月在中央广播电视大学金融学专业本科学习）2009年8月任中共永州市委基层党建领导小组办公室主任（副处级）。2016年8月任中共祁阳县委常委候选人（组织部长）。同月当选为中共祁阳县委常委。

廖道南

廖道南，男，汉族，湖南省新田县人，1966年1月出生，1993年11月加入中国共产党，1988年7月参加工作，中共中央党校函授学院经济管理专业毕业，大学本科文化。

1988年7月从零陵农校毕业后分配到零陵地区农业局工作。1991年3月任零陵地区老龄办干部。1994年2月任零陵地区老龄办副科级秘书。（期间：1992年3月至1995年5月湘潭大学文秘专业学习）。1998年3月任永州市老龄办老有所为科科长。1999年8月任永州市老龄办副主任。2002年1月任永州市民政局干部。2002年3月任永州市民政局监察室主任。（期间：2000年8月至2002年12月中共中央党校函授学院经济管理专业本科学习）2004年3月任永州市纪委监察局正科级干部。2004年6月任永州市纪委监察局正科级纪检监察员。2008年12月任永州市纪委监察局纪检监察一室副主任。2010年6月任永州市纪委党风廉政室主任。2010年9月任永州市纪委纪检监察二室主任。2014年10月任永州市纪委第五纪检监察室主任。2016年8月任中共祁阳县委常委、纪委书记候选人。同月当选为中共祁阳县委常委、纪委书记。

陈　莉

陈莉，女，汉族，湖南省宁远县人，1978年7月出生，1998年7月加入中国共产党，1996年9月参加工作，中共湖南省委党校法学理论专业毕业，研究生文化。

1996年9月从湖南女子职业大学毕业后分配到冷水滩区珊瑚乡政府工作。1998年4月任中共冷水滩区委组织部干部。（期间：1999年9月至2001年7月中共湖南省委党校经济管理专业专科学习，2001年9月至2003年12月中共湖南省委党校法律专业本科学习）2002年7月任冷水滩区直属党委副书记。2003年4月任冷水滩区直属党委副书记、纪委书记。2004年12月任冷水滩区团区委副书记（排第一）、党组书记。2005年8月任冷水滩区团区委书记、党组书记。2006年12月任冷水滩区岚角山镇党委副书记、镇长候选人、团区委书记、党组书记。2007年2月任冷水滩区岚角山镇党委副书记、镇长候选人、团区委书记。2007年10月任冷水滩区岚角山镇党委副书记、镇长。2008年5月任冷水滩区工业园区党委书记。（期间：2010年9月至2013年6月湖南省委党校法学理论专业研究生学习）2011年6月任冷水滩区委常委、区人民政府副区长、工业园区党委书记。2011年7月任冷水滩区委常委、统战部长、区人民政府副区长、党组副书记，工业园区党委书记、区政协党组副书记。2012年1月任冷水滩区委常委、统战部长、区人民政府副区长、党组副书记、区政协党组副书记。2015年4月任冷水滩区委常委、区人民政府副区长、党组副书记。2016年8月任中共祁阳县委常委候选人（宣传部长）。同月当选为中共祁阳县委常委。

龚红辉

龚红辉，男，汉族，湖南省双峰县人，1974年10月出生，1994年6月加入中国共产党，1992年12月参加工作，沈阳炮兵学院牵引火炮指挥专业毕业，大学本科文化。

1992年12月在38集团军112师336团炮兵营榴炮3连入伍任班长。1995年9月就读于沈阳炮兵学院。1998年7月任41集团军121师炮兵团2营4连1排排长。2000年6月任41集团军装甲旅榴炮营1连2排排长。2000年8月任41集团军装甲旅榴炮营1连副连长。2001年12月任41集团军装甲旅榴炮营1连代理连长。2002年6月任41集团军装甲旅榴炮营1连连长。2005年6月任41集团军装甲旅司令部炮兵科科长。2009年2月任41集团军装甲旅副参谋长。2011年12月任装甲第15旅副参谋长。2013年3月至今任中共祁阳县委常委、人武部部长。2016年8月当选为中共祁阳县委常委。

刘建能

刘建能，男，汉族，湖南省永州市冷水滩区人，1966年12月出生，1991年11月加入中国共产党，1986年1月参加工作，中央广播电视大学法学专业毕业，大学本科文化。

该同志1986年1月在原冷水滩市公安局普利桥派出所参加工作。1986年11月任原冷水滩市公安局刑侦大队民警。1988年8月任原冷水滩市公安局拘留所民警。1989年6月任原冷水滩市公安局刑侦大队民警。（期间：1987年1月至1990年12月湘潭大学法律专业大专学习）1996年10月任永州市公安局冷水滩分局上岭桥派出所所长。2001年2月任永州市公安局冷水滩分局肖家园派出所所长。2002年8月任永州市公安局冷水滩分局政工室主任。2003年12月任永州市公安局冷水滩分局副局长。（期间：2003年9月至2005年

4月中央广播电视大学法学专业本科学习）2008年12月任永州市公安局纪委（监察室）副书记。2010年6月任江永县人民政府党组成员，县公安局局长、党委书记。2012年9月任江永县人民政府副县长，县公安局局长、党委书记。2015年4月任中共江永县委常委、政法委书记，县人民政府副县长，县公安局局长、党委书记。2015年11月任中共江永县委常委、政法委书记。2016年8月至今任中共祁阳县委常委候选人、县委政法委书记。同月当选为中共祁阳县委常委。

张少宣

张少宣，男，汉族，湖南省道县人，1968年12月出生，1994年5月加入中国共产党，1990年8月参加工作，湘潭大学历史专业毕业，大学本科文化，历史学学士。

1990年从湘潭大学毕业后分配到道县一中工作。1994年9月任道县县委政策研究室科员。1998年1月任道县县委政策研究室副主任（副科级）。1998年7月任道县县委办政策研究室主任。2000年1月任道县县委办公室副主任。2002年3月任道县县委办公室副主任、县委保密局局长。2004年3月任永州市人民政府办公室主任科员。2005年1月任永州市人民政府办公室综合调研室副主任。2010年3月任永州市人民政府办公室文秘室副主任。2010年9月任永州市人民政府研究室副主任。2015年4月任中共双牌县委常委、县委办主任、宣传部长。2016年8月至今任中共祁阳县委常委候选人（县委办主任）。同月当选为中共祁阳县委常委。

唐明生

唐明生，男，汉族，湖南省祁阳县人，1968年4月出生，1990年6月加入中国共产党，1990年6月参加工作，中央党校函授学院法律专业毕业，大学本科文化。

1990年6月任祁阳县狭江乡团委书记。1991年7月任祁阳县龚家坪乡计生专干。1995年6月任祁阳县龚家坪镇计生办主任。1997年6月任祁阳县龚家坪镇龚家坪办事处主任。1998年7月任祁阳县龚家坪镇龚家坪办事处总支书记。2001年11月任祁阳县龚家坪镇党委副书记兼龚家坪办事处总支书记。2003年3月任祁阳县龚家坪镇党委副书记。2004年5月任祁阳县黎家坪镇党委副书记、镇长。2007年4月任祁阳县委办公室副主任。2008年1月任祁阳县羊角塘镇党委书记。2011年1月任祁阳县委农村工作部部长、县政府农村工作办公室主任、党组副书记。2012年9月任祁阳县人民政府党组成员、县人民政府办公室党组书记、主任。2016年8月任中共祁阳县委常委候选人（统战部长）、县人民政府党组成员、县人民政府办公室党组书记、主任。同月当选为中共祁阳县委常委。

县人大常委会主任、副主任简介

邓晓阳

邓晓阳，男，汉族，湖南省祁阳县人，1962年10月出生，1992年12月加入中国共产党，1982年7月参加工作，中共中央党校函授学院法律专业毕业，大学本科文化。

1982年7月从衡阳财政会计学校毕业后分配到祁阳县木材公司工作。1985年1月任祁阳县审计局审计员、副股长。1992年9月任祁阳县委办公室秘书。1995年1月任祁阳县观音滩区副区长，6月任祁阳县茅竹镇工委副书记，9月任祁阳县茅竹镇党委副书记。1999年10月任祁阳县茅竹镇党委副书记、镇长候选人。2000年3月任祁阳县茅竹镇党委副书记、镇长。2001年4月任祁阳县茅竹镇党委书记。2005年7月任祁阳县财政局党组副书记、局长。2011年6月任祁阳县人民政府副县长候选人、县财政局党组副书记、局长。2011年7月任祁阳县人民政府副县长、党组成员，县财政局党组副书记、局长。2012年2月任祁阳县人民政府副县长、党组成员。2012年5月任中共祁阳县委常委、县人民政府党组成员。2012年7月任中共祁阳县委常委、县委办主任、县人民政府党组成员。2012年11月任中共祁阳县委常委、县委办主任。2016年8月任祁阳县人大常委会主任候选人、党组副书记，11月任县人大常委会党组书记，并当选为县人大常委会主任。

刘晓春

刘晓春，男，汉族，湖南省祁阳县人，1963年10月出生，1992年1月加入中国共产党，1982年1月参加工作，湖南经济管理干部学院企业管理专业毕业，大学本科文化，工学学士，工程师。

1982年1月从湖南省机械工业学校毕业后分配到祁阳县浯溪机器总厂工作，历任技术员、厂办主任、厂长助理。1987年5月任祁阳县电机厂助理工程师、企管办主任。1990年5月任祁阳县经委综合干事、生产调度员。1991年12月任祁阳县工业局副局长。1993年12月任祁阳县工业局副局长、县机械制造厂厂长、党委书记。1995年10月任祁阳县经委副科级委员、县三电办副主任。1998年3月任祁阳县二轻局党委书记、局长。2002年2月任祁阳县经贸委党组副书记、主任。2005年5月任祁阳县经贸委党组副书记、主任兼任祁阳工业园区党工委副书记、管委会副主任、白水科技工业园党组书记。2008年2月任祁阳工业园区管委会主任，县人民政府党组成员。2010年9月任祁阳工业园区（2012年4月更名为祁阳经济开发区）党工委书记。2012年9月，任祁阳县人大常委会副主任、党组成员。2016年11月当选为县人大常委会副主任。

谢铁山

谢铁山，男，汉族，湖南省祁阳县人，1965年8月出生，无党派人士，1989年7月参加工作，南京建筑工程学院工程测量专业毕业，大学本科文化，工学学士，高级工程师，注册规划师。

1989年7月从南京建筑工程学院毕业后分配在城乡规划办工作。1993年3月任祁阳县城镇规划局管理股副股长，股长。1998年5月任祁阳县城镇规划局副局长。2001年4月任祁阳县规划局局长。2002年2月任祁阳县规划建设局局长。2002年12月任祁阳县政协副主席、县规划建设局局长。2007年11月任祁阳县人民政府副县长、县规划建设局局长。2008年1月任祁阳县人民政府副县长。2016年8月任祁阳县人民政府副县长、县人大常委会副主任候选人。11月当选为县人大常委会副主任。

桂富生

桂富生，男，汉族，湖南省祁阳县人，1963年11月出生，1985年11月加入中国共产党，1982年1月参加工作，中共湖南省委党校函授学院投融资专业毕业，大学本科文化。

1982年1月从湖南省水利学校毕业后分配到祁阳县内下电站工作。1983年9月至1986年7月浙江大学水利水电工程建筑专业大专学习。1986年7月任祁阳县内下电站技术干部。1987年5月任祁阳县内下电站工程股副股长。1991年3月任祁阳县内下电站管理局副局长。1999年10月任祁阳县水利局副局长、人民电站总支书记、站长。2002年2月任祁阳县内下电站管理局党委书记、局长。2008年1月任祁阳县规划建设局党组副书记、局长。2010年9月任祁阳县人民政府党组成员，县人民政府办公室主任、党组书记。2012年8月任祁阳工业园区管委会主任，县人民政府党组成员，县人民政府办公室主任、党组书记。2012年9月任祁阳工业园区管委会党工委副书记、主任，县人民政府党组成员。2014年9月任祁阳经济开发区管委会党工委副书记、主任，县人民政府党组成员。2016年

8月任祁阳县人大常委会副主任候选人、党组成员。11月当选为县人大常委会副主任。

刘双顺

刘双顺，男，汉族，湖南省祁阳县人，1964年9月出生，1994年1月加入中国共产党，1984年8月参加工作，北京师范大学物理专业毕业，大学本科文化。

1984年8月从衡阳师范专科学校毕业后分配到零陵师专附属中学工作。1989年10月任祁阳县电教育馆实验员、教研员。1995年6月任祁阳县教委电教馆副馆长。1996年3月任祁阳县教委普教组组长。1997年4月任祁阳县教委副主任。2002年2月任祁阳县二中校长。2003年3月任祁阳县二中党总支书记、校长。2011年1月任祁阳县商务局党组书记、局长。2012年2月任祁阳县教育局党委副书记、局长。2012年8月任祁阳县教育局党委副书记、局长兼县职业中专党总支书记。2013年12月任祁阳县教育局党委书记、局长。2016年8月任祁阳县人大常委会副主任候选人、县教育局党委书记、局长。11月当选为县人大常委会副主任。

唐　江

唐江，女，汉族，湖南省祁阳县人，1968年7月出生，1993年12月加入中国共产党，1989年8月参加工作，中央党校函授学院法律专业毕业，大学本科文化。

1989年8月从湖南大学毕业后分配到祁阳县文明铺镇工作。1992年1月任祁阳县高码头乡妇联主席。1995年1月任祁阳县文明铺镇纪委书记。1995年3月任祁阳县政府办秘书组组长。1998年5月任祁阳县委驻县政府办副科级组织员。2002年2月任祁阳县妇联主席、党组副书记。（期间：2001年8月至2003年12月中共中央党校函授学院法律专业本科学习），2008年1月任祁阳县总工会党组书记、副主席。2010年9月任中共祁阳县委组织部副部长。2016年8月任祁阳县人大常委会副主任候选人、县委组织部副部长。11月当选为县人大常委会副主任。

县人民政府县长、副县长简介

金　彪

（见县委书记、副书记、常委简介）

唐晓波

（见县委书记、副书记、常委简介）

陈环玉

陈环玉，男，汉族，湖南省祁阳县人，1962年7月出生，1986年12月加入中国共产党，1982年7月参加工作，中共中央党校经济学专业毕业，研究生文化。

1982年7月从衡阳供销学校毕业后分配在到祁阳县土产公司工作。1984年4月任祁阳县赤塘乡司法民政助理。1985年5月任祁阳县下马渡镇副镇长。1989年1月任祁阳县云盘甸乡党委书记。1992年11月任祁阳县潘家埠区委副书记。1994年12月任祁阳县大村甸区委副书记、区长。1995年6月任祁阳县大村甸镇工委副书记、管委会主任。1995年9月任祁阳县大村甸镇党委副书记、镇长。1995年12月任祁阳县黄泥塘镇党委书记。1999年10月任祁阳县浯溪镇党委书记。2002年9月任祁阳县委常委、浯溪镇党委书记。2003年2月任祁阳县委常委、统战部长。（期间：2003年8月至2004年1月挂职任上海市金山区山阳镇党委副书记）2006年7月任祁阳县委常委、县委宣传部部长。2011年6月任祁阳县人民政府副县长、党组成员。2016年11月当选为祁阳县人民政府副县长。

柏曼红

柏曼红，女，汉族，湖南省祁阳县人，1968年12月出生，无党派人士，1989年7月参加工作，中共湖南省委党校经济管理专业毕业，研究生文化。

1989年7月从零陵师专中文专业毕业后分配到祁阳县城关镇一中工作。1992年6月任祁阳大华山电视差转台干部。1993年3月任祁阳县电视台干部。1996年5月任祁阳县广播电视局专题文艺部主任。1998年5月任祁阳县文化局副局长。2000年5月任祁阳县广播电视局副局长。2002年12月任祁阳县政协委员会副主席、县广播电视局副局长。2007年11月任祁阳县人大常委会副主任、县广播电视局副局长。2008年1月任祁阳县人大常委会副主任。2016年8月位任祁阳县人大常委会副主任、县人民政府副县长候选人。11月当选为祁阳县人民政府副县长。

陈志标

陈志标，男，汉族，湖南省衡阳县人，1967年12月出生，1988年10月加入中国共产党，1986年1月参加工作，中共湖南省委党校行政管理专业毕业，大学专科文化。

1986年1月在原永州市公安局富家桥派出所参加工作。1986年6月任原永州市公安局朝阳派出所民警。1987年4月任原永州市公安局菱角塘派出所民警。（期间：1988年9月至1991年6月中共湖南省委党校行政管理专业大专学习）1989年3月任原永州市公安局南津渡派出所副所长。1991年4月任原永州市公安局户政股副股长。1992年5月任永州市公安局户政股副股长。1997年7月任永州市公安局芝山分局黄田铺派出所所长。1999年4月任永州市公安局芝山分局徐家井派出所教导员（副科级）。1999年10月任永州市公安局芝山分局南津渡派出所所长。2002年12月任永州市公安局芝山分局副主任科员、法制股股长。2004年2月任永州市公安局芝山分局主任科员、法制股股长。2005年7月任永州市公安局零陵分局法制股股长、正科级侦察员。2008年8月任永州市公安局零陵分局党委委员、副局长、正科级侦察员。2010年6月任永州市公安局法制和信访办公室主任（副处级）、零陵分局党委委员、副局长。2010年9月任永州市公安局法制和信访办公室主任（副处级）。2012年8月任江华瑶族自治县人民政府党组成员、县长助理、县公安局局长、党委书记。2012年9月任江华瑶族自治县人民政府党组成员、副县长、县公安局局长、党委书记。2015年9月任祁阳县人民政府副县长、县公安局局长。2016年3月任祁阳县人民政府副县长、党组成员、县公安局局长、党委书记。11月当选为祁阳县人民政府副县长。

周树和

周树和，男，汉族，湖南省隆回县人，1977年9月出生。1996年1月加入中国共产党，1996年9月参加工作，在职研究生，法律援助律师，二级人力资源管理师。

1996年9月至2002年10月在湖南省雪峰水泥集团有限公司工作，2002年10月至2003年10月任湖南省坪塘劳教所见习民警，2003年10至2006年3月任坪塘劳教所销售科科员，2006年3月至2007年6月任省坪塘劳教所副科级干部，2007年6月至2008年11月任任省坪塘劳教所正科级干部，2008年11月至2011年7月任省司法厅政策法规处主任科员，2011年7月至2012年2月任省司法厅政策法规处副处长，2012年2月至2015年6月任省法律援助中心副主任，2015年6月任省司法厅法律援助工作处副处长。2016年3月任祁阳县人民政府副县长（挂职）。

周贞霖

周贞霖，男，汉族，湖南省道县人，1970年12月出生，1989年5月加入中国共产党，1993年8月参加工作，中共湖南省委党校经济管理专业毕业，研究生文化。

1993年7月从湖南师范大学毕业后分配到祁阳县祝兴乡

工作。1994年3月任祁阳县马江乡宣传委员。1995年6月任祁阳县大忠桥镇工委委员、组织部长。1995年9月任祁阳县大忠桥镇党委委员、组织部长。1997年1月任祁阳县大忠桥镇马江办事处总支书记。1998年7月任祁阳县大忠桥镇党委委员、副镇长。2000年1月任祁阳县大忠桥镇党委委员、副镇长，大忠桥办事处总支书记。2001年4月任祁阳县大忠桥镇党委副书记、镇长。2003年2月祁阳县大忠桥镇党委书记。2008年1月任祁阳县肖家村镇党委书记。（期间：2005年9月至2008年7月中共湖南省委党校经济管理专业研究生学习）。2011年1月任中共祁阳县委办公室副主任（排第一）。2012年12月任祁阳县人口和计划生育委员会党组副书记、主任。2016年3月任祁阳县交通运输局党委书记、局长。2016年8月至今任祁阳县人民政府副县长候选人、县交通运输局党委书记、局长。11月当选为祁阳县人民政府副县长。

彭国锋

彭国锋，男，汉族，湖南省祁东县人，1970年10月出生，1993年3月加入中国共产党，1991年8月参加工作，中共中央党校法律专业毕业，大学本科文化。

1991年7月从零陵地区商业学校毕业后分配到祁阳县高码头乡工作。1992年3月任祁阳县大坪铺乡秘书。1994年1月任祁阳县高码头乡副乡长。1995年6月任祁阳县文明铺镇城建办主任。（期间：1996年9月至1999年6月湘潭大学文秘专业自考专科学习）1997年6月任祁阳县文明铺镇党政办主任。1998年7月任祁阳县文明铺镇狭江办事处党总支书记。2001年11月任祁阳县文明铺镇党委副书记、纪委书记。2004年5月任祁阳县文明铺镇党委副书记、镇长。（期间：2006年8月至2008年12月中共中央党校函授学院法律专业本科学习）2007年4月任祁阳县文明铺镇党委书记。2011年3月任祁阳县人口计生委主任。2012年11月任祁阳县劳动和社会保障局党组副书记、局长。2013年12月任祁阳县劳动和社会保障局党组书记、局长。2016年3月任祁阳县人力资源和社会保障局党组书记、局长、县委组织部副部长（兼）。2016年8月任祁阳县人民政府副县长候选人、县人力资源和社会保障局党组书记、局长、县委组织部副部长（兼）。11月当选为祁阳县人民政府副县长。

刘　军

刘军，男，汉族，湖南省祁阳县人，1976年8月出生，2002年6月加入中国共产党，1997年9月参加工作，湘潭大学法律专业毕业，大学本科文化，法律硕士学位。

1997年9月从郑州工业高等专科学校毕业后分配到祁阳县人民检察院工作。2003年10月任祁阳县人民检察院侦查股股长。（期间：2001年8月至2003年12月中共中央党校法律专业本科学习）。2004年7月任中共祁阳县委组织部干事。（期间：1998年7月至2004年12月湘潭大学法律专业本科学习）2004年12月任中共祁阳县委组织部党建室副主任。2007年7月任中共祁阳县委组织部电教室主任（副科级）。2009年3月任中共祁阳县委组织部党建室主任（副科级）。（期间：2007年8月至2010年6月湘潭大学法律专业学习，获法律硕士学位）。2012年2月任祁阳县内下乡党委副书记、乡长。2012年8月任祁阳县内下乡党委书记。2014年12月任祁阳县肖家村镇党委书记。2016年8月任祁阳县人民政府副县长候选人、肖家镇党委书记。11月当选为祁阳县人民政府副县长。

政协祁阳县委员会主席、副主席简介

郑增啟

郑增啟，男，汉族，湖南省祁阳县人，1963年12月出生，1989 年 11 月加入中国共产党，1987 年 2 月参加工作，中共中央党校函授学院法律专业毕业，大学本科文化。

1987 年 2 月在祁阳县太平乡政府参加工作。1988 年 2 月任祁阳县肖家村镇政府科技助理。1991 年 2 月任祁阳县百里乡副乡长。1992 年 9 月任祁阳县百里乡党委副书记、乡长。1995 年 6 月任祁阳县八宝镇管委会副主任。1995 年 9 月任祁阳县八宝镇副镇长。1998 年 7 月任祁阳县八宝镇党委委员、副镇长。2000 年 1 月任祁阳县八宝镇党委副书记。2001 年 4 月任祁阳县八宝镇党委副书记、镇长。2004 年 5 月任祁阳县八宝镇党委书记。2007 年 6 月任金洞管理区（林场）党委委员、纪委书记。2009 年 8 月任金洞管理区（林场）党委副书记。2015 年 4 月任冷水滩区委常委、宣传部长。2016 年 8 月任祁阳县政协主席候选人、党组副书记。11 月任县政协党组书记，并当选为祁阳县政协主席。

陈振文

陈振文，男，汉族，湖南省江华县人，1967 年 12 月出生，1992 年 1 月加入中国共产党，1992 年 7 月参加工作，中共中央党校函授学院法律专业毕业，大学本科文化，农业推广专业硕士。

1992 年 7 月从零陵师专物理专业毕业后分配到宁远县仁和乡政府工作。1992 年 7 月任宁远县仁和乡政府办公室主任、副乡长。1994 年 6 月任祁阳县潘市镇副镇长。1995 年 1 月任祁阳县木梓圩乡党委书记。1995 年 6 月任祁阳县白水镇工委副书记。1995 年 9 月任祁阳县白水镇党委副书记。1996 年 12 月任祁阳县肖家村镇党委副书记。2001 年 4 月任祁阳县肖家村镇党委副书记、镇长。2003 年 2 月任祁阳县肖家村镇党委书记。2004 年 5 月任祁阳县林业局党委副书记、局长。2010 年 9 月任祁阳县委组织部副部长。2012 年 9 月任祁阳县政协副主席、县委组织部副部长。2012 年 11 月任祁阳县政协副主席、党组副书记、县委组织部副部长。2012 年 12 月任祁阳县政协副主席、党组副书记。2016 年 11 月当选为祁阳县政协副主席。

于建春

于建春，女，汉族，黑龙江省齐齐哈尔人，1962 年 2 月出生，无党派人士，1983 年 7 月参加工作，中共中央党校函授学院法律专业毕业，大学本科文化。

1983 年 7 月衡阳师范专科学校体育专业毕业后分配在祁阳一中工作。1999 年 10 月任祁阳二中副校长。2007 年 11 任祁阳县政协委员会副主席、祁阳二中副校长。2008 年 1 月任祁阳县政协副主席。2016 年 11 月当选为祁阳县政协副主席。

文英雄

文英雄，女，汉族，湖南祁阳县人，1965 年 6 月出生，1990 年 12 月加入中国共产党，1984 年 3 月参加工作，中共中央党校函授学院法律专业毕业，大学本科文化。

1984 年 3 月任祁阳县睦关头乡妇联主任。1986 年 12 月任祁阳县下马渡镇妇联主任。1989 年 2 月任祁阳县梅溪镇乡秘书。1992 年 10 月任祁阳县马鞍岭乡宣传委员。1994 年 3 月任祁阳县潘家埠区妇联主任、团委书记。1995 年 1 月任祁阳县马鞍岭乡乡长。1995 年 6 月任祁阳县潘市镇工委副书记、管委会主任。1995 年 9 月任祁阳县潘市镇党委副书记、镇长。1999 年 10 月任祁阳县七里桥镇党委副书记、镇长。2001 年 4 月任祁阳县浯溪镇党委副书记、镇长。2004 年 5 月任祁阳县纪委副书记、监察局局长。2004 年 12 月任祁阳县纪委副书记、监察局长、县人民政府党组成员。2012 年 9 月任祁阳县政协副主席、县纪委副书记、县人民政府党组成员。2012 年 11 月任祁阳县政协副主席、党组成员、县纪委副书记。2012 年 12 月任祁阳县政协副主席、党组成员。2016 年 11 月当选为祁阳县政协副主席。

黄爱蓉

黄爱蓉，女，汉族，湖南祁阳县人，1972年8月出生，无党派人士，1995年8月参加工作，湖南师范大学教育专业毕业，大学本科文化，教育学学士。

1995年8月从湖南师范大学教育专业毕业后分配到祁阳县广播电视局工作。1998年7月任祁阳县七里桥镇副镇长。2000年10月任祁阳县工商业联合会副会长、秘书长。2002年2月任祁阳县工商联合会专职副会长。2004年5月任祁阳县工商业联合会会长。2008年1月任祁阳县文化局局长、新闻出版局局长、版权局局长。2012年2月任祁阳县文化广电新闻出版局局长。2012年9月任祁阳县政协副主席（兼）、县文化广电新闻出版局局长。2016年3月位任祁阳县政协副主席（兼）、县文化体育广电新闻出版局局长。2016年11月当选为祁阳县政协副主席。

桂 湘

桂湘，男，汉族，湖南祁阳县人，1962年8月出生，无党派人士，1982年8月参加工作，湖南农学院衡阳分院牧医专业毕业，大学专科文化。

1982年8月从湖南农学院衡阳分院牧医专业毕业后分配到祁阳县何公庙公社工作。1982年8月任祁阳县何公庙公社秘书。1984年3月历任祁阳县农业局技术干部、副股长、股长。1996年10月任祁阳县委统战部干部、县侨联负责人。1998年7月任祁阳县归国华侨联合会副主席。2002年2月任祁阳县归国华侨联合会专职副主席。2004年1月任祁阳县民族宗教事务办公室副主任。2004年6月任祁阳县归国华侨联合会主席（兼）、县民族宗教事务办公室副主任。2007年5月任永州市侨联副主席（兼）、祁阳县归国华侨联合会主席、县民族宗教事务办公室副主任。2010年8月任永州市侨联副主席（兼）、祁阳县民族宗教事务办公室主任。2012年2月任永州市侨联副主席（兼）、祁阳县民族宗教事务局局长。2012年8月任祁阳县政协副主席、县民族宗教事务局局长。2012年9月任祁阳县政协副主席、县工商联合会主席候选人。2013年11月位任祁阳县政协副主席、县工商业联合会主席。2016年11月当选为祁阳县政协副主席。

省以上道德模范人物简介

刘 菁

刘菁，男，1969年9月出生，中共党员，大学本科文化，祁阳县非税收入征收管理局副局长。

1991年7月毕业于湖南财经学院，同年9月分配到原肖家村区汪家乡财政所工作，1993年2月任百里乡财政所所长，1993年3月至1994年12月参加中央党校函授学院经营管理专业学习，1995年5月加入中国共产党，1997年11月任八宝镇财政所所长，2000年2月任白水镇财政所所长，2007年5月任祁阳县非税收入征收管理局副局长，同年10月兼任祁阳县城镇建设投资开发有限公司财务总监。1999年因财政税收工作成绩突出荣立县人民政府三等功，2004年因创建省文明财政所荣立县人民政府三等功，2013年因在城镇建设融资工作和祁冷公路建设中有突出贡献荣立县人民政府三等功，期间多次受到县人民政府嘉奖。他不仅老老实实做人，勤勤恳恳做事，更是一名广博众邻称赞的孝亲敬老典范。十多年来，他不但无微不至照顾年过八旬且体弱多病的父母，更为感人至深的是他含辛茹苦义务赡养孤寡老人杨谷8年，赢得了社会的广泛赞誉。2004年，经过层层评选，获得了“全国孝亲敬老之星”荣誉称号，2015年荣获“祁阳县道德模范”称号。

李 彤

李彤，男，中共党员，1970年1月出生，大学文化，1992年参加工作，现为祁阳县公安局交警大队民警、祁阳县“雷锋”号志愿者协会常务副会长、祁阳县第十届政协常委。

李彤自参加工作以来，先后在县百纺公司、县财政局、县交警大队工作，在一个个平凡而又朴实的工作岗位上，真正做到干一行、爱一行且干好一行。10多年来，组织开展以“向雷锋同志学习、奉献爱心、服务社会”为主题的慈善活动，把志愿服务工作作为自己的第二职业，先后兼任祁阳县“雷锋号”志愿队执行队长、祁阳县浯溪街道义工协会副会长、祁阳县浯溪街道党员志愿队秘书长、祁阳县雷锋号志愿者协会常务副会长，带领“雷锋号”志愿队的队员们走访慰问弱势群体、孤残老人、留守儿童、特困党员，为他们捐款捐物，奉献爱心，跑遍全县所有的敬老院、学校，个人捐款捐物达200多次，通过筹集资金和捐款捐物价值达200多万元用于帮助他人，深受人民群众好评、社会各界赞誉和各级领导肯定。2009年荣获祁阳县委县政府“先进个人”称号；2010年荣获永州市慈善总会“优秀义工”称号；2011年荣获永州市“五星志愿者”光荣称号；2015年先后荣获祁阳县“优秀政协委员”和湖南省“最美志愿者”光荣称号。“花开不是为了花落，而是为了更灿烂”，这是他常说的一句话，他也在用自己的实际行动来实践对这句话的庄重承诺。

唐建军

唐建军，男，1970年8月出生，大专文化，中共党员，现任祁阳县环卫绿化管理处主任。

1987年11月应征入伍，在部队多次立功受奖，1990年被中央军委授予“首都卫士”荣誉称号。1993年6月转业到祁阳县原观音滩区滴水乡任计划生育专干；1995年5月任茅竹镇计生办主任；2000年9月任龚家坪镇党委委员、武装部部长；2004年10月任龚家坪镇党委副书记、政协联工会主任；2006年6月任龚家坪镇人大主席；2009年3月任祁阳县市场管理局党组成员、副局长；2015年9月任祁阳县环卫绿化管理处主任。曾先后4次被中共祁阳县委、县政府记“三等功”，5次嘉奖，多次评为优秀共产党员。

唐建军为人正直、乐于助人。2013年2月2日（农历十二月二十二日），年关临近，雨雪纷飞，一辆从常宁开往金洞方向载有12人的面包车，至小金洞乡电站上游200米处时坠入金洞河中。正与同事去内下乡慰问困难群众的唐建军见状，挺身而出，从4.5米高的河堤上跳入接近零度的河水中，成功抢回2位宝贵的生命。他救人后就默默地离开了。后经过多方面的了解、查证，8月，唐建军被金洞管理区确认为“见义勇为”行为。2014年5月，有关方面通过祁阳县政法委终于找到唐建军，为他补发见义勇为认定证书。2014年，唐建军评为祁阳县第二届道德模范、永州市第四届道德模范，2015年评为湖南省见义勇为道德模范，2016年入选中国见义勇为好人。

主要统计资料

综合经济统计资料

指标名称	计算单位	2015 年	2014 年	15 年比 14 年（±%）
地区生产总值	万元	2400209	2186845	110.0
第一产业增加值	万元	488203	448051	103.7
其中：农业	万元	283275	263409	102.5
其中：林业	万元	38961	35849	108.0
其中：牧业	万元	98278	89839	101.0
其中：渔业	万元	61448	53135	111.7
其中：农林牧渔业服务业	万元	6242	5819	107.3
第二产业增加值	万元	887592	828985	110.6
其中：工业	万元	733338	686427	110.9
其中：规模以上工业	万元	512672	471342	112.1
建筑业	万元	155178	142558	108.5
第三产业增加值	万元	1030656	909809	111.9
其中：交通运输、仓储和邮政业	万元	79307	78870	103.0
其中：批发和零售业	万元	98440	91912	107.4
其中：住宿和餐饮业	万元	30452	28008	108.2

财政、金融和保险统计资料

指标名称	计算单位	2015 年	2014 年	15 年比 14 年（±%）
财政总收入	万元	129036	110106	117.2
其中：地方财政一般预算收入	万元	85326	72527	117.7
各项税收	万元	95494	81546	117.1
地方财政一般预算支出	万元	412253	352397	117.0
其中：农业支出	万元	63276	54802	115.5
科学支出	万元	2881	2560	112.5
教育支出	万元	89004	77590	114.7
年末金融机构各项存款余额	万元	2563518	2245137	114.2

续表

指标名称	计算单位	2015 年	2014 年	15 年比 14 年（±%）
其中：城乡居民储蓄存款余额	万元	2179997	1944399	112.1
年末金融机构各项贷款余额	万元	932724	822148	113.4
其中：涉农贷款	万元	862921	751608	114.8

工业和建筑业统计资料

指标名称	计算单位	2015 年	2014 年	15 年比 14 年（±%）
国有及年销售收入 2000 万元以上的：				
工业企业个数	个	108	97	111.3
工业企业总产值	万元	184.36	158.79	116.1
外商及港澳台商投资企业	万元	22.48	17.91	125.5
从业人员平均人数	万人	2.1	1.6	131.3
产品主营业务收入	亿元	142.663	148.33	96.2
本年应交增值税	亿元	2.55	3.43	74.3
利润总额	亿元	3.23	4.47	72.3
规模以下工业企业产值	万元	999312	934012	107.0
建筑业	—	—	—	—
建筑业增加值	万元	155178	142558	108.9
资质以上建筑业企业个数	个	17	15	113.3
资质以上建筑企业年末从业人数	人		11886	0.0
资质以上建筑企业总产值	万元	290647	251203	115.7

交通运输、邮电通信和能源统计资料

指标名称	计算单位	2015 年	2014 年	15 年比 14 年（±%）
境内公路里程（国、省、县、镇道）	公里	3630	3630	100.0
其中：高等级公里	公里	41	41	100.0
境内铁路营运里程	公里	97	97	100.0
境内火车站个数	个	4	4	100.0
民用汽车拥有量	辆	25392	19361	131.2
邮政业务总量	万元	5761	4919	117.1
电信业务总量	万元	6620	6311	104.9
本地年末固定电话用户	户	39208	55044	71.2
移动电话	户	442138	383746	115.2
国际互联网用户	户	47152	45873	102.8
全年用电量	万千瓦时	102715	93323	110.1
其中：工业用电量	万千瓦时	57790	54237	106.6

商贸、外经、旅游统计资料

指标名称	计算单位	2015 年	2014 年	15 年比 14 年（±%）
限额以上批发零售贸易业商品销售总额	万元	654063	491171	133. 2
出口总额	万美元	15972	18381	86. 9
实际使用外资金额	万美元	14500	13000	111. 5
星级饭店个数	个	2	2	100. 0
星级饭店客房数	间	538	538	100. 0
名胜风景区和文物保护区个数	个	1	1	100. 0

固定资产投产统计资料

指标名称	计算单位	2015 年	2014 年	15 年比 14 年（±%）
全社会固定资产投资总额	亿元	274. 22	232. 19	118. 1
其中：工业投资完成额	亿元	121. 08	106. 17	114. 0
更新改造投资完成额	亿元	94. 86	80. 86	117. 3
房地产投资完成额	万元	88086	108821	80. 9
其中：住宅投资	万元	80766	74100	109. 0

教育、科技、文化和卫生统计资料

指标名称	计算单位	2015 年	2014 年	15 年比 14 年（±%）
普通中学数	所	41	41	100. 0
小学数	所	99	97	102. 1
普通中学专任老师数	人	3866	3799	101. 8
小学专任老师数	人	3712	3824	97. 1
普通中学在校学生数	人	46376	45734	101. 4
小学在校学生数	人	74350	72331	102. 8
学龄儿童入学率	%	100	100	100. 0
初中升学率	%	98. 6	98. 6	100. 0
高中入学率	%	88	86. 7	101. 5
高新技术产业企业个数	个	8	10	80. 0
高新技术产业总值（当年价格）	万元	386288	21740	1776. 9
专业技术人员	人	14820	14734	100. 6
其中：农业技术人员	人	898	871	103. 1
农业科技与服务单位个数	个	32	32	100. 0
全年申请专利个数	件	188	135	139. 3
全年专利授权数	件	127	141	90. 1
体育场馆数	个	1	1	100. 0

续表

指标名称	计算单位	2015 年	2014 年	15 年比 14 年（±%）
剧场、电影院个数	个	4	4	100.0
公共图书馆图书总藏量	千册	175	173	101.2
医院、卫生院个数	所	44	37	118.9
医院、卫生院卫生技术人员数	个	3611	2893	124.8
其中：执业（助理）医师	个	1683	1232	136.6
5 岁以下儿童死亡率	‰	5.66	7.15	79.2
婴儿死亡率	‰	3.55	4.3	82.6
产妇住院分娩比例	‰	100	99.9	100.1

城乡居民可支配收入统计资料

指标名称	计算单位	2015 年	2014 年	15 年比 14 年（±%）
城镇居民可支配收入	元	23809	21768	109.4
农村居民可支配收入	元	10861	9904	109.7
城镇在岗职工年平均人数	人	43184	49311	87.6
城镇在岗职工工资总额	万元	188328	190304	99.0
职工年平均工资	元	41886	37109	112.9

社会保障统计资料

指标名称	计算单位	2015 年	2014 年	15 年比 14 年（±%）
各种社会福利收养性单位数	个	33	36	91.7
各种社会福利收养性单位各种床位数	张	2170	1925	112.7
城镇居民最低生活保障人数	人	18626	19895	93.6
农村居民最低生活保障人数	人	72496	70937	102.2
企业养老保险参保人数	万人	2.43	2.42	100.4
机关事业养老保险参保人数	万人	2.61	2.61	100.0
失业保险参保人数	万人	2.55	2.03	125.6
工伤保险参保人数	万人	5	4.94	101.2
生育保险参保人数	万人	2.92	2.96	98.6

居住环境统计资料

指标名称	计算单位	2015 年	2014 年	15 年比 14 年（±%）
小城镇个数	个	21	28	75.0
县城城区面积	平方公里	25.1	24	104.6
其中：绿化覆盖面积	公顷	1073.5	763	140.7
自然保护区个数	个	10	10	100.0
自然保护区面积	公顷	23815	23815	100.0
4AAAA 名胜风景区个数	个	1	1	100.0
环境污染治理本年完成投资额	万元	1827	1591	114.8
工业二氧化硫排放量	吨	4053	4375	92.6
工业废水排放量达标率	%	89.2	88.4	100.9
工业烟尘排放达标率	%	90.4	89.9	100.6
农村脱贫人口	人	3120	2380	131.09

文件选编

中共祁阳县委
关于落实从严治党责任加强基层党建工作的决定

（2015年2月8日）

为深入贯彻落实中央、省委、市委加强基层党建的重大部署，巩固深化党的群众路线教育实践活动成果，全县各级党组织和全体党员干部务必遵照从严从实的新要求，主动适应“党要管党、从严治党”的新常态，努力构建“一心一意谋发展，聚精会神抓党建”的新格局，注重基层党建“四化”建设，增强基层党建“四个力量”，全力实施基层党建“2345”工程（实现两个覆盖、发挥三个作用、搭建四个载体、落实五个保障），为县委大力推进“333”战略提供坚强组织保证。经县委常委会研究，作如下决定：

一、注重全域化建设，增强基层党组织凝聚力

基层党组织是党在基层全部工作和战斗力的基础。在从严治党新常态下，全县各级党组织要围绕“组织和工作两个覆盖”要求，优化配置组织资源，进一步增强基层党组织的凝聚力。

1. 优化党组织设置。面临农业发展产业化、城乡发展一体化、社会组织多样化、党员从业多元化的新形势，创新基层党组织设置。在农村，探索在农村合作组织、产业链等领域建立党组织；在城市社区，全部建立党的工作委员会，在网格建立党支部或党小组；在非公经济组织，按照“地域相邻、行业相近”的原则，通过单独建、挂靠建或联合建等方式，实现有党员的非公经济组织，党组织全覆盖；在新社会组织，创建“协会+支部”的组织模式，通过“内建”、“外建”、“帮建”等方式，建立党组织，构建社会组织党建工作新机制。各镇乡办场至少组建1个农民合作组织党组织或产业园区党组织和1个以上流动党员党组织，提高党的工作辐射力和影响力。

2. 整顿软弱涣散党组织。每年按农村基层党组织10%的比例、社区和其他领域基层党组织5%比例确定整顿对象。严格落实整顿责任制，健全党员领导干部联系点和部门帮扶制度，组织党政部门包难村、经济部门包穷村、政法部门包乱村，实行对症下药、“一村一策”、分类施治。每年从县直机关和乡镇中选派一批优秀党员干部到软弱涣散村担任第一书记，县委组织部每半年对党组织整顿工作开展情况进行

调度，确保按时限要求完成整顿任务。

3. 创建基层党建示范点。各基层党组织要坚持“围绕发展抓党建、抓好党建促发展”的原则，创特色、出经验、求实效，积极创建示范点，做到有貌可观、有点可挖、有经可学，发挥应有的示范带动作用。各镇乡办场每年申报创建县级基层党建工作示范点1个和党员培训基地示范点1个，申报创建市级以上基层党建示范点1个。县直属机关党委每年申报创建县级及以上基层党建工作示范点5个和党员培训基地示范点1个。“两新”组织党工委每年至少申报创建县级以上基层党建工作示范点1个。

二、注重规范化管理，增强基层党员干部队伍战斗力

党员队伍建设是党的建设一个重要组成部分，党员队伍是贯彻落实党的路线方针政策和各项工作任务的中坚力量。要践行“三严三实”要求，确保基层党员充分发挥“立足本职干得好、遵纪守法过得硬、关键时刻冲得上”的三个作用。

4. 提高发展党员质量。认真贯彻执行《中国共产党发展党员细则》，细化发展党员流程，始终把政治标准放在首位，坚持“三为主”、“三倾斜”原则确定发展对象。县委组织部要每年根据上级有关要求，制定出台发展党员指导性文件，进一步完善入党积极分子“三推一定”要求和发展党员培训制、测试制、票决制、预审备案制、公示制、责任追究制等制度，规范发展程序，确保发展质量。要充分考虑现有党员的年龄结构，注重培养发展信仰坚定、政治过硬，有一定文化水平、有一技之长、有一定号召力的优秀积极分子加入党组织，使基层党员队伍充满朝气活力。

5. 严格党员教育管理。一是严格执行“三会一课”。各基层党组织定期召开支部党员大会、支部委员会和党小组会，按时上党课。镇乡办场党（工）委委员、驻村（社）干部和专职党务干部要参加村（社）党员大会，并适时将党务、村务、财务“三公开”，接受党员群众监督。全县统一制作基层党组织“三会一课”记录本，进一步规范会议记录、台账资料。镇乡办场党（工）委、县直单位党组织每半年对基层支部“三会一课”组织核查，县委组织部每年对各基层党组织“三会一课”记录本调阅1次以上。落实每年7月1日为“党章学习日”、每月25日为“党员活动日”制度。二是加强流动党员管理。各镇乡办场按照就近原则，在外出务工党员较为集中的地方建立流动党支部和流动党员工作服务站，发挥其在计划生育、招商引资、法律援助等方面的积极作用。村（社）支部每季度要与管理的流动党员联系1次以上，镇乡办场党（工）委每半年更新流动党员管理台账；镇乡办场党（工）委每年要以上党课、送学习资料等形式对流动党支部调研1次以上，并形成书面调研报告报县委组织部。三是充分发挥党代表作用。依托党代表工作室，开好镇乡党代会年会，组织党代表收集意见、定期活动、办理提案。全年组织县、镇乡党代表视察重点项目不少于2次，参会、听证、联系等活动不少于4次。

6. 加大不合格党员处置力度。疏通党员出口，净化党员队伍，永葆党的先进性和纯洁性。按照党的群众路线教育实践活动民主评议党员的要求，落实党员党性分析和民主评议制度，运用年度绩效考核结果，积极开展处置不合格党员工作，镇乡办场党（工）委按党员总数2%、县直属机关党委按党员总数0.5%的比例，严格按程序处置不合格党员。

7. 选优配强能人支书。一是拓宽渠道选任。各镇乡办场要把所有村干部、复员转业军人、大中专（高中）毕业生和外出务工回乡人员、农村各种经济合作组织和服务组织的骨干、产业大户和致富典型户等纳入视野，从中选择在发展经济上有一定基础和潜力的优秀人才作为村党支部书记重点培养对象，按村、社总数

10%的比例培养发展能人支书。二是实行严格考核。各镇乡办场加大考核力度，运用综合考核，每年至少末位调整1名以上村（社）党组织书记，辖45个村（社）以上的镇每年至少综合考核末位调整2名以上村（社）党组织书记。三是加大培训力度。重点围绕中心工作任务、基层党建要求、群众工作方法等内容，每年对村（社）党组织书记开展不少于3天的集中培训；镇乡办场党（工）委要对其他村（社）“两委”班子成员和骨干党员进行累计不少于4天的集中培训。县非公党工委要加大对非公经济组织党组织书记的培训力度。

8. 规范干部日常管理。进一步规范村（社）干部的岗位职责，不断完善任期和年度目标管理责任制。各镇乡办场要按照村（社）干部工资报酬总额70%作为基本工资按季或按月打卡发放，工资报酬总额30%作为绩效工资年度考核发放。每年开展一次村（社）干部违纪违规专项整治行动，严肃查处违纪违规行为。加大对镇乡办场干部走读行为惩处问责力度，年内发现有走读行为1次或每月少住宿2晚的，予以通报批评；发现有走读行为2次或每月少住宿4晚的，进行诫勉谈话，当年年度考核不能评先评优；发现有走读行为3次或每月少住宿6晚的，是领导干部的予以免职，是一般干部的待岗半年，当年年度考核评为不称职。村（社）干部每月在村（社）实行轮流坐班制，禁止村（社）干部走读，发现走读1次的，镇乡办场视情况进行约谈、警告，累计出现2次走读的，扣发绩效工资。

三、注重多元化搭建，增强基层党建创新力

活动载体是推进基层服务型党组织建设的重要手段。按照立足实际、贴近需求、群众欢迎的原则，全面开展以“一平台三活动”为主要内容的四大载体建设，激发基层党建工作活力。

9. 创建“微党建”信息平台。坚持以需求为导向，将现代移动互联网引入传统党员教育领域，在充分发挥信息技术的管理和服务优势，在扩大“党员e信通”覆盖面的基础上，着力创建“微党建”信息平台，对全县党员的基本信息、党费缴纳、岗位职责、“三会一课”、结对帮扶、民主评议等内容实行动态管理。

10. 开展党建承诺“排行榜”活动。按照“勇于担当、敢于突破、善于落实”的要求，每年各镇乡办场党（工）委书记和县直单位党组织书记开展党建实事承诺活动，在县级新闻媒体和“微党建”公共平台亮明身份，公开党建实事承诺事项。县委组织部每半年根据考核结果和日常掌握的情况，进行公开排队，在县级新闻媒体和“微党建”平台公开进展情况和排队结果，主动接受群众监督，年终将承诺完成情况纳入年度党建述职评议考核。

11. 开展党建网格“心连心”活动。各镇乡办场党（工）委和县直各单位党组织要以党建网格中的在职党员、社区党员和楼院党小组成员为主体，在每个网格中组建文明劝导、环境卫生、治安巡逻、计划生育、民调宣传等志愿者队伍，深入网格了解居民服务需求，列出服务项目清单，全面开展以“党员干部进楼院、服务团队结对子、服务居民解难题”为主要内容的“心连心”活动，通过上门服务、限期办结等形式，及时解决居民群众的难事、急事、烦心事，形成居民群众有所需、党员能力有所及、服务群众零距离的党建网格化新格局。

12. 开展党建创新“大比拼”活动。重点通过实施党建工作项目创新“大比拼”，推动基层党建工作创先争优。镇乡办场党（工）委和县直单位党组织要在完成省、市、县委规定项目的同时，积极申报自选项目。自选项目既可是研究当前新形势下党建工作新情况、新问题的探索创新型项目，也可是有特色、叫得响的典型示范型项目，还可是成效显著、经验成型并上升为制度可在全县乃至全市、全省推广的项目。每个单位每年至少申报一个自选项目，由

县委组织部负责指导，项目一年一结。每年年底，由县委党建工作领导小组对全县各单位党建项目实施情况进行检查验收，评定出若干党建工作创新优秀项目，并予以奖励，奖励资金列入县财政预算。

四、注重系统化保障，增强基层党建执行力

坚持整合资源、政策倾斜、加大投入，强化基层党建工作在阵地、人员、经费、制度、领导等五个方面的保障，着力解决基层党组织资源不足、动力不够、保障不力等突出问题。

13. 加强党建阵地建设。一是加强村级组织活动场所建设。通过财政投入、社会捐助、基层自筹等途径，整合民政、卫生、住建等部门项目资金，多渠道解决村级组织活动场所建设资金。县财政从2015年起，每年安排500万元资金，扶持村级组织活动场所建设，新建1处奖补5万元，改建1处奖补2万元，2015年10月底前实现“清零”目标；加强村级组织活动场所的管理和维护，按照村年均不低于3000元的标准，从村级转移支付中统筹建立专项维修资金。二是加强城市社区阵地建设。街道办事处视具体情况，采取新建、改（扩）建、购买、调剂置换、资源共享等多种方式，改善和解决社区办公用房条件。2015年实现城市社区办公用房、便民服务大厅和党员服务中心建设全部达标，其中改建的城市社区办公、服务用房达到500平米以上，新建的达到800平米以上。三是加强远教站点建设。着力推进现代远程教育优化升级，对远教站点设备分期分批更新，经费纳入县财政预算。四是加强“两新”组织党组织阵地建设。按照有场所、有设施、有标志、有党旗、有书报、有制度的“六有”标准，采取资源整合、企业自筹、上级党组织支持相结合的方式，建立一批县级“两新”组织示范活动场所。

14. 充实党建队伍力量。一是选派干部挂任镇乡办场副书记。县委从县直机关中选派一批优秀年轻的科级干部到镇乡办场挂任党（工）委副书记，协助党（工）委书记专抓基层党建工作，挂职期满后，经县委组织部考核，对抓党建成效显著、表现优秀的予以提拔重用。二是选派党建联络员和指导员。县委组织部选派部机关干部为镇乡办场基层党建联络员，列席镇乡办场基层党建工作“书记例会”；镇乡办场选派驻村干部为软弱涣散村党建指导员，选派其他优秀干部为非公企业党组织和社会组织党组织党建指导员。三是配齐基层党建干部。工作人员在30人以下的单位，从事基层党建干部配备不少于2名；30人～80人的单位，从事基层党建干部配备不少于3名；80人以上的单位，按工作人员4%的比例配备。四是推进大学生村官有序流动。每年乡镇机关公务员招录，面向符合条件的大学生村官定向招录的比例，要达到录用计划的13%。在县直、乡镇（街道）事业单位招考岗位中，除实行职业准入和专业限制的岗位外，面向大学生村官的比例应达到招聘岗位数量的30%。五是落实基层党建干部待遇。优先提拔重用优秀的从事基层党建干部，在单位领导岗位空缺时，连续2次被评为全县“优秀党建指导员”或连续4年被评为全县“优秀组工干部”的列为第一提名人选。对镇办或80人以上的县直正科级单位限定3名，乡场或80人以下的县直正科级单位限定2名，并经县委组织部备案的从事基层党建干部，按照纪检监察干部的标准发放岗位津贴，经费列入县财政预算。

15. 强化经费保障。积极探索建立财政投入为主、社会各方面支持、基层党组织自我补充的多元化经费保障机制。一是充分保障运转经费。保障县城社区运转经费15万元/年、乡镇社区运转经费8万元/年、村运转经费6万元/年。整合劳动、环卫、文化等部门的社区居家养老、扶持就业、绿色网吧、环境改造等各类城市惠民项目。对农村和社区运转经费、城市惠民项目资金和镇乡办场党建专项经费逐年形成正常

合理的增长机制。二是着力改善镇乡办场干部生活工作环境。提高镇乡办场机关干部中、晚餐伙食补助，由县、镇乡办场财政按1∶2比例分级负担。县财政每年预算安排适当资金，引导镇乡办场抓好机关“小食堂、小澡堂、小厕所、小图书室、小文体室”标准化建设，经验收合格后，县财政拨付奖励扶持资金。三是落实党员教育经费。县财政每年按县直机关党员人均40元、镇乡办场党员人均10元的标准安排党员教育经费。各单位党组织要将党员教育经费列入本单位经费预算。各单位要按不少于工作人员年工资总额2%，单列党建活动经费。

16. 健全基层党建制度。一是规范党组织民主生活会制度。各级党组织要按照从严从实的要求召开好年度民主生活会或组织生活会，实行民主生活会检查材料、批评意见和整改事项清单报县委组织部预审、管理制度。建立县级领导干部参加分管单位领导班子民主生活会，县纪委、县委组织部派员指导制度。二是实行党建工作“书记例会制”。每季度镇乡办场党（工）委书记、县直单位党组织书记，对基层党建创先争优、党员队伍管理等重点、难点问题进行专题研究，形成会议纪要，报县委组织部备案。三是开展三级党组织书记抓党建“述职述评述考”制度。每年第四季度集中开展镇乡办场、县直机关、村（社）党组织书记抓基层党建工作述职评议。四是完善村社管理机制。农村基层组织全面落实岗位承诺制、村社干部值班和周例会制、为民服务全程代理制、党员管理积分制、“四议两公开”制等制度。社区建立健全社区党组织、社区居委会、社区服务站“三位一体”的治理体制，完善以信息化支撑、网格化治理、精准化服务为主要内容的社区治理服务体系。县城社区成立党工委，作为街道党工委的派出机构，下设若干网格党支部。社区党工委设委员5~9名，书记原则上由街道党工委除工委副书记和组织委员外的其他工委委员担任，兼职委员设3名，由辖区内单位党组织负责人或实业公司党员负责人兼任。委员采取聘任制，经辖区单位推荐，街道党工委提名、聘任，县委组织部备案产生，任期5年。

17. 加强组织领导。一是从严落实党建工作责任。县委调整党建工作领导小组成员，各镇乡办场和县直单位要建立以党组织书记为组长的党建工作领导小组，主要负责研究制定基层党建工作总体规划、年度计划和保障措施，研究解决工作中的重大问题，各镇乡办场和县直单位的党建领导小组成员报县委组织部备案。组织部门要充分发挥牵头抓总、组织协调作用，纪检、宣传、政法、统战和政府有关部门及群团组织要根据工作职责，认真负责、密切配合，形成推进基层党建工作的强大合力。二是充分运用党建考核结果。加大全县基层党建责任制考核在全县绩效考核总责任制中的权重，强化对镇乡办场党（工）委和县直部门单位基层党建工作的考核，考核结果作为评价领导班子和领导干部工作实绩的重要依据。单位年度基层党建责任制考核和党组织书记抓党建述职评议，在全县连续3年排名前5位的，党组织书记优先提拔重用。对镇乡办场和县直单位年度基层党建责任制考核和党组织书记抓党建述职评议排名后3位的单位党组织书记，由县委主要领导约谈，1年内不得提拔重用并不得评先评优。三是严格责任追究。对违反本决定中各项规定的，既要问责处理直接责任人和第一责任人，还要对责任人所在单位在全县进行通报批评。

各单位党组织根据本决定的各项规定，结合单位实际，制订具体的实施方案，报县委组织部备案。本决定从通过之日起实施，由县委组织部负责解释。

祁发〔2015〕1号

中共祁阳县委
关于加强干部队伍执行力建设的意见

（2015 年 3 月 30 日）

为巩固党的群众路线教育实践活动成果，贯彻中央和省、市委从严治党要求，进一步提升全县干部队伍执行力，增强党委、政府公信力，促进全县经济社会又好又快发展，特制订本意见。

一、指导思想和原则

1. 指导思想

坚持以中国特色社会主义理论为指导，深入贯彻落实党的十八大，党的十八届三中、四中全会，习近平总书记系列重要讲话精神和省委、市委、县委决策部署，按照“思想大解放、管理大转变、制度大创新、党建大加强”的要求，以作风建设为抓手，突出问题导向，坚持底线思维，不断提高全县干部队伍的执行力，为谱写祁阳领跑争先新篇章、创造祁阳人民幸福新生活奠定坚实基础。

2. 基本原则

坚持以上率下、层层落实。各级领导班子和领导干部要发挥标杆作用，带头督查督办，带头抓工作落实。

坚持依法行政、依规办事。各级党组织及党员领导干部要牢固树立法治理念，自觉依据法律法规履职尽责，保证执法、支持司法、带头守法，加强执行力制度建设，确保抓工作落实有规可依、有规必依、执规必严、违规必究。

坚持权责相称、奖罚分明。明确目标、落实责任，有奖有罚、奖惩兑现，切实保护和充分调动各级干部干事兴业的积极性、自觉性和创造性。

坚持客观公正、注重效果。注重公正定性与定量相结合，注重日常检查与年终考核相结合，注重考核评估与结果运用相结合，确保全面、客观、真实地反映情况。

二、目标内容和对象

3. 目标

通过加强干部队伍执行力建设，着力解决干部队伍中存在的有令不行、有禁不止，上有政策、下有对策，滥用权力、中饱私囊，懒政怠政、部门梗阻，办事拖拉、推诿扯皮，生搬硬套、敷衍塞责等不执行、慢执行、软执行等问题，实现干部作风有新转变，机关效能有新提高，发展环境有新气象，推动落实有新举措，群众满意度有新提升。

4. 内容

县委全会、县委经济工作会议和县政府工作报告明确的主要工作任务的落实情况；县委常委会议纪要、县政府常务会议纪要的落实情况；中央领导，省委、省政府领导，市委、市政府领导和县委、县政府主要领导批示件的落实情况；重大项目的推进和落实情况；重大突发事件和重大灾情的处置情况；工作职责的履行情况等。

5. 对象

在职县级领导及法、检“两长”；各镇乡办场领导班子成员；县直正科级以上单位领导班子成员及副科级二级机构主要负责人；县直单位部分内设岗位和部分股级二级机构主要负责人。

三、工作措施

6. 突出领导带头。各级领导机关、领导班子和领导干部特别是主要负责人，要立说立行、真抓实干，带头改进作风，带头解决问题，带头督查落实，抓好本级，带动下级，合力营造想干事、会干事、能干事、干成事的良好工作环境。

7. 提高决策水平。各镇乡办场和县直各单位要建立健全依法决策机制，把公众参与、专家论证、风险评估、合法性审查、集体讨论决定确定为重大行政决策法定程序，确保决策制度科学、程序正当、过程公开、责任明确。建立重大决策终身责任追究制度及责任倒查机制，对决策严重失误或者依法应该及时作出决策但久拖不决造成重大损失、恶劣影响的，严格追究主要领导、负有责任的其他领导人员和相关责任人员的法律责任。对县委、县政府重大决策征求意见的，各镇乡办场和县直各单位要在规定时限内提出科学合理、切实可行的意见建议。

8. 健全制度机制。各镇乡办场和县直各单位要从重点领域、重要岗位和关键环节入手，建立健全一级抓一级、层层传导压力的执行力考评机制。建立岗位目标管理责任制，科学界定和细化不同部门及机构、岗位的工作职责。建立执行力考评内容的量化细化和责任分解制度。

9. 坚持公开透明。以文件形式公开在职县级领导及法、检“两长”的责任分工和工作落实情况。在《今日祁阳》《祁阳经济》、祁阳广播电视台、祁阳新闻网及祁阳手机报开辟专栏，公开全县重点工作的目标任务、工作要求、时间节点、进展情况、最终结果。各单位要设立专栏，公开各自职责范围、办事程序、办结时限、承办责任人及投诉渠道，公开人民群众反映强烈的突出问题的解决措施、处理结果和反馈意见。

10. 打造执行文化。在全县深入开展以“服务大局、敢于担当、强化执行、创先争优”为主题的大讨论，树立“不找借口，坚决执行，说了就算，定了就干，干就干好”的执行理念。组织人事部门要按照“干什么学什么、缺什么补什么”的原则，把提高能力、强化执行作为干部教育培训的重要内容，分级分类开展专题培训。宣传部门要组织县主流媒体开设专题专栏，大力宣传正面典型，发挥示范带头作用，营造浓厚的执行氛围。

11. 加强督查督办。县委组织部牵头，县委督查室、县政府督查室参与，整合有关部门力量，采取多种方式，加强对干部执行力情况的督查督办，督查督办结果要及时通报，并按照“一月一调度、一季一督查、年度结总账”的要求实行台账管理。

12. 严格责任追究。各镇乡办场和县直各单位要公布执行力情况举报电话，及时受理干部群众的举报。对不执行、乱执行、慢执行、软执行的行为，经查证属实，严格按照《中共永州市委办公室印发〈关于对违反作风建设要求影响工作执行力行为问责的暂行规定〉的通知》（永办发〔2014〕16号）进行处理。构成违纪的，由纪检监察机关给予相应的党纪政纪处分；涉嫌犯罪的，移送司法机关处理。县主流媒体要及时报道有代表性的反面典型和被问责追究的具体事例，发挥警示作用。

13. 科学考核评估。以干部队伍执行力建设考核评估为总揽，统筹县管领导干部年度分类定级考核、绩效评估、年度考核、“满意不满意单位”测评等工作，科学制定可细化、可量化、操作性强的考核评估办法，每年初对各镇乡办场领导班子成员，县直正科级以上单位领导班子成员及副科级二级机构主要负责人，县直单位部分内设岗位和部分股级二级机构主要负责人上一年度的执行力情况，按“好、较好、一般、差”四个等次进行考核评估，作为干部评先评优、组织考察、提拔重用的重要依据。其中，对镇乡办场和县直单位领导班子成员的考核评估，与县管领导干部年度分类定级考核一并进行。赋予各镇乡办场党委书记和县直单位主要负责人在本单位领导班子成员执行力考核评估工作中更多的职责。

14. 强化结果运用。对纳入考评的对象，按党政正职、镇乡办场其他班子成员、县直正科级以上单位其他班子成员及副科级二级机构、县直单位部分内设岗位和部分股级二级机构主要负责人四个类别分别进行考核评分，同时以干部执行力卡的形式进入个人档案，县委常委会每年召开一次专题会议，研究部署执行力考核评估及结果运用。考评结果将作为领导班子建设和领导干部选拔任用、培养教育、管理监督、激励约束的重要依据。对执行力考核评估等次为“好”的干部，在各类评先评优中优先考虑，同等条件下优先提拔重用；对当年度执行力考核评估等次为“差”的干部，由组织部门对其进行诫勉谈话，当年度考核不得评为“优秀”等次，可以采取调整或者免职处理；对执行力考核评估等次连续两年为“差”的干部，确认为不胜任现职，予以调整或者免职。

四、组织领导

15. 成立工作机构。县委成立加强干部队伍执行力建设领导小组，县委书记任组长，县委副书记、县长和县委专职副书记、县人大常委会主任、县政协主席任副组长，其他县委常委为领导小组成员。领导小组办公室设在县委组织部，由县委常委、县委组织部部长兼任办公室主任。领导小组办公室负责干部队伍执行力建设的组织协调、督促指导和考核评估。各镇乡办场和县直各单位要成立相应的工作机构，主要负责人要切实履行第一责任人的责任，把干部队伍执行力建设列入重要议事日程。

16. 分级组织实施。各镇乡办场和县直各单位要根据本意见，结合实际制定切实可行的考核评估细则和具体实施方案，报县委加强干部队伍执行力建设领导小组办公室审核，并及时组织开展对所属部门干部执行力情况的考核评估。

祁发〔2015〕4号

祁阳县人民政府
关于印发《祁阳县科学技术奖励办法》的通知

2015年9月25日

祁阳县科学技术奖励办法

第一章　总　则

第一条　为奖励在全县科学技术进步活动中做出突出贡献的公民、组织，调动科学技术工作者的积极性和创造性，加速科学技术事业、经济建设的发展，根据《国家科学技术奖励条例》和《湖南省科学技术奖励办法》，以及《永州市科学技术奖励办法》（永政发〔2014〕6号），结合我县实际，特制定本办法。

第二条　县人民政府设立的祁阳县科学技术奖（以下简称县科学技术奖），包括祁阳县科学技术杰出贡献奖、祁阳县科学技术进步奖和祁阳县专利奖。

第三条　县科学技术奖贯彻“尊重知识、

尊重人才”的方针，鼓励自主创新、引进新技术、开发新品种，促进科技成果产业化，推动我县经济和社会全面发展。

第四条 县科学技术奖评审和授予实行公开、公平、公正的原则，不受任何组织或个人的非法干涉。

第五条 县科学技术行政部门负责县科学技术奖评审的组织工作。

县科学技术奖工作办公室设县科学技术行政部门，负责日常管理工作。

第六条 设立由有关方面的专家、学者组成的县科学技术奖评审委员会，依照本办法的规定负责县科学技术奖的评审工作。

第二章 奖励设置

第七条 祁阳县科学技术杰出贡献奖授予下列公民：

（一）在当代科学技术前沿取得重要突破或者在科学技术发展中有重大成就的；

（二）在科学技术创新、科学技术成果转化和高新技术产业化中，创造重大经济效益或者社会效益的。

第八条 祁阳县科学技术进步奖授予下列公民、组织：

（一）在实施技术开发项目中，完成重大科学技术创新，经实施应用，创造出显著经济效益的；

（二）在转化、推广科学技术成果、实施高新技术产业化中做出突出贡献，创造显著经济效益或者社会效益的；

（三）在实施社会公益项目中，对科学技术基础性工作和社会公益性科学技术事业作出重要贡献，经实践检验，创造出显著社会效益的；

（四）在实施重大工程项目中，保障工程达到国内先进水平或者省内领先水平，创造出显著经济效益或者社会效益的；

（五）在基础研究和应用基础研究中阐明自然现象、特征和规律，做出重大科学发现的；

（六）在决策科学化，管理现代化研究中，取得创新成果，经实践检验，创造出显著社会效益的。

第九条 县专利奖授予下列公民、组织：

在全县技术创新和专利创造工作中做出重要贡献，所获得的专利经实施后，创造出显著经济效益或者社会效益的单位和个人。

第十条 县科学技术杰出贡献奖不分等级，每年授予人数不超过1人，可以空缺。

县科学技术进步奖分为一等奖、二等奖、三等奖，每年奖励总数不超过10项；原则上一等奖不超过2项，二等奖不超过4项。

县专利奖分为一等奖、二等奖、三等奖，每年奖励总数不超过5项；原则上一等奖和二等奖之和不超过3项。

第三章 评审与授予

第十一条 县科学技术奖原则上每年评审、奖励一次。

第十二条 县科学技术奖由下列单位推荐：

（一）县人民政府有关组成部门、直属机构、行业主管部门；

（二）经县科学技术行政部门认定的具有推荐资格条件的其他单位；

（三）县专利奖由县知识产权局推荐。

第十三条 推荐单位推荐县科学技术奖时应当填写统一格式的推荐书，提供真实、可靠的评价材料。

第十四条 县科学技术行政部门根据推荐材料作出初步评审结论，并向县科学技术奖评审委员会提出获奖项目和奖励等级的建议。

第十五条 县科学技术行政部门对县科学技术评审委员会作出的获奖人选和奖励等级的决议进行公示，待公示结束后报县人民政府批准。

第十六条 县科学技术奖由县人民政府颁发证书和奖金。

第十七条 县科学技术杰出贡献奖的奖金

数额为10万元。

县科学技术进步奖的奖金为一等奖5万元，二等奖3万元，三等奖2万元。

县专利奖的奖金为一等奖5万元，二等奖3万元，三等奖2万元。

第十八条　县科学技术奖奖金和科学技术奖励活动工作经费由县财政统筹安排。

第十九条　县科学技术奖接受社会监督，实行异议制度。

第四章　法律责任

第二十条　剽窃、侵夺他人成果，或以其他不正当手段骗取县科学技术奖的，由县科学技术行政部门批准，撤销奖励，追回奖金和荣誉证书。

第二十一条　推荐单位或个人提供虚假数据、材料，协助他人骗取县科学技术奖的，由县科学技术行政部门给予通报批评，情节严重的取消推荐资格或依法依纪移送有关机关处理；构成犯罪的，依法移送司法机关追究刑事责任。

第二十二条　参与县科学技术奖评审活动和有关工作的人员应对所涉及的技术内容及评审情况严格保守秘密，不得以任何方式泄露，如在评审活动中弄虚作假，徇私舞弊，由县科学技术行政部门取消其参评资格，情节严重的依法给予行政处分；构成犯罪的，依法移送司法机关追究刑事责任。

第五章　附　则

第二十三条　社会力量设立面向社会的科学技术奖，按国家科技部《社会力量设立科学技术奖管理办法》的规定执行。

第二十四条　本办法自公布之日起施行。县科学技术行政部门可依据本办法制定具体实施细则。原印发的《祁阳县科学技术奖励办法》（祁政发〔2012〕6号）同时废止。

祁政发〔2015〕23号

祁阳县人民政府
关于印发《祁阳县环境保护工作责任规定（试行）》的通知

2015年12月1日

祁阳县环境保护工作责任规定（试行）（节选）

第一章　总　则

第一条　为进一步强化环境保护责任，从经济社会发展的各个环节加强环境保护工作，根据《中华人民共和国环境保护法》、《中共中央关于全面深化改革若干重大问题的决定》（中发〔2013〕13号）、《湖南省环境保护条例》、《中共湖南省委贯彻落实〈中共中央关于全面深化改革若干重大问题的决定〉的实施意见》（湘发〔2014〕5号）、《湖南省环境保护工作责任规定（试行）》（湘政发〔2015〕6号）等有关法律法规规定和文件精神，结合本县实际，制定本规定。

第二条　全县镇乡办场、县直有关部门、企事业单位、社会团体和公民依照相关法律法规履行环境保护职责，按照本规定抓好各项工作任务的落实。

第三条　环境保护工作坚持保护优先、预防为主、综合治理、公众参与、损害担责的指导思想，按照“属地管理、分级负责”和“谁决策、谁负责”、“谁监管、谁负责”、“谁污染、谁负责”的原则，建立责任体系及问责制度。

第四条　镇乡办场对辖区内的环境保护工作及环境质量负全面责任，县环保局对全县环境保护工作实施统一监督管理，其他有关部门在各自职责范围内履行环境保护相关职责。

企事业单位和其他生产经营者应依法履行环境保护的责任，对其造成的环境污染或生态损害等环境违法行为负责。

公民依法履行保护环境的责任和义务，同时享有环境保护的知情权、监督权、参与权。

第五条　环境保护工作坚持“一岗双责”制，镇乡办场及县直相关部门班子成员在抓好分管领域业务工作的同时，按有关要求落实环境保护措施。镇乡办场及县直有关部门的主要负责人是单位职责范围内环境保护工作的第一责任人，对环境保护工作负全面领导责任；分管环境保护工作的负责人对环境保护工作负综合监管领导责任；其他相关负责人对分管业务工作范围内的环境保护工作负直接领导责任。企事业单位的法定代表人和其他生产经营者是本单位环境保护的第一责任人；其他相关人员对职责范围内环境保护工作负直接责任。

第二章　政府环境保护责任

第六条　县人民政府对全县环境保护主要承担以下职责：

（一）对全县环境质量负责。制定有利于环境保护的经济、技术政策，将环境保护工作纳入全县国民经济和社会发展规划，组织编制和批准本县环境功能区划、水环境功能区划、环境保护规划，建立健全生态功能区和生态红线等环境保护制度。坚持科学民主决策，避免因决策失误和施政不当导致生态环境损害。切实采取措施，保持全县环境质量稳定并逐步改善，推进生态文明建设，促进经济社会可持续发展。

（二）严格执行重点污染物排放总量控制制度，完成上级下达的总量减排任务。组织实施全县内大气、水、土壤、噪声和核与辐射等环境污染防治，依法加强工业园区和其他环境敏感区环境污染防治，维护环境安全。

（三）组织县直相关部门加强环境保护执法监管，严格环境准入，严厉查处环境违法行为，依法取缔或关闭严重环境违法和不符合国家产业政策的企业。

（四）适应经济社会发展和保护环境的需要，加大保护和改善环境质量、防治污染和其他公害的财政投入，推行有利于环境保护的财政、税收、价格、政府采购等政策。

（五）加强环境应急管理，编制突发环境事件应急预案并组织实施。建立健全环境污染公害的监测预警机制，做好突发环境事件的风险控制、应急准备、应急处置和事后恢复等工作。

（六）加强环境保护宣传教育，提高全民环境保护意识；依法公开环境信息，建立监督参与平台，引导公众参与环境保护；依法向同级人民代表大会报告环境保护工作和环境保护目标完成情况，并接受监督。

（七）建立健全环境保护目标责任体系，对保护环境作出重大贡献的单位和个人给予奖励；对工作不力、造成环境损害和发生突发环境事件的严格行政问责。

第七条　镇乡办场应督促指导辖区内企事业单位和其他生产经营者落实环境保护措施，加强隐患排查，发现环境违法问题及时向县人民政府和县直有关部门报告；配合有关部门查处环境违法行为。组织辖区内各单位和居民开展农村环境综合整治，加强畜禽水产养殖及农业面源污染防治，抓好家庭生活垃圾、污水处理，加强农村饮用水源和耕地保护。

第五章 公民和其他社会机构的环保责任

第十一条 公民、法人和其他组织发现任何单位和个人有污染环境和破坏生态行为的，应当依法向环境保护行政主管部门或者其他负有环境保护监督管理职责的部门举报。

第十二条 公民应当增强环境保护意识，自觉履行环境保护义务，自觉采取低碳、节俭的绿色生活方式和消费方式，减少日常生活对环境造成的影响和损害，并对行为造成的影响和损害依法承担责任。

第十三条 法人和其他社团组织参与环境保护公益活动时，应依法获取环境信息和传播信息，依照法律法规对污染排放者和政府及其职能部门履职情况进行监督。

第十四条 环境监测机构应当使用符合国家标准的监测设备，遵守监测规范，并对监测数据的真实性和准确性负责；环境影响评价机构以及从事环境监测设备和防治污染设施维护、运营的机构，对其有关环境服务的合法性、真实性、公正性负责，依法承担责任。

第六章 附 则

第十五条 镇乡办场和负有环境保护职责的县直部门，除按上述规定履行环境保护工作责任外，还应履行其他应当由本单位承担的环境保护工作责任。同时，要认真做好县委、县政府交办的其他环境保护工作，并承担相应责任。

第十六条 法律法规调整变化的，其职责依法相应调整变化。

第十七条 行政体制改革机构发生变化的，其职责相应调整。

第十八条 本规定自公布之日起施行。

祁政发〔2015〕27 号

中共祁阳县委办公室
祁阳县人民政府办公室
关于印发《祁阳县创建全国绿化模范县暨实施三年绿化攻坚行动方案》的通知

2015 年 1 月 26 日

祁阳县创建全国绿化模范县暨实施三年绿化攻坚行动方案（节选）

按照市委、市政府 2015 年成功创建国家森林城市的决策和《国家森林城市评价指标》要求，结合祁阳县造林绿化工作实际，为确保全面完成并达到国家森林城市验收标准，巩固绿化成果，创建全国绿化模范县，特制定本方案。

一、目标任务

全县森林覆盖率达到 56%以上；年均完成新造林面积占县域面积的 0.5%以上；城区绿化覆盖率 42%以上，城区人均公园绿地面积达到 11 平方米以上；城区街道的树冠覆盖率达到 25%以上；城市重要水源地森林覆盖率达到 70%

以上；市民出门500米有休闲绿地；郊区建有森林公园、湿地公园和其它面积20公顷以上的郊野公园等生态旅游休闲场所5处以上；江、河、湖、库等水体沿岸注重自然生态保护，水岸林木绿化率达80%以上；公路、铁路等道路林木绿化率达80%以上；村庄林木绿化率达30%以上；全民义务植树尽责率达80%以上；古树名木保护率达100%；公众对森林城市建设的支持率和满意度应达到90%以上；城市森林建设资金逐年增加，城市森林资源管理档案完整、规范，相关技术图件齐备。

二、建设重点

（一）城市森林工程。责任单位：住房和城乡规划建设局、交通运输局、祁阳经开区、城管行政执法局、城建投资管理中心、相关重点项目建设指挥部。

1. 完善城市主次干道的绿化。建设一批城市绿色廊道、景观大道、鲜花大道，形成四季有花、色彩优美、层次丰富、季相变化明显，令人赏心悦目的城市园林景观。打造祁阳大道、祁冷快速公路景观大道，提质改造金盆路、盘龙路、新兴路、浯溪南路、灯塔路，把金盆路、民生路、盘龙路、新兴路、浯溪南路、灯塔路建设成为全县标志性绿化景观大道。

2. 新建3个公园4个小游园，提质改造4个现有公园。在县城城区新建杨梅湖公园、望浯公园、水上生态公园，新增公园绿地30公顷。完成沿江路、莲子塘、白竹湖、祁阳火车站等4个小游园建设，新增小游园绿地面积2公顷。提质改造浯溪公园、龙山公园、椒山公园、陶铸广场公园，进一步发挥城市公园主体功能。城镇新建和改扩建工程项目附属绿地要同步建设，城区要达到“三步一绿地、五步一游园”。

3. 强化城区重要节点美化。县城出城路口等城区重要节点实施立体绿化，乔灌草结合，实现城区美化靓化，确保社阳经济开发区、新火车站、县城西区绿化达标。

4. 大力推进庭院绿化美化。党政机关、企事业单位，省市垂直管理单位要搞好庭院绿化，提高单位的绿化覆盖率和绿化品质。采取拆墙透绿、见缝插绿、垂直挂绿等措施，拓展绿化空间，增加城市绿化总量，提高建成区绿地率。动员和鼓励更多的单位参与园林式单位、园林式小区和园林式街道创建活动，新增市级园林式单位10个、省级园林式单位5个。鼓励市民对阳台进行绿化，鼓励户均种养花卉3~5盆，调动全社会积极参与创建工作，共同为绿化美化城市做贡献。

5. 搞好城区地面停车场绿化。分别在新火车站、城区各汽车站、驾校、居民小区、风景区、广场等车辆停放较多的场所，建设好一批生态林荫停车场，城区现有和新建地面停车场的乔木树冠覆盖率达到30%以上。

（二）通道森林工程。责任单位：林业局、国土资源局、交通运输局、公路局、镇乡办场、相关建设指挥部。

1. 建设绿色通道。全县所有可绿化的公路和铁路沿线实施大苗造林绿化，采取乔木与灌木相结合、常绿树种与落叶树种相结合、观叶与观花树种相结合、彩叶树与绿叶树相结合、乡土树种与速生树种相结合等方式，努力提升通道绿化档次和水平，使通道林木绿化率达到80%以上。进一步提高高速公路绿化质量；国、省道和铁路沿线按照“突出重点、提高质量、补植补造、全面推进”的要求，进一步提升绿化效果；县乡道按照“先近后远、先易后难、造补结合、有序推进”的要求，进一步扩面提质。同时，还要将各县城进出口的主要通道建设成高标准的精品、亮点，全面实现市、县、乡边界地段的绿化提质。2015年实现湘桂复线、G322国道、S320省道、衡枣高速、祁冷快速公路沿线的绿化达标，完成县道绿化226公里；2016年实现主要乡道绿化达标。2017年实现主要通村公路绿化达标。通道绿化范围：县城区及城乡结合部主要进出口两侧100米范围、高速公路和国道两侧各50米、省道两侧各30米、县道两侧各20米范围内的宜林荒山荒地规划作为大苗种植区域，高标准栽植常绿大苗。镇乡办场通村公路沿线，按每侧各种植2排绿化大苗的标准，确保通道绿化无死角、全覆盖，力争通道绿化连线、成片、成景。该区域造林树种选择以樟树、红叶石楠、杜英、杨树、栾树、桤木等为主，数量达到70%以上，适当配置30%以内的夹竹桃、女贞等树种，苗木径级以3至5公分为主，苗木高度达到2.5米以上，整地方式为穴垦，株距为4米。

2. 攻坚主要通道两侧可视范围和县城周边的荒山绿化，实施绿化“裸露山地”歼灭战。将高速公路、国道省道、铁路等主要通道两侧可视范围和县城周边的宜林“三难地”和荒山、荒地作为攻坚重点，按照“适地适树、林相美观、生态优先”的原则，采取人工造林、补植补造、封山护林和封山育林等绿化措施，全面突击高速公路、国道省道和铁路两旁第一层山脊或平地100米范围内的“裸露山地”绿化，以此推进面上造林绿化的深入开展，提升全县造林绿化整体水平。造林树种以杉木、马尾松、木荷、枫香、桤木、柏木、湿地松等为主，每亩造林株数在200株以上。规划造林面积2万亩，其中，2015年完成1万亩，2016年完成0.5万亩，2017年完成0.5万亩。

（三）水系森林工程。责任单位：水利局、相关镇乡（街道）。

指湘江及其支流沿岸造林绿化。将城市重要水源地森林植被保护好，进一步促进功能完善，使其周边森林覆盖率达到70%以上，水源涵养作用得到有效发挥。对全县主要江、河、湖、库等水体沿岸注重自然生态保护，缺损地段实施补植补造，使水岸林木绿化率达80%以上。在不影响行洪安全的前提下，采用近自然的水岸绿化模式，形成城市特有的风光带。规划造林长度100.8公里，其中2015年完成50.4公里，2016年完成50.4公里，2017年强化后期管护。

该区域造林以栽植杨树、垂柳为主，苗木径级为3至4公分，高度达到2.5米以上。整地方式为穴垦，株距为4米。

（四）山地森林工程。牵头单位：县林业局，责任单位：镇乡办场。

主要选用生长快、抗病虫、耐瘠薄的乡土树种。造林树种以杉木、油茶、马尾松、木荷、楠木、枫香、桤木、柏木、漆树等为主，每亩造林株数在200株以上。规划造林面积8万亩，其中2015年完成2.5万亩，2016年完成3万亩，2017年完成2.5万亩。

（五）乡镇村庄绿化工程。责任单位：农村工作部、镇乡办场。

1. 绿色乡镇建设。重点是对乡镇街道、集市及单位庭院进行绿化美化，要求每个乡镇建设一个500平方米以上的公共游园或公共绿地。根据镇政府机关大院绿化、镇属部门绿化和街道绿化现状，通过补种提质，扩大绿地面积，确保机关绿地率达到40%，街道绿化达标率100%；周边荒山实现100%绿化达标。2015年重点实施“四个一”工程，即建设一个美丽机关，建设一条绿化标准街，建设一个小游园，周边荒山绿化达到100%，实现绿色乡镇100%达标，2016、2017年进一步巩固提质。

2. 秀美村庄建设。采取村庄围绿、见缝插绿、庭园培绿等措施，引导农户开展村旁、宅旁、路旁、水旁“四旁”植树，营造乡土树种、珍贵树种，发展经果林木。村组公路两侧种植一行以上乔木，每个行政村建设一处200平方米以上的公共绿地，户平种植10株以上珍贵树木，加强村庄风景林及古树名木的保护，集中居住型村庄林木绿化率达到30%以上，分散居住型村庄林木绿化率达到15%以上。2015年秀美村庄建设覆盖面达到85%以上，达标村庄达到531个，建设办点示范25个；2016年达标村庄建设覆盖面达到100%，达标村占全县总村数的90%，建设办点示范25个。2017年强化后期管护，提升质效。

四、工作措施

（一）组织保障

1. 加强组织领导。成立祁阳县创建全国绿化模范县暨实施三年绿化攻坚行动指挥部，县委书记任政委，县人大主任、县政协主席任顾问，县长任指挥长，县委副书记、县委常委、县人大、县政府、县政协副职任副指挥长，其他县级领导、县直有关单位负责人和镇乡办场负责人为成员，县直有关单位和镇乡办场要相应成立由主要领导任指挥长的指挥部，单位主要负责人和镇乡办场党政主要领导为第一责任人，要明确分管领导，组建领导班子和工作机构，切实加强领导，确保工程建设顺利实施。

2. 组建专门班子。祁阳县创建全国绿化模范县暨实施三年绿化攻坚行动指挥部负责具体实施，从财政局、住房和城乡规划建设局、交通运输局、水利局、林业局、环保局、城管行政执法局、公路局等单位抽调专职人员8~10名组成工作班子，安排专门工作经费，办公地点设县林业局。

3. 领导办点示范。县级领导带领联系镇乡办场的单位及镇乡办场党政主要负责人，在镇乡办场选择交通要道、重要地段或镇乡办场机关所在地周边山场，创办连片200亩以上的造林绿化示范点，设立规范统一的标志牌。领导办点示范情况列入全县检查、督查、考核评比内容。

4. 加大宣传力度。在适当时候召开一次动员大会，安排部署全县创建工作，分解创建工作任务，签订工作责任状。宣传部门和新闻单位要将“祁阳县创建全国绿化模范县暨实施三年绿化攻坚”纳入公益性宣传范畴，充分利用广播、电视、网络、手机短信、简报等形式进行广泛宣传，以达到人人皆知、家喻户晓的效果。努力营造“植绿、爱绿、护绿、兴绿”的良好社会氛围，为全力构建“城镇园林化、通道林荫化、荒山生态化、村庄企业公园化”的生态文明新格局奠定坚实基础。

（二）政策保障

1. 明晰产权。进一步放宽造林绿化政策，坚持“谁造谁有、谁经营谁受益”的原则，允许依法继承、转让，从而提高群众参与造林绿化的积极性。造林任务完成后，由县林业主管部门进行核实和登记，并依法发放林权证，使群众安心从事管护和生产，依法经营。

2. 发展社会造林。认真落实《中共中央国务院关于加快林业发展的决定》（中发〔2003〕9号）、《湖南省人民政府关于全面推进集体林权制度改革的实施意见》（湘政发〔2008〕29号），鼓励科技人员、机关企事业单位干部职工及造林公司、造林大户、林业专业合作社连片开发经营荒山荒地。凡开发经营荒山荒地面积100亩以上的，优先办理土地承包或租赁经营合同，优先安排林业工程项目资金，优先办理林权证等手续。

3. 积极组建林业专业合作社。坚持分类指导，鼓励引导群众在自愿互利的基础上，通过林权流转、股份合作等形式，发展各类林业专业合作组织，全面提升林业组织化程度。

（三）资金保障

1. 县财政建立创建全国绿化模范县专项基金，由县财政统一筹资，城市森林工程、通道森林工程、水系森林工程、绿色乡镇建设和秀美村庄建设从专项基金列支，县财政每年投入建设资金1500万元以上。

2. 整合各类相关项目资金，包括发改委、国土资源局、交通运输局、水利局、农业局、林业局、环保局、旅游局、农开办、移民局、城建投资管理中心、公路局等单位可用于造林绿化的项目资金。

3. 在工程规划范围内，经批准施工的山地造林，苗木由造林业主在林业部门的指导下自行采购，完成造林任务并经验收合格后，属迹地更新的按每亩25元的标准给予补助，荒山造林的，按每亩65元的标准由县财政筹资给予种苗补助。

4. 广辟筹资渠道。积极开展林业生态工程建设相关法律法规和政策宣传，广泛引导社会融资；开展“祁阳县创建全国绿化模范县暨实施三年绿化攻坚行动”捐资献树活动，通过政策引导、社会捐献、个人出资等方式加大资金投入。

（四）技术保障

1. 搞好规划编制。全县创建总体规划由县林业调查规划设计大队负责编制，县城建成区绿地系统规划由省林业勘察规划设计院负责编制。

2. 抓好年度设计。对确定的项目区和造林地，根据工程建设技术规程和自然条件，进行作业设计，确定林种、树种及其配置，落实各项造林技术措施，计算其用工量、需种（苗）量以及资金预算等。

3. 抓好技术服务。严格把好“三关”，即整地质量关、苗木质量关、栽植质量关。全面抓好竣工验收，落实人工造林的幼林抚育措施、封山育林管护措施，并每年进行两次抚育质量验收。林业局抽调技术骨干负责全县林业生态建设造林绿化工程实施的规划设计、技术服务、检查验收和技术培训工作。

（五）管理保障

1. 明确分工。实行“谁主管、谁负责”，不断完善造林绿化协作机制，进一步落实部门责任。祁阳县创建全国绿化模范县暨实施三年绿化攻坚行动指挥部办公室负责年度实施方案和下达年度工作任务，同时负责监督、管理、考核；林业局负责山地造林、封山育林规划、育林措施制定，补植补造项目及重点区域绿化项目的规划设计、督查指导、检查验收；城管行政执法局、城建投资管理中心负责城区绿化及后期管护工作；交通运输局、县路局负责公路绿化、提质及后期管护工作；水利局负责水系绿化、提质及后期管护工作；农村工作部、镇乡办场负责秀美村庄建设；国土资源局负责矿区复绿及后期管护工作；财政局负责绿化资金筹措、安排和管理工作；住房和城乡规划建设局负责各建设项目的绿化规划；镇乡办场负责实施绿色乡镇建设；祁阳经济开发区负责经开区的绿化、提质及后期管护工作；项目建设指挥部负责各项目的绿化及后期管护工作；各级工会、共青团、妇联和其他社会团体、驻祁相关部门，要发挥各自作用，积极参与造林绿化事业。要建立健全部门协商和信息共享机制，及时研究解决造林绿化工作中存在的困难和问题，齐心协力抓好林业生态建设造林绿化工程。

2. 加强造林质量监管。由县委督查室、县政府督查室、林业局组织有关技术人员成立检查验收组，对全县造林地块进行检查验收，同时根据具体情况提出整改意见，确保造林质量达到要求。

3. 加强后期管护。要研究制定管护办法，健全护林队伍，增加护林设施，采取有效手段，定期抚育、培蔸、抗旱，杜绝人畜破坏，力争造一片、管一片、活一片、绿一片；要加大森林资源保护执法力度，严禁以低产林改造的名义毁林造林，杜绝乱砍滥伐森林、乱征滥占林地的现象；要切实加强森林防火、森林病虫害防治，有效保护森林资源。

4. 加强督查。一是县级领导带队进行不定期督查，及时了解各单位工作动态。二是由县委督查室、县政府督查室牵头，组织相关部门定期督查工程实施进度情况，并将督查情况在全县进行通报。

5. 检查验收。祁阳县创建全国绿化模范县暨实施三年绿化攻坚行动指挥部组织相关部门对祁阳县创建全国绿化模范县暨实施三年绿化攻坚行动实施情况进行检查验收。

6. 考核奖惩。县委、县政府把建设任务纳入对镇乡办场、各单位年度综合绩效考核的重要内容，实行目标责任管理。对完成人工造林任务行动较快、效果较好的镇乡办场和单位，由县委、县政府进行表彰和奖励，奖励总金额为100万元；对没有完成造林任务或完成质量差的乡镇和单位，实行责任追究。

祁办发〔2015〕7号

中共祁阳县委办公室
祁阳县人民政府办公室
关于加快祁阳县普（职）高教育发展的若干意见

（2015年9月8日）

为进一步推动全县普（职）高学校内涵发展，全面提升教育教学质量，努力办好人民满意的普（职）高教育，根据《教育法》《教师法》及《中共永州市委办公室永州市人民政府办公室关于加快永州市普通高中教育发展的若干意见》（永办发〔2014〕27号）、《中共祁阳县委祁阳县人民政府关于推进教育强县建设的决定》（祁发〔2011〕24号）等文件精神，经县委、县政府研究决定，特提出如下意见。

一、深化普（职）高学校管理制度改革

1. 坚持以普（职）高教育带动基础教育持续快速发展。普（职）高教育在国民教育体系中居于承接高等教育和义务教育的重要地位，是反映一个地方教育总体水平的重要标志，是关乎青少年人格成长和知识积累的重要环节。实现市、县提出的“教育优先”发展目标，加快推进普（职）高教育发展，必须以改革为动力，打破体制机制的束缚，充分调动一切积极因素，释放发展新活力；必须遵循教育发展规律和学生成长规律，加快学校管理现代化进程；必须打造品牌学校，带动普（职）高教育上档次，引领义务教育上水平；必须加强教师队伍和管理队伍建设，提升教师教书育人水平和校长管理能力；必须汇聚方方面面的智慧力量，形成促进普（职）高教育又好又快发展的良好氛围和强大合力。

2. 落实学校办学自主权。简政放权，扩大和落实学校办学自主权，为学校创造一个宽松的发展环境。一是招生自主权。由教育行政部门根据上级政策规定，结合普（职）高学校实际，每年出台《普（职）高招生工作意见》，合理确定普（职）高学校招生计划，各普（职）高学校根据计划按学生志愿从高分到低分依次录取，达到计划数。各高中学校可依据相关政策，自主招收一定数量的优秀生和特长生。教育行政部门负责对学校招生工作进行指导和监督。二是经费使用权。建立健全普（职）高部门预算制度，落实以校为单位进行会计核算和学校会计核算法人主体地位，要将财政补助收入、事业收入、捐资助学收入以及其他各项收入全部纳入学校收入预算。按学校事业收入的一定比例设立学校发展专项资金，主要用于教师绩效考核奖励。由学校按程序分配，并接受有关部门监督检查；学校纳入非税收入管理的依法取得的各项事业收入，县财政及有关部门不得调控和顶抵。三是教师选聘权。落实学校在编制内自主选聘教师的权力。学校有权根据学校教师队伍建设和教育教学的实际，制定教师选聘计划，明确选聘的岗位和条件，落实教

师选聘的规定和措施。根据学校实际，探索建立教师退出机制。

3. 选好用好校长。进一步完善校长选拔培养机制：一是建立校长后备人才库。教育行政部门配合组织部门通过民主推荐、专家评议等方式，并报请县委常委研究同意，遴选10名左右普（职）高学校校长后备人才，建立校长后备人才库。同时，建立校级干部后备人才库，以后普（职）高学校校长、副校长原则上从后备人才库中产生。教育行政部门定期对校长后备人才进行考核，考核不合格的及时调整出校长后备队伍。二是加强校长交流和培训。定期选派部分普（职）高校长和校长后备人才到发达地区知名普（职）高学校挂职锻炼，到教育部直属师范大学学习进修；鼓励优秀的普（职）高学校副校长到薄弱普（职）高学校挂职。三是建立校长档案。结合普（职）高学校校长在教育管理、办学水平、个人业绩等方面的实际情况，建立业绩考核档案，并作为校长调整的重要依据。

进一步落实校长管理自主权：建立完善校长责权利相统一的管理制度，在教育教学管理、利益分配和人事安排等方面赋予校长充分的自主权。一是干部建议和任免权。在认真听取教职工意见的基础上，按照德才兼备的用人原则，对学校领导班子成员的产生有建议权；在不违背干部管理权限前提下，按照法定程序，对中层及中层以下干部有任免权。同时，负责中层干部日常考核，对德才兼备、业绩突出、群众公认的优秀干部可推荐纳入校级干部后备库；对不称职或不胜任工作岗位的中层干部可按法定程序予以解聘。二是教师岗位调配权。校长根据上级教育政策法规和教育行政部门的规定，结合本校实际，按照人岗相适的原则，有权对教师岗位进行合理调配。对无故不服从安排或无理取闹的教师，校长可参照县委“正风肃纪”和机关效能建设相关规定给予其待岗处理。三是学校内部考核奖励方案制定权。根据本校实际和教职工工作表现，校长有权制定学校内部考核奖励方案。

建立完善对校长的监管机制：在依法放权的同时，要强化对校长的监管。校长要做到科学治校、依法治校、民主治校，切实保护师生的合法权益。要进一步建立完善校务委员会和教职工代表大会制度，学校专业技术职务评聘办法、收入分配方案等与教职工切实利益相关的制度、事务，以及涉及学校发展的重大事项必须经教职工代表大会讨论通过方可实行。县教育局要密切配合县委组织部门，每年对校长进行绩效考核、民主测评和社会满意度调查，对业绩不突出、教职工和社会反映不好的校长予以调整。

建立优秀校长奖励制度：设立特别贡献奖，对把薄弱学校建设好的校长予以重奖；设立“名优校长”奖励基金，每两年评选一次“十佳校长”，对德才兼备、业绩突出、群众公认的名优校长，按年度发放奖励基金。

二、加强普（职）高学校教师队伍建设

4. 积极引进优秀教师。建立紧缺教师引进的绿色通道。建立健全优秀教师引进机制，把名师（含高、职中薄弱学科骨干教师）和优秀大学毕业生的引进纳入全县人才引进计划，每年按程序引进一批优秀大学毕业生和少数具有现代先进教育理念、有一定知名度的名师。对招聘到我县普（职）高学校的名师、教育部直属师范大学免费师范生和师范院校毕业生，县财政给予3~5万元不等的一次性安家补贴，并优先安排公租房（周转房）1套。

严格把握引进教师的条件：一是获得省部级以上荣誉称号者，省部级以上特级教师、市级以上优秀教师、优秀班主任，全国教学竞赛获奖者；二是教育教学急需的，年龄在40周岁以下，且具有教师系列高级专业技术职称的人员；三是“211”、“985”工程师范院校应届全日制毕业生；四是教育教学特别需要的，且所

学专业系特别紧缺学科或特殊学科的师范院校全日制本科以上应届毕业生，或者在该专业已取得明显成果的优秀教师或专家。

严格引进教师的程序：学校在编制和岗位结构内制定教师引进计划、方案，经同级教育行政部门同意，报人社和机构编制部门，机构编制部门下达编制使用计划，按程序引进教师。

5. 进一步完善公开招聘教师的长效机制。用人学校在机构编制部门核定的编制内，依据教师岗位空缺情况，制定教师招聘计划，经同级教育行政部门同意，报市、县两级人社部门核准后，在编制、监察等部门监督下，由教育、人社等部门组织实施。公开招聘普（职）高教师要坚持好中选优的原则，招聘时间提前到上年度 10～11 月。教育行政部门根据教学需要，可依法依规对县属普（职）高学校的教师进行调配交流。

6. 加强名师的培育与培训。一是积极培育名师。以每两年开展一次的教育大表彰为契机，建立健全以名师为龙头的教师职业成长通道，形成优秀教师、骨干教师、明星教师、卓越教师四个层次的名师成长阶梯。组建 9 个高中学科县级“名师工作室”，充分发挥名师示范、辐射和指导作用。县优秀教师、骨干教师、明星教师、卓越教师均实行任期目标考核和有进有出的动态管理制度。二是拓宽培训渠道。教育行政部门要科学制定普（职）高教师年度培训计划和中长期培训规划，拓宽培训渠道。通过定期在知名高校举办专题培训班和选送教师到教育发达地区学习或挂职等方式，每年培训 10 名普（职）高名师、100 名普（职）高课改骨干教师。

7. 进一步加强教师管理。进一步完善教师考核评价制度、教师专业发展制度、教师交流制度、教师奖惩机制，探索建立教师退出机制，使教师队伍建设逐步走上制度化、规范化轨道。教育行政部门和学校每年都要对教师在岗情况进行全面清理，坚决杜绝“吃空饷”现象。加强师德师风建设，完善师德师风监督机制、惩处机制、引导机制，用制度规范教师从教行为。建立健全教师岗位竞争机制，实行末位待岗培训和末位淘汰制度，教师在学校年度教育教学综合考评排名末位的，一律待岗培训或转岗。培训或转岗期满，达到上岗要求的，可再次竞聘上岗；培训之后仍不能胜任教学的，实行转岗或调离学校。

8. 建立健全教师激励机制。畅通普（职）高教师发展渠道，全方位为普（职）高教师提供平台，引导、激励普（职）高教师专业发展、特色发展。敢于让一批专业能力强、责任心强和富有爱心的中青年教师挑大梁，对教学能力突出、立德树人成效显著的中青年教师要选拔到重要岗位，特别优秀且有一定管理能力的可作为干部提拔对象或纳入普（职）高领导班子后备人才库；每年职称申报时，针对有重大突出贡献的中青年教师，依照政策及程序申报单项职数，按权限经省、市职改办核准后，准予破格评审。对师德高尚、业绩突出的校长、教师和班主任敢于奖励，对在省内外取得重大成绩和荣誉的教师给予重奖。每年教师节期间予以表彰奖励。对县级骨干教师、学科带头人和名师也要给予相应奖励。对名师工作室安排一定的工作经费。普（职）高学校优秀教师、骨干教师、明星教师、卓越教师奖励和名师工作室工作经费全额纳入县财政预算。

三、着力提升普（职）高教育教学质量

9. 加强对普（职）高教学质量的监控。由县教研室牵头，每年对全县普（职）高学校的教育教学质量进行常态化监控，动态掌握每所学校办学质量和办学水平，监控结果纳入普（职）高学校教学考核重要指标，考核结果向社会公布。进一步完善普（职）高教学评估标准和方法。制订出台《普（职）高学校教学质量目标管理方案》，逐步建立县教研室、普（职）高学校“两级”教学质量管理体系，加强对普

（职）高教学质量的过程性监测与管理，切实为实现高考“311工程”（到2020年，全县普职高一、二批本科上线3000人，一本上线1000人，考上北大清华10人）远景目标奠定坚实基础。

10. 加强学校日常管理。教育行政部门要针对普（职）高学校实际，制订完善《常规管理工作督查考核方案》，对普（职）高学校制度建设、计划总结、班子建设、常规教学、随堂听课、学生评价、家校沟通、特色校园建设、安全工作、校容校貌等工作进行督查考核，考核结果纳入年终绩效考核。加强学校校园文化建设，打造特色校园、书香校园，着力构建“一校一品”和“一校多品”发展格局。

11. 打造普（职）高教学研究团队。以县教研室为龙头，统筹全县普（职）高教育优质资源，研究教学改革，突破薄弱学校和薄弱环节，把准、跟紧高考改革，提升我县普（职）高教育在省、市的竞争力。要请进来，邀请专家、学者前来交流、指导，以高端培训拓展教研员的专业视野；要走出去，让更多的教研员外出培训、外出讲学、挂职学习、实践锻炼，广泛汲取教育改革先进经验，带动全县教育改革发展。县财政设立专项经费，支持开展普（职）高质量监测和教学研究活动。

12. 转变教学理念和教学方式。积极推进素质教育，不断深化以小组建设为核心的课堂教学改革，着力推进“国学经典进课堂”和“两语”教学活动，培养学生自主学习和合作学习的能力。要加强学生劳动教育，合理安排一定时间的农业生产、工业体验、商业和服务业实习等劳动实践，整体提升学生综合素质，努力培养德智体美全面发展的优秀学生。

13. 加强生源基地学校的建设和管理。祁阳一中要积极发挥省示范性高中辐射引领作用，暂托管祁阳七中作为本校优质生源基地，以后根据实际情况有计划地增加托管学校所数，并不断探索优质教育资源集团化发展。要定期派出优秀的管理和师资团队，优化托管学校教学管理，开展多层次教改教研活动，着力提升教学质量。县教育局和相关镇乡办场要大力支持托管工作，认真研究、着力解决托管工作中实际困难和问题，在改善办学条件、建强师资队伍上给予政策倾斜。县教育局要根据《初级中学教学质量检测评价及奖惩方案》，对祁阳一中托管学校进行质量跟踪和指导。

14. 建立优秀学生激励机制。各普（职）高学校要制订优秀学生奖励制度，从学校事业收入中提取3~5%比例的资金，专项用于家庭经济困难、品学兼优学生减免学费及书籍课本费，并给予生活补助。要充分发挥县教育基金会、昌世助学基金会、葆春基金会等社会民间组织对优秀学生的激励作用，每年列支约30万元用于资助当年考上二本及以上学校的家庭经济困难学生和奖励高考特别优秀的学生。各学校也要对高考取得优异成绩的学生，给予适当奖励。

15. 进一步完善考核评价机制。建立完善多方参与的教风、学风、校风等评价机制，将校风纳入评估和民调，用科学评价引领学校发展。根据学校类别和校型，以教育理念、办学条件、学校管理、师德师风、教育质量为重点，建立健全科学合理的学校目标管理评价体系。建立健全学生、家长和社会对教师教学水平和师德师风进行监督和评价的机制，对教学能力差、师德师风不好的教师及时调整岗位。进一步加强对校长的绩效考核，教育行政部门、人社部门、机构编制部门以及专业评估机构对校长工作进行年度考核和聘期综合考核，对校长履职能力和履职效果进行专业评估，对校长做出“优秀、称职、基本称职、不称职”评价，考核结果向社会公开，并报县组织部门备案，作为续解聘和奖惩的重要依据。对发生重大安全责任事故、严重违规办学、考试集体舞弊的学校，校长考核实行一票否决。

四、进一步优化普（职）高学校发展环境

16. 全力化解普（职）高学校债务。县财政部门要按照“统筹规划、分级管理、逐年化解、构建机制”的原则，全力化解普（职）高学校债务，切实帮助学校减轻发展压力。一是核实、锁定各普（职）高学校债务余额和利息，学校原向教师个人集资借款要通过银行转贷，县财政负责贴息。二是制定化债方案，除积极争取中央和省里政策及项目支持外，县财政每年预算安排一定化债资金，专项用于偿还普（职）高学校债务。三是从严控制发生新债，普（职）高学校因基础设施建设确需增加新债的，必须先经发改、财政、审计、教育等部门同意，并报县委、县政府批准后方可实施。

17. 进一步完善普（职）高学校建设规划。教育、规划、国土等部门要按照国家建设标准并参照省、市示范性高中督导标准，广泛听取意见建议，扎实做好普（职）高学校近期（2015—2020年）建设规划。建设规划要结合“智慧祁阳”建设，加强普（职）高学校教育信息化建设，大力促进信息技术与教育教学深度融合，不断提高教育教学和教育管理的信息化水平，确保普（职）高学校特别是省示范性高中和国家中职改革发展示范校设施设备齐全、环境优美、安全舒适。

18. 切实加强学校及周边环境综合治理。根据《湖南省公安厅教育厅关于转发公安部〈中小学幼儿园安全防范工作规范（试行）的通知〉》要求，进一步完善由县委政法委牵头负责的普（职）高学校及周边综合治理工作体制机制，明确工作职责，健全工作制度，落实工作经费。县委政法委要定期组织教育、公安、交通、卫生、消防、校车办、工商、食品药品监管、文广、城管、司法等部门开展校园周边治安综合治理活动和专项治理工作，建立工作台账，实行定期、不定期回访，齐力为普（职）高学校发展创造良好条件。要落实聘请法制副校长制度。要扎实推进普（职）高学校人防、物防、技防“三防”体系建设，努力为广大师生营造和谐安全的校园环境。

五、加强组织保障

19. 建立健全经费保障机制。一是根据省定标准和我县实际，制定公办普通高中生均公用经费财政补助标准，建立与办学成本、物价水平、财力情况联动的稳定增长机制。二是普（职）高学校教职工绩效工资、社会保障缴费支出（单位负担部分）按义务教育学校标准全额纳入县财政预算，将普（职）高学校校长纳入中小学校长岗位津贴发放范围。三是县财政按照上级有关文件规定，对省示范性高中每年安排办学经费400万元、市示范性高中每年安排办学经费200万元，将每年50万元的民办学校扶持经费提高到100万元。四是严格执行有关规定，对普（职）高学校违规违纪行为的收缴款、罚没款，除应退还给学生的以外，要全额划入“教育发展基金专户”用于发展普（职）高教育。

20. 加大督查力度。各级各有关部门要大力支持普（职）高学校发展。县考核办要把县直有关单位履行发展普（职）高教育职责情况纳入全县工作目标管理综合考核，结果记入县直机关单位主要负责人的实绩卡。县委督查室、县政府督查室要定期开展专项督查和跟踪督办，确保政策措施落实到位。

县直有关部门根据落实本意见的需要，制订具体的实施办法与细则。

祁办发〔2015〕44号

祁阳县人民政府办公室
关于加快推进农业标准化建设的意见

2015 年 11 月 17 日

为加快现代农业建设步伐，全面推进农业发展方式和经营管理机制转变，提高全县农产品质量安全水平和市场竞争力，促进农业增效、农民增收，根据《永州市人民政府办公室关于加快推进农业标准化建设的意见》（永政办发〔2015〕18号）精神，结合我县实际，经县人民政府同意，现就加快推进农业标准化建设工作提出如下意见。

一、指导思想

以科学发展观为指导，贯彻落实《中共中央国务院关于加大改革创新力度加快农业现代化建设的若干意见》（中发〔2015〕1号）和中央、省、市农业农村工作会议精神，以提高农产品质量安全水平和市场竞争力为核心，以农业增效、农民增收为目标，以现代科学技术和先进技术推广手段为支撑，以实现农业科学化管理、规模化经营、规范化生产和品牌创建为抓手，建立健全农业标准体系、质量认证体系、全程监控体系和专业服务体系，全面提高农业标准化水平，加快推动由传统农业大县向现代农业强县迈进。

二、目标任务

根据全市统一安排部署，力争用三年时间，严格执行市里制定和修订的150个农业生产、加工、流通技术规程和标准，完成无公害农产品、绿色食品、有机食品生产总面积40万亩以上，标准化养殖畜类50万头以上，禽类300万羽以上，水产品3万吨以上；创建6个国家级、省级标准化示范区（场），主导农产品规模基地标准化覆盖率80%以上；新增省级以上农产品品牌30个以上；镇乡办场农产品质量安全监管站和检测室建设到位率100%，产地农产品质量安全农残监测合格率97%以上；主导产业基本实行标准化生产，整体水平进入全省先进行列。

三、工作重点

（一）执行标准体系。结合全县农业特点，积极转化先进的农业科技成果，严格执行生产技术规程、包装、保鲜、储存、加工等方面的标准规定。生产领域围绕主导和重点产业，按照一个产业一套技术标准（操作规程）的要求，抓好农产品生产技术规程的监督实施。加工领域重点抓好加工工艺流程技术标准的执行，鼓励、引导农产品加工企业完善企业标准，省级以上龙头企业积极与国际标准接轨，市级龙头企业达到国家或行业标准。流通领域重点抓好保鲜处理、仓储冷链、检验检测、运输物流、市场准入标准监督实施。

（二）创建示范园区。按照“一个产业、一套标准、一个品牌、一套监管制度、一批新型农民经营组织、一批示范基地”的模式，加快农业标准化示范园区建设，每个产业示范园区都要制定实施方案，明确牵头单位、技术专家和责任人。水稻产业以主要公路沿线优质稻和连片200亩以上的基地为主，建设5个万亩高产示范片，每个镇办创建1个1000亩示范片，每个村建设1个100亩示范点；蔬菜产业以城镇蔬菜基地和大户种植为主，建设3个1000亩以上的蔬菜标准园；柑橘类产业以白水、黄泥塘镇为主，建设2个2000亩以上的高产高效示范基地；茶叶产业以七里桥、下马渡、肖家、八宝、白水等镇为主，建设2个2000亩以上的有机茶示范区；油菜产业以主要公路沿线镇办为主，建设4个3000亩以上的“双低”油菜示范区；生猪以白水、茅竹等镇为主，家禽以长虹、茅竹等镇办为主，水产品以黎家坪、茅竹等镇为主，创建10个生态健康养殖示范区。积极创建农业标准化示范乡镇，在（现代农业示范园区观音滩、茅竹、七里桥等镇）集中一批优质稻、特色果蔬、特色养殖等农产品基地整体推进标准化生产，创建5个标准示范园，形成区域性农业标准化示范园区；在浯溪、观音滩、茅竹、潘市、白水等镇办结合本地文化、旅游特色，创建6处休闲观光农业示范园区。到2017年，全县力争建成6个国家、省级农业标准化示范园区（场），5个市级农业标准化示范乡镇，10个市级农业标准化示范区（场），12个市级农业标准化示范基地。

（三）建设标准设施。加强高标准农田建设，三年内建成集中连片、水电路渠配套、旱涝保收的高标准农田20万亩，发展设施农业10万亩。建设标准化养殖示范小区10个以上，实行规模养殖、生态养殖、健康养殖，标准养殖设施要符合动物防疫条件要求，配套100立方米以上的大中型沼气池6个。完善农产品流通设施，建设“认证”农产品专卖市场，抓好农产品信息发布、检验检测、电子结算、仓储运输等系统设施建设。结合发展农产品电子商务，推进农产品流通标准化建设，重点抓好农产品全程冷链物流设施建设，建设从产地预冷、冷藏运输、冷鲜加工、冷冻储藏、冷冻配送到消费终端的冷链物流体系。到2017年，建设2~3个万吨以上规模的冷藏库，并配套冷链物流设施。

（四）打造农业品牌。重点打造大米、食用油、果蔬、茶叶、药材、畜禽区域“三品”品牌，加大推介力度。积极引导和推动“三品一标”农产品（无公害农产品、绿色食品、有机农产品和农产品地理标志产品）和GAP（良好农业规范）、HACCP（危害分析与关键控制点）、ISO9000系列标准（质量管理体系系列标准）、ISO14000系列标准（环境管理体系系列标准）认证管理工作。力争三年内“三品一标”农产品完成认证数新增30个以上，有效认证总数达到80个以上，全县规模标准化基地75%以上的农产品通过“三品一标”认证登记，初步建成省内外知名的“三品”农业大县，创建一批中国名牌产品、驰名商标和湖南省名牌产品、著名商标。

（五）强化组织引导。培育涉农生产企业、专业合作社、协会、家庭农场等新型农业经营组织，确立主体地位，明确一个示范园区有一个单位牵头，规范经营管理，推行“五统一”（种苗品种统一、生产资料统一、技术标准统一、产品品牌统一、包装销售统一）。做到有标采标、无标制标，形成简明易懂的标准化生产操作规程；对农业投入品建立进出台账；对农产品生产实行全程记录，形成完整信息档案；建立自律性检测室，抓好商标注册使用，推行统一分级和包装销售。到2017年，全县具备规模生产能力的新型农业经营组织普遍推行标准化生产。将农业标准化建设水平作为申报国家、省、市级农业产业化龙头企业的主要条件。充分发挥农业龙头企业在农业标准化建设中的带头作用，扶持其采用国际国家标准，完善企业标准，直接参与标准化示范园区和基地建设，实现基地车间化、农民工人化、原料生产工厂化、销售市场国际化。

（六）实施全程监控。按照“统一规划、合理布局、整合资源、多元投入、严格规范、管理高效”的原则，以财政投入为主建立健全农产品质量安全监管机构和检验检测中心。加强乡镇监管站建设，乡镇监管站要有必要的工作场地和检测设备，制定监管措施，配备1~2名监管员。督促农产品生产企业、专业合作社、批发市场、超市和食品加工企业建立自律性检测室。建立监控到乡镇监管站、农产品基地、农资市场的农产品质量监测平台，村级确定监管员、组里明确协管员。逐步完善农残检测、重金属检测、营养成份检测，推行农产品“环境有监测、操作有规程、生产有记录、产品有检验、上市有标识、市场有监管、责任可追溯”的全程质量监控模式。建设农产品质量安全追溯系统，对上市销售的农产品实行信息追溯管理，逐步实现生产记录可存储、农产品流向可追踪、储运信息可查询。加强动植物疾病防控体系建设，确保动植物防疫无缝覆盖。加强农业标准化人才队伍建设，加强教育培训力度，力争三年内农产品主产区的乡镇配备1名农业标准化管理骨干。

（七）保护产地环境。积极开展产地认定和环境监测，划定农产品适宜生产区和禁止生产区域，抓好农产品种养殖业源头监管和污染防控治理，控制“三废”危害和农业面源污染，确保农产品产地安全。大力推行农业清洁生产技术、测土配方施肥和农作物病虫害专业化统防统治，杜绝使用高毒禁限用农药，严格控制安全间隙期，减少施用化学肥料，引导使用生物农药、有机肥料和农家肥。积极倡导精耕细作，推行绿色防控措施，加强农业生产废弃物集中无害化处理，保护农业生产环境。发展现代生态循环农业，减少资源消耗，防止生态损害，提高农业投入产出比。

四、保障措施

（一）加强组织领导。成立祁阳县农业标准化工作领导小组，建立农业标准化建设协调机制，设立专门办公室，由县农办、农业局牵头，县发改、财政、国土资源、质监、工商、食品药品监管、水利、科技、环保、商务、粮食、畜牧水产、农经、电力、金融等部门积极配合，定期研究农业标准化建设工作中的重大问题。各有关单位要安排专人负责，明确工作任务。各镇乡办场要把农业标准化建设工作列入重要议事日程，把农业标准化工作纳入全县农业经济社会发展总体规划，建立年度推进农业标准化建设实施方案、协调机制和会商制度，实行三年一规划、一年一方案、半年一协调、季度一督查、年终一总结，确保农业标准化建设正常开展。

（二）加大资金投入。不断加大资金投入，设立农业标准化基础平台发展基金，保障农业标准化工作需要，支持示范园区、示范乡镇、农业品牌创建及农产品流通基础设施、农产品电子商务建设。同时，积极向上争取专项经费和广泛吸收社会资本，鼓励、支持新型农民经营组织加大农业标准化建设投入。按照“规划引导、项目带动、分工负责、各计其功、各计其账”的原则，以项目为纽带，整合土地整理、综合开发、移民资金、通村公路、农田水利、农业保险等项目资金，集中投向农业标准化示范园区。

（三）加强科技支撑。加强示范园区、龙头企业、专业合作社与省内外大专院校、科研单位和技术机构的合作，实行产学研相结合，联合建立多种形式的技术研发平台，开展新技术、新品种的推广应用、成果转化、同业交流和跨行业协作，探索建立“院所（校）+乡镇+基地”、“院所（校）+龙头企业+基地”、“院所（校）+合作社”等产学研结合模式。积极利用院校、科研单位和技术机构的技术力量，开展农业标准化和农产品质量安全知识培训。

（四）强化部门责任。各级各部门要按照“统一管理、分工负责”的原则，各司其职，各尽其责，齐心协力抓好农业标准化建设。农业、畜牧水产部门负责农业标准化技术规程的发布和组织实施，加强产地质量检测检疫，抓好产地认定及“三品一标”认证，发展新型农民经营组织，规范农村土地有序流转，督促、指导和监管农业标准化示范区建设。发改部门负责农业标准化建设重大项目争取、衔接与监督。国土资源部门负责土地整理及管理。质监部门负责指导地方、企业和专业合作社制订技术标准并监督实施，申报国家、省级标准化示范基地，指导企业创建名牌产品。工商部门负责规范、扶持新型农民经营主体，加强商标富农、经济活农、合同帮农工作，引导涉农商标、农产品商标、地理标志证明商标的商标注册，指导企业创建、运用和管理商标。财政部门负责资金投入、使用管理和监督。环保部门负责环境污染治理和监测。金融部门积极支持农业标准化建设贷款。相关执法部门负责市场监管，对产地环境进行依法治理，对农业投入品的质量和产品质量进行监督检查和抽样检验。

（五）严格考核奖惩。农业标准化建设工作纳入全县农业农村工作绩效考核的重要内容，实行季度通报、半年督查、年终考核。对本地区发生群体性农产品质量安全事件的，将依法追究相关单位负责人及责任人的责任。

祁政办发〔2015〕15号

祁阳县总工会

党组书记、副主席　何晓松

召开劳模代表座谈会

在县经开区召开非公企业工会组建座谈会

祁阳县总工会现有在职干部职工12人，退休人员10人。内设机构有：办公室、组织宣教部、生产保护部、女工部、县困难职工帮扶中心。全县基层工会组织发展到503个，工会会员4.26万人。近年来，县总工会在省市工会业务指导和县委、县政府的正确领导下，紧紧围绕全县中心工作，充分履行工会“建设、教育、维护、参与”四项社会基本职能，推动了全县工会工作的创新发展，2013年、2014年连续两年被评为全县工作目标管理综合考核先进单位，优化经济环境测评满意单位，2015年各项工作获得永州市总工会年度综合考核第一名。

开展金秋助学，帮助贫困学子

首届职工全健排舞大赛领导与参赛人员合影

祁　阳　县　人　民

党组书记、主任　李秋来

领导班子成员

祁阳县人防应急指挥中心大楼

祁阳县人防办成立于1996年2月，原为县政府办归口管理的正科级行政单位，2015年政府机构改革中列入县政府工作部门，同时确定为县政府人民防空工作主管部门、县国防动员委员会的常设办事机构。主要职责是平时负责组织管理行政区域内的人民防空建设，战时负责组织开展城市人民防空袭斗争。内设综合法规股、通信工程股2个股室，归口管理县人防指挥信息保障中心1个下属单位。现有干部职工12人，其中党员10人。

近几年来，县人防办在县委、县政府和县人武部的坚强领导和上级人防主管部门的悉心指导下，顺势而谋，乘势而上，迎难而进，创造性地开展工作。组织机构持续夯实，宣传教育扎实有效，工程建管稳步推进，指挥通信逐步完善，行政执法规范有序，队伍建设不断加强，开创了人防事业发展的新天地，为促进全县经济社会又好又快发展发挥了积极作用。近三年来，共获得“永州市2013年度人防工作绩效先进单位”、“二〇一四年度全市人防绩效评估二等奖”、“二〇一四年度全市人防宣传工作优秀单位”、“全市城市防空袭方案修（制）订工作一等奖”、“二〇一五年度全市人防绩效评估一等奖”、“二〇一五年度全市人防宣传工作优秀单位”等市级荣誉6项。2016年，先后被评为全省人民防空工作先进单位和永州市文明单位。

市带县指挥通信训练演练

对人民群众进行人防知识宣传

在民生小学开展防空应急疏散演练

防　空　办　公　室

市人防办领导检查指导祁阳人防工作

设在县政务服务中心的人防办窗口

人防办全体干部职工

向椒山完小赠送《人防小博士》书籍

11月1日防空警报试鸣

祁　阳　县

镇党委书记　李　政

镇党委副书记、镇长　邓　飞

文明铺镇地处祁阳县西北部，与祁东、邵东、冷水滩等县区毗邻，镇治距县城27公里。已有400多年的建镇历史，古有“文明铺小南京”之美称；是祁阳北部沟通永、衡、邵重要的农产品交易物流中心，是“祁阳最古老的农村集镇”“民国时期祁阳牙行业最发达的集镇”“全国文明集贸市场”。城镇老街、巷众多，俗称“九街十八巷”，人口密度大，是祁阳县人口大镇、农业强镇、商贸重镇。镇域面积112平方公里，2015年底辖47个行政村、3个居委会，共有506个村民小组，总人口6.2万人（其中农业人口5.2万人），耕地面积4.6万亩（其中水田面积4.1万亩，旱地面积0.5万亩），山塘、水库3771座。

2016年4月，县委常委、常务副县长黄赞校与新一届党委班子成员合影

文明铺镇种植业具有传统优势，是全县商品粮生产核心基地，

文　明　铺　镇

市委书记陈文浩到文明铺镇调研

订单种植面积2.2万亩，常年双季稻种植在90%以上，拥有中国驰名商标“天龙”牌大米。油茶、油菜、生姜、芋头、玉米、豆类等经济作物常年种植面积1.7万亩，申报“祁阳槟榔芋”为国家地理标志保护产品获省级初审通过。2015年底有年出栏1000头以上的生猪养殖场公司3家，500头以上的养殖场12家，渔业合作社5家，种植合作社17家。

近年来，镇党委、镇政府以“一三一”（“一”是指一项引领，即党建引领；“三”是指三轮驱动，农业为前轮，城建为后轮，乡村旅游为飞轮”；“一”是指一揽子民生实事）为工作思路，努力实现基层党建争先创优、农特产品做大做强、城镇建设扩容提质、乡村旅游好吃好玩、民生实事改善改良。连续2年荣获全县农业农村工作综合考核第一名，先后被省、市、县授予省安全生产示范乡镇、市县农业农村工作先进单位、市县文明单位、为民办实事和全面小康建设先进单位等诸多荣誉称号。

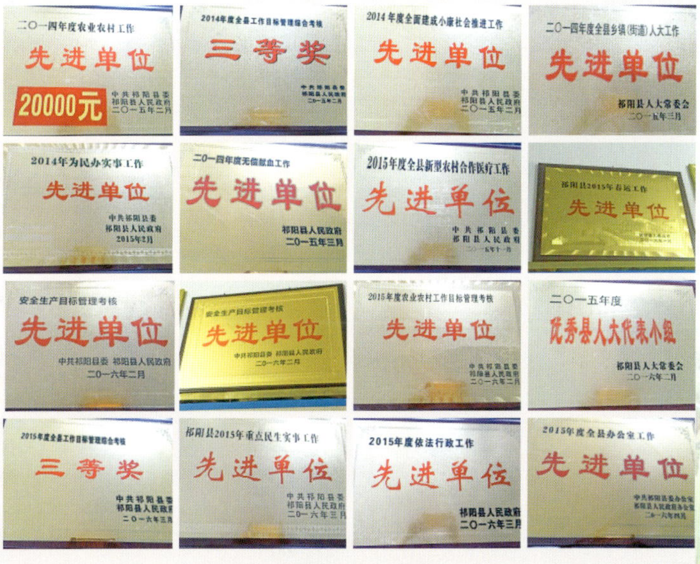

近年获得的荣誉

祁阳县残疾人联合会

全体领导班子成员

爱耳日活动现场

祁阳县残疾人联合会是县人民政府直接管理的全额拨款正科级事业单位，内设办公室、康复股、宣教就业股、维权股四个股室。近年来，在县委、县政府及上级残联的正确领导下，不断推进残疾人社会保障和公共服务体系建设，残疾人工作呈现出良好的发展态势，残疾人工作屡创佳绩，先后获得国务院“残疾人之家”、第二次全国抽样调查先进县、全国残疾人事业统计工作先进集体等荣誉称号，多次被评为省市残疾人工作先进单位，较好地完成了上级分配的各项工作任务。目前，县残联正朝着新的更高的目标迈进。

残疾人职业技能培训

省残疾人就业示范基地——车间一角

祁阳县挂榜山林场

团结务实的领导班子

挂榜山林场始建于1958年春，位于祁阳东北部祁山山脉中段，距县城17公里。2004年3月经省人民政府批准建立湖南祁阳小鲵省级自然保护区，林场与保护区管理局为两块牌子一套人马。保护区总面积为9万亩，国有面积1.2万亩，保护区内有山地湿地1.15万亩，湖南祁阳挂榜山山地湿自然保护区现已被列为长江湿地保护网络成员单位。保护区辖四个国有工区，管理下马渡镇、七里桥镇共18个村的森林资源。现有干部职工125人，其中在职职工59人，退休人员66人，现有全额拨款事业编制23名。林场共有技术人员20人，其中工程师以上职称5人，初级技术职称15人。

近年来林场不断强化林业生态建设,林业生态效益、社会效益得到明显加强。实施退耕还林0.2万亩，纳入“长防林”保护工程0.15万亩，实施封山育林面积2.04万亩，纳入省森林抚育补助的有0.7万亩。同时林场紧紧围绕“秀美林场”建设这一主题，不断改善基础设施条件，提升生态宜居环境。投资金170多万元建成林场新办公大楼及林业派出所、文化站及机关附属设施建设；对四个工区住房已规划修缮改造；职工危旧房改造139户；为改善工区一线职工生活条件，已给工区配备了电视，同时硬化工区公路5公里。

秀美机关

祁　　阳　　县

县局党组书记、局长　黎金元

领导班子成员

祁阳县地税局成立于1994年9月，现有干部职工170人，其中在职133人，离退休干部职工37人，中共党员123人，大专以上文化112人。内设7个行政科室，3个直属行政事业单位，下辖5个税务分局。负责全县1180户企业、事业单位和4730余户个体工商户的地方税收征管工作。祁阳地税人牢记“聚财为国，执法为民”的工作宗旨，通过夯实征管基础，严格税源管理，努力做到挖潜增收、应收尽收，确保税收收入平稳较快增长。2008年入库税收首次突破1亿元，2011年入库税收突破3亿元，2015年税收收入突破6亿元。该局先后荣获全国“模范职工之家”、全国“巾帼文明示范岗”、全国税务系统先进集体、全国文明单位等荣誉。

地方税务局办公大楼

地 税 局

开展“两学一做”知识竞赛

“五星级”办事大厅

开展创建国家级卫生县城活动

创文明单位签名活动

秀美机关

国网祁阳县

团结奋进的领导班子

国网祁阳县供电公司于2007年由原祁阳电力公司上划与原祁阳电力局合并而成，主要担负着祁阳县工农业生产以及110千伏及以下输变电工程项目及农村电网建设任务。现有正式职工231人，农电工262人，用电客户31万余户。目前机构设置为：综合管理部、发展建设部、运维检修部、营销部、乡镇供电所管理部、调控中心、财务资产部、安全质量监察部、永州电业发展总公司祁阳分公司。现有变电站23座，主变压器36台968.15MVA，其中220千伏变电站2座，110千伏变电站8座，35千伏变电站13座；共有输电线路47条547.521千米，其中110千伏线路18条221.162千米，35千伏线路29条326.359千米；共有10千伏配电线路109条1925.38千米、配电变压器2582台，形成了以220千伏为枢纽，110千伏为骨架的坚强电网。

公司坚决贯彻“依法从严治企、精益规范管理”的工作主基调，秉承“安全、效益、稳定、文化”新管理模式和理念，主动适应经济发展新常态，真抓实干、勇于担当，精准发力，深耕细作，各项工作齐头并进，实现了量的增长和质的提升。截至2015年12月31日，实现安全生产5199天，完成售电量7.7142亿千瓦时，同比增长11.86%；售电均价725.53元/千千瓦时（不含税）；电费回收率100%；最大供电负荷达19.54万千瓦、日最大供电量333.85万千瓦时；全口径劳动生产率92.69万元/人·年，同比提高7.31%。

公司大力推进“6S”班组管理，加强“光明快车”品牌塑造宣传，多项工作被《湖南新闻》《湖南经视》、《湖南公共频道》、《永州新闻联播》等多家媒体报道。扎实开展精准培训，员工技能得到有效提升，胡文斌同志获“永州工匠”称号，我公司被授予“永州工匠培养摇篮”称号。

“七一”祁阳县供电公司全体党员缅怀伟大无产阶级革命家陶铸同志，重温入党誓词

供 电 公 司

“光明快车”共产党员服务队

“光明快车”成立于2007年5月，是国网祁阳县供电公司的的形象窗口，担负着电力故障快速应急抢修、快速恢复供电的责任。他们以风一样的抢修速度、热情周到的服务被市民赞为“比110还快的电力抢修队”。截至2015年12月31日，该服务队已累计开展常态业务服务19732次，爱心助困服务33次，人均服务量607次，服务满意率100%，，服务承诺得到了客户的广泛认可。

“光明快车”服务队始终践行“以客户为中心”的核心价值观和“服务永无止境”的服务理念，客户服务满意率达100%。已将实现由单一的服务向多元服务拓展：一是抢修服务，做好10千伏及以下配电网故障抢修；二是开展爱心服务，三是做好“电保姆”服务。

为孤寡老人服务

精心更换变压器

2015年县组织部长蔡富强慰问电力一线员工

党总支书记欧阳更进率党团青年志愿者关心关爱挂榜山小学少先队员

祁阳县疾病预防控制中心

主　任　邓海平

总支书记　周四清

祁阳县疾病预防控制中心前身为祁阳县卫生防疫站，创建于1956年，2005年更名为祁阳县疾病预防控制中心。地处祁阳县浯溪镇盘龙中路48号，占地面积3130平方米，建筑面积8311平方米，拥有固定资产900余万元，是政府举办的一所集预防、教学、科研于一体的正科级公益性全额拨款事业单位。现有在职职工166人，退休人员23人。中心设有办公室、政工股、业务股、计财股、后勤股、保卫股、宣教科、中检室、急传科、生物科、规免科、监测一科、监测二科、职控科、寄地慢科、接种门诊、性艾科、维持门诊、综合门诊、绩效办等20个科股室，现有高级职称17人，中级职称58人，专业技术人员116人，担负着全县百余万人的疾病预防控制、健康教育、公共卫生检测等多项工作任务。

副省长盛茂林到中心视察

下乡义诊

省卫生厅疾控处处长陈琰莅临指导

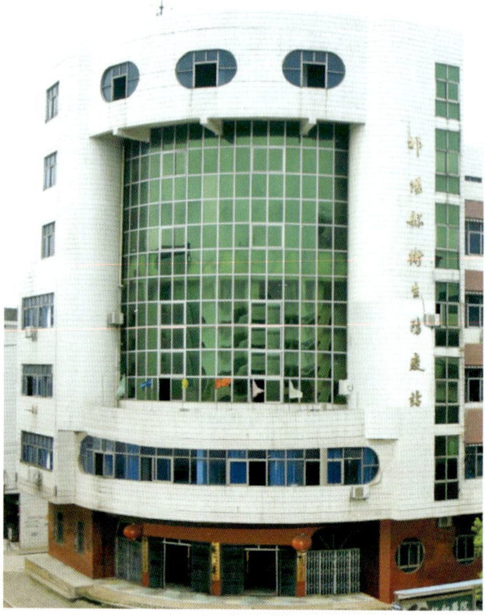

业务大楼

中国人寿保险有限公司祁阳支公司

总经理　朱振祥

1996年6月，中国人寿保险有限公司祁阳支公司成立，其前身是中国人民保险公司祁阳支公司。1999年更名为中国人寿保险公司祁阳支公司（以下简称“中国人寿祁阳支公司”）。2015年，中国人寿祁阳支公司机关设有经理室、综合管理部、个险销售部、团险销售部、银保销售部、客户服务部等6个部门,个险部设有城区营销部4个，农村营销服务部6个，收展部1个，拥有300余名营销员队伍。2015年，祁阳支公司总保费收入12534万元，其中满期给付8239万元。在祁阳寿险市场所占份额为50.33%。

中国人寿祁阳支公司经理室成员与职场经理合影

中国人寿祁阳支公司VIP客户岁末答谢会

中国人寿星级客户宁远九嶷山千人祈福

中国人寿祁阳支公司星级客户团康活动

永州友谊实业有限公司

董事长　柏林

公司旗下友谊电器与友谊商业广场两大经营主体，雄踞历史名城祁阳市区，自上世纪九十年代初创办友谊电器，现经营两大电器卖场与国内外知名品牌西门子、海尔、格力、美的、创维等众多厂家强强合作，打造了地方电器卖场主导品牌。2004年友谊商业广场开业，营业面积15000多平方米，以经营珠宝、服装、超市、百货等综合性购物场所，开创了当时永州最大的商业中心。为迎合市场需求，公司于2016年规划对广场全面改扩建并内外装饰调整。计划投入资金2亿多元，总面积将达到20000多平方米。引进大型连锁企业苏宁电器、步步高百货、肯德基、屈臣氏、万达影院等等，致力打造祁阳市区最大的购物、休闲、餐饮、娱乐、停车、住宿等一站式消费舒适的生活广场。

多年来公司坚持以诚信友谊，追求卓越为经营理念，不断完善厂商与顾客之间的鱼水关系，坚信聚势生力合作共赢的生存法则，赢得了广大消费者的信赖与好评，荣获了省金融行业守信誉企业，市重合同守信誉单位，县消费者信得过单位和县爱心企业等光荣称号。鼓励与鞭策将激励我们继续努力为顾客尽心，对公司尽力，对社会尽责，强化管理，提升服务，创新发展，实现共赢。

图书在版编目（CIP）数据

祁阳年鉴 . 2016 / 祁阳县党史地方志征集编纂办公室编 . —北京：方志出版社，2016. 12
ISBN 978-7-5144-2286-3

Ⅰ. ①祁… Ⅱ. ①祁… Ⅲ. ①祁阳县—2016—年鉴
Ⅳ. ①Z526. 44

中国版本图书馆 CIP 数据核字（2016）第 302593 号

祁阳年鉴（2016）

编　　者：祁阳县党史地方志征集编纂办公室
责任编辑：王　俊

出 版 人：冀祥德
出 版 者：方志出版社
地址　北京市朝阳区潘家园东里 9 号（国家方志馆 4 层）
邮编　100021
网址　http：//www. fzph. org
发　　行：方志出版社发行中心
电话（010）67110500
经　　销：各地新华书店
印　　刷：衡阳顺地印务有限公司

开　　本：889×1194　　1/16
印　　张：27
字　　数：542 千字
版　　次：2016 年 12 月第 1 版　　2016 年 12 月第 1 次印刷
印　　数：0001～1500 册

ISBN 978-7-5144-2286-3　　定价：300. 00 元